Die Zustellung einer *punitive damages*-Sammelklage
an beklagte deutsche Unternehmen

Internationalrechtliche Studien

Beiträge zum Internationalen Privatrecht, zum Einheitsrecht und zur Rechtsvergleichung

Herausgegeben von Ulrich Magnus und Peter Mankowski

Band 54

PETER LANG

Frankfurt am Main · Berlin · Bern · Bruxelles · New York · Oxford · Wien

Amir-Said Ghassabeh

Die Zustellung einer *punitive damages*-Sammelklage an beklagte deutsche Unternehmen

Zugleich ein Beitrag zum „unnötigen" transatlantischen Justizkonflikt

PETER LANG
Internationaler Verlag der Wissenschaften

Bibliografische Information der Deutschen Nationalbibliothek
Die Deutsche Nationalbibliothek verzeichnet diese Publikation in der Deutschen Nationalbibliografie; detaillierte bibliografische Daten sind im Internet über <http://www.d-nb.de> abrufbar.

Zugl.: Hamburg, Univ., Diss., 2008

Gedruckt auf alterungsbeständigem,
säurefreiem Papier.

D 18
ISSN 0947-0395
ISBN 978-3-631-58984-7

Printed in Germany 1 2 3 4 5 7

www.peterlang.de

Meinen Eltern

Vorwort

Die vorliegende Untersuchung wurde in leicht veränderter Fassung im Wintersemester 2008/2009 vom Fachbereich Rechtswissenschaften an der Universität Hamburg als Dissertation angenommen. Die Arbeit wurde für die Drucklegung aktualisiert. Schrifttum und Rechtsprechung sind bis Ende Dezember 2008 berücksichtigt worden.

Mein Dank gilt zunächst meinem Doktorvater Professor Dr. Ulrich Magnus, der sich sofort bereit erklärte, dieses Thema zu betreuen. Ihm und Professor Dr. Peter Mankowski danke ich auch für die Aufnahme dieser Arbeit in ihre Schriftenreihe "Internationalrechtliche Studien". Professor Dr. Reinhard Bork danke ich für die zügige Erstellung des Zweitgutachtens.

Während der Zeit der Entstehung dieser Arbeit genoss ich das Privileg, die opulent ausgestattete Bibliothek des Max-Planck-Instituts für ausländisches und internationales Privatrecht in Hamburg nutzen zu können. Ohne den Zugriff auf den umfangreichen und vor allem aktuellen Bestand an US-amerikanischer Rechtsliteratur hätten weite Teile der Arbeit nicht in der Tiefe verfasst werden können. Über das Fachliche hinaus bot mir der mehrmonatige Aufenthalt am Max-Planck-Institut zudem die wunderbare Möglichkeit, Freundschaften mit Menschen aus allen Teilen der Welt schließen zu können. Mein Dank gebührt daher auch dem Direktor der Bibliothek, Professor Dr. Holger Knudsen, und insbesondere der Leiterin des Benutzungsdienstes, Frau Elke Halsen-Raffel, die den Forschungsaufenthalt am Institut ermöglichten.

Einen nicht unerheblichen Beitrag zu dem Gelingen dieser Arbeit leistete darüber hinaus die Promotionsförderung der Universität Hamburg. Für das großzügige Doktorandenstipendium bin ich außerordentlich dankbar.

Schließlich schulde ich meinen Eltern, Safoura und Hossein Ghassabeh, meiner Schwester, Samira Ghassabeh, und Anna Wrage, LL.M., zutiefst Dank für ihre fortwährende Unterstützung (nicht nur) während der Zeit der Abfassung dieser Arbeit.

Hamburg, Dezember 2008 *Amir-Said Ghassabeh*

Inhaltsverzeichnis

Abkürzungsverzeichnis

A. 2d	Atlantic Reporter, Second Series
a. A.	andere Ansicht
a. E.	am Ende
a. F.	alte Fassung
abl.	ablehnend
ABl. EG	Amtsblatt der Europäischen Gemeinschaften
Abs.	Absatz
AcP	Archiv für die civilistische Praxis
AG	Die Aktiengesellschaft
AktG	Aktiengesetz
Aktz.	Aktenzeichen
allg.	allgemein
ALR Fed.	American Law Reports Federal
Am. J. Comp. L.	The American Journal of Comparative Law
Am. J. Int'l L.	The American Journal of International Law
Amend.	Amendment
Anm.	Anmerkung
AnwBl	Anwaltsblatt
Art.	Artikel
ATCA	Alien Tort Claims Act
Aufl.	Auflage
Ausf.	Ausführung(en)
AusfG	Ausführungsgesetz
AWD	Außenwirtschaftsdienst
B. R.	Bankruptcy Reporter
B. U. L. Rev.	Boston University Law Review
BAG	Bundesarbeitsgericht
Bankr. M. D. Fla.	US Bankruptcy Court, Middle District Florida
Bankr. N. D. Ga.	US Bankruptcy Court, Northern District of Georgia
BB	Der Betriebs-Berater
BDI	Bundesverband der Deutschen Industrie e. V.
BDI- Drucks.	Bundesverband der Deutschen Industrie e. V., Drucksachen
BerDtGesVR	Berichte der Deutschen Gesellschaft für Völkerrecht
Beschwf.	Beschwerdeführer(in)
Bespr.	Besprechung
BGB	Bürgerliches Gesetzbuch
BGBl	Bundesgesetzblatt
BGH	Bundesgerichtshof
BGHZ	Entscheidungen des Bundesgerichtshofs in Zivilsachen
BRAGO	Bundesrechtsanwaltsgebührenordnung
BRAO	Bundesrechtsanwaltsordnung
Bsp.	Beispiel(e)
bspw.	beispielsweise
BT-Drucks.	Verhandlungen des Deutschen Bundestages, Drucksachen
Buff. L. Rev.	Buffalo Law Review

BVerfG	Bundesverfassungsgericht
BVerfGE	Entscheidungen des Bundesverfassungsgerichts
bzw.	beziehungsweise
C. A.	Court of Appeal (E)
C. proc. civ.	Codice di procedura civile (It)
C. D. Cal.	Central District of California
C. D. Ill.	Central District of Illinois
CAFA	Class Action Fairness Act of 2005
Cal.	California (Supreme Court of)
Cal. Ct. App.	Court of Appeal, California
Cal. 2d	California Reports, Second Series
Cal. 4th	California Reports, Fourth Series
Cal. App. 3d	Court of Appeal, Third District, California
Cal. App. 4th	Court of Appeal, Fourth District, California
Cal. Ct. App.	Court of Appeal, California
Cal. L. Rev.	California Law Review
Canadien Bus. L. J.	Canadien Business Law Journal
cert.	Certiorari
Ch.	Chapter
Chi.	Chicago
Cir.	Circuit (US Courts of Appeals)
Civ.	Civil
cmt.	comment
Co.	Company
Colum. Bus. L. Rev.	Columbia Business Law Review
Colum. J. Transnat'l L.	Columbia Journal of Transnational Law
Colum. L. Rev.	Columbia Law Review
Corp.	Corporation
CR	Computer und Recht
Ct. App.	Court of Appeal
D. C.	District of Columbia/ District Court
D. C. App.	District of Columbia (Court of Appeals)
D. C. Cir.	District of Columbia Circuit (US Court of Appeals)
D. C. Neb.	District Court of Nebraska
D. Conn.	District of Connecticut
D. D. C.	District of Columbia (United States District Court)
D. Del.	District of Delaware
D. Ga.	District of Georgia
D. Haw.	District of Hawai'i
D. Kan.	District of Kansas
D. Me.	District of Maine
D. Minn.	District of Minnesota
D. N. D.	District of North Dakota
D. N. H.	District of New Hampshire
D. N. J.	District of New Jersey
D. N. M.	District of New Mexico

D. Neb.	District of Nebraska
D. Nev.	District of Nevada
D. R. I.	District of Rhode Island
D. S. C.	District of South Carolina
D. Utah	District of Utah
DAJV-NL	Newsletter der Deutsch-Amerikanischen Juristenvereinigung
dass.	dasselbe
Dept.	Department
ders.	derselbe
dies.	dieselbe(n)
Diss.	Dissertation
DÖV	Die Öffentliche Verwaltung
DVBl.	Deutsches Verwaltungsblatt
E. D. Ark.	Eastern District of Arkansas
E. D. La.	Eastern District of Louisiana
E. D. Mich.	Eastern District of Michigan
E. D. Mo.	Eastern District of Montana
E. D. Pa.	Eastern District of Pennsylvania
E. D. Va.	Eastern District of Virginia
E. D. N. Y.	Eastern District of New York
E. D. Tenn.	Eastern District of Tennessee
E. D. Wis.	Eastern District of Wisconsin
ebd.	ebenda
ed.	Edition
EG	Europäische Gemeinschaft
EGBGB	Einführungsgesetz zum Bürgerlichen Gesetzbuch
EGGVG	Einführungsgesetz zum Gerichtsverfassungsgesetz
EGMR	Entscheidungen des Europäischen Gerichtshofs für Menschenrechte
Einl.	Einleitung
entspr.	entsprechend
EMRK	Europäische Menschenrechtskonvention
EuGH	Gerichtshof der Europäischen Gemeinschaften
EuGRZ	Europäische Grundrechte-Zeitschrift
EuGVVO	Verordnung über die gerichtliche Zuständigkeit und die Anerkennung und Vollstreckung von Entscheidungen in Zivil- und Handelssachen
EuGVÜ	Übereinkommen der EG über die gerichtliche Zuständigkeit und die Vollstreckung gerichtlicher Entscheidungen in Zivil- und Handelssachen
EuZVO	Europäische Zustellungsverordnung
EuZW	Europäische Zeitschrift für Wirtschaftsrecht
EWiR	Entscheidungen zum Wirtschaftsrecht
EWS	Europäisches Wirtschafts- und Steuerrecht
F. 2d	Federal Reporter, Second Series
F. 3d	Federal Reporter, Third Series
f./ff.	folgend/folgende
F. R. D.	Federal Rules Decisions
F. Supp.	Federal Supplement

F. Supp. 2d	Federal Supplement, Second Series
FamRZ	Zeitschrift für das gesamte Familienrecht
FAZ	Frankfurter Allgemeine Zeitung
Fed. Prac. & Proc. Civ.	Federal Practice and Procedure, Federal Rules of Civil Procedure
FG	Festausgabe
Fn.	Fußnote
FRCivP	Federal Rules of Civil Procedure
FS	Festschrift
FTD	Financial Times Deutschland
German L. J.	German Law Journal
GG	Grundgesetz
GmbH	Gesellschaft mit beschränkter Haftung
GRURInt	Gewerblicher Rechtsschutz und Urheberrecht; Auslands- und internationaler Teil
Harv. Int. L. J.	Harvard International Law Journal
Harv. J. L. & Pub. P.	Harvard Journal of Law and Public Policy
Harv. J. L. & Tech.	Harvard Journal of Law and Technology
Harv. L. Rev.	Harvard Law Review
Hastings L. J.	Hastings Law Journal
Haw. Sup.	Supreme Court of Hawai'i
HBÜ	Haager Beweisübereinkommen
HccH	Hague Conference on Private International Law
Hdb. IZVR	Handbuch des Internationalen Zivilverfahrensrecht
Herv. d. Verf.	Hervorhebung des Verfassers
Hrsg.	Herausgeber
HZPÜ	Haager Zivilprozeßübereinkommen
HZÜ	Haager Zustellungsübereinkommen
i. d. F.	in der Fassung
i. E.	im Ergebnis
i. e.	im einzelnen
i. S. (d.)	im Sinne (des)
i. S. v.	im Sinne von
i. V. m.	in Verbindung mit
IDR	Journal of International Dispute Resolution
Ill.	Illinois
Ill. App. Ct.	Illinois Court of Appeal
ILM	International Legal Materials
Inc.	Incorporated
Ind. L. J.	Indiana Law Journal
Ins.	Insurance
Int'l Encyc. Comp. L.	International Encyclopedia of Comparative Law
Int'l Lawyer	The International Lawyer
IPbpR	Internationaler Pakt über bürgerliche und politische Rechte
IPR	Internationales Privatrecht
IPRax	Praxis des Internationalen Privat- und Verfahrensrecht

IPRspr	Die deutsche Rechtsprechung auf dem Gebiet des internationalen Privatrechts
J. Internet L.	Journal of Internet Law
J. L. & Com.	Journal of Law and Commerce
J. Leg. Stud.	The Journal of Legal Studies
J. Marshall L. Rev.	The John Marshall Law Review
J. Priv. Int'l L.	Journal of Private International Law
JA	Juristische Arbeitsblätter
JAP	Juristische Ausbildung und Praxisvorbereitung
JBl	Juristische Blätter
JMBl. Hessen	Justizministerialblatt für das Land Hessen
JuS	Juristische Schulung
JZ	Juristenzeitung
K&R	Kommunikation und Recht
KapMUG	Kapitalanleger-Musterverfahrensgesetz
KG	Kammergericht
krit.	kritisch
L. & Contemp. Probl.	Law and Contemporary Problems
lit.	littera (Buchstabe)
Ltd.	Limited
LugÜ	Luganer Übereinkommen über die gerichtliche Zuständigkeit und die Vollstreckung gerichtlicher Entscheidungen in Zivil- und Handelssachen
LZS	Lebensmittelzeitung Spezial
M. D. Fla.	Middle District Florida
M. D. La.	Middle District Louisiana
M. D. N. C.	Middle District North Carolina
m. E.	meines Erachtens
m. weit. Nachw.	mit weiteren Nachweisen
MarkenG	Gesetz über den Schutz von Marken und sonstigen Kennzeichen
Mass. L. Rep.	Massachusetts Law Reporter
MDR	Monatsschrift für deutsches Recht
Mich. L. Rev.	Michigan Law Review
Minn. L. Rev.	Minnesota Law Review
Miss. L. Rev.	Missouri Law Review
MMR	MultiMedia und Recht
Mod. L. Rev.	The Modern Law Review
N. C. App.	North Carolina Court of Appeal
N. C. L. Rev.	North Carolina Law Review
N. D. Cal.	Northern District of California (US District Court)
N. D. Fla.	Northern District of Florida
N. D. Ga.	Northern District of Georgia
N. D. Ill.	Northern District of Illinois
N. D. N. Y.	Northern District of New York

N. D. Ohio	Northern District of Ohio
N. D. Tex.	Northern District of Texas
N. D. W. Va.	Northern District of West Virginia
N. E. 2d	North Eastern Reporter, Second Series
n. F.	neue Fassung
N. Y. Civ. Ct.	New York Civil Court
N. Y. Sup.	Supreme Court of New York
N. Y. Supp. 2d	West's New York Supplement, Second Series
N. Y. U. J. Int. L. & Pol.	New York University Journal of International Law and Politics
N. Y. U. L. Rev.	New York University Law Review
N. Y. U. Rev. Leg. & Soc. Change	The New York University Review of Legal and Social Change
N. W. 2d	North Western Reporter, Second Series
NCPC	Nouveau Code de procédure civile (F)
NJ	Nederlandse Jurisprudentie (NL)
NJW	Neue Juristische Wochenschrift
NJW- RR	NJW- Rechtsprechungsreport Zivilsachen
No.	Number
Notre Dame L. Rev.	Notre Dame Law Review
Nr.	Nummer
NVwZ	Neue Zeitschrift für Verwaltungsrecht
NZG	Neue Zeitschrift für Gesellschaftsrecht
NZZ	Neue Zürcher Zeitung
OGH	Oberster Gerichtshof (A)
OLG	Oberlandesgericht
OLG-Report	Oberlandesgericht Report
P. 3d	Pacific Reporter, Third Series
PHi	Produkthaftpflicht International
RabelsZ	Rabels Zeitschrift für ausländisches und internationales Privatrecht
RAnwHdb.	Beck'sche Rechtsanwalts-Handbuch
Rev.	Review
Rev. crit.	Revue critique
RGBl.	Reichsgesetzblatt
Riv. dir. int. priv. proc.	Rivista di diritto internazionale privato e processuale (It)
RIW	Recht der internationalen Wirtschaft
Rpfleger	Der deutsche Rechtspfleger
Rn.	Randnummer
Rs.	Rechtssache
Rutgers Computer & Tech. L. J.	Rutgers Computer & Technology Law Journal
RVG	Rechtsanwaltsvergütungsgesetz/ Gesetz über die Vergütung der Rechtsanwältinnen und Rechtsanwälte
S.	Seite
S. Ct.	Supreme Court Reporter
S. D. Fla.	Southern District of Florida

S. D. Iowa	Southern District of Iowa
S. D. Miss.	Southern District of Mississippi
S. D. N. Y.	Southern District of New York
S. D. Tex.	Southern District of Texas
S. D. W. Va.	Southern District of West Virginia
S. E. 2d	Southern Eastern Reporter, Second Series
s. o.	siehe oben
S. Tex. L. Rev.	South Texas Law Review
scil.	scilicet
SJZ	Schweizerische Juristenzeitung
So. 2d	Southern Reporter, Second Series
sog.	so genannte(r/s)
St. John's J. Leg. Comment.	St. John's Journal of Legal Commentary
st. Rspr.	ständige Rechtsprechung
Stan. L. Rev.	Stanford Law Review
StGB	Strafgesetzbuch
StPO	Strafprozessordnung
str.	streitig
Suffolk Transnat'l L. Rev.	Suffolk Transnational Law Review
Super. Ct. Del.	Superior Court of Delaware
Super. Ct. Mass.	Superior Court ofMassachusetts
SZ	Süddeutsche Zeitung
taz	die tageszeitung
Temple Int'l & Comp. L. J.	Temple International and Comparative Law Journal
Temple L. Rev.	Temple Law Review
Tex. Int'l L. J.	Texas International Law Journal
Tort Trial & Ins. Prac. L. J.	Tort Trial and Insurance Practice Law Journal
Tul. J. Int. & Comp. L.	Tulane Journal of International and Comparative Law
Tul. L. Rev.	Tulane Law Review
Tul. Mar. L. J.	Tulane Maritime Law Journal
u. a.	unter anderem
U. Chi. L. Rev.	University of Chicago Law Review
U. Miami L. Rev.	University of Miami Law Review
U. Pa. J. Int'l Econ. L.	University of Pennsylvania Journal of International Economic Law
u. U.	unter Umständen
UmweltHG	Umwelthaftungsgesetz
Univ.	Universität
UrhG	Urheberrechtsgesetz
US	United States Reports (Supreme Court)
USC	United States Code
US Const.	Constitution of the United States
v.	versus
Va. J. Int'l L.	Virginia Journal of international Law
Vand. L. Rev.	Vanderbilt Law Review
Verf.	Verfasser

VersR	Versicherungsrecht
vgl.	vergleiche
Vill. L. Rev.	Villanova Law Review
VO	Verordnung
Vol.	Volume
VwGO	Verwaltungsgerichtsordnung
W. D. N. Y.	Western District of New York
W. D. Pa.	Western District of Pennsylvania
W. D. Tenn.	Western District of Tennessee
W. D. Tex.	Western District of Texas
W. D. Va.	Western District of Virginia
W. Va.	West Virginia (Supreme Court of Appeals of)
WamS	Die Welt am Sonntag
Wash.2d	Washington Law Reporter, Second Series
Wash. Sup.	Washington (Supreme Court of)
WBRv	Wetboek van Burgerlijke Rechtsvordering (NL)
weit.	weitere
WiB	Wirtschaftsrechtliche Beratung
Wis. L. Rev.	Wisconsin Law Review
WL	Westlaw
WM	Wertpapier-Mitteilungen
WuW	Wirtschaft und Wettbewerb
Yale L. J.	Yale Law Journal
ZfRV	Zeitschrift für Rechtsvergleichung (A)
ZIP	Zeitschrift für Wirtschaftsrecht (und Insolvenzpraxis)
ZPO	Zivilprozessordnung
ZRHO	Rechtshilfeordnung für Zivilsachen
ZSteu	Zeitschrift für Steuern und Recht
zugl.	zugleich
zust.	zustimmend
ZVglRWiss	Zeitschrift für vergleichende Rechtswissenschaft
ZZP	Zeitschrift für Zivilprozeß
ZZPInt	Zeitschrift für Zivilprozeß International

1.Teil: Einleitung

Der „lange Arm" der US-amerikanischen Gerichtsgewalt reicht nicht erst seit kurzem bis nach Deutschland (und darüber hinaus[1]). Schon seit Jahrzehnten beschäftigen die Besonderheiten des US-amerikanischen Rechtssystems hiesige Unternehmen. Fortlaufend erscheinen seitdem juristische Abhandlungen, die sich teilweise äußerst kritisch mit dem US-Recht auseinander setzen[2]. Vielfach wird dabei von einem „Justizkonflikt"[3] oder sogar von einem „Justizkrieg"[4] zwischen den Vereinigten Staaten und der Bundesrepublik Deutschland gesprochen[5]. Die Tatsache also, als deutsches Unternehmen vor einem US-Gericht verklagt zu werden, ist somit keine Neuerscheinung der jüngeren Gegenwart[6].

Gleichwohl genießt diese Thematik höchste Aktualität. Denn in den letzten Jahren ist die Anzahl von spektakulären Schadensersatzklagen gegen ausländische Unternehmen in den Vereinigten Staaten drastisch in die Höhe gestiegen. Immer häufiger werden Klagen gegen deutsche Unternehmen von nicht-amerikanischer Seite erhoben, die sich auf Sachverhalte außerhalb der USA beziehen:

> Beispiel Nr. 1: Eines der wohl bekanntesten Beispiele für die problematische Gerichtspraxis bieten die Zwangsarbeiterentschädigungsklagen tausender Nicht-Amerikaner vor den US-amerikanischen Gerichten in den Jahren 1998 und 1999[7]. Neben schweizerischen sahen sich insbesondere auch deutsche Banken und Unternehmen mit Entschädigungsforderungen ehemaliger Zwangsarbeiter konfrontiert, obwohl von der Bundesrepublik Deutschland in der Vergangenheit Entschädigungen gezahlt wurden.

---

1 Siehe beispielsweise das US-Verfahren gegen den britischen Flugzeugbauer British Aerospace in *Cooper Industries v. British Aerospace*, 102 F.R.D. 360 (1984).

2 Als Beleg hierfür soll eine „kleine" Auswahl älterer Artikel dienen: *Gleiss*, AWD 1969, S. 499; *von Hippel*, AWD 1971, S. 61; *Siehr*, AWD 1972, S. 373 (381 f.); *Frisinger*, AWD 1972, S. 12; *Psolka*, VersR 1975, S. 402 (403 f.); *Hay*, JZ 1977, S. 697; *Berger*, RabelsZ 41 (1977), S. 39; *Schurtman/Walter*, Der amerikanische Zivilprozeß (1978), S. 37; *Koch/Zekoll*, RIW 1985, S. 837; *Junker*, IPRax 1986, S. 197 (199 ff.); *Lange/Black*, Der Zivilprozeß in den Vereinigten Staaten (1987), Rn. 32 ff.; *Lange/Leyendecker*, in: *Henning von Boehmer* (Hrsg.), Deutsche Unternehmen auf dem amerikanischen Markt (1988), S. 275 (277 f.); *Böhmer*, NJW 1990, S. 3049.

3 Vgl. *Schlosser*, Der Justizkonflikt zwischen den USA und Europa (1985); *Stürner*, *Lange*, *Taniguchi* und *Golsong*, in: *Walther J. Habscheid* (Hrsg.), Der Justizkonflikt mit den Vereinigten Staaten von Amerika (1986); *Hess*, AG 2006, S. 809; *Schwung*, AG 2006, S. 818; *Thümmel*, AG 2006, S. 842.

4 So *Gottwald*, FS Walther J. Habscheid (1989), S. 119.

5 Eine besonders aufschlussreiche Einführung in diese Thematik bietet *Stürner*, in: Bitburger Gespräche 2003, Globale Wirtschaft – nationales Recht, S. 11- 19.

6 Schon Mitte der 1980er merkte *Junker*, IPRax 1986, S. 197, zutreffend an: „Ein Entscheidungsregister zum Thema Auslandszustellung und -beweisaufnahme liest sich wie ein Auszug aus dem Gotha der Exportwirtschaft".

7 Eine kurze Darstellung der geschichtlichen Hintergründe findet sich in *Vagts/Murray*, ZZPInt 7 (2002), S. 333 (336- 340); *dies.*, 43 Harv.Int.L.J. 503, 505- 508 (2002).

Diese Wiedergutmachungsleistungen gingen jedoch hauptsächlich an Sklavenarbeiter jüdischen Glaubens, die in Konzentrationslagern oder unter KZ-ähnlichen Bedingungen gearbeitet hatten. Der große Anteil der Zwangsarbeiter, die in Unternehmen der Privatwirtschaft beschäftigt wurden, war somit bei diesen Zahlungen nicht berücksichtigt worden[8]. Die Verfahren führten zwischen den Vereinigten Staaten und der Bundesrepublik zu Friktionen, die auf höchster politischer Ebene verhandelt werden mussten[9]. Erst mit dem Abschluss eines milliardenhohen Vergleichs mit den jüdischen Organisationen und Anwälten der Opfer konnten die Streitigkeiten beigelegt werden[10].

Beispiel Nr. 2: In einem weiteren Fall wollten einige Südafrikaner den Autokonzern DaimlerChrysler wegen angeblicher Unterstützung des Apartheidregimes zur Rechenschaft ziehen. Aus diesem Grund reichten sie eine Sammelklage mit einem Streitwert in Höhe von 400 Milliarden US-Dollar vor einem US-Bundesgericht ein[11].

Beispiel Nr. 3: Der *Federal District Court* für den Südlichen Bezirk von New York ließ eine Sammelklage gegen u. a. die Siemens AG zu, in der die Hinterbliebenen einiger Opfer des Bergbahnunglücks in Kaprun (Österreich) hierfür Schadensersatz verlangten[12].

Einige US-Gerichte zeigen sich also zunehmend bereit, ihre Jurisdiktion auf Vorgänge auszudehnen, die außerhalb der Grenzen der Vereinigten Staaten gelegen sind. „Sie fungieren damit als eine Art Weltgericht in Sachen des Zivilrechts, auch wenn Kläger und Sachverhalt der Klage keinerlei Beziehung zu den USA haben"[13], so der häufige Vorwurf. Amerikanische Gerichte beanspruchen für sich eine „Allzuständigkeit"[14], lautet eine weitere Kritik. Daneben warnen Vertreter der deutschen Wirtschaft immerzu, dass ein unternehmerisches Engagement in den USA mit erheblichen rechtlichen Risiken verbunden sei, „die uns in diesem Ausmaß in keinem anderen Land der Welt begegnen."[15] Sie weisen

---

8 Zu den Zwangsarbeiterklagen in Deutschland *Hess*, AG 1999, S. 145 (150- 152); *Tomuschat*, IPRax 1999, S. 237- 240.

9 Lesenswert: *Schelling*, Interview mit *Otto Graf Lambsdorff*, WamS v. 09.09.2001, S. 1.

10 *Jeske*, FAZ v. 22.07.2003, S. 12; *Wiesmann*, FTD v. 13.08.2002, S. 10; zu den rechtlichen Problemen, die die Zwangsarbeiterklagen hervorgerufen hätten, vgl. *Vagts/Murray*, ZZPInt 7 (2002), S. 333 (348- 366).

11 *In re South African Apartheid Litigation*, MDL No. 1499 (S.D.N.Y. November 29, 2004). Auch Angehörige des Herero-Stammes verklagten die Deutsche Bank in den USA auf Schadensersatz wegen angeblicher Mitschuld am Genozid an dem Herero-Volk in Südafrika und Namibia in den Jahren 1904 und 1907, siehe *The Herero People's Reparations Corp. v. Deutsche Bank AG*, No. 03-7110 (D.C. Cir. June 11, 2004).

12 *In re Ski Train Fire in Kaprun, Austria on November 11, 2000*, No. 03 Civ. 6351, 2004 US Dist. LEXIS 20182 (S.D.N.Y. October 8, 2004); hierzu auch *Geulen/Sebok*, NJW 2003, S. 3244 f.; *Hannes*, PHi 2004, S. 130 f.; *Prisching*, ZfRV 2004, S. 43 ff.; *Kitzmüller/Prisching*, ZfRV 2007, S. 147 ff.

13 So *Griffin*, Humboldt Institution on Transatlantic Issues (2004), S. 1; *Michaelis*, DAJV-NL 2006, S. 46- 54 m. weit. Ausf.

14 Siehe vor allem *Schütze*, Die Allzuständigkeit amerikanischer Gerichte (2003), S. 5 f.

15 Siehe Vorwort von *Michael Rogowski* und *Jürgen F. Kammer*, in: BDI-Info-Service Spezial 01/2004, S. 3.

auf das klägerfreundliche US-Recht hin, das eine Risikovorsorge außerordentlich erschwere, mitunter sogar unmöglich mache[16]. Es ziehe zudem verheerende Folgen für die betroffenen Unternehmen nach sich, die im schlimmsten Fall zu existenzbedrohenden Schadensersatzleistungen führen können[17].

Vor diesem Hintergrund ist es nur allzu verständlich, dass beklagte Unternehmen versuchen, möglichst frühzeitig einem US-Verfahren zu entgehen, indem sie schon die Annahme einer amerikanischen Sammelklageschrift verweigern und gegen die Zustellungsanordnung vorgehen[18]. Es stellt sich allerdings die Frage, ob die Abwehr gegen die Zustellung in Deutschland ein geeignetes Verteidigungsmittel darstellt, um den US-Prozess zu verhindern.

Diese Arbeit versucht im ersten Abschnitt, mit einem ausgewogenen Blick auf die Besonderheiten des US-Rechtssystems zu schauen (2.Teil). Untersucht wird zunächst, ob die exorbitante Ausdehnung der Zuständigkeit US-amerikanischer Gerichte völkerrechtliche Bedenken hervorruft. Ferner wird der Frage nachgegangen, warum der US-Gerichtsstand eine derartige Anziehungskraft auf in- und ausländische Kläger ausübt. Nicht unberücksichtigt sollen die in diesem Zusammenhang häufig aufgeworfenen Kritikpunkte bleiben. Gleichzeitig sollen sie einer gewissen Relativierung unterzogen werden. Diese Arbeit will aber auch einen Überblick über die rechtspolitischen Hintergründe und die historischen Einflüsse schaffen, um die konkrete Ausgestaltung des Rechts besser verständlich zu machen.

Im darauf folgenden Abschnitt werden überblicksartig die Grundlagen des US-amerikanischen Zivilprozesses aufgeführt, ohne die viele Eigenheiten des US-Rechts unverständlich blieben (3.Teil). Die dortigen Ausführungen sollen insbesondere die oft unübersichtlichen Verzahnungen zwischen dem Einzelstaaten- und dem Bundesrecht entflechten. Das Hauptaugenmerk wird auf die komplizierte Zuständigkeitsbestimmung der Bundesgerichte in Abgrenzung zu den Gliedstaatengerichten bei Sammelklagen mit ausländischer Beteiligung gerichtet sein.

Im Anschluss folgt der Hauptteil der Arbeit, der sich mit der Zustellung einer US-amerikanischen Sammelklageschrift, die auf Zahlung von *punitive damages* gerichtet ist, auseinandersetzt (4.Teil und 5.Teil). Der erste Teilbereich

---

16 Vgl. statt vieler *Rogowski*, in: Bitburger Gespräche 2003, Globale Wirtschaft – nationales Recht, S. 21- 31; *R. Müller*, FAZ v. 25.02.2003, S. 1; *Wadewitz*, Interview mit *Schlabrendorff*, Börsenzeitung v. 22.06.2005, S. 2; allgemein *Anonymus*, BDI-Info-Service Spezial 01/2004, S. 8- 15.

17 Häufig wird dabei auf die Asbest-Sammelklagen verwiesen, die die Insolvenz einer ganzen Reihe von Firmen zur Folge hatten; siehe *Coffee*, 95 Colum.L.Rev. 1343, 1386 ff. (1995); *Schwung*, AG 2006, S. 818; *Dolzer/Valen*, RIW 2006, S. 252 (253); *Hay*, US-Amerikanisches Recht[4] (2008), Rn. 422; allgemein lesenswert *Tucker*, NZZ v. 17.04.2005, S. 56.

18 Zu den möglichen Abwehrstrategien gegen US-Klagen *Bellinghausen*, PHi 2003, S. 224; *Schütze*, RIW 2005, S. 579.

führt zunächst die Funktion und die Bedeutung der Zustellung für das US-Verfahren auf, woran die Darstellung der möglichen In- und Auslandszustellungen an beklagte deutsche Unternehmen anschließt. Der zweite Teilbereich richtet seinen Fokus auf die Erörterung zweier Artikel des „Haager Übereinkommens über die Zustellung gerichtlicher und außergerichtlicher Schriftstücke im Ausland in Zivil- oder Handelssachen“[19] vom 15. November 1965[20], die in der Vergangenheit, ausgelöst durch die Beschlüsse des Bundesverfassungsgerichts vom 07.12.1994[21] und vom 25.07.2003[22], erhebliche Auslegungsschwierigkeiten hervorgerufen haben. Dabei handelt es sich zum einen um Art. 1 Abs. 1 HZÜ, der den sachlichen Anwendungsbereich des HZÜ bestimmt, und zum anderen um Art. 13 Abs. 1 HZÜ, der den einzigen Ablehnungsgrund der Zustellungserledigung regelt. Beide Normen sind damit elementar für die Erledigung der Zustellung einer *punitive damages*-Sammelklageschrift nach dem Haager Zustellungsübereinkommen und bilden daher Gegenstand zahlreicher Verteidigungsstrategien beklagter deutscher Unternehmen.

19 Kurz: Haager Zustellungsübereinkommen, HZÜ.

20 BGBl. 1977 II, S. 1453.

21 BVerfGE 91, S. 335- 345 = ZIP 1995, S. 70- 73 = NJW 1995, S. 649- 651 = IPRax 1996, S. 112- 115 = IPRspr 1994 Nr. 160b, S. 365- 370.

22 BVerfGE 108, S. 238- 250 = ZIP 2003, S. 1625- 1628 = NJW 2003, S. 2598- 2600 = IPRspr 2003, Nr. 176b, S. 580- 583.

2.Teil: Ursachen und Probleme des erhöhten Prozessrisikos in den USA

A. Völkerrechtliche Bedenken gegenüber der exorbitanten US-Gerichtszuständigkeit

Jedem Staat steht es als Ausprägung seiner Staatsgewalt zu, auf seinem Staatsgebiet eine Rechtsordnung frei zu organisieren (sog. innere Souveränität). Er agiert dabei nach außen selbständig und von anderen Staaten rechtlich unabhängig (sog. äußere Souveränität). Grenzen können ihm lediglich durch das geltende Völkerrecht gesetzt werden[23]. Ruft nun die „Allzuständigkeit" der US-amerikanischen Gerichte in Zivilrechtsstreitigkeiten rechtliche Bedenken hervor, dann können diese aus deutscher Sicht zunächst nur auf das Völkerrecht gestützt sein[24]. Das völkerrechtlich verankerte Territorialitätsprinzip verbietet die rechtliche Kontrolle eines ausländischen Rechtssystems nach inländischen Rechtsmaßstäben. Allerdings gebietet das Souveränitätsprinzip die gegenseitige Rücksichtnahme und die gegenseitige Anerkennung der Souveränität. Insofern könnte in der exorbitanten Ausdehnung der Zuständigkeit ein völkerrechtswidriger Eingriff in die Souveränität des an sich zuständigen Staates gesehen werden[25]. Im Folgenden wird daher zu erörtern sein, ob die US-Gerichtspraxis im Einklang mit dem Völkerrecht steht oder ob sie zumindest völkerrechtlich bedenklich ist.

I. Völkerrechtsvereinbarkeit der US-Regeln zur internationalen Zuständigkeit

Grundlage der US-amerikanischen Gerichte für die Inanspruchnahme extraterritorialer Rechtsprechungsgewalt bilden die einschlägigen gesetzlichen Regelungen der internationalen Zuständigkeit. Ihre Vereinbarkeit mit dem Völkerrecht müsste verneint werden, wenn sie im Widerspruch zu Völkerrechtssätzen stünden, die die Gerichtsgewalt der Staaten anordnen. Als solche kämen hier nur die Personal- und Gebietshoheit in Betracht. Voraussetzung ist aller-

---

23 *Verdross/Simma*, Universelles Völkerrecht^3 (1984), § 35; *Dahm/Delbrück/Wolfrum*, Völkerrecht^2 (1989), I/1: § 23 I, S. 215 f.; *Ipsen(-Epping)*, Völkerrecht^5 (2004), § 5, Rn. 7.

24 Erst wenn die Anerkennung und Vollstreckung des ausländischen Urteils in Deutschland begehrt wird, stellt sich im Rahmen von § 328 Abs. 1 Nr. 1 ZPO die Frage, ob nach deutschen Vorstellungen der Urteilsstaat international zuständig gewesen ist, siehe *Geimer*, Internationales Zivilprozessrecht^5 (2005), Rn. 2901; *Schack*, Internationales Zivilverfahrensrecht^4 (2006), Rn. 829; zur Problematik der Anerkennungszuständigkeit eines US-Urteils *BGH*, Urteil v. 29.04.1999, BGHZ 141, S. 286-307 = ZZP 112 (1999), S. 473-476 m. krit. Anm. *Roth*, ebd., S. 483-486.

25 So *OLG Koblenz*, Beschluss v. 27.06.2005, IPRax 2006, S. 25 (38) m. abl. Anm. *Piekenbrock*, ebd., S. 4 (9); siehe ferner *R.Müller*, FAZ v. 25.02.2003, S. 1; *J.Merkt*, Interview mit *Jürgen Strube*, in: BDI-Info-Service Spezial 01/2004, S. 6.

dings, dass sie als geeignete Anknüpfungspunkte eindeutig und klar bestimmen, wann die Gerichte eines Staates im Einzelnen zur Entscheidung berufen sind. Das ist aber nicht der Fall, denn oftmals wird durch die Kompetenzregeln des Völkerrechts die Zuständigkeit mehrerer Staaten gleichzeitig begründet. Das allgemeine Völkerrecht gibt dem nationalen Recht damit keine internationale Zuständigkeitsordnung vor[26]. Vielmehr entscheidet jeder Staat selbständig, unter welchen Voraussetzungen seinen Gerichten in Fällen mit Auslandsberührung die Kompetenz zum Tätigwerden zukommt[27]. Es steht ihm also frei, wie viele Rechtsstreitigkeiten er durch seine nationalen Regeln der internationalen Zuständigkeit an sich ziehen will. Fraglich ist indes, ob seine Gestaltungsfreiheit durch das allgemeine Völkerrecht eingeschränkt ist[28].

1. Völkerrechtsimmanente Schranken

Von einer nicht unbeträchtlichen Anzahl von Autoren wird die Auffassung vertreten, dass trotz des Fehlens einer internationalen Zuständigkeitsordnung dem weiten Ermessensspielraum der Staaten völkerrechtliche Grenzen gesetzt sind[29]. So lasse sich aus dem allgemeinen Völkerrecht die Einschränkung herleiten, dass ein Staat für Sachverhalte, die „keine einzige Inlandsbeziehung" aufweisen, die Zuständigkeit seiner Gerichte nicht beanspruchen könne[30]. Das

---

26 Nahezu allg. Ansicht: *Riezler*, Internationales Zivilprozeßrecht und prozessuales Fremdenrecht (1949), S. 204; *Kralik*, ZZP 74 (1961), S. 2 (12); *Nagel*, ZZP 75 (1962), S. 408 (421); *Heldrich*, Internationale Zuständigkeit (1969), S. 142; *Kropholler*, Handbuch des Internationalen Zivilverfahrensrecht (1982), I: § 1, Rn. 46; *Schack*, Internationales Zivilverfahrensrecht[4] (2006), Rn. 186; a. A. *Sperl*, Eine internationale Zuständigkeitsordnung in bürgerlichen Rechtssachen (1926), S. 13; *Bleckmann*, Die völkerrechtlichen Grundlagen des internationalen Kollisionsrecht (1992), S. 41- 47, der die Ansicht vertritt, dass die Staaten im Bereich des IPR i.w.S. grundsätzlich nur im Rahmen der ihnen vom Völkerrecht verliehenen Kompetenz handeln. Demnach konkretisiere das nationale IPR nur die Zuständigkeit der anderen Staaten im Völkerrecht.

27 *Heldrich*, Internationale Zuständigkeit (1969), S. 131; *Dahm/Delbrück/Wolfrum*, Völkerrecht[2] (1989), I/1: § 47 III 2 c), S. 323; *Schack*, Internationales Zivilverfahrensrecht[4] (2006), Rn. 186.

28 Begrenzungen, die sich auch aus völkerrechtlichen Verträgen ergeben können, sind nicht ersichtlich, vgl. schon *Heldrich*, Internationale Zuständigkeit (1969), S. 136- 141; *Schack*, Internationales Zivilverfahrensrecht[4] (2006), Rn. 186.

29 Vgl. *Brownlie*, Principles of Public International Law[6] (2003), S. 302; unstreitig ergibt sich aus dem allgemeinen Völkerrecht das „Verbot einer Rechts- und Justizverweigerung" (*déni de justice*, *denial of justice*), siehe *Nagel*, ZZP 75 (1962), S. 408 (422 ff.); *Heldrich*, Internationale Zuständigkeit (1969), S. 143- 148; *Kropholler*, Handbuch des Internationalen Zivilverfahrensrecht (1982), I: § 1, Rn. 43.

30 *Jellinek*, Die zweiseitigen Staatsverträge über Anerkennung ausländischer Zivilurteile (1953), S. 218; *Neuhaus*, RabelsZ 20 (1955), S. 201 (214); *Nagel*, ZZP 75 (1962), S. 408

völkerrechtliche Gebot der gegenseitigen Rücksichtnahme von Staaten zueinander und das Willkürverbot gebieten eine solche völkerrechtsimmanente Schranke[31]. Danach wären die US-amerikanischen Zuständigkeitsregeln völkerrechtswidrig, wenn sie für die Inanspruchnahme der Entscheidungskompetenz für extraterritoriale Sachverhalte keinen Inlandsbezug verlangen. Ohne vertieft auf die einzelnen Regelungen des US-Rechts eingehen zu wollen[32], kann ohne weiteres festgestellt werden, dass solche willkürlichen Regeln nicht vorhanden sind. In den meisten Fällen müssen die Gliedstaaten- als auch Bundesgerichte für die Begründung ihrer internationalen Zuständigkeit auf einzelstaatliche *long-arm statutes* zurückgreifen, die aufgrund der bundesverfassungsrechtlichen Vorgaben zumindest einen Minimalbezug (*minimum contact*) des Beklagten zum Forumstaat anfordern[33]. Insofern fußt die „Allzuständigkeit" der US-Gerichte nicht auf einer schrankenlosen Rechtsgrundlage.

Etwas anderes folgt auch nicht aus der bundesgesetzlichen Regelung des 28 USC § 1350[34]. Diese besser als *Alien Tort Claims Act* (ATCA) oder als *Alien Tort Statute* bekannte Zuständigkeitsregel begründet für die US-Bundesgerichte die originäre Zuständigkeit für Klagen von Ausländern wegen Völkerrechtsverletzungen, und zwar unabhängig davon, ob die Parteien oder die Tat selbst einen Bezug zu den Vereinigten Staaten aufweisen[35]. Gleichwohl bleibt der ATCA völkerrechtlich unbedenklich, da er zunächst mit dem so genannten Universali-

---

(421 f.); dem folgend *Walchshöfer*, ZZP 80 (1967), S. 165 (170 f.); *Gottwald*, FS Walther J. Habscheid (1989), S. 119 (130); *Geimer*, Internationales Zivilprozessrecht[5] (2005), Rn. 127; *Mark/Ziegenhain*, NJW 1992, S. 3062 (3063); a. A.: *Kralik*, ZZP 74 (1961), S. 2 (15); *Schack*, FS Hideo Nakamura (1996), S. 491 (506).

31 *Partsch*, BerDtGesVR 6 (1964), S. 34 f.; *Dahm/Delbrück/Wolfrum*, Völkerrecht[2] (1989), I/1: § 47 III 2c), S. 323; *Bleckmann*, Die völkerrechtlichen Grundlagen des internationalen Kollisionsrecht (1992), S. 44; wohl entsprechend *Jellinek*, Die zweiseitigen Staatsverträge über Anerkennung ausländischer Zivilurteile (1953), S. 218; *Gottwald*, FS Walther J. Habscheid (1989), S. 119 (130); *Stein/von Buttlar*, Völkerrecht[11] (2005), Rn. 608; vgl. auch *BVerfG*, Urteil v. 22.03.1983, BVerfGE 63, S. 361 (369); dem folgend *OLG München*, Urteil v. 07.10.1992, OLG-Report München 1993, S. 63.

32 Siehe hierzu weiter unten 3.Teil C. II.

33 Grundlegend *International Shoe v. State of Washington*, 326 US 310, 316 (1945); hierzu *Schack*, FS Hideo Nakamura (1996), S. 491 (500 f.) *ders.*, Einführung in das US-amerikanische Zivilprozessrecht[3] (2003), IV. 2. b), S. 26 f.

34 „The district courts shall have original jurisdiction of any civil action by an alien for a tort only, committed in violation of the law of nations or a treaty of the United States".

35 Der ATCA aus dem Jahre 1789, der ursprünglich eine Zuständigkeit für Akte der Piraterie eröffnen sollte, ist insbesondere aufgrund der Zwangsarbeiterklagen in das deutsche Bewusstsein getreten; siehe *Hess*, AG 1999, S. 145 (148); *Schütze*, Die Allzuständigkeit amerikanischer Gerichte (2003), S.15- 17; *ders.*, RIW 2004, S. 162 (165); *Geulen/Sebok*, NJW 2003, S. 3244 (3245); *Hannes*, PHi 2004, S. 130 (132); *Winkler/Recke*, NZG 2005, S. 241 (243); *Dolzer/Valen*, RIW 2006, S. 252 (256); *Gelinsky*, FAZ v. 27.02.04, S. 12; vgl. ferner zu den kalifornischen Holocaust-Zuständigkeitsgesetzen, *Gebauer/Schulze*, IPRax 1999, S. 478.

täts- bzw. Weltrechtsprinzip gerechtfertigt werden kann[36]. Danach sind Straftaten, die als Verbrechen gegen die internationale Gemeinschaft in ihrer Gesamtheit erachtet werden, auch ohne Forumbezug überall auf der Welt gerichtsbar[37]. Entscheidender dürfte aber sein, dass der ATCA die *subject matter jurisdiction*, also die sachliche Zuständigkeit zugunsten der Bundesgerichte festlegt. Er bestimmt damit nicht die eigene Zuständigkeit in Abgrenzung zu anderen Staaten, sondern allein die Zuständigkeit der Bundesgerichte zu den Gerichten der Einzelstaaten. Damit fällt die Bestimmung aus dem völkerrechtlich relevanten Bereich.

2. Keine ausdrückliche Schranken

Manche Stimmen im Schrifttum verlangen darüber hinaus, dass der erforderliche Inlandsbezug eine gewisse Intensität aufweisen müsse. Eine „allzu entfernte" Inlandsbeziehung als Anknüpfungspunkt für die Begründung der internationalen Zuständigkeit stehe danach im Widerspruch zum Völkerrecht[38]. Die Inanspruchnahme gerichtlicher Zuständigkeit sei nur dann angemessen, wenn „der ausländische Beklagte hinreichend enge Kontakte zum Gerichtsstaat" unterhalte[39] oder wenn „sich ein Minimum von beachtlicher Beziehung zwischen dem Gerichtsstand und der Streitsache nachweisen" lasse[40]. Eine Völkerrechtsverletzung sei demgegenüber zu bejahen, wenn es „überhaupt an einem vernünftigen Anknüpfungspunkt für die Zuständigkeit der nationalen Gerichte" fehle[41]. Da die Schwelle für die Minimalkontakte des Beklagten zum Gerichtsstaat je nach Bedarfsfall mitunter durchaus niedrig angesetzt wird[42], könnte man also in der „Allzuständigkeit" der US-Gerichte einen Verstoß gegen das Völkerrecht erwägen. Allerdings stellt sich dabei die Frage, wann genau die noch völkerrechtlich zulässige Grenze unterschritten ist. Dem allgemeinen Völkerrecht kann jedenfalls nicht entnommen werden, wann ein Anknüpfungspunkt „vernünftig" ist, die Kontakte zum Gerichtsstaat „hinreichend eng" sind oder eine

---

36 Siehe *Heidbrink*, Alien Tort Claims Act (1989), S. 155 f.; *Hailer*, Menschenrechte vor Zivilgerichten- die Human Rights Litigation in den USA (2006), S. 205- 211; krit. *Dolzer*, in: Bitburger Gespräche 2003, Globale Wirtschaft – nationales Recht, S. 71 (87 f.).

37 *Verdross/Simma*, Universelles Völkerrecht[3] (1984), § 1183 f.; *Dahm/Delbrück/Wolfrum*, Völkerrecht[2] (1989), I/1: § 47 III 2 b), S. 321 f.

38 Hierzu *Heldrich*, Internationale Zuständigkeit (1969), S. 142 f.

39 *Wengler*, IPRax 1983, S. 145- 153; *Dahm/Delbrück/Wolfrum*, Völkerrecht[2] (1989), I/1: § 47 III 2c), S. 324.

40 *Jellinek*, Die zweiseitigen Staatsverträge über Anerkennung ausländischer Zivilurteile (1953), S. 218; *Verdross/Simma*, Universelles Völkerrecht[3] (1984), § 1186.

41 So *Schlosser*, ZZP 79 (1966), S. 164 (176).

42 *Schack*, FS Peter F. Schlosser (2005), S. 839 (844 f.); *Gottschalk/Schatz*, IPRax 2006, S. 292- 297.

„beachtliche Beziehung" zum Forumstaat besteht[43]. Daher wird überwiegend eine Einschränkung der Reichweite der staatlichen Gerichtszuständigkeit zutreffend abgelehnt[44].

II. Ergebnis

Zusammenfassend ist festzustellen, dass die exorbitante Ausdehnung der extraterritorialen Zuständigkeit der US-Gerichte mit dem allgemeinen Völkerrecht vereinbar ist[45]. Gewöhnlich verlangen die US-amerikanischen Zuständigkeitsregeln einen Minimalkontakt des Beklagten zum Gerichtsstaat. Im Einzelfall können jedoch völkerrechtliche Bedenken aufkommen, wenn von dem betreffenden US-Gericht verschwindend geringe Anforderungen hinsichtlich des Forumbezuges gestellt werden[46]. Dann nämlich kann die Grenze der völkerrechtlich nicht mehr gebotenen Einmischung in die inneren Angelegenheiten eines anderen Staates berührt sein. Allerdings wird der Nachweis einer völkerrechtswidrigen Praxis regelmäßig nicht gelingen, da dem allgemeinen Völkerrecht keine konkreten Angaben hinsichtlich der Intensität des Inlandsbezuges entnommen werden können.

B. Gründe für die Attraktivität des US-Gerichtsstands

Nicht nur Vertreter der deutschen Wirtschaft beklagen fortlaufend, dass ein Engagement in den Vereinigten Staaten mit erheblichen rechtlichen Risiken verbunden ist, die deutschen Unternehmen in diesem Ausmaß wohl in keinem anderen Land der Welt begegnen. In den USA sind sie einer unverhältnismäßig höheren Prozessgefahr ausgesetzt, als es in Deutschland der Fall wäre. Hinzu kommt, dass der US-Gerichtsstand zunehmend eine ungeheure Anziehungskraft auch auf nicht-amerikanische Kläger ausübt[47]. Diese schon seit Jahrzehnten an-

---

43 *Kropholler*, Handbuch des Internationalen Zivilverfahrensrecht (1982), I: § 1, Rn. 46; *Grothe*, RabelsZ 58 (1994), S. 686 (691).

44 Vgl. *Heldrich*, Internationale Zuständigkeit (1969), S. 142 f.; *Kropholler*, Handbuch des Internationalen Zivilverfahrensrecht (1982), I: § 1, Rn. 46; *Meng*, Extraterritoriale Jurisdiktion im öffentlichen Wirtschaftsrecht (1994), S. 469 f., 544; *Grothe*, RabelsZ 58 (1994), S. 686 (690- 692); *Schack*, FS Hideo Nakamura (1996), S. 491 (506); *ders.*, Internationales Zivilverfahrensrecht[4] (2006), Rn. 186; *Nagel/Gottwald*, Internationales Zivilprozessrecht[6] (2007), § 3, Rn. 304.

45 So auch *Bertele*, Souveränität und Verfahrensrecht (1998), S. 303 f.

46 *Bertele*, Souveränität und Verfahrensrecht (1998), S. 304 f.

47 Treffend der vielfach zitierte Ausspruch von Lord *Denning* of the English House Lords, in *Smith Kline & French Lab. Ltd v. Bloch*, [1983] 2 All English Law Reports 72, 74

dauernde Entwicklung wird gewöhnlich auf das klägerfreundliche Rechtssystem der USA zurückgeführt. Die folgenden Ausführen versuchen, die Gründe für das erhöhte Prozessrisiko aufzuführen. Dabei soll insbesondere aus deutscher Sicht die Klägerfreundlichkeit des US-Rechts dargelegt werden.

I. Geringe Verfahrenskosten

Die Entscheidung über die Erhebung einer Klage hängt für den Betroffenen wesentlich davon ab, mit welchem Aufwand an Gerichts- und Anwaltskosten er zu rechnen hat. Fallen seine eigenen Kosten von Beginn an zu hoch aus, kann dieser von einer möglichen Klageerhebung abgeschreckt werden. Gleiches gilt, wenn dem potentiellen Kläger im Falle des Unterliegens die Kostenlast aufgebürdet wird.

1. Gerichtskosten

Das Grundkonzept des US-amerikanischen Zivilprozessrechts ist darauf ausgelegt, dass es jedem möglich sein soll, vor Gericht Klage zu erheben. Die Gerichtskosten werden daher traditionell niedrig gehalten[48]. Im Gegensatz zur deutschen Kostenordnung[49] ist streitwertunabhängig eine Gerichtsgebühr (*filling fee*) gesetzlich vorgeschrieben. So wird mit Einreichen einer Zivilklage vor einem Bundesgericht eine relativ moderate *filling fee* in Höhe von 250 US-Dollar fällig[50]. Nach den meisten Zivilprozessordnungen der Einzelstaaten und nach dem Bundesprozessrecht[51] kann die obsiegende Partei diese von dem unterlegenden Gegner ersetzt verlangen[52]. Mag dies noch hierzulande den einen oder anderen von der Klageerhebung abhalten, wird der US-amerikanische Kläger durch die geringe Höhe der Gerichtskosten weder davor abgeschreckt, überhaupt

---

(C. A.): „As a moth is drawn to the light, so is a litigant drawn to the United States. If he can only get his case into their courts, he stands to win a fortune."

48 *Schack*, Einführung in das US-amerikanische Prozessrecht[3] (2003), II. 5. a), S. 7.

49 Statt vieler *Rosenberg/Schwab/Gottwald*, Zivilprozessrecht[16] (2004), § 83, Rn. 4.

50 Siehe 28 USC § 1914 (a) (2004).

51 Rule 54 (d) der *Federal Rules of Civil Procedure* (FRCivP).

52 *Schurtman/Walter*, Der amerikanische Zivilprozeß (1978), VI. 6.08, S. 35; *Lange/Black*, Der Zivilprozeß in den Vereinigten Staaten (1987), Rn. 114; *Lange/Leyendecker*, in: *Henning von Boehmer* (Hrsg.), Deutsche Unternehmen auf dem amerikanischen Markt (1988), S. 275 (291); *Hay*, in: *Assmann/Bungert* (Hrsg.), Handbuch des US-amerikanischen Handels-, Gesellschafts- und Wirtschaftsrechts (2001), I: Rn. 124; zu den weiteren erstattungsfähigen Kosten vgl. *Schack*, Einführung in das US-amerikanische Prozessrecht[3] (2003), II. 5. b), S. 8.

eine Klage zu erheben[53], noch diese mit einem übertrieben hohen Streitwert anzusetzen[54].

2. Anwaltskosten

Auch hinsichtlich der Anwaltskosten lassen sich Eigenheiten im US-amerikanischen Zivilprozessrecht feststellen, die eine Begünstigung des Klägers erkennen lassen. Bereits die Art und Weise der Vergütung unterscheidet sich wesentlich. So wird in Deutschland die Tätigkeit des Rechtsanwaltes in der Regel nach der Gebührentabelle des Rechtsanwaltsvergütungsgesetzes (RVG)[55] vergütet. In den USA sind solche Anwaltstarife dagegen nach wie vor unbekannt[56]. Vielmehr wird auf der Basis eines vertraglich vereinbarten Stundenlohns oder Festhonorars abgerechnet[57]. Bei der anwaltlichen Vertretung von Beklagten in einem Prozess wird in der Regel die insgesamt aufgewendete Zeit zuzüglich der verauslagten Kosten in Rechnung gestellt[58].

Im Gegensatz zum deutschen Recht[59] gilt überdies der Grundsatz, dass jede Partei ihre eigenen Prozess- und Anwaltskosten zu tragen hat (sog. *American Rule of Costs*)[60]. Wer einen Prozess verliert, braucht nur das Honorar seines

---

53 Nach deutschem Rechtsverständnis kommt den Prozesskosten u. a. die Funktion zu, einer übertriebenen Prozessfreudigkeit entgegenzuwirken, vgl. allgemein zu Funktion der Prozesskosten, *Baumgärtel*, Gleicher Zugang zum Recht für alle (1976), S. 121- 128; krit. demgegenüber *Kissel*, FS Gerhard Schiedermair (1976), S. 313 (322 ff.).

54 Siehe *Schack*, FS Peter F. Schlosser (2005), S. 839 (840), der pointiert aufführt, mit welch hohen Kosten der Kläger in Deutschland zu rechnen hat, wenn er eine millionenhohe Schadensersatzklage erheben will.

55 Die vormals einschlägige BRAGO wurde mit dem Gesetz zur Modernisierung des Kostenrechts vom 05.05.2004 aufgehoben. Das nunmehr geltende Gesetz über die Vergütung der Rechtsanwältinnen und Rechtsanwälte ist am 01.07.2004 in Kraft getreten, vgl. BGBl. I 2004, S. 718 (788).

56 Im Jahre 1796 beschäftigte sich der *US Supreme Court* erstmals mit der Frage der Kostenerstattung. Damals lehnte er die Begründung einer allgemeinen Kostentragungspflicht ohne besondere gesetzliche Grundlage ab, *Arcamble v. Wiseman*, 3 US 306 (1796); später sah er in der Einführung von Mindestgebühren sogar eine verbotene Kartellabsprache, *Goldfarb v. Virginia State Bar*, 421 US 773 (1975).

57 *Schurtman/Walter*, Der amerikanische Zivilprozeß (1978), VI. 6.01, S.32; *Hay*, US-Amerikanisches Recht[4] (2008), Rn. 154.

58 *Lange/Black*, Der Zivilprozeß in den Vereinigten Staaten (1987), Rn. 116.

59 Siehe statt vieler *Pawlowski*, JZ 1975, S. 197 (198); *Schack*, FS Peter F. Schlosser (2005), S. 839 (841).

60 Ausführlich zur *American Rule*: *Hazard/Taruffo*, American Civil Procedure (1993), S. 96; *Teply/Whitten/McLaughlin*, Civil Procedure[2] (2002), Ch. 1, S. 10; aus dem deutschen Schrifttum *Jestaedt*, RIW/AWD 1986, S. 95 ff.; *Hommelsheim*, Kostentragung und -ausgleichung im amerikanischen Zivilprozeß (1990), S. 10 ff.; *Rempp/Lienemeyer*, ZVglRWiss

eigenen Rechtsanwalts und die relativ geringen Gerichtskosten zu tragen. Dagegen bleibt umgekehrt der Gegner trotz seines Sieges auf den ihm entstandenen Anwaltskosten sitzen. Begründet wird diese Ausgestaltung des Kostenrechts mit der sonst eintretenden Hemmnis einer Klageerhebung. Muss der potentielle Kläger das Risiko einer Verpflichtung zum Ersatz der dem Gegner entstandenen Anwaltsgebühren in seinen Überlegungen einbeziehen, kann dieser von der Klageerhebung abgeschreckt werden, worin ein faktisches Beschneiden seines fundamentalen Rechts auf Rechtsschutz gesehen wird[61].

Braucht der Kläger also eine allgemeine Kostentragungspflicht im Falle einer Niederlage nicht zu befürchten, ist zu vermuten, dass sich dies positiv auf seine Klagefreudigkeit auswirkt[62]. Die Schattenseite der Medaille bleibt aber, dass auch er bei einem Prozessgewinn die Kosten selbst tragen muss. Insofern vermag die *American Rule* nicht, den potentiellen, aber finanzschwachen Kläger zur Durchsetzung seiner Rechte zu bewegen. Aus diesem Grund sieht das US-Kostenrecht Ausnahmen von der *American Rule* vor, die dem obsiegenden Kläger einen Anspruch auf Erstattung seiner Anwaltsgebühren gegen den unterlegenden Beklagten gewähren[63]. Darüber hinaus kann er sein Kostenrisiko minimieren, indem er mit seinem Anwalt eine *contingent fee* vereinbart[64]. Im Gegensatz zu Deutschland[65] ist in den USA die Vereinbarung eines solchen Er-

---

1995, S. 383 (406); *Neufang*, Kostenverteilung im US-amerikanischen Zivilprozess und Urteilsanerkennung in Deutschland (2002), S. 31 ff., S. 48 ff.

61 Siehe *Goodhart*, 38 Yale L. J. 849, 874 (1929); *Homburger/Kötz*, Klagen Privater im öffentlichen Interesse (1975), S. 73 m. weit. Nachw.; *Schack*, FS Peter F. Schlosser (2005), S. 839 (841).

62 Vgl. *BVerfG*, Beschluss v. 12.12.2006, NJW 2007, S. 979 (981) m. zust. Anm. *Johnigk*, ebd., S. 986: Das Verfassungsgericht verweist hierbei auf US-amerikanische Studien, die dies zu belegen vermögen.

63 *Homburger/Kötz*, Klagen Privater im öffentlichen Interesse (1975), S. 74 f.; *Koch*, Prozeßführung im öffentlichen Interesse (1983), S. 163 f.

64 Faktisch wirkt sich also die Erfolgshonorarvereinbarung wie eine Form der Prozesskostenhilfe aus, vgl. *Lynk*, 19 J. Legal Stud. 247, 248 (1990).

65 Vgl. §§ 4a und b RVG, 49b Abs. 2 Satz 1 BRAO a.F. In der Bundesrepublik war die Vereinbarung eines erfolgsabhängigen Honorars mit dem Rechtsanwalt noch bis zur Entscheidung des Bundesverfassungsgerichtes vom 12.12.2006 (NJW 2007, S. 979) ausnahmslos verboten (vgl. zur alten Rechtslage *BGH*, Urteil v. 15.11.1956, BGHZ 22, S. 162 (163 ff.); Urteil v. 13.06.1996, BGHZ 133, S. 90 (93 f.); *Bruns*, JZ 2000, S. 232-241). Das Verfassungsgericht kam hingegen zu dem Ergebnis, dass dieses Verbot nach § 49b Abs. 2 BRAO a. F. jedoch insoweit unangemessen sei, als es keine Ausnahmen zulässt und damit selbst dann zu beachten sei, wenn der Rechtsanwalt mit der Vereinbarung einer erfolgsbasierten Vergütung besonderen Umständen in der Person des Auftraggebers Rechnung trägt, die diesen sonst davon abhielten, seine Rechte zu verfolgen (*BVerfG*, NJW 2007, S. 979 (983)). Auf diese Entscheidung hin lässt nunmehr auch das deutsche Kostenrecht unter sehr strengen Voraussetzungen die Vereinbarung eines Erfolgshonorars ausnahmsweise zu.

folgshonorars schon seit Jahrzehnten gängige Praxis[66]. Der Rechtsanwalt erhält statt seines üblichen Honorarsatzes einen bestimmten, im Voraus vereinbarten prozentualen Anteil der dem Kläger durch Urteil oder Vergleich zugesprochenen Summe[67]. Für die *class action* ergibt sich die Besonderheit, dass aufgrund der großen Anzahl der Kläger das Honorar nicht vorab ausgehandelt, sondern nachträglich vom Gericht festgesetzt wird[68]. Jedenfalls wird der Kläger von sämtlichen Kosten befreit, wenn sein Anwalt zudem die Klage finanziert[69]. Er muss sich damit keine Gedanken mehr hinsichtlich der Verfahrenskosten machen. Ein beneidenswerter Luxus, der wohl nicht unerheblich zur Prozessfreudigkeit beitragen dürfte[70].

Eine faktische Begünstigung erlebt der Kläger ferner durch die regelmäßig nicht vorhandene Möglichkeit des Beklagten, mit seinem Anwalt ein Erfolgshonorar zu vereinbaren[71]. Im Grundsatz muss er damit stets seine zum Teil erheblichen Anwaltskosten selbst tragen. Eine Komponente, die ihn aus prozesstaktischen bzw. aus rein wirtschaftlichen Erwägungen dazu treiben kann, sich trotz offensichtlicher Unbegründetheit der Klage vergleichsbereit zu zeigen[72].

---

66 *Schurtman/Walter*, Der amerikanische Zivilprozeß (1978), VI. 6.05, S. 33; *Hazard/Taruffo*, American Civil Procedure (1993), S. 96- 99; *Hay*, in: *Assmann/Bungert* (Hrsg.), Handbuch des US-amerikanischen Handels-, Gesellschafts- und Wirtschaftsrechts (2001), I: Rn. 126; *Schack*, Einführung in das US-amerikanische Zivilprozessrecht^3 (2003), II. 5. b), S. 8 f.

67 *Schurtman/Walter*, Der amerikanische Zivilprozeß (1978), VI. 6.05, S. 33; *Lange/Black*, Der Zivilprozeß in den Vereinigten Staaten (1987), Rn. 117; *Schubert/Robyn*, in: *Häberle* (Hrsg.), Handbuch für Kaufrecht, Rechtsdurchsetzung und Zahlungssicherung im Außenhandel (2002), S. 258; *Schack*, Einführung in das US-amerikanische Zivilprozessrecht^3 (2003), II. 5 b), S. 8; *Hay*, US-Amerikanisches Recht^4 (2008), Rn. 155.

68 Dem Gericht stehen zwei Möglichkeiten zur Berechnung zu: entweder es legt einen bestimmten Prozentsatz fest (*percentage of recovery method*) oder das Gericht berechnet, wie viele Stunden der Anwalt „vernünftigerweise" auf die *class action* verwendet hat und multipliziert diesen Betrag mit einem „angemessenen" Stundensatz. Hinzukommt eine Art Wiedergutmachungsaufschlag für das Kostenrisiko des Anwalts (*lodester*-Formel), vgl. hierzu mit kritischen Anmerkungen und weiteren Nachweisen *Baetge/Eichholz*, in: *Basedow/Hopt/Kötz/Baetge* (Hrsg.), Die Bündelung gleichgerichteter Interessen im Prozeß (1999), S. 287 (346 f.).

69 Hier zeigt sich, dass die Vereinbarung eines Erfolgshonorars für die Existenz der Klägeranwälte äußerst risikoreich sein kann. Obsiegt die Gegenpartei, geht der Anwalt nicht nur „leer" aus, sondern bleibt unter Umständen auch noch auf den hohen Kosten sitzen, die ihm bei der Vorbereitung des Verfahrens entstanden sind, vgl. *Zekoll*, NJW 1999, S. 2163 (2164); *Geulen/Sebok*, NJW 2003, S. 3244 (3246).

70 Empirisch lässt sich dies hingegen nicht eindeutig belegen, siehe *Miceli*, 23 J. Leg. Stud. 211- 224 (1994).

71 *Schack*, Einführung in das US-amerikanische Zivilprozessrecht^3 (2003), II. 5. b), S. 10.

72 *Koch*, Prozeßführung im öffentlichen Interesse (1983), S. 164 f.; *Lange/Black*, Der Zivilprozeß in den Vereinigten Staaten (1987), Rn. 87; *Lange/Leyendecker*, in: *Henning von Boehmer* (Hrsg.), Deutsche Unternehmen auf dem amerikanischen Markt (1988), S. 275 (291).

II. Klägerfreundliche Ausgestaltung des US-Rechts

1. Klägerfreundliches Prozessrecht

Das Privatrecht gibt dem einzelnen Menschen Rechte und legt meist anderen Verpflichtungen entsprechender Art auf. Im Idealfall werden diese Rechte geachtet und von dem Verpflichteten freiwillig erfüllt. Nicht selten jedoch ist die Gegenseite trotz Bestehens einer Verbindlichkeit nicht gewillt, ihrer Verpflichtung ordnungsgemäß nachzukommen. In diesen Fällen hilft der Zivilprozess. Der Einzelne kann hierdurch, ohne auf eine Selbsthilfe angewiesen zu sein, sein ihm von der Privatrechtsordnung zugestandenes subjektives Recht durchsetzen[73]. Die Bedeutung des Zivilprozesses wird für ihn in diesen Fällen besonders deutlich. Ist daher bereits das Prozessrecht klägerfreundlich ausgestaltet, wird der Drang des Klägers zur Klageerhebung umso mehr bestärkt. Unter Umständen kann es sogar die einzige Motivation der Verfahrenseinleitung sein.

a) Geringe Anforderungen für Klageschriften

Im Gegensatz zum deutschen Recht[74] verlangt die Bundesprozessordnung für die Verfahrenseinleitung lediglich das Einreichen der Klageschrift bei Gericht und nicht darüber hinaus die Zustellung an den Prozessgegner[75]. Auch hinsichtlich des Klageinhalts werden unterschiedliche Anforderungen gestellt. In Deutschland gehört nach § 253 Abs. 2 ZPO zum notwendigen Klageinhalt die Bezeichnung des Gerichts und der Parteien (Nr. 1) als auch die bestimmte Angabe des Gegenstandes und des Grundes des erhobenen Anspruchs, sowie ein bestimmter Antrag (Nr. 2). Der Klagegrund stellt den tatsächlichen Vorgang dar, den Lebenssachverhalt, mit dem der Kläger seinen Anspruch begründet. Ordnungsgemäß erhoben ist die Klage erst, wenn sie überhaupt substantiierte Angaben hierzu enthält[76]. Dagegen beinhaltet die US-amerikanische Klageschrift typischerweise nur sehr begrenzte Informationen über die Art des klägerischen Anspruchs[77]. Rule 8 (a) FRCivP verlangt lediglich kurze und einfache Ausfüh-

---

73 Siehe *Rosenberg/Schwab/Gottwald*, Zivilprozessrecht[16] (2004), § 1 III., Rn. 2 ff.

74 Nach § 253 Abs. 1 ZPO erfolgt die Klageerhebung durch Zustellung der Klageschrift an den Beklagten. Da aber die Zustellung vom Gericht nach §§ 270, 271 Abs. 1 ZPO veranlasst wird, muss dieses zuvor, in den Besitz der Klageschrift kommen.

75 Rule 3 FRCivP; siehe ferner weiter unten 4.Teil A. II. 1.

76 *Rosenberg/Schwab/Gottwald*, Zivilprozessrecht[16] (2004), § 94, Rn. 19.

77 Eine Ausnahme hiervon bildet Rule 9 FRCivP. Danach reicht allein der Vorwurf nicht aus, dass der Beklagte beispielsweise eine arglistige Täuschung bzw. einen Betrug begangen hat. Der Grund hierfür liegt einfach darin, dass im Vorfeld rufschädigende Klageerhebungen vermieden werden sollen; vgl. *Kane*, Civil Procedure[3] (1991), S. 92; *Reinhard*, Kla-

rungen zur Zuständigkeit des angerufenen Gerichts, zur Klagebefugnis des Klägers und zu der dem Klagebegehren zugrunde liegenden Forderung. Von Tatsachen ist demgegenüber nicht die Rede. Dies hängt mit der Funktion der Klageschrift zusammen, die nunmehr allein in der Benachrichtigung des Gerichts und des Beklagten über das Klagebegehren liegt[78]. Aufgaben, die in Deutschland an sich den Schriftsätzen zugewiesen sind, sind der *pre-trial discovery* überantwortet. Allein ihr obliegt es, den Streitstoff einzugrenzen, Tatsachen zu ermitteln und Beweise zusammenzutragen[79].

Der potentielle Kläger soll also nicht durch übertrieben hohe Anforderungen der Klageschrift an der Klageerhebung gehindert werden. Die Rule 8 (a) FRCivP begünstigt ihn, indem sie ihm die Möglichkeit bietet, einen Rechtstreit zu beginnen, der zunächst nur auf dünnen Tatsachen bzw. kaum haltbaren Vermutungen beruht. Die Klageerhebung wird dann überwiegend von der Hoffnung getragen, dass das spätere Beweisermittlungsverfahren irgendetwas Brauchbares zutage fördert[80]. Dem Kläger wird das Klagen somit leicht gemacht. In Verbindung mit dem klägerfreundlichen Kostenrecht stellt dies eine weitere Ausgestaltung des US-amerikanischen Zivilprozessrechts, die durchaus Einfluss auf seine Prozessfreudigkeit haben kann.

b) Klägerfreundliche Zuständigkeitsordnung

Es bedarf keiner Betrachtung aller (allgemeinen und besonderen) Gerichtsstände, um die Klägerfreundlichkeit einer Zuständigkeitsordnung festzustellen. Denn regelmäßig genügt hierfür ein Blick auf die allgemeinen Gerichtsstände, in denen die allgemeinen Grundsätze ihren Niederschlag finden. Schließlich käme bei der deutschen Zuständigkeitsordnung auch keiner auf die Idee, diese insge-

---

geerhebung und Beklagtenschutz nach US-amerikanischem und deutschem Zivilprozessrecht (2006), S. 32, 50- 52.

78 *Conley v. Gibson*, 355 US 41, 47 (1957): „[T]he Federal Rules of Civil Procedure do not require a claimant to set out in detail the facts upon which he bases his claim. To the contrary, all the Rules require is "a short and plain statement of the claim"[...] that will give the defendant fair notice of what the plaintiff's claim is and the grounds upon which it rests." Die Federal Rules haben erst 1938 die Anforderungen an die Schriftsätze auf ein Minimum gesenkt, da die vorher bestehende Formstrenge an dem *code pleading* den materiell begründeten Anspruch praktisch zum Scheitern brachte. Die Parteien stritten oft länger über die Zulässigkeit eines Schriftsatzes als über die Sache selbst, vgl. *Kane*, Civil Procedure[3] (1991), S. 86-88; *Junker*, Discovery im deutsch-amerikanischen Rechtsverkehr (1987), S. 102 m. weit. Nachw.; neuerdings *Stürner*, JZ 2006, S. 60 (62 f.).

79 Deutlich *Conley v. Gibson*, 355 US 41, 47 f. (1957); *Friedenthal*, 69 Cal.L.Rev. 806, 815 ff. (1981); *Marcus*, 86 Colum.L.Rev. 433, 451 ff. (1986); *Kane*, Civil Procedure[3] (1991), S. 92; vgl. auch *Stürner*, JZ 2006, S. 60 (63).

80 *Schack*, Einführung in das US-amerikanische Zivilprozessrecht[3] (2003), V. 1. c), S. 41.

samt als klägerfreundlich zu bezeichnen, nur weil nach § 23 S. 1 Alt. 1 ZPO unabhängig vom Wohnsitz des Beklagten ein besonderer Gerichtsstand am Belegenheitsort des Vermögens begründet wird[81]. Die Grundkonzeption der deutschen und auch der europäischen Zuständigkeitsordnung ist tendenziell als beklagtenfreundlich zu bewerten. Beide begründen einen allgemeinen Gerichtsstand am Wohnsitz des Beklagten[82]. Der „angreifende" Kläger hat sich grundsätzlich nach dem „verteidigenden" Beklagten zu richten (actor sequitur forum rei). Die Begünstigung des Beklagten wird damit gerechtfertigt, dass sich die Ausübung der Gerichtsgewalt in erster Linie gegen ihn richtet[83] und er sich als Angegriffener in der Regel in einer schwächeren Position befindet[84]. Grundsatzentscheidung beider Zuständigkeitssysteme ist somit der Beklagtenschutz.

In der Sache ganz ähnlich unterscheidet auch das US-amerikanische Zuständigkeitsrecht zwischen allgemeinen (*general*) und besonderen Gerichtsständen (*specific jurisdictions*)[85]. Für die Feststellung der Kläger- bzw. Beklagtenfreundlichkeit wird hier ebenfalls auf die Ausgestaltung der allgemeinen Gerichtsstände abgestellt. Ein allgemeiner Gerichtsstand für natürliche Personen ist an ihrem Wohnsitz (*domicile*), für juristische Personen in ihrem Gründungsstaat oder an ihrem Hauptgeschäftssitz (*principal place of business*) eröffnet[86]. Darüber hinaus reicht der auch nur vorübergehende Aufenthalt der natürlichen Person im Forumstaat zur Zustellungszeit aus, um einen Gerichtsstand über sie zu begründen (sog. *transient jurisdiction*)[87]. Daneben kann ein allgemeiner Gerichts-

81 Zur heftig umstrittenen Eingrenzung des Vermögensgerichtsstand *BGH*, Urteil v. 02.07.1991, BGHZ 115, S. 90 (94); Urteil v. 17.12.1998, NJW 1999, S. 1395 (1396) = ZIP 1999, S. 196; krit. *Schack*, FS Hideo Nakamura (1996), S. 491 (507 f.); abl. *Stein/Jonas(-Roth)*, ZPO I: §§ 1- 40 ZPO[22] (2003), § 23 ZPO, Rn. 10; vgl. ferner *Schack*, ZZP 97 (1984), S. 46- 68 zur Notwendigkeit exorbitanter Gerichtsstände.

82 Deutschland: § 13 ZPO; Europa: Art. 2 Abs.1 EuGVVO/LugÜ/EuGVÜ. Nach § 17 ZPO, Art. 60 EuGVVO, Art. 53 EuGVÜ/LugÜ steht der Sitz von Gesellschaften und juristischen Personen dem Wohnsitz der natürlichen Person gleich.

83 *Neuner*, Internationale Zuständigkeit (1929), S. 23.

84 *Bittighofer*, Der internationale Gerichtsstand des Vermögens (1994), S. 26.

85 *Helicopteros Nacionales de Colombia, S.A. v. Hall*, 466 US 408, 414, Fn. 8- 9 (1984); *Grothe*, RabelsZ 58 (1994), S. 686 (688 f.); *Hay*, in: *Assmann/Bungert* (Hrsg.), Handbuch des US-amerikanischen Handels-, Gesellschafts- und Wirtschaftsrechts (2001), I: Rn. 73- 94; *Weintraub*, Commentary on Conflict of Laws[4] (2001), § 4.9C, S. 200; *Schack*, Einführung in das US-amerikanische Zivilprozessrecht[3] (2003), IV. 2. b), S. 27; *ders.*, Internationales Zivilverfahrensrecht[4] (2006), Rn. 191; *Winkler/Recke*, NZG 2005, S. 241 (244- 247); ausführlich *Scoles/Hay/Borchers/Symeonides*, Conflict of Laws[4] (2004), §§ 5- 10.

86 *Hay*, in: *Assmann/Bungert* (Hrsg.), Handbuch des US-amerikanischen Handels-, Gesellschafts- und Wirtschaftsrechts (2001), I: Rn. 76 f.

87 *Grothe*, RabelsZ 58 (1994), S. 686 (699 f.); *Hay*, in: *Assmann/Bungert* (Hrsg.), Handbuch des US-amerikanischen Handels-, Gesellschafts- und Wirtschaftsrechts (2001), I: Rn. 73 f.; *Schütze*, Die Allzuständigkeit amerikanischer Gerichte (2003), S. 12 f.; *Schack*, Internationales Zivilverfahrensrecht[4] (2006), Rn. 408; siehe ferner 4.Teil A. I. 2.

stand über juristische Personen an dem Ort eröffnet sein, an dem sie *continuous and systematic business* tätigt (sog. *doing business*-Gerichtsstand)[88]. Die Anforderungen für die beiden letzten Gerichtsstände können dabei teilweise recht niedrig angesetzt sein[89]. Das US-amerikanische Recht knüpft damit zwar ähnlich wie im deutschen und europäischen Recht zur Begründung des allgemeinen Gerichtsstandes an die Kontakte des Beklagten zum Forumstaat an, doch bestehen hinsichtlich der hierfür erforderlichen Intensität erhebliche Unterschiede. Der Wohnsitz als Anknüpfungspunkt lässt noch erwarten, dass der Beklagte auch dort seinen Lebensmittelpunkt hat und zudem über vollstreckungstaugliches Vermögen verfügt[90]. Hingegen lassen eine vorübergehende Anwesenheit und eine irgendwie ausgeartete Geschäftstätigkeit des Beklagten diesen räumlichen Schwerpunkt der Lebensverhältnisse vermissen. Von einem beklagtenfreundlichen Gerichtsstand kann insofern nicht gesprochen werden. Die (exorbitanten) Zuständigkeitsregeln ermöglichen vielmehr, dass der US-Kläger seinen Anspruch regelmäßig vor den heimischen Gerichten verfolgen kann. Insofern können sie als überwiegend klägerfreundlich eingestuft werden. Diese Betrachtung wird durch die Rechtsprechung der US-amerikanischen Gerichte bestätig. Ist der Europäische Gerichtshof stets darum bemüht, im Dienste prozessualer Gerechtigkeit Gerichtsstände am Heimatort des Klägers zu vermeiden, sieht die amerikanische Rechtsprechung in dem Umstand, dass der Kläger zu Hause vor Gericht geht, einen Faktor, der gerade *für* die Berechtigung dieses Gerichtsstands spricht[91].

c) Klägerfreundliche Klageart: *class action*

Das Prozessrecht der Bundesgerichte sowie der meisten Einzelstaaten sieht das Institut der Gruppen- bzw. der Sammelklage (*class action*) vor[92]. Danach

---

88 *Grothe*, RabelsZ 58 (1994), S. 686 (696 f.); *Hay*, in: *Assmann/Bungert* (Hrsg.), Handbuch des US-amerikanischen Handels-, Gesellschafts- und Wirtschaftsrechts (2001), I: Rn. 78; *Schütze*, Die Allzuständigkeit amerikanischer Gerichte (2003), S. 14 f.; *Geulen/Sebok*, NJW 2003, S. 3244; *Schack*, Einführung in das US-amerikanische Zivilprozessrecht[3] (2003), IV. 2. b), S. 27 f.; *ders.*, Internationales Zivilverfahrensrecht[4] (2006), Rn. 409; siehe ferner 3.Teil C. II. 1. a).

89 *Schack*, Einführung in das US-amerikanische Zivilprozessrecht[3] (2003), IV. 2. b), S. 27 f.; *ders.*, FS Peter F. Schlosser (2005), S. 839 (844 f.).

90 Vgl. Münchener Kommentar zum BGB(*-Schmitt)*, I: §§ 1- 240 BGB[5] (2006), § 7 BGB, Rn. 8 f.; *Erman(-Westermann)*, BGB[12] (2008), § 7 BGB, Rn. 1; *Soergel(-Fahse)*, BGB, §§ 1- 103 BGB[13] (2000), Vor § 7 BGB, Rn. 2.

91 Siehe Untersuchung von *Buchner*, Kläger- und Beklagtenschutz im Recht der internationalen Zuständigkeit (1998), S. 47.

92 Für die Bundesgerichte ist Rule 23 FRCivP maßgebend.

können unter bestimmten Voraussetzungen[93] die Forderungen zahlreicher einzelner Kläger in *einer* Klage zusammengefasst werden. Die *class action* wird nur von einer begrenzten Anzahl von stellvertretenden Beteiligten (*class representatives*) erhoben, die in der Klage namentlich als Kläger genannt (*named plaintiffs*) werden. Zugleich handeln sie im Namen der übrigen namentlich nicht aufgeführten Gruppenmitglieder (*class members*), die durch das streitgegenständliche Ereignis betroffen sind[94]. Mit der Bündelung gleichgerichteter Interessen sollen unterschiedliche und inhaltlich sich widersprechende Gerichtsentscheidungen vermieden werden. Die besondere Verfahrensart *class action* dient damit insbesondere der Prozessökonomie und der Rechtssicherheit[95]. Überdies ermöglicht die *class action* Einzelpersonen, die sonst durch ihre finanziellen Verhältnisse von einer Einzelklage abgesehen hätten, Rechtsschutz vor den Gerichten zu ersuchen[96]. Durch die Bündelung der gleichgelagerten Interessen vieler in einem Verfahren werden die meist geringen individuellen Schäden zu einem unter Umständen exorbitant hohen Streitwert zusammengefasst[97]. Die Hemmschwelle, der sich der einzelne Geschädigte bei Verfahren gegen Großkonzerne ausgesetzt sieht, wird abgeschwächt[98]. Einzelklagen, die sonst wegen zu geringer Schadenshöhe oder wegen zu geringer Erfolgsaussichten gar nicht erst erhoben worden wären, werden mit der Möglichkeit der Sammelklage „prozess- und gerichtsfähig“[99].

---

93 Ausführlich hierzu (teilweise veraltet) *Witzsch*, JZ 1975, S. 277- 279; *Koch*, Kollektiver Rechtsschutz im Zivilprozeß (1976), S. 34 ff.; *Schlurmann*, Die class action im Recht der USA (1978), S. 48 ff.; *Lange/Black*, Der Zivilprozeß in den Vereinigten Staaten (1987), Rn. 20- 22; *Fleming*, The American tort process (1988), S. 240- 250; *Mark*, EuZW 1994, S. 238- 242; *Baetge/Eichholz*, in: *Basedow/Hopt/Kötz/Baetge* (Hrsg.), Die Bündelung gleichgerichteter Interessen im Prozeß (1999), S. 287 (303- 323); *Hirte*, VersR 2000, S. 148- 152 (zugl. FS Hans G. Leser (1998), S. 335); *Eichholtz*, Die US-amerikanische Class Action (2002), S. 77- 123; *Ebbing*, ZVglRWiss 103 (2004), S. 31 (33 f.); *Hoppe*, Die Einbeziehung ausländischer Beteiligter in US-amerikanische class actions (2005), S. 55- 80; *Kulms*, in: *Hopt/Kulms/von Hein* (Hrsg.), Rechtshilfe und Rechtsstaat (2006), S. 34- 45.

94 Siehe Rule 23 (a) FRCivP.

95 *Koch*, Kollektiver Rechtsschutz im Zivilprozeß (1976), S. 17 ff.; *Lange/Black*, Der Zivilprozeß in den Vereinigten Staaten (1987), Rn. 20; *Mark*, EuZW 1994, S. 238; *Stadler*, in: *Brönneke* (Hrsg.), Kollektiver Rechtsschutz im Zivilprozeß (2001), S.1 (15 f.).

96 *Hess*, AG 2003, S. 113 (115); *Lange/Black*, Der Zivilprozeß in den Vereinigten Staaten (1987), Rn. 20.

97 Nicht selten werden die *class actions* in Namen von tausenden Einzelpersonen erhoben, die die Schadensersatzforderungen in die Millionen- bzw. Milliardenhöhe treiben. Zur bilanziellen Behandlung der *class action*, siehe *Röhm/Schütze*, RIW 2007, S. 241 (242 f.).

98 *Eichholtz*, Die US-amerikanische Class Action (2002), S. 173.

99 *Koch/Zekoll*, RIW 1985, S. 837 (839); *Lange/Leyendecker*, in: *Henning von Boehmer* (Hrsg.), Deutsche Unternehmen auf dem amerikanischen Markt (1988), S. 275 (278); *Hirte*, VersR 2000, S. 148 (149) (zugl. FS Hans G. Leser (1998), S. 335).

d) Klägerfreundliches Beweisermittlungsverfahren: *pre-trial discovery*

Die Erfolgsaussichten einer Klage hängen gewöhnlich von ihrer Zulässigkeit und Begründetheit ab. Hat die Klage die prozessualen Hürden überwunden, ist von entscheidender Bedeutung, ob der Kläger seinen geltend gemachten Anspruch begründen kann. Dies wird ihm bei Schlüssigkeit der Klage oder im Streitfall mit der Beweisführung hinsichtlich der Klage begründenden Tatsachen gelingen. Die deutsche Zivilprozessordnung regelt dabei, wann und in welcher Weise das Gericht über relevante Tatsachenbehauptungen Beweis zu erheben hat, gibt den Parteien aber keine generellen Möglichkeiten, sich notwendige Informationen zu beschaffen, die die Partei nicht ohnehin besitzt[100]. Im US-Prozess stehen dem Kläger hingegen die Mittel des Beweisermittlungsverfahrens (*pre-trial discovery*) zur Verfügung[101].

Nach Abschluss des schriftlichen Vorverfahrens (*pleadings*)[102] kommt es zu dem wichtigsten Abschnitt des US-amerikanischen Prozesses: der *pre-trial discovery*. Das *discovery*-Verfahren dient der Konkretisierung des Klageantrags, der Eingrenzung des Sachverhalts und der Aufarbeitung des Beweismaterials, so dass die eigentliche Hauptverhandlung innerhalb eines eng begrenzten Zeitraums und ohne unerwartete Überraschungen durchgeführt werden kann[103]. Die *discovery* liegt nahezu ausschließlich in den Händen der Parteien; der Richter wird grundsätzlich nur zur Anordnung von Sanktionen, zur Durchsetzung der *discovery*-Anfragen[104] oder zum Erlass von Schutzandrohungen[105] eingeschaltet[106]. Jede Partei muss auf Verlangen der Gegenseite Auskunft über (fast) alle Punkte geben, die für den Prozess in irgendeiner Form relevant werden können[107]. Die verlangte Information muss nur vernünftigerweise geeignet erschei-

100 Vgl. *Rosenberg/Schwab/Gottwald*, Zivilprozessrecht16 (2004), § 108, Rn. 2.

101 Nach 28 USC § 1782 kann sogar die Partei eines ausländischen (deutschen) Verfahrens die *pre-trial discovery* für sich nutzbar machen. Grundlegend *Intel Corporation v. Advanced Micro Devices, Inc.*, 542 US 241 (2004); siehe ferner *Junker*, Discovery im deutsch-amerikanischen Rechtsverkehr (1987), S. 217, 412- 438; *McDonald/Wetzler*, RIW 2000, S. 212- 216; *Eschenfelder*, IPRax 2006, S. 89- 97; *Kraayvanger/Richter*, RIW 2007, S. 177-183; *Nagel/Gottwald*, Internationales Zivilprozessrecht[6] (2007), § 8, Rn. 39 und § 9, Rn. 23.

102 Siehe Rule 7 (a) FRCivP.

103 Deutlich *Hickman v. Taylor*, 329 US 495, 507 (1947); vgl. ferner *Schurtman/Walter*, Der amerikanische Zivilprozeß (1978), S. 56; *Koch/Zekoll*, RIW 1985, S. 837 (839 f.); *Junker*, in: *Heldrich/Kono* (Hrsg.), Herausforderungen des Internationalen Zivilverfahrensrecht (1994), S. 103 (105); *Lorenz*, ZZP 111 (1998), S. 35 (48 f.).

104 Siehe Rule 37 FRCivP.

105 Siehe Rule 26 (c) FRCivP.

106 *Shreve/Hansen*, Understanding Civil Procedure[2] (1996), §§ 76- 78, S. 324- 335; *Junker*, in: *Heldrich/Kono* (Hrsg.), Herausforderungen des Internationalen Zivilverfahrensrecht (1994), S. 103 (105); *Hess*, AG 2005, S. 897 (903).

107 Siehe Rule 26 (b) FRCivP. Zu den jüngsten Reformen, die die *pre-trial discovery* gegenständlich einschränken *Trittmann/Leitzen*, IPRax 2003, S. 7 (10 f.).

nen, zu verwertbarem Beweismaterial zu führen[108]. Da der Streitstoff zu Beginn des Verfahrens noch sehr vage ist, ist auch der Umfang der potentiell für den Prozess relevanten und damit auskunftspflichtigen Tatsachen entsprechend weit. Es bestehen daher sehr weitgehende Auskunfts- und Informationspflichten, die hierzulande bereits als Ausforschungsbeweis unzulässig wären[109].

Das *discovery*-Verfahren ist für die Bundesgerichte in den Rules 26- 37 FRCivP geregelt. Diese Vorschriften dienen auch vielen Bundesstaaten als Vorbild[110]. Die Bundeszivilprozessordnung nennt dabei fünf Methoden der *discovery*[111]: (1) Eine Partei und jeder Zeuge kann zu einer eidlichen Vernehmung geladen werden, in der sie auf die Fragen des gegnerischen Anwalts zu antworten haben[112]. (2) Es besteht ferner die Möglichkeit, der gegnerischen Partei einen Fragebogen zur Beantwortung zuzusenden[113]. (3) Zudem muss eine Partei und auch ein unbeteiligter Dritter dem Gegner Dokumente, Computerdaten[114] oder andere bewegliche Sachen liefern, damit die gegnerische Partei diese untersuchen und für ihre Prozessführung nutzbar machen kann[115]. Außerdem kann verlangt werden, dass Zugang zu Gebäuden oder anderem Eigentum gewährt wird, damit der Gegner dort bewegliche wie unbewegliche Sachen untersucht, fotografiert oder sonst wie für seine Prozessführung nutzbar macht[116]. (4) Auch ist unter Anordnung des Richters die medizinische Untersuchung einer Person möglich[117]. (5) Schließlich kann die Partei zum Geständnis aufgefordert werden[118].

Hinter diesen weitgehenden Auskunfts- und Informationspflichten verbirgt sich die Vorstellung, dass eine allumfassende Wahrheitsermittlung am besten

---

108 *Yeazell*, Civil Procedure[6] (2004), VII. B., S. 408 f.

109 *BGH*, Urteil v. 08.01.1985, BGHZ 93, S. 191 (205); *Koch/Zekoll*, RIW 1985, S. 837 (839); *Junker*, Discovery im deutsch-amerikanischem Rechtsverkehr (1987), S. 119 ff.; *Lorenz*, ZZP 111 (1998), S. 35 (47 f.).

110 *Junker*, in: *Heldrich/Kono* (Hrsg.), Herausforderungen des Internationalen Zivilverfahrensrecht (1994), S. 103 (106).

111 Ausführlich zu den einzelnen *discovery*-Maßnahmen *Shreve/Hansen*, Understanding Civil Procedure[2] (1996), §§ 71- 75, S. 306- 324; *Schack*, Einführung in das US-amerikanische Zivilprozessrecht[3] (2003), V. 4 b), S. 47- 49; vgl. ferner zu den Risiken für die beteiligten Prozessparteien *Reufels*, RIW 1999, S. 667 (668 f.).

112 Sog. *depositions*, siehe Rule 30 und 31 FRCivP.

113 Sog. *interrogatories*, siehe Rule 33 FRCivP.

114 Näher zu den Auswüchsen der *electronic discovery* und den daraus folgenden Obliegenheiten deutscher Unternehmen, siehe *Hess*, AG 2005, S. 897 (904); *Klinger*, RIW 2007, S. 108- 113; siehe auch *Prasad*, FAZ v. 22.10.2003, S. 23.

115 Siehe Rule 34 (a) (1) FRCivP. Ein krasses Beispiel der *discovery*-Anwendung führt *Schlosser* auf, wonach in einem privatrechtlichen Antitrust-Fall nicht weniger als 35 Millionen Papiere einschließlich aller einschlägigen persönlichen Aufzeichnungen und Korrespondenzstücke vorgelegt werden mussten, *Schlosser*, Der Justizkonflikt zwischen den USA und Europa (1985), S. 13.

116 Siehe Rule 34 (b) (1) FRCivP.

117 Sog. *physical and mental examination of persons*, siehe Rule 35 FRCivP.

118 Sog. *request for admission*, siehe Rule 36 FRCivP.

der Gerechtigkeit diene[119]. Keine Partei soll daraus Nutzen ziehen dürfen, dass sich mögliche Beweismittel in ihrer Verfügungsmacht befinden[120]. Dabei wird billigend in Kauf genommen, dass durch die *discovery* auch andere Informationen zum Vorschein treten, die nicht unmittelbar im Zusammenhang mit der Klage stehen und taugliches Material für andere Rechtstreitigkeiten bieten[121]. Als Ausgleich für die Schwere des Eingriffs in die Rechte des Gegners und zum Schutz seiner Betriebsgeheimnisse kann der Richter nach Ermessen sog. *protective orders* erlassen, die etwa einen Wirtschaftsprüfervorbehalt oder die Beschränkung der Kenntnisnahme von Dokumenten auf die Prozessbevollmächtigten der Partei erhalten[122].

Mit der *pre-trial discovery* hat das US-amerikanische Zivilprozessrecht dem Kläger damit ein Instrument in die Hand gegeben, der ihm in vielerlei Hinsicht begünstigt: Zum einen kann er in dem Beweisermittlungsverfahren seine zunächst dünne Klage mit Tatsachen füllen, die aus der Richtung des Beklagten stammen. Zum anderen ist ihm möglich, Materialien aufzudecken, die ihm für andere Prozesse dienlich sein können. Schließlich steht ihm aufgrund der erheblichen Kosten und der Gefahr der Preisgabe hochsensitiven Informationen gegenüber dem Beklagten ein Vergleichsdruckmittel zu[123]. Diese Möglichkeiten steigern die Erfolgsaussichten der Klage. Eine Tatsache, die sich nur positiv auf die Prozessfreudigkeit des Klägers auswirkt.

e) Klägerfreundliche Laienrichter: *jury trial*

Nach der *US Constitution* besteht unter bestimmten Voraussetzungen auch in Zivilverfahren vor den Bundesgerichten ein Anspruch darauf, eine Verhandlung vor und eine Entscheidung durch eine Jury von Laienrichtern zu erwirken (*jury trial*)[124]. Die mindestens sechs[125] Kandidaten für die *jury* werden dabei per

---

119 *Schack*, Einführung in das US-amerikanische Zivilprozessrecht[3] (2003), V. 4 a), S. 45; *ders.* Internationales Zivilverfahrensrecht[4] (2006), Rn. 737.

120 *Schurtman/Walter*, Der amerikanische Zivilprozeß (1978), S. 56; *Schack*, Einführung in das US-amerikanische Zivilprozessrecht[3] (2003), V. 4 a), S. 45.

121 *Schwung*, AnwBl 1993, S. 436 (440); *Schack*, Einführung in das US-amerikanische Zivilprozessrecht[3] (2003), V. 4 a), S. 45.

122 Zur eher zurückhaltenden Anwendung der *protective orders Zekoll/Bolt*, NJW 2002, S. 3129 (3133); *Müller-Stoy*, GRURInt 2005, S. 558 (562); *Hess*, AG 2005, S. 897 (903).

123 *Junker*, in: *Heldrich/Kono* (Hrsg.), Herausforderungen des Internationalen Zivilverfahrensrecht (1994), S. 103 (105 f.); *Schack*, Einführung in das US-amerikanische Zivilprozessrecht[3] (2003), V. 4 a), S. 46 f.; siehe ferner C. I. 1.

124 Siehe Rule 38 (a) FRCivP i. V. m. VII. *Amendment* der Bundesverfassung: „In suits at common law, where the value in controversy shall exceed twenty dollars, the right of trial

Zufallsprinzip aus Wähler- und Steuerzahlerregistern des Forumstaates ausgewählt[126], wobei sie einen Querschnitt der Gesellschaft widerspiegeln sollen[127]. Tatsächlich aber wird dies in den Haftungsprozessen selten erreicht. Denn die Mitwirkung in einer Jury ist mit einem hohen Zeitaufwand verbunden, der einen Teil der Bevölkerung trotz gesetzlicher Mitwirkungspflicht zu einer Umgehung dieser Bürgerpflicht veranlasst. Die Folge ist, dass der gewünschte Querschnitt der Gesellschaft sich auf diejenige Bevölkerungsschicht reduziert, die sich von der hohen Zeitintensität und dem geringen Sitzungsgeld[128] nicht abschrecken lässt[129]. Typischerweise ist dies die Verbraucherseite (Käufer, Patienten, Klienten, etc.)[130]. Steht dem Kläger zudem die Möglichkeit des inneramerikanischen forum shopping zu, kann er sogar mittelbar durch die Wahl des Gerichtsortes Einfluss auf die Auswahl der *jury* nehmen[131]. So sind die Gerichte in den „ländlichen“ Einzelstaaten wie Mississippi, West Virginia, Alabama, Louisiana und Texas allein aufgrund der Tatsache besonders beliebt, weil den Richtern als auch Geschworenen dort relative Unerfahrenheit und leichte Beeinflussbarkeit nachgesagt wird[132]. Gleichwohl genießen die *juries* eine hohe Akzeptanz in der amerikanischen Bevölkerung[133].

---

by jury shall be preserved, and no fact tried by a jury, shall be otherwise re-examined in any court of the United States, than according to the rules of common law."

125 Siehe *Colgrove v. Battin*, 413 US 149 (1973).

126 *Hazard/Taruffo*, American Civil Procedure (1993), S. 130; *Heidenberger*, RIW 1982, S. 872 (875 f.).

127 *Fleming*, The American tort process (1988), S. 105; *Schack*, Einführung in das US-amerikanische Zivilprozessrecht[3] (2003), VI. 3, S. 64.

128 Siehe 28 USC § 1871 (b) (1). Danach beträgt das Sitzungsgeld (*attendance fee*) gerade mal 40 US-Dollar pro Verhandlungstag.

129 Die potentiellen Geschworenen müssen sich einer in den meisten Staaten von den Anwälten durchgeführten Unterfragung unterziehen, vgl. Rule 47 FRCivP. Ihr vorgegebener Zweck ist die Aussonderung voreingenommener Kandidaten. Tatsächlich aber sind die Parteien stets bemüht, ihnen wohlgesinnte Kandidaten in der Jury zu installieren, vgl. *Fleming*, The American tort process (1988), S. 106; *Hazard/Taruffo*, American Civil Procedure (1993), S. 131; *Rayroux*, Amerikanisches Civil Jury Trial und Antitrust-, Products Liability und Derivative Suits (1994), S. 48; äußerst veranschaulichend auch *Langley*, Wall Street Journal v. 03.05.04, S. 1.

130 *Hirte*, NJW 2002, S. 345.

131 *Willging/Wheatman*, 81 Notre Dame L. Rev. 591, 602 f. (2006), die sog. *„state connections"* des Klägers mit dem Forumstaat haben dabei einen erheblichen Einfluss auf die Wahl des Gerichtsorts.

132 Siehe *Griffin*, Humboldt Institution on Transatlantic Issues (2004), S. 2; *Dolzer/Valen*, RIW 2006, S. 252; allgemein *Heidenberger*, RIW 1982, S. 872 (876); *Maxeiner*, RIW 1990, S. 440 (444 f.); *Rasnic*, JBl 2001, S. 609 (610); *Schütze*, Die Allzuständigkeit amerikanischer Gerichte (2003), S. 7 f.

133 *Heidenberger*, RIW 1982, S. 872 (873); *Hirte/Otte*, VersR 1994, S. 1387 (1393).

Das soziologische Ungleichgewicht in den *juries* hat eine Einstellung zulasten von *deep pockets* zutage gebracht[134]. Danach sollen reiche Beklagte, die also über eine „tiefe Tasche" verfügen, für den Schaden aufkommen[135]. Besonders problematisch ist diese Haltung in Zusammenhang mit der Frage nach dem Schadensumfang. Die Jury entscheidet über alle Tatsachenfragen, mithin auch über die Höhe des zu ersetzenden Schadens, nach freiem Ermessen[136]. Hier haben Untersuchungen ergeben, dass die Entscheidungen der Geschworenen hinsichtlich der Haftungshöhe wesentlich wohlwollender ausfallen als die entsprechenden Entscheidungen der Berufsrichter[137]. Eine Tatsache, die zwar nicht die Klägerfreundlichkeit der Jury belegt[138], sie jedoch indiziert. Auch wenn sich wegen des Beratungsgeheimnisses der Jury und ihrer fehlenden Verpflichtung der Urteilsbegründung die Beeinflussbarkeit der Geschworenen nicht eindeutig nachweisen lässt, ist die Vermutung nicht ganz von der Hand zu weisen, dass die Jury sich bei ihrer Entscheidungsfindung von dem Gefühl leiten lässt, selbst in die vermeintliche Opfersituation kommen zu können[139]. Zumindest gilt bei vielen Amerikanern als gesicherte Erkenntnis, dass die *juries* stärker opferorientiert sind als die Berufsrichter[140].

Im Gegensatz zu den Bundesrichtern, die vom Präsidenten der Vereinigten Staaten unter Mitwirkung des Senats auf Lebenszeit ernannt werden, werden in vielen Bundesstaaten die Richter an den Staatengerichten unmittelbar vom Volk für eine zeitlich begrenzte Amtszeit gewählt[141]. Da sie damit für eine Wiederwahl in das Richteramt von der Wählergunst abhängig sind, wird auch manchen Einzelstaatenrichtern eine eher klä-

---

134 Zur *deep pocket*-Erscheinung *Fleming*, The American tort process (1988), S. 111- 114.

135 *Morisse*, RIW 1995, S. 370 (371); *Hirte*, NJW 2002, S. 345; *Hannes*, PHi 2004, S. 135.

136 *Zekoll*, US-amerikanisches Produkthaftpflichtrecht vor deutschen Gerichten (1987), S. 81; *ders.*, NJW 1999, S. 2163 (2164); *Hirte*, NJW 2002, S. 345.

137 Hauptziel der Untersuchung des *University of Chicago Jury Project* bestand darin, die Entscheidungen der *juries* mit Stellungnahmen der beteiligten Richter zu vergleichen, wie sie die Fälle beurteilt hätten, wenn diese vor ihnen alleine verhandelt worden wären. Erwähnenswert ist in diesem Zusammenhang die relativ hohe Übereinstimmung von 79 % zwischen Richtern und Geschworenen bei der Entscheidung über den Haftungsgrund, siehe hierzu *Rayroux*, Amerikanisches Civil Jury Trial und Antitrust-, Products Liability und Derivative Suits (1994), S. 127; vgl. ferner *Zekoll*, US-amerikanisches Produkthaftpflichtrecht vor deutschen Gerichten (1987), S. 86 ff. (89); *ders.*, NJW 1999, S. 2163 (2164).

138 Eine Statistik über das Entscheidungsverhalten der Jury enthält *Moller*, Trends in Civil Jury Verdicts since 1985 (1996), S. 15 f.

139 *Lange/Black*, Der Zivilprozeß in den Vereinigten Staaten (1987), Rn. 87; *Lange/ Leyendecker*, in: *Henning von Boehmer* (Hrsg.), Deutsche Unternehmen auf dem amerikanischen Markt (1988), S. 275 (286); *Hirte*, NJW 2002, S. 345 (346); *Graf*, JAP 2003/2004, S. 143 (144).

140 *Zekoll*, NJW 1999, S. 2163 (2164); *Schubert/Robyn*, in: *Häberle* (Hrsg.), Handbuch für Kaufrecht, Rechtsdurchsetzung und Zahlungssicherung im Außenhandel (2002), S. 254.

141 *Schack*, Einführung in das US-amerikanische Zivilprozessrecht[3] (2003), II. 3., S. 4.

gerfreundliche Einstellung insbesondere zulasten ausländischer Unternehmen unterstellt[142].

2. Klägerfreundliches Haftungsrecht

Ergänzt wird das klägerfreundliche Prozessrecht durch die ebenbürtigen Vorteile des US-Haftungsrechts. Schon was das Beweismaß (*standard of proof*) angeht, lassen sich Unterschiede zum deutschen Recht feststellen. Hierzulande ist für die richterliche Überzeugung nach § 286 ZPO eine „an Sicherheit grenzende Wahrscheinlichkeit" erforderlich, die formelhaft als ein „für das praktische Leben brauchbarer Grad von Gewissheit, der vernünftigen Zweifeln Schweigen gebietet, ohne sie ganz auszuschließen", umschrieben ist[143]. Die meisten Bundesstaaten lassen hingegen bereits eine überwiegende Wahrscheinlichkeit (*preponderance of the evidence*) genügen[144], auf die sich eine Jury sehr viel leichter verständigen kann[145]. Nur wenige Einzelstaaten verlangen, dass der Strafschaden auf der Grundlage einer „klaren und überzeugenden" Beweislage ergeht[146].

Auch die zugesprochenen Schadensbeträge fallen regelmäßig höher aus, als es in Deutschland der Fall wäre. Die *compensatory damages*, die die tatsächlich erlittenen Schäden kompensieren sollen[147], sind schon deshalb deutlich höher, da sie das lückenhafte Sozialversicherungssystem in den USA ausgleichen müssen[148]. Insofern ist darin noch keine echte Begünstigung des Klägers zu sehen. Anders verhält es sich jedoch mit den *punitive damages*, die die Höhe der Kompensation um ein Vielfaches überschreiten können[149]. Sie werden nach dem Haftungsrecht der meisten Einzelstaaten dem Kläger zuerkannt, wenn dem Täter als erschwerender Umstand zu einem allgemeinen Haftungstatbestand ein absichtliches[150], bösartiges oder rücksichtsloses Fehlverhalten zur Last fällt[151].

---

142 *Schütze*, ZVglRWiss 100 (2001), S. 464- 470; *Koch*, in: *Koch/Willingmann* (Hrsg.), Modernes Schadensmanagement bei Großschäden (2002), S. 15 (17); *Schack*, FS Peter F. Schlosser (2005), S. 839 (841).

143 St. Rspr., vgl. *BGH*, Urteil v. 17.02.1970, BGHZ 53, S. 245 (256); Urteil v. 18.04.1977, VersR 1977, S. 721; Urteil v. 09.05.1989, VersR 1989, S. 758 (759); Urteil v. 28.01.2003, NJW 2003, S. 1116.

144 Der Wahrscheinlichkeitsgrad ist etwas deutlicher als 51 %; siehe *Schack*, Internationales Zivilverfahrensrecht[4] (2006), Rn. 695 m. weit. Nachw.

145 So *Schack*, FS Peter F. Schlosser (2005), S. 839 (842).

146 Siehe *Dolzer/Valen*, RIW 2006, S. 252 (254) m. weit. Nachw.

147 *Cooper Industries, Inc.* v. *Leatherman Tool Group, Inc.*, 532 US 424, 432 (2001).

148 *Schack*, FS Peter F. Schlosser (2005), S. 839 (842 f.).

149 *Hay*, US-Amerikanisches Recht[4] (2008), Rn. 416; einen allgemeinen Überblick bietet *Cordewener*, JA 1998, S. 168- 176.

150 Einige Bundesstaaten lassen auch grobe Fahrlässigkeit genügen, siehe *Hoechst*, Die US-amerikanische Produzentenhaftung (1986), S. 73; *Stiefel/Stürner*, VersR 1987, S. 829

Nachdem der Richter das Vorliegen der Voraussetzungen der *punitive damages* geprüft und bejaht hat, fällt es grundsätzlich in das freie Ermessen der Geschworenen, über die Höhe des Strafschadensersatzes zu entscheiden. Nicht selten aber werden die exorbitant hohen Schadensersatzzusprüche der Jury durch den Richter[152] oder durch das Berufungsgericht[153] reduziert[154]. Gleichwohl bleibt es dabei, dass dem Kläger eine beträchtliche Summe zusätzlich zum tatsächlich erlittenen Schaden zugesprochen wird.

Die *punitive damages* sollen einerseits den Beklagten für sein besonders verwerfliches Verhalten *bestrafen* und dadurch auch andere von einem ähnlichen Tun abschrecken; andererseits dienen sie dem Kläger als Anreiz und Belohnung für die privatrechtliche Verfolgung von sozialschädlichem Tun[155]. Ferner kann ihnen auch eine gewisse Ausgleichsfunktion in den Fällen zukommen, wo der erlittene Schaden höher ist als die zugesprochene Schadensersatzsumme, etwa wegen der Verfahrens- und Anwaltskosten[156]. Trotz ihres pönalen Charakters werden die *punitive damages* sowohl nach US-amerikanischer Sicht[157] als

---

(835); *Fleming*, The American tort process (1988), S. 217 f.; *Madden*, Product Liability[2] (1988), II: § 22.3, S. 319; *Reimann*, Einführung in das US-amerikanische Privatrecht[2] (2004), § 24 4. d), S. 104.

151 *Großfeld*, Die Privatstrafe (1961), S. 59 f.; *Westphalen*, RIW/AWD 1981, S. 141 (143); *Siehr*, RIW 1991, S. 705 (706 f.); *Kionke*, Torts[3] (1999), S. 372 f.; *Schubert/Robyn*, in: *Häberle* (Hrsg.), Handbuch für Kaufrecht, Rechtsdurchsetzung und Zahlungssicherung im Außenhandel (2002), S. 241; *Reimann*, Einführung in das US-amerikanische Privatrecht[2] (2004), § 27 4., S. 104.

152 Dem Richter steht die Möglichkeit der Herabsetzung exorbitanter Urteilsbeträge im sog. *remittitur*-Verfahren zu. Danach ordnet er eine neues Verfahren unter der Bedingung an, dass sich der Kläger nicht mit dem vom Richter vorgeschlagenen niedrigeren Betrag einverstanden erklärt; siehe *Grzimek*, RabelsZ 65 (2001), S. 706 (715- 736); *Schack*, Einführung in das US-amerikanische Zivilprozessrecht[3] (2003), VI.4., S. 68;.

153 *Commissioner of Internal Revenue v. Duberstein*, 363 US 278, 291 (1960); *Hersch v. United States*, 719 F.2d 873, 877 (6th Cir. 1983).

154 Siehe Beispiele bei *Carrington*, in: Bitburger Gespräche 2003, Globale Wirtschaft – nationales Recht, S. 33 (44 f.); *Lenenbach*, WM 2003, S. 2398 (2399); *Wenglorz/Ryan*, RIW 2003, S. 598 (601 f.); *Graf*, JAP 2003/2004, S. 143 (148); *Prisching*, ZfRV 2004, S. 43 (49 f.); *Mörsdorf-Schulte*, NJW 2006, S. 1184 (1185).

155 *Cooper Industries, Inc.* v. *Leatherman Tool Group, Inc.*, 532 US 424, 432- 433 (2001); *State Farm Mutual Automobile Insurance Co. v. Campbell*, 538 US 408, 416- 417 (2003); *Anonymus*, 70 Harv. L. Rev. 517, 520 ff. (1957); *Owen*, 74 Mich. L. Rev. 1257, 1277 ff. (1976); *Westphalen*, RIW/AWD 1981, S. 141 (146 f.); *Brockmeier*, Punitive damages, multiple damages und deutscher ordre public (1999), S. 17- 22; *Mörsdorf-Schulte*, Funktion und Dogmatik US-amerikanischer „punitive damages“ (1999), S. 60- 112.

156 *Zekoll*, US-amerikanisches Produkthaftpflichtrecht vor deutschen Gerichten (1987), S. 118 f.; *Hay*, US-Amerikanisches Recht[4] (2008), Rn. 422.

157 Siehe *Großfeld*, Die Privatstrafe (1961), S. 61 f.; *Junker*, Discovery im deutsch-amerikanischen Rechtsverkehr (1987), S. 255; *Stürner/Stadler*, IPRax 1990, S. 157 (158); *Kionka*, Torts[3] (1999), S. 373.

auch nach überwiegend deutscher Auffassung[158] dem Zivilrecht zugeordnet, soweit die Zahlungen dem Kläger zufließen[159].

III. Gesellschaftliche Einflüsse

Nicht nur das klägerfreundliche US-Recht hat einen entscheidenden Einfluss auf das erhöhte Prozessrisiko in den USA. Es spielen auch äußere Faktoren eine bestimmende Rolle. Zum einen ist hier der aggressive Anwaltsstand zu nennen, die stets auf der Suche nach lukrativen Fällen ist[160]. Zum anderen drängt das vergleichsweise schlecht ausgebaute US-Sozialwesen den Kläger zur Klageerhebung.

1. Aggressive Anwaltsindustrie

Neben der Tatsache, dass in den USA die Zahl der praktizierenden Anwälte verhältnismäßig hoch ist und schon dadurch eine gewisse Streitlust gefördert wird[161], sind hier zwei weitere Faktoren zu nennen, die die Prozessgefahr in die Höhe treiben: das anwaltliche Erfolgshonorar und die Werbeerlaubnis für Rechtsanwälte.

Bereits aufgeführt wurde, dass der Anwalt durch die Vereinbarung einer *contingent fee* mit seinem Mandanten prozentual am pekuniären Verfahrenserfolg beteiligt wird[162]. Augenscheinlich mag diese Art der Honorierung dem einkommensschwachen Kläger zugute kommen, dem dadurch ein effektiver

158 *BGH*, Urteil v. 04.06.1992, BGHZ 118, S. 312 (337 f.) = NJW 1992, S. 3096 (3102 f.); *OLG München*, Beschluss v. 09.05.1989, NJW 1989, S. 3102 m. zust. Anm. *Gregor*, ebd., S. 3103; *Westphalen*, RIW/AWD 1981, S. 141 (143); *Stiefel/Stürner*, VersR 1987, S. 829 (837); *Zekoll*, US-amerikanisches Produkthaftpflichtrecht vor deutschen Gerichten (1987), S. 151; *ders.*, 37 Am.J.Comp.L. 301, 324 f. (1989); *Böhmer*, NJW 1990, S. 3049 (3051); *Stürner/Stadler*, IPRax 1990, S. 157 (158); *Siehr*, RIW 1991, S. 705 (708); *Schack*, Internationales Zivilverfahrensrecht[4] (2006), Rn. 605; a. A. *Wölki*, RIW 1985, S. 530 (533); *Merkt*, Abwehr der Zustellung von „punitive-damages"-Klagen (1995), S. 112 ff. (117); krit. *Berger/Wilske*, RIW 2007, S. 245 (248).

159 Die *punitive damages*-Zahlungen können unter Umständen auch in die Staatskassen der einzelnen US-Bundesstaaten fließen. Dann aber wird überwiegend vertreten, dass es sich hierbei nicht mehr um eine Zivilsache handelt; siehe *Bungert*, ZIP 1992, S. 1707 (1709); *Schack*, Internationales Zivilverfahrensrecht4 (2006), Rn. 818.

160 Allgemein lesenswert *Schwelien*, Die Zeit v. 28.08.2001, S. 16; *Aberle*, FAZ v. 09.07.2002, S. 5; *Schwikowski*, taz v. 21.01.2004, S. 10; *Tucker*, NZZ v. 17.04.2005, S. 56.

161 Siehe *Miller*, 69 Minn.L.Rev. 1, 3 f. (1984); *Schack*, Einführung in das US-amerikanische Zivilprozessrecht[3] (2003), II. 4., S. 6; *Schwung*, AG 2006, S. 818.

162 Siehe B. I. 2.

Rechtsschutz ermöglicht wird[163]. Doch nicht selten geht dieser förmlich leer aus, da mit der erstrittenen Summe zunächst die hohen Anwaltskosten gedeckt werden müssen. Das wirtschaftliche Interesse der Klägeranwälte an einer hohen Schadensersatzforderung spitzt sich zu[164]. Die *contingent fees* fördert damit vor allem Prozessfreudigkeit der Rechtsanwälte mit der Folge, dass sich in den USA eine wenig angesehene Anwaltsgruppe gebildet hat, die sich ausschließlich auf die Rechte der Kläger- und Geschädigtenseite in Verkehrsunfall-, Produkthaftungs- und Arzthaftungssachen konzentriert[165].

Ergänzt wird das Eigeninteresse der Anwälte an einer Klageerhebung durch die in den USA zulässige Anwaltswerbung[166]. Seit der mit dem ersten Verfassungsgrundsatz begründeten Aufhebung des anwaltlichen Werbeverbots durch den *US Supreme Court*[167] wird eine breite Öffentlichkeit unter Zuhilfenahme aller erdenklichen Medien mit den Vorzügen der klägerfreundlichen Kostenregelung vertraut gemacht[168]. Das hat häufig zur Folge, dass nicht der Geschädigte den Rechtsanwalt, sondern der Anwalt den Geschädigten sucht[169]. Mit Hilfe von Fernsehspots, Zeitungsanzeigen und Internetaufrufen werden potentielle Kläger für die Klage geworben[170].

2. Schlecht ausgebautes Sozialwesen

Als Motivation zur Klageerhebung kann in manchen Fällen auch das schlecht ausgebaute Sozialversicherungswesen in den USA angesehen werden, das unversorgte Geschädigte zum Gang zum Anwalt zwingt[171]. Es darf nicht außer Acht gelassen werden, dass noch immer in den Vereinigten Staaten soziale Leistungen nur dünn gesät sind[172]. Dies liegt vor allem an einer im Gegensatz zu Deutschland sehr unterschiedlichen „Sozialphilosophie“. Diese geht vom Leit-

---

163 Zweifelnd *Koch/Zekoll*, RIW 1985, S. 837 (839); *Zekoll*, US-amerikanisches Produkthaftpflichtrecht vor deutschen Gerichten (1987), S. 115.

164 *Ebbing*, ZVglRWiss 103 (2004), S. 31 (39, 42); *Fleming*, The American tort process (1988), S. 202.

165 *Zekoll*, NJW 1999, S. 2163 (2164); *Hirte*, NJW 2002, S. 345 (346).

166 Zur (unzulässigen) Anwaltswerbung um ein (konkretes) Mandat in Deutschland; siehe *Schulte/Schulte,* MMR 2002, S. 585; *Donsbach/Steglich/Danko*, NJW 2004, S. 18; *Büchting/Heussen(-Krämer)*, RAnwHdb^{8} (2004), Q 3., Rn. 26.

167 *Bates v. State Bar of Arizona*, 433 US 350 (1977); hierzu *Prinz*, Anwaltswerbung (1986), S. 64 ff.; *Göttsche*, DAJV-NL 1999, S. 8 (9 f.); *Rasnic*, JBl 2001, S. 609 (612 f.).

168 *Koch/Zekoll*, RIW 1985, S. 837 (839); *Zekoll*, US-amerikanisches Produkthaftpflichtrecht vor deutschen Gerichten (1987), S. 116.

169 Siehe Bsp. bei *Mewis*, LZS v. 03.12.04, S. 22.

170 Allgemein *Prinz*, Anwaltswerbung (1986), S. 80- 84.

171 *Carrington*, in: Bitburger Gespräche 2003, Globale Wirtschaft- nationales Recht, S. 33 (45).

172 *Hirte*, NJW 2002, S. 345 (346).

bild eines unabhängigen und selbstbestimmten Amerikaners aus, der grundsätzlich selbst in der Lage ist, für sich und seine Familie zu sorgen. Eine etwaige Schutzpflicht des Staates tritt in den Hintergrund mit der Konsequenz, dass dieser nur in den äußersten Fällen eingreift[173]. In diesem rauen sozialen Klima sieht der Geschädigte in der Klageerhebung oft die einzige Möglichkeit, einen befriedigenden Schadensausgleich erzielen zu können[174]. Die Aussicht auf eine exorbitant hohe Schadensersatzzahlung gibt ihm Hoffnung, aus seiner sozialen Misere entfliehen zu können. Eine gesellschaftliche Komponente, die bei manchem potentiellen Kläger das Motiv zur Klageeinreichung darstellt[175].

IV. Zusammenfassung

„Was des einen Freud, ist des anderen Leid“: Überall dort, wo dem Einen Rechte zugestanden werden, entstehen dem Anderen zwangsläufig Pflichten. Im Verfahrensrecht verlangt jedoch der Fairness- und Gerechtigkeitsgedanke, dass sich beides stets die Waage hält. Dieser Verpflichtung versuchen beispielsweise die deutschen Regelungen zur internationalen (örtlichen) Zuständigkeit gerecht zu werden, indem sie auf das Rechtsschutzverlangen des Klägers genauso Rücksicht nehmen wie auf die Verteidigung des Beklagten und somit ein ausgewogenes und differenziertes System für Angreifer und Verteidiger anbieten[176]. Auch im deutschen Kostenrecht lässt sich ein entsprechender Gedanke feststellen. So folgt hierzulande die Verteilung der Kostenlast für streitige Verfahren je nach dem Verfahrensgang aus dem Veranlassungsprinzip[177]. Es erscheint dabei als ein Gebot der Billigkeit, nicht stets den jeweiligen Antragsteller als Veranlasser anzusehen, sondern grundsätzlich denjenigen, der durch unberechtigtes Verhalten Anlass zum Einschreiten der Gerichte geboten hat[178]. Augenscheinlich drückt sich dieses Gerechtigkeitsprinzip weder prozessual noch materiell in der Ausgestaltung des US-amerikanischen Rechts aus. Vielmehr begünstigen die Regelungen überwiegend den Kläger, weshalb nach den obigen Ausführungen das amerikanische Recht auch als klägerfreundlich zu bezeichnen ist.

---

173 *Bork*, RIW 1982, S. 878 f.

174 Vgl. *Carrington*, in: Bitburger Gespräche 2003, Globale Wirtschaft- nationales Recht, S. 33 (46 f.).

175 Eine Einstellung, die auch in der Rechtsprechung nicht unberücksichtigt bleibt, siehe *Helene Curtis Industries, Inc. v. Pruitt*, 385 F.2d 841, 862 (5th Cir.1967), cert. denied, 341 US 1913 (1968).

176 *Stein/Jonas(-Roth)*, ZPO I: §§ 1- 40 ZPO[22] (2003), Vor § 12 ZPO, Rn. 3.

177 Siehe statt vieler *BGH*, Urteil v. 05.04.1973, BGHZ 60, S. 337 (343) = NJW 1973, S. 1118.

178 *BGH*, Urteil v. 04.06.1992, BGHZ 118, S. 312 (325) = NJW 1992, S. 3096 (3099).

C. Kritische Äußerungen gegen das US-Rechtssystem

I. Vorwurf des Missbrauchs des Klagerechts

Die Schattenseite der klägerfreundlichen Ausgestaltung des US-Rechts stellt der bereits häufig erhobene Vorwurf des Missbrauchs des Klagerechts dar. Dadurch, dass der Kläger einen an sich dünnen Anspruch vor Gericht geltend mache nur in der Hoffnung, der Beklagte zeige sich schon aufgrund des Prozessdrucks vergleichsbereit, verstoße er gegen Treu und Glauben und übe damit sein an sich bestehendes Klagerecht in unzulässiger Art und Weise aus[179].

In der Tat lassen sich Überlegungen aufstellen, die einen derartigen Vorwurf glaubhaft machen: Bereits das klägerfreundliche Zuständigkeitsrecht ermöglicht es, Sachverhalte mit nur geringem oder gar keinem Bezug zu den Vereinigten Staaten vor den US-Gerichten auszutragen. Die geringen prozessualen Anforderungen an der Substantiierung der Schriftsätze in Verbindung mit dem US-amerikanischen Kostenrecht, nach dem der Kläger auch im Falle einer Niederlage bestenfalls keine Prozesskosten zu tragen hat, ermöglichen eine Klageerhebung aufgrund eines nur vermuteten Geschehens. Der Kläger wird insbesondere nicht davon abgehalten, Ansprüche vor Gericht geltend zu machen, an denen inhaltlich nichts dran ist. Bezweckt wird dann nicht die gerichtliche Entscheidung durch Endurteil, sondern allein der schnelle Vergleich (*settlement*), der aufgrund der Besonderheiten des US-Rechts äußerst attraktiv ist[180].

Dass diese Prozesstaktik Erfolg versprechend ist, scheinen die schon seit Jahrzehnten hohen Vergleichsquoten in den USA zu bestätigen: Nur in den seltensten Fällen kommt es überhaupt zu einer Hauptverhandlung[181]. Gerade mal weniger als 5 % der anhängig gemachten Verfahren werden durch ein Endurteil entschieden[182]. Hingegen liegt die Vergleichsquote vor Beginn der Hauptverhandlung bei etwa 60 %[183]. Neben den Besonderheiten des US-Rechts bietet darüber hinaus die Kostensanktion in Rule 68 FRCivP einen zusätzlichen Anreiz zum Vergleich[184]. Danach können der Partei die gesamten Kosten der Hauptverhandlung auferlegt werden, wenn sie das *pre-trial offer of*

---

179 Entsprechend *Reinhard*, Klageerhebung und Beklagtenschutz nach US-amerikanischem und deutschem Zivilprozessrecht (2006), S. 22 f.

180 Statt vieler *Hess*, JZ 2000, S. 373 (374); *Prisching*, ZfRV 2004, S. 1 (2).

181 Hierzu *Junker*, RIW 1987, S. 1 (3), Fn. 25 m. weit. Nachw.; *Eaton/Mustard/Talarico*, 34 J. Leg. Stud. 343, 344 (2005); *Hess*, AG 2005, S. 897.

182 *Koenig*, 1 Wis. L. Rev. 169, 171, Fn. 6 (1998); *Eaton/Mustard/Talarico*, 34 J. Leg. Stud. 343, 344 (2005).

183 Die übrigen Verfahren werden durch einseitige Anträge auf Verurteilung ohne streitige Hauptverhandlung zur Sache aufgrund klarer und unbestrittener Sachverhaltslage (*summary judgment*) oder durch freiwillige Klagerücknahme abgeschlossen, siehe *Resnik*, 53 U. Chi. L. Rev. 494, 511 f. (1986); *Kritzer*, 10 Judicature 161, 163 (1986).

184 *Schack*, Einführung in das US-amerikanische Prozessrecht[3] (2003), VI. 5 c), S. 61.

settlement der Gegenseite nicht annimmt und sie später vom Gericht nicht mehr als die angebotene Summe zugesprochen bekommt[185].

1. Vergleichsdruck durch *pre-trial discovery*

Der Vergleichsdruck auf das beklagte Unternehmen wird vor allem durch das umfassende Beweisermittlungsverfahren ausgelöst. Die allgemeine und unbestimmte Klageschrift hat zur Folge, dass der Anwendungsbereich der *pre-trial discovery* schier unendlich weit ausgedehnt werden kann. Dem Kläger bzw. seinem Anwalt wird dadurch ermöglicht, die Beklagtenseite mit umfassenden *discovery*-Maßnahmen zu ärgern[186]: So können die Klägeranwälte die Vernehmung von Vorstandsmitgliedern oder anderen wichtigen Angestellten verlangen, das Zusammenstellen von Dokumenten oder Computerdaten anfragen oder gar die Durchsuchung der Geschäftsräume einfordern[187]. Hinzu kommt, dass die Kosten für die Informationsbeschaffung in der Regel von der auskunftspflichtigen Person zu tragen sind[188]. Zu allem Überdruss besteht für das beklagte Unternehmen die reelle Gefahr, dass sich der Kläger von möglichen anderen Klagegründen und von Geschäftsgeheimnissen Kenntnis verschafft[189]. Insgesamt stellen dies Gründe dar, die ein wirtschaftlich denkendes Unternehmen schnell dazu bewegen, auch einen unbegründeten Anspruch vergleichsweise zu befriedigen, als weitere *discovery*-Kosten auf sich zu nehmen[190]. Die hohen Vergleichsquoten lassen jedenfalls eine äußerst erfolgreiche Prozessstrategie vermuten.

---

185 *Marek v. Chesny*, 473 US 1 (1985).

186 Sog. *nuisance value* der *discovery*, siehe *Setear*, 92 Yale L. J. 352 (1982); *Coffee*, 62 Ind. L. J. 625, 637 (1987); *ders.*, 54 U. Chi. L. Rev. 877, 891 ff. (1987); *Easterbrook*, 69 B. U. L. Rev. 635, 639 f. (1989).

187 *Schwung*, AnwBl 1993, S. 436 (440); *Lenenbach*, WM 1999, S. 1393 (1397); *Schack*, Einführung in das US-amerikanische Prozessrecht[3] (2003), V. 4 a), S. 46.

188 *Junker*, in: *Heldrich/Kono* (Hrsg.), Herausforderungen des Internationalen Zivilverfahrensrecht (1994), S. 103 (105 f.); *Schack*, Einführung in das US-amerikanische Prozessrecht[3] (2003), V. 4 a), S. 46 f.; *Yeazell*, Civil Procedure[6] (2004), VII. C. 2., S. 418 f.

189 Bildlich wird dabei von sog. *fishing expeditions* gesprochen. Das US-amerikanische Recht kennt keinen allgemeinen Schutz des Geschäftsgeheimnisses; siehe *Junker*, Discovery im deutsch- amerikanischem Rechtsverkehr (1987), S. 119; *Stadler*, Der Schutz des Unternehmensgeheimnisses im deutschen und US-amerikanischen Zivilprozeß und im Rechtshilfeverfahren (1989), S. 128 ff.; *Haydock/Herr*, Discovery Practice[2] (1991), S. 129 ff.; *Lorenz*, ZZP 111 (1998), S. 35 (48).

190 Siehe *Schurtman/Walter*, Der amerikanische Zivilprozeß (1978), S. 56; *von Hülsen*, RIW 1982, S. 225 (230); *Schack*, Einführung in das US-amerikanische Prozessrecht[3] (2003), V. 4 a), S. 46 f.; *Rogowski*, in: Bitburger Gespräche 2003, Globale Wirtschaft- nationales Recht, S. 21 (27); *Schwung*, AG 2006, S. 818 (820 f.).

2. Vergleichsdruck durch *class actions*

Auch die *class action* muss sich den Vorwurf der Missbrauchsanfälligkeit gefallen lassen[191]. Die Missbrauchsgefahr der Sammelklage geht dabei von der exorbitanten Größenordnung der geltend gemachten Forderungen als Summe der einzelnen Ansprüche sämtlicher Kläger aus[192]. Den verfahrensführenden Klägeranwälten steht, ungehindert von der *American Rule of Costs*, die Möglichkeit zu, einen unverhältnismäßig hohen Streitwert festzusetzen. Ohne gerichtskostenrechtliche Sanktionen befürchten zu müssen, können sie astronomisch hohe Schadensersatzforderungen vor Gericht geltend machen, von denen ein erheblicher Einschüchterungseffekt ausgeht. Dieses Druckpotential kann den Beklagten zu der Annahme verführen, lieber einen „humanen" Vergleich abzuschließen, auch wenn der Anspruch unbegründet ist, als sich der Gefahr einer exorbitant hohen Schadensersatzzahlung auszusetzen[193]. Seine Ansicht wird dadurch bestärkt, dass auch die Öffentlichkeit in die Diskussion um die Berechtigung der geltend gemachten Ansprüche von den Klägeranwälten bewusst einbezogen wird[194]. Ist ein Unternehmen erstmal Beklagter eines *class action*-Verfahrens geworden, so können Rufschädigungen und Absatzschwierigkeiten die Folge sein. Bei börsennotierten Unternehmen kann der angeschlagene Ruf sogar zu Aktieneinbrüchen führen:

Dass ein Einbruch des Aktienkurses aber stets die Folge einer Sammelklage ist, muss noch empirisch belegt werden. Jedenfalls konnte nicht immer bei allen dem Verfasser bekannten *class action*-Verfahren ein Aktieneinbruch auf Seiten des beklagten Unternehmens festgestellt werden. Bei den anhängig gemachten Sammelklagen gegen

---

191 *Coffee*, 95 Colum. L. Rev. 1343 (1995); *Baetge/Eichholtz*, in: *Basedow/Hopt/Kötz/Baetge* (Hrsg.), Die Bündelung gleichgerichteter Interessen im Prozeß (1999), S. 287 (348 ff.); *Hirte*, VersR 2000, S. 148 (zugl. FS Hans G. Leser (1998), S. 335); *Stadler*, in: *Brönneke* (Hrsg.), Kollektiver Rechtsschutz im Zivilprozessrecht (2001), S. 1 (18- 20); *Eichholtz*, Die US-amerikanische Class Action (2002), S. 24 ff., 41 ff.; *Ebbing*, ZVglRWiss 103 (2004), S. 31 (39); *Kulms*, in: *Hopt/Kulms/von Hein* (Hrsg.), Rechtshilfe und Rechtsstaat (2006), S. 61-66. Auch die US-amerikanische Regierung spricht in diesem Zusammenhang von „frivolous lawsuits in this Nation and the burden they place on our economy"; siehe Nachw. bei *Mansel*, FS Erik Jayme (2004), S. 561 (563), Fn. 15.

192 *Hirte*, VersR 2000, S. 148 (149) (zugl. FS Hans G. Leser (1998), S. 335); *Röhm/Schütze*, RIW 2007, S. 241.

193 *Stadler*, in: *Brönneke* (Hrsg.), Kollektiver Rechtsschutz im Zivilprozessrecht (2001), S. 1 (19).

194 *Hirte*, VersR 2000, S. 148 (150) (zugl. FS Hans G. Leser (1998), S. 335); *Stadler*, in: *Brönneke* (Hrsg.), Kollektiver Rechtsschutz im Zivilprozessrecht (2001), S. 1 (19); *Koch*, in: *Koch/Willingmann* (Hrsg.), Modernes Schadensmanagement bei Großschäden (2002), S. 15 (21); *Schack*, FS Peter F. Schlosser (2005), S. 839 (844).

Bayer AG wegen Baycol/Lipobay ist diese Vermutung bestätigt worden[195]. Hingegen konnte die Deutsche Bank AG bei den Apartheid-Sammelklagen nach eigenen Angaben keinen signifikanten Kursauschlag feststellen[196]. *Prütting* wiederum führt eine rein inneramerikanische Studie auf, nach der im Jahre 2002 in den USA insgesamt 224 *class actions* gegen amerikanische Unternehmen erhoben worden waren, deren gesamter Börsenwert in dieser Zeit um fast 2 Billionen US-Dollar gefallen ist[197]. Die genauen Hintergründe für diese Kursverluste sind jedoch nicht bekannt, so dass diese Angaben nur eine schwache Indizwirkung haben, zumal zu der Zeit eine generell schwache Kursentwicklung an der Börse vorzufinden war.

3. Vergleichsdruck durch *jury trial* und *punitive damages*

Dieser schon ohnehin vergleichsweise starke Vergleichsdruck auf den Beklagten kann ferner durch die Möglichkeit eines *jury trial* und einer hohen Strafschadensersatzzahlung erhöht sein. Wie bereits erwähnt, ist die Jury mit Laienrichtern besetzt, denen insbesondere bei großen Haftpflichtfällen eine emotionale Befangenheit zugunsten des armen und verletzten Klägers nachgesagt wird[198]. Zudem gelten die Jury-Entscheidungen als kaum kalkulierbar. Vielmehr muss das beklagte Unternehmen bei besonders Mitleid erregenden Fällen mit der Gefahr einer horrenden Strafschadensersatzzahlung rechnen[199]. Beides in Verbindung miteinander kann bei den beklagten Unternehmen Ängste hervorrufen, die ihre Entscheidung zu einem schnellen und Prozess beendenden Vergleich beeinflussen[200]. Diese Angst kann von den Klägeranwälten bewusst zunutze gemacht werden, um auch bei inhaltlich dünnen Ansprüchen von der gegnerischen Seite einen Vergleich abzunötigen.

Obwohl in der Praxis nur wenige Verfahren tatsächlich von den Geschworenen entschieden werden, erhöht die Unkalkulierbarkeit einer *jury decision* die Vergleichsbereitschaft des Beklagten erheblich. Dieser Umstand wird als *shadow effect* bezeichnet,

---

195 *Schwung*, AG 2006, S. 818; vgl. Schaubild bei *Langley*, Wall Street Journal v. 03.05.04, S. 1

196 So zumindest die Aussage der Rechtsabteilung der Deutschen Bank AG auf Anfrage.

197 *Prütting*, FS Erik Jayme (2004), S. 709 (711).

198 Siehe weiter oben B. II. 1. e). Diese Befangenheit wird auch von der amerikanischen Rechtsprechung thematisiert; siehe *State Farm Mutual Automobile Insurance Co. v. Campbell*, 538 US 408, 417 (2003).

199 Siehe *Schütze*, Die Allzuständigkeit amerikanischer Gerichte (2003), S. 7.

200 Senator *Orrin Hatch*, in: The RAND Report: Hearing Before the Comm. on the Judiciary, 105th Cong. 1 (1997): „[M]any critics of the current system argue that punitive damages are often awarded haphazardly and excessively. Some say that large punitive awards are an important factor in the decline of our civil justice system. In fact, the very risk of bloated awards can scare defendants into settling for excessive sums rather than risking the determination of an unsympathetic jury".

um zu verdeutlichen, dass es sich hierbei um einen außergerichtlichen Faktor handelt, der gleichwohl Einfluss auf die Parteiverhandlungen ausübt[201].

II. Relativierung des Missbrauchsvorwurfs

Die obigen Ausführungen haben gezeigt, dass die klägerfreundliche Ausgestaltung des US-Rechts genügend Anlass zur Kritik bietet. Die doch relativ einseitige rechtliche Begünstigung des Klägers verführt zu Missbräuchen. Eine Erkenntnis, die den US-amerikanischen Gesetzgeber im Kapitalmarktrecht zur Reformierung der *private securities class action* veranlasste[202]. Auch die US-amerikanische Gesamtbevölkerung bleibt von diesen negativen Auswüchsen nicht unverschont, indem etwa die gezahlten Prozesskosten in Form von höheren Verbraucherpreisen, Versicherungsprämien und gestiegenen Gesundheitsprämien auf sie umgewälzt werden[203]. Insofern sind nicht nur die unmittelbar am Prozess Beteiligten die Leidtragenden. Allerdings können diese Vorwürfe relativiert werden.

1. Beklagtenfreundlicher Vergleich: *sweetheart settlements*

Bei der Erörterung hinsichtlich der Missbrauchsgefahr zulasten des Beklagten darf nicht außer Acht gelassen werden, dass das klägerfreundliche US-Recht sich nicht nur positiv für den Kläger auswirkt. Vielmehr kann insbesondere bei *class action*-Verfahren das Verhältnis zum seinem Prozessvertreter durch das Gebührenrecht gestört sein. Das wirtschaftliche Eigeninteresse des Klägeranwalts am positiven Ausgang des Verfahrens kann dazu führen, dass auch in den Fällen ein Vergleich abgeschlossen wird, in denen sachlich begründete Ansprüche den Streitgegenstand bilden[204]. Das Pendant zu den *blackmail settlements*, also den Vergleichen, die aufgrund des hohen Erpressungspotentials

---

201 Hierzu *Koenig*, 1 Wis. L. Rev. 169- 209 (1998); *Kritzer/Zemans*, 1 Wis. L. Rev. 157- 168 (1998); *Geulen/Sebok*, NJW 2003, S. 3244 (3246).

202 *Lenenbach*, WM 1999, S. 1393- 1402; siehe ferner *Hess*, AG 2003, S. 113 (117).

203 *Andreeva*, 59 U. Miami L. Rev. 385, 398 f. (2005); *Schwung*, AG 2006, S. 818 (819).

204 *Lazlos*, 84 Mich. L. Rev. 308 ff. (1985); *Coffee*, 86 Colum. L. Rev. 669- 727 (1986); *ders.*, 95 Colum. L. Rev. 1343, 1378 ff. (1995); *Alexander*, 43 Stan. L. Rev. 497, 517 ff., 522 ff. (1991); *Chao*, Colum. Bus. L. Rev. 547, 548 f. (1996); *Kearns*, 74 N. Y. U. L. Rev. 1336 (1996); *Schäfer*, in: *Basedow/Hopt/Kötz/Baetge* (Hrsg.), Die Bündelung gleichgerichteter Interessen im Prozeß (1999), S. 67 (77 ff.); *Silbermann*, 7 Tul. J. Int. & Comp. L. 201, 208 (1999); *Hirte*, VersR 2000, S. 148 (152) (zugl. FS Hans G. Leser (1998), S. 335); *Stadler*, in: *Brönneke* (Hrsg.), Kollektiver Rechtsschutz im Zivilprozessrecht (2001), S. 1 (19).

der Klageführung zulasten des Beklagten abgeschlossen werden[205], bilden hier die *sweetheart settlements*[206]. Den Klägeranwälten wird bei diesen Vergleichen vorgeworfen, die Interessen der *class members* zu hintergehen, indem sie den Vergleich zu einer Höhe abschließen, der weit unter dem potentiellen Streitwert liegt. Nutznießer dieser Art der Streitbeilegung sind dann freilich nicht mehr die „Opfer", sondern die beklagten Unternehmen, die sich durch die breite Rechtskraftwirkung der *class action settlements* auch vieler anderer potentieller und vor allem begründeter Streitigkeiten erledigen können[207].

2. Erfolgreiche Verteidigungsalternativen: *no compromise*-Strategie

Ein weiterer Aspekt, der den Vorwurf der einseitigen Missbrauchsgefahr weiter relativiert, ist die nach wie vor bestehende Möglichkeit des Beklagten, sich dem Verfahren bis zur Endentscheidung des Gerichts zu stellen, ohne vorher in Form einer Vergleichsvereinbarung einzubrechen.

Dem beklagten Unternehmen steht neben der Verteidigungstaktik des frühzeitigen Vergleichs stets die sog. *no compromise*-Strategie zur Auswahl[208]: Danach führt der Beklagte das Verfahren bis zu einem Nachgeben der Gegenseite oder bis zu einer Sachentscheidung des Gerichts fort. Zwar wird von ihm hierbei verlangt, dass er sich nicht von den prozessualen und materiellen Eigenheiten abschrecken lässt, doch kann ihn im Falle eines von vornherein unbegründeten Anspruchs jedoch der Sieg als Belohnung erwarten[209].

Obsiegt der Beklagte, war der Arbeitseinsatz des regelmäßig auf Erfolgshonorarbasis arbeitenden Klägeranwalts nicht nur im wahrsten Sinne des Wortes

---

205 *In re Rhone-Poulenc Rorer, Inc.* 51 F. 3d 1293, 1298- 1299 (7th Cir. 1995); *Bruce L. Hay/Rosenberg*, 75 Notre Dame L. Rev. 1377, 1390- 1391 (2000); *Silver*, 78 N. Y. U. L. Rev. 1357, 1360- 1385 (2003); *Anonymus*, 119 Harv. L. Rev. 587, 598 (2005).

206 *Bruce L. Hay*, 48 Hastings L. J. 479, 487- 489 (1997); *ders./Rosenberg*, 75 Notre Dame L. Rev. 1377, 1390- 1391 (2000).

207 Soweit die *class members* ihre Beteiligung am Kollektivverfahren nicht durch das *opting out* ausgeschlossen haben, verlieren sie durch den umfassend bindenden Vergleich ihr Recht, ihre Ansprüche mit einer Individualklage durchzusetzen, siehe *Baetge/Eichholz*, in: *Basedow/Hopt/Kötz/Baetge* (Hrsg.), Die Bündelung gleichgerichteter Interessen im Prozeß (1999), S. 287 (337 f.); *Kulms*, in: *Hopt/Kulms/von Hein* (Hrsg.), Rechtshilfe und Rechtsstaat (2006), S. 73.

208 Siehe *Kearns*, 74 N. Y. U. L. Rev. 1336, 1352 (1996); *Rothe*, RIW 2003, S. 859 (863); siehe auch *Stadler*, JZ 2007, S. 1047 (1052).

209 So in einem Streitfall gegen Bayer wegen Baycol/Lipobay; berichtet von *Langley*, The Wall Street Journal v. 03.05.2004, S. 1 f.: Trotz schlechter Erfolgsaussichten (sympathischer 82-jähriger Kläger, ein als klägerfreundlich verschriener Gerichtsbezirk, Geschworene aus der Heimatstadt des Klägeranwalts und ein ausländisches beklagtes Unternehmen) für die Bayer AG wurde das deutsche Pharmaunternehmen von dem US-amerikanischen Gericht für nicht haftbar erklärt.

umsonst, er bleibt möglicherweise auch auf seinen verauslagten Kosten sitzen, die ihm bei der Vorbereitung des Verfahrens, z. B. durch die Auslagen für private Sachverständigengutachten, entstanden sind. Bei einer regelmäßigen Prozessdauer von einigen Jahren kann dies sogar Existenz vernichtende Formen für den Klägeranwalt annehmen. Für den finanzschwachen Advokat wird diese Gefahr stets eine nicht unerhebliche Rolle spielen und seine Art der Prozessführung beeinflussen, was das beklagte Unternehmen wiederum durch Hinhaltetaktiken für sich ausnutzen kann. Gleichzeitig wird auch seine Position in den Vergleichsverhandlungen gestärkt.

3. Höchstrichterliche Beschränkung der *punitive damages awards*

Verliert der Beklagte den Prozess und wird er zu einer exorbitant hohen Strafschadensersatzzahlung verurteilt, bleibt ihm immer noch die Möglichkeit, erfolgreich gegen das Urteil Rechtsmittel einzulegen. In einer ganzen Reihe von Entscheidungen hat der *US Supreme Court* für die Instanzgerichte der Einzelstaaten Leitlinien (*guideposts*) entwickelt, die die astronomischen Höhen von *punitive damages* auf ein verfassungsrechtlich zulässiges Maß reduzieren sollen[210]:

> Diese drei vom Gericht aufgestellten *guideposts* betreffen erstens den Grad der Verwerflichkeit des Verhaltens des Beklagten (*degree of reprehensibility of the defendant's conduct*), zweitens das Verhältnis zwischen tatsächlich erlittenem Schaden zum Strafschadensersatz (*ratio between punitive award and plaintiff's actual harm*) und drittens die Vergleichbarkeit mit zivil- oder strafrechtlichen Sanktionen, die nach dem Recht des Gerichtsstaates in vergleichbaren Fällen vorgesehen sind (*ratio between punitive award and legislative sanctions provided for comparable misconduct*)[211].

---

210 *Bankers Life and Casualty Co. v. Crenshaw*, 486 US 71 (1988); *Browning-Ferris Industries of Vermont, Inc. v. Kelco Disposal, Inc.*, 492 US 257 (1989); *Pacific Mutual Life Insurance Co. v. Haslip*, 499 US 1 (1991); *TXO Production Corp. v. Alliance Resources Corp.*, 509 US 443 (1993); *Honda Motor Co. v. Oberg*, 512 US 415 (1994); *BMW of North America, Inc. v. Ira Gore, Jr.*, 517 US 559 (1996); *Cooper Industries, Inc. v. Leatherman Tool Group, Inc.*, 532 US 424 (2001); *State Farm Mutual Auto Insurance Corporation v. Campbell*, 538 US 408 (2003); hierzu *Ebbing*, RIW 1996, S. 993 (997 ff.); *Eisenhardt*, EuZW 1996, S. 523; *Hirte/Otte*, VersR 1997, S. 18 (22 f.); *Lenenbach*, WM 2003, S. 2398; *Göthel*, RIW 2003, S. 610; *T.Schwarze*, NZG 2003, S. 804; *Wenglorz/Ryan*, RIW 2003, S. 598; *Bachmann*, FS Peter F. Schlosser (2005), S. 1 (2- 5); *Dolzer/Valen*, RIW 2006, S. 252- 254; *Kulms*, in: *Hopt/Kulms/von Hein* (Hrsg.), Rechtshilfe und Rechtsstaat (2006), S. 66- 69.

211 Siehe *BMW of North America, Inc. v. Ira Gore, Jr.*, 517 US 559, 575- 583 (1996); weiter konkretisiert in *State Farm Mutual Automobile Ins. Co. v. Campbell*, 538 US 408, 419-428 (2003).

Anhand dieser Kriterien sollen die Gerichte prüfen, ob die Höhe des Strafschadensersatzes sich im Rahmen der *due process clause* des XIV. Zusatzartikels zur US-amerikanischen Verfassung bewegt. Ein Verstoß gegen die Verpflichtung zu *due process* liegt vor, wenn die Verurteilung zur Zahlung von *punitive damages* exorbitant (*grossly excessive*) ausfällt, da dem Betroffenen willkürlich und ohne legitimen Grund sein Eigentum entzogen wird[212]. Im Hinblick auf das Verhältnis zwischen tatsächlichem Schaden und Strafschadensersatz hat das höchste Bundesgericht darüber hinaus darauf hingewiesen, dass solche Entscheidungen, die über das Zehnfache hinausgehen, nur selten verfassungsgemäß sein werden[213]. Da es sich aber bei den vom *US Supreme Court* entwickelten Grundsätzen um im Einzelfall nicht bindende Leitlinien handelt, bleibt abzuwarten, in welchem Umfang die *guideposts* von der Rechtsprechung der Instanzgerichte aufgenommen werden[214]. Jedenfalls führen die vom Gericht entwickelten Leitlinien dazu, dass der Einschüchterungseffekt, der von der Aussicht auf *punitive damages* ausgeht, abgemildert wird. Zum einen kann der Beklagte davon ausgehen, dass eine bestimmte Höhe an Strafschadensersatz nicht überschritten wird, und zum anderen kann er die verfassungsrechtlich zulässige Höhe des Strafschadensersatzes in etwa berechnen[215]. Hinzu kommt, dass einige Bundesstaaten Haftungshöchstgrenzen für *punitive damages awards* eingeführt haben[216], so dass insgesamt der Strafschadensersatz kalkulierbarer geworden ist.

4. US-amerikanische Reformbemühungen: „*Class Action Fairness Act*"

Nicht unerwähnt dürfen in diesem Zusammenhang schließlich die zahlreichen Reformbemühungen der US-amerikanischen Regierung der vergangenen Jahre bleiben, die oben aufgeführten Auswüchse des US-Rechts einzudämmen. Allein im Hinblick auf die *pre-trial discovery* wurden in den Jahren 1993 und 2000 die bundesrechtlichen Regelungen der *Federal Rules of Civil Procedure* teilweise neu geregelt, um dem Schutz der Interessen der Gegenpartei mehr Bedeutung beizumessen[217]. Auch die am 18. Februar 2005 in Kraft getretene *class*

---

212 *State Farm Mutual Automobil Ins. Co. v. Campbell*, 538 US 408, 417 (2003).

213 *State Farm Mutual Automobil Ins. Co. v. Campbell*, 538 US 408, 425 (2003); vgl. ferner Anm. von *Thomas/Wilske*, RIW 2008, S. 668 (671) zur *Exxon Valdez*-Entscheidung des *US Supreme Court* aus dem Jahre 2008: In dieser Entscheidung begrenzte das oberste Bundesgericht die Höhe der *punitive damages* für den Anwendungsbereich des US-Bundesseerechts auf ein Verhältnis von 1:1 zum tatsächlich erlittenen Schaden.

214 *Kulms*, in: *Hopt/Kulms/von Hein* (Hrsg.), Rechtshilfe und Rechtsstaat (2006), S. 67 f.; *Corrigan/Wilske*, RIW 2007, S. 32 (Fn. 3); vgl. ferner *Anonymus*, PHi 2006, S. 158 (159).

215 *Lenenbach*, WM 2003, S. 2398 (2407); krit. *Berger/Wilske*, RIW 2007, S. 245 (246).

216 *Dolzer/Valen*, RIW 2006, S. 252 (253).

217 Zu den *discovery*-Reformen *Reimann*, IPRax 1994, S. 152- 156; *Rempp/Lienemeyer*, ZVglRWiss 1995, S. 383 (397- 408); *Junker*, ZZPInt 1 (1996), S. 235- 260; *Lorenz*, ZZP

action-Reform soll dazu führen, dass zukünftig weniger missbräuchliche Sammelklagen vor US-amerikanischen Gerichten erhoben werden[218]. Nach dem *Class Action Fairness Act of 2005* (CAFA) sollen nunmehr größere Sammelklagen, die einen Bezug zu mehreren Staaten aufweisen, vor Bundesgerichten und nicht mehr vor einzelstaatlichen Gerichten durchgeführt werden[219]:

> Nach Sektion 4 des CAFA wird nunmehr die originäre Zuständigkeit der Bundesgerichte in *diversity cases* für solche Sammelklagen begründet, die einen Streitwert von mehr als 5 Millionen US-Dollar haben, in denen auf Beklagtenseite mindestens ein Ausländer und auf Klägerseite mindestens ein Staatsangehöriger der Vereinigten Staaten als *class member* zu finden sind[220].

Der Vorteil dieser Justizreform für deutsche Unternehmen liegt nun darin, dass die großen Sammelklagen von Bundesrichtern geführt werden, von denen in der Regel größere Umsichtigkeit und Unbefangenheit erwartet wird als von ihren Kollegen in vielen Gliedstaaten[221]. Diese werden direkt vom Volk gewählt, was zu der Annahme führt, dass sie bei ihrer Entscheidungsfindung die Gunst des Wählers stets im Auge behalten[222]. Eine ähnliche Befangenheit wird auch den Jurymitgliedern in den Gerichten der Einzelstaaten vorgeworfen[223]. Auf Bundesebene werden die Mitglieder der Jury hingegen aus einem weit größeren geographischen Einzugsgebiet berufen, was das Risiko des örtlichen Vorurteils zugunsten des Klägers bzw. seines Anwalts reduziert[224]. Das oben bereits beschriebene soziologische Ungleichgewicht in den *juries* der Einzelstaaten

---

111 (1998), S. 35 (51 ff.); *Cloud*, 74 Temple L. R. 27- 57 (2001); *Trittmann/Leitzen*, IPRax 2003, S. 7 (10 f.).

218 *Class Action Fairness Act of 2005*, Pub. L. No. 109- 2, 119 Stat. 4 (2005). Ihre Bedeutung wird vor allem durch die Berichterstattung in den deutschen Medien deutlich, vgl. *Rüfner*, FAZ v. 09.03.2005, S. 25; *Oldag*, SZ v. 21.02.2005, S. 7.

219 Hierzu *Andreeva*, 59 U. Miami L. Rev. 385 (2005); *Reig/Erway III/Sharkey*, 40 Tort Trial & Ins. Prac. L. J. 1087 (2005); *Cabraser/Vincen/do Amaral*, 43 Canadien Bus. L. J. 398 (2006); *Sherman*, 80 Tul. L. Rev. 1593 (2006); *Vance*, 80 Tul. L. Rev. 1617 (2006); krit. *Logan*, 40 Tort Trial & Ins. Prac. L. J. 1145- 1180 (2005); vgl. ferner aus dem deutschen Schrifttum *I.Paschke*, PHi 2004, S. 21; *Petersen*, RIW 2005, S. 812; *Hoppe*, Die Einbeziehung ausländischer Beteiligter in US-amerikanische class actions (2005).

220 Hierzu weiter unter 3. Teil C. I. 2.

221 *Dolzer/Valen*, RIW 2006, S. 252 (254 ff.); *Willging/Wheatman*, 81 Notre Dame L. Rev. 591, 594 f. (2006); weiterhin skeptisch *Röhm/Schütze*, RIW 2007, S. 241; siehe auch *Gelinsky*, FAZ v. 09.02.2005, S. 34.

222 Siehe weiter oben B. II. 1. e).

223 Ebenda.

224 Von einem örtlichen Vorurteil zugunsten des Klägers spricht man, wenn die Geschworenen aus der Heimatstadt des Klägeranwalts und/oder des Klägers stammen und auf Beklagtenseite sich ein ausländisches Unternehmen befindet, zu dem die Bewohner der Stadt keinen emotionalen Berührungspunkt haben; siehe *Andreeva*, 59 U. Miami L. Rev. 385, 393 f. (2005).

wird damit ein wenig gerade gerückt, so dass auch in dieser Hinsicht der Vergleichsdruck, der von einer Geschworenenentscheidung ausgeht, mit der Reform teilweise abgemildert wird.

III. Fazit

Aus den obigen Ausführungen lassen sich zwei wichtige Erkenntnisse ziehen: Zum einen ist die Situation des beklagten (ausländischen) Unternehmens nicht den gängigen Vorurteilen entsprechend schlecht bestellt. Eine clevere Verteidigungsstrategie kann den durch die Besonderheiten des US-Rechts ausgelösten Vergleichsdruck in einem nicht unerheblichen Maße entschärfen. Zum anderen hat die US-amerikanische Regierung selbst die Missbrauchsanfälligkeit ihres Rechtssystems erkannt und ist um Abhilfe bemüht. Auch die Rechtsprechung des *US Supreme Court* zeigt in Form der verfassungsrechtlichen Beschränkung der Höhe der Strafschadensersatzzahlungen ein gewisses Verständnis für diese Problematik[225]. Die Gefahr, gleichwohl Beklagter einer von vornherein unbegründeten Klage zu werden, wird hingegen nicht beseitigt. Dieses Risiko muss jedoch als Schattenseite der enormen Wirtschaftstätigkeit hiesiger Firmen in den USA hingenommen werden.

D. Gesellschaftspolitische Hintergründe

I. Rechtspolitische Motive und Ziele: Privatklage als Mittel der Sozialgestaltung

Bereits festgestellt wurde, dass das US-Recht im Vergleich zur deutschen Rechtsordnung besonders klägerfreundlich ausgestaltet ist[226]: Die *American Rule of Costs* und die Möglichkeit einer Erfolgshonorarvereinbarung nehmen dem Kläger sämtliche Kostenängste, die mit einer Klageerhebung verbunden sind. Die Ausgestaltung der US-Zuständigkeitsordnung begünstigt ihn ferner darin, dass er im Grundsatz nicht Rechtschutz am Gerichtsort des Beklagtenwohnsitzes suchen muss. Die Klageerhebung selbst wird ihm durch bewusst niedrig gehaltene Anforderungen leicht gemacht. Genügend Anreize, auch geringere Schadenssummen vor Gericht geltend zu machen, bietet ihm überdies die besondere Klageart der *class action*. Das relativ weitgehende Beweisermittlungsverfahren erlaubt ihm, vom Beklagten sämtliche irgendwie relevante In-

---

225 Zudem ist festzustellen, dass US-amerikanische Gerichte in ihre Urteilsfindung zunehmend auch ausländische und internationale Ansichten und Erfahrungen einbeziehen; siehe *Krätzschmar*, Liber Amicorum Peter Hay (2005), S. 241 (245).

226 Siehe Darstellung in B. I. und. II.

formationen für die Begründung seiner Klage herauszuverlangen. Materiellrechtlich werden diese prozessualen Begünstigungen des Klägers mit der Aussicht auf Strafschadensersatz ergänzt. Insgesamt wird damit ein klares Ziel des US-amerikanischen Gesetzgebers deutlich: Der potentielle Kläger soll nicht an der Durchsetzung seines subjektiven Rechts gehindert werden. Diese Erkenntnis steht im absoluten Einklang mit der in den USA vertretenen Prozessphilosophie der *merit orientation*, wonach dem Kläger auf dem Weg zur Sachentscheidung so wenig prozessuale Hürden aufgebaut werden sollen wie möglich[227]. Aber auch in Deutschland wird die Funktion des Zivilprozesses in der Durchsetzung des materiellen Rechts gesehen[228] und dennoch ist das hiesige Prozessrecht nicht derart einseitig begünstigend ausgestaltet. Es fragt sich daher, welche Motivation der Gesetzgeber zu einer derart klägerfreundlichen Ausgestaltung des Rechts getrieben hat. Die Antwort hierauf ist in der öffentlichen Funktion des US-amerikanischen Privatrechts zu finden.

Nach US-amerikanischem Verständnis stellt die Individualklage nicht nur ein Mittel privater Rechtsdurchsetzung dar, sondern sie dient gleichzeitig der effektiven Durchsetzung des geltenden Rechts[229]. Der private Kläger tritt sowohl als Verfechter seines privaten Anliegens als auch als Vertreter des allgemeinen Interesses an der Ahndung bzw. Unterbindung von Rechtsbrüchen auf[230]. Besonders deutlich wird dies im US-amerikanischen Deliktsrecht, wo der Kläger bei besonders verwerflichem Verhalten des Beklagten unter Umständen Strafschadensersatz bekommen kann. Mit der Verhängung von *punitive damages* wird insbesondere die Bestrafung des Übeltäters für sein sozialschädliches Verhalten bezweckt, zugleich sollen sie ihn und andere von der erneuten Vornahme abschrecken[231]. Die gleiche Zwecksetzung wird teilweise auch den *treble damages* im Antitrustrecht zugeschrieben[232]. Bei Verstößen gegen das US-amerikani-

---

227 *Holtzoff*, 30 N. Y. U. L. Rev. 1057, 1059 (1955); *Renfrew*, 67 Cal. L. Rev. 264, 277- 278 (1979); *Miller*, 69 Minn. L. Rev. 1, 6 (1984); krit. *Rosenberg*, 58 Colum.L.Rev. 480 (1958).

228 Siehe statt vieler *Stein/Jonas(-Brehm)*, ZPO I: §§ 1- 40 ZPO[22] (2003), Vor § 1 ZPO, Rn. 5, 9; *Rosenberg/Schwab/Gottwald*, Zivilprozessrecht[16] (2004), § 1, Rn. 5 ff.

229 Auch in Deutschland ist der Gedanke einer privaten Klage im öffentlichen Interesse nicht fremd; siehe bspw. *Großfeld*, Aktiengesellschaft, Unternehmenskonzentration und Kleinaktionär (1968), S. 193- 198; ferner schon *von Jhering*, Der Kampf um's Recht (1897), S. 49, wonach „im Privatrecht … jeder […] berufen ist, das Gesetz zu vertheidigen, Wächter und Vollstrecker des Gesetzes […] zu sein“, S. 52: „Jeder ist ein geborener Kämpfer um's Recht im Interesse der Gesellschaft“.

230 *Reimann*, Einführung in das US-amerikanische Privatrecht[2] (2004), § 66, S. 284 f.

231 Siehe B. II. 2.

232 *Großfeld*, RabelsZ 39 (1975), S. 5 (24); *Merkt*, Abwehr der Zustellung von „punitive-damages“-Klagen (1995), S. 92 f.; a. A. *Wagner*, AcP 206 (2006), S. 352 (476) mit dem Verweis auf *Prosner*, Economic Analysis of Law[6] (2003), S. 328 ff.: „[D]er dreifache Schadensersatz (*treble damages*) [scil. dient] … allein der Verhaltenssteuerung“.

sche Kartellrecht kann der Geschädigte das Dreifache seines Schadensersatzes verlangen. Auch hier werden unredliche Marktteilnehmer für wettbewerbswidriges Verhalten bestraft und andere von der Nachahmung abgeschreckt. Damit macht sich schon eine Zielsetzung (Vergeltung und Prävention) des US-amerikanischen Privatrechts bemerkbar, die nach deutschem Verständnis eher dem öffentlichen bzw. dem Strafrecht vorbehalten ist[233].

Die Durchsetzung des geltenden Rechts durch die Initiative des Einzelnen in Form der Klage wird vor allem deshalb als notwendig angesehen, weil die amerikanischen Behörden aufgrund ihrer mangelnden finanziellen und personellen Ausstattung dazu nicht im ausreichenden Maße imstande sind, dem öffentlichen Interesse an der Unterbindung von Gesetzesverstößen voll gerecht zu werden[234]. Vor allem im US-amerikanischen Kartellrecht (aber auch in anderen Rechtsgebieten) hat sich die Ordnungsfunktion der Individualklage als besonders fruchtbar erwiesen. Die Privatklagen auf *treble damages* haben sich dort als *das* Disziplinierungsmittel herauskristallisiert[235]. Der private Kläger nimmt hier die eigentliche Aufgabe der Kartellbehörden wahr und tritt sozusagen als staatliche Verfolgungsbehörde auf[236]. Aus diesem Grund wird er häufig (nicht nur im Bereich des Kartellrechts) auch als „privater Staatsanwalt" (*private attorney general*) bezeichnet[237]. Die *pre-trial discovery* fügt sich perfekt in dieses Bild ein. Stehen den Behörden aufgrund des Untersuchungsgrundsatzes inquisitorische Befugnisse zu, um das öffentliche Interesse an der Aufklärung der Wahrheit bedienen zu können, müssten konsequenterweise diese Kompetenzen nach dem Konzept des privaten Staatsanwalts auf den Privaten verlagert werden. Dies wird mit dem Institut der *discovery* auch tatsächlich gemacht. Um seine „öffentliche Aufgabe" angemessen wahrnehmen zu können, gibt ihm daher das US-amerikanische Prozessrecht das Instrument der *pre-trial discovery* in die Hand. Mit den aus der Beweisermittlung gewonnen Informationen kann der Privatklä-

---

233 Die sowohl privat- als auch öffentlichrechtliche Durchsetzung von Rechtsnormen ist dem europäischen Betrachter freilich nicht ganz fremd, da auch in Europa das Wirtschaftsrecht in beide Gebiete hineinreicht. Erstaunlich ist hingegen die Zweigleisigkeit im „klassischen" Bereich des Zivilrechts, die dem amerikanischen Juristen weitaus weniger Probleme bereitet als dem deutschen; siehe *Clark*, in: *Clark/Ansay* (Hrsg.), Introduction to the Law of the United States[2] (2002), S.1 (8); *Carrington*, in: Bitburger Gespräche 2003, Globale Wirtschaft- nationales Recht, S. 33; *Reimann*, Einführung in das US-amerikanische Privatrecht[2] (2004), § 66, S. 286.

234 *Großfeld*, RabelsZ 39 (1975), S. 5 (23); *Homburger/Kötz*, Klagen Privater im öffentlichen Interesse (1975), S. 82; *Coffee*, 86 Colum. L. Rev. 669, 669 (1986).

235 *Großfeld*, RabelsZ 39 (1975), S. 5 (24).

236 *Merkt*, Abwehr der Zustellung von „punitive-damages"-Klagen (1995), S. 93.

237 *Owen*, 74 Mich. L. Rev. 1257 ff. (1976); *Koch*, Prozessführung im öffentlichen Interesse (1983), S. 63, (64 f., 186 f.); *ders./Zekoll*, RIW 1985, S. 837 (839); *K. Mann*, 101 Yale L. J. 1795, 1800 (1992); *Rubenstein*, 57 Vand. L. Rev. 2129- 2173 (2004).

ger nicht nur seinen Individualanspruch begründen, sondern auch bei der objektiven Wahrheitsermittlung helfen.

Problematisch ist dieses Konzept des privaten Staatsanwalts allerdings dort, wo der Kläger selbst kein Interesse an der Klageerhebung hat. Insbesondere bei geringen Schäden besteht die Gefahr, dass sich kein *private attorney general* finden lässt, der die Kosten und Mühen einer Rechtsverfolgung auf sich nimmt. Das sozialschädliche Verhalten müsste dann ungeahndet bleiben[238]. In diesen Fällen hilft die besondere Verfahrensart der *class action*. Indem Einzelansprüche in der Sammelklage gebündelt werden, werden Gesetzesverstöße klagbar gemacht, die sonst wegen der Atomisierung der durch sie verursachten Einzelschäden praktisch sanktionslos geblieben wären[239]. Neben der Durchsetzung des materiellen Rechts führt die kollektive Geltendmachung der Einzelschäden ferner dazu, dass potentielle Rechtsbrecher von der Vornahme sozialschädlicher Handlungen abgeschreckt werden[240]. Dabei spielt die Furcht, Beklagter einer Sammelklage zu werden, eine herausragende Rolle: Macht der Geschädigte nur seinen eigenen geringen Anspruch geltend oder sieht er sogar gänzlich von ihrer Geltendmachung ab, sieht sich der Schädiger in den seltensten Fällen gezwungen, sein Verhalten sozialadäquat auszurichten. Anders dagegen, wenn der Gesamtschaden *aller* Betroffenen zum Prozessgegenstand gemacht werden wird. Dies wird er tunlichst vermeiden wollen, indem er sich schon im Vorfeld gesetzeskonform verhält[241]. Die *class action* stellt damit nicht nur ein Mittel des Rechtsschutzes für Kläger dar, die aus finanziellen Gründen nicht selbst klagen können, sondern auch eine Klage Privater im öffentlichen Interesse[242].

Festzuhalten ist, dass die effektive Durchsetzung des öffentlichen Interesses nach US-amerikanischer Auffassung entscheidend von der Klageerhebung des Einzelnen abhängt. Macht dieser von seinem Klagerecht Gebrauch, leistet er zugleich einen Beitrag zum Schutz des gesamtgesellschaftlichen Wohls. Sieht er hingegen davon ab, bleiben sozialschädliche Handlungen überwiegend ungeahndet. Dieses Angewiesensein auf die spontane Einzelinitiative führte in den USA zu der Einsicht, dass besondere Anreize zur Klageerhebung geschaffen

---

238 *Homburger*, 71 Colum. L. Rev. 609, 641 (1971).

239 *Homburger/Kötz*, Klagen Privater im öffentlichen Interesse (1975), S. 79; *Baetge/ Eichholtz*, in: *Basedow/Hopt/Kötz/Baetge* (Hrsg.), Die Bündelung gleichgerichteter Interessen im Prozeß (1999), S. 288.

240 Hierzu *Dam*, 4 J. Leg. Stud. 47- 73 (1975).

241 *Wright*, 21 Stan. L. Rev. 383 (1969); *Homburger/Kötz*, Klagen Privater im öffentlichen Interesse (1975), S. 37 f.; *Koch*, Kollektiver Rechtsschutz im Zivilprozeß (1976), S. 21-23; *Eichholtz*, Die US-amerikanische Class Action (2002), S. 10 ff.; allg. zu den Zielen des Schadensrechts aus ökonomischer Sicht *Schäfer/Ott*, Ökonomische Analyse[4] (2005), S. 124 ff. (129 ff.).

242 Siehe *Margulies*, 25 N. Y. U. Rev. Leg. & Soc. Change 487 (1999); krit. *Beisner/ Shors/J.Miller*, 57 Stan. L. Rev. 1441, 1459 ff. (2004).

werden müssen[243]. Im US-amerikanischen Kartellrecht werden private Unternehmen zur Einreichung der Klage daher dadurch ermuntert, indem ihnen die zugesprochenen *treble damages* zufließen[244]. Gleiches gilt für die *punitive damages* im Deliktsrecht. Diese dienen ebenfalls der Belohnung des couragierten Klägers, der gegen das sozialschädliche Verhalten zu Felde zieht[245]. Das Antitrustrecht gewährt dem obsiegenden Kläger abweichend von der *American Rule* überdies einen Anspruch auf Erstattung einer *reasonable attorney's fee*[246]. Weitere Anreize zur Klageerhebung bietet aber auch das amerikanische Kostenrecht, wonach die unterlegene Partei grundsätzlich nicht die Kosten der Gegenseite zu ersetzen hat, in Verbindung mit der Möglichkeit der Vereinbarung eines Erfolgshonorars.

Um auf die Ausgangsfrage zurückzukommen, welche Motive und Ziele hinter der klägerfreundlichen Ausgestaltung des US-Rechts stecken, kann im Ergebnis kurz und prägnant zusammengefasst werden, dass in den USA der Gedanke, dass die private Klage im öffentlichen Interesse erfolgt und mit der privaten Rechtsverfolgung zugleich öffentliche Aufgaben wahrgenommen werden, sehr stark ausgeprägt ist. Dies macht aus deutscher Sicht die klägerfreundliche Ausgestaltung verständlicher.

II. Geschichtliche Hintergründe: Einfluss des Individualismus-Gedankens auf die US-amerikanische Rechtskultur

Obwohl die Ausführungen zu den rechtspolitischen Zielen Klarheit hinsichtlich der Beweggründe für die klägerfreundliche Ausgestaltung des US-amerikanischen Rechts verschafft haben, blieb eine wesentliche Komponente unerörtert: der kulturelle und geschichtliche Hintergrund. Dieser ist ohne Zweifel maßgebend für die Entstehung und Entwicklung eines Rechtssystems. Im Folgenden soll dennoch mit dem Verweis auf die bereits zahlreich vorhandene Literatur[247] von einer ausführlicheren und umfassenden Darstellung der Geschichte

---

243 *Miller*, 69 Minn. L. Rev. 1, 2-12 (1984); *Olsen*, The Litigation Explosion (1991), S. 2, 4.

244 *Merkt*, Abwehr der Zustellung von „punitive-damages"- Klagen (1995), S. 93.

245 *Coester-Waltjen*, in: *Heldrich/Kono* (Hrsg.), Herausforderungen des Internationalen Zivilverfahrensrecht (1994), S. 15 (17) m. weit. Nachw.; *Brockmeier*, Punitive damages, multiple damages und deutscher ordre public (1999), S. 17; *Reimann*, Einführung in das US-amerikanische Privatrecht² (2004), § 66, S. 285.

246 *Homburger/Kötz*, Klagen Privater im öffentlichen Interesse (1975), S. 69 (74 f.) m. weit. Nachw.; siehe ferner *Merkt*, Abwehr gegen Zustellung von „punitive-damages"-Klagen (1995), S. 92.

247 Eine ausführliche Darstellung aus rechtsvergleichender Sicht bieten *David/Jauffret-Spinosi*, Les grands systèmes de droit contemporains¹⁰ (1992), Rn. 359- 366 (deutsche Ausgabe *Will*, in: *David/Grasmann*, Einführung in die großen Rechtssysteme der Gegenwart²

der Vereinigten Staaten abgesehen werden. Vielmehr beschränken sich die folgenden Ausführungen auf eine kurze Darstellung eines wesentlichen Charakterzuges der US-amerikanischen Gesellschaft, der deutlich seinen Niederschlag in der amerikanischen Rechtskultur und dem Rechtsystem gefunden hat: der Individualismus.

Wohl kein anderes Rechtssystem der Welt ist derart von der Kraft der Einzelleistung beseelt wie das US-amerikanische. Schon die Besiedlung des nordamerikanischen Kontinents in der ersten Hälfte des 17. Jahrhunderts verlangte von den Siedlern ein hohes Maß an Unternehmungsgeist. Neben dem ständigen Kampf gegen Naturgewalten und Indianer förderte vor allem die schier unendliche Weite des neuen Kontinents die Eigeninitiative und Eigenverantwortung[248]. Um die Mitte des 18. Jahrhunderts erklärte die Unabhängigkeitsbewegung die Individualität zu einem gesellschaftlichen Grundkonzept. Fortan war in der Unabhängigkeitserklärung die „Freiheit und das Streben nach Glück“ als ein natürliches und unveräußerliches Recht statuiert[249]. Das neu gewonnene Selbstbestimmungsrecht setzte eine ungeheure Dynamik frei, die sich in allen ökonomischen, sozialen und politischen Bereichen auswirkte[250]. Im Wirtschafts- und Sozialleben machte sich die Auffassung breit, dass der zivilisatorische Fortschritt und die Mehrung des Wohlstands nur dadurch zu sichern seien, wenn man der Bewegungsfreiheit, dem Wagemut und der Verantwortungsfreude des Unternehmers den größtmöglichen Spielraum ließe. Staatliche Interventionen, die im Interesse des Schutzes des Schwachen in den Ablauf der Wirtschaftsprozesse eingegriffen hätten, sah man hingegen als ein Übel an[251]. Das Verhältnis zwischen dem Wert des Individuums und dem Wohlergehen der Allgemeinheit war somit zugunsten des Einzelnen neu geordnet. Jede staatliche Maßnahme, die den privaten Unternehmungsgeist eingeschränkt hätte, wäre als unzulässige Schranke dieses Freiheitsrechts angesehen worden. Erst mit Beginn des 20. Jahrhunderts haben sich diese extrem individualistischen Vorstellungen des Sozialdarwinismus der Aufbauzeit allmählich abgeschwächt. Der Staat ist mit der reformpolitischen Bewegung des *New Deal* in immer zunehmendem Maße dazu übergegangen, das Wirtschaftsleben einer Aufsicht und Kontrolle zu unterwerfen und die Bewegungsfreiheit des Unternehmers überall dort bewusst einzu-

---

(1988), S. 501 ff.); *Zweigert/Kötz*, Einführung in die Rechtsvergleichung[3] (1996), I: § 19, S. 277- 296; *Blumenwitz*, Einführung in das anglo-amerikanische Recht[7] (2003), S. 26- 36.

248 *Adam*, Die USA I (1964), S. 18; *Dippel*, Geschichte der USA[7] (2005), S. 16; siehe ferner *A. E. Dick Howard*, in: *Krakau/Streng*, Konflikt der Rechtskulturen? Die USA und Deutschland im Vergleich (2004), S. 9 (14).

249 Auszug aus der Unabhängigkeitserklärung vom 04. Juli 1776 (Auszug): „We hold these truths to be self-evident, that all men are created equal, that they are endowed by their Creator with certain unalienable Rights, that among these are Life, Liberty and the pursuit of Happiness.“

250 *Adam*, Die USA I (1964), S. 22- 26; *Dippel*, Geschichte der USA[7] (2005), S. 28.

251 *Zweigert/Kötz*, Einführung in die Rechtsvergleichung[3] (1996), I: § 19 II, S. 282.

schränken, wo sie für den einzelnen Bürger zu unsozialen Härten führen konnte[252]. Das Konzept des privaten Staatsanwalts kann daher wohl als ein Kompromiss oder – positiv formuliert – als eine Synthese aus Einzelinitiative und staatlicher Kontrolle gesehen werden.

Eine weitere Einstellung der US-amerikanischen Gesellschaft, die den Glauben an der Kraft der Einzelleistung bestärkt hat, ist das grundsätzliche Misstrauen gegenüber dem Kollektiv als Obrigkeit verstanden. Viele Siedler hatten ihre europäische Heimat oft gerade deshalb verlassen, weil sie von den dort herrschenden Klassen in politischer, religiöser und wirtschaftlicher Hinsicht unterdrückt worden waren. Hinzukamen die Machtansprüche des englischen Mutterlandes auf den nordamerikanischen Kontinent, die ebenfalls innerhalb der Bevölkerung eine große Verachtung gegenüber dem Obrigkeitsstaat hervorgerufen hatten. Die politischen Vorstellungen waren daher von dem Ideal einer extrem egalitären, radikal-demokratischen Gesellschaft geprägt, die ihren Niederschlag letztendlich in der Unabhängigkeitserklärung und in der Verfassung der Vereinigten Staaten gefunden haben[253]. Dieses Grundmisstrauen gegenüber der Staatsgewalt macht sich bis zur Gegenwart im amerikanischen Leben sehr viel folgenreicher bemerkbar als in Europa. Als Beispiel sei zunächst das *adversary*-Prinzip genannt, nach dem die Verfahrensgestaltung im Zivilprozess im Wesentlichen den Parteien obliegt und der Richter nur als unbeteiligter „Schiedsrichter" über die Fairness des Verfahrens wacht. Auch das Konzept des privaten Staatsanwalts beruht auf der Erwägung, dass der Einzelne dem Recht dort Geltung verschaffe, wo die staatlichen Organe vielleicht unmotiviert und nachlässig oder gar korrupt sind[254]. Die Institution der Geschworenenverhandlung verdankt ebenfalls ihre fortdauernde Existenz einem gewissen Misstrauen gegenüber dem Berufsrichter[255]. Zudem verkörpert die Laienwirkung in Gestalt der *jury* ein Stück unmittelbarer Demokratie, das die Nähe des Rechtsspruches zum Volkswillen stärker sucht als hauptberufliches, akademisches Laufbahnrichtertum[256].

Allgemein lässt sich feststellen, dass die US-amerikanische Rechtskultur und das US-amerikanische Rechtssystem in einem erheblichen Maße von der Vorstellung eines freien, selbstverantwortlichen Bürgers geprägt sind, der seine

---

252 *Zweigert/Kötz*, Einführung in die Rechtsvergleichung[3] (1996), I: § 19 II, S. 283.

253 Hierzu *Clark*, in: *Clark/Ansay* (Hrsg.), Introduction to the Law of the United States[2] (2002), S. 1 (3 f.).

254 *Reimann*, Einführung in das US-amerikanische Privatrecht[2] (2004), S. 285; siehe ferner *Carrington*, in: Bitburger Gespräche 2003, Globale Wirtschaft- nationales Recht, S. 33.

255 *Großfeld*, RabelsZ 39 (1975), S. 5 (20 f.); *Carrington*, in: Bitburger Gespräche 2003, Globale Wirtschaft- nationales Recht, S. 33 (36): „It is said that the jury has no ambition of its own, and on that account is most worthy of trust."

256 *Stürner*, FS Ernst C. Stiefel (1987), S. 763 (781).

Rechte verteidigt und dem nicht Recht als Sozialleistung gewährt wird[257]. Konsequent und im hohen Maße harmonisierend mit dieser Vorstellung ist die klägerfreundliche Ausgestaltung des prozessualen als auch materiellen Rechts, die dem Einzelnen keine unüberwindbaren rechtlichen Hürden bei der Ausübung seiner Rechte aufstellen darf.

E. Gesamtbetrachtung

Seit Jahrzehnten ist bekannt, dass sich das US-amerikanische Rechtssystem nicht nur auf dem eigenen Territorium auswirkt. Jede natürliche Person, die Beziehungen zu den USA unterhält, jedes Unternehmen, das dort geschäftstätig ist, ist einer unverhältnismäßig höheren Prozessgefahr ausgesetzt, als es in Deutschland der Fall wäre. Als wesentliche Gründe werden dabei die Eigenheiten des US-amerikanischen Rechts aufgeführt, die den Kläger einseitig begünstigen. Die vorangegangenen Ausführungen haben aber auch gezeigt, dass genauso äußere Faktoren wie die Herausbildung eines aggressiven Anwaltsstands, die den potentiellen Kläger sucht und ihn zur Klageerhebung drängt, und das relativ schlecht ausgebaute Sozialsystem, das die Klage als Mittel der Elendsflucht ansehen lässt, eine nicht unerhebliche Rolle spielen. Hinzukommen die rechtspolitischen Ziele, die mit der Einzelklage verfolgt werden. Die Privatklage als Mittel der Sozialgestaltung geschieht im Interesse der Allgemeinheit. Maßgebenden Einfluss auf die Entwicklung des US-amerikanischen Rechtssystems hat ferner die Historie der Vereinigten Staaten von Amerika, die dem Individualismus einen sehr hohen Stellenwert einräumt. Ein weiterer signifikanter Charakterzug der US-amerikanischen Gesellschaft ist ferner ihr unerschütterlicher Optimismus. Schon die ersten Siedler waren von diesem Gefühl geprägt, das sich im Lauf der Zeit weiter tief in den Köpfen der Amerikaner verankert hat[258]. Die autonome Bewältigung der äußeren als auch inneren Konflikte und die gleichwohl erfolgte lange Periode der wirtschaftlichen, sozialen und wissenschaftlichen Prosperität blieben psychologisch nicht folgenlos. Gleichzeitig finden sich kritische Stimmen, die diesen Optimismus als „Gefühl moralischer Überlegenheit“ bezeichnen[259].

---

257 *Stürner*, FS Ernst C. Stiefel (1987), S. 763 (781); *ders.*, in: Bitburger Gespräche 2003, Globale Wirtschaft- nationales Recht, S. 143 (144).

258 *Clark*, in: *Clark/Ansay* (Hrsg.), Introduction to the Law of the United States² (2002), S. 1 (5).

259 *Clark*, in: *Clark/Ansay* (Hrsg.), Introduction to the Law of the United States² (2002), S. 1 (5); wesentlich deutlicher *Schütze*, Die Allzuständigkeit amerikanischer Gerichte (2003), S. 17, der anhand von konkreten Beispielen den „Rechtschauvinismus“ der Amerikaner zu belegen versucht.

Jedenfalls steht fest, das US-amerikanische Rechtsdenken unterscheidet sich erheblich von dem deutschen, sogar von dem kontinental-europäischen. Neben der Zugehörigkeit zum angloamerikanischen Rechtskreis, wonach der Richter und das in seinen Entscheidungen entwickelte Fallrecht und nicht, wie hierzulande gewohnt, der Gesetzgeber oder der Gelehrte im Mittelpunkt des Rechtsdenkens stehen[260], trägt der in der US-amerikanischen Jurisprudenz weit verbreitete Pragmatismus- und Realismusgedanke hierzu entschieden bei. Danach wird in der US-amerikanischen Rechtswissenschaft vielmehr Wert auf wirkliche Erfahrungen gelegt. Dies äußert sich zum einen dadurch, dass bei der Rechtsfindung weniger auf eine dogmatisch stimmige Lösung geachtet wird als auf ein für gerecht gehaltenes Ergebnis[261]. Im Vordergrund steht also das Ziel und nicht der Weg dorthin[262]. Zum anderen tragen auch außerrechtliche Faktoren wie wirtschaftliche Interessen, politisches Klima, gesellschaftliche Konventionen oder auch die Tageslaune des Richters oder der Geschworenen zum tatsächlichen Prozess der Rechtserzeugung bei. Dies hat die Folge, dass die Jurisdiktion sich nicht an abstrakt-ethischen Prinzipien ausrichtet, sondern eher an den konkret-praktischen Wirkungen des Handelns[263]. Insgesamt ist das Recht nach US-amerikanischem Verständnis auch kein fest gezürntes dogmatisches Regelwerk, sondern vielmehr ein lebendiger gesellschaftlicher Prozess, dessen Ausgang auch von außerrechtlichen Faktoren abhängt[264].

Natürlich hat diese Rechtsauffassung Schwächen, aber auch viele Stärken. Zu den Schwächen dieser pragmatischen Anwendung des Rechts zählt sicherlich die hierunter erheblich leidende Rechtssicherheit. Dadurch, dass Entscheidungen eben nicht nur durch juristische Regeln, sondern auch durch viele andere Umstände bedingt sind, ist der tatsächliche Ausgang eines Rechtsstreits oft nur schwer voraussehbar[265]. Ferner lässt sie eine gewisse Systematik und Logik missen, die ihr als chaotisch und uneinheitlich angelastet werden kann[266]. Anderer-

---

260 *Blumenwitz*, Einführung in das anglo- amerikanische Recht[7] (2003), S. 5; *Reimann*, in: *Krakau/Streng*, Konflikt der Rechtskulturen? Die USA und Deutschland im Vergleich (2004), S. 23 (24- 28).

261 Siehe *Llewellyn*, The Bramble Bush: Some Lectures in Law and its Study (1930), S. 180: „[R]ules guide, but they do not control decision".

262 *Clark*, in: *Clark/Ansay* (Hrsg.), Introduction to the Law of the United States[2] (2002), S. 1 (8).

263 *Reimann*, in: *Krakau/Streng*, Konflikt der Rechtskulturen? Die USA und Deutschland im Vergleich (2004), S. 23 (31).

264 *Reimann*, in: *Krakau/Streng*, Konflikt der Rechtskulturen? Die USA und Deutschland im Vergleich (2004), S. 23 (32).

265 *Reimann*, in: *Krakau/Streng*, Konflikt der Rechtskulturen? Die USA und Deutschland im Vergleich (2004), S. 23 (32).

266 Siehe *Clark*, in: *Clark/Ansay* (Hrsg.), Introduction to the Law of the United States[2] (2002), S. 1 (8): „A new lawyer graduating from law school knows lots of twigs and trees, but does not have a clear view of the forest".

seits zeichnet sich das US-amerikanische Rechtsdenken durch Gründlichkeit in der Aufarbeitung der Tatsachen, praktischen Sinn und Flexibilität, Mut zur Einzelfallgerechtigkeit und Offenheit gegenüber politischen Dimensionen des Rechts aus, was sie näher am wirklichen Leben erscheinen lässt als die eher volksfremde deutsche Jurisprudenz[267].

267 *Reimann*, in: *Krakau/Streng*, Konflikt der Rechtskulturen? Die USA und Deutschland im Vergleich (2004), S. 23 (35).

3.Teil: Grundlagen des US-amerikanischen Zivilprozesses

A. Begriff des US-amerikanischen Zivilprozesses

Das US-amerikanische Verständnis des Begriffs „Zivilprozess" bzw. „*civil procedure*" ist weiter gefasst als hierzulande üblich[268]. So kennt das amerikanische Rechtssystem insbesondere auf bundesstaatlicher Ebene praktisch keine gesonderten Gerichtszüge, sondern lediglich zwei Prozessarten in Form des Zivil- und Strafprozesses. Öffentlich- und arbeitsrechtliche Streitigkeiten werden genauso vor Zivilgerichten verhandelt wie die Materien, die im deutschen Recht zur freiwilligen Gerichtsbarkeit zählen. Die Grundzüge des Zivilprozessrechts erstrecken sich daher auf alle Rechtstreitigkeiten, die nicht dem Strafrecht zuzuordnen sind und nicht unter der Oberaufsicht des *Court of Appeals for the Federal Circuit* fallen[269].

Der US-amerikanische Zivilprozess selbst gliedert sich in drei Phasen: der Verfahrenseinleitung (*pleadings*), dem Vorverfahren (*pre-trial*) und der Hauptverhandlung (*trial*). Die Verfahrenseinleitung nimmt im Gegensatz zu der überaus wichtigen Vorhauptverhandlungsphase nur eine untergeordnete Rolle ein, so dass überwiegend nur von der *pre-trial* und der *trial* gesprochen wird[270]. Die Hauptverhandlung wird fast immer ohne Unterbrechung durchgeführt und kann sich in komplizierten Produkthaftungs- und ähnlichen Fällen unter Umständen über Monate oder gar Jahre hinziehen[271]. Dabei obliegt die Verfahrensleitung grundsätzlich den Parteien. Sie bzw. ihre Anwälte halten den Ablauf des Verfahrens, den Umfang und die Art der Beweisaufnahme in den Händen. Der Verlauf des Zivilprozesses ist daher auch eher kämpferischer Natur. Die Parteien stehen sich wie in einem Zweikampf entgegen. Treffend wird diese Art der Verfahrensleitung mit *adversary system* bezeichnet[272]. Entsprechend gestaltet sich auch die Rolle des Richters als eine Art „Schiedsrichter im Zweikampf der Parteien", der überwiegend nur auf die Einhaltung der prozessualen Spielregeln wacht[273]. Selbst in dieser Aufsichtsfunktion wird er in der Regel lediglich aufgrund von Parteianträgen tätig[274].

Schließlich muss unterschieden werden, vor welchem Gericht der Zivilprozess ausgetragen wird. Hier bestehen zwei selbständige Gerichtssysteme gleich-

---

268 Instruktiv *Stürner*, FS Ernst C. Stiefel (1987), S. 763- 784.

269 *Hay*, US-amerikanisches Recht[4] (2008), Rn. 98 f.

270 *Stürner*, FS Ernst C. Stiefel (1987), S. 763 (764).

271 *Hay*, in: *Assmann/Bungert* (Hrsg.), Handbuch des US-amerikanischen Handels-, Gesellschafts- und Wirtschaftsrechts (2001), I: Rn. 4.

272 Siehe statt vieler *Kane*, Civil Procedure[3] (1992), S. 2 ff.

273 *Schack*, Einführung in das US-amerikanische Zivilprozessrecht[3] (2003), VI. 1., S. 61.

274 Nur in den seltensten Fällen wird der Richter von Amts wegen tätig; siehe *Hay*, in: *Assmann/Bungert* (Hrsg.), Handbuch des US-amerikanischen Handels-, Gesellschafts- und Wirtschaftsrechts (2001), I: Rn. 5.

wertig nebeneinander, so dass sowohl ein Bundesgericht (*federal court*) als auch das Gericht eines Einzelstaates (*state court*) die Eingangsinstanz bilden kann. Falsch wäre es daher, deutsche Vorstellungen der Gerichtszüge auf das US-amerikanische System übertragen zu wollen. Die Bundesgerichte sind nicht den einzelstaatlichen Gerichten als Berufungs- und Revisionsinstanz übergeordnet. Insofern lässt sich die Frage nach der Bindung einschlägiger Vorentscheidungen nicht ohne weiteres beantworten. Nach der *stare decisis*- Doktrin gilt im Grundsatz, die Bundesgerichte sind nur durch die Entscheidung höherer Bundesgerichte, die Gerichte der Einzelstaaten nur durch die Urteile der im staatlichen Instanzenzug folgenden höheren Gerichte, nicht aber durch Entscheidungen der Bundesgerichte und der Obergerichte anderer Staaten gebunden[275].

B. Rechtsquellen des US-amerikanischen Zivilprozessrechts

Die in der Normenhierarchie oberste Rechtsquelle für das Zivilprozessrecht bildet die Bundesverfassung (*US Constitution*). Sie bestimmt und beschränkt die Art der Rechtsstreite, für die die Bundesgerichte sachlich zuständig sind (*subject matter jurisdiction*). Sie gebietet ferner die Anerkennung eines in einem Bundesstaat von einem zuständigen bundes- oder einzelstaatlichen Gericht erlassenen Urteils in allen anderen Einzelstaaten (*full faith and credit clause*)[276] und verankert das Anrecht auf *jury trial* in bestimmten bundesgerichtlichen Verfahren[277]. Zudem verbietet sie zivilprozess- und materiell-rechtliche Ungleichbehandlung (*equal protection clause*[278], *privileges and immunities clause*[279]) sowie die Verletzung des in der Regel dem Beklagten zustehenden *due process of law*[280], also ein nicht den Grundsätzen der Rechtsstaatlichkeit entsprechendes Verfahren. Schließlich legitimiert die Bundesverfassung des Bundesgesetzgebers zum Erlass der für die Bundesgerichte verbindlichen *Federal Rules of Civil Procedure*[281]. Für das Zustellungsrecht ist einzig der im V. und XIV. *Amendment* der *US Constitution* verankerte Verfassungsgrundsatz des *due process of law* bedeutsam. Danach muss die Zustellung der Klageschrift grundsätzlich geeignet sein, den Beteiligten tatsächlich von der Anhängigkeit der Klage zu unterrichten und ihm rechtzeitig Gelegenheit zur Verteidigung zu geben[282].

---

275 *Blumenwitz*, Einführung in das anglo-amerikanische Recht[7] (2003), S. 47.
276 US Const., Art. IV § 1.
277 US Const., Amend. VII.
278 US Const., Amend. XIV, § 1.
279 US Const., Art. IV, § 2 und US Const., Amend. XIV, § 1.
280 US Const., Amend. V und XIV.
281 US Const. Art. III i. V. m. Art. I.
282 Siehe 4.Teil A. I. 1.

Als weitere Rechtsquelle des Zivilprozesses sind völkerrechtliche Verträge (*treaties*) zu nennen, die rangmäßig den Bundesgesetzen gleich, jedoch über dem einzelstaatlichen Recht einschließlich ihrer Verfassung stehen[283]. Im Bereich des Zustellungsrechts nimmt das „Haager Übereinkommen über die Zustellung gerichtlicher und außergerichtlicher Schriftstücke im Ausland in Zivil- und Handelssachen" vom 15. November 1965[284] eine herausragende Bedeutung ein. Dieser völkerrechtliche Vertrag kommt im deutsch-amerikanischen Rechtshilfeverkehr immer dann zur Anwendung, wenn die Klageschrift in das Ausland zuzustellen ist[285].

Auf einfachgesetzlicher Ebene muss ferner beachtet werden, dass mit dem selbständigen Nebeneinander zweier kompletter Gerichtszüge sich auch eigenständige Prozessordnungen herausgebildet haben, die sich sowohl inhaltlich als auch von ihrem Anwendungsbereich her unterschiedlich überschneiden[286]. Für bundesgerichtliche Verfahren entnimmt man das einschlägige Zivilprozessrecht dem *Judicial Code*[287], im Einzelnen den *Federal Rules of Civil Procedure* (FRCivP), den *Federal Rules of Appellate Procedure*, für beide auch den *Federal Rules of Evidence* und weiteren sachspezifischen *Rules*. Unter Umständen muss das Bundesgericht auch das Zivilprozessrecht des Einzelstaates beachten, in dem sein Sitz liegt[288]. Im Übrigen ist das Zivilprozessrecht einzelstaatliches Recht. Einzelstaatliche Gerichte wenden daher ihr eigenes Zivilprozessrecht an. Zentrale Vorschrift der Zustellungsregelung für bundesgerichtliche Verfahren bildet Rule 4 FRCivP, die die Zustellung der Klageschrift regelt[289]. Die Vorschrift gibt selbst einige Zustellungsformen vor und verweist zusätzlich auf die Zustellungsvorschriften desjenigen Bundesstaates, in dem das Bundesgericht seinen Sitz hat oder in dem die Zustellung erfolgen soll[290].

Schließlich kommt als Rechtsquelle des Zivilprozessrechtes das für das *Common Law* typische Fallrecht in Betracht. Als einer der bedeutsamsten Entscheidung des *US Supreme Court* im Bereich des Zustellungsrechts ist *Mullane v. Central Hanover Bank & Trust Co.*[291] zu nennen, in dem das höchste Bundesgericht den noch heute geltenden Standard für Zustellungsformen formulierte[292].

---

283 Sog. *supremacy clause* in US Const. Art. VI § 2; siehe hierzu 4.Teil B.

284 BGBl. 1977 II, S. 1453.

285 Siehe 4.Teil B. I. und C.

286 *Junker*, ZZP 101 (1988), S. 241 (258 ff., 291f.).

287 Die wichtigsten Vorschriften sind im *United States Code* (USC), Title 28, *Judiciary and Judicial Procedure*, enthalten.

288 Siehe D.

289 Siehe 4.Teil D.

290 Siehe 4.Teil D. III.

291 339 US 306 (1950).

292 Siehe 4.Teil A. I. 1. b).

C. Zuständigkeit der US-Bundesgerichte bei privatrechtlichen Streitigkeiten mit Auslandsbezug

Genauso wie im deutschen Recht muss das mit der Streitsache befasste US-Gericht für die Rechtsstreitigkeit mit internationalem Bezug zuständig sein, um eine die Parteien rechtsbindende Entscheidung erlassen zu können (*jurisdiction to adjudicate*)[293]. Die Existenz zweier unabhängiger Gerichtssysteme, der Bundesgerichte und der Gerichte der Einzelstaaten, lässt hingegen die Bestimmung der Zuständigkeit des angerufenen Gerichts schwierig erscheinen. Zumindest ist die Prüfung mit Besonderheiten verbunden, die im Folgenden überblicksartig aufgeführt werden. Der Schwerpunkt wird dabei in der Betrachtung der Zuständigkeit der Bundesgerichte bei privatrechtlichen Verfahren mit Auslandsbezug liegen.

I. Sachliche Zuständigkeit (*subject matter jurisdiction*)

Gegenstand der sachlichen Zuständigkeit, also der *subject matter jurisdiction*, ist die Abgrenzung von Bundes- und einzelstaatlicher Gerichtsbarkeit. Dabei liegt die allgemeine Zuständigkeit (*general jurisdiction*) bei den Gerichten der Einzelstaaten, soweit nicht das einzelstaatliche Recht etwas anderes bestimmt[294] oder eine ausschließliche Zuständigkeit (*exclusive jurisdiction*) der Bundesgerichte gegeben ist[295]. Die *federal courts* haben dagegen nur in begrenzten Fällen die sachliche Zuständigkeit, die sie aus Art. III § 2 der *US Constitution* und Bundesgesetzen ableiten müssen. Besonders bedeutsam sind in diesem Zusammenhang die bundesgesetzlichen Zuständigkeitsregeln in 28 USC §§ 1330 ff., die den Bundesgerichten originäre, also erstinstanzliche (funktionale) Zuständigkeiten (*original jurisdictions*) eröffnen. Liegt eine ausschließliche Zuständigkeit des Bundesgerichts nicht vor, dann kann in gesetzlich geregelten Fällen eine mit den Gerichten der Einzelstaaten konkurrierende Zuständigkeit

---

293 Zur Begriffsunterscheidung der *legislative jurisdiction* (Rechtssetzungshoheit) von der *judicial* bzw. *adjudicatory jurisdiction* (Rechtsprechungshoheit) *Weintraub*, Commentary on Conflict of Laws4 (2001), § 4.1, S. 114- 116; *Richman/Reynolds*, Understanding Conflict of Laws[3] (2003), § 9, S. 13; vgl. ferner *Spencer*, 73 U. Chi. L. Rev. 617- 672 (2006). Neben dem Vorliegen der Zuständigkeit müssen für die Annahme der *jurisdiction to adjudicate* überdies die verfahrenseinleitenden Schriftstücke dem Beklagten ordnungsgemäß zugestellt worden sein; siehe *Scoles/Hay/Borchers/Symeonides*, Conflict of Laws[4] (2004), § 12.2, S. 519.

294 Einige Gliedstaatengerichte verneinen ihre sachliche Zuständigkeit für Rechtsstreitigkeiten, an denen keine *state citizens* beteiligt sind und die keinen Bezug zum Staat haben.

295 So für Streitigkeiten im Seerecht (28 USC § 1333), Insolvenzrecht (28 USC § 1334) oder Patent- und Urheberrecht (28 USC § 1338).

beispielsweise im Wettbewerbsrecht[296], im Bundessteuerrecht[297], bei *Civil Rights*-Klagen[298] oder bei Klagen wegen Völkerrechtsverletzungen[299] gegeben sein. In Betracht kommt ferner eine konkurrierende Zuständigkeit der Bundesgerichte, wenn dem Rechtsstreit Bundesrecht zugrunde liegt (*federal question cases*)[300] oder wenn Kläger und Beklagter aus verschiedenen Staaten stammen (*diversity cases*)[301]. Daneben gibt es noch die sog. *supplement jurisdiction* der Bundesgerichte[302], wonach die *federal courts* die sachliche Zuständigkeit an sich ziehen können, wenn der auf einzelstaatlichem Recht beruhende Anspruch in einem engen Sachzusammenhang mit dem bundesrechtlichen Anspruch steht, für den das Bundesgericht originär zuständig ist[303].

Für die uns zu interessierenden privatrechtlichen Rechtsstreitigkeiten unter ausländischer Beteiligung wird in der Regel eine bundesgerichtliche konkurrierende Zuständigkeit kraft *diversity* vorliegen, da gerade Schadensersatzklagen regelmäßig auf einzelstaatlichem Recht beruhen[304]. Daher wird im Folgenden vertieft auf die *diversity jurisdiction* eingegangen. Rechtsgrundlage bildet hier 28 USC § 1332. Nach der Neufassung dieser Vorschrift 2005 ist zunächst zwischen einer Zivil- (*civil action*) und Sammelklage (*class action*) zu unterscheiden.

---

296 28 USC § 1337.

297 28 USC § 1340.

298 28 USC § 1343.

299 28 USC § 1350. Das besondere an dieser Regelung ist, dass das US-Recht sich für sämtliche Völkerrechtsverletzungen, die irgendwo auf der Welt begangen worden sind, für sachlich zuständig erklärt. Die Konsequenz ist, dass immer häufiger ausländische Kläger US-amerikanischen Rechtsschutz ersuchen; siehe *Rau*, IPRax 2000, S. 558- 560.

300 28 USC § 1331; siehe *Caterpillar, Inc. v. Williams*, 482 US 386, 392 (1987): „[F]ederal jurisdiction exists only when a federal question is presented on the face of the plaintiff's properly pleaded complaint."

301 28 USC § 1332.

302 28 USC § 1367.

303 Auszug aus § 1367 (a): „[I]n any civil action of which the district courts have original jurisdiction, the district courts shall have supplemental jurisdiction over all other claims that are so related to claims in the action within such original jurisdiction that they form part of the same case or controversy under Article III of the United States Constitution."

304 Bildet Gegenstand des Verfahrens ein bundesrechtlicher Anspruch (*federal question jurisdiction*), dann kommt es für die Annahme der *subject matter jurisdiction* nicht mehr auf die *diversity* an; siehe *Hay*, in: *Assmann/Bungert* (Hrsg.), Handbuch des US-amerikanischen Handels-, Gesellschafts- und Wirtschaftsrechts (2001), I: Rn. 36.

1. *Diversity jurisdiction* bei *civil actions*

Für alle Zivilklagen mit Ausnahme der *class actions* im Sinne des 28 USC § 1332 (d) ist die *diversity jurisdiction* in § 1332 (a)[305] geregelt. Nach diesem Absatz ist die originäre Zuständigkeit der Bundesgerichte gegeben, wenn die Parteien unterschiedliche (einzelstaatliche oder ausländische) Staatsangehörigkeiten besitzen und der Streitwert 75.000 US-Dollar überschreitet. Überdies darf der Fall nicht in die ausschließliche Zuständigkeit einzelstaatlicher Gerichte fallen[306]. *Diversity* ist nur dann gegeben, wenn kein Kläger dem gleichen Staat angehört wie einer der Beklagten (sog. *complete diversity*)[307]. § 1332 (a) unterscheidet dabei zwischen *citizenship diversity* nach Absatz (1) und *alienage diversity* nach Absatz (2). Für die *citizenship diversity* ist erforderlich, das die Parteien die US-amerikanische Staatsbürgerschaft haben, aber jeweils in unterschiedlichen Einzelstaaten domiziliert sind[308]. Eine *alienage diversity* liegt darüber hinaus vor, wenn auf der einen Seite die Partei eine ausländische Staatsbürgerschaft und zudem ihren ständigen Wohnsitz nicht in den Vereinigten Staaten hat. Sind hingegen auf beiden Seiten Ausländer (*aliens*) am Verfahren beteiligt, fehlt es an der *diversity jurisdiction*[309]. Die *citizenship* einer inländischen juristischen Person richtet sich gemäß § 1332 (c) (1)[310] nach dem Gründungsstaat. Zudem gehört sie auch dem Staat an, in dem sie ihren Hauptgeschäftssitz (*prin-*

---

305 28 USC § 1332 (a): „The district courts shall have original jurisdiction of all civil actions where the matter in controversy exceeds the sum or value of $ 75.000, exclusive interest and costs, and is between – (1) citizens of different States; (2) citizens of a State and citizens or subjects of a foreign state; (3) citizens of different States and in which citizens or subjects of a foreign state are additional parties; and (4) a foreign state, defined in section 1603 (a) of this title, as plaintiff and citizens of a State or of different States. For the purposes of this section, section 1335, and section 1441, an alien admitted to the United States for permanent residence shall be deemed a citizen of the State in which such alien is domiciled."

306 So in *domestic-relations* und *probate cases*, also in Familien- und Erbrechtsangelegenheiten; siehe *Schack*, Einführung in das US-amerikanische Zivilprozessrecht[3] (2003), IV. 1. b) bb), S. 19; *Friedenthal/Kane/Miller*, Civil Procedure[4] (2005), § 2.5, S. 27 f.

307 *Strawbridge v. Curtiss*, 7 US (3 Cranch) 267 (1806): „There is no diversity jurisdiction when any party on one side of the dispute is citizen of the same state as any party of the other side."

308 Zum Begriff des Domizils (*domicile*) *Gilbert v. David*, 235 US 561 (1915); *Stine v. Moore*, 213 F.2d 446 (5th Cir. 1954). Maßgebend für die Bestimmung des Domizils ist der Zeitpunkt der Klageerhebung, siehe *Friedenthal/Kane/Miller*, Civil Procedure[4] (2005), § 2.5, S. 29.

309 *Hodgson v. Bowerbank*, 9 US (5 Cranch) 303 (1809).

310 Auszug aus § 1332 (c): „For the purposes of this section and section 1441 of this title – (1) a corporation shall be deemed to be a citizen of any State by which it has been incorporated and of the State where it has its principal place of business."

cipal place of business)[311] hat[312]. In der Rechtsprechung der unteren Bundesgerichte ist hingegen umstritten, ob die *rule of dual citizenship* auch auf ausländische juristische Personen (*alien corporations*) Anwendung findet[313]. Der *US Supreme Court* hat sich bisher nicht direkt zu dieser Frage geäußert. Dennoch kann wohl eine Tendenz hin zur Gleichbehandlung der in- und ausländischen *corporations* festgestellt werden[314].

2. *Diversity jurisdiction* bei *class actions*

Für *class actions* wurde mit dem *Class Action Fairness Act of 2005* (CAFA)[315] die Voraussetzung der *diversity jurisdiction* neu geregelt. Um die damit verbundenen Veränderungen besser verdeutlichen zu können, wird zunächst die alte Rechtslage vor Erlass des Reformaktes dargestellt.

---

311 Zur Begriffsbestimmung *Friedenthal/Kane/Miller*, Civil Procedure[4] (2005), § 2.6, S. 36 f.

312 Zweck dieser 1958 eingeführten Regelung war es, dem forum shopping zwischen der Bundes- und einzelstaatlichen Gerichtsbarkeiten entgegenzuwirken. Die juristische Person, die in einem anderen Bundesstaat als dem ihres Hauptgeschäftssitzes gegründet worden ist, soll nicht gegenüber der einheimischen juristischen Person bevorteilt werden, indem sie aufgrund der *diversity jurisdiction* in den Genuss kommt, zwischen den beiden Gerichtsbarkeiten wählen zu können; siehe *Hay*, in: *Assmann/Bungert* (Hrsg.), Handbuch des US-amerikanischen Handels-, Gesellschafts- und Wirtschaftsrechts (2001), I: Rn. 77; *Geulen/Sebok*, NJW 2003, S. 3244; *Friedenthal/Kane/Miller*, Civil Procedure[4] (2005), § 2.6, S. 36.

313 Ablehnend: *Eisenberg v. Commercial Union Assurance Co.*, 189 F.Supp. 500 (S. D. N. Y. 1960); *Torres v. Southern Peru Copper Corp.*, 113 F.3d 540, 543 (5th Cir. 1997); *Barrantes Calbaceta v. Standard Fruit Co.*, 883 F.2d 1553, 1559 (5th Cir. 1989); *M.Miller*, 50 U. Chi. L. Rev. 1456-1480 (1983); befürwortend: *Nike, Inc. v. Comercial Iberica de Exclusivas Deportivas, S.A.*, 20 F.3d 987 (9th Cir. 1994); *Phoenix Four Inc. v. Strategic Resources Corp.*, No. 05 Civ. 4837, 2006 US Dist. LEXIS 52401 (S. D. N. Y. Aug. 1, 2006); *Moulton*, 84 Colum.L.Rev. 177- 197 (1984); vgl. ferner *Greher*, 36 Va. J. Int'l L. 233, 251 (1995).

314 Siehe Judge *Janet C. Hall*, Statement of the Judicial Conference of the United States (2005), S. 8 f.

315 Die Novellierung ist am 18. Februar 2005 in Kraft getreten; hierzu *Andreeva*, 59 U. Miami L. Rev. 385- 412 (2005); *Reig/Erway III/Sharkey*, 40 Tort Trial & Ins. Prac. L. J. 1087- 1100 (2005); *Cabraser/Vincen/do Amaral*, 43 Canadien Bus. L. J. 398- 419 (2006); *Sherman*, 80 Tul. L. Rev. 1593- 1616 (2006); *Vance*, 80 Tul. L. Rev. 1617- 1643 (2006); krit. *Logan*, 40 Tort Trial & Ins. Prac. L. J. 1145- 1180 (2005); aus dem deutschen Schrifttum *Petersen*, RIW 2005, S. 812- 815.

a) Rechtslage vor Erlass des CAFA 2005

Im Hinblick auf die zwei Voraussetzungen der *diversity jurisdiction*, *complete diversity* und Mindeststreitwert, galten vor Erlass des CAFA Besonderheiten für *class actions*:

aa) So war zwar auch bei *class action*-Verfahren *complete diversity* erforderlich, allerdings galt dies nur in Bezug auf die benannten Kläger (*named plaintiffs*), da vollständige *diversity* sonst praktisch ausgeschlossen wäre[316]. Also durfte keiner der *named plaintiffs* dem gleichen Staat angehören wie einer der Beklagten.

Eine Ausnahme zu dieser Regelung bildet für Großunfälle (*mass disasters*) mit mindestens 75 Todesopfern die Vorschrift 28 USC § 1369 (c). Bei solchen Verfahren wird lediglich *minimal diversity*[317] verlangt.

Diese Regelung führte jedenfalls dazu, dass durch eine geschickte Klageerhebung der Klägeranwälte (sog. *artful pleading*) die konkurrierende Zuständigkeit der Bundesgerichte vielfach umgangen wurde[318]. Es reichte einfach aus, entweder auf Seiten des Klägers eine Person als Repräsentanten der Gruppe aufzunehmen oder auf Beklagtenseite eine an sich für die Klage uninteressante Person mit zu verklagen, die jeweils das *complete diversity*-Erfordernis aufgehoben hätte[319]. Lag danach keine originäre Zuständigkeit der Bundesgerichte vor, konnte auch der Beklagte nicht die Verlagerung des Falles von den als klägerfreundlicher geltenden einzelstaatlichen Gerichten zu den objektiveren Bundesgerichten beantragen (sog. *removal*)[320]. Dies führte faktisch dazu, dass die meisten *class actions* vor den *state courts* ausgetragen wurden.

Steht dem Kläger die Möglichkeit offen, seinen Rechtsstreit vor einem einzelstaatlichen Gericht auszutragen, dann wird er sich in der Regel auch dafür entscheiden, da ihm das heimische Forum günstiger erscheinen wird. Denn es kann durchaus sein,

316 *Supreme Tribe of Ben-Hur v. Cauble*, 255 US 356 (1921); *Snyder v. Harris*, 394 US 332, 340 (1969).

317 Auszug aus 28 USC § 1369 (c) (1): „[M]inimal diversity exists between adverse parties if any party is a citizen of a State and any adverse party is a citizen of another State".

318 *Andreeva*, 59 U. Miami L. Rev. 385, 394- 396 (2005); *Friedenthal/Kane/Miller*, Civil Procedure[4] (2005), § 2.7, S. 44.

319 Ein eklatantes Beispiel führt *Hay*, in: *Assmann/Bungert* (Hrsg.), Handbuch des US-amerikanischen Handels-, Gesellschafts- und Wirtschaftsrechts (2001), I: Rn. 53, auf: Im *World- Wide Volkswagen Corp. v. Woodson*- Fall, 444 US 286 (1980), verklagte der Kläger den an sich „uninteressanten" Einzelhändler allein aus dem Grund, um die *complete diversity* aufzuheben und damit die *removal*-Möglichkeit der Beklagten zu nehmen. Die (Haupt-)Beklagten waren somit gezwungen, sich vor dem einzelstaatlichen Gericht zu verantworten.

320 28 USC § 1441 ff.

dass das einzelstaatliche Geschworenengericht mit Verwandten, Freunden und Bekannten als Jury-Mitglieder besetzt ist. Zudem ist der Einzelstaatenrichter auf die lokale Wählergunst angewiesen, was ihn zumindest in den Augen des Klägers bzw. seines Anwalts tendenziell klägerfreundlich macht[321]. Der Beklagte hingegen wird ein größeres Interesse daran haben, das Verfahren von den erfahrenen und objektiveren Berufsrichtern der Bundesgerichte leiten zu lassen[322].

bb) Hinsichtlich des Mindeststreitwerts von 75.000 US-Dollar hatte der *US Supreme Court* entschieden, dass die Ansprüche der verschiedenen Gruppenmitglieder nicht zusammengerechnet werden dürfen[323]. Später wurde die Regel dahingehend ergänzt, dass es nicht genügt, wenn einer der benannten Kläger einen Anspruch in der erforderlichen Höhe geltend macht, sondern jedes Mitglied der *class* den Mindeststreitwert erreichen muss[324].

Die Gültigkeit dieser Entscheidung wurde durch die gesetzliche Regelung der *supplement jurisdiction* in 28 USC § 1367, die eine Zuständigkeit der Bundesgerichte kraft Sachzusammenhangs bejaht, in Frage gestellt. Der Wortlaut legte eine solche Sicht nahe, die Entstehungsgeschichte sprach aber dagegen. In der Rechtsprechung der unteren Bundesgerichte wurde diese Problematik unterschiedlich beurteilt[325]. Der *US Supreme Court* jedenfalls hat sich erst kürzlich mit dieser Frage befasst und entschieden, dass *supplement jurisdiction* auch gegeben sein kann, wenn nur ein einziger Kläger den Mindeststreitwert erreicht[326]. Damit hat das höchste Bundesgericht seine alte *Zahn*-Rechtsprechung, wonach jedes Mitglied der Gruppe den Mindeststreitwert aufbringen muss, aufgegeben[327].

---

321 Siehe 2.Teil B. II. 1. e).

322 *Hay*, in: *Assmann/Bungert* (Hrsg.), Handbuch des US-amerikanischen Handels-, Gesellschafts- und Wirtschaftsrechts (2001), I: Rn. 51 f.; *Schack*, Einführung in das US-amerikanische Zivilprozessrecht[3] (2003), IV. 1. c), S. 22.

323 *Snyder v. Harris*, 394 US 332, 336 f. (1969). Eine Ausnahme von der *no-aggregation rule* wird bei einem gemeinsamen und untrennbaren Interesse (*common and undivided interest*) der geltend gemachten Ansprüche gemacht; siehe *Troy Bank v. G.A. Whitehead & Co.*, 222 US 39 (1911); *Friedenthal/Kane/Miller*, Civil Procedure[4] (2005), § 2.9, S. 51 f.

324 *Zahn v. International Paper Co.*, 414 US 291 (1973).

325 Während der fünfte, siebte und elfte Bundesdistrikt die Auffassung vertraten, dass die Regelung § 1367 die alte *Zahn*-Rechtsprechung des *US Supreme Court* aufhebe, nahmen der dritte, achte und zehnte Bundesdistrikt eine gegenteilige Position ein; siehe Nachw. bei *Andreeva*, 59 U. Miami L. Rev. 385, 396- 398 (2005).

326 *Exxon Mobil Corp. v. Allapattah Services, Inc.*, 125 S.Ct. 2611, 2615 (2005): „When the well-pleaded complaint contains at least one claim that satisfies the amount-in-controversy requirement, and there are no other relevant jurisdictional defects, the district court, beyond all question, has original jurisdiction over that claim. The presence of other claims in the complaint, over which the district court may lack original jurisdiction, is of no moment."

327 *Sherman*, 80 Tul. L. Rev. 1593, 1603- 1604 (2006); *Schellhammer*, 29 Harv. J. L. & Pub. P. 1119- 1131 (2006).

Auch hier konnten die Klägeranwälte durch eine listige Klageerhebung, die *diversity jurisdiction* torpedieren, indem sie von vornherein einen Streitwert wählten, der in der Gesamthöhe niedriger war als die erforderlichen 75.000 US-Dollar für jedes Gruppenmitglied. Die *removal*-Möglichkeit der Beklagten war damit ausgeschlossen, obwohl der Gesamtstreitwert bei einer entsprechenden Anzahl an *class members* in die Millionen ging[328].

cc) Das in 28 USC § 1441[329] geregelte *removal*-Recht verlangt für die Verlagerung eines Falles von einzelstaatlichen Gerichten an die Bundesgerichte das Vorliegen der originären Zuständigkeit der Bundesgerichte für die Rechtsstreitigkeit. Liegt die *original jurisdiction* nicht vor, dann kann der Beklagte nicht die Verweisung an das Bundesgericht beantragen. Die vorangegangenen Ausführungen haben bereits deutlich gemacht, wie einfach das *removal*-Recht des Beklagten durch eine geschickte Klageerhebung vereitelt werden konnte. Erschwert wurde die Ausübung dieses Rechts ferner durch das Erfordernis, dass alle Beklagten mit der Verlagerung einverstanden sein mussten[330]. Darüber hinaus durfte keiner der Beklagten aus dem Gerichtsstaat stammen[331]. Der Antrag musste schließlich binnen eines Jahres nach der Verfahrenseröffnung gestellt werden[332].

b) Rechtslage nach Erlass des CAFA 2005

Für *class actions*, die aus mindestens 100 Mitgliedern bestehen[333], hat der CAFA die zwei Voraussetzungen der *diversity jurisdiction* grundlegend verändert. Diese Veränderung sind in dem neu verfassten 28 USC § 1332 (d)[334] bundesgesetzlich festgehalten:

---

328 *Andreeva*, 59 U. Miami L. Rev. 385, 396 (2005).

329 Auszug aus § 1441 (a): „[A]ny civil action brought in a State court of which the district courts of the United States have original jurisdiction, may be removed by the defendant or the defendants, to the district court of the United States for the district and division embracing the place where such action is pending."

330 *Emrich v. Touche Ross & Co.*, 846 F.2d 1190, 1193 Fn. 1 (9th. Cir. 1988); *Getty Oil Corp. v. Ins. Co. of N. Am.*, 841 F.2d 1254, 1261 (5th Cir. 1988).

331 Auszug aus 28 USC § 1441 (b): „Any other such action shall be removable only if none of the parties in interest properly joined and served as defendants is a citizen of the State in which such action is brought."

332 Siehe 28 USC § 1446 (b).

333 Siehe 28 USC § 1332 (d) (5), wonach Absatz (2) bis (4) nicht zur Anwendung kommen, wenn die Sammelklage gegen Staatsbeamte gerichtet ist (A) oder ihre Gesamtmitgliederanzahl unter 100 liegt (B); vom Anwendungsbereich dieser Vorschrift sind ferner auch *securities* und *corporate governance class actions* ausgeschlossen, vgl. § 1332 (d) (9).

334 Während § 1332 (d) (1) die Bedeutung verschiedener Begriffe erläutert, wendet sich erst Absatz (2) der sachlichen Zuständigkeit zu: „The district courts shall have original

Im Zuge der *class action*-Reform werden nunmehr auch Massenklagen (*mass actions*), also Zivilklagen, bei denen die Geldzahlungsansprüche von mindestens 100 Personen aufgrund der gemeinsamen Rechts- und Tatsachenfragen gemeinschaftlich verfolgt werden sollten, den Sammelklagen gleichgestellt[335].

aa) Nach dieser Vorschrift reicht es für die Annahme von *diversity jurisdiction* nunmehr aus, dass ein (benanntes oder unbenanntes) Mitglied der klägerischen Gruppe einem anderen Staat angehört als ein Beklagter (sog. *minimum diversity*). Darüber hinaus muss der Streitwert 5 Millionen US-Dollar übersteigen. Die im Vergleich zu § 1332 (a) exorbitante Höhe relativiert sich jedoch, da die Ansprüche der verschiedenen Gruppenmitglieder nun zusammengerechnet werden dürfen[336].

bb) Von dieser Grundregel sehen die Absätze (3) und (4) des § 1332 (d) Ausnahmen vor. Nach § 1332 (d) (4) (A)[337] und (B)[338] muss das Bundesgericht seine Zuständigkeit für einen Rechtsstreit ablehnen, wenn dieser einen klar überwiegenden einzelstaatlichen Bezug aufweist. Dies wird angenommen zum einen, wenn mindestens zwei Drittel der klägerischen *class* und die Hauptbeklagten (*primary defendants*) aus dem Gerichtsstaat stammen, oder zum anderen, wenn mehr als zwei Drittel der klägerischen Gruppe, zumindest ein bedeutsamer Beklagter (*significant defendant*) dem Gerichtsstaat angehören und das streitentscheidende Verhalten in dem Forumstaat begründet liegt. Bei einem schwächeren einzelstaatlichen Bezug steht es hingegen gemäß § 1332 (d) (3)[339] im Ermessen des Bundesgerichts, unter Beachtung der dort aufgeführten Berücksichtigungsgebote seine Zuständigkeit abzulehnen.

---

jurisdiction of any civil action in which the matter in controversy exceeds the sum or value of $ 5,000,000, exclusive interest and costs, and is a class action in which – (A) any member of a class of plaintiffs is a citizen of a State different from any defendant; (B) any member of a class of plaintiffs is a foreign state or a citizen or subject of a foreign state and any defendant is a citizen of a State; or (C) any member of a class of plaintiffs is a citizen of a State and any defendant is a foreign state or a citizen or subject of a foreign state."

335 Siehe 28 USC § 1332 (d) (11); hierzu *Vance*, 80 Tul. L. Rev. 1617, 1629-1630 (2006); *Cabraser/Vinven/do Amaral*, 43 Canadien Bus. L. J. 398, 407 f. (2006).

336 28 USC § 1332 (d) (6): „In any class action, the claims of the individual class members *shall be aggregated* to determine whether the matter in controversy exceeds the sum of value of $ 5.000.000, exclusive of interest and costs"; Herv. d. Verf.

337 Sog. *Local Controversy*-Ausnahme; hierzu *Sherman*, 80 Tul. L. Rev. 1593, 1600-1601 (2006); *Vance*, 80 Tul. L. Rev. 1617, 1624-1625 (2006).

338 Sog. *Home State*-Ausnahme; hierzu *Sherman*, 80 Tul. L. Rev. 1593, 1597-1599 (2006); *Vance*, 80 Tul. L. Rev. 1617, 1623 (2006).

339 Sog. *Discretionary Jurisdiction*; hierzu *Sherman*, 80 Tul. L. Rev. 1593, 1602-1603 (2006); *Vance*, 80 Tul. L. Rev. 1617, 1625-1627 (2006).

cc) Auch die *removal*-Möglichkeit wurde mit der Neufassung des 28 USC § 1453 für *class actions* wesentlich vereinfacht. Danach kann ohne Rücksicht auf die einjährige Präklusionsfrist des § 1446 (b) und die Staatsangehörigkeit der Beklagten ein Beklagter auch ohne Einverständnis der übrigen Beklagten die Verlagerung vom einzelstaatlichen Gericht an den *Federal District Court* beantragen.

c) Verbesserte Rechtslage für ausländische Unternehmen

Der CAFA hat nicht nur die Situation der beklagten einheimischen Unternehmen verbessert, sondern auch die der ausländischen Unternehmen, die nunmehr in den weit überwiegenden Fällen die Verlagerung des Rechtsstreits auf die objektiveren und erfahrenen Bundesgerichte beantragen können.

II. Internationale Zuständigkeit (*judicial jurisdiction*)

Spätestens seit der Entscheidung des *US Supreme Court* in *Insurance Corp. of Ireland, Ltd. v. Compagnie des Bauxites de Guinee*[340] ist klar, dass die sachliche Zuständigkeit der Gerichte nicht mit ihrer internationalen Zuständigkeit gleichbedeutend ist[341]. Für die Begründung der internationalen Zuständigkeit ist vielmehr maßgebend, dass das Gericht in allen Klagen ohne örtlichen Bezug[342]

340 456 US 694 (1982).

341 *Insurance Corp. of Ireland, Ltd. v. Compagnie des Bauxites de Guinee,* 456 US 694, 701 (1982): „The validity of an order of a federal court depends upon that court's having jurisdiction over both the subject matter and the parties. The concepts of subject-matter and personal jurisdiction, however, serve different purposes, and these different purposes affect the legal character of the two requirements".

342 Nicht erörtert werden hier die *jurisdiction in rem* und *jurisdiction quasi in rem*, die ebenfalls die internationale Zuständigkeit begründen können. Die *jurisdiction in rem* knüpft an dingliche Rechte an und begründet eine ausschließliche Zuständigkeit des Gerichts am Ort der Belegenheit einer unbeweglichen oder beweglichen Sache. Eine neue Variante der *jurisdiction in rem* hat zudem der 1999 zum Schutz gegen *Domain-Grabbing* erlassene *Anticybersquatting Consumer Protection Act* in 15 USC § 1125 (d) eingeführt. Anknüpfungspunkt ist der Sitz der jeweiligen Registrierungsbehörde für den Domain-Namen; siehe hierzu *Nguyen*, 81 N. C. L. Rev. 483- 565 (2003); *D. Fuchs*, RIW 2004, S. 41- 49. Die frühere *quasi in rem*-Zuständigkeitsregel l ieß am Belegenheitsort auch Klagen wegen schuldrechtlicher Ansprüche gegen den Eigentümer oder Besitzer der Sache zu. Seit der Grundsatzentscheidung des *US Supreme Court* in *Shaffer v. Heitner*, 433 US 186 (1977), wird in diesen Fällen wegen des *due process*-Erfordernisses ein Bezug des Beklagten oder des streitigen Anspruchs zum Forum verlangt, der nicht allein durch die Belegenheit einer ihm gehörenden Sache begründet wird. Diese Zuständigkeitsregeln spielen bei *class actions* aber praktisch keine Rolle.

für die Person des Beklagten zuständig ist, also *personal jurisdiction* hat[343]. Ungeachtet einer möglichen Gerichtsstandsvereinbarung der Parteien[344] oder einer rügelosen (sachlichen) Einlassung des Beklagten auf die Klage[345], die vorrangig zu erörtern wären, hat das angerufene Gericht also zu prüfen, ob neben dem Kläger- auch der notwendige Beklagtenbezug zum Forum gegeben ist[346]. Ausgangspunkt bildet dabei seine Anwesenheit (*physical presence*) im Gerichtsstaat[347]. Daneben können die Einzelstaaten durch Gesetz oder *Common Law* weitere Gerichtsstände bestimmen, die von dieser territorial begründeten Zuständigkeitsregel abrücken. Grenzen setzt ihnen nur das aus dem XIV. Zusatzartikel der Bundesverfassung hergeleitete *due process*-Gebot, wonach der Beklagte gewisse Mindestkontakte (*minimum contacts*) zum Gerichtsstaat aufweisen muss, so dass die Durchführung des Verfahrens nicht „traditional notions of fair play and substantial justice" widerspricht[348].

1. Besonders hervorzuhebende Zuständigkeitsregeln

Im Hinblick auf Rechtsstreitigkeiten gegen ausländische Unternehmen sind insbesondere zwei Gerichtsstände hervorzuheben, die die internationale Zuständigkeit der US-amerikanischen Gerichte am häufigsten zu begründen vermögen[349]: *doing business*-Gerichtsstand und Gerichtsstand am Sitz der US-amerikanischen Tochtergesellschaft. Daneben ergeben sich für die *personal jurisdiction* der Bundesgerichte Besonderheiten.

343 Siehe zur Bedeutung des US-amerikanischen Zuständigkeitsrechts für das deutsche Exequaturverfahren *BGH*, Urteil v. 29.04.1999, BGHZ 141, S. 286 = ZZP 112 (1999), S. 473 m. krit. Anm. *H.Roth*, ebd., S. 483- 486, im Hinblick auf § 723 Abs. 2 S. 2 i.V.m. § 328 Abs. 1 Nr. 1 ZPO; *Wazlawik*, RIW 2002, S. 691 (694- 699); zum US-Exequaturverfahren *Solomon*, AG 2006, S. 832 (834- 837).

344 Hierzu *Ochsenfeld*, RIW 1995, S. 633- 641; *Hay*, in: *Assmann/Bungert* (Hrsg.), Handbuch des US-amerikanischen Handels-, Gesellschafts- und Wirtschaftsrechts (2001), I: Rn. 60- 64.

345 Siehe *Scoles/Hay/Borchers/Symeonides*, Conflict of Laws[4] (2004), § 6.5, S. 345- 348.

346 *Hay*, in: *Assmann/Bungert* (Hrsg.), Handbuch des US-amerikanischen Handels-, Gesellschafts- und Wirtschaftsrechts (2001), I: Rn. 57.

347 Siehe 4. Teil A. I. 2.

348 Grundlegend *International Shoe Co. v. State of Washington*, 326 US 310, 316 (1945); siehe ferner *World- Wide Volkswagen Corp. v. Woodson*, 444 US 286, 291 f. (1980): „The concept of minimum contacts […] protects the defendant against the burdens of litigating in a distant or inconvenient forum."

349 Hierzu *Lejeune*, RIW 1998, S. 8- 19.

a) *Doing business*-Gerichtsstand

Von großer praktischer Relevanz bei Rechtsstreitigkeiten gegen ausländische Unternehmen ist die Zuständigkeitsbegründung kraft *doing business*. Bei diesem allgemeinen, nicht anspruchsgebundenen Gerichtsstand wird die internationale Zuständigkeit des Gerichts an dem Ort begründet, an dem das Unternehmen kontinuierlich und systematisch seine Geschäftstätigkeit ausübt (*doing continuous and systematic business*)[350].

Diese Zuständigkeitsregel sollte nicht mit dem allgemeinen Gerichtsstand am *principal place of business*, also am Hauptgeschäftssitz der juristischen Person verwechselt werden[351]. Diese Regelung bezweckt die Einschränkung des forum shopping, wozu der sonst vorliegende *diversity*-Fall eingeladen hätte[352].

Die Geschäftstätigkeit muss dabei qualitativ und quantitativ eine hinreichende Verbundenheit zum Forumstaat aufweisen[353]. Die bloße Anwesenheit beispielsweise des Geschäftsführers oder eines Vorstandsmitglieds des Unternehmens zur Zeit der Zustellung der Klage im Forumstaat reicht nicht aus, um *personal jurisdiction* über die beklagte juristische Person zu begründen, da insoweit keine *physical power* über sie besteht[354] bzw. bestehen kann[355].

Anders verhält es sich jedoch bei *partnerships*. Für die Begründung der *personal jurisdiction* über die beklagte Personengesellschaft genügt es, dass einem Partner die verfahrenseinleitenden Schriftstücke auf dem Territorium des Gerichtsstaates persönlich

---

350 St. Rspr., vgl. *Perkins v. Benguet Consolidated Mining Co.*, 342 US 437, 438 (1952); *Helicopters Nacionales de Columbia, S.A. v. Hall*, 466 US 408, 414 (1984).

351 28 USC § 1332 (c) (1).

352 *Hay*, in: *Assmann/Bungert* (Hrsg.), Handbuch des US-amerikanischen Handels-, Gesellschafts- und Wirtschaftsrechts (2001), I: Rn. 77; *Geulen/Sebok*, NJW 2003, S. 3244.

353 Siehe beispielhaft *In re Ski Train Fire in Kaprun*, 342 F. Supp. 2d 207, 213 f. (S. D. N. Y. 2004); hierzu auch *Winkler/Recke,* NZG 2005, S. 241 (244 f.).

354 St. Rspr., vgl. *Godley v. Morning News*, 156 US 518 (1894); *Riverside & Dan River Cotton Mills v. Menefee*, 237 US 189 (1915); *James-Dickinson Farm Mortgage Co.v.Harry*, 273 US 119, 122 (1927): „Jurisdiction over a corporation of one state cannot be acquired in another state or district in which it has no place of business and is not found, merely by serving process upon an executive officer temporarily therein, even if he is there on business of the company." Dies entspricht nach wie vor der geltenden Rechtslage; siehe *Malzahn*, GATT-widrige *Treble Damages*-Klagen auf der Grundlage des US Antidumping Act 1916 (2003), S. 189 f.; *Wright/Miller/Bromley*, 4 Fed. Prac. & Proc. Civ. 3d (2006), § 1066; anders hingegen *Lejeune*, RIW 1998, S. 8 (10 f.).

355 Siehe *Augusta v. Earle*, 38 US 519, 588 (1839).

übergeben werden[356]. Insofern sind die für die *transient jurisdiction* entwickelten Grundsätze auf diese anwendbar[357].

In diesen Fällen kann die Zuständigkeit nur noch kraft eines gesetzlich vorgesehenen und verfassungsrechtlich zulässigen besonderen Gerichtsstands eröffnet werden, bei dem der Anspruch aus der Tätigkeit selbst erwachsen muss[358].

Besondere Schwierigkeiten für die Begründung des *doing business*-Gerichtsstandes verursachen die rasant zunehmenden Geschäftstätigkeiten über das Internet (*e-commerce*). Hier stellen die meisten US-Gerichte für die Annahme der *specific jurisdiction* auf den Grad der Kommerzialität und Interaktivität der Website (*sliding scale-test*) ab[359]: Ein besonderer anspruchsgebundener Gerichtsstand ist danach eröffnet, wenn der Beklagte die Internetseite dazu benutzt, um nachweislich Geschäftstätigkeiten mit Personen im Gerichtsstaat auszuüben[360]. Dagegen ist das Vorliegen einer *specific jurisdiction* abzulehnen, wenn eine passive Seite bloß zu Informationszwecken unterhalten wird[361]. Wird die Internetseite zu Informationszwecken betrieben und können dort aktiv Informationen ausgetauscht werden, dann sind die Umstände des Einzelfalles maßgebend[362]. Unklar blieb bisher, ob dieser Test auch zur Bestimmung des allgemeinen Gerichtsstandes herangezogen werden kann bzw. ob *e-commerce* einen *doing business*-Gerichtsstand zu begründen vermag[363]. Eine klärende Ent-

---

356 *First American Corporation v. Price Waterhouse LLP*, 154 F.3d 16 (2d Cir. 1998); vgl. ferner *Malzahn*, GATT-widrige *Treble Damages*-Klagen auf der Grundlage des US Antidumping Act 1916 (2003), S. 190 f.

357 Siehe zur *transient jurisdiction* weiter unten 4.Teil A. I. 2.

358 *Hay*, in: *Assmann/Bungert* (Hrsg.), Handbuch des US-amerikanischen Handels-, Gesellschafts- und Wirtschaftsrechts (2001), I: Rn. 79- 94.

359 *Zippo Manufacturing Co. v. Zippo Dot Com, Inc.*, 952 F. Supp. 1119 (W. D. Pa. 1997); *ALS Scan, Inc. v. Digital Services Consultants, Inc.*, 293 F.3d 707 (4th Cir. 2002); *Young v. New Haven Advocate*, 315 F.3d 256, 262-63 (4th Cir. 2002); *Revell v. Lidov*, 317 F.3d 467, 469 (5th Cir. 2002); *Neogen Corp. v. Neo Gen Screening, Inc.*, 282 F.3d 883, 890 (6th Cir. 2002); *Gorman v. Ameritrade Holding Corp.*, 293 F.3d 506, 513 (D. C. Cir. 2002); *Toys "R" Us, Inc. v. Step Two, S.A.*, 318 F.3d 446, 454 (3d Cir. 2003); *Lakin v. Prudential Secc., Inc.*, 348 F.3d 704, 711 (8th Cir. 2003); *Gator.com Corp. v. L.L. Bean, Inc.*, 341 F.3d 1072 (9th Cir. 2003); hierzu *Elsing/McDonald*, K&R 1999, S. 167- 170; *Rau*, RIW 2000, S. 761 (765- 772); *Fuchs*, RIW 2004, S. 41 (44 f.); *Jansen*, 71 Miss. L. Rev. 177, 185- 191 (2006).

360 *Zippo Manufacturing Co. v. Zippo Dot Com, Inc.*, 952 F. Supp. 1119, 1124 (W. D. Pa. 1997).

361 *Zippo Manufacturing Co. v. Zippo Dot Com, Inc.*, 952 F. Supp. 1119, 1124 (W. D. Pa. 1997).

362 *Zippo Manufacturing Co. v. Zippo Dot Com, Inc.*, 952 F. Supp. 1119, 1127 (W. D. Pa. 1997); *Toys "R" Us, Inc. v. Step Two, S.A.*, 318 F.3d 446, 453 (3d Cir. 2003).

363 Ablehnend *Revell v. Lidov*, 317 F.3d 467, 469 (5th Cir. 2002); befürwortend *Neogen Corp. v. Neo Gen Screening, Inc.*, 282 F.3d 883, 890-891 (6th Cir. 2002); *Gorman v. Ameritrade Holding Corp.*, 293 F.3d 506, 513 (D. C. Cir. 2002); *Gator.com Corp. v. L.L.*

scheidung des *US Supreme Court* in dieser Sache liegt bisher nicht vor. Insofern ist auf die Rechtslage des jeweiligen Gerichtsbezirkes abzustellen.

b) Zuständigkeitsdurchgriff (*derivative jurisdiction*)

Bei ausländischen Unternehmen, die in den USA rechtlich selbständige Tochtergesellschaften gegründet haben, stellt sich überdies das Problem des Zuständigkeitsdurchgriffs[364]. In diesem Fall wird die Zuständigkeit über die ausländische Muttergesellschaft (*parent*) durch die Zustellung der verfahrenseinleitenden Schriftstücke an die inländische Tochter (*subsidiary*) begründet, auch wenn dem ausländischen Unternehmen gegenüber kein allgemeiner noch besonderer Gerichtsstand eröffnet ist[365]. Entscheidend für den Zuständigkeitsdurchgriff ist jedoch die gesellschaftsrechtliche Beherrschung der Mutter über ihre US-amerikanische Tochter, die bei einer 100-prozentigen Beteiligung noch nicht angenommen wird[366]. Vielmehr muss die fehlende Eigenständigkeit aufseiten der beherrschten Gesellschaft nach außen hin treten, wie etwa durch das Fehlen eigener Büros, eigenen Kapitals, eigenen Managements, eigener Angestellter und eigener selbständiger Geschäftsbeziehungen[367]. Daneben ist ein Zuständigkeitsdurchgriff auch dann möglich, wenn trotz des äußeren Anscheins zweier selbständiger und getrennt handelnder Gesellschaften de facto eine *agency*-Beziehung festgestellt werden kann[368]. Für die Annahme der Stellver-

---

Bean, Inc., 341 F.3d 1072, 1079- 1080 (9th Cir. 2003); anders hingegen das Berufungsgericht des achten Bezirks in *Lakin v. Prudential Sec., Inc.*, 348 F.3d 704, 711 (8th Cir. 2003), das unabhängig vom "Zippo-Test" auf andere Faktoren abstellt, um im Ergebnis *general jurisdiction* zu bejahen.

364 Das entsprechende Problem stellt sich sowohl im Haftungsrecht, siehe *In re Union Carbide Corporation Gas Plant Disaster at Bhopal, India in December 1984*, 809 F.2d 195 (2d Cir. 1987), als auch im Zustellungsrecht, siehe weiter unten 4.Teil D. III. 3. a).

365 *Otto*, Der prozessuale Durchgriff (1993), S. 50- 82; *Hay*, in: *Assmann/Bungert* (Hrsg.), Handbuch des US-amerikanischen Handels-, Gesellschafts- und Wirtschaftsrechts (2001), I: Rn. 100.

366 Grundlegend *Cannon Manufactoring Co. v. Cudahy Packing Co.*, 267 US 333 (1925); vgl. ferner *Mas v. Orange- Crush Co.*, 99 F.2d 675 (4th Cir. 1938); *United States v. Buffalo Weaving & Belting Co.*, 155 F. Supp. 454 (S. D. N. Y. 1956).

367 *Mas v. Orange- Crush Co.*, 99 F.2d 675 (4th Cir. 1938); siehe ferner *Welp*, Internationale Zuständigkeit über auswärtige Gesellschaften mit Inlandstöchtern im US-amerikanischen Zivilprozeß (1982), S. 95 ff.; *Müller*, Die Gerichtspflichtigkeit wegen „doing business“ (1992), S. 38; *Otto*, Der prozessuale Durchgriff (1993), S. 54 f.

368 *Akzona, Inc. v. E.I. Du Pont de Nemours & Co.*, 607 F. Supp. 227 (D. Del. 1984); *CutCo Industries, Inc. v. Naughton*, 806 F.2d 3261 (2d Cir. 1986); siehe ferner *Welp*, Internationale Zuständigkeit über auswärtige Gesellschaften mit Inlandstöchtern im US-amerikanischen Zivilprozeß (1982), S. 97 ff.; *Müller*, Die Gerichtspflichtigkeit wegen „doing business“ (1992), S. 39 f.; *Otto*, Der prozessuale Durchgriff (1993), S. 55- 60.

treterfiktion ist entscheidend, ob die Tochter- von der Muttergesellschaft tatsächlich kontrolliert wird, namentlich durch die Überwachung des täglichen Geschäftsbetriebes oder durch die Übernahme ihres Geschäftsrisikos[369]. Die Gerichtspflichtigkeit der Muttergesellschaft wird zudem mit der so genannten *alter ego*-Doktrin[370] begründet, die sich ebenfalls des Kontrollkriteriums bedient nur mit dem Unterschied, dass die wirtschaftliche Einheit beider Gesellschaften im Vordergrund steht[371].

c) Besonderheiten für die Zuständigkeit der Bundesgerichte

Im Grundsatz richtet sich die *personal jurisdiction* eines Bundesgerichtes nach der Reichweite der Zuständigkeit des einzelstaatlichen Gerichtes seines jeweiligen Sitzstaates[372]. Kann das Gliedstaatengericht also seine internationale Zuständigkeit über die Person etwa durch eine hinreichende Geschäftstätigkeit des Beklagten im Gerichtsstaat begründen, dann liegt gleichzeitig auch die *jurisdiction* des in dem betreffenden Staat ansässigen Bundesgerichtes vor. Entsprechend stellt Rule 4 (k) (1) (A) FRCivP klar, dass die Zustellung der Klageschrift auf dem Territorium des Bundesstaates nicht nur die *personal jurisdiction* der eigenen Staatengerichte begründet, sondern genauso die des in diesem Staat beheimateten Bundesgerichts[373]. Erweitert wird diese Regelung in Rule 4 (k) (1) (B) FRCivP, wonach auch Zustellungen außerhalb der einzelstaatlichen Landesgrenzen die Zuständigkeit des Bundesgerichtes legitimieren können, wenn dem Beklagten in einem Umkreis von 100 Meilen vom Gerichtsort entfernt die Vorladung übergeben wird[374]. Daneben kann das Bundesgericht seine *jurisdiction* aus einschlägigen Bundesgesetzen herleiten[375]. In diesem Zusammenhang er-

---

369 *Curtis Publishing Co. v. Cassel*, 302 F.2d 132 (10th Cir. 1961); *Quades v. Fuqua Industries, Inc.*, 504 F.2d 1358 (10th Cir. 1974); *Walker v. Newgent*, 583 F.2d 163 (5th Cir. 1978).

370 Neben dem *alter ego* wird die Tochter zudem als *mere departement* oder *instrumentality* der Mutter bezeichnet, bei der ihr gesellschaftsrechtlicher Schleier durchstoßen werden könne (*piercing the corporate veil*), um die wahren wirtschaftlichen Zusammenhänge bloßzulegen, vgl. *Otto*, Der prozessuale Durchgriff (1993), S. 61; *Malzahn*, GATT-widrige *Treble Damages*-Klagen auf der Grundlage des US Antidumping Act 1916 (2003), S. 204.

371 *Intermountain Ford Tractor Sales Co. v. Massey- Ferguson, Ltd.*, 210 F. Supp. 930, 938 f. (D. Utah 1962); *Delagi v. Volkswagenwerk AG of Wolfsburg*, 278 N. E. 2d 895, 897 (N. Y. App. 1972); neuerdings *In re Ski Train Fire in Kaprun*, 342 F. Supp. 2d 207, 214 f. (S. D. N. Y. 2004); Einzelheiten bei *Otto*, Der prozessuale Durchgriff (1993), S. 60- 66.

372 *Robertson v. Railroad Labor Bd.*, 268 US 619 (1925).

373 Siehe auch *Friedenthal/Kane/Miller*, Civil Procedure[4] (2005), § 3.18, S. 173.

374 Sog. „*100-Mile bulge*“-Regel; hierzu *Hay*, in: *Assmann/Bungert* (Hrsg.), Handbuch des US-amerikanischen Handels-, Gesellschafts- und Wirtschaftsrechts (2001), I: Rn. 38; *Friedenthal/Kane/Miller*, Civil Procedure[4] (2005), § 3.18, S. 176.

375 Z. B. aus 28 USC § 2361, 15 USC §§ 5, 22, 25.

klärt Rule 4 (k) (1) (D) FRCivP deklaratorisch, dass die Klagezustellung die internationale Zuständigkeit des Bundesgerichts begründet, wenn besondere bundesrechtliche Vorschriften dies bestimmen[376]. Schließlich sieht der Absatz (2) der Rule 4 (k) FRCivP vor, dass die Bundesgerichte für Ansprüche aus Bundesrecht (*federal question cases*) stets zuständig sind, auch wenn keine allgemeine Zuständigkeit des Gliedstaatengerichts vorliegt, die Ausübung der Zuständigkeit aber mit der Bundesverfassung vereinbar ist[377]. Begrenzt wird die *personal jurisdiction* der Bundesgerichte durch das bundesverfassungsrechtliche *due process*-Gebot, das sich in diesem Fall aus dem V. Zusatzartikel der *US Constitution* ableitet[378]. Diese erst 1993 eingeführte Regelung führt praktisch dazu, dass der Beklagtenbezug nicht zum Gerichtsstaat bestehen muss, sondern vielmehr ein Mindestkontakt zum gesamten US-amerikanischen Bundesgebiet ausreicht[379]. In *diversity cases*, also in Fällen, in denen die Ansprüche aus einzelstaatlichem oder ausländischem Recht herrühren, reichen indes die *national contacts* nicht aus[380]. Hier bleibt es bei Grundregel. Die internationale Zuständigkeit des Bundesgerichts richtet sich nach der Reichweite der Gerichtsbarkeit des Einzelstaates, in dem es seinen Sitz hat.

2. *Personal Jurisdiction* bei *class actions*

Die Besonderheit der *class action* liegt in der Bündelung gleichgelagerter Interessen vieler in einem einzigen Verfahren, bei dem die Höchstanzahl der *class members* gesetzlich nicht vorgegeben ist[381]. Entstammen die Gruppenmitglieder aus mehreren Bundesstaaten oder gar aus dem gesamten Staatsgebiet der

---

376 *Advisory Committee*, 1993 Amendments to Rule 4, Subdivision (k), abgedruckt in: 28 USCA FRCivP, Rule 1- 11 (Supplementary Pamphlet 2006), S. 121 (126); siehe ebenfalls *Malzahn*, GATT-widrige *Treble Damages*-Klagen auf der Grundlage des US Antidumping Act 1916 (2003), S. 197 f.

377 Hierzu u.a. *Rempp/Lienemeyer*, ZVglRWiss 1995, S. 383 (391 f.); *Hay*, in: *Assmann/Bungert* (Hrsg.), Handbuch des US-amerikanischen Handels-, Gesellschafts- und Wirtschaftsrechts (2001), I: Rn. 71.

378 *Advisory Committee*, 1993 Amendments to Rule 4, Subdivision (k), abgedruckt in: 28 USCA FRCivP, Rule 1- 11 (Supplementary Pamphlet 2006), S. 121 (126); entsprechend *Hay*, in: *Assmann/Bungert* (Hrsg.), Handbuch des US-amerikanischen Handels-, Gesellschafts- und Wirtschaftsrechts (2001), I: Rn. 71; *Malzahn*, GATT-widrige *Treble Damages*-Klagen auf der Grundlage des US Antidumping Act 1916 (2003), S. 200.

379 Siehe *Chew v. Dietrich*, 143 F.3d 24, 28 (2d Cir. 1998); *Pinker v. Roche Holdings, Ltd.*, 292 F.3d 361 (3d Cir. 2002); ferner *Friedenthal/Kane/Miller*, Civil Procedure[4] (2005), § 3.18, S. 173.

380 Entsprechend *Hay*, in: *Assmann/Bungert* (Hrsg.), Handbuch des US-amerikanischen Handels-, Gesellschafts- und Wirtschaftsrechts (2001), I: Rn. 72; *ders.*, US-amerikanisches Recht[4] (2008), Rn. 139.

381 Siehe hierzu 2.Teil B. II. 1. c).

USA, stellt sich die Frage, ob die persönliche Zuständigkeit des einzelstaatlichen Gerichts über die gesamte *class*, also auch über die nicht-forumansässigen Parteien eröffnet sein muss. Da sowohl auf Kläger- als auch auf Beklagtenseite eine *class* vorliegen kann, ist hierbei zu unterscheiden:

a) Im Hinblick auf die klägerische *class* stellte der *US Supreme Court* in seiner Entscheidung *Phillips Petroleum v. Shutts*[382] grundlegend fest, dass der für auswärtige Beklagte entwickelte *minimum contacts*-Test nicht für die Kläger gelte, da grundlegende Unterschiede zwischen ihnen und Beklagten bestünden[383]. Die Annahme von *personal jurisdiction* des einzelstaatlichen Gerichts über die abwesenden *class members* sei vielmehr auch ohne Mindestkontakt zulässig, wenn die Mitglieder die Gelegenheit erhalten, vor Gericht gehört zu werden und an dem Verfahren teilzunehmen, die Möglichkeit besteht, sich von der *class action* auszuschließen (*opting out*), die Mitglieder über ihre Rechte in angemessener Form informiert wurden und eine angemessene Interessenswahrnehmung gewährleistet ist[384].

b) Dagegen hat sich der *US Supreme Court* bisher nicht zum Erfordernis der *personal jurisdiction* über auswärtige Beklagte in *class actions* direkt geäußert. Hier wird man die *class action* wie eine *civil action* behandeln müssen. Jeder einzelne Beklagte muss also in den Grenzen der bundesverfassungsrechtlichen *due process*-Klausel grundsätzlich *minimum contacts* zum Gerichtsstaat aufweisen[385].

3. Einschränkungsmöglichkeiten der internationalen Zuständigkeit

a) Selbst wenn ein US-amerikanisches Gericht der Sache nach zuständig ist und auch *personal jurisdiction* über die Parteien besitzt, kann es freiwillig zugunsten eines anderen, für die Sachentscheidung geeigneter erscheinenden Gerichts auf die Ausübung seiner Gerichtsbarkeit nach der Lehre vom *forum non*

---

382 472 US 797 (1985).

383 *Phillips Petroleum v. Shutts*, 472 US 797, 808- 810 (1985); ausführlich hierzu *Miller/Crump*, 96 Yale L. J. 1 (1986).

384 *Phillips Petroleum v. Shutts*, 472 US 797, 812- 814 (1985); *Miller/Crump*, 96 Yale L. J. 1, 11- 23 (1986); krit. *Monaghan*, 98 Colum. L. Rev. 1148- 1202 (1998). Offen blieb hingegen in dieser Entscheidung, was für die zwingenden (*mandatory*) *class actions* im Sinne der Rule 23 (b) (1) und (2) FRCivP zu gelten hat, die kein *opting out*-Recht der *class member* vorsehen. Der *US Supreme Court* hatte nach *Shutts* zweimal die Gelegenheit, sich hierzu zu äußern, vermied jedoch beide Male eine klare Stellungnahme: *Ticor Title Insurance Co. v. Brown*, 511 US 117 (1994); *Adams v. Robertson*, 520 US 83 (1997).

385 *Scoles/Hay/Borchers/Symeonides*, Conflict of Laws[4] (2004), § 10.9, S. 446.

conveniens verzichten[386]. Die Entscheidung über die Klageabweisung steht im Ermessen des Richters. Der Antragssteller – in der Regel der Beklagte – muss ihn vom Vorliegen der Voraussetzungen überzeugen, indem er darlegt, dass ein anderes, ebenfalls zuständiges Forum zur Verfügung steht, dass ein Rechtsstreit in dem gegenwärtigen Forum ihn unzumutbar belastet und dass das alternative Gericht wegen größerer Sachnähe mehr *convenient* sei[387]. Dabei unterscheidet die US-amerikanische Rechtsprechung bei internationalen Sachverhalten zwischen in- und ausländischen Klägern, deren Wahl eines amerikanischen Forums weniger Gewicht beigemessen wird[388].

b) Nicht mit der *forum non conveniens* zu verwechseln ist der *federal transfer*, bei dem es sich nicht um eine Abweisung, sondern Verweisung der Klage von einem Bundesgericht auf ein anderes handelt[389]. Die bundesgesetzliche Regelung in 28 USC § 1404 (a) erlaubt dies „in the interest of justice and für the convenience of parties and witnesses".

c) Keine Einschränkung der internationalen Zuständigkeit im Sinne der Einrede aus *lis alibi pendens* stellt die in der bundesgerichtlichen Praxis vorkommende *first filed rule* dar. Danach soll das später angerufene Gericht das

---

386 *Weintraub*, Commentary on Conflict of Laws[4] (2001), § 4.33, S. 262; *Hay*, in: *Assmann/Bungert* (Hrsg.), Handbuch des US-amerikanischen Handels-, Gesellschafts- und Wirtschaftsrechts (2001), I: Rn. 102; *ders.*, US-amerikanisches Recht[4] (2008), Rn. 142; *Schack*, Einführung in das US-amerikanische Zivilprozessrecht[3] (2003), IV. 4., S. 33 f.; *Scoles/Hay/Borchers/Symeonides*, Conflict of Laws[4] (2004), § 11.8, S. 492; *Hess*, AG 2006, S. 809 (812). Dieses Rechtsinstitut wurde schon früh vom *US Supreme Court* in der Entscheidung *Gulf Oil Corp. v. Gilbert*, 330 US 501 (1947), anerkannt und ist auch von den meisten Einzelstaaten angenommen worden, siehe *Juenger*, FS Rolf A. Schütze (1999), S. 317 (326- 328).

387 *Hay*, in: *Assmann/Bungert* (Hrsg.), Handbuch des US-amerikanischen Handels-, Gesellschafts- und Wirtschaftsrechts (2001), I: Rn. 102; *ders.*, US-amerikanisches Recht[4] (2008), Rn. 142; *Schack*, Einführung in das US-amerikanische Zivilprozessrecht[3] (2003), IV. 4., S. 34.

388 *Piper Aircraft Co. v. Reyno*, 454 US 235, 255 f. (1981): „When the home forum has been chosen, it is reasonable to assume that this choice is convenient. When the plaintiff is foreign, however, this assumption is much less reasonable. Because the central purpose of any forum non conveniens inquiry is to ensure that the trial is convenient, a foreign plaintiff's choice deserves less deference." Aktuell *In re Ski Train Fire in Kaprun*, 230 F. Supp. 2d 376, 388 ff. (S. D. N. Y. 2002); hierzu *Kitzmüller/Prisching*, ZfRV 2007, S. 147- 154; allgemein *Weintraub*, Commentary on Conflict of Laws[4] (2001), § 4.33B, S. 264- 268; krit. *Juenger*, FS Rolf A. Schütze (1999), S. 317 (330 f.); *Schack*, Einführung in das US-amerikanische Zivilprozessrecht[3] (2003), IV. 4., S. 35 f.; *ders.*, FS Peter F. Schlosser (2005), S. 839 (847 f.); *Schütze*, FS Erik Jayme (2004), S. 849- 858; *ders.*, RIW 2004, S. 162 (165 f.).

389 *Weintraub*, Commentary on Conflict of Laws[4] (2001), § 4.33E, S. 272 f.; *Richman/Reynolds*, Understanding Conflict of Laws[3] (2003), § 47 [b], S. 142; *Scoles/Hay/Borchers/Symeonides*, Conflict of Laws[4] (2004), § 11.14, S. 505- 508.

Verfahren zwar nicht abweisen, aber es bis zur Entscheidung durch das zuerst angerufene Gericht aussetzen[390]. Um der Klageerhebung aus rein prozesstaktischen Erwägungen entgegenzuwirken, wird auf das *effective first filing*, also auf das ernst gemeinte *filing* abgestellt[391]. Eine weitere Möglichkeit, doppelte Rechtshängigkeit trotz fehlender *lis pendens*-Regeln zu vermeiden, bietet der Erlass einer *antisuit injunction*. Sie führt dazu, dass einem Beklagten, jedoch nicht einem Gericht untersagt werden kann, ein anderes Gericht im selben oder in einem anderen Staat anzurufen[392]. In der Bundesrepublik jedenfalls wird die Zustellung einer solchen *antisuit injunction* aus Gründen der Gefährdung der deutschen Justizhoheit abgelehnt[393].

III. Örtliche Zuständigkeit (*venue*)

Mit bestechender Klarheit legt 28 USC § 1391 (d) für die örtliche Zuständigkeit (*venue*) fest, dass Ausländer in jedem Gerichtsbezirk verklagt werden können[394]. Diese Regelung gilt schrankenlos[395]. Damit ergeben sich keine Unterschiede für *class actions* gegenüber dem normalen Individualprozess.

D. Anwendbares Prozessrecht bei bundesgerichtlichen Verfahren

Im Gegensatz zu den Gerichten der Einzelstaaten, die stets ihr eigenes Prozessrecht anwenden, ist die Bestimmung des anwendbaren Verfahrensrechts bei Zivilprozessen vor Bundesgerichten weitaus problematischer. Denn im Vergleich zum deutschen Recht gilt hier das Prinzip „forum regit processum"[396] nicht uneingeschränkt. So kann es durchaus vorkommen, dass das Bundesgericht das Prozessrecht des Einzelstaates anwenden muss, in welchem es seinen

390 *Hay*, in: *Assmann/Bungert* (Hrsg.), Handbuch des US-amerikanischen Handels-, Gesellschafts- und Wirtschaftsrechts (2001), I: Rn. 106; *ders.*, US-amerikanisches Recht[4] (2008), Rn. 147.

391 *Hay*, in: *Assmann/Bungert* (Hrsg.), Handbuch des US-amerikanischen Handels-, Gesellschafts- und Wirtschaftsrechts (2001), I: Rn. 106; *ders.*, US-amerikanisches Recht[4] (2008), Rn. 147.

392 *Hay*, in: *Assmann/Bungert* (Hrsg.), Handbuch des US-amerikanischen Handels-, Gesellschafts- und Wirtschaftsrechts (2001), I: Rn. 107; *ders.*, US-amerikanisches Recht[4] (2008), Rn. 148.

393 *OLG Düsseldorf*, Beschluss v. 10.01.1996, ZZP 109 (1996), S. 221.

394 Vgl. 28 USC § 1391 (d): „An alien may be sued in any district".

395 *Hay*, in: *Assmann/Bungert* (Hrsg.), Handbuch des US-amerikanischen Handels-, Gesellschafts- und Wirtschaftsrechts (2001), I: Rn. 101.

396 Hierzu statt vieler *Schack*, Internationales Zivilverfahrensrecht[4] (2006), Rn. 40- 45.

Sitz hat. Dies hängt eng mit der sachlichen Zuständigkeit der Bundesgerichte zusammen.

Soweit das Bundesgericht für sich eine ausschließliche sachliche Zuständigkeit beansprucht, wendet es unproblematisch sein Prozessrecht an. Gleiches gilt auch bei der konkurrierenden Zuständigkeit in *federal question cases*. Diese haben ausschließlich bundesrechtliche Ansprüche zum Gegenstand mit der Folge, dass das Bundesgericht in diesen Fällen auch einschlägiges Bundesrecht anwendet[397]. Schwieriger gestaltet sich hingegen die Bestimmung des anwendbaren Prozessrechts bei der konkurrierenden Zuständigkeit in *diversity*-Fällen. Nach der sog. *Erie*-Doktrin[398] ist das Bundesgericht in diesen Fällen nicht befugt, bundesrechtliches *Common Law* anzuwenden, da die Materie des Sachverhalts in den einzelstaatlichen Regelungsbereich fällt. Vielmehr ist das Gericht stets gehalten, das Privatrecht (sowie das Kollisionsrecht)[399] des Staates anzuwenden, in dem sein Gerichtsbezirk liegt, wenn die Anwendung des einen oder des anderen Rechts das Ergebnis der Entscheidung beeinflussen könnte (sog. *outcome-determination test*)[400].

Sowohl verfassungsrechtliche Erwägungen als auch rechtspolitische Gründe bewogen den *US Supreme Court* in der *Erie Railroad Co. v. Tompkins*-Entscheidung dazu, mit einer hundertjährigen Praxis[401] zu brechen: Hätte eine konkurrierende Regelungskompetenz in privatrechtlichen Fragen bestanden, dann hätte das darauf basierende Bundesrecht das einzelstaatliche Recht aufgrund der *Supremacy Clause* der Bundesverfassung (*US Constitution* Art. VI § 2) verdrängt. Eine derartige Kompetenz lag nach Ansicht des höchsten Bundesgerichts nicht vor[402]. Rechtspolitisch wurde eine einheitliche Rechtsanwendung durch die im selben Staat tätig werdenden Gerichte bezweckt, um damit den Parteien den Anreiz zum forum shopping zu nehmen[403].

---

397 *Hay*, in: *Assmann/Bungert* (Hrsg.), Handbuch des US-amerikanischen Handels-, Gesellschafts- und Wirtschaftsrechts (2001), I: Rn. 39.

398 *Erie Railroad Co. v. Tompkins*, 304 US 64 (1938).

399 *Klaxon Co. v. Stentor Electric Manufacturing Co.*, 313 US 487, 496 (1941).

400 Siehe *Guaranty Trust Co. v. York*, 326 US 99, 108 (1945): „In essence, the intent of that decision [*Erie*; Anm. d. Verf.] was to ensure that, in all cases where a federal court is exercising jurisdiction solely because of the diversity of citizenship of the parties, the outcome of the litigation in the federal court should be substantially the same, so far as legal rules determine the outcome of a litigation, as it would be tried in a State court."

401 Die Entscheidung *Swift v. Tyson*, 41 US 1 (1842) führte dazu, dass die Bundesgerichte in *federal diversity*-Fällen nicht die entsprechende einzelstaatliche Rechtsprechung zu befolgen hatten. Die Konsequenz war, dass der Ausgang des Verfahrens maßgebend davon abhing, vor welchem Gericht (Bundes-/Staatengericht) das Verfahren geführt würde; siehe zur Entwicklung von *Swift* zu *Erie Shreve/Raven-Hansen*, Understanding Civil Procedure[2] (1996), § 38, S. 156- 159.

402 *Erie Railroad Co. v. Tompkins*, 304 US 64, 78 (1938).

403 *Erie Railroad Co. v. Tompkins*, 304 US 64, 74 f. (1938).

Im Hinblick auf das Verfahrensrecht hat der *US Supreme Court* in seiner *Hanna v. Plumer*-Entscheidung jedenfalls festgestellt, dass die Fragestellung nach dem *outcome-determinative* hier grundsätzlich verfehlt sei[404]. Dort ließ das höchste Bundesgericht die Zustellung der Klage an die Ehefrau des Beklagten nach Rule 4 (d) (1) FRCivP (entspricht nunmehr der heutigen Rule 4 (e) (2) FRCivP) ausreichen, obwohl das einzelstaatliche Recht zwingend die persönliche Zustellung vorsah[405]. Der *US Supreme Court* bejahte dies mit der Feststellung, dass der Erlass dieser Regelung auf Bundeskompetenz[406] beruhe, so dass sich die verfassungsrechtliche Frage der *Erie*-Entscheidung erst gar nicht stelle[407]. Überdies habe das Bundesprozessrecht in der Regel keine Bedeutung für die Wahl des Gerichtsortes, so dass in diesem Zusammenhang auch die rechtspolitischen Erwägungen dicser Entscheidung nicht greifen[408]. Damit findet das Bundeszivilprozessrecht immer dann Anwendung, wenn es keinen Einfluss auf die Gerichtswahl des Klägers hat und somit nicht zum forum shopping beiträgt. Für die Zustellung der Klageschrift bei bundesgerichtlichen Verfahren bedeutet dies die uneingeschränkte Anwendung der *Federal Rules of Civil Procedure.*

---

404 380 US 460 (1965): „In any event, the rule of Erie and its progeny does not constitute the appropriate test of the validity and therefore the applicability of a Federal Rule of Civil Procedure."

405 *Hanna v. Plumer*, 380 US 460, 461 f. (1965).

406 Rechtsgrundlage für die *Federal Rules of Civil Procedure* ist der *Rules Enabling Act*, in dem der *Congress* den *US Supreme Court* ermächtigte, *general rules of practice and procedure* für die Bundesgerichte zu erlassen; siehe 28 USC § 2072: „The Supreme Court shall have the power to prescribe, by general rules, the forms of process, writs, pleadings, and motions, and the practice and procedure of the district courts of the United States in civil actions. Such rules shall not abridge, enlarge or modify any substantive right and shall preserve the right of trial by jury [...]."

407 *Hanna v. Plumer*, 380 US 460, 471 f. (1965).

408 *Hanna v. Plumer*, 380 US 460, 469 (1965).

4.Teil: Zustellung einer US-Sammelklage an beklagte deutsche Unternehmen

A. Funktion und Bedeutung der Zustellung im US-amerikanischen Zivilprozess

I. Funktion der Klagezustellung im US-amerikanischen Zivilprozess

Im US-amerikanischen Zivilprozess kommen der Klagezustellung (*service of process*) zwei verbundene, aber dennoch voneinander zu trennende Funktionen zu: Begründung der Gerichtsbarkeit im Sinne der *jurisdiction* und Benachrichtigung des Beklagten von der Klageeinleitung (*notice*). *Jurisdiction* und *notice* sind beides Gebote, die sich aus der bundesverfassungsrechtlichen *due process*-Klausel ableiten.

1. Verfassungsrechtliche Vorgaben

a) Herleitung des *due process*-Gebotes

Die US Bundesverfassung garantiert in seinem V. und XIV. Zusatzartikel den *due process of law* vor den Bundes- und Gliedstaatengerichten.

> US Constitution V. Amendment: „No person shall be [...] deprived of life, liberty or property, without due process of law [...]".
> US Constitution XIV. Amendment: „No State shall [...] deprive any person of life, liberty, or property, without due process of law [...]".

Danach ist ein staatlicher Eingriff in Leben, Freiheit und Eigentum des Betroffenen ohne ein rechtsstaatliches Verfahren untersagt. Aus diesem Verbot entwickelte der *US Supreme Court* einen allgemeinen verfassungsrechtlichen Grundsatz, dass jedermann[409] einen Anspruch auf ein faires Gerichtsverfahren hat[410]. Im Kern bedeutet *due process of law* die Gewährung rechtlichen Gehörs[411]. Der Betroffene muss also die Möglichkeit haben, sich im ausreichenden Maße verteidigen zu können. Dies bedingt die ordnungsgemäße und rechtzeitige Benachrichtigung von der Klageeinleitung, die durch *service of process* er-

409 Es wird also nicht nach In- oder Ausländern unterschieden; siehe explizit *Volkswagenwerk AG v. Schlunk*, 486 US 694, 705 (1988): „[T]here has been no question in this country of excepting foreign nationals from the protection of our Due Process Clause."

410 Hierzu *Fleischhauer*, Inlandszustellung an Ausländer (1996), S. 94- 96.

411 *Grannis v. Ordean*, 234 US 385, 394 (1914): „The fundamental requisite of due process of law is the opportunity to be heard."

folgt[412]. Das *due process*-Gebot verlangt damit, dass nur ein zuständiges Gericht nach ordnungsgemäßer Benachrichtigung und Gewährung rechtlichen Gehörs in der Sache entscheiden darf[413]. Fehlt es an nur einem der beiden Elemente, ist das trotzdem ergangene Urteil ungültig. Dem Gericht mangelt es dann an der *jurisdiction to adjudicate*[414].

b) *Mullane*-Standard für alle Zustellungsformen

Als Grundsatzentscheidung des *US Supreme Court* zur Frage der Vereinbarkeit einer Zustellung mit dem *due process*-Gebot gilt nach wie vor seine Entscheidung in *Mullane v. Central Hanover Bank and Trust Co.*[415]. Dort formulierte das höchste Bundesgericht einen flexiblen Standard, an dem noch heute alle Zustellungsformen zu messen sind. Danach ist eine Zustellungsmethode *reasonably*, also mit den *due process*-Anforderungen im Einklang stehend, ausgewählt, wenn sie unter den gegebenen Umständen am besten geeignet ist, dem Beklagten tatsächliche Kenntnis (*actual notice*) zu verschaffen, so dass er sich rechtzeitig verteidigen kann[416]. Neuerdings schränkt der *US Supreme Court* die Anforderungen dahingehend ein, dass die *due process*-Klausel vom Zuzustellenden jedoch keine *heroic efforts* verlangt[417]. Ausreichend ist vielmehr, dass die ausgewählte Zustellungsmethode nach den Umständen als vernünftiger Versuch zu werten ist, den Zustellungsadressaten tatsächlich zu benachrichtigen[418]. Eine wirkliche Kenntnisnahme des Beklagten vom anhängigen Verfahren ist damit nicht zwingend erforderlich[419].

---

412 *Mullane v. Central Hanover Bank and Trust Co.*, 339 US 306, 314 (1950): „This right to be heard has little reality or worth unless one is informed that the matter is pending and can choose for himself whether to appear or default, acquiesce or contest."

413 *Scoles/Hay/Borchers/Symeonides*, Conflict of Laws4 (2004), § 12.2, S. 519; *Friedenthal/Kane/Miller*, Civil Procedure[4] (2005), § 3.19, S. 176 f.; siehe auch *Fleischhauer*, Inlandszustellung an Ausländer (1996), S. 97 f.

414 Siehe auch 3.Teil C.

415 339 US 306 (1950).

416 *Mullane v. Central Hanover Bank and Trust Co.*, 339 US 306, 315 (1950); hierzu *Scoles/Hay/Borchers/Symeonides*, Conflict of Laws[4] (2004), § 12.3, S. 519- 521; *Fleischhauer*, Inlandszustellung an Ausländer (1996), S. 101- 111.

417 *Dusenbery v. United States*, 534 US 161 (2002).

418 *Dusenbery v. United States*, 534 US 161, 170 (2002).

419 Insoweit herrschende Rechtsprechung, vgl. *Dusenbery v. United States*, 534 US 161 (2002) m. weit. Nachw. aus der US-amerikanischen Rechtsprechung; siehe ferner *Restatement Second*, Conflict of Laws, § 25 cmt. (e) (1971 and Supp. 1989).

c) Überblick der bundesverfassungsrechtlich zulässigen Zustellungsformen

Je nach den Umständen des Einzelfalles haben bisher unterschiedliche Formen der Zustellung (*method of service*) dem *Mullane*-Standard standgehalten[420]: Die beste Zustellungsmethode ist die persönliche Übergabe (*personal service*) der verfahrenseinleitenden Schriftstücke an den Adressaten, egal ob innerhalb oder außerhalb des Gerichtsstaates[421], da sie die tatsächliche Kenntnisnahme von dem eingeleiteten Verfahren garantiert[422]. Ist die Beklagte eine juristische Person, erfolgt die Übergabe an einen leitenden Angestellten (*officer*) oder Vertreter (*agent*) der Gesellschaft, dessen Stellung die Weiterleitung der Schriftstücke an die Gesellschaft gewährleistet[423].

Das *due process*-Gebot verlangt aber nicht ausschließlich, dass dem Beklagten die verfahrenseinleitenden Dokumente persönlich zugestellt werden. Erlaubt sind auch andere Zustellungsarten, die als *substituted* oder *constructive service* bezeichnet werden: So können die Schriftstücke ebenso einer Ersatzperson am gewöhnlichen Wohn- oder Aufenthaltsort (*usual place of abode or dwelling house*) des Beklagten übergeben werden[424]. Als Ersatzempfänger kommt dabei jede urteilsfähige Person in Frage, die am gleichen Ort wie der Beklagte wohnt und mit diesem in einem so engen Verhältnis steht, dass Gewähr für die tatsächliche Inkenntnissetzung des Zustellungsadressaten besteht[425]. Möglich ist zudem die postalische Zustellung (*service by mail*) durch Einschreibebrief (*registered or certified mail*)[426]. Bundesverfassungsrechtlich unbedenklich ist überdies die Übergabe der zuzustellenden Schriftstücke an Staatsbedienstete (*state official*) mit anschließender postalischer Benachrichtigung des Beklagten über die erfolgte Zustellung[427]. Unter sehr begrenzten Umständen kommt genauso eine öffentliche Zustellung (*service by publication*) in Be-

---

420 Hierzu *Weintraub*, Commentary on Conflict of Laws^4 (2001), § 4.4, S. 129 f.; *Scoles/Hay/Borchers/Symeonides*, Conflict of Laws^4 (2004), § 12.3, S. 519- 521; *Friedenthal/Kane/Miller*, Civil Procedure^4 (2005), § 3.20, S. 180- 184; vgl. ferner *Fleischhauer*, Inlandszustellung an Ausländer (1996), S. 100- 109.

421 Vgl. *Allen v. Superior Court*, 41 Cal. 2d 306 (1953).

422 Siehe statt vieler *Tamayo*, 17 Harv. J. L. & Tech. 211, 217 (2003); *Schreck*, 38 J. Marshall L. Rev. 1121, 1128 (2005); vgl. ferner *Fleischhauer*, Inlandszustellung an Ausländer (1996), S. 101.

423 *Friedenthal/Kane/Miller*, Civil Procedure^4 (2005), § 3.20, S. 183.

424 *McDonald v. Mabee*, 243 US 90, 92 (1917); hierzu *Friedenthal/Kane/Miller*, Civil Procedure^4 (2005), § 3.20, S. 181 f.

425 *Friedenthal/Kane/Miller*, Civil Procedure^4 (2005), § 3.20, S. 182.

426 *Weintraub*, Commentary on Conflict of Laws^4 (2001), § 4.4, S. 130; *Friedenthal/Kane/Miller*, Civil Procedure^4 (2005), § 3.20, S. 183; vgl. ferner *Fleischhauer*, Inlandszustellung an Ausländer (1996), S. 103 f.

427 *Friedenthal/Kane/Miller*, Civil Procedure^4 (2005), § 3.20, S. 184; siehe ferner *Fleischhauer*, Inlandszustellung an Ausländer (1996), S. 105 f.

tracht[428]. Schließlich bleibt es den Parteien unbenommen, andere Zustellungsformen, die gesetzlich nicht vorgesehen sind, vertraglich zu vereinbaren, soweit sie ebenfalls den *due process*-Anforderungen genügen[429]. Fraglich ist indes, ob auch die elektronische Zustellung (*electronic service of process*) dem bundesverfassungsrechtlichen *due process*-Gebot genügt[430]. Eine höchstrichterliche Entscheidung des *US Supreme Court* fehlt bislang hierzu[431].

2. Begründung der Zuständigkeit

Das frühere US-amerikanische Zuständigkeitsrecht wurde streng territorial angeknüpft. Danach war ein Gericht nur dann zuständig, wenn es *physical power* über den Beklagten oder über sein Vermögen ausüben konnte[432]. Dieses dem *Common Law*[433] entstammende strikte Territorialitätsprinzip verlangte für die Begründung der *personal jurisdiction* stets die (auch nur vorübergehende)[434] Anwesenheit (*physical presence*) des Beklagten im Gerichtsstaat[435]. Die verfahrenseinleitenden Schriftstücke mussten ihm innerhalb des Gerichtsbezirks persönlich übergeben werden[436]. Auch heute noch knüpft das US-amerikanische Zuständigkeitsrecht an die *physical presence* des Beklagten im Gerichtsstaat an, um die internationale Zuständigkeit über ihn zu begründen[437]. *Service of process*

---

428 *Weintraub*, Commentary on Conflict of Laws[4] (2001), § 4.4, S. 130; *Friedenthal/Kane/Miller*, Civil Procedure[4] (2005), § 3.19, S. 177- 180; siehe ferner *Fleischhauer*, Inlandszustellung an Ausländer (1996), S. 107- 109.

429 *Friedenthal/Kane/Miller*, Civil Procedure[4] (2005), § 3.20, S. 184.

430 Keine Bedenken haben *Cantor*, 66 U. Chi. L. Rev. 943- 967 (1999); *Tamayo*, 17 Harv. J. L. & Tech. 211, 219- 221 (2003); *Chacker*, 48 Vill. L. Rev. 597- 627 (2003); krit. hingegen *Schreck*, 38 J. Marshall L. Rev. 1121, 1142-1145 (2005).

431 Siehe aber die Entscheidung des neunten Bundesberufungsgerichts in *Rio Properties, Inc. v. Rio International Interlink*, 284 F. 3d 1007, 1016- 1019 (9th Cir. 2002), der von der bundesverfassungsrechtlichen Zulässigkeit der E-Mail-Zustellung ausgeht; entsprechend *Ryan v. Brunswick Corporation*, 2002 WL 1628933 (W. D. N. Y.), S. 2; *Viz Communications, Inc. v. Redsun*, 2003 WL 23901766 (N. D. Cal.), S. 6; a. A. hingegen *Pfizer Inc. v. Domains by Proxy*, 2004 WL 1576703 (D. Conn.); *Ehrenfeld v. Salim A Bin Mahfouz*, 2005 WL 696769 (S. D. N. Y.), S. 3.

432 Vgl. insbesondere *McDonald v. Mabee*, 243 US 90, 91 (1917): „The foundation of jurisdiction is physical power"; hierzu *Friedenthal/Kane/Miller*, Civil Procedure[4] (2005), § 3.2., S. 100- 102.

433 Hierzu *Weinstein*, 28 Am. J. Comp. L. 73 (1990).

434 Sog. *transitory* oder *transient presence*.

435 Siehe *Pennoyer v. Neff*, 95 US 714, 722 (1877); *Michigan Trust Co. v. Ferry*, 228 US 346, 353 (1913); hierzu *Friedenthal/Kane/Miller*, Civil Procedure[4] (2005), § 3.3, S. 102- 105.

436 *Friedenthal/Kane/Miller*, Civil Procedure[4] (2005), § 3.3, S. 103.

437 *Restatement Second*, Conflict of Laws § 28 (1971): „A state has power to exercise judicial jurisdiction over an individual who is present within its territory, whether perma-

auf dem Territorium des Gerichtsstaates wird damit nach wie vor als ein Hoheitsgewalt ausübender Akt angesehen, durch den die Zuständigkeit des Gerichts legitimiert wird[438]. Gerichtspflichtig ist demnach schon, wem im Forumstaat während eines kurzfristigen und zufälligen Aufenthalts die Klage zugestellt wird (*transient jurisdiction*)[439]. Dieser aus deutscher Sicht exorbitant anmutende allgemeine Gerichtsstand[440] wurde auch in der amerikanischen Literatur im Hinblick auf das *due process*-Gebot heftig kritisiert[441], doch der *US Supreme Court* hat es in einer jüngeren Entscheidung abgelehnt, die *transient jurisdiction* einer Überprüfung nach modernen *due process*-Grundsätzen zu unterziehen[442]. Vielmehr hat er an ihrem Fortbestehen festgehalten und ihre Verfassungsmäßigkeit ausdrücklich bejaht[443].

3. Benachrichtigung und Gewährung rechtlichen Gehörs

Die wachsende Mobilität der US-amerikanischen Gesellschaft, der zunehmende Automobilverkehr und der wirtschaftliche Austausch zwischen den Bundesstaaten führten schnell die Grenzen des streng territorial orientierten Zuständigkeitsbegriffs auf[444]. Die Einzelstaaten versuchten sich daher von dem strikten Territorialitätsprinzip zu lösen, indem sie auswärtige Beklagte teilweise fiktiven

---

nently or temporarily." Hierzu *Weintraub*, Commentary on Conflict of Laws^4 (2001), § 4.10, S. 201; *Scoles/Hay/Borchers/Symeonides*, Conflict of Laws^4 (2004), § 6.2, S. 338.

438 Unter Umständen kann die Zustellung auch außerhalb des Gerichtsbezirkes die *personal jurisdiction* des Bundesgerichts begründen, vgl. Rule 4 (k) FRCivP (hierzu weiter oben 3.Teil II. 1. c)).

439 Siehe insbesondere *Grace v. MacArthur*, 170 F.Supp. 442 (E. D. Ark 1959), wonach schon die persönliche Zustellung *über* dem Territorium (Flugzeug) für die Zuständigkeitsbegründung ausreichte; hierzu *Hay*, JZ 1977, S. 697 (698).

440 So *Grothe*, RabelsZ 58 (1994), S. 686 (699 f).

441 *Ehrenzweig*, 65 Yale L. J. 289- 314 (1956); *Born/Vollmer*, 150 F. R. D. 221, 228 (Fn. 40) m. weit. Nachw. (1993); siehe ferner *Restatement Third*, Foreign Relations Law of the United States § 412 (2) (a), cmt. e (1987).

442 *Burnham v. Superior Court of California*, 494 US 604 (1990).

443 *Burnham v. Superior Court of California*, 494 US 604, 619 (1990): „[J]urisdiction based on physical presence alone constitutes due process because it is one of the continuing traditions of our legal system that define the due process standard of "traditional notions of fair play and substantial justice"." Hierzu *Peterson*, IPRax 1991, S. 267- 270.

444 Ausführlich zum Bedeutungswandel *Friedenthal/Kane/Miller*, Civil Procedure^4 (2005), §§ 3.4- 3.7, S. 105- 116; aus dem deutschen Schrifttum *Welp*, Internationale Zuständigkeit über auswärtige Gesellschaften mit Inlandstöchtern im US-amerikanischen Zivilprozeß (1982), S. 32- 45; *Otto*, Der prozessuale Durchgriff (1993), S. 83- 86; *Fleischhauer*, Inlandszustellung an Ausländer (1996), S. 99 f.

Einwilligungskonstruktionen unterwarfen[445]. Die persönliche Zustellung auf dem Territorium des Gerichtsstaates verlor dadurch für die Zuständigkeitsbegründung immer mehr an Bedeutung. Zwar setzte der *US Supreme Court* in seiner berühmten *International Shoe v. State of Washington*-Entscheidung dieser Entwicklung Grenzen[446], doch konnte er damit die Neuordnung des Zuständigkeitsrechts nicht verhindern. Die Einzelstaaten erließen im Anschluss an diese Entscheidung sog. *long-arm statutes*, die z. T. allein auf die bundesverfassungsrechtlich gebotenen Mindestkontakte (*minimum contacts*) des Beklagten zum Gerichtsstaat abstellen[447]. Entsprechend erfuhr auch die Klagezustellung einen Funktionswandel, der sich endgültig in der *Shaffer v. Heitner*-Entscheidung[448] des *US Supreme Court* vollzog[449]. Seither dient *service of process* vor allem der Information des Beklagten über das gegen ihn anhängig gemachte Verfahren und damit als Mittel zur Wahrung seines Rechts auf rechtliches Gehör[450].

4. *Waiver of service*

Die Parteien können schließlich ihre *due process*-Rechte vertraglich abbedingen, indem sie die Zustellung der anderen Partei überlassen oder ganz auf die Benachrichtigung verzichten[451]. Die Zulässigkeit eines solchen Verzichts (*wai-*

---

445 So reichte es nach den sog. *non-resident motorist statutes* für die Zuständigkeits-begründung aus, dass der auswärtige Beklagte als Autofahrer die Straßen des Gerichtsstaates benutzte; siehe grundlegend *Hess v. Pawloski*, 274 US 352 (1927). Auch *doing business statutes* fingierten die Zustimmung auswärtiger Gesellschaften, sich der Gerichtsbarkeit in dem Staat zu unterwerfen, in dem sie geschäftlich tätig waren; hierzu *Otto*, Der prozessuale Durchgriff (1993), S. 22 f.; *Friedenthal/Kane/Miller*, Civil Procedure[4] (2005), § 3.7, S. 114-116.

446 *International Shoe v. State of Washington*, 326 US 310, 316 (1945): „But now that the capias ad respondendum has given way to personal service of summons or other form of notice, due process requires only that in order to subject a defendant to a judgment in personam, if he be not present within the territory of the forum, he have certain minimum contacts with it such that the maintenance of the suit does not offend 'traditional notions of fair play and substantial justice'."

447 Siehe *Schack*, Einführung in das US-amerikanische Zivilprozessrecht[3] (2003), IV. 2. a), S. 24.

448 433 US 186 (1977).

449 Der *US Supreme Court* betonte zwar schon den Aspekt der *notice* in *Wuchter v. Pizzutti*, 276 US 13, 19 (1928), vollzog aber die Abtrennung der Zustellung von der Zuständigkeit endgültig in *Shaffer v. Heitner*, 433 US 186 (1977).

450 *Henderson v. United States*, 517 US 654, 672 (1996): „[T]he core function of service is to supply notice of the pendency of a legal action, in a manner and at a time that affords the defendant a fair opportunity to answer the complaint and present defences and objections."

451 *Fleischhauer*, Inlandszustellung an Ausländer (1996), S. 109 f.; *Weintraub*, Commentary on Conflict of Laws[4] (2001), § 4.5, S. 136- 138; *Schack*, Einführung in das US-

ver) hat der *US Supreme Court* bereits mehrfach ausdrücklich bestätigt[452]. Als klassische Methode, die zum Verzicht führt, wird die *cognovit clause* angesehen. Hierbei handelt es sich um eine vertragliche Klausel, in der der Schuldner seinem Gläubiger erlaubt, im Verzugsfall die Klage sich selbst oder einem von ihm benannten Anwalt zuzustellen und den Anspruch durch Schuldanerkenntnis (*confessed judgment*) anzuerkennen[453]. Das Anerkenntnisurteil ergeht dabei ohne Benachrichtigung des Schuldners[454]. Nach dem *US Supreme Court* verletzt eine solche *cognovit clause* auch dann nicht das *due process*-Gebot, wenn sie unter Ausnutzung der ungleichen Verhandlungsstärke (*bargaining power*) zustande gekommen ist[455].

II. Bedeutung der Zustellung für den US-amerikanischen Zivilprozess

1. Bedeutung für die Verfahrenseinleitung

a) Eintritt der Rechtshängigkeit bei bundesgerichtlichen Verfahren

Klar und deutlich bestimmt Rule 3 der *Federal Rules of Civil Procedure* (FRCivP), dass das Zivilverfahren vor den Bundesgerichten mit der Einreichung der Klage bei Gericht eingeleitet wird[456].

> Rule 3 FRCivP: „A civil action is commenced by filling a complaint with the court."

Die Zustellung der verfahrenseinleitenden Schriftstücke an den Beklagten hat also in der Regel[457] keine Bedeutung für die Verfahrenseinleitung[458]. Eine

---

amerikanische Zivilprozessrecht[3] (2003), V. 1. b), S. 38; *Scoles/Hay/Borchers/Symeonides*, Conflict of Laws[4] (2004), § 12.5, S. 522 f.

452 *National Equipment Rental, Ltd. v. Szukhent*, 375 US 311, 316 (1964): „[P]arties to a contract may agree in advance to submit to the jurisdiction of a given court, to permit notice to be served by the opposing party, or even to waive notice altogether." *D.H. Overmyer Co. v. Frick Co.*, 405 US 174, 185 (1972); *Swarb v. Lennox*, 405 US 191 (1972).

453 *Fleischhauer*, Inlandszustellung an Ausländer (1996), S. 109; *Bischof*, Die Zustellung im internationalen Rechtsverkehr in Zivil- oder Handelssachen (1997), S. 119; *Scoles/Hay/Borchers/Symeonides*, Conflict of Laws[4] (2004), § 12.5, S. 522.

454 *Weintraub*, Commentary on Conflict of Laws[4] (2001), § 4.5, S. 136.

455 *D.H. Overmyer Co. v. Frick Co.*, 405 US 174, 187 (1972).

456 Anders hingegen die Rechtslage in einigen Einzelstaaten, die den Eintritt der Rechtslage von der Klagezustellung abhängig machen: New York Civil Practice Law and Rules § 304; South Carolina Rules of Civil Procedure, Rule 3 (a) (1).

457 Einige Bundesgerichte unterer Instanzen wenden hingegen Rule 3 i. V. m. Rule 4 FRCivP an, womit die Verfahrenseinleitung auf den Zeitpunkt der Klagezustellung verlagert wird; siehe *Harris v. Stone*, 115 F.Supp. 531 (D. D. C. 1953); anders hingegen *Harris v. Ko-*

Unterscheidung nach Anhängigkeit und Rechtshängigkeit, wie sie im deutschen Zivilprozessrecht vorgenommen wird[459], kennt überdies das US-amerikanische Bundeszivilverfahrensrecht nicht[460]. Eine gewisse Einschränkung erfährt der Grundsatz der Rule 3 in Rule 4 (m) FRCivP, wonach eine Klage grundsätzlich abzuweisen ist, wenn die Klagezustellung an den Beklagten nicht innerhalb einer Frist von 120 Tagen nach Einreichung der Klageschrift bewirkt wird[461]. Allerdings gilt die Vorschrift nach Satz 2 der Rule 4 (m) nicht, wenn die Zustellung gemäß Rule 4 (f) oder (j) (1) FRCivP im Ausland zu bewirken ist[462]. In diesen Fällen steht dem Kläger unbegrenzte Zeit zur Erledigung der Auslandszustellung zur Verfügung[463].

b) Hemmung der Verjährungsfristen

Die Bestimmung des Zeitpunkts der Verfahrenseinleitung ist zudem wichtig für die Prüfung einer möglichen Verjährung (*statute of limitation*) bzw. ihrer Hemmung. Wird das Verfahren vor den Bundesgerichten nach Rule 3 FRCivP mit der Einreichung der Klage bei Gericht eingeleitet, könnte man vermuten, dass die Verjährung auch regelmäßig zu diesem Zeitpunkt gehemmt wird[464]. Diese Vermutung steht allerdings im Widerspruch zu der *Erie*-Doktrin[465], wonach die Bundesgerichte in *diversity*-Fällen grundsätzlich das Recht desjenigen Staates anwenden müssen, in welchem sie ihren Sitz haben[466]. Maßgebend ist in diesen Fällen also das einzelstaatliche Verjährungsrecht[467], das aber nicht selten

---

vats, 224 F. Supp. 581 (D. S. C. 1963); *Miner v. CSX Transp., Inc.*, 626 A. 2d 908 (D. C. App. 1993).

458 Ungenau daher *Greiner*, Die „Class action" im amerikanischem Recht und deutscher „Ordre public" (1998), S. 149; siehe ferner *Böhm*, Amerikanisches Zivilprozessrecht (2005), Rn. 295 (Fn. 392) zur Bedeutung der Klageeinreichung für den Zivilprozess.

459 Während ein Zivilverfahren schon ab Einreichung des verfahrenseinleitenden Antrags bei Gericht anhängig wird, bedarf es für die Rechtshängigkeit überdies der Zustellung der Klage an den Beklagten, vgl. §§ 261 Abs. 1 i.V.m. 253 Abs. 1 ZPO.

460 *Malzahn*, GATT-widrige *Treble Damages*-Klagen auf der Grundlage des US Antidumping Act 1916 (2003), S. 165.

461 Siehe hierzu weiter unten D. III. 4.

462 Satz 2 der Rule 4 (m) FRCivP: „This subdivision does not apply to service in a foreign country pursuant to subdivision (f) or (j) (1)."

463 Vgl. *In re Crysen/Montenay Energy Co.*, 166 B.R. 546, 553 (S. D. N. Y. 1994).

464 So *Malzahn*, GATT-widrige *Treble Damages*-Klagen auf der Grundlage des US Antidumping Act 1916 (2003), S. 165.

465 *Erie Railroad Co. v. Tompkins*, 304 US 64 (1938).

466 Hierzu bereits weiter oben 3. Teil D.

467 *Guaranty Trust Co. v. York*, 326 US 99, 109 (1945); zur Verjährungsfrist *Ragan v. Merchants Transfer & Waterhouse Co.*, 337 US 530, 533 f. (1949).

die Verjährungshemmung vom Zeitpunkt der Klagezustellung an den Beklagten abhängig macht[468].

Die Verlagerung der Verjährungshemmung auf den Zeitpunkt der Klagezustellung darf jedoch nicht zu der Annahme führen, dass mit der verzögerten bzw. verweigerten Zustellungserledigung nach den Vorschriften des Haager Zustellungsübereinkommens regelmäßig die Verjährung der Gegenansprüche herbeigeführt werden kann. Denn manche Staaten lassen bereits die frist- und ordnungsgemäße Weiterleitung der verfahrenseinleitenden Schriftstücke an die Zentrale Behörde des ersuchten Staates ausreichen, um die einzelstaatliche Verjährungsfrist zum Hemmen zu bringen[469]. Begründet wird dies, entsprechend dem Sinn und Zweck der deutschen Regelung des § 167 ZPO, mit der mangelnden Beeinflussbarkeit des Klägers auf die Zustellungserledigung durch die ausländische Behörde[470]. Dies gilt allerdings nur insoweit, als dass dem Kläger tatsächlich auch keine anderen (schnelleren) Mittel der Zustellungsbewirkung zur Verfügung standen[471].

Bei bundesrechtlich geregelten Streitgegenständen, also in *federal question cases*, entfällt hingegen die Bindung der Bundesgerichte an das einzelstaatliche Recht mit der Folge, dass der Zeitpunkt der Klageeinreichung bei Gericht für die Verjährungshemmung entscheidend ist[472].

2. Bedeutung für den Verfahrensfortgang

Auch wenn das US-amerikanische Verfahren ohne wirksame Zustellung eingeleitet werden kann, kommt ihr doch für den Fortgang des Verfahrens eine größere Bedeutung zu. So knüpft Rule 12 (a) FRCivP die Einlassungsfrist des

---

468 So bspw. New York Civil Practice Law and Rules § 203 (b) (1).

469 *Broad v. Mannesmann Anlagenbau, A.G.*, 141 Wash. 2d 670, 680- 687 (Wash. Sup. 2000).

470 *Broad v. Mannesmann Anlagenbau, A.G.*, 141 Wash. 2d 670, 683 (Wash. Sup. 2000).

471 *Paracelsus Healthcare Corp. v. Philips Medical Systems, Nederland, B.V.*, 2003 WL 21511141 (D. N. D. 2003), S. 4: „The Court does not find Broad persuasive because, here, means other than the central authority could have been used for service. Specifically, Articles 8, 10, and 19 of the Hague Convention authorize service by methods that do not involve the central authority. Paracelsus could have used one of the methods describe in those Articles instead of attempting service through the central authority. Because service could be accomplished through means other than the central authority, this Court concludes that the Hague Convention is not a statutory prohibition that could prevent timely commencement of an action […]." Hierzu ferner *Nanda/Pansius*, Litigation of International Disputes in U.S. Courts (2006), § 2:1.

472 *Walker v. Armco Steel Corp.*, 446 US 740, 750 (1980).

Beklagten an den Zeitpunkt der Klagezustellung an[473], wobei ihm die Frist gemäß Rule 4 (a) FRCivP mit der Ladung (*summons*) mitgeteilt wird[474]. Der *US Supreme Court* leitete daraus ab, dass der Beklagte erst mit der Zustellung der Klageschrift und Ladung Partei des Verfahrens wird[475].

III. Ergebnis

Die Klagezustellung an ein beklagtes (deutsches) Unternehmen dient ausschließlich dazu, ihn so rechtzeitig über das gegen ihn eingeleitete Verfahren in Kenntnis zu setzen, dass es sich verteidigen kann. Die Klagezustellung vermag hingegen regelmäßig nicht die *personal jurisdiction* über das auswärtige Unternehmen zu begründen[476]. Insofern erfüllt die Zustellung nur den Zweck der Benachrichtigung des Beklagten.

Keine Bedeutung hat die Klagezustellung für die Verfahrenseinleitung vor einem US-Bundesgericht, da das bundesgerichtliche Verfahren formal bereits mit der Klageeinreichung bei Gericht beginnt. Dies bedeutet, dass auch ohne wirksame Zustellung – sei es nach den Regeln der lex fori oder des HZÜ – das US-amerikanische Bundesgerichtsverfahren in Gang kommt. Daraus folgt ferner, dass eine etwaige Zustellungsverweigerung nach Art. 13 Abs. 1 HZÜ nicht imstande ist, das Zivilverfahren zu stoppen. Allerdings darf in diesem Zusammenhang nicht außer Acht gelassen werden, dass ein ohne wirksame Zustellung oder Zustellungsverzicht ergangenes Urteil gegen das bundesverfassungsrechtliche *due process*-Gebot verstößt und damit fehlerhaft ist. Die trotzdem erlassene Entscheidung ist mithin ungültig und entfaltet für die Parteien keinerlei Rechtskraft.

Zu beachten ist jedoch, dass trotz fehlerhafter Zustellung eine gültige Entscheidung gleichwohl ergehen kann, wenn der Beklagte sich auf das Verfahren einlässt und

---

473 Auszug aus Rule 12 (a) (1) FRCivP: „Unless a different time is prescribed in a statute of the United States, a defendant shall serve an answer (A) within 20 days after being served with the summons and complaint." Auch die Einzelstaaten orientieren sich an dieser Regelung, siehe *Otto*, Der prozessuale Durchgriff (1993), S. 122.

474 Auszug aus Rule 4 (a) FRCivP: „The summons […] shall also state the time within which the defendant must appear and defend, and notify the defendant that failure to do so will result in a judgment by default against the defendant for the relief demanded in the complaint."

475 Siehe *Murphy Brothers, Inc. v. Michetti Pipe Stringing, Inc.*, 526 US 344, 350 f. (1999); anders hingegen einige Bundesberufungsgerichte *Clay v. US*, 199 F. 3d 876, 880 (6th Cir. 1999); *Howell v. Tribune Entertainment Co.*, 106 F. 3d 215 (7th Cir. 1997).

476 Siehe hierzu 3.Teil C. II. 1. a) und b): Fehlt die *jurisdiction* des Gerichtsstaates über das deutsche Unternehmen, dann kann gleichwohl mittels eines Zuständigkeitsdurchgriffs die *personal jurisdiction* über die juristische Person begründet werden, indem die verfahrenseinleitenden Schriftstücke der US-amerikanischen Tochtergesellschaft zugestellt werden.

auf die Rüge der fehlerhaften Zustellung (*insufficiency of service of process*) nach Rule 12 (b) (5) FRCivP verzichtet[477]. Ein solcher Verzicht (*waiver*) wird regelmäßig angenommen, wenn er diesen Einwand nicht rechtzeitig (spätestens zusammen mit seiner Klageerwiderung) vorbringt, vgl. Rule 12 (h) (1), (g) FRCivP.

Schließlich kann der Zeitpunkt der Klagezustellung für die Hemmung von Verjährungsfristen bedeutsam sein, wenn das maßgebende Bundes- bzw. Einzelstaatenrecht hierauf abstellt.

B. Vorrang völkerrechtlicher Verträge bei internationalen Zustellungen

Entsprechend der herrschenden Ansicht in Deutschland[478] bilden auch in den USA Völkerrecht und innerstaatliches Recht zwei grundsätzlich selbständige und voneinander zu unterscheidende Rechtsmaterien[479]. Beide Staaten folgen damit im Ausgangspunkt der dualistischen Lehre. Will also das Völkerrecht inneramerikanische Geltung beanspruchen, bedarf es hierfür seiner innerstaatlichen Umsetzung (Transformation). Für völkerrechtliche Verträge (*treaties*) wartet die Bundesverfassung in Art. VI § 2 (*supremacy clause*) mit einer ausdrücklichen Inkorporationsregelung auf, nach der internationale Staatsverträge grundsätzlich auch innerstaatliche Geltung erlangen[480]:

> „This Constitution, and the Laws of the United States which shall be made in Pursuance thereof; and all Treaties made, or which shall be made, under the Authority of the United States, shall be the supreme Law of the Land; and the Judges in every State shall be bound thereby, any Thing in the Constitution or Laws of any State to the Contrary notwithstanding".

Nach der *supremacy clause* gehören neben der Bundesverfassung und den Bundesgesetzen also auch Staatsverträge zum obersten Bundesrecht, dem *supreme Law of the Land.* Sie gehen im Rang dem gliedstaatlichen Recht ein-

---

477 Nach Rule 12 (b) FRCivP kann der Beklagte aufgrund der dort aufgeführten Verfahrensmängel die Klageabweisung (*motion to dismiss*) beantragen. Das Gericht weist dann die Klage ab, wenn keine Aussicht auf eine erfolgreiche Klagezustellung besteht, etwa weil inzwischen die 120-Tage-Frist für die Klagezustellung nach Rule 4 (m) FRCivP abgelaufen ist oder die Verjährung eingetreten ist; vgl. *Friedenthal/Kane/Miller*, Civil Procedure^4 (2005), § 3.22, S. 189 f. Regelmäßig führt die Zustellungsrüge aber nur zu einer Verzögerung des Prozesses, siehe *Junker*, JZ 1989, S. 121 (125); *Otto*, Der prozessuale Durchgriff (1993), S. 88; *Mucchetti*, WiB 1997, S. 498 (499).

478 Vgl statt vieler *Verdross/Simma*, Universelles Völkerrecht^3 (1984), §§ 71- 74; *Becker*, NVwZ 2005, S. 289 m. weit. Nachw.

479 *Blumenwitz*, Einführung in das anglo-amerikanische Recht^7 (2003), § 6, 4. b), S. 85.

480 Zur Umsetzung Internationaler Übereinkommen in das US-Recht *Burbank*, 2 J. Priv. Int'l. L. 287-309 (2006).

schließlich dessen Verfassung vor[481]. Auf dem Gebiet der internationalen Zustellung gilt im Verhältnis zwischen den Vereinigte Staaten[482] und der Bundesrepublik Deutschland das „Haager Übereinkommen über die Zustellung gerichtlicher und außergerichtlicher Schriftstücke im Ausland in Zivil- oder Handelssachen“[483] vom 15. November 1965[484]. Als *self-executing treaty* bildet das Haager Zustellungsübereinkommen unmittelbar Gegenstand des obersten Bundesrechts und steht damit rangmäßig über dem einzelstaatlichen Recht[485]. Fraglich ist indes, in welchem Verhältnis das Haager Zustellungsübereinkommen zum Bundesrecht steht und ob es bei Auslandszustellungen vorrangig zur Anwendung kommen muss.

I. Strikte Unterscheidung zwischen Auslands- und Inlandszustellungen

Besonders relevant wird das Verhältnis des Haager Zustellungsübereinkommens zur Rule 4 der *Federal Rules of Civil Procedure* (FRCivP), die die Zustellung der verfahrenseinleitenden Schriftstücke bei bundesgerichtlichen Zivilverfahren regelt. Als Teil des *supreme Law of the Land* steht das Übereinkommen diesem Bundesgesetz gleich[486]. Insofern stellt sich die Frage, wann die staatsvertragliche Regelung und wann die Rule 4 FRCivP anzuwenden ist.

Nach dem Wortlaut des Haager Zustellungsübereinkommens findet das Übereinkommen in allen Fällen Anwendung, in denen die Zustellung im Ausland bewirkt werden muss:

> So wird in der Präambel von „Schriftstücken, die im Ausland zuzustellen sind“ bzw. von „documents to be served abroad“ oder „actes qui doivent être signifiés ou notifiés à l’étranger“ gesprochen.

---

481 *Blumenwitz*, Einführung in das anglo-amerikanische Recht[7] (2003), § 5, 1. b), S. 67.

482 Für die Vereinigten Staaten ist im Bereich der internationalen Zustellung überdies das multilaterale Übereinkommen „Inter-American Convention on Letters Rogatory“ vom 30. Januar 1975 von Bedeutung; siehe hierzu *Kim*, 36 Colum. J. Transnat’l L. 687 (1998); *Buhler*, 27 Tul. Mar. L. J. 1, 13- 14 (2002).

483 Im Folgenden mit HZÜ bzw. Haager Zustellungsübereinkommen abgekürzt.

484 BGBl. 1977 II.2, S. 1453.

485 Siehe *Volkswagenwerk Aktiengesellschaft v. Schlunk*, 486 US 694, 699 (1988): „By virtue of the Supremacy Clause, US Const. Art. VI, the Convention pre-empts inconsistent methods of service prescribed by state law in all cases to which it applies”; allgemeine Ansicht in der Rechtsprechung *Randolph v. Hendry*, 50 F. Supp. 2d 572 (S. D. W. Va. 1999); *Lafarge Corp. v. Altech Environment, USA*, 220 F. Supp. 2d 823 (E. D. Mich. 2002); *Eto v. Muranaka*, 57 P.3d 413 (Haw. Sup. 2002); *Chenlen v. Philips Electronics North America*, 20 Mass. L. Rep. 652 (Super. Ct. Mass. 2006).

486 So ausdrücklich in *Vorhees v. Fischer & Krecke GmbH*, 697 F.2d 574 (4th Cir. 1983).

Die (nicht authentische) deutsche Fassung des Art. 1 Abs. 1 HZÜ lautet: „Dieses Übereinkommen ist in Zivil- oder Handelssachen in allen Fällen anzuwenden, in denen ein gerichtliches oder außergerichtliches Schriftstück zum Zweck der Zustellung in das Ausland zu übermitteln ist."

Entsprechend heißt es in den gleichberechtigten authentischen englischen und französischen Textfassung[487]: „The present Convention shall apply in all cases, in civil or commercial matters, where there is occasion to transmit a judicial or extrajudicial document for service abroad." Bzw. „La présente Convention est applicable, en matière civil ou commerciale, dans tous les cas où un acte judiciaire ou extrajudiciaire doit être transmis à l'étranger pour y être signifié ou notifié."

Von unterschiedlicher Seite wird überdies die Ansicht vertreten, dass im Verkehr der Vertragsstaaten die im Übereinkommen vorgesehenen Übermittlungswege immer eingeschlagen werden müssen, wenn ein gerichtliches Schriftstück einem ausländischen Beklagten zuzustellen ist[488]. Das Übereinkommen würde dann Exklusivität gegenüber den nationalen Zustellungsregeln beanspruchen mit der Folge, dass (fiktive) Inlandszustellungen an Ausländer im Verhältnis der Vertragsstaaten zueinander ausgeschlossen wären[489]. Müsste also eine US-Klage an einen deutschen Beklagten zugestellt werden, wäre danach eine Inlandszustellung nach den *Federal Rules of Civil Procedure* unzulässig. Diese Ansicht lässt sich jedoch nicht anhand der Aussagen des Haager Zustellungsübereinkommens belegen[490]. Daher wird zutreffend eine solche Annahme überwiegend abgelehnt[491]. Bestätigt wird die herrschende Meinung im Schrifttum

---

487 Siehe BGBl. 1977 II.2, S. 1453.

488 Beispiele aus der US-amerikanischen Rechtsprechung: *Camp v. Sellers & Co.*, 281 S.E.2d 621, 623 f. (1981); *Aspinall's Club Ltd. V. Aryeh*, 450 N. Y. Supp. 2d 199, 202 (2d Dept. 1982); *Cipolla v. Picard Porsche Audi, Inc.*, 496 A. 2d 130 (D. R. I. 1985); *Harris v. Browning- Ferris Industries Chemical Service, Inc.*, 100 F. R. D. 775 (M. D. La. 1984); Beispiele auf Staatsebene: „amicus curiae brief" der deutschen Bundesregierung in dem *Volkswagen Aktiengesellschaft v. Schlunk*- Verfahren v. 11.12.1987; mitgeteilt von *Heidenberger*, RIW 1988, S. 90; Erklärung der Schweiz zu Art. 1 HZÜ; zitiert von *Bischof*, Die Zustellung im internationalen Rechtsverkehr in Zivil- oder Handelssachen (1997), S. 191. Aus dem deutschen Schrifttum *Heidenberger/Barde*, RIW 1988, S. 683; *Pfennig*, Die internationale Zustellung in Zivil- und Handelssachen (1988), S. 134 f.; *Koch*, IPRax 1989, S. 313 (314); *Böhmer*, NJW 1990, S. 3049 (3052).

489 Genau diese Ansicht scheint neuerdings der EuGH, Urteil v. 13.10.2005 – Rs. C-522/03 – *Scania Finance France SA/Rockinger GmbH & Co.*, IPRax 2006, S. 157 f., zu vertreten, der aber mit einer solchen Aussage seine Auslegungskompetenz weit überschritten haben dürfte; siehe *Stadler*, IPRax 2006, S. 116 (119).

490 Siehe die umfassenden Untersuchungen von *Fleischhauer*, Inlandszustellung an Ausländer (1996), S. 30- 36, 44 f.; *Bischof*, Die Zustellung im internationalen Rechtsverkehr in Zivil- oder Handelssachen (1997), S. 251- 256.

491 Aus US-amerikanischer Sicht: *Nanda/Pansius*, Litigation of International Disputes in U.S. Courts (2006), § 2:5; *Wright/Miller/Bromley*, 4B Fed. Prac. & Proc. Civ. 3d (2006), § 1133; aus deutscher Sicht: Denkschrift zum HZÜ, BT-Drucks. 7/4892, S. 38 (40); Stellung-

von der inzwischen gängigen Praxis der Vertragsstaaten, das Haager Zustellungsübereinkommen ausschließlich bei Auslandszustellung zur Anwendung kommen zu lassen[492]. Die Inlandszustellung an Ausländer bleibt hingegen vom Regelungsbereich des Übereinkommens unangetastet.

Trotz anfänglicher Bedenken[493] hat sich an dieser Beurteilung auch nach der Novellierung der Rule 4 FRCivP aus dem Jahre 1993 nichts geändert[494]. Aus der Systematik der Vorschrift folgt, dass Inlands- und Auslandszustellung gleichwertig nebeneinander stehen[495].

Insofern ist die Auslandszustellung nach den Regeln des Haager Zustellungsübereinkommens strikt von der Inlandszustellung nach Rule 4 FRCivP zu unterscheiden. Für ihre Unterscheidung ist nach der US-amerikanischen Recht-

---

nahme des Bundesministeriums der Justiz im Namen der Bundesregierung bei *BVerfG*, Beschluss v. 07.12.1994, BVerfGE 91, S. 335 (337 f.) = IPRax 1996, S. 112 (113); *Junker*, IPRax 1986, S. 197 (202); *ders.*, JZ 1989, S. 121 (123); *Pfeil-Kammerer*, Deutsch-amerikanischer Rechtshilfeverkehr in Zivilsachen (1987), S. 39 f.; *Stürner*, JZ 1992, S. 325 (327 f.); *Otto*, Der prozessuale Durchgriff (1992), S. 112; *Baumbach/Henkel*, RIW 1997, S. 727 (729); *Schlosser*, EU-Zivilprozessrecht[2] (2003), Art. 1 HZÜ, Rn. 5; *Schack*, Einführung in das US-amerikanische Zivilprozessrecht[3] (2003), V. 1. b), S. 39; *ders.*, Internationales Zivilverfahrensrecht[4] (2006), Rn. 605, 612; *von Hein*, in: *Hopt/Kulms/von Hein* (Hrsg.), Rechtshilfe und Rechtsstaat (2006), S. 95 ff. (100 f.); *Nagel/Gottwald*, Internationales Zivilprozessrecht[6] (2007), § 7, Rn. 66.

492 Grundlegend *Volkswagen Aktiengesellschaft v. Schlunk*, 486 US 694, 707 (1988): „Where service on a domestic agent is valid and complete under both state law and the Due Process Clause, our inquiry ends and the Convention has no further implications. […] The only transmittal to which the Convention applies is a transmittal abroad that is required as a necessary part of service. And, contrary to VWAG's assertion, the Due Process Clause does not require an official transmittal of documents abroad every time there is service on a foreign national." Die US-amerikanischen Gerichte haben sich generell der *Schlunk*-Entscheidung angeschlossen; siehe *Baumgartner*, 25 U. Pa. J. Int'l Econ. L. 1297, 1336 (Fn. 160) m. entspr. Nachw. (2004); *Haager Konferenz für IPR*, in: Practical Handbook on the Operation of the Hague Convention[3] (2006), Rn. 38; st. Rspr., vgl. zuletzt *BGH*, Urteil v. 25.02.1999, NJW 1999, S. 2442 (2443) = IPRspr 1999 Nr. 110, S. 268 (272); siehe auch *BVerfG*, Beschluss v. 07.12.1994, BVerfGE 91, S. 335 (339 ff., 341) = IPRax 1996, S. 112 (114) = IPRspr 1994, Nr. 160b, S. 365 (367).

493 Hierzu *von Hein*, in: *Hopt/Kulms/von Hein* (Hrsg.), Rechtshilfe und Rechtsstaat (2006), S. 103 (Fn. 522) m. weit. Nachw.

494 *Silvious v. Pharaon*, 54 F.3d 697, 702 (11th Cir. 1995): „We conclude that the amendments to Rule 4 did not abolish the practice of effecting service on an individual who resides outside of the United States by delivering a copy of the summons and complaint in the United States to an agent authorized by appointment or by law to receive service of process for that individual." Siehe ferner *Scoles/Hay/Borchers/Symeonides*, Conflict of Laws[4] (2004), § 12.7, S. 529.

495 *Fleischhauer*, Inlandszustellung an Ausländer (1996), S. 115; *von Hein*, in: *Hopt/Kulms/von Hein* (Hrsg.), Rechtshilfe und Rechtsstaat (2006), S. 103 f.

sprechung maßgebend, an welchem Ort der juristische Tatbestand der Zustellung vollendet wird[496].

II. Vorrangige Anwendung des HZÜ bei Auslandszustellungen

Ist die Zustellung im Ausland durchzuführen, bleibt zu klären, ob die im Haager Zustellungsübereinkommen vorgesehenen Übermittlungswege vorrangig anzuwenden sind. Legt man hierfür allein den Wortlaut der Rule 4 (f) FRCivP zugrunde, lässt sich ein solcher Vorrang des HZÜ nicht unmittelbar feststellen[497]. Vielmehr zeigt die Systematik der Vorschrift („*or*"), dass die in den Absätzen (1), (2) und (3) aufgeführten Zustellungsmethoden grundsätzlich gleichwertig nebeneinander stehen[498]. Etwas anderes ergibt sich erst aus den Anmerkungen des *Advisory Committee* zu Rule 4 (f) (1) FRCivP, wonach den einschlägigen Staatsverträgen der Vorrang eingeräumt wird, soweit sie dies selbst vorsehen[499]. Im Verhältnis zu Deutschland ist die Auslandszustellung einer US-

---

496 Siehe *Volkswagen Aktiengesellschaft v. Schlunk*, 486 US 694, 707 (1988).

497 Rule 4 (f): „Service Upon Individuals in a Foreign Country. Unless otherwise provided by federal law, service upon an individual from whom a waiver has not been obtained and filed, other than an infant or an incompetent person, may be effected in a place not within any judicial district of the United States: (1) by any internationally agreed means reasonably calculated to give notice, such as those means authorized by the Hague Convention on the Service Abroad of Judicial and Extrajudicial Documents; or (2) if there is no internationally agreed means of service or the applicable international agreement allows other means of service, provided that service is reasonably calculated to give notice: (A) in the manner prescribed by the law of the foreign country for service in that country in an action in any of its courts of general jurisdiction; or (B) as directed by the foreign authority in response to a letter rogatory or letter of request; or (C) unless prohibited by the law of the foreign country, by (i) delivery to the individual personally of a copy of the summons and the complaint; or (ii) any form of mail requiring a signed receipt, to be addressed and dispatched by the clerk of the court to the party to be served; or (3) by other means not prohibited by international agreement as may be directed by the court."

498 Entsprechend *Forum Financial Group, LLC v. Harvard College*, 199 F. R. D. 22, 23 (D. Me. 2001); *Rio Properties, Inc. v. Rio International Interlink*, 284 F. 3d 1007, 1015 (9th Cir. 2002); *Fmac Loan Receivables v. Dagra*, 228 F. R. D. 531, 534 (E. D. Va. 2005); *Williams v. Advertising Sex LLC*, 231 F. R. D. 483, 486 (N. D. W. Va. 2005); siehe ferner *Fleischhauer*, Inlandszustellung an Ausländer (1996), S. 115; ungenau hingegen *Nagel/Gottwald*, Internationales Zivilprozessrecht[6] (2007), § 7, Rn. 22, 94.

499 *Advisory Committee*, 1993 Amendments to Rule 4, Subdivision (f), abgedruckt in: 28 USCA FRCivP, Rule 1- 11 (Supplementary Pamphlet 2006), S. 121 (125): „[T]his paragraph [scil. (1)] provides that, when service is to be effected outside a judicial district of the United States, the methods of service appropriate under an applicable treaty shall be employed if available and if the treaty so requires." Siehe ferner *Scoles/Hay/Borchers/ Symeonides*, Conflict of Laws[4] (2004), § 12.6, S. 524 f.; auch einige Bezirksgerichte leiten hieraus den Vorrang (*precedence*) der Rule 4 (f) (1) FRCivP ab; siehe *Marcantonio v. Primorsk Shipping Corporation*, 206 F. Supp. 2d 54, 58 (D. Mass. 2002).

amerikanischen Klageschrift also zunächst nach den im Haager Zustellungsübereinkommen vorgesehenen Wegen zu bewirken. Damit steht die im Jahre 1993 geänderte Fassung der Rule 4 FRCivP im Einklang mit der Entscheidung des *US Supreme Court* in der Sache *Volkswagen Aktiengesellschaft v. Schlunk*[500]. Dort hatte das höchste Bundesgericht obiter dictum festgestellt, dass die Zustellungsmodalitäten des HZÜ im Rahmen seines Anwendungsbereichs zwingend sind[501]. Deutlich wird der obligatorische Charakter des Haager Zustellungsübereinkommens auch durch die klare Formulierung des Art. 1 Abs. 1 HZÜ, wonach das Übereinkommen *in allen Fällen* („*in all cases*" bzw. „*dans tous les cas*") anzuwenden ist („*shall apply*" bzw. „*est applicable*"), in denen ein gerichtliches oder außergerichtliches Schriftstück zum Zweck der Zustellung in das Ausland zu übermitteln ist[502].

Darüber hinaus besteht nahezu vollkommene Einigkeit, dass die Auslandszustellung nur nach den im Haager Zustellungsübereinkommen vorgesehenen Übermittlungswegen bewirkt werden kann[503]. Das HZÜ ist also innerhalb seines Geltungsbereiches grundsätzlich als abschließend anzusehen. Gegenüber anderen Formen der Auslandszustellung, etwa nach innerstaatlichem Recht, besteht folglich ein Exklusivitätsverhältnis.

Fraglich ist daher, ob dem in Deutschland befindlichen Adressaten die Auslandszustellung gleichwohl in den Formen des Absatzes (2) und (3) der Rule 4 (f) FRCivP

500 486 US 694 (1988); a. A. *Smit*, 35 S. Tex. L. Rev. 215, 224 (1994).

501 *Volkswagen Aktiengesellschaft v. Schlunk*, 486 US 694, 705 (1988): „[C]ompliance with the [scil. Hague Service] Convention is mandatory in all cases to which it applies [...]." Siehe ferner *Wright/Miller/Bromley*, 4B Fed. Prac. & Proc. Civ. 3d (2006), § 1133 (Fn. 24) m. weit. Nachw. aus der US-Rechtsprechung.

502 Auch die übrigen Interpretationsmethoden vermögen dieses Auslegungsergebnis zu bestätigen; siehe *Merkt*, Abwehr der Zustellung von „punitive-damages"-Klagen (1995), S. 29- 32; *Bischof*, Die Zustellung im internationalen Rechtsverkehr in Zivil- oder Handelssachen (1997), S. 249- 251.

503 Siehe *Rüfner*, RIW 2002, 616 (619); *Malzahn*, GATT-widrige *Treble Damages*-Klagen auf der Grundlage des US Antidumping Act 1916 (2003), S. 219; *Scoles/Hay/Borchers/Symeonides*, Conflict of Laws[4] (2004), § 12.7, S. 529; *Nanda/Pansius*, Litigation of International Disputes in U.S. Courts (2006), § 2:5; *von Hein*, in: *Hopt/Kulms/von Hein* (Hrsg.), Rechtshilfe und Rechtsstaat (2006), S. 98; *Haager Konferenz für IPR*, Practical Handbook[3] (2006), Rn. 44 f.; *Born/Rutledge*, International Civil Litigation in United States Courts[4] (2007), S. 863; a. A. *Smit*, 35 S. Tex. L. Rev. 215, 220 -223 (1994); eine Ausnahme bildet zudem die wohl einmalig bleibende Entscheidung des Quebecer *Court d'appel* vom 15. Juni 1998 in *Holding Tusculum B.V.* c. *S.A. Louis Dreyfus & cie.*, 1998 CarswellQue 606 (= [1998] R.J.Q. 1722), Rn. 39: „[Scil. La Convention de 1922 et la *Convention de la Haye*] visent à faciliter les échanges d'informations ou de documents entre les résidents de pays différents, pour assurer un règlement plus facile des procès et l'exécution efficace des jugements. Elles identifient des circuits formels de communication et prévoient des règles de procédure à l'intérieur de ceux-ci, sans *pour autant limiter la liberté des individus de signifier individuellement* des procédures judiciaires." Herv. d. Verf.

bewirkt werden darf. Dies lässt sich nicht ohne weiteres beantworten und bedarf vielmehr einer vertieften Erörterung[504].

C. Auslandszustellung nach dem Haager Zustellungsübereinkommen

Soweit kein spezielles Bundesgesetz eingreift[505], ist die Auslandszustellung regelmäßig nach Rule 4 (f) (1) FRCivP auf den in den einschlägigen internationalen Vereinbarungen vorgesehenen Übermittlungswegen zu bewirken. Beispielhaft („*such as*") verweist die Vorschrift dabei auf das Haager Zustellungsübereinkommen, das im deutsch-amerikanischen Rechtshilfeverkehr ausschließlich zur Anwendung kommt.

> Rule 4 (f) FRCivP: „Service Upon Individuals in a Foreign Country. Unless otherwise provided by federal law, service upon an individual from whom a waiver has not been obtained and filed, other than an infant or an incompetent person, may be effected in a place not within any judicial district of the United States: (1) by any internationally agreed means reasonably calculated to give notice, such as those means authorized by the Hague Convention on the Service Abroad of Judicial and Extrajudicial Documents [...]."

Das Übereinkommen findet über die Verweisung in Absatz (h) (2) der Rule 4 FRCivP auch bei Auslandszustellungen an Kapital- und Personengesellschaften Anwendung[506].

> Rule 4 (h) FRCivP: „Service Upon Corporations and Associations. Unless otherwise provided by federal law, service upon a domestic or foreign corporation or upon a partnership or other unincorporated association that is subject to suit under a common name, and from which a waiver of service has not been obtained and filed, shall be effected: [...] (2) in a place not within any judicial district of the United States in any manner prescribed for individuals by subdivision (f) except personal delivery as provided in paragraph (2)(C)(i) thereof."

Voraussetzung für die Anwendung des Haager Zustellungsübereinkommens bleibt allerdings, dass der räumlich-persönliche, zeitliche und sachliche Anwendungsbereich des Übereinkommens eröffnet ist. Doch bevor auf den Anwendungsbereich des HZÜ und die dort vorgesehenen Zustellungsformen näher

504 Siehe hierzu weiter unten E. I. und II.

505 Vgl. etwa 28 USC § 1608 für Zustellungen an ausländische Staaten und ihren Einrichtungen, auf den bereits Rule 4 (j) (1) FRCivP verweist; hierzu *Buhler*, 27 Tul. Mar. L. J. 1, 22- 24 (2002) mit Beispielen aus der US-Rechtsprechung.

506 Vgl. explizit *Mayoral-Amy v. BHI Corporation, et al.*, 180 F. R. D. 456, 459 (S. D. Fla. 1998); *American River Transportation Co. v. M/V BOW LION*, 2004 WL 764181 (E. D. La. 2004).

eingegangen wird, werden zum besseren Verständnis des Übereinkommens seine Zielsetzungen überblicksartig aufgeführt.

I. Zielsetzungen des Haager Zustellungsübereinkommens

Das Haager Zustellungsübereinkommen dient dem Wortlaut seiner Präambel zufolge primär der Vereinfachung und Beschleunigung der internationalen Zustellung und der Sicherstellung der rechtzeitigen Kenntnisnahme des Zustellungsadressaten von den verfahrenseinleitenden Schriftstücken:

> „[…] in dem Wunsch, durch geeignete Maßnahmen sicherzustellen, dass gerichtliche und außergerichtliche Schriftstücke, die im Ausland zuzustellen sind, ihren Empfängern rechtzeitig zur Kenntnis gelangen, in der Absicht, dafür die gegenseitige Rechtshilfe zu verbessern, indem das Verfahren vereinfacht und beschleunigt wird […].“[507]
>
> Entsprechend heißt es in der authentischen englischen und französischen Vertragsversion: „[…] Desiring to create appropriate means to ensure that judicial and extrajudicial documents to be served abroad shall be brought to the notice of the addressee in sufficient time, Desiring to improve the organisation of mutual judicial assistance for that purpose by simplifying and expediting the procedure […].” „[…] Désirant créer les moyens appropriés pour que les actes judiciaires et extrajudiciaires qui doivent être signifiés ou notifiés à l'étranger soient connus de leurs destinataires en temps utile, Soucieux d'améliorer à cette fin l'entraide judiciaire mutuelle en simplifiant et en accélérant la procédure […].“[508]

Auch eine historische Betrachtung des Übereinkommens deckt die klaren Zielsetzungen auf, die internationalen Übermittlungswege zu vereinfachen und zu beschleunigen und die Rechtsstellung des Beklagten im Vergleich zu den Vorgängerübereinkommen[509], den Haager Übereinkommen über den Zivilprozess vom 17. Juli 1905[510] und vom 01. März 1954[511], erheblich zu verbessern[512].

507 BGBl. 1977 II.2, S. 1453.

508 Ebd.

509 Hierzu *Bischof*, Die Zustellung im internationalen Rechtsverkehr in Zivil- oder Handelssachen (1997), S. 211- 240.

510 RGBl. 1909 I, S. 409.

511 BGBl. 1958 II, S. 557.

512 *Taborda Ferreira*, Rapport Explicatif, in: Conférence de la Haye de droit International Privé, Actes et Documents de la Dixième Session, Band III, Notification (1965), S. 363; vgl. ferner *BVerfG*, Beschluss v. 07.12.1994, BVerfGE 91, S. 335 (339- 342) = IPRax 1996, S. 112 (114) = IPRspr 1994, Nr. 160b, S. 365 (367).

II. Anwendungsbereich des Haager Zustellungsübereinkommens

Gerichtliche oder außergerichtliche Schriftstücke können erst dann nach den Regeln des Haager Zustellungsübereinkommens zum Zwecke der Zustellung in das Ausland übermittelt werden, wenn der räumlich-persönliche, zeitliche und sachliche Anwendungsbereich des Übereinkommens eröffnet ist.

1. Räumlich-persönlicher Anwendungsbereich des HZÜ

a) In *räumlicher* Hinsicht findet das Übereinkommen nur zwischen zwei Vertragsstaaten Anwendung. Die Feststellung verursacht in den meisten Fällen keinerlei Probleme. Nur in wenigen Anwendungsfällen ist ihre Bestimmung hingegen etwas schwieriger[513]. Die USA und die Bundesrepublik Deutschland[514] sind jedenfalls beides Vertragsstaaten des HZÜ, so dass der räumliche Anwendungsbereich des Übereinkommens eröffnet ist, wenn die Zustellung einer US-amerikanischen Klageschrift in Deutschland zu erfolgen hat.

b) Hinsichtlich des *persönlichen* Anwendungsbereichs ist zunächst anzumerken, dass das Übereinkommen sich allgemein auf die Zustellung in das Ausland bezieht. Dabei ist es grundsätzlich ohne Belang, wo der Wohnsitz oder der gewöhnliche Aufenthaltsort des Zustellungsempfängers ist[515]. Der Zusatz *„to a person abroad*" bzw. *„à une personne se trouvant à l'étranger*", der noch im Vorentwurf zum Haager Zustellungsübereinkommen verwendet wurde, ist sogar vom endgültigen Vertragstext gestrichen worden[516]. Insofern ist für die Anwendung des HZÜ allein der Zustellungsort maßgebend. Entsprechend kommt es auch nicht auf die Nationalität des Zustellungsempfängers an. Die Zustellung kann sowohl an natürliche und juristische Personen des Privatrechts als auch an juristische Personen des öffentlichen Rechts, staatliche Institutionen und Staaten erfolgen[517]. Hinsichtlich der Zustellung an Staaten muss jedoch entsprechend den Regeln über die Staatenimmunität unterschieden werden[518]: Geht es lediglich um eine Zustellung in einer Zivil- und Handelssache, in welcher der betrof-

---

513 Zu diesen Ausnahmen *Haager Konferenz für IPR*, Practical Handbook[3] (2006), Rn. 19- 21.

514 BGBl. 1979 II, S. 779.

515 *Haager Konferenz für IPR*, Practical Handbook[3] (2006), Rn. 15.

516 *Taborda Ferreira*, Rapport Explicatif, in: Conférence de la Haye de droit International Privé, Actes et Documents de la Dixième Session, Band III, Notification (1965), S. 363 (366).

517 *Haager Konferenz für IPR*, Practical Handbook[3] (2006), Rn. 22.

518 Siehe *Bischof*, Die Zustellung im internationalen Rechtsverkehr in Zivil- oder Handelssachen (1997), S. 247; *Haager Konferenz für IPR*, Practical Handbook[3] (2006), Rn. 23.

fene Staat oder die staatliche Institution für privates Handeln eingeklagt ist (*acte jure gestionis*), muss auch die Übermittlung auf dem vereinfachten Weg des HZÜ möglich sein. Anders hingegen, wenn der betroffene Staat oder die staatliche Institution für öffentlich-rechtliches Handeln eingeklagt ist (*acte jure imperii*).

2. Zeitlicher Anwendungsbereich des HZÜ

In zeitlicher Hinsicht trat das Haager Zustellungsübereinkommen in den USA am 10. Februar 1969 in Kraft getreten[519]. In der Bundesrepublik Deutschland gilt das Übereinkommen erst seit dem 26. Juni 1979[520].

3. Sachlicher Anwendungsbereich nach Art. 1 Abs. 1 HZÜ

Der sachliche Anwendungsbereich des Haager Zustellungsübereinkommens wird durch die Vorschrift des Art. 1 Abs. 1 HZÜ zwingend festgesetzt. Danach ist dieses Übereinkommen „in Zivil- oder Handelssachen in allen Fällen anzuwenden, in denen ein gerichtliches oder außergerichtliches Schriftstück zum Zwecke der Zustellung in das Ausland zu übermitteln ist".

> „The present Convention shall apply in all cases, in civil or commercial matters, where there is occasion to transmit a judicial or extrajudicial document for service abroad."
> „La présente Convention est applicable, en matière civile ou commerciale, dans tous les cas où un acte judiciaire ou extrajudiciaire doit être transmis à l'étranger pour y être signifié ou notifié."

a) „Zivil- oder Handelssache"

Wann genau eine „Zivil- oder Handelssache" („*civil or commercial matters*"; „*matière civile ou commerciale*") vorliegt, lässt das Übereinkommen unbeantwortet. Es enthält in dieser Hinsicht weder Legaldefinitionen noch beruft es ein Qualifikationsstatut, nach dem das Recht bestimmt werden kann, das für die Definition und Abgrenzung der unbestimmten Begriffe maßgebend ist. Die Bestimmung dieses Tatbestandsmerkmals bereitete in der Vergangenheit erhebliche Auslegungsschwierigkeiten. Aus diesem Grund wird diese Problematik im nächsten Teil gesondert gewürdigt[521].

---

519 *Wright/Miller/Bromley*, 4B Fed. Prac. & Proc. Civ. 3d (2006), § 1133; BGBl. 1980 II, S. 907.

520 BGBl. 1979 II, S. 779.

521 Siehe 5.Teil A.

b) „in allen Fällen“

Das Haager Zustellungsübereinkommen ist ferner „in allen Fällen“ („*in all cases*“ bzw. „*dans tous les cas*“) anzuwenden, in denen der Anwendungsbereich des Abkommens eröffnet ist. Das Übereinkommen regelt damit ausschließlich alle Modalitäten einer Zustellung, die im Ausland zu bewirken ist. Autonome Zustellungsregeln zur Übermittlung eines Schriftstücks in das Ausland finden nebenher keine Anwendung[522].

c) „gerichtliche oder außergerichtliche Schriftstück“

Gemäß Art. 1 Abs. 1 HZÜ ist das Haager Zustellungsübereinkommen nur auf die Übermittlung „gerichtlicher oder außergerichtlicher Schriftstücke“ („*judicial or extrajudicial document*“ bzw. „*acte judiciaire ou extrajudiciaire*“) anwendbar. Dieses Begriffspaar wurde schon in den Vorgängerübereinkommen verwendet und hat dieselbe Bedeutung wie in diesen Konventionen[523]: Unter den *gerichtlichen* Schriftstücken sind diejenigen Dokumente zu verstehen, die aus einem bereits eingeleiteten gerichtlichen Verfahren herrühren oder für die Einleitung eines solchen Verfahrens bestimmt sind[524]. Dagegen sind *außergerichtliche* Schriftstücke solche Dokumente, die mit einem gerichtlichen Verfahren nicht oder noch nicht im Zusammenhang stehen[525]. Sie werden von rein privaten Dokumenten und Mitteilungen dadurch unterschieden, dass die Übermittlung die Beteiligung einer Behörde oder eines Justizbeamten erfordert[526]. Dies stellt nunmehr Art. 17 HZÜ ausdrücklich fest, wonach auch außergerichtliche Schriftstücke von Behörden und Justizbeamten stammen müssen. Da nicht alle Vorschriften des HZÜ auf die außergerichtlichen Schriftstücke Anwendung finden[527], muss genau bestimmt werden, um welche Art von Schriftstücken es sich konkret handelt. Maßgebend für die Abgrenzung ist das

522 Vgl. hierzu weiter oben B. I. 2.

523 *Taborda Ferreira*, Rapport Explicatif, in: Conférence de la Haye de droit International Privé, Actes et Documents de la Dixième Session, Band III, Notification (1965), S. 363 (366).

524 *Geimer/Schütze*, Internationaler Rechtsverkehr in Zivil- und Handelssachen Band I (2005), A I 1 b, Nr. 101, S. 2; *Haager Konferenz für IPR*, Practical Handbook[3] (2006), Rn. 66 f. m. Bsp.

525 *Schlosser*, EU-Zivilprozessrecht[2] (2003), Art. 1 HZÜ, Rn. 12; *Geimer/Schütze*, Internationaler Rechtsverkehr in Zivil- und Handelssachen Band I (2005), A I 1 b, Nr. 101, S. 2.

526 *Haager Konferenz für IPR*, Practical Handbook[3] (2006), Rn. 67.

527 Zu den wichtigsten Vorschriften zählen Artt. 15 und 16 HZÜ, die nur auf gerichtliche Schriftstücke Anwendung finden.

Recht des ersuchenden Staates[528]. Seit der explosionsartigen Verbreitung der neuen Medien steht nunmehr auch die konkrete Bedeutung des Begriffs *Schriftstücke* zur Debatte. Traditionell herrscht in Deutschland überwiegend die Auffassung, dass das Haager Zustellungsübereinkommen nur die Übermittlung verkörperter Erklärungen betreffe[529]. Dies hat zur Folge, dass weder Fax- noch E-Mail-Übertragungen vom Anwendungsbereich des HZÜ erfasst sind[530]. Die E-Mail-Übertragung sei mangels Verkörperung schon kein Schriftstück im Sinne des Art. 1 Abs. 1 HZÜ und bei der Übertragung durch Telefax werde nicht das Schriftstück selbst übermittelt, sondern nur die Kopie der Originalvorlage[531]. Allerdings muss in diesem Zusammenhang berücksichtigt werden, dass das Haager Zustellungsübereinkommen selbst keine Angaben zur Form des Schriftstückes enthält, womit auch nicht die elektronische Übermittlung der verfahrenseinleitenden Dokumente explizit ausgeschlossen wäre[532]. Zudem würde sie erheblich zur Beschleunigung und Vereinfachung der Übermittlungswege beitragen, wodurch grundlegenden Zielen des Übereinkommens gedient wäre. Dazu sind die elektronischen Dokumente jederzeit verkörperbar, so dass insgesamt von der traditionellen Auffassung Abstand genommen werde sollte.

d) „zum Zweck der Zustellung in das Ausland"

Schließlich kommt das Übereinkommen nach Art. 1 Abs. 1 HZÜ nur dann zur Anwendung, wenn das Schriftstück „zum Zweck der Zustellung in das Ausland zu übermitteln ist" (*„for service abroad*" bzw. *„pour y être signifié ou notifié*"). Was allerdings unter dem Begriff „Zustellung" zu verstehen ist und wann die Zustellung in das Ausland zu erfolgen hat, lässt das Haager Zustellungsübereinkommen unbeantwortet.

---

528 *Bischof*, Die Zustellung im internationalen Rechtsverkehr in Zivil- oder Handelssachen (1997), S. 263; *Haager Konferenz für IPR*, Practical Handbook[3] (2006), Rn. 68.

529 *Schlosser*, EU-Zivilprozessrecht[2] (2003), Art. 1 HZÜ, Rn. 10; dagegen scheint das US-amerikanische Schrifttum in dieser Hinsicht flexibler zu sein; siehe *Kotuby*, 20 J. L. & Comp. 103, 114 (2000); *Murphy*, 75 St. John's J. Leg. Comment. 73, 107 (2004).

530 *Rüfner*, RIW 2002, 616 (619); *Schlosser*, EU-Zivilprozessrecht[2] (2003), Art. 1 HZÜ, Rn. 10; *Staudinger(-Blumenwitz)*, EGBGB/IPR[14] Artt. 3- 6 EGBGB (2003), Art. 6 EGBGB, Rn. 53; krit. *Nagel/Gottwald*, Internationales Zivilprozessrecht[6] (2007), § 7, Rn. 73, die eine Anpassung an die veränderten Verhältnisse verlangen.

531 Siehe *von Hein*, in: *Hopt/Kulms/von Hein* (Hrsg.), Rechtshilfe und Rechtsstaat (2006), S. 114 f.

532 Zutreffend *Sauerwein*, Die Anwendung moderner Kommunikationstechnologie im nationalen und internationalen Zivilverfahrensrecht (2002), S. 212- 217.

aa) Nach der *Haager Konferenz für IPR* soll der Begriff der Zustellung zunächst im technischen Sinn verstanden werden[533]. Danach ist die Zustellung die förmliche Übermittlung von Urkunden, die rechtlich geeignet sind, den Beklagten von dem gegen ihn anhängig gemachten Verfahren in Kenntnis zu setzen[534]. Während die deutsche und englische Fassung des Art. 1 Abs. 1 HZÜ nur den Begriff „Zustellung" bzw. „*service*" verwendet, spricht der französische Vertragstext von „*signifié*" und „*notifié*". Die doppelte französische Bezeichnung ist mit Rücksicht auf die der *remise au parquet* folgenden Länder[535] notwendig, die zwischen der Zustellung im rechtstechnischen Sinne (*signification*) und der Übermittlung (*notification*) der Kopie eines per *remise au parquet* zugestellten Schriftstücks unterscheiden[536].

Bei dem System der *remise au parquet* bzw. der *signification à parquet* handelt es sich um eine fiktive Inlandszustellung, die durch Übergabe der zuzustellenden Schriftstücke an die zuständige Staatsanwaltschaft bewirkt wird[537]. Der im Ausland wohnende Zustellungsadressat wird zwar vom Gerichtsvollzieher durch Einschreiben mit Rückschein von der erfolgten Zustellung in Kenntnis gesetzt, doch hat die Benachrichtigung keinerlei konstitutive Wirkung für die Zustellung[538]. Ausreichend ist allein die Niederlegung der Schriftstücke bei der Staatsanwaltschaft, um etwaige Fristen (z. B. Einlassungsfrist) auszulösen[539]. Diese Form der Zustellung stieß auf heftige Kritik[540] und veranlasste die Gesetzgeber der *remise au parquet* folgenden Länder, ihr Zustellungsrecht europarechtskonform zu gestalten[541].

---

533 *Haager Konferenz für IPR*, Practical Handbook[3] (2006), Rn. 46.

534 Vgl. *Volkswagenwerk Aktiengesellschaft v. Schlunk*, 486 US 694, 700 (1988): „Service of process refers to a formal delivery of documents that is legally sufficient to charge the defendant with notice of a pending action."

535 Hierzu zählen neben Frankreich, Niederlande, Luxemburg und Belgien auch Italien und Griechenland; siehe *Stadler*, IPRax 2001, S. 514 (516); *Heckel*, IPRax 2008, S. 218 (221-223) jeweils m. weit. Nachw.

536 Rapport de la Commission Spéciale, Conférence de la Haye de droit international privé, Actes et documents de la Dixième session, Band III, Notification (1965), S. 74 (78); *Pfeil-Kammerer*, Deutsch-amerikanischer Rechtshilfeverkehr in Zivilsachen (1987), S. 39; *Schlosser*, EU-Zivilprozessrecht[2] (2003), Art. 1 HZÜ, Rn. 8; *Nagel/Gottwald*, Internationales Zivilprozessrecht[6] (2007), § 7, Rn. 78.

537 *Bischof*, Die Zustellung im internationalen Rechtsverkehr in Zivil- oder Handelssachen (1997), S. 91- 93; *Schlosser*, EU-Zivilprozessrecht[2] (2003), Art. 15 HZÜ, Rn. 1; *Schack*, Internationales Zustellungsrecht[4] (2006), Rn. 597; *Stadler*, IPRax 2006, S. 116 (117 f.).

538 Deutlich *Nagel*, IPRax 1992, S. 150; *Schack*, Internationales Zustellungsrecht[4] (2006), Rn. 597; *Stadler*, IPRax 2006, S. 116 (117 f.).

539 *Stadler*, IPRax 2006, S. 116 (117).

540 Da typischerweise nicht Staatsangehörige, sondern EU-Ausländer von der *remise au parquet* betroffen waren, sah das *OLG Karlsruhe* in seinem Beschluss v. 12.03.1999 (= RIW 1999, S. 538 (539)) darin einen Verstoß gegen das europarechtliche Diskriminierungsverbot des Art. 12 Abs. 1 EGV; zust. *Bajons*, FS Rolf A. Schütze (1999), S. 49 (60 f.); *Stadler*, IPRax 2001, S. 514 (516); *dies.*, IPRax 2006, S. 116 (119); a. A. *Schlosser*, EU-Zivilprozessrecht[2] (2003), Art. 15 HZÜ, Rn. 1; *Heckel*, IPRax 2008, S. 218 (223 f.).

541 Vgl. *Heckel*, IPRax 2008, S. 218 (221-223).

Dies hat zur Folge, dass auch die Mitteilung über die erfolgte *remise au parquet* auf den formalisierten Wegen des Zustellungsübereinkommens zu übermitteln ist[542]. Die Inlandszustellung selbst bleibt hiervon unberührt und erfolgt nicht nach dem Übereinkommen[543]. Obwohl die *Common Law*-Länder grundsätzlich keine entsprechende begriffliche Unterscheidung vornehmen, ist doch allgemein anerkannt, dass *service* beide Fälle erfasst[544]. Für die Inlandszustellung an den *Secretary of State* bedeutet dies, dass unabhängig ihrer konstitutiven Wirkung auch die Benachrichtigung hierüber an den Beklagten über das HZÜ zu erfolgen hat[545]. Für die Anwendung des deutschen Vertragstextes stellt sich dieses Problem nicht, da ihm der deutsche Zustellungsbegriff zugrunde liegt[546].

bb) Weiterhin legt das Haager Zustellungsübereinkommen nicht selbst fest, *wann* eine Zustellung in das Ausland zu erfolgen hat. Es entspricht daher der allgemeinen Übung der Vertragsstaaten, dass über die Notwendigkeit der Auslandszustellung nach der lex fori, also nach dem Recht des Staates, in dem das Gerichtsverfahren eingeleitet worden ist, entschieden wird[547].

> So stellte der Bundesgerichtshof in seiner Entscheidung vom 10.11.1998 fest, dass das HZÜ nur die Modalitäten einer Auslandszustellung regele, „nicht aber die Frage, ob überhaupt eine förmliche Zustellung im Ausland vorzunehmen ist. Letzteres ist vielmehr durch das nationale Recht autonom zu beantworten."[548] Dies bestätigte er kurz darauf in seiner Entscheidung vom 25.02.1999, wonach „[d]ie Frage, ob eine Klage an einen Beklagten mit Sitz im Ausland im Wege der Auslandszustellung nach § 190 ZPO i. V. m.

---

542 Ganz herrschende Ansicht; siehe *Stadler*, IPRax 2001, S. 514 (517): „Es entspricht anerkannter und gängiger europäischer Praxis, den Mitteilungsteil der remise au parquet unter das HZÜ zu fassen"; *dies.*, IPRax 2006, S. 116 (117 f.); *Schlosser*, EU-Zivilprozessrecht[2] (2003), Art. 1 HZÜ, Rn. 8; *Schack*, Internationales Zivilverfahrensrecht[4] (2006), Rn. 611 (Fn. 5) m. weit. Nachw.; *Nagel/Gottwald*, Internationales Zivilprozessrecht[6] (2007), § 7, Rn. 78; a. A. *OLG Oldenburg*, Beschluss v. 22.08.1991, IPRax 1992, S. 169 m. zust. Anm. *Nagel*, ebd., S. 150 (151).

543 Siehe hierzu bereits weiter oben B. I. 1.

544 *Haager Konferenz für IPR*, Practical Handbook[3] (2006), Rn. 48; zust. *Bischof*, Die Zustellung im internationalen Rechtsverkehr in Zivil- oder Handelssachen (1997), S. 256, 259; wohl auch *Schlosser*, EU-Zivilprozessrecht[2] (2003), Art. 1 HZÜ, Rn. 8.

545 Siehe hierzu weiter unten D. III. 2. a) cc).

546 Denkschrift zum HZÜ, BT-Drucks. 7/4892, S. 38 (42); vgl. § 166 Abs. 1 ZPO.

547 Als erste Gerichtsentscheidung, die sich mit der Frage auseinandergesetzt hat, welches Recht für die Bestimmung der Notwendigkeit der Auslandszustellung maßgebend ist, wird von der *Haager Konferenz für IPR*, Practical Handbook[3] (2006), Rn. 27, die Entscheidung des höchsten niederländischen Gerichts in der Sache *Segers and Rufa BV v. Mabanaft GmbH* vom 27. Juni 1986, NJ 1987, S. 764, aufgeführt. Dort stellte das Gericht auf die lex fori ab.

548 IPRax 2000, S. 23 (25).

den Regelungen des HZÜ erfolgen muß oder ob eine Zustellung im Inland möglich ist, ... das autonome Internationale Zivilprozessrecht [scil. entscheidet].“[549]

Auch das Bundesverfassungsgericht hat sich zu dieser Frage konkludent geäußert und stellt auf die lex fori ab: „Soweit nach dem nationalen Recht eine Zustellung an Ausländer im Ausland erforderlich ist, stellt das Übereinkommen sicher, dass der ausländischen Partei die Klage in einer Weise zugestellt wird, die ihr rechtliches Gehör wahrt.“[550]

Entsprechend hatte schon der *US Supreme Court* in seiner Grundsatzentscheidung *Volkswagenwerk Aktiengesellschaft v. Schlunk* vom 15.06.1988 entschieden: „[T]he internal law of the forum is presumed to determine whether there is occasion for service abroad.“[551]

Diese Ansicht ist auch im Schrifttum trotz einiger gewichtiger Vorbehalte[552] herrschend[553]. Es ist also Sache des ersuchenden Staates zu bestimmen, wann das Haager Zustellungsübereinkommen zur Anwendung kommt. Er kann dabei frei entscheiden, ob die Zustellung deshalb im Ausland zu vollziehen ist, weil der Adressat seinen Wohnsitz oder gewöhnlichen Aufenthalt im Ausland hat, oder ob nicht vielmehr die persönliche Zustellung im Inland zulässig ist, obwohl sich der Adressat nur vorübergehend im Inland aufhält[554].

In den Vereinigten Staaten muss zunächst unterschieden werden, ob das Verfahren vor einem Bundes- oder Gliedstaatengericht geführt wird. Nur bei den bundesgerichtlichen Prozessen ist Rule 4 FRCivP maßgebend. Nach ihrer

---

549 NJW 1999, S. 2442 (2443) = IPRspr 1999, Nr. 110, S. 268 (272).

550 Beschluss v. 07.12.1994, BVerfGE 91, S. 335 (341) = IPRax 1996, S. 112 (114) = IPRspr 1994, Nr. 160b, S. 365 (367).

551 *Volkswagenwerk Aktiengesellschaft v. Schlunk*, 486 US 694, 704 (1988); vgl. ferner *Froland v. Yamaha Motor Co., Ltd.*, 296 F. Supp. 2d 1004, 1007 (D. Minn. 2003).

552 Siehe *Born/Rutledge*, International Civil Litigation in United States Courts[4] (2007), S. 890 f.; ferner *Schlosser*, FS Ernst C. Stiefel (1987), S. 683 (687); zust. *Junker*, JZ 1989, S. 121 (122): „Der Forumstaat kann deshalb das HZÜ theoretisch leer laufen lassen, indem er in allen denkbaren Fällen eine Inlandszustellung genügen lässt.“ Ebenso *Schack*, AG 2006, S. 823 (827); *ders.*, Internationales Zivilverfahrensrecht[4] (2006), Rn. 612. Daher wird teilweise die Einschränkung des lex fori-Grundsatzes in Fällen der bewussten Umgehung des Vertrages verlangt; siehe *Schlosser*, EU-Zivilprozessrecht[2] (2003), Art. 1 HZÜ, Rn. 5- 7.

553 Denkschrift zum HZÜ, BT-Drucks. 7/4892, S. 38 (40); *H.Roth*, IPRax 1990, 90 (92); *Otto*, Der prozessuale Durchgriff (1993), S. 111 f.; *Fleischhauer*, Inlandszustellung an Ausländer (1996), S. 44; *Bischof*, Die Zustellung im internationalen Rechtsverkehr in Zivil- oder Handelssachen (1997), S. 252; *Baumbach/Henkel*, RIW 1997, S. 727 (729); *Malzahn*, GATT-widrige *Treble Damages*-Klagen auf der Grundlage des US Antidumping Act 1916 (2003), S. 311; *Geimer*, Internationales Zivilprozeßrecht[5] (2005), Rn. 2108; *Stadler*, IPRax 2006, S. 116 (117); *Nagel/Gottwald*, Internationales Zivilprozessrecht[6] (2007), § 7, Rn. 66.

554 *Bischof*, Die Zustellung im internationalen Rechtsverkehr in Zivil- oder Handelssachen (1997), S. 248; siehe ferner *OLG Köln*, Beschluss v. 16.08.1988, RIW 1989, S. 814, wonach der Zustellungsempfänger, der sowohl in der Bundesrepublik als auch im Ausland Wohnungen besaß, nicht allein aus dem Grund auf die Übermittlung nach dem HZÜ bestehen durfte, weil sich eine Wohnung im Ausland befand: „Ein Wohnsitz im Ausland hindert eine Zustellung an eine in der Bundesrepublik Deutschland gelegene Wohnung nicht.“

Konzeption ist die Zustellung im Ausland zu bewirken, wenn sie *nicht innerhalb irgendeines Gerichtsbezirks der Vereinigten Staaten* ausgeführt werden kann:

> Rule 4 (f) FRCivP: „Unless otherwise provided by federal law, *service* upon an individual from whom a waiver has not been obtained and filed, other than an infant or an incompetent person, may be effected *in a place not within any judicial district of the United States* […]."[555] Wohingegen es für die Inlandszustellung in Rule 4 (e) FRCivP heißt: „Unless otherwise provided by federal law, *service* upon an individual from whom a waiver has not been obtained and filed, other than an infant or an incompetent person, *may be effected in any judicial district of the United States* […]."[556] Entsprechend der Wortlaut für Auslandszustellungen an Gesellschaften in Rule 4 (h) (2) FRCivP: „[…] in a place not within any judicial district of the United States in any manner prescribed for individuals by subdivision (f) […]". Und dazugehörig für Inlandszustellungen Rule 4 (h) (1) FRCivP: „[…] in a judicial district of the United States in the manner prescribed for individuals by subdivision (e) (1) […]".

Unbeachtlich ist hingegen die Staatsangehörigkeit des Adressaten. Insofern muss einem US-Staatsbürger, der sich in der Bundesrepublik aufhält, über ein im HZÜ vorgesehenes Verfahren zugestellt werden.

4. Einschränkung des Anwendungsbereichs durch Art. 1 Abs. 2 HZÜ

Nach Art. 1 Abs. 2 HZÜ gilt das Haager Zustellungsübereinkommen nicht, wenn die Anschrift des Zustellungsempfängers unbekannt ist. In den Vertragsstaaten wird dieser Ausschluss sehr restriktiv gehandhabt. In der Regel sind die Zentralen Behörden bemüht, bei unvollständigen, unrichtigen oder geänderten Adressen nach der richtigen Anschrift des Adressaten zu suchen[557].

> „So entspricht es allgemeiner Übung, daß die ersuchte Behörde bei der Feststellung von Fehlern in der Anschrift des Zustellungsadressaten die neue Anschrift beim Einwohnermeldeamt ermittelt und das Zustellungsersuchen dann an diesem Wohnort des Adressaten erledigt oder erledigen läßt, sofern der Adressat nicht in einen anderen Staat verzogen ist."[558]

Nicht ganz geklärt sind die Auswirkungen des E-Mail-Gebrauchs auf Art. 1 Abs. 2 HZÜ, sofern man davon ausgeht, dass der Begriff „Anschrift" auch die

---

555 Herv. d. Verf.

556 Herv. d. Verf.

557 Vgl. *Bulin v. Stein*, 668 A. 2d 810, 814 (D. C. 1995); siehe ferner *Haager Konferenz für IPR*, Practical Handbook[3] (2006), Rn. 75- 78 m. weit. Nachw. aus der Gerichtspraxis der Vertragsstaaten.

558 *BGH*, Urteil v. 10.11.1998, IPRax 2000, S. 23 (24).

elektronische Anschrift des Empfängers mit erfasst[559]. Diese Problematik stellt sich allerdings nur, wenn man die elektronische Übermittlung der zuzustellenden Schriftstücke im Rahmen des Haager Zustellungsübereinkommens für zulässig erachtet[560].

5. Keine Teilzustellungen

Unzweifelhaft ist, dass eine Rechtssache, die nicht in den Anwendungsbereich der Haager Zustellungsübereinkommens fällt, nicht nach den im HZÜ vorgesehenen Verfahren zugestellt werden muss. Einigkeit besteht zudem dahingehend, dass auch eine Teilzustellung der Klage – soweit man die Ansicht vertritt, nur ein Teil der Rechtssache falle in den sachlichen Anwendungsbereich des Abkommens – nicht in Betracht kommt[561]. Diese scheidet schon aus technischen Gründen aus[562]. In Fällen der Unzustellbarkeit ist die Zentrale Behörde des ersuchten Staates zumindest in entsprechender Anwendung des Art. 4 HZÜ[563] verpflichtet, die ersuchende Stelle unverzüglich hierüber zu unterrichten[564].

III. Überblick über die in dem HZÜ vorgesehenen Übermittlungswege

Die Zustellung von Schriftstücken in das Ausland macht einen grenzüberschreitenden Akt notwendig, weshalb zwischen den Vorschriften, die die ei-

559 So ist bisher unklar, welche Auswirkungen die weite Interpretation auf den Anwendungsbereich des Haager Zustellungsübereinkommens hat, wenn die E-Mail-Adresse mit keinerlei geographischen Anhaltspunkten aufwartet (Bsp.: com, net, org, etc.), dies tut (Bsp.: de, fr, es), aber der Adressat dort (also im Vertragsstaat) nicht seinen Wohnsitz hat oder die elektronische Anschrift auf einen Nicht-Vertragsstaat hinweist, der Zustellungsempfänger tatsächlich aber in einem Vertragsstaat residiert; siehe hierzu *Haager Konferenz für IPR*, Practical Handbook[3] (2006), Rn. 80.

560 Siehe hierzu C. II. 3. c) und C. VI.

561 *OLG Koblenz*, Beschluss v. 27.06.2005, IPRax 2006, S. 25 (32); *Merkt*, Abwehr der Zustellung von „punitive-damages"-Klagen (1995), S. 118 f.; *Stadler*, JZ 1995, S. 718 (721); *Brockmeier*, Punitive damages, multiple damages und deutscher ordre public (1999), S. 79; *von Hein*, in: *Hopt/Kulms/von Hein* (Hrsg.), Rechtshilfe und Rechtsstaat (2006), S. 132.

562 *Merkt*, Abwehr der Zustellung von „punitive-damages"-Klagen (1995), S. 119.

563 Der Ansicht von *Hollmann*, RIW 1982, S. 784 (789), den Art. 4 HZÜ aufgrund seines Wortlauts direkt anzuwenden, steht der dogmatische Einwand entgegen, dass diese Vorschrift erst nach Eröffnung des Anwendungsbereichs des Übereinkommens überhaupt zur Anwendung kommen kann; siehe *Merkt*, Abwehr der Zustellung von „punitive-damages"-Klagen (1995), S. 122.

564 Ansonsten bestünde die Gefahr, dass der US-amerikanische Richter nach Art. 15 Abs. 2 HZÜ verfährt und den Rechtsstreit durch Versäumnisurteil entscheidet, siehe *Merkt*, Abwehr der Zustellung von „punitive- damages"-Klagen (1995), S. 122.

gentliche Zustellungshandlung im Ausgangs- und Empfangsstaat regeln, und Bestimmungen, die die Übermittlung des Schriftstücks vom Ursprungs- in das Bestimmungsland betreffen, zu unterscheiden ist[565]. Aus diesem Grund wird differenzierend vom „Übermittlungsweg" („*way of transmission*" bzw. „*voie de transmission*") gesprochen[566]. Das für die internationale Zustellung geltende Haager Zustellungsübereinkommen befasst sich in erste Linie mit der zwischenstaatlichen Übermittlung. Es sieht hierfür verschiedene Verfahren vor, die gleichwertig nebeneinander stehen. Zur Vereinheitlichung des nationalen Zustellungsrechts der Mitgliedstaaten trägt es hingegen nicht bei.

1. Zustellung mittels Ersuchens an die Zentrale Behörde, Artt. 3 ff. HZÜ

Das Haager Zustellungsübereinkommen sieht als ordentlichen Übermittlungsweg für die Zustellung gerichtlicher Schriftstücke zunächst den (indirekten) unmittelbaren Behördenverkehr in Art. 3 HZÜ vor. Im Gegensatz zu den Vorgängerübereinkommen, den Haager Übereinkommen über den Zivilprozess von 1905 und 1954, ist ein neuer Übermittlungsweg dadurch geschaffen worden, dass gemäß Art. 2 HZÜ jeder Vertragsstaat nach Maßgabe seines Rechtes eine Zentrale Behörde einrichtet, die Zustellungsanträge aus anderen Vertragsstaaten entgegennimmt und das Erforderliche veranlasst.

Aus Rücksicht der föderalen Struktur einiger Vertragsstaaten ermöglicht Art. 18 Abs. 3 HZÜ für Bundesstaaten, mehrere Zentrale Behörden zu bestimmen. Die Bundesrepublik Deutschland hat von dieser Möglichkeit Gebrauch gemacht[567]. Jedes Bundesland hat eine eigene Zentrale Behörde eingerichtet: In der Regel sind dies die Landesjustizministerien, teilweise aber ist die Zuständigkeit auf die Präsidenten unterschiedlicher Instanzgerichte delegiert worden[568].

a) Antragsberechtigung

Gemäß Art. 3 Abs. 1 HZÜ richtet die nach dem Recht des Ursprungsstaates zuständige Behörde oder der nach diesem Recht zuständige Justizbeamte an die

565 *Bischof*, Die Zustellung im internationalen Rechtsverkehr in Zivil- oder Handelssachen (1997), S. 151.

566 Ein anderer Terminus, der ebenfalls zur Beschreibung des grenzüberschreitenden Übermittlungsaktes verwendet wird, ist der in der Rechtshilfeverordnung für Zivilsachen (kurz: ZRHO) vom 19. 0ktober 1954 verwendete Begriff „Beförderungswege", vgl. § 6 ZRHO.

567 Vgl. § 1 des Ausführungsgesetzes vom 22. Dezember 1977 zum HZÜ (BGBl. I 1977, S. 3105).

568 Vgl. § 9 Abs. 4 ZRHO.

Zentrale Behörde des ersuchten Staates den Zustellungsantrag. Privatpersonen dürfen sich danach grundsätzlich nicht unmittelbar an die Zentralen Behörden wenden[569]. Es bleibt jedoch dem ersuchenden Staat selbst überlassen, die zuständige Behörde oder den zuständigen Justizbeamten nach seinem Recht zu bestimmen. So sind nach dem Recht bestimmter Bundesstaaten der Vereinigten Staaten auch nichtstaatliche Stellen, insbesondere Rechtsanwälte, zur Bewirkung von Zustellungen in Gerichtsverfahren befugt[570]. Der ersuchte Staat darf hingegen nicht nach seinem Recht prüfen, ob es sich um eine Behörde oder Justizperson handelt[571].

b) Formale Anforderungen

Der vom Haager Übereinkommen intendierte Vereinfachungszweck macht sich insbesondere bei den formalen Anforderungen des Zustellungsersuchens gemäß Artt. 3 und 7 HZÜ bemerkbar: Für die Zustellungsanträge sind einheitliche Muster vorgesehen. Die Formblätter müssen in englischer oder französischer Sprache abgefasst sein[572]. Die Eintragungen hingegen können in der Sprache des ersuchten Staates oder in den authentischen Sprachen gemacht werden. Dem formularmäßigen Zustellungsersuchen müssen zudem die zuzustellenden Schriftstücke oder eine Abschrift davon beigefügt werden, ohne dass es ihrer Legalisation oder einer anderen entsprechenden Förmlichkeit bedarf[573].

c) Formen der Zustellung nach Art. 5 HZÜ

Art. 5 HZÜ unterscheidet für den Fortgang des Verfahrens drei Formen der Zustellung: Die förmliche nach Abs. 1 lit. a), die in einer besonderen, vom ersuchenden Staat gewünschten Form nach Abs. 1 lit. b) und die formlose gemäß Abs. 2. Das amtliche Formblatt zählt diese drei Alternativen auf und fordert zur Ankreuzung auf:

---

569 *Taborda Ferreira*, Rapport Explicatif, in: Conférence de la Haye de droit International Privé, Actes et Documents de la Dixième Session, Band III, Notification (1965), S. 363 (368); vgl. auch § 2 Abs. 2 S. 2 ZRHO.

570 Vgl. Länderteil der ZRHO „unter Vereinigte Staaten, III. Eingehende Ersuchen"; ausführlich zur Antragsberechtigung *Pfeil-Kammerer*, Deutsch-amerikanischer Rechtshilfeverkehr in Zivilsachen (1987), S. 92- 97; *Geimer/Schütze*, Internationaler Rechtsverkehr in Zivil- und Handelssachen Band I (2005), A I 2 b, Nr. 351, S. 4 e.

571 *Haager Konferenz für IPR*, Practical Handbook[3] (2006), Rn. 94.

572 Art. 7 Abs. 1 S. 2 HZÜ ermöglicht zudem, die vorgedrückten Teile in der Amtssprache oder einer der Amtssprachen des Ursprungsstaats abzufassen.

573 Zur Auseinandersetzung der entgegengesetzten Gerichtspraxis; siehe *Haager Konferenz für IPR*, Practical Handbook[3] (2006), Rn. 121.

aa) Ist die förmliche Zustellung gewählt, so wird die Zustellung des Schriftstücks in einer der Formen bewirkt oder veranlasst, die das Recht des ersuchten Staates für Inlandszustellungen vorschreibt. In der Bundesrepublik Deutschland sind also die §§ 166- 190 ZPO maßgebend. Nach § 4 des deutschen Ausführungsgesetzes zum HZÜ[574] (AusfG) wird im Allgemeinen ohne Einschaltung von Gerichten durch die Post zugestellt. Die Übersetzung des Schriftstücks ist nach dem Haager Zustellungsübereinkommen nicht vorgeschrieben. Sie kann jedoch gemäß Art. 5 Abs. 3 HZÜ von der Zentralen Behörde des ersuchten Staates verlangt werden. § 3 AusfG bezieht sich hierauf und macht die Zulässigkeit der förmlichen Zustellung, losgelöst von den konkreten Sprachkenntnissen des Empfängers[575], von der deutschen Übersetzung des zuzustellenden Schriftstücks abhängig[576]. Hierfür ist aber keine fehlerfreie[577] bzw. nicht fehlerhafte[578] Übersetzung erforderlich[579]:

> Nach der Entscheidung des *OLG Nürnberg* vom 15.02.2005 sei vielmehr ausreichend, dass die Übersetzung „trotz aller sprachlichen Unzulänglichkeiten wenigstens so verständlich [scil. ist], dass sie ihren wesentlichen Informationszweck erfüllt. Der Zustellungsempfänger sollte also insbesondere erkennen können, wer mit dem Schriftstück welchen Zweck verfolgt und was er selbst unternehmen kann, um sich dagegen zu verteidigen.“[580]

Keine praktischen Probleme bereitete bisher das Übersetzungserfordernis im Hinblick auf den Mitteilungsteil der *remise au parquet*. Die fiktive Inlandszustellung gilt regelmäßig mit der Niederlegung der verfahrenseinleitenden Schriftstücke bei der zuständigen Staatsanwaltschaft als vollendet[581], so dass

574 BGBl. I 1977, S. 3105.

575 Diskutiert wird, ob das zwingende, kostenverursachende und zeitraubende Übersetzungserfordernis im internationalen Handels- und Wirtschaftsverkehr einzuschränken ist; siehe *Gottwald*, FS Rolf A. Schütze (1999), S. 223 (233); *Nagel/Gottwald*, Internationales Zivilprozessrecht[6] (2007), § 7, Rn. 87 m. weit. Nachw.

576 Vgl. ferner § 71 Abs. 1 ZRHO.

577 So aber *G. Geimer*, Neuordnung des internationalen Zustellungsrechts (1999), S. 88.

578 So hingegen *Kondring*, Die Heilung von Zustellungsmängeln im internationalen Rechtsverkehr (1995), S. 180.

579 *OLG Nürnberg*, Urteil v. 15.02.2005, IPRax 2006, S. 38 (40); vgl. auch *OLG Hamm*, Urteil v. 25.11.1992, OLG-Report Hamm 1993, S. 161.

580 IPRax 2006, S. 38 (40) m. zust. Anm. *Wilske/Krapfl*, ebd., S. 10 (13); *Rohe*, FG Max Vollkommer (2006), S. 291 (300 f.); anders *Schütze*, FS Mark M. Boguslavskij (2004), S. 325 (334 f.); *ders.*, RIW 2006, S. 352 (353 f.) mit der Ansicht, dass zwar an die Übersetzung keine zu hohen Anforderungen gestellt werden können, doch müsse die Übersetzung so verständlich sein, dass der Adressat „exakte“ Kenntnis von dem Inhalt des übersetzenden Schriftstücks erhält. Damit stellt *Schütze* höhere Anforderungen an die Qualität der Übersetzung, als es das *OLG Nürnberg* für diesen Fall verlangte.

581 Vgl. etwa die alte Fassung des Art. 653 des französischen *Nouveau Code de procédure civile* (NCPC). Hierzu auch *OLG Düsseldorf*, Beschluss v. 19.10.1984, IPRax 1985, S.

jedweder Verstoß gegen das Haager Zustellungsübereinkommen bei der Übermittlung der Mitteilung ohne Auswirkungen auf die Wirksamkeit der Zustellung bleibt[582]. Entsprechendes gilt auch für die postalische Mitteilung des *Secretary of State* an den Beklagten über die erfolgte fiktive Inlandszustellung, soweit der Benachrichtigung nach dem betreffenden Einzelstaatenrecht keine konstitutive Wirkung zukommt[583].

bb) Die Zustellung kann aber auch in einer besonderen von der ersuchenden Stelle gewünschten Form erfolgen, es sei denn, diese ist mit dem Recht des ersuchten Staates unvereinbar. Dazu, welche von der ersuchenden Stelle gemäß Abs. 1 lit. b) gewünschten Zustellungsformen in Deutschland akzeptabel sind, ist den amtlichen Bekanntmachungen nichts Generelles zu entnehmen. Klar ist nur, das zwingende Übersetzungserfordernis bleibt hiervon unberührt[584].

cc) Nach Art. 5 Abs. 2 HZÜ kann die Zustellung, soweit keine besondere Zustellungsform gewünscht ist, stets formlos durch einfache Übergabe an den Empfänger bewirkt werden. Voraussetzung ist hierfür, dass er oder ein Zustellungsbevollmächtigter[585] ohne Anwendung von Zwang[586], also freiwillig, zur Annahme bereit ist. Das Gleiche gilt für die Annahme durch einen rechtsgeschäftlich bestellten Vertreter[587]. Die Wirksamkeit der formlosen Zustellung ist nicht von der Übersetzung des zuzustellenden Schriftstücks in die deutsche Sprache abhängig[588]. Dies machen Art. 5 Abs. 3 HZÜ, der sich ausdrücklich nur auf Abs. 1 bezieht, und § 3 AusfG deutlich, der lediglich von der „förmlichen" Zustellung spricht.

---

289. Ferner Art. 136 der griechischen ZPO und Art. 55 Abs. 1 der niederländischen *Wetboek van Burgerlijke Rechtsvordering* (WBRv). Dagegen gilt die Zustellung in Italien nach Art. 143 Abs. 3 i. V. m. Art. 142 Abs. 1 des italienischen *Codice di procedura civile* (C.proc.civ.) erst mit Ablauf einer 20-Tage-Frist als bewirkt. Siehe hierzu *Schack*, Internationales Zivilverfahrensrecht[4] (2006), Rn. 597 (Fn. 3); zur aktuellen Rechtslage *Heckel*, IPRax 2008, S. 218 (221- 223).

582 *Stadler*, IPRax 2006, S. 116 (118) m. weit. Nachw.

583 Hierzu weiter unten D. III. 2. a) cc).

584 So die hM, vgl. *Schlosser*, EU-Zivilprozessrecht[2] (2003), Art. 5 HZÜ, Rn. 5; *Haager Konferenz für IPR*, Practical Handbook[3] (2006), Rn. 139; a. A. *Vazquez v. Sund Emba AB*, 548 N. Y. Supp. 2d 728 (A. D. 2 dept. 1989); *Born/Rutledge*, International Civil Litigation in United States Courts[4] (2007), S. 862.

585 *OLG Saarbrücken*, Beschluss v. 15.06.1992, RIW 1993, S. 418 (419); *OLG Düsseldorf*, Beschluss v. 02.09.1998, IPRax 2000, S. 307 (308).

586 Vgl. § 68 Abs. 2 S. 2 ZRHO.

587 *Nagel/Gottwald*, Internationales Zivilprozessrecht[6] (2007), § 7, Rn. 83.

588 *BGH*, Beschluss v. 20.09.1990, NJW 1991, S. 641; *OLG Saarbrücken*, Beschluss v. 15.06.1992, RIW 1993, S. 418 (419); *OLG Düsseldorf*, Beschluss v. 02.09.1998, IPRax 2000, S. 307.

Bevor dem Empfänger das Schriftstück übergeben wird, muss ihm zunächst die Gelegenheit eingeräumt werden, sich dieses anzusehen und sich über die Annahme zu entscheiden[589]. Überdies ist er über sein Recht der Annahmeverweigerung und ihrer Folgen zu belehren[590]. Macht der Zustellungsadressat von seinem Recht Gebrauch, braucht er die Annahmeverweigerung nicht zu begründen. Er muss keine billigenswerte Gründe vorbringen[591]. Daher kann die Annahmeverweigerung auch dann nicht als rechtsmissbräuchlich bewertet werden, wenn der Empfänger die Sprache des Schriftstücks bestens beherrscht und die formlose Zustellung mit der Begründung der fehlenden Übersetzung ablehnt[592]. Bleibt die formlose Zustellung mangels Annahme-bereitschaft erfolglos, so muss die Auslandszustellung wiederholt werden, sofern eine förmliche Zustellung nicht von Anfang an hilfsweise beantragt wurde[593]. Ein dahingehender Antrag ist in der Übersendung der Übersetzung des Schriftstücks zu sehen[594].

d) Zustellungszeugnis nach Art. 6 HZÜ

Art. 6 HZÜ sieht schließlich vor, dass die Zentrale Behörde des ersuchten Staates[595] über die erfolgte Zustellung oder ggf. über die Verhinderungsum-

---

589 Vgl. § 69 Abs. 3 S. 1 ZRHO.

590 Vgl. § 69 Abs. 3 S. 2 ZRHO. *Schütze*, RIW 2000, S. 20 (22); *ders.*, FS Mark M. Boguslavskij (2004), S. 325 (333), setzt sich hierbei dafür ein, dass die Belehrung ausschließlich gegenüber dem Zustellungsadressaten selbst zu erfolgen hat, da in der Praxis häufig Personen, die nicht mit Rechtsmaterien vertraut sind (Bsp.: Fahrer, Sekretärin), zur Abholung des Schriftstückes bevollmächtigt werden.

591 LG München II, Urteil v. 06.03.1997, IPRax 1998, S. 477 m. zust. Anm. *Hau*, ebd., S. 456 (457); *Hess*, IPRax 1995, S. 16 (19); *Nagel/Gottwald*, Internationales Zivilprozessrecht[6] (2007), § 7, Rn. 84.

592 *Hau*, IPRax 1998, S. 456 (457); *Linke*, in: *Gottwald (*Hrsg.), Grundfragen der Gerichtsverfassung: Internationale Zustellung (1999), S. 95 (104) m. weit. Nachw.; *Schack*, Internationales Zivilverfahrensrecht[4] (2006), Rn. 607; a. A. *Schlosser*, EU-Zivilprozessrecht[2] (2003), Art. 5 HZÜ, Rn. 7.

593 *Linke*, in: *Gottwald (*Hrsg.), Grundfragen der Gerichtsverfassung: Internationale Zustellung (1999), S. 95 (117).

594 *Hess*, IPRax 1995, S. 16 (19); zust. *Schlosser*, EU-Zivilprozessrecht[2] (2003), Art. 5 HZÜ, Rn. 4. Diese Auslegung ist aus zwei Gründen richtig: Erstens bedarf die formlose Zustellung keiner Übersetzung des Schriftstücks, so dass die hilfsweise versuchte förmliche Zustellung stets an diesem Erfordernis scheitern würde. Zweitens gebietet die Zielsetzung des Haager Zustellungsübereinkommens eine möglichst weite Anwendung. Das Beharren auf einem *ausdrücklich* erklärten formalen Zustellungsersuchen wäre nur unnötiger Formalismus.

595 „...oder jede von diesem hierzu bestimmte Behörde"; vgl. Art. 6 Abs. 1 HZÜ. Dabei muss es sich nicht um eine Gerichtsbehörde handeln; siehe *Haager Konferenz für IPR*, Practical Handbook[3] (2006), Rn. 163.

stände der Erledigung ein Zustellungszeugnis nach einem vorgegebenen Muster ausstellt, das sie unmittelbar an die ersuchende Stelle zusendet[596]. Für dieses Muster gelten dieselben Sprachvorschriften wie für die Zustellungsersuchen[597]. An die Stelle der Legalisation des Zeugnisses tritt die Apostille, die die zuständige Behörde des ersuchten Staates auf der Urkunde anbringt[598]. Wird ein Zustellungszeugnis trotz unwirksamer Zustellung ausgestellt, dann geht von ihm eine (widerlegbare) Vermutung der wirksam erfolgten Zustellung aus, die die Fortführung des ausländischen Verfahrens erlaubt[599]. Sie macht jedoch nicht von sich aus eine sonst unwirksame Zustellung gültig[600]. Diese Unterscheidung ist wichtig, da in Deutschland die Anerkennung und Vollstreckbarkeit eines ausländischen Urteils unter anderem von der Ordnungsmäßigkeit der Zustellung abhängt[601].

In den Vereinigten Staaten erklärt Rule 4 (l) FRCivP, der die Nachweispflicht des Klägers über die erfolgte Zustellung bei bundesgerichtlichen Verfahren regelt, die Beweisregeln des einschlägigen Staatsvertrages für anwendbar[602]. Ein US-Kläger kann also den Zustellungsnachweis durch das von der Zentralen Behörde des ersuchten Staates ausgefüllte Muster erbringen. Enthält das Zustellungszeugnis nicht alle in Art. 6 Abs. 2 HZÜ vorgesehenen Angaben gehen die US-Gerichte gleichwohl von einer ordnungsgemäßen Zustellungserledigung aus, sofern der Beklagte die Dokumente tatsächlich erhalten hat und er zudem nicht säumig war[603]. Das vollständig ausgefüllte Zustellungszeugnis im Sinne des Art. 6 HZÜ liefert jedenfalls den Anscheinsbeweis, dass die Zustellung durch die Zentrale Behörde ordnungsgemäß bewirkt bzw. veranlasst worden ist[604] und sie mit dem Prozessrecht des ersuchten Staates vereinbar ist[605]. In der US-amerikanischen Rechtsprechung wird darüber hinaus die Ansicht vertreten, dass auch andere Dokumente den Zustellungsnachweis im Sinne des Art. 6 HZÜ

---

596 Die Zusendung kann per E-Mail erfolgen, vgl. *Haager Konferenz für IPR*, Practical Handbook[3] (2006), Rn. 166, 258.

597 Vgl. Art. 7 HZÜ, der allgemein von „Muster“ spricht.

598 *Pfeil-Kammerer*, Deutsch-amerikanischer Rechtshilfeverkehr in Zivilsachen (1987), S. 109 f.

599 *Haager Konferenz für IPR*, Practical Handbook[3] (2006), Rn. 170.

600 *BGH*, Beschluss v. 18.02.1993, RIW 1993, S. 673 (674) = IPRax 1993, S. 396 (397); zust. *Nagel/Gottwald*, Internationales Zivilprozessrecht[6] (2007), § 7, Rn. 82; krit. *Schlosser*, EU-Zivilprozessrecht[2] (2003), Art. 6 HZÜ, Rn. 2.

601 Vgl. §§ 328 Abs. 2 Nr. 2, 722 f. ZPO.

602 Zur Beweispflicht des Klägers bei Inlandszustellungen; siehe weiter unten D. III. 5.

603 *Nanda/Pansius*, Litigation of International Disputes in U.S. Courts (2006), § 2:4.

604 *Northrup King Co. v. Compania Productora Semillas Algodoneras Selectas, S.A.*, 51 F.3d 1383, 1389 (8th Cir. 1995); zust. *In re S1 Corp. Securities Litigation*, 173 F.Supp.2d 1334, 1344 (N. D. Ga. 2001).

605 *Northrup King Co. v. Compania Productora Semillas Algodoneras Selectas, S.A.*, 51 F.3d 1383, 1390 (8th Cir. 1995).

erbringen können, soweit diese alle wesentlichen in Absatz 2 aufgeführten Angaben über die Erledigung des Antrags enthalten[606]. Danach muss aus dem Dokument Form, Ort und Zeit der Erledigung sowie die Person hervorgehen, der das Schriftstück übergeben worden ist. Zudem dürfen keine Zweifel an der tatsächlichen Kenntnisnahme des Beklagten von dem anhängigen Verfahren bestehen[607].

2. Zustellung durch diplomatische oder konsularische Vertreter, Artt. 8, 9 HZÜ

Das Haager Zustellungsübereinkommen lässt überdies den konsularischen bzw. den diplomatischen Übermittlungsweg zu. Dabei unterscheidet es zwischen dem direkten und dem indirekten Übermittlungsweg:

a) Im ersten Fall stellt die ersuchte Auslandsvertretung die Schriftstücke selbst an den Zustellungsempfänger zu. So steht es nach Art. 8 Abs. 1 HZÜ jedem Vertragsstaat frei, Personen, die sich im Ausland befinden, gerichtliche Schriftstücke unmittelbar durch seine diplomatischen oder konsularischen Vertreter ohne Anwendung von Zwang zustellen zu lassen. Nach Absatz 2 kann jeder Vertragsstaat erklären, dass er einer solchen Zustellung an seine Staatsangehörigen oder an die Staatsangehörigen eines dritten Staates widerspricht. Deutschland hat einen beschränkten[608] Widerspruch erklärt, indem es die direkte diplomatische oder konsularische Zustellung *nur* an die Staatsangehörigen des Absendestaates für zulässig erachtet[609]. US-amerikanische Konsulate in Deutschland können damit lediglich an US-amerikanische Staatsbürger zustellen[610].

b) Im zweiten Fall übernimmt die Auslandsvertretung nur die Übermittlung des Ersuchens an die zuständige ausländische Behörde. Gemäß Art. 9 Abs. 1

---

606 *Burda Media, Inc. v. Viertel*, 417 F.3d 292, 301 (2d Cir. 2005).

607 *Burda Media, Inc. v. Viertel*, 417 F.3d 292, 297 (2d Cir. 2005). Das Bundesberufungsgericht machte aber gleichzeitig deutlich, dass im Fall eines Versäumnisurteils höhere Anforderungen gesetzt werden; ebd., S. 302.

608 Eine Auflistung der Vertragsstaaten, die uneingeschränkt oder in beschränktem Umfang Widerspruch erhoben haben, enthält *Geimer/Schütze*, Internationaler Rechtsverkehr in Zivil- und Handelssachen Band I (2005), A I 2 b, Nr. 351, S. 10.

609 Vgl. § 6 S. 1 AusfG zum HZÜ.

610 Umgekehrt lassen die Vereinigten Staaten ohne jede Einschränkung die direkte Zustellung durch diplomatische oder konsularische Vertreter auf ihrem Hoheitsgebiet zu: Deutsche Konsuln und die Konsularabteilungen der diplomatischen Vertretungen der Bundesrepublik Deutschland können also weiterhin ohne Anwendung von Zwang Schriftstücke an Personen jeglicher Staatsangehörigkeit in den Vereinigten Staaten zustellen; siehe *Pfeil-Kammerer*, Deutsch-amerikanischer Rechtshilfeverkehr in Zivilsachen (1987), S. 114.

HZÜ hat der ausländische Konsul sein Ersuchen bei der vom ersuchten Vertragsstaat bezeichneten Behörde einzureichen. Für die Entgegennahme der Zustellungsanträge hat die Bundesrepublik Deutschland die Zentrale Behörde des Landes, in dem die Zustellung bewirkt werden soll, und den Präsidenten des Landgerichts bzw. des Amtsgerichts, in dessen Bezirk die Zustellung bewirkt werden soll, als zuständig benannt[611]. Wenn außergewöhnliche Umstände[612] dies erfordern, kann nach Absatz 2 jeder Vertragsstaat zu demselben Zweck den diplomatischen Weg benutzen[613].

c) In beiden Fällen trägt die Beweislast für die ordnungsgemäße Zustellungsausführung die daran interessierte Partei[614].

3. Zustellungswege nach Art. 10 HZÜ

a) Zustellung durch die Post, Art. 10 lit. a) HZÜ

Gemäß Art. 10 lit. a) HZÜ ist nach dem Übereinkommen nicht ausgeschlossen, dass gerichtliche Schriftstücke im Ausland befindlichen Personen unmittelbar durch die Post übersandt werden dürfen, sofern der Bestimmungsstaat keinen Widerspruch erklärt hat. Die Zustellung wird in diesem Fall direkt ohne Zwischenschaltung inländischer oder ausländischer Behörden postalisch bewirkt, was einige Vertragsstaaten, darunter auch die Bundesrepublik Deutschland, jedoch als Verletzung ihrer Souveränität ansehen[615]. Aus diesem Grund haben sie gegen diese Zustellungsform ihren Widerspruch im Sinne der Vorschrift erklärt[616].

---

611 BGBl. II 1979, S. 779; vgl. ferner § 2 AusfG zum HZÜ. Die Vereinigten Staaten haben im Gegensatz zu Deutschland keine zuständige Behörde benannt; siehe BGBl. II 1980, S. 907.

612 Eine Nachprüfung, ob außergewöhnliche Umstände vorliegen, sollte im Interesse eines effektiven Rechtsschutzes unterbleiben, vor allem auch im nachfolgenden Exequaturverfahren; siehe *Schlosser*, EU-Zivilprozessrecht[2] (2003), Art. 9 HZÜ, Rn. 1 m. entspr. Nachw. aus der französischen Rechtsprechung.

613 Hierzu *Pfeil-Kammerer*, Deutsch-amerikanischer Rechtshilfeverkehr in Zivilsachen (1987), S. 117 f.

614 *OLG Hamm*, Urteil v. 30.09.1994, RIW 1996, S. 156 (157); *Schlosser*, EU-Zivilprozessrecht[2] (2003), Art. 9 HZÜ, Rn. 3.

615 Denkschrift zum HZÜ, BT-Drucks. 7/4892, S. 38 (46); krit. zur deutschen Position *Pfeil-Kammerer*, Deutsch-amerikanischer Rechtshilfeverkehr in Zivilsachen (1987), S. 121 f.; *Schack*, Internationales Zivilverfahrensrecht[4] (2006), Rn. 593 f.; zur schweizerischen Position *Bischof*, Die Zustellung im internationalen Rechtsverkehr in Zivil- oder Handelssachen (1997), S. 159.

616 Vgl. § 6 S. 2 AusfG zum HZÜ (BGBl. 1977 I, S. 3105). Einige Vertragsstaaten haben im vollen Umfang die Anwendung des Art. 10 HZÜ ausgeschlossen (u. a. die Bundesre-

aa) Das Übereinkommen selbst bestimmt nicht, in welcher Form die postalische Zustellung zu erfolgen hat. Nach der *Haager Konferenz für IPR* könne jedenfalls die Übersendung der verfahrenseinleitenden Schriftstücke per Brief, Einschreiben (mit Rückschein), Telegramm oder Telex als solche angesehen werden[617]. Sogar Zustellungen durch private Kurierdienste (*private courier service*) seien unter Art. 10 lit. a) HZÜ noch subsumierbar[618]. Größere Probleme bereitet hingegen die Einordnung von E-Mails und Telefax[619]. Eine entsprechende Ausweitung des Begriffs „durch die Post" wird vor allem im US-amerikanischen Schrifttum diskutiert. Dort wird weitgehend *mail* und *e-mail* gleichgesetzt[620]. Auch die *Haager Konferenz* greift diesen Gedanken auf und stellt fest, dass die elektronische Übermittlung als postalische Zustellung im Sinne des Übereinkommens bewertet werden könne, wenn diese nicht direkt durch den Absender, aber von einer Postagentur (*post agency*) bewirkt werde[621]. In diesem Fall sei zumindest der postalische Charakter der Zustellung im Sinne des Art. 10 lit. a) HZÜ gewahrt[622]. Im Verhältnis zu Deutschland ist die Frage nach einer weiten oder engen Auslegung der Vorschrift wohl eher bedeutungslos, da die elektronische Zustellung von dem eingelegten Widerspruch der Bundesrepublik erfasst sein müsste[623].

bb) Die Zustellung durch die Post ist allerdings nur dann zulässig, wenn der Sendestaat nach seinen Verfahrensregeln überhaupt eine solche Übermittlung

---

publik Deutschland), andere wiederum nur gegen einzelne Buchstaben. Eine genaue Auflistung hierüber enthält *Geimer/Schütze*, Internationaler Rechtsverkehr in Zivil- und Handelssachen Band I (2005), A I 2 b, Nr. 351, S. 12 ff.

617 *Haager Konferenz für IPR*, Practical Handbook[3] (2006), Rn. 197.

618 *R. Griggs Group Ltd. v. Filanto SpA*, 920 F. Supp. 1100 (D. Nev. 1996); *EOI Corp. v. Medical Marketing Ltd.*, 172 F. R. D. 133, 142, No. 19 (D. N. J. 1997); i. E. zust. *Haager Konferenz für IPR*, Practical Handbook[3] (2006), Rn. 198- 200.

619 Siehe zum Gebrauch neuer Technologien im Rahmen des HZÜ weiter unten C. VI.

620 *Conley*, 11 Temple Int'l & Comp. L. J. 407, 413 f. (1997); *Cantor*, 66 U. Chi. L. Rev. 943, 961 f. (1999); *Kotuby*, 20 J. L. & Comp. 103, 114- 119 (2000); *Colby*, 51 Buff. L. Rev. 337, 351- 353 (2003); *ders.*, J. Internet L. 2006, S. 3 (4); *Tamayo*, 17 Harv. J. L. & Tech. 211, 243 (2003); *Murphy*, 75 St. John's J. Leg. Comment. 73, 106 f. (2004); a. A. *Rüfner*, RIW 2002, S. 616 (619).

621 *Haager Konferenz für IPR*, Practical Handbook[3] (2006), Rn. 259.

622 *Haager Konferenz für IPR*, Practical Handbook[3] (2006), Rn. 259.

623 Eine höchstrichterliche Entscheidung zu dieser Problematik fehlt zwar bislang, doch wird diese Ansicht auch von Teilen des US-amerikanischen Schrifttums vertreten; siehe *Nanda/Pansius*, Litigation of International Disputes in U.S. Courts (2006), § 2:16 (Fn. 4) und § 2:15: „Although [scil. Article 10 (a) (1)] refers to post channels, the objection would likely preclude service by e-mail as well." Zweifelnd hingegen *von Hein*, in: *Hopt/Kulms/von Hein* (Hrsg.), Rechtshilfe und Rechtsstaat (2006), S. 117; *Schack*, AG 2006, S. 823 (827); siehe hierzu ferner E. II. 2. b).

vorsieht[624]. Erst wenn das Zustellungsrecht des Gerichtsstaates die postalische Zustellung zulässt *und* überdies der Empfangsstaat keinen Vorbehalt eingelegt hat, dürfen die gerichtlichen Schriftstücke im Ausland befindlichen Personen unmittelbar durch die Post übersandt werden[625]. Es kommt damit weder auf die Zustellungsregeln des Bestimmungslandes noch auf das Haager Zustellungsübereinkommen an[626].

Trotz des deutschen Vorbehalts gegen die unmittelbare Postzustellung auf deutschem Hoheitsgebiet können aber konsularische Vertreter des Absendestaates eine postalische Übermittlung der verfahrenseinleitenden Schriftstücke an ihre eigenen Staatsangehörigen in Deutschland veranlassen[627].

cc) Der gegen Art. 10 lit. a) HZÜ eingelegte Widerspruch gilt nicht wechselseitig, so dass der umgekehrte Fall hiervon unberührt bleibt. Die Bundesrepublik kann damit gerichtliche Schriftstücke im Ausland befindlichen Personen unmittelbar postalisch übersenden, soweit das Bestimmungsland nicht ebenfalls seinen Vorbehalt hiergegen erklärt hat[628].

Der ausgebliebene Widerspruch hindert das Bestimmungsland jedoch nicht daran, im späteren Exequaturverfahren die Anerkennung und Vollstreckung der darauf folgen-

---

624 *Taborda Ferreira*, Rapport de la Commission spéciale, Conférence de La Haye de droit international privé, Actes et Documents de la Dixième session, Band III, Notification (1965), S. 74 (90); *Haager Konferenz für IPR*, Practical Handbook[3] (2006), Rn. 202. Diese Ansicht wurde bereits des Öfteren von US-amerikanischen Gerichten bestätigt; siehe u. a. *Prom v. Sumitomo Rubber Industries*, 592 N. W. 2d 657 (Wis. Ct. App. 1999); *Randolph v. Hendry*, 50 F. Supp. 2d 572, 578- 579 (S. D. W. Va. 1999); *Brockmeyer v. May*, 383 F. 3d 798, 803- 805 (9th Cir. 2004); *Ballard v. Tyco International, Ltd.*, 2005 WL 1863492 (D. N. H. 2005), S. 4.

625 *Haager Konferenz für IPR*, Practical Handbook[3] (2006), Rn. 201; hierzu auch *Bischof*, Die Zustellung im internationalen Rechtsverkehr in Zivil- oder Handelssachen (1997), S. 269.

626 So aber *Papir v. Wurms*, 2005 WL 372061 (S. D. N. Y. 2005), der allein auf Art. 10 lit. a) HZÜ abstellt; krit. hierzu *Haager Konferenz für IPR*, Practical Handbook[3] (2006), Rn. 220, mit dem Vorwurf, der *Second Circuit* habe die *Ackermann*-Entscheidung, an die er sich gebunden sieht, nicht richtig erfasst.

627 Siehe weiter oben C. III. 2.

628 *Schlosser*, EU-Zivilprozessrecht[2] (2003), Art. 10 HZÜ, Rn. 4; *Geimer*, Internationales Zivilprozeßrecht[5] (2005), Rn. 2085; *Schack*, Internationales Zivilverfahrensrecht[4] (2006), Rn. 608; *Nagel/Gottwald*, Internationales Zivilprozessrecht[6] (2007), § 7, Rn. 92; a. A. *OLG Düsseldorf*, Beschluss v. 08.02.1999, Rpfleger 1999, S. 287 = IPRspr 1999, Nr.140; *Kondring*, RIW 1996, S. 722 (723).

den Entscheidung mit der Begründung zu verweigern, dass die Zustellung durch die Post nach seinem Zustellungsrecht unzulässig ist[629].

Im Verhältnis zu den Vereinigten Staaten ist gleichwohl Vorsicht geboten[630]. Die USA haben zwar einer Postzustellung nicht widersprochen, so dass an sich eine deutsche Klage auch per Post an einem US-amerikanischen Empfänger zugesandt werden könnte[631], doch legten in der Vergangenheit einige US-Gerichte den Begriff „übersandt" (*send*) allzu wörtlich aus[632]. Das Übersenden von gerichtlichen Schriftstücken sei danach nicht mit dem Zustellen (*serve*) von gerichtlichen Schriftstücken gleichzusetzen. Der Art. 10 lit. a) HZÜ gestatte vielmehr nur die postalische Zustellung späterer, aber nicht verfahrenseinleitender Schriftstücke. Da aber die Materialien zum HZÜ keine Anhaltspunkte für eine derartige Differenzierung enthalten, spricht vieles gegen diese Ansicht[633]. Neuerdings ergangene Entscheidungen lassen zudem die Vermutung zu, dass die Mehrzahl der US-Gerichte sich zur Zulässigkeit der förmlichen Postzustellung bekennt[634]. Gleichwohl bleibt es dem deutschen Kläger nicht erspart, sich schon

---

629 Siehe *Bischof*, Die Zustellung im internationalen Rechtsverkehr in Zivil- oder Handelssachen (1997), S. 269; *Haager Konferenz für IPR*, Practical Handbook[3] (2006), Rn. 211 f.

630 Siehe u. a. *Jacklin*, 112 ALR Fed. 241 (1993); *Buhler*, 27 Tul. Mar. L. J. 1, 16- 19 (2002).

631 Entsprechend in *Ackermann v. Levine*, 788 F.2d 830 (2d Cir. 1986). Das Bundesberufungsgericht kam hier zu dem Ergebnis, dass das deutsche Urteil anerkannt werden müsse, obwohl die Zustellung der Klage an den US-Bürger durch die Post erfolgte und Deutschland selbst einen Widerruf zu Art. 10 lit. a) HZÜ erklärt hatte; siehe ferner *Newport Components, Inc. v. NEC Home Electronics*, 671 F.Supp. 1525 (C. D. Cal. 1987); *Smith v. Dainichi Kinzoku Kogyo Co., Ltd.*, 680 F. Supp. 847 (W. D. Tex. 1988); *Meyers v. ASICS Corp.*, 711 F. Supp. 1001 (C. D. Cal. 1989); *Patty v. Toyota Motor, Corp.*, 777 F. Supp. 956 (N. D. Ga. 1991); *Trump Taj Mahal Associates v. Hotel Services., Inc.*, 183 F. R. D. 173, 175- 179 (D. N. J. 1998); *Randolph v. Hendry*, 50 F. Supp. 2d 572, 576- 578 (S. D. W. Va. 1999).

632 Im Gegensatz zur *Ackermann*-Entscheidung, in der der Begriff *send* nach einer historischen und systematischen Auslegung im Sinne von *serve* ausgelegt wurde, kommt das Bundesberufungsgericht in *Bankston v. Toyota Motor Corp.*, 889 F. 2d 172 (8th Cir. 1989) nach einer Wortlautinterpretation zur gegenteiligen Ansicht; dem folgend *Fleming v. Yamaha Motor Corp.*, 774 F. Supp. 992 (W. D. Va. 1991); *Anbe v. Kikuchi*, 141 F. R. D. 498 (D. Haw. 1992); *Pennebaker v. Kawasaki Motors Corp.*, 155 F. R. D. 153 (S. D. Miss. 1994); *Knapp v. Yamaha Motor Corp., USA*, 60 F. Supp.2d 566, 570- 573 (S. D. W. Va. 1999).

633 *Weis*, 57 L. & Contemp. Probl. 165- 177 (1994); *Schlosser*, EU-Zivilprozessrecht[2] (2003), Art. 10 HZÜ, Rn. 4. Auch die *Haager Konferenz für IPR* spricht sich für eine weite Auslegung aus; siehe Conclusions and Recommendations adopted by the Special Commission on the practical Operation of the Hague Apostille, Evidence and Service Conventions (28 October to 4 November 2003), Nr. 55: „[T]he term "send" in Article 10 (a) is to be understood as meaning "service" through postal channels".

634 Für die Zulässigkeit der Postzustellung *Brockmeyer v. May*, 383 F. 3d 798, 802 (9th Circ. 2004); *Papir v. Wurms*, 2005 WL 372061 (S. D. N. Y. 2005), S. 4, wonach Art. 10 lit. a)

vor der postalischen Übersendung über die konkrete Rechtslage in dem jeweiligen Gerichtsbezirk zu erkundigen[635].

dd) Schließlich stellt sich die Frage, ob die Wirksamkeit der Zustellung unmittelbar durch die Post von einer Übersetzung der Schriftstücke abhängt[636]. Berücksichtigt man, dass das Haager Zustellungsübereinkommen grundsätzlich von keinem Übersetzungserfordernis ausgeht und Art. 5 Abs. 3 HZÜ sich nur auf die förmliche Zustellung nach Art. 5 Abs. 1 HZÜ bezieht, sprechen die besseren Argumente jedoch gegen dieses Erfordernis[637].

Gleichwohl wird im US-amerikanischen Schrifttum teilweise empfohlen, auch bei anderen Zustellungsmethoden eine Übersetzung der verfahrenseinleitenden Schriftstücke zu veranlassen, da bei Beklagten, die keine international agierende Unternehmen sind, Hindernisse vor dem Hintergrund des *due process*-Gebotes entstehen können[638].

b) Zustellung durch Justizbeamte oder andere Personen, Art. 10 lit. b) HZÜ

Nach Art. 10 lit. b) HZÜ dürfen Justizbeamte, andere Beamte oder sonst zuständige Personen des Ursprungsstaats Zustellungen unmittelbar durch Justizbeamte, andere Beamte oder sonst zuständige Personen des Bestimmungsstaates bewirken lassen, sofern dieser keinen Widerspruch erklärt[639]. Die Bundesrepub-

---

HZÜ die Zustellung durch die Post unabhängig der lex fori des Sendestaates erlaube; anders hingegen *Nuovo Pignone, SpA v. Storman Asia M/V*, 310 F. 3d 374, 384 (5th Cir. 2002); *Alternative Delivery Solutions, Inc. v. R.R. Donnelly & Sons Co.*, 2005 WL 1862631 (W. D. Tex. 2005), S. 2; zur aktuellen Entwicklung *Amiel*, 24 Suffolk Transnat'l L. Rev. 387, 400-408 (2001); *Dye/Davidow/Rumbaugh*, 40 Int'l Lawyer 275- 277 (2006); *Haager Konferenz für IPR*, Practical Handbook[3] (2006), Rn. 213- 225.

635 *Buhler*, 27 Tul. Mar. L. J. 1, 18 (2002).

636 So OGH v. 16.06.1998, IPRax 1999, S. 260 m. krit. Anm. *Matscher*, ebd., S. 274 f., im Zusammenhang mit dem Haager Übereinkommen von 1954: Der in Art. 6 Abs. 1 EMRK normierte Grundsatz eines fairen Verfahrens verlange u. a., dass der Beklagte seine Rechte effektiv vertreten kann. Grundvoraussetzung jeder wirksamen Vertretung sei es jedoch, dass der Betroffene versteht, worum es geht; krit. *Bajons*, FS Rolf A. Schütze (1999), S. 49 (67-70); *Schlosser*, 284 Recueil des Cours 2000, S. 13 (103).

637 *Born/Rutledge*, International Civil Litigation in United States Courts[4] (2007), S. 870.

638 *Nanda/Pansius*, Litigation of International Disputes in U.S. Courts (2006), § 2:1: „Particularly if the defendant is someone other than a large multinational corporation, the documents should be translated anyway, regardless of the method of service. One could argue in many instances that the absence of a translation fails the reasonably calculated to give notice test." *Born/Rutledge*, International Civil Litigation in United States Courts[4] (2007), S. 870 (Fn. 224 m. weit. Nachw.).

639 Eine Auflistung der Länder, die widersprochen haben, enthält *Geimer/Schütze*, Internationaler Rechtsverkehr in Zivil- und Handelssachen Band I (2005), A I 2 b, Nr. 351, S. 12 ff.

lik hat der Benutzung des unmittelbaren Zustellungsverkehrs widersprochen, vgl. § 6 S. 2 AusfG zum HZÜ[640]. Die Vereinigten Staaten haben hingegen keinen Widerspruch erklärt[641].

c) Privates Ersuchen, Art. 10 lit. c) HZÜ

Art. 10 lit. c) HZÜ sieht schließlich vor, dass jeder an einem gerichtlichen Verfahren Beteiligte Zustellungen gerichtlicher Schriftstücke unmittelbar durch Justizbeamte, andere Beamte oder sonst zuständige Personen des Bestimmungsstaates bewirken lassen kann, sofern dieser keinen Widerspruch erklärt[642]. Doch genau dies hat Deutschland getan[643], so dass das Zustellungsersuchen einer ausländischen Privatperson nicht angenommen wird. Anders jedoch die Rechtslage in den USA, die auch hier nicht den Widerspruch erklärt haben[644].

4. Andere erlaubte Zustellungswege außerhalb des HZÜ

a) Durch Art. 11 HZÜ wird ermöglicht, dass die Vertragsstaaten zum Zweck der Zustellung gerichtlicher Schriftstücke auch andere als die im Haager Zustellungsübereinkommen vorgesehenen Übermittlungswege vereinbaren können. Dabei wird insbesondere auf den unmittelbaren Behördenverkehr verwiesen. Die Vereinigten Staaten und die Bundesrepublik Deutschland haben jedoch von dieser Möglichkeit keinen Gebrauch gemacht.

b) Nach Art. 19 HZÜ ist nicht ausgeschlossen, dass das innerstaatliche Recht des Bestimmungsstaates weitere liberalere Zustellungsarten auf seinem Hoheitsgebiet zulässt[645]. Die Auslegung dieser Bestimmung, die auf Antrag der

640 Ausführlich zu dieser Zustellungsform *Pfeil-Kammerer*, Deutsch-amerikanischer Rechtshilfeverkehr in Zivilsachen (1987), S. 128- 131.

641 Siehe z. B. *F.T.C. v. 1492828 Ontario, Inc.*, 2003 WL 21038578 (N. D. Ill. 2003); hierzu *Nanda/Pansius*, Litigation of International Disputes in U.S. Courts (2006), § 2:7.

642 Eine Auflistung der Länder, die widersprochen haben, enthält *Geimer/Schütze*, Internationaler Rechtsverkehr in Zivil- und Handelssachen Band I (2005), A I 2 b, Nr. 351, S. 12 ff.

643 Vgl. § 6 S. 2 AusfG zum HZÜ.

644 Siehe u. a. *In re Greater Ministries Intern., Inc.*, 282 B. R. 496, 499 f. (Bankr. M. D. Fla. 2002); vgl. ferner *Dye/Davidow/Rumbaugh*, 40 Int'l Lawyer 275, 277 (2006); *Nanda/ Pansius*, Litigation of International Disputes in U.S. Courts (2006), § 2:7.

645 Trotz des unklaren Wortlauts, der nur von anderen Übermittlungsverfahren spricht, ist die Ansicht, Art. 19 HZÜ betreffe andere Zustellungsarten, herrschend; siehe *Bischof*, Die Zustellung im internationalen Rechtsverkehr in Zivil- oder Handelssachen (1997), S. 272;

USA eingeführt wurde[646], bereitet vor allem der US-amerikanischen Jurisdiktion Kopfzerbrechen: Während einige US-Gerichte Art. 19 HZÜ eng auslegen mit der Folge, dass nur diejenigen Zustellungsarten erlaubt seien, die das interne Recht für Auslandszustellungen ausdrücklich vorsieht[647], verstehen andere Einzelstaatengerichte die Vorschrift in dem Sinne, dass auch andere Zustellungsformen zugelassen seien, sofern das Recht des betreffenden Staates sie nicht ausdrücklich oder konkludent verbietet[648]. Die unterschiedliche Auslegung des Art. 19 HZÜ bleibt für die Anwendung des innerstaatlichen Rechts neben dem Haager Zustellungsübereinkommen nicht folgenlos. So führt seine weite Interpretation dazu, dass auch in einer vom HZÜ nicht ausdrücklich vorgesehenen Form zugestellt werden kann[649].

c) Art. 24 HZÜ stellt ferner klar, dass Zusatzvereinbarungen zu den Vorgängerübereinkommen des HZÜ, die von den Vertragsstaaten abgeschlossen wurden, auch auf das vorliegende Übereinkommen anzuwenden sind, sofern nicht von den beteiligten Staaten etwas anderes vereinbart wurde. Art. 25 HZÜ bezieht sich ferner auf die Übereinkommen, die von den Vertragsstaaten ohne eine solche Bezugnahme abgeschlossen wurden. Die Bundesrepublik Deutschland hat mit den Vereinigten Staaten weder nach Inkrafttreten des HZÜ noch vorher solche Vereinbarung getroffen, so dass es bei der Anwendung des vorliegenden Zustellungsübereinkommens bleibt.

Es ist allgemein anerkannt, dass Art. 25 HZÜ sich nicht nur auf Übereinkommen im technischen Sinn bezieht, sondern auch Verordnungen wie die „EG-Verordnung über die Zustellung gerichtlicher und außergerichtlicher Schriftstücke in Zivil- oder Handelssachen in den Mitgliedstaaten" (EuZVO) vom 29.05.2000 mit umfasst[650]. Da-

---

Haager Konferenz für IPR, Practical Handbook[3] (2006), Rn. 242; *Born/Rutledge*, International Civil Litigation in United States Courts[4] (2007), S. 871.

646 *Haager Konferenz für IPR*, Practical Handbook[3] (2006), Rn. 243.

647 Siehe *ePlus Technology, Inc. v. Aboud*, 155 F.Supp.2d 692, 699 (E. D. Va. 2001): „[T]he word "permits" in Article 19 must be read, in accordance with its plain meaning, to authorize only those service methods that are explicitly sanctioned by the law of the receiving country. The ordinary, plain meaning of the word "permit" is "to consent to expressly or formally; to grant leave for the privilege of." Wohl auch *In re Hunt's Pier Associates*, 156 B.R. 464, 470 (E.D.Pa. 1993): „[O]nly if service is valid under the service rules of the destination country can it be found that the destination country does not 'object' to the form of service utilized."

648 *DeJames v. Magnificence Carriers, Inc.*, 654 F. 2d 280, 288 (3d Cir. 1981); *White v. Ratcliffe*, 674 N. E. 2d 906 (Ill. App. Ct. 1996); *Banco Latino, S.A.C.A. v. Gomez Lopez*, 53 F. Supp. 2d 1273, 1280 (S. D. Fla. 1999): „[...] Article 19 [scil. of the Hague Convention] should be broadly construed so as to permit service by any means [...] not proscribed by the foreign country."

649 Siehe hierzu weiter unten E. I.

650 *Haager Konferenz für IPR*, Practical Handbook[3] (2006), Rn. 299.

mit werden die Vorschriften des Haager Zustellungsübereinkommens von den Regelungen der EuZVO im Verhältnis zu den EU-Mitgliedstaaten mit Ausnahme Dänemarks verdrängt[651].

5. Zusammenfassung: Zustellung US-amerikanischer Schriftstücke

Das Haager Zustellungsübereinkommens sieht für die Übermittlung der zuzustellenden Schriftstücke in erster Linie den unmittelbaren Behördenverkehr vor. Daneben ermöglicht es auch eine Reihe von alternativen Übermittlungswegen, deren Zulässigkeit teilweise von einer vorbehaltlosen Annahme des betreffenden Vertragsstaates abhängt.

a) Im deutsch-amerikanischen Rechtshilfeverkehr wird die Zustellung regelmäßig über die Zentrale Behörde ersucht. Das US-amerikanische Zustellungsersuchen geht also unmittelbar an die im ersuchten Bundesland eingerichtete Zentrale Behörde, die den Antrag prüft[652] und dann die Zustellung in der Regel vornimmt[653]. Auch die Zustellungsanträge von Rechtsanwälten oder anderen nichtstaatlichen Stellen, die zur Bewirkung von Zustellungen im US-amerikanischen Gerichtsverfahren befugt sind, werden von der ersuchten Zentralen Behörde bearbeitet. Die Art der Zustellung bestimmt sich nach dem Zustellungsantrag[654]: Enthält der Antrag keine Angaben über die gewünschte Form, so soll zunächst die formlose Zustellung im Sinne des Art. 5 Abs. 2 HZÜ versucht werden[655]. Erscheint dies im Einzelfall nicht zweckmäßig, ist sogleich die förmliche Zustellung durchzuführen[656]. Ist die Durchführung der förmlichen Zustellung nicht ausgeschlossen, soll auch bei Antrag auf formlose Zustellung sogleich die förmliche Zustellung durchgeführt werden, falls dies zweckmäßig erscheint[657]. Voraussetzung für die förmliche Zustellung ist die Übersetzung des zuzustellenden Schriftstücks in deutscher Sprache[658]. Je nach Wunsch des Antragsstellers kann die förmliche Zustellung entweder nach den deutschen Zustellungsregeln, also nach den Vorschriften der §§ 166 ff. ZPO, oder in einer besonderen von der ersuchenden Stelle begehrten Form, die nicht zwingenden Vorschriften der deutschen Gesetzgebung entgegensteht, bewirkt werden[659].

---

651 *Stadler*, IPRax 2001, S. 514.

652 Vgl. § 59 Abs. 1 ZRHO.

653 Vgl. § 67 Abs. 1 ZRHO.

654 Vgl. § 67 Abs. 2 ZRHO.

655 Vgl. Art. 5 Abs. 2 HZÜ; §§ 68 f. ZRHO.

656 Vgl. Art. 5 Abs. 1 lit. a) HZÜ; §§ 70- 72 ZRHO.

657 Vgl. § 67 Abs. 2 ZRHO.

658 Vgl. § 71 Abs. 1 ZRHO.

659 Vgl. § 72 ZRHO, als eine besondere Form im Sinne des Art. 5 Abs. 1 lit. b) HZÜ führt der Absatz 2 des § 72 ZRHO beispielhaft die Übergabe in Gegenwart von Zeugen auf.

b) Der konsularische bzw. diplomatische Übermittlungsweg findet im deutsch-amerikanischen Rechtshilfeverkehr hingegen kaum Anwendung. Im Hinblick auf den direkten Weg nach Art. 8 HZÜ hat die Bundesrepublik ihren beschränkten Widerspruch erklärt mit der Folge, dass die US-amerikanische Klage nur dann durch konsularische oder diplomatische Vertreter in Deutschland zugestellt werden darf, wenn das Schriftstück einem US-amerikanischen Staatsangehörigen zuzustellen ist. Auch der indirekte Weg nach Art. 9 HZÜ ist nur begrenzt von Bedeutung. So sieht das US-amerikanische Recht den indirekten konsularischen Übermittlungsweg nicht vor. Amerikanische Konsuln können sich zum Zweck der Zustellung damit nicht im Sinne des Art. 9 Abs. 1 HZÜ an ausländische Behörden wenden[660]. Der hingegen mögliche indirekte diplomatische Weg nach Art. 9 Abs. 2 HZÜ darf nur bei Vorliegen außergewöhnlicher Umstände erfolgen.

c) Die Bundesrepublik hat ferner ihren Widerspruch gegenüber der Anwendung des Art. 10 HZÜ erklärt mit der Konsequenz, dass weder die Zustellung durch die Post nach lit. a), noch die Zustellung durch Justizbeamte oder andere zuständige Personen nach lit. b), noch ein privates Ersuchen nach lit. c) möglich sind. Schließlich bestehen im deutsch-amerikanischen Rechtshilfeverkehr keine weiteren Vereinbarungen, die einen anderen Übermittlungsweg zulassen könnten.

IV. Ablehnungsgründe nach dem Haager Zustellungsübereinkommen

Vor der Erledigung des Ersuchens ist zu prüfen, ob gegen die Leistung der Rechtshilfe Bedenken bestehen[661]. Dabei können die Bedenken sowohl formaler als auch materieller Art sein. Das Haager Zustellungsübereinkommen enthält zwei Bestimmungen, die den Zentralen Behörden des ersuchten Staates erlauben, bei Vorliegen derartiger Bedenken die Vollziehung des Zustellungsersuchens abzulehnen. Während Art. 4 HZÜ nur vorübergehend den Vollzug hindert, ist Art. 13 HZÜ endgültig ablehnend.

1. (Vorläufige) Ablehnung aus formalen Gründen nach Art. 4 HZÜ

Die Ablehnung eines Zustellungsantrags kann zunächst aus formalen Gründen erfolgen. Die Zentralen Behörden des ersuchten Staates haben dabei summarisch u. a. zu prüfen, ob die Anschrift des Adressaten bekannt ist[662], das

660 *Pfeil-Kammerer*, Deutsch-amerikanischer Rechtshilfeverkehr in Zivilsachen (1987), S. 115.
661 Vgl. § 59 Abs. 1 ZRHO.
662 Vgl. Art. 1 Abs. 2 HZÜ.

Zustellungsersuchen in einer dem Musterformular entsprechenden Form verfasst ist[663] und die Schriftstücke dem Antrag beigefügt sind[664]. Beschränkt ist die Prüfung auf die Zustellungsunterlagen[665]. Kommt die Zentrale Behörde nach der summarischen Prüfung zu dem Ergebnis, dass der Zustellungsantrag nicht den formalen Anforderungen des Übereinkommens entspricht, so hat sie gemäß Art. 4 HZÜ die ersuchende Stelle unverzüglich unter Angabe der konkreten Einwände zu unterrichten, damit diese den Fehler alsbald korrigieren kann[666].

Die Praxis in den Vertragsstaaten hat gezeigt, dass die Anwendung des Art. 4 HZÜ eher restriktiv ausfällt. In der Regel bemühen sich die Vertragsstaaten um eine liberale Handhabung. Formale Mängel werden entweder von der Zentralen Behörde des ersuchten Staates selbst in Ordnung gebracht oder es wird der ersuchenden Behörde genügend Zeit eingeräumt, den unvollständigen oder fehlerhaften Antrag zu vervollständigen oder zu korrigieren[667]. Dies entspricht auch der deutschen Rechtsauffassung. Soweit nur Formvorschriften, deren Nichteinhaltung die Erledigung an sich nicht hindert, nicht beachtet sind, kann im Allgemeinen davon ausgegangen werden, dass die Erledigung genehmigt wird[668].

Dieses Bestreben, Zustellungsanträge trotz formaler Mängel möglichst zu erledigen, erfährt dort seine Grenzen, wo bestimmte Mindestvoraussetzungen formaler Natur von dem ersuchenden Staat nicht eingehalten wurden[669]. Als unbedingte Voraussetzung wird die vollständige und korrekte Angabe der Anschrift des Empfängers angesehen[670]. Fehlt diese, so braucht ein solches Ersuchen nicht ausgeführt werden, da die ersuchten Staaten grundsätzlich[671] nicht

---

663 Vgl. Art. 3 Abs. 1 HZÜ.

664 Vgl. Art. 3 Abs. 1, 2, Art. 5 Abs. 3 HZÜ. Hierzu *Pfeil-Kammerer*, Deutsch-amerikanischer Rechtshilfeverkehr in Zivilsachen (1987), S. 58- 60; *Bischof*, Die Zustellung im internationalen Rechtsverkehr in Zivil- oder Handelssachen (1997), S. 279- 281; vgl. ferner Denkschrift zum HZÜ, BT-Drucks. 7/4892, S. 38 (43); *Wölki*, RIW 1985, S. 530 (534); *Maack*, Englische antisuit injunction im europäischen Zivilrechtsverkehr (1999), S. 84.

665 *OLG Düsseldorf*, Beschluss v. 19.02.1992, NJW 1992, S. 3110 (3111).

666 *Hollmann*, RIW 1982, S. 784 (789).

667 *Haager Konferenz für IPR*, Practical Handbook[3] (2006), Rn. 173.

668 Vgl. § 59 Abs. 5 S. 1 ZRHO. Auch nach dem Bundesgerichtshof sollen Formfehler nicht zur Undurchführbarkeit der Zustellung führen, vgl. *BGH*, Beschluss v. 26.11.1975, BGHZ 65, S. 291 (295); *OLG Nürnberg*, Urteil v. 15.02.2005, IPRax 2006, S. 38 (Qualität der Übersetzung); *OLG Frankfurt a.M.*, Beschluss v. 15.03.2006, Aktz. 20 VA 7/05 -juris, Rn. 35- 38 (Antragsberechtigung).

669 *Pfennig*, Die internationale Zustellung in Zivil- und Handelssachen (1988), S. 96.

670 *Pfennig*, Die internationale Zustellung in Zivil- und Handelssachen (1988), S. 96.

671 Etwas anderes gilt freilich dann, wenn zwischen den Staaten Verträge bestehen, die diese Verpflichtung in den Vertragstext aufgenommen haben; siehe hierzu *Nagel*, Nationale und Internationale Rechtshilfe im Zivilprozeß (1971), S. 123, Fn. 268.

verpflichtet sind, die Anschrift des Empfängers ausfindig zu machen[672]. Allerdings entspricht es auch hier der Übung der Vertragsstaaten, so weit wie möglich selbst die fehlerhaften Angaben zu beheben[673].

2. (Endgültige) Ablehnung aus materiellen Gründen: Art. 13 HZÜ

Den einzigen materiellen Ablehnungsgrund für ein Zustellungsersuchen enthält Art. 13 Abs. 1 HZÜ. Danach kann die Erledigung eines Zustellungsantrags endgültig abgelehnt werden, wenn der ersuchte Staat die Zustellung für geeignet hält, seine Hoheitsrechte oder seine Sicherheit zu gefährden. Die Vorschrift ist denkbar ungünstig formuliert, was dazu geführt hat, dass über den genauen Inhalt dieser Norm heftig gestritten wird. Aus diesem Grund wird im nächsten Abschnitt die Auslegungsproblematik der Bestimmung gesondert erörtert[674].

V. Beklagtenschutz nach Artt. 15, 16 HZÜ

Im Gegensatz zu den Vorgängerübereinkommen enthält das Haager Zustellungsübereinkommen zwei Schlüsselvorschriften, die den Zustellungsempfänger vor einem als ungerecht empfundenen Versäumnisurteil schützen sollen. Art. 15 HZÜ regelt dabei den Zustand vor, Art. 16 HZÜ hingegen den Zustand nach Erlass eines Versäumnisurteils.

1. Beklagtenschutz vor Erlass eines Versäumnisurteils

Hat der Beklagte sich im Falle einer Auslandszustellung nicht auf das Erkenntnisverfahren eingelassen, muss der Richter im Ursprungsstaat das Verfahren nach Art. 15 Abs. 1 HZÜ solange aussetzen bis feststeht, dass das verfahrenseinleitende Schriftstück dem Beklagten rechtzeitig entweder nach dem Recht des ersuchten Staates, also im Sinne des Art. 5 Abs. 1 lit. a) HZÜ, zugestellt (lit. a) oder nach einem im Übereinkommen vorgesehenen Verfahren, also nach Art. 5 Abs. 1 lit. b), Abs. 2, Artt. 8, 9 und 10 HZÜ, übergeben worden ist (lit. b). Der Richter ist gemäß Art. 15 Abs. 3 HZÜ nicht daran gehindert, Maßnahmen des einstweiligen Rechtsschutzes zu erlassen. Weitergehende Prozess-

---

672 *Taborda Ferreira*, Rapport Explicatif, in: Conférence de la Haye de droit International Privé, Actes et Documents de la Dixième Session, Band III, Notification (1965), S. 363 (367) ; *Nagel*, Nationale und Internationale Rechtshilfe im Zivilprozeß (1971), S. 221.

673 Siehe C. II. 4.

674 Siehe 5.Teil B.

handlungen, die vor allem die prozessuale Rechtsstellung des Beklagten beeinträchtigen, darf er hingegen nicht anordnen[675].

a) Aussetzungspflicht auch bei fehlender Benachrichtigung

Mit Art. 15 Abs. 1 HZÜ wollte man, was die deutsche Übersetzung des Artikels nicht vermuten lässt, die negativen Folgen der *remise au parquet*[676] abmildern[677]. Erfasst werden von der Vorschrift nicht nur Schriftstücke, die zum Zwecke der Zustellung in das Ausland zu übermitteln sind, sondern auch solche, die zum Zwecke der Benachrichtigung nach erfolgter fiktiver Inlandszustellung dem im Ausland wohnhaften Beklagten zu übermitteln sind[678]. Dies ergibt sich unmittelbar aus dem (authentischen) französischen Vertragstext, wonach das Schriftstück „a dû être transmis à l'étranger aux fins de *signification* ou de *notification*[679]"[680]. Damit muss der Richter das Verfahren auch zum Zweck der Benachrichtigung aussetzen. Die in Art. 15 Abs. 1 HZÜ statuierte Aussetzungspflicht gilt genauso für andere fiktive Inlandszustellungen, die eine anschließende Mitteilung des Beklagten im Ausland vorsehen[681]. Unerheblich ist dabei, ob ihr eine konstitutive Wirkung zukommt, so dass in jedem Fall die Benachrichtigung im Anschluss an eine an dem *Secretary of State* bewirkte Zustellung[682] von der Aussetzungspflicht mit umfasst wird.

b) Einschränkung des Art. 15 Abs. 2 HZÜ

Der Beklagtenschutz des Art. 15 Abs. 1 HZÜ wird durch seinen Absatz 2 jedoch eingeschränkt. Diese Regelung eröffnet jedem Vertragsstaat die Mög-

---

675 *Schlosser*, EU-Zivilprozessrecht² (2003), Art. 15 HZÜ, Rn. 4.

676 Zur *remise au parquet* weiter oben C. II. 3. d) aa).

677 Procès-Verbal No. 8, in: Conférence de la Haye de droit International Privé, Actes et Documents de la Dixième Session, Band III, Notification (1965), S. 252 ff.; hierzu *Pfeil-Kammerer*, Deutsch-amerikanischer Rechtshilfeverkehr in Zivilsachen (1987), S. 29; *Schlosser*, EU-Zivilprozessrecht² (2003), Art. 15 HZÜ, Rn. 1; *Linke*, Internationales Zivilprozessrecht⁴ (2006), Rn. 236; *Schack*, Internationales Zivilverfahrensrecht⁴ (2006), Rn. 611.

678 Weit überwiegende Ansicht: *Schumacher*, IPRax 1985, S. 265 (267); *Stadler*, IPRax 2001, S. 514 (517); *Schlosser*, EU-Zivilprozessrecht² (2003), Art. 15 HZÜ, Rn. 3; *Schack*, Internationales Zivilverfahrensrecht⁴ (2006), Rn. 611; *Nagel/Gottwald*, Internationales Zivilprozessrecht⁶ (2007), § 7, Rn. 103.

679 Herv. d. Verf.

680 Französischer Wortlaut der Artt. 15 Abs. 1, 16 Abs. 1 HZÜ.

681 *Bischof*, Die Zustellung im internationalen Rechtsverkehr in Zivil- oder Handelssachen (1997), S. 298.

682 Zur Zustellung an den *Secretary of State* weiter unten D. III. 2. a) cc).

lichkeit zu erklären, dass seine Richter den Rechtsstreit auch dann entscheiden können, wenn ein Zeugnis über die Zustellung oder Übergabe nicht eingegangen ist. Voraussetzung ist allerdings, „dass das Schriftstück nach einem in diesem Übereinkommen vorgesehenen Verfahren übermittelt worden ist [lit. a], dass seit der Absendung des Schriftstücks eine Frist verstrichen ist, die der Richter nach den Umständen des Falles als angemessen erachtet und die mindestens sechs Monate betragen muss [lit. b], und dass trotz aller zumutbaren Schritte bei den zuständigen Behörden des ersuchten Staates ein Zeugnis nicht zu erlangen war [lit. c].“ Fast alle Vertragsstaaten[683], darunter auch die Bundesrepublik Deutschland[684] und die Vereinigten Staaten, haben eine Erklärung nach Art. 15 Abs. 2 HZÜ abgegeben mit der Folge, dass für sie die Aussetzungspflicht des Absatzes 1 nach frühestens sechs Monaten ab Absendung des Zustellungsersuchens ins Ausland entfällt[685]. Nach dem Haager Übereinkommen können damit die dort anhängigen Verfahren auch ohne offizielle internationale Zustellung fortgesetzt werden, vorausgesetzt, das Recht des Urteilsstaates lässt dies ebenfalls zu[686]. Im Hinblick auf die Vereinigten Staaten wurde bereits darauf hingewiesen, dass die Zustellung eine zwingende Voraussetzung des bundesverfassungsrechtlichen *due process*-Gebotes darstellt[687]. US-amerikanische Zivilverfahren dürfen also von Verfassungs wegen nicht ohne sie fortgesetzt werden[688].

c) Bedeutung des Art. 15 HZÜ für das deutsche Exequaturverfahren

Praktisch relevant wird Art. 15 HZÜ im Rahmen des deutschen Exequaturverfahrens. Dort stellt sich bei der Anerkennung und Vollstreckung eines fremden Versäumnisurteils nach §§ 723 Abs. 2 S. 2, 328 Abs. 1 Nr. 2 ZPO die Frage,

---

683 Vgl. *Jayme/Hausmann*, Internationales Privat- und Verfahrensrecht[13] (2006), Nr. 211, Fn. 10.

684 Vgl. erst BGBl. 1993 II, S. 703, da die Bundesrepublik Deutschland zunächst keine Erklärung nach Absatz 2 abgegeben hatte; hierzu *Pfeil-Kammerer*, Deutsch-amerikanischer Rechtshilfeverkehr in Zivilsachen (1987), S. 154 f.; *Fleischhauer*, Inlandszustellung an Ausländer (1996), S. 45 f.

685 *Schlosser*, EU-Zivilprozessrecht[2] (2003), Art. 15 HZÜ, Rn. 8.

686 *Bischof*, Die Zustellung im internationalen Rechtsverkehr in Zivil- oder Handelssachen (1997), S. 299; *Haager Konferenz für IPR*, Practical Handbook[3] (2006), Rn. 283.

687 Siehe hierzu weiter oben A. I. 1.; vgl. auch *von Hein*, in: *Hopt/Kulms/von Hein* (Hrsg.), Rechtshilfe und Rechtsstaat (2006), S. 112.

688 Vgl. statt vieler *Diz v. Hellmann Intern. Forwarders, Inc.*, 611 So. 2d 18, 20 (Fla. Dist. Ct. App. 3d Dist. 1992), wonach Art. 15 Abs. 2 HZÜ das *due process*-Erfordernis der Zustellung nicht zu ersetzen vermag. Siehe ferner *Nanda/Pansius*, Litigation of International Disputes in U.S. Courts (2006), § 2:9.

ob dem Beklagten das verfahrenseinleitende Schriftstück ordnungsgemäß oder rechtzeitig zugestellt worden ist.

Dabei wird weniger die Ordnungsmäßigkeit der Zustellung als ihre Rechtzeitigkeit im Vordergrund der Prüfung stehen. Denn die Frage, ob die Zustellung ordnungsgemäß durchgeführt worden ist, beurteilt sich allein nach dem Recht des Urteilsstaates einschließlich des dort geltenden Völkervertragsrechts[689]; im Verhältnis zu den Vereinigten Staaten also nach dem betreffenden Bundes- bzw. Gliedstaatenrecht sowie dem Haager Zustellungsübereinkommen. Zwar ist der deutsche Exequaturrichter nicht an die tatsächlichen Feststellungen des Erstgerichts gebunden[690], doch muss er dem Gericht die Fehlanwendung eigenen Zustellungsrechts vorwerfen können[691]. Dieser Vorwurf dürfte sich wohl nur in seltenen Fällen begründen lassen[692]. Denkbar ist ein solcher Ausnahmefall etwa bei der Zustellung an den *Secretary of State*, sofern ihre tatbestandlichen Wirkungen in der Bundesrepublik eintreten. In diesem Fall werden die einzelstaatlichen Zustellungsregeln von den staatsvertraglichen Regelungen im HZÜ verdrängt, da es sich nicht mehr um eine Inlands-, sondern um eine Auslandszustellung handelt[693]. Erfolgt die fiktive Inlandszustellung gleichwohl, ist darin ein Verstoß gegen die bundesverfassungsrechtliche *supremacy clause* zu sehen[694].

Die Ordnungsgemäßheit der *remise au parquet* ist regelmäßig unproblematisch, da der darauf folgenden Mitteilung lediglich eine deklaratorische Funktion zukommt[695]. Der juristische Tatbestand dieser fiktiven Inlandszustellung wird vollständig im Inland bewirkt, so dass sich die Frage nach der Vereinbarkeit mit dem HZÜ grundsätzlich nicht stellt[696].

---

689 EuGH, Urteil v. 03.07.1990 – Rs C-305/88, EuGHE 1990 I, S. 2725, Rn. 29 – *Lancray/Peters* (für Art. 27 Nr. 2 EuGVÜ); *BGH*, Beschluss v. 02.12.1992, BGHZ 120, S. 305 (311); *Schack*, Internationales Zivilverfahrensrecht[4] (2006), Rn. 846; *Zöller(-Geimer)*, Zivilprozessordnung[27] (2009), § 328 ZPO, Rn. 159; *Baumbach/Lauterbach/Albers/Hartmann*, ZPO[67] (2009), § 328 ZPO, Rn. 23.

690 KG Berlin, Beschluss v. 09.07.1985, RIW 1986, S. 637 (638); *OLG Karlsruhe*, Beschluss v. 22.01.1996, EWS 1996, S. 109; *OLG Köln*, Beschluss v. 06.12.2002, IPRax 2004, S. 115 (116).

691 *Schack*, Internationales Zivilverfahrensrecht[4] (2006), Rn. 846; *von Hein*, in: *Hopt/Kulms/von Hein* (Hrsg.), Rechtshilfe und Rechtsstaat (2006), S. 83.

692 So auch *von Hein*, in: *Hopt/Kulms/von Hein* (Hrsg.), Rechtshilfe und Rechtsstaat (2006), S. 83.

693 Hierzu weiter unten D. III. 2. a) cc).

694 Siehe hierzu B.

695 Siehe hierzu C. II. 3. d) aa).

696 Vgl. aber EuGH, Urteil v. 13.10.2005 – Rs. C-522/03 – *Scania Finance France SA/Rockinger GmbH & Co.*, IPRax 2006, S. 157 (Rn. 28) m. krit. Anm. *Stadler*, ebd., S. 116 (119).

Die Einhaltung des Art. 15 HZÜ spielt daher stärker unter dem Aspekt rechtzeitiger Zustellung nach § 328 Abs. 1 Nr. 2 ZPO eine Rolle[697]. Unter Abwägung der gesamten Fallumstände hat der deutsche Exequaturrichter zu prüfen, ob beispielsweise die Zeit zwischen der Benachrichtigung und mündlicher Verhandlung dem Beklagten genügte, sich hinreichend zu verteidigen.

Bischof führt im Zusammenhang mit Art. 27 Nr. 2 LugÜ[698] unterschiedliche Parameter auf, die für die Beurteilung, ob die Zustellung rechtzeitig ist, zu berücksichtigen sind: (1) Die bisherigen und laufenden persönlichen oder geschäftlichen Beziehungen der Parteien und die Natur der Streitsache; (2) die persönlichen Verhältnisse des Beklagten; (3) die Beziehung des Beklagten zum Forum und Forumstaat; (4) Vorbereitung der Verteidigung im internationalen Verhältnis; (5) Verfahrensart; (6) die Art und Weise der Zustellung[699]. Als Faustregel kann dabei bei geschäftserfahrenen Beklagten eine Frist von 10 bis 14 Tagen im einstweiligen Rechtsschutz und eine Frist von 14 bis 20 Tagen im ordentlichen Verfahren angesetzt werden[700].

Unerheblich ist dabei, ob der Benachrichtigung nach dem inländischen Recht eine konstitutive oder nur deklaratorische Wirkung zuteil wird.

2. Beklagtenschutz nach Erlass des Versäumnisurteils

Nach Art. 16 Abs. 1 HZÜ kann der Richter dem Beklagten, nachdem ein Versäumnisurteil gegen ihn ergangen ist, in Bezug auf Rechtsmittelfristen die Wiedereinsetzung in den vorigen Stand bewilligen. Voraussetzung ist hierfür, „dass der Beklagte ohne sein Verschulden nicht so rechtzeitig Kenntnis von dem Schriftstück erlangt hat, dass er sich hätte verteidigen können, und nicht so rechtzeitig Kenntnis von der Entscheidung, dass er sie hätte anfechten können, und dass die Verteidigung des Beklagten nicht von vornherein aussichtslos scheint." Nach Art. 16 Abs. 2 HZÜ ist der Antrag auf Wiedereinsetzung in den vorigen Stand nach Kenntniserlangung des Versäumnisurteils innerhalb einer angemessenen Frist zu stellen. Die Mindestfrist kann gemäß Absatz 3 von den

---

697 So auch *Schlosser*, EU-Zivilprozessrecht² (2003), Art. 15 HZÜ, Rn. 2; entspr. für Art. 27 Nr. 2 EuGVÜ *Stadler*, IPRax 2006, S. 116 (118).

698 Art. 27 Nr. 2 LugÜ entspricht seinem Wortlaut nach dem Art. 27 Nr. 2 EuGVÜ, an dem wiederum § 328 Abs. 1 Nr. 2 ZPO angelehnt ist; siehe *BGH*, Beschluss v. 02.12.1992, BGHZ 120, S. 305 (311).

699 *Bischof*, Die Zustellung im internationalen Rechtsverkehr in Zivil- oder Handelssachen (1997), S. 454 f.

700 *Bischof*, Die Zustellung im internationalen Rechtsverkehr in Zivil- oder Handelssachen (1997), S. 458.

Vertragsstaaten selbst bestimmt werden[701], darf jedoch nicht weniger als ein Jahr betragen.

VI. Moderne Kommunikationstechnologien und das HZÜ

1. Übermittlung mittels moderner Kommunikationstechnologien

Mit der stetig wachsenden Bedeutung moderner Kommunikationstechnologien im internationalen Handels- und Wirtschaftsverkehr stellt sich die Frage, ob das Haager Zustellungsübereinkommen den heutigen Bedürfnissen überhaupt noch gerecht wird[702]. Vergleicht man es mit der wesentlich jüngeren „EG-Verordnung Nr. 1348/2000 über die Zustellung gerichtlicher und außergerichtlicher Schriftstücke in Zivil- oder Handelssachen in den Mitgliedstaaten" (EuZVO) vom 29.05.2000[703], enthält das Übereinkommen von 1965 naturgemäß keine Hinweise hinsichtlich der Zulässigkeit der Verwendung neuer Technologien. Im Gegensatz dazu verweist Art. 4 Abs. 2 EuZVO für die Übermittlung gerichtlicher Schriftstücke auf die modernen Formen der Telekommunikation, indem er „jeden geeigneten Übermittlungsweg" für zulässig erklärt, „sofern das empfangene Dokument mit dem versandten Dokument inhaltlich genau übereinstimmt und alle darin enthaltenen Angaben mühelos lesbar sind"[704]. Bedeutet das Fehlen einer solchen Regelung im älteren Haager Zustellungsübereinkommen nun, dass die elektronische Übermittlung durch etwa E-Mail oder Telefax im Rahmen des Übereinkommens erst nach einer entsprechenden Vertragsänderung zulässig wäre?

Die *Haager Konferenz für IPR* hat diese Frage bereits mehrfach aufgegriffen und die Notwendigkeit einer Vertragsanpassung explizit verneint[705]. Zum

701 Außer der Bundesrepublik Deutschland (vgl. BGBl. 1993 II, S. 703) haben noch andere Staaten Erklärungen gemäß Art. 16 Abs. 3 HZÜ auf der Basis der dort genannten Mindestfrist abgegeben; siehe hierzu *Schlosser*, EU- Zivilprozessrecht[2] (2003), Art. 16 HZÜ, Rn. 3; *Jayme/Hausmann*, Internationales Privat- und Verfahrensrecht[13] (2007), Nr. 211, Fn. 11.

702 Zweifelnd *Nagel/Gottwald*, Internationales Zivilprozessrecht[6] (2007), § 7, Rn. 73; zuversichtlich hingegen *Sauerwein*, Die Anwendung moderner Kommunikationstechnologie im nationalen und internationalen Zivilverfahrensrecht (2002), S. 212- 217.

703 ABl. EG L 160, S. 37; die EuZVO ist am 31.05.2001 in Kraft getreten.

704 Vgl. *Gottwald*, FS Rolf A. Schütze (1999), S. 225 (231); *Stadler*, IPRax 2001, S. 514 (517); *dies.*, IPRax 2002, S. 471 (474); *dies.*, ZZP 111 (2002), S. 413 (429 f.); *Rauscher(-Heiderhoff)*, Europäisches Zivilprozessrecht[2] (2006) II, Art. 4 EG-ZustellVO, Rn. 6; siehe auch *Haager Konferenz für IPR*, Practical Handbook[3] (2006), Rn. 298 lit. d).

705 Vgl. Commission V, in: Preliminary Document No. 7 of April 2000, Electronic data interchange, internet and electronic commerce, S. 25 (28): "[O]pening the [scil. Hague Service] Convention to electronic means of communication [...] does not call for a formal revision of the Convention"; *Haager Konferenz für IPR*, in: Practical Handbook on the Operation of the Hague Convention[3] (2006), Rn. 252.

ersten Mal setzte sie sich mit dieser Problematik beim Runden Tisch in Genf im September 1999 auseinander. Dort erörterte der fünfte Ausschuss der Haager Konferenz die Auswirkungen des wachsenden E-Mail-Verkehrs auf die Anwendung des Haager Zustellungsübereinkommens und stellte fest, „the use of means of communication as rapid and simple as electronic mail reflects two fundamental aims of the [scil. Hague Service] Convention, which are to bring the document in question "to the actual knowledge of the addressee in due time to enable the defendant to prepare a defence" and to "simplify the method of transmission of these documents from the requesting country to the country addressed"."[706] Damit trage die Übermittlung der Schriftstücke durch E-Mail erheblich zur Verwirklichung der Zielsetzungen des HZÜ bei. Auch die internationale Sonderkommission zu Anwendungsfragen der Haager Rechtshilfeübereinkommen kam im November 2003 zu dem Ergebnis, „that the transmission of documents internationally for the purposes of the [scil. Hague Service] Convention can and should be undertaken by IT-Business methods including e-mail"[707]. Sie stellte grundlegend fest, „that the spirit and letter of the [scil. Hague Service Convention] do not constitute an obstacle to the usage of modern technology and that [scil. its] application and operation can be further improved by relying on such technologies."[708] Die grenzüberschreitende Übermittlung der zuzustellenden Schriftstücke durch E-Mail oder Telefax verstößt nach Ansicht der *Haager Konferenz für IPR* also nicht gegen die Grundsätze des Zustellungsübereinkommens und könne mithin von den Vertragsstaaten ohne weiteres angenommen werden.

In der Tat konnte die internationale Sonderkommission 2003 eine entsprechende Bewegung der Vertragsstaaten beobachten[709]:

Allerdings brachten die Antworten der Bundesrepublik Deutschland auf den von der internationalen Sonderkommission 2003 herausgegebenen Fragebogen zum Vorschein, dass per E-Mail oder Telefax eingehende Zustellungsersuchen gewöhnlich nicht akzeptiert werden[710]. Auch die US-amerikanische Zentrale Behörde ist nicht gewillt,

---

706 Commission V, in: Preliminary Document No. 7 of April 2000, Electronic data interchange, internet and electronic commerce, S. 25 (27 f.); zust. *Haager Konferenz für IPR*, Practical Handbook³ (2006), Rn. 251.

707 Conclusions and Recommendations adopted by the Special Commission on the practical Operation of the Hague Apostille, Evidence and Service Conventions (28 October to 4 November 2003), Nr. 62.

708 Conclusions and Recommendations adopted by the Special Commission on the practical Operation of the Hague Apostille, Evidence and Service Conventions (28 October to 4 November 2003), Nr. 4.

709 Conclusions and Recommendations adopted by the Special Commission on the practical Operation of the Hague Apostille, Evidence and Service Conventions (28 October to 4 November 2003), Nr. 62; *Haager Konferenz für IPR*, Practical Handbook³ (2006), Rn. 250.

710 Response of Germany to Questionnaire on the 1965 Service Convention 2003, Punkt 16.1 a), S. 13, unter: www.hcch.net.

Zustellungsanträge zu bearbeiten, die im Wege moderner Kommunikationstechnologien weitergeleitet worden sind[711].

2. Zustellung mittels moderner Kommunikationstechnologien

Es bleibt allerdings anzumerken, dass die Erkenntnisse der Haager Konferenz sich nur auf die elektronische Übermittlung gerichtlicher Schriftstücke im internationalen Rechtshilfeverkehr beziehen. Die eigentliche Zustellung an den Empfänger der Schriftstücke wird hiervon nicht berührt, da ihre Regelung dem nationalen Zustellungsrecht der Vertragsstaaten überlassen ist[712]. Diesbezüglich stellte die internationale Sonderkommission 2003 aber fest, „that in many domestic legal systems the relevant legal procedures and technological conditions did not allow for service by electronic means, although in certain systems the use of e-mail and fax was permitted in certain circumstances, particularly where approved by judicial authority in advance or agreed by the parties."[713] Die nationalen Zustellungsregeln zur Verwendung neuer Kommunikationstechnologien sind mithin nicht einheitlich. Die meisten Vertragsstaaten lehnen sie gänzlich ab, wenige hingegen stehen ihnen nur eingeschränkt positiv gegenüber[714].

a) Rechtslage in der Bundesrepublik Deutschland

In der Bundesrepublik Deutschland eröffnet § 174 ZPO seit dem Inkrafttreten des Zustellungsreformgesetzes vom 25.06.2001[715] die Möglichkeit, gegen Empfangsbekenntnis durch Telefax oder E-Mail zuzustellen. Nach seinem Absatz 2 kann das zuzustellende Schriftstück mittels Telefax allerdings nur an die

---

711 Response of the United States to Questionnaire on the 1965 Service Convention 2003, Punkt 16.1 a), S. 7, unter: www.hcch.net.

712 Sowohl Absatz 1 als auch Absatz 2 des Art. 5 HZÜ verweisen auf die lex fori. Artt. 8 und 9 HZÜ schweigen darüber, wie der konsularische bzw. diplomatische Vertreter die Zustellung bewirkt. Art. 10 lit. a) HZÜ lässt ferner unbeantwortet, was konkret unter dem Begriff „durch die Post" zu verstehen ist. Entsprechend schweigsam verhält sich das Übereinkommen auch gegenüber Art. 10 lit. b) und c) HZÜ. In all diesen Fällen ist schlussendlich das interne Recht der Vertragsstaaten maßgebend.

713 Vgl. Conclusions and Recommendations adopted by the Special Commission on the practical Operation of the Hague Apostille, Evidence and Service Conventions (28 October to 4 November 2003), Nr. 64.

714 Zur Rechtslage in einigen Vertragsstaaten (u. a. Spanien und England) *Haager Konferenz für IPR*, Practical Handbook[3] (2006), Rn. 262; zur Rechtslage in Quebec *Holding Tusculum B.V.* c. *S.A. Louis Dreyfus & cie.*, 1998 CarswellQue 606 (= [1998] R. J. Q. 1722), Rn. 29, wonach das Gericht auch die Zustellung durch Telefax anordnen kann; hierzu *Tamayo*, 17 Harv. J. L. & Tech. 211, 236- 240 (2003).

715 BGBl. 2002 I, S. 1205. Das Gesetz ist am 01.Juli 2002 in Kraft getreten.

in § 174 Abs. 1 ZPO genannten, als besonders zuverlässig geltenden Mitglieder bestimmter Berufsgruppen (z. B. Notare oder Rechtsanwälte) übermittelt werden[716]. Die Übermittlung als elektronisches Dokument im Sinne des § 130a ZPO kann nach Absatz 3 darüber hinaus an alle Personen erfolgen, die dieser Übermittlungsform ausdrücklich zugestimmt haben. Art. 5 Abs. 1 lit. a) HZÜ verweist auf das Recht des ersuchten Staates und damit auf alle Zustellungsformen der §§ 166- 190 ZPO, so dass die Zustellung durch Telefax oder E-Mail auch bei eingehenden Zustellungsersuchen nach dem Haager Zustellungsübereinkommen grundsätzlich in Betracht kommt[717]. Da allerdings eine ausdrückliche Zustimmung des Adressaten zur elektronischen Übermittlung der gerichtlichen Schriftstücke nötig ist und diese zudem gegenüber dem Gericht zu erklären ist, dürfte die elektronische Zustellung von verfahrenseinleitenden Schriftstücken regelmäßig nicht zur Anwendung kommen[718].

b) Rechtslage in den Vereinigten Staaten

Schwieriger beurteilt sich die Rechtslage in den Vereinigten Staaten. Rule 4 der *Federal Rules of Civil Procedure* (FRCivP), die die Zustellung verfahrenseinleitender Schriftstücke vor den Bundesgerichten regelt, enthält keine ausdrückliche Ermächtigung zur Übermittlung mittels moderner Kommunikationstechnologien[719]. Gleichwohl haben einige US-Gerichte im Rahmen der Ermessensvorschrift der Rule 4 (f) (3) FRCivP die Zustellung an Personen, die sich außerhalb der USA befinden, durch E-Mail zugelassen[720]. Diese Rechtsprechung darf jedoch nicht dahingehend ausgelegt werden, dass gleichzeitig auch der umgekehrte Fall, also die elektronische Zustellung innerhalb der USA, zulässig ist. Zum einen fehlt eine entsprechende Auffangvorschrift für Inlandszustellungen. Zum anderen sind gemäß Art. 5 Abs. 1 lit. a) HZÜ eben diese nationalen Regelungen entscheidend. Die Zulässigkeit der elektronischen Zustellung

716 Zum persönlichen Geltungsbereich *Baumbach/Lauterbach/Albers/Hartmann*, ZPO[67] (2009), § 174 ZPO, Rn. 4.

717 Siehe hierzu weiter oben C. III. 1. c) aa).

718 So auch *Stadler*, IPRax 2002, S. 471 (476); *dies.*, ZZP 111 (2002), S. 413 (428): auch die bloße Angabe der E-Mail-Adresse im geschäftlichen Verkehr dürfte nicht ausreichen.

719 Vereinzelt wird im US-amerikanischen Schrifttum die Ansicht vertreten, dass der Begriff „mail" in Rule 4 FRCivP mit dem Begriff „e-mail" gleichsetzbar ist, vgl. *Cantor*, 66 U. Chi. L. Rev. 943, 956 (1999). Diese Auslegung wird allerdings nur für den Zustellungsverzicht nach Rule 4 (d) FRCivP unmittelbar relevant; zu diesem weiter unten D. III. 1.

720 Grundlegend *Rio Properties, Inc. v. Rio Int'l Interlink*, 284 F.3d 1007 (9th Cir. 2002); vgl. ferner *Ryan v. Brunswick Corp.*, 2002 WL 1628933 (W. D. N. Y. 2002); *Broadfoot v. Diaz (In re Telemedia Associates, Inc.)*, 245 B.R. 713 (Bankr. N. D. Ga. 2000); siehe auch weiter unten E. II.

beurteilt sich nach dem Recht des ersuchten Staates für Zustellungen *in seinem Hoheitsgebiet* an dort befindliche Personen[721].

Für Inlandszustellungen an in- und ausländische Kapital- und Personengesellschaften kommt es somit auf Rule 4 (h) (1) FRCivP an. Diese Regelung erklärt sowohl andere einschlägige Bundesgesetze als auch über die Verweisung auf Absatz (e) (1) das einzelstaatliche Zustellungsrecht für anwendbar. Trotz fehlender ausdrücklicher Ermächtigung kann danach die Zustellung mittels moderner Kommunikationstechnologien bewirkt werden, sofern ein anderes Bundesgesetz oder das Zustellungsrecht des betreffenden Einzelstaates dies erlaubt[722]. Soweit ersichtlich, lässt bisher nur ein einziges Bundesgesetz expressis verbis die elektronische Zustellung bei bestimmten Klagetypen zu[723]. Auch die Bundesstaaten zeigen sich in dieser Hinsicht noch sehr verhalten. Nur wenige einzelstaatliche Zustellungsregeln sehen die Inlandszustellung durch E-Mail oder Telefax vor[724]. Allerdings besteht für die Parteien die Möglichkeit, eine solche Zustellungsmethode auch im Vorwege vertraglich zu vereinbaren[725].

VII. Ergebnis

Bei privatrechtlichen Streitigkeiten muss im deutsch-amerikanischen Rechtsverkehr die Auslandszustellung regelmäßig über die im HZÜ vorgesehenen Wege bewirkt werden. Nach der Konzeption des Bundesprozessrechts liegt eine Auslandszustellung vor, wenn sie nicht innerhalb irgendeines US-Gerichtsbezirkes ausgeführt werden kann. Vom Anwendungsbereich des Übereinkommens ist auch der Benachrichtigungsteil der fiktiven Inlandszustellung erfasst, soweit die Mitteilung in einen Vertragsstaat zu übermitteln ist.

---

721 Siehe auch *Conley*, 11 Temple Int'l & Comp. L. J. 407, 414 (1997); *Haager Konferenz für IPR*, Practical Handbook[3] (2006), Rn. 262.

722 *Cantor*, 66 U. Chi. L. Rev. 943, 952 f. (1999).

723 So Anticybersquatting Consumer Protection Act 15 USC § 1225 (d) (2) (A) (ii) (II) (aa); siehe auch *Schreck*, 38 J. Marshall L. Rev. 1121, 1142 (2005).

724 Zur Zulässigkeit der E-Mail-Zustellung im einzelstaatlichen Recht (bisher New York und South Carolina) *Colby*, J. Internet L. 2006, S. 3 (5 f., 7-9), der jedoch darauf hinweist, dass andere Einzelstaaten dieser Rechtsauffassung unvermeidbar folgen werden; zur Zulässigkeit der Zustellung durch Telefax im einzelstaatlichen Recht (bisher nur Idaho und Montana) *Cantor*, 66 U. Chi. L. Rev. 943, 954 f. (Fn. 70), 957 f. (1999); *Murphy*, 75 St. John's J. Leg. Comment. 73, 86- 90 (2004).

725 Vgl. Response of the United States to Questionnaire on the 1965 Service Convention 2003, Punkt 16.2, S. 9: „[I]f a party accepts service of process through electronic channels and does not subsequently challenge the service, it is unlikely that a court in the United States on its own would find the service of process to be ineffective." Allgemein *Friedenthal/Kane/Miller*, Civil Procedure[4] (2005), § 3.20, S. 184.

Das US-amerikanische Zustellungsersuchen wird nach Art. 5 HZÜ von der Zentralen Behörde des ersuchten Bundeslandes erledigt. Ist eine förmliche Zustellung gewünscht (Art. 5 Abs. 1 lit. a) HZÜ), muss dem Zustellungsantrag eine deutsche Übersetzung des zuzustellenden Schriftstücks beigefügt sein. Die eigentliche Zustellungshandlung erfolgt nach den deutschen Zustellungsregeln in §§ 166 ff. ZPO. Liegt eine gegenüber dem Gericht erklärte ausdrückliche Zustimmung im Sinne des § 174 Abs. 3 Satz 2 ZPO vor, kann dem Adressaten auch in elektronischer Form zugestellt werden. Darüber hinaus kann die Zustellung in den Formen des Art. 5 Abs. 1 lit. b) HZÜ oder Art. 5 Abs. 2 HZÜ bewirkt werden.

Da Deutschland in Zustellungen, die im Inland ohne Beteiligung deutscher Behörden durchgeführt werden, einen Eingriff in seine Souveränität sieht und folglich jeder Zustellung auf direktem Wege (Artt. 8- 10 HZÜ) widersprochen hat, kommen keine alternativen Übermittlungswege des HZÜ im deutsch-amerikanischen Rechtshilfeverkehr zur Anwendung.

Die Zentrale Behörde des ersuchten Bundeslandes kann nur nach Art. 13 Abs. 1 HZÜ die Erledigung eines US-amerikanischen Zustellungsantrags endgültig verweigern. Da die Vereinigten Staaten aber eine Erklärung im Sinne des Art. 15 Abs. 2 HZÜ abgegeben haben, ist die Zustellungsverweigerung grundsätzlich nicht dazu geeignet, den Fortgang des Verfahrens zu hindern. Gleichwohl ist aus *due process*-Gründen eine Zustellung an den Beklagten erforderlich.

D. Inlandszustellung nach Rule 4 der *Federal Rules of Civil Procedure*

Das Haager Zustellungsübereinkommen hindert nicht die Möglichkeit, dass die Zustellung an eine ausländische Partei im Inland bewirkt wird[726]. Erlaubt also die lex fori die Zustellung der verfahrenseinleitenden Schriftstücke auf dem eigenen Hoheitsgebiet, kann, aber muss nicht der beschwerliche Weg über das HZÜ beschritten werden[727]. Andererseits ist seine Anwendung zwingend, wenn die Zustellung nur im Ausland erledigt werden kann[728]. Stehen damit dem US-amerikanischen Kläger beide Zustellungswege offen, kann er grundsätzlich zwischen ihnen frei wählen. Gleichwohl wird ihm geraten, die Zustellung regelmäßig über das HZÜ bewirken zu lassen, da das später erlassene Urteil im Ausland leichter vollstreckbar sei[729]. Entscheidet er sich dennoch für die Inlandszustel-

726 Siehe weiter oben unter B. I.

727 *Scoles/Hay/Borchers/Symeonides*, Conflict of Laws[4] (2004), § 12.8, S. 529.

728 Siehe weiter oben unter B. II.

729 *Volkswagenwerk AG v. Schlunk*, 486 US 694, 706 (1988); *Tamayo*, 17 Harv. J. L. & Tech. 211, 235- 245 (2003); *Friedrich*, 4 German L. J. 1233, 1235 (2003); *Nanda/Pansius*, Litigation of International Disputes in U.S. Courts (2006), § 2:9.

lung, dann ist für die Klagezustellung bei Verfahren vor den Bundesgerichten Rule 4 der *Federal Rules of Civil Procedure* (FRCivP) gewöhnlich maßgebend.

Rule 4.1 FRCivP hat hingegen die Zustellung anderer gerichtlicher Schriftstücke (*service of other process*) zum Gegenstand. Rule 5 (a) FRCivP regelt ferner die Zustellung von Schriftstücken während des Verfahrens (*service of pleadings and other papers*). Die Zustellung von Zwangsvorladungen (*subpoena*) richtet sich nach Rule 45 (b) FRCivP. Bei Enteignungsverfahren (*condemnation of property*) erfolgt die Zustellung gemäß Rule 71A (d) FRCivP[730].

I. Regelungsgehalt der Rule 4 FRCivP

Die Rule 4 FRCivP gliedert sich in vierzehn, mit Kleinbuchstaben bezeichnete Absätze.

1. Allgemeine Bestimmungen

Die Absätze (a) bis (d) und (l) bis (m) enthalten allgemeine Bestimmungen, die für alle Zustellungsformen, also auch für die Auslandszustellung, gelten: Rule 4 (a) FRCivP bestimmt dabei die formalen Anforderungen (*form*) an die Ladung (*summons*), Absatz (b) ihre Ausstellung (*issuance*) durch den Geschäftsstellenbeamten (*clerk*). Zusammen mit der Ladung muss nach Rule 4 (c) (1) FRCivP eine Abschrift der Klageschrift (*copy of the complaint*) an den Beklagten zugestellt werden. Enthält die Zustellung keine (vollständige) Abschrift der Klageschrift, kann diese nicht als ordnungsgemäß bewirkt angesehen werden[731]. Die Zustellung von Ladung und Klageschrift erfolgt grundsätzlich im Parteibetrieb. Nach Rule 4 (c) (2) FRCivP darf jede Privatperson, die über 18 Jahre alt und nicht Partei ist, zustellen[732]. Gegenstand des Absatzes (d) ist der Verzicht des Beklagten auf die Zustellung der Ladung (sog. *waiver*). Rule 4 (l) FRCivP regelt den vom Kläger zu erbringenden Nachweis der Zustellung (*proof of service*). Begrenzt wird die Durchführung der Zustellung durch die 120-Tage-Frist

---

730 Ausführlich hierzu *Fleischhauer*, Inlandszustellung an Ausländer (1996), S. 156 f.

731 *Ostler v. State of Utah*, 2004 WL 1529271 (10th Cir. 2004); auch das Prozessrecht der meisten Gliedstaaten verlangt für eine ordnungsgemäße Klagezustellung, dass dem Beklagten sowohl die Ladung als auch die Klageschrift zugestellt wird; siehe *Friedenthal/Kane/Miller*, Civil Procedure[4] (2005), § 3.22, S. 188.

732 In der Praxis hat sich aufgrund dieser Regelung der eigenständige Beruf des *process server* herausgebildet, die mit teilweise kriminalistischen Methoden den Zustellungsempfänger aufspüren, um ihm dann die verfahrenseinleitenden Schriftstücke zu übergeben; hierzu *Schack*, Einführung in das US-amerikanische Zivilprozessrecht[3] (2003), V. 1. b), S. 37; *Böhm*, Amerikanisches Zivilprozessrecht (2005), Rn. 297.

(*time limit*) in Absatz (m), der jedoch gemäß Satz 2 bei Auslandszustellungen nach Absatz (f) oder (j) (1) nicht zur Anwendung kommt.

2. Besonderer Teil

Die Absätze (e) bis (j) bilden hingegen den besonderen Teil der Rule 4 FRCivP: Die Kernvorschriften für die Zustellung an natürliche Personen (*service upon individuals*) innerhalb der USA (*within a judicial district of the United States*) und im Ausland (*in a foreign country*) bilden die Absätze (e) und (f). Die Zustellung an Minderjährige (*infants*) und Geschäftsunfähige (*incompetent persons*) wird in Absatz (g) geregelt, die an Kapital- und Personengesellschaften (*corporations and associations*) in Absatz (h). Gegenstand der Rule 4 (i) FRCivP ist die Zustellung an die Vereinigten Staaten, ihren staatlichen Behörden (*agencies*) und Körperschaften (*corporations*), ihren Beamten (*officers*) sowie Bediensteten (*employees*). Die Zustellung an ausländische, bundesstaatliche und kommunale Hoheitsträger (*foreign, state or local governments*) erfolgt nach Absatz (j).

3. Sonderregelungen zur Zuständigkeit

Die Absätze (k) und (n) der Rule 4 FRCivP stellen eine Sonderregelung zur gerichtlichen Zuständigkeit dar: Nach Absatz (k) wird *jurisdiction* durch die Zustellung nur in den dort genannten Fällen begründet, also nach dem am Sitz des Bundesdistriktsgerichts geltenden einzelstaatlichen Recht oder nach besonderen bundesrechtlichen Vorschriften[733]. Absatz (n) regelt die Zustellung bei Vermögenseinziehung (*seizure of property*).

II. Besonderheiten bei der Zustellung von *class actions*

Die Benachrichtigung der *class* ist in Rule 23 FRCivP gesondert geregelt[734]: Absatz (c) (2) betrifft Mitteilungen an die Betroffenen bei Klagen nach Rule 23 (b) (3) FRCivP[735] zu Beginn der *class action*, Absatz (e) die Benach-

---

733 Siehe weiter oben 3.Teil C. II. 1. c).

734 Hierzu *Friedenthal/Kane/Miller*, Civil Procedure[4] (2005), § 16.6, S. 786- 791; *Baetge/Eichholz*, in: *Basedow/Hopt/Kötz/Baetge* (Hrsg.), Die Bündelung gleichgerichteter Interessen im Prozeß (1999), S. 287 (329- 332).

735 Rule 23 (b) FRCivP unterscheidet drei Varianten der *class action*: Die Formen der Rule 23 (b) (1) und (2) FRCivP sind auf Feststellung, Unterlassung und Beseitigung gerichtet. Mit Rule 23 (b) (3) FRCivP kann vor allem Schadensersatz in Geld verlangt werden.

richtigungspflicht vor einem Vergleich (*class action settlement*). Absatz (d) (2) enthält schließlich eine Generalklausel, nach der das Gericht jederzeit die Information der Beteiligten anordnen kann. Zu unterscheiden ist also danach, welche Form der *class action* vorliegt und in welchem Verfahrensstadium die Benachrichtigung erfolgt[736]. Für die Benachrichtigung zu Beginn der *class action* ist es nach Rule 23 (c) (2) FRCivP ausreichend, dass die abwesenden *class members* „bestmöglich" (*best notice practicable*) informiert werden. Dabei müssen alle Gruppenmitglieder, die mit „angemessenen Aufwand" (*reasonable effort*)[737] identifiziert werden können, individuell benachrichtigt (*individual notice*) werden[738].

III. Zustellung an ausländische Unternehmen nach Rule 4 (h) FRCivP

Soweit auf bundesgesetzlicher Ebene keine Sondervorschriften vorhanden sind[739], richtet sich das Zustellungsprocedere für Kapital- und Personengesellschaften regelmäßig nach Rule 4 (h) FRCivP. Ihr zweiter Absatz hat die Zustellung außerhalb eines US-Gerichtsbezirkes zum Regelungsgegenstand und verweist hierfür auf Absatz (f) der Rule 4 FRCivP[740]. Für die Inlandszustellung ist hingegen ihr erster Absatz entscheidend, der die Zustellung innerhalb eines Gerichtsbezirkes regelt:

> Rule 4 (h): „Service Upon Corporations and Associations. Unless otherwise provided by federal law, service upon a domestic or foreign corporation or upon a partnership or other unincorporated association that is subject to suit under a common name, and from which a waiver of service has not been obtained and filed, shall be effected: (1) in a judicial district of the United States in the manner prescribed for individuals by subdivision (e)(1), or by delivering a copy of the summons and of the complaint to an

---

736 *Baetge/Eichholz*, in: *Basedow/Hopt/Kötz/Baetge* (Hrsg.), Die Bündelung gleichgerichteter Interessen im Prozeß (1999), S. 287 (329).

737 Zu den Anforderungen *Friedenthal/Kane/Miller*, Civil Procedure[4] (2005), § 16.6, S. 787: „[I]f any existing document identifying class members is available, […] individual notice must be given to all class members named in that document."

738 Zur Zustellung einer US-amerikanischen *class action* in Deutschland siehe 5.Teil B. III. 2. b) ee).

739 Als Beispiel sei hier die für ausländische Autohersteller bedeutende Zustellungsregel 49 USC § 30164 aufgeführt, die ausschließlich bei Streitigkeiten im Sinne des 49.Titels zur Anwendung kommt. Danach haben ausländische Autohersteller, die Kraftfahrzeuge in die USA importieren, einen inländischen Zustellungsbevollmächtigten zu benennen, vgl. 49 USC § 30164 (a). Diesem kann dann mit Wirkung für den Hersteller in seinem Büro oder an seinem gewöhnlichen Aufenthaltsort zugestellt werden. Wurde kein Zustellungsbevollmächtigter benannt, kann die Zustellung gleichfalls an den *Secretary of Transportation* bewirkt werden, vgl. 49 USC § 30164 (b).

740 Hierzu bereits weiter oben B. II. und C.

officer, a managing or general agent, or to any other agent authorized by appointment or by law to receive service of process and, if the agent is one authorized by statute to receive service and the statute so requires, by also mailing a copy to the defendant [...]".

Die Inlandszustellung an eine in- oder ausländische Kapital- oder Personengesellschaft mit oder ohne eigene Rechtspersönlichkeit erfolgt also nach Absatz (1), sofern die beklagte Gesellschaft nicht auf die förmliche Zustellung nach Rule 4 (d) FRCivP verzichtet hat.

1. Kein Verzicht auf die förmliche Zustellung nach Rule 4 (d) FRCivP

Um überflüssige Zustellungskosten zu vermeiden, eröffnet Rule 4 (d) (2) FRCivP dem Kläger die Möglichkeit, den Zustellungsadressaten unter Hinweis auf die eingereichte Klage zum Verzicht auf die förmliche Zustellung der Ladung aufzufordern (*request of waiver of formal service*)[741]. Der Hinweis und die Aufforderung zum Verzicht können dabei durch die Post oder *other reliable means* (etwa Telefax oder andere elektronische Übermittlungswege)[742] dem Empfänger zugesandt werden, vgl. Rule 4 (d) (2) (B) FRCivP. Schon vor Erlass dieser Regelung im Jahre 1993 wurde eingewandt, dass die postalische Übermittlung der Verzichtsaufforderung gegen Art. 10 lit. a) HZÜ verstoße, wenn das Empfangsland den Vorbehalt erklärt habe[743]. Diese Bedenken greifen jedoch zu kurz, da die Vorschrift ihrem Sinn nach sich nur auf die Zustellung der verfahrenseinleitenden Schriftstücke bezieht und nicht etwa schon auf ihren Verzicht[744]. Überdies handelt es sich bei der Verzichtsaufforderung nicht um ein gerichtliches bzw. außergerichtliches Schriftstück im Sinne des Übereinkommens, da sie nicht von einer Behörde oder einem Justizbeamten ausgestellt wird[745]. Insofern ist schon gar nicht erst der sachliche Anwendungsbereich des Haager Zustellungsübereinkommens eröffnet. Aus diesem Grund steht ferner auch einer elektronischen Übermittlung der Aufforderung nichts entgegen[746].

---

741 *Advisory Committee*, 1993 Amendments to Rule 4, Subdivision (d), abgedruckt in: 28 USCA FRCivP, Rule 1- 11 (Supplementary Pamphlet 2006), S. 121 (122).

742 *Advisory Committee*, 1993 Amendments to Rule 4, Subdivision (d), abgedruckt in: 28 USCA FRCivP, Rule 1- 11 (Supplementary Pamphlet 2006), S. 121 (123).

743 Hierzu *Born/Vollmer*, 150 F. R. D. 221, 231- 232 (1993).

744 So *Nagel/Gottwald*, Internationales Zivilprozessrecht[6] (2007), § 7, Rn. 20; vgl. ferner *Bischof*, Die Zustellung im internationalen Rechtsverkehr in Zivil- oder Handelssachen (1997), S. 203.

745 Siehe *Advisory Committee*, 1993 Amendments to Rule 4, Subdivision (d), abgedruckt in: 28 USCA FRCivP, Rule 1- 11 (Supplementary Pamphlet 2006), S. 121 (123): „[T]ransmission of notice and waiver forms is a private nonjudicial act"; zust. *Wright/Miller/Bromley*, 4B Fed. Prac. & Proc. Civ. 3d (2006), § 1134; zum Begriff des „gerichtlichen bzw. außergerichtlichen Schriftstücks", siehe C. II. 3. c).

746 Vgl. *Haager Konferenz für IPR*, Practical Handbook[3] (2006), Rn. 264 (Fn. 327).

Befolgt der Adressat das Ersuchen des Klägers, dann läuft das Verfahren nach Absatz (4) so weiter, als ob ihm die verfahrenseinleitenden Schriftstücke im Zeitpunkt der Verzichtserklärung zugestellt worden wären. Absatz (1) stellt dabei klar, dass der *waiver of service* sich nur auf die förmliche Zustellung bezieht und sich nicht auf die Rüge der örtlichen oder internationalen Zuständigkeit erstreckt[747].

Nach dem zweiten Absatz ist der Zustellungsadressat verpflichtet, unnötige Zustellungskosten zu vermeiden. Kommt er dieser Pflicht nicht nach, in dem er etwa auf die förmliche Zustellung besteht, soll ihm das Gericht die Kosten für die Durchführung der darauf folgenden förmlichen Zustellung auferlegen, sofern sein Verhalten nicht durch *good cause* gerechtfertigt erscheint, vgl. Rule 4 (d) (2) a.E. FRCivP. Nach dem Wortlaut dieser Vorschrift greift die Sanktionsmöglichkeit nur, wenn sowohl der Empfänger als auch der Kläger in den Vereinigten Staaten ansässig sind. Grundsätzlich ausgeschlossen ist damit die Sanktionierung eines im Ausland wohnenden Adressaten mit den Zustellungskosten[748]. Im Gegenzug wird der Zustellungsadressat im Fall seiner Verzichtserklärung mit einer deutlich längeren Einlassungsfrist belohnt: Statt der regelmäßigen 20-Tage-Frist der Rule 12 (a) (1) (A) FRCivP wird die Frist zur Klageerwiderung (*answer*) bei Inlandszustellung auf 60 Tage und bei Auslandszustellungen auf 90 Tage verlängert, vgl. Rule 4 (d) (3) FRCivP[749]. Von diesen Maßnahmen erhofft man sich in den USA eine spürbare Beschleunigung des Verfahrens und eine erhebliche Kostenersparnis bei Zustellungen, die vor allem im Ausland erfolgen müssen[750]. Trotz verlängerter Frist zur Klageerwiderung wird dem ausländischen Beklagten gleichwohl empfohlen, keinen Verzicht zu erklären und die förmliche Zustellung abzuwarten, da er keinen größeren Zeitverlust zu befürchten brauche[751]. Gemäß Rule 4 (d) (2) (F) steht dem auswärtigen Beklagten näm-

747 Will der Beklagte die Rüge (*objections*) der fehlenden internationalen oder örtlichen Zuständigkeit erheben, so muss er diese spätestens zusammen mit seiner Klageerwiderung (*answer*) vorbringen, sonst gilt seine Untätigkeit als konkludenter Rügeverzicht; siehe Rule 12 (b) (2), (h) (1) FRCivP.

748 Auch dem im Inland wohnenden Beklagten können nicht die Zustellungskosten auferlegt werden, wenn der Kläger im Ausland wohnhaft ist; siehe *Born/Rutledge*, International Civil Litigation in United States Courts[4] (2007), S. 827. Fraglich ist indes, ob etwas anderes gilt, wenn sowohl Kläger als auch Beklagter im Ausland ansässig sind. Der Wortlaut der Rule 4 (d) FRCivP schließt zumindest einen solchen Anwendungsfall nicht ausdrücklich aus.

749 Siehe auch Rule 12 (a) (1) (B) FRCivP.

750 *Advisory Committee*, 1993 Amendments to Rule 4, Subdivision (d), abgedruckt in: 28 USCA FRCivP, Rule 1- 11 (Supplementary Pamphlet 2006), S. 121 (122).

751 *Born/Vollmer*, 150 F. R. D. 221, 235 (1993); *Rempp/Lienemeyer*, ZVglRWiss 1995, S. 383 (394); *Fleischhauer*, Inlandszustellung an Ausländer (1996), S. 124; anders hingegen *Advisory Committee*, 1993 Amendments to Rule 4, Subdivision (d), abgedruckt in: 28 USCA FRCivP, Rule 1- 11 (Supplementary Pamphlet 2006), S. 121 (123): „The opportunity for waiver has distinct advantages to a foreign defendant."

lich eine Reaktionszeit von 60 Tagen zu, bevor der Kläger förmlich zustellt. Das gebe ihm genügend Gelegenheit, seine Verteidigung frühzeitig vorzubereiten[752].

2. Zustellungsmethoden nach Rule 4 (h) (1) FRCivP

Nach Rule 4 (h) (1) FRCivP kann die Inlandszustellung an eine ausländische Kapital- und Personengesellschaft auf unterschiedliche Weise erfolgen. Die Vorschrift sieht hierfür drei Varianten vor: Zunächst verweist Rule 4 (h) (1) FRCivP auf die für natürliche Personen vorgesehenen Zustellungsformen nach Absatz (e) (1) und erklärt damit das einzelstaatliche Zustellungsrecht für anwendbar. Daneben sieht die Vorschrift die Möglichkeit der Zustellung an leitende Angestellte, Handlungsbevollmächtigte oder Geschäftsführer (*officer, managing or general agent*) vor. Schließlich kann nach Absatz (h) (1) die Zustellung auch an einen rechtsgeschäftlich oder gesetzlich bestimmten Zustellungsbevollmächtigten (*agent authorized by appointment or by law to receive service of process*) bewirkt werden. In der Regel erfolgt die Zustellung nach den letzten beiden Varianten, es sei denn, der Kläger begehrt ihre Durchführung gemäß Gliedstaatenrecht[753].

a) Verweis auf das einzelstaatliche Zustellungsrecht

Die Zustellung an eine beklagte ausländische Gesellschaft innerhalb eines US-Gerichtsbezirkes kann nach dem Verweis in Rule 4 (h) (1) FRCivP auf Absatz (e) (1) nach einzelstaatlichem Recht erfolgen:

> Rule 4 (e): „Service Upon Individuals Within a Judicial District of the United States. Unless otherwise provided by federal law, service upon an individual from whom a waiver has not been obtained and filed, other than an infant or an incompetent person, may be effected in any judicial district of the United States: (1) *pursuant to the law of the state* in which the district court is located, or in which service is effected, for the service of a summons upon the defendant in an action brought in the courts of general jurisdiction of the State"[754].

Das Zustellungsverfahren richtet sich dann entweder nach dem Recht des Einzelstaates, in dem das Bundesgericht seinen Sitz hat, oder nach dem Recht des Staates, in dem die Zustellung durchgeführt wird. Die Inlandszustellung ist nur dann ordnungsgemäß bewirkt, wenn sämtliche Voraussetzungen der einzel-

752 So *Fleischhauer*, Inlandszustellung an Ausländer (1996), S. 124.
753 *Wright/Miller/Bromley*, 4A Fed. Prac. & Proc. Civ. 3d (2006), § 1100.
754 Herv. d. Verf.

staatlichen Zustellungsregel beachtet wurden[755]. Im Hinblick auf die Zustellung an (ausländische) juristische Personen sind die einzelstaatlichen Regelungen häufig an die einschlägigen Normen des Modellgesetzes *Revised Model Business Corporation Act* (RMBC) angelehnt[756].

aa) Zustellung an leitende Angestellte oder ähnliche Personen

Das Gesetzesrecht der meisten Bundesstaaten (*state statute*) führt eine ganze Reihe von Personen auf, an die bereits von Gesetzes wegen mit Wirkung für die beklagte ausländische juristische Person (*foreign corporation*)[757] zugestellt werden darf[758]. Dabei gehen einige einzelstaatliche Zustellungsvorschriften über die Aufzählung der leitenden Angestellten (*officers*), Handlungsbevollmächtigten oder Geschäftsführer (*managing or general agent*) in Rule 4 (h) (1) FRCivP hinaus und erlauben auch die persönliche Übergabe der verfahrenseinleitenden Schriftstücke an den jeweiligen *president*, *chief executive officer*, *vice president*, *secretary* oder *assistant secretary*, *treasurer* oder *assistant treasurer*, *controller* oder etwa an den *chief financial officer* der beklagten *corporation*[759]. Die persönliche Übergabe der zuzustellenden Schriftstücke an die hier aufgeführten Personen ist jedoch nicht zwingend. Es können auch andere von Absatz (h) (1) nicht vorgesehene Zustellungsmethoden zur Anwendung kommen[760]. Solange die Zustellung innerhalb eines US-Gerichtsbezirkes bewirkt wird, entstehen jedenfalls keine Konflikte mit dem zwingenden Anwendungsanspruch des Haager Zustellungsübereinkommens.

---

755 Siehe etwa *Robinson Engineering Co. Pension Plan & Trust v. George*, 223 F.3d 445 (7th Cir. 2000); *Lopez v. United States*, 129 F.Supp.2d 1284 (D. N. M. 2000); *Marshall v. Labor & Indus., State of Washington*, 89 F. Supp. 2d 4 (D. D. C. 2000).

756 Soweit das Gliedstaatenrecht das Modelgesetz zum Vorbild genommen hat, wurde in den Fußnoten darauf hingewiesen.

757 Siehe Definition des § 1.40 RMBC: „In this act (10) "Foreign corporation" means a corporation incorporated under a law other than the law of this state; which would be a business corporation if incorporated under the laws of this state."

758 Bsp.: California Corporations Code § 2110 (a); Delaware Corporations Code § 376 (a) a.E.; Montana Corporations, Partnerships and Associations Code § 35-1-1034 i.V.m. Rules of Civil Procedure Rule 4D (2)(e)(i); Ohio Rules of Civil Procedure Rule 4.2 (F); South Carolina Rules of Civil Procedure Rule 4 (d) (3).

759 Bsp.: California Corporations Code § 2110.1 i.V.m. Code of Civil Procedure § 416.10 (b); Florida Civil Practice and Procedure § 48.081 (1)- (3); Georgia Corporations, Partnerships and Associations Code§ 14-2-1510 (b); Montana Corporations, Partnerships and Associations Code § 35-1-1034 i.V.m. Rules of Civil Procedure Rule 4D (2)(e)(i); Texas Business Corporation Act Art. 8.10 (A).

760 *Wright/Miller/Bromley*, 4B Fed. Prac. & Proc. Civ. 3d (2006), § 1116.

bb) Zustellung an den *registered agent*

Die meisten Einzelstaaten verpflichten daneben auswärtige Gesellschaften zur Benennung eines inländischen Zustellungsbevollmächtigten (*registered agent*), bevor sie ihre Geschäftstätigkeit in dem jeweiligen Staat aufnehmen dürfen (sog. *authorized foreign corporations*)[761]. Dem *registered agent* können dann die verfahrenseinleitenden Schriftstücke mit Wirkung für die beklagte ausländische juristische Person übergeben werden[762]. Rechtlich ist es dabei möglich, auch die US-amerikanische Tochtergesellschaft zur Entgegennahme gerichtlicher Schriftstücke in Verfahren gegen die ausländische Muttergesellschaft zu bevollmächtigen[763]. Dadurch kommt es zu einer Vertretungskette zwischen natürlicher Person, Vertreter- und Adressatengesellschaft, da auch der Vertretergesellschaft nicht persönlich, sondern nur an ihre Vertreter zugestellt werden kann[764]. In diesen Fällen muss genauso das bundesverfassungsrechtliche *due process*-Gebot beachtet werden, so dass die Zustellung an den *registered agent* stets die rechtzeitige Benachrichtigung der beklagten *foreign corporation* gewährleisten muss, damit diese sich gegen das eingeleitete Verfahren verteidigen kann[765]. Aus diesem Grund lassen einige US-Gerichte darüber hinaus die Zustellung an einen nicht bevollmächtigten Empfangsvertreter (*non-authorized agent*) zu, wenn hierdurch die beklagte Gesellschaft unbestritten sichere Kennt-

---

761 Bsp.: California Corporations Code § 2105 (a)(4); Delaware Code of Corporations § 371 (b) (2); Florida Business Organizations Code §§ 607.1503 (1)(e), 607.1507 (2); Illinois Business Corporation Act of 1983, §§ 13.15 (a) (4), 5.05 (b); Iowa Business Entities Code §§ 490.1503 (1)(e), 490.1507 (2); Rhode Island Business Corporation Act §§ 7-1.2-1405 (e), 7-1.2-1408; South Carolina Corporation, Partnerships and Associations Code §§ 33-15-103 (a)(5), 33-15-107 (2);Texas Business Corporation Act Artt. 8.05 (A)(5), 8.08 (A)(2); vgl. auch §§ 15.03 (a)(5), 15.07 (2) RMBC. Die Begriffswahl ist jedoch nicht einheitlich: In einigen Staaten wird die autorisierte Gesellschaft auch *licensed* oder *qualified foreign corporation* genannt.

762 Bsp.: California Corporations Code § 2110 (b); Delaware Code of Corporations § 376 (a); Florida Business Organizations Code § 607.15101 (1); Illinois Business Corporation Act of 1983, § 5.25 (a); Iowa Business Entities Code § 490.1510 (1); Rhode Island Business Corporation Act § 7-1.2-1410 (a); South Carolina Corporation, Partnerships and Associations Code § 33-15-110 i.V.m. Civil Remedies and Procedures § 15-9-240 (a); Texas Business Corporation Act Art. 8.10 (A); vgl. auch § 15.10 (a) RMBC.

763 Ausdrücklich vorgesehen in § 15.07 (2) (ii), (iii) RMBC; hierzu auch *Merkt*, Abwehr der Zustellung von „punitive-damages"-Klagen (1995), S. 175; *Fleischhauer*, Inlandszustellung an Ausländer (1996), S. 144 f.; *Malzahn*, GATT-widrige *Treble Damages*-Klagen auf der Grundlage des US Antidumping Act 1916 (2003), S. 216; *von Hein*, in: *Hopt/Kulms/von Hein* (Hrsg.), Rechtshilfe und Rechtsstaat (2006), S. 105.

764 *Fleischhauer*, Inlandszustellung an Ausländer (1996), S. 144.

765 *Wright/Miller/Bromley*, 4B Fed. Prac. & Proc. Civ. 3d (2006), § 1116.

nis von dem Prozess erlangt[766]. In jedem Fall wird der juristische Tatbestand der Zustellung im Inland vollendet, so dass der Anwendungsbereich des Haager Zustellungsübereinkommens gar nicht erst berührt wird.

cc) Zustellung an den *Secretary of State*

aaa) Ist die Zustellung an den *registered agent* aus unterschiedlichen Gründen nicht möglich, kann diese in vielen Bundesstaaten auch mit Übergabe der Schriftstücke an den *Secretary of State* als fiktiven (gesetzlichen) Zustellungsbevollmächtigten der *authorized foreign corporation* bewirkt werden[767]. Die einzelstaatlichen Zustellungsregeln sehen sodann regelmäßig die postalische Weiterleitung der Abschrift der zuzustellenden Schriftstücke verbunden mit der Mitteilung über die fiktive Inlandszustellung an den Hauptgeschäftssitz der beklagten Gesellschaft vor[768]. Manche Bundesstaaten erklären den *secretary* sogar von vornherein zum bevollmächtigten Empfangsvertreter für alle dort geschäftlich tätigen Gesellschaften[769]. In New York beispielsweise muss jede ausländische Gesellschaft, die in diesem Staat die *authorization to do business* erlangen will, den *Secretary of State* zu ihrem Zustellungsbevollmächtigten bestellen[770]. Unterlässt er dies, wird die fehlende Bevollmächtigung fingiert[771]. Es bleibt der ausländischen Gesellschaft aber unbenommen, zusätzlich einen frei gewählten *registered agent* zu benennen[772].

bbb) Im Zusammenhang mit der Erörterung des Haager Zustellungsübereinkommens wurde bereits darauf hingewiesen, dass auch die bloße Mitteilung über die fiktive Inlandszustellung vom Anwendungsbereich des Übereinkom-

---

766 Siehe *Dixie Restaurants, Inc. v. Philips Consumer Electronics, Co.*, 2005 WL 948802 (W. D. Tenn. 2005); *Garcia v. Maersk, Inc.*, 2005 WL 1492380 (E. D. N. Y. 2005).

767 Bsp.: California Corporations Code § 2111 (a) auf Anordnung des Gerichts; Delaware Code of Corporations § 376 (b); Illinois Business Corporation Act of 1983, § 5.25; Ohio Revised Code of Corporations – Partnerships § 1703.19; Rhode Island Business Corporation Act § 7-1.2-1410 (b)- (d); Texas Business Corporation Act Art. 8.10 (B)- (C).

768 *Fletcher*, 18A Cyclopedia of the Law of Corporations (2007), § 8765.

769 *Fletcher*, 18A Cyclopedia of the Law of Corporations (2007), § 8740.

770 New York Business Corporation Law § 304 (b); hierzu *Fleischhauer*, Inlandszustellung an Ausländer (1996), S. 142; *von Hein*, in: *Hopt/Kulms/von Hein* (Hrsg.), Rechtshilfe und Rechtsstaat (2006), S. 107.

771 New York Business Corporation Law § 304 (c); hierzu *Fleischhauer*, Inlandszustellung an Ausländer (1996), S. 142; *von Hein*, in: *Hopt/Kulms/von Hein* (Hrsg.), Rechtshilfe und Rechtsstaat (2006), S. 107, Fn. 549 (Zitierung des Gesetzeswortlauts).

772 New York Business Corporation Law § 305 (a); hierzu *Fleischhauer*, Inlandszustellung an Ausländer (1996), S. 142; *von Hein*, in: *Hopt/Kulms/von Hein* (Hrsg.), Rechtshilfe und Rechtsstaat (2006), S. 107 f.

mens erfasst ist[773]. Insofern gilt auch hier der gegen Art. 10 lit. a) HZÜ eingelegte deutsche Vorbehalt. Eine Benachrichtigung des Beklagten in Deutschland durch die Post ist damit nicht zulässig. Gleichwohl kann dies die Wirksamkeit der Zustellung unberührt lassen. Denn die Bedeutung der Mitteilung für Zustellung an den *Secretary of State* wird von Einzelstaat zu Einzelstaat unterschiedlich beurteilt: Während einige Bundesstaaten die fiktive Inlandszustellung bereits mit der Übergabe der verfahrenseinleitenden Schriftstücke an den Staatsbediensteten als vollendet ansehen[774], verlangen andere Staaten darüber hinaus die postalische Benachrichtigung des Beklagten im Ausland[775]. Im ersten Fall ist die Zustellung mit der Übergabe in den Vereinigten Staaten abgeschlossen mit der Folge, dass die nicht ordnungsgemäß erfolgte Mitteilung ohne Auswirkungen auf die Wirksamkeit der Zustellung bleibt[776]. Ist hingegen die Benachrichtigung ein konstitutiver Bestandteil, dann wird der Tatbestand der fiktiven Zustellung im Ausland vollendet, so dass keine Inlandszustellung mehr vorliegt. In diesen Fällen werden die einzelstaatlichen Zustellungsregeln vom Anwendungsbereich des Haager Zustellungsübereinkommens verdrängt[777].

---

773 Siehe C. II. 3. d) aa).

774 Bsp.: California Corporations Code § 2111 (a): „[...] Service in this manner is deemed complete on the 10th day after delivery of the process to the Secretary of State"; ausdrücklicher New York Business Corporation Law § 306 (b) (1): „[...] Service of Process on such corporation shall be complete when the secretary of state is so served".

775 Bsp.: Delaware: *Quinn v. Keinicke*, 700 A. 2d 147, 154 (Super. Ct. Del. 1996); Florida: *McClenon v. Nissan Motor Corp. in USA*, 726 F. Supp. 822 (N. D. Fla. 1989); *Wasden v. Yamaha Motor Co., Ltd.*, 131 F. R. D. 206 (M. D. Fla. 1990); Illinois: *Chowaniec v. Heyl Truck Lines*, 1991 WL 111156 (N. D. Ill. 1991); Minnesota: *Froland v. Yamaha Motor Company, Ltd.*, 296 F. Supp. 2d 1004, 1008 (D. Minn. 2003); West Virginia: *Randolph v. Hendry*, 50 F. Supp. 2d 572, 575 (S. D. W. Va. 1999); Virginia: *Davies v. Jobs and Adverts Online*, 94 F. Supp. 719 (E. D. Va. 2000); Texas: *Paradigm Entertainment v. Video Systems*, 2000 US Dist. LEXIS (N. D. Tex. 2000); *Kim v. Frank Mohn A/S*, 909 F. Supp. 474, 1995 US Dist. LEXIS 19154 (S. D. Tex. 1995).

776 Siehe Rhode Island: *Melia v. Les Grands Chais de France*, 135 F. R. D. 28, 31- 35 (D. R. I. 1991); South Carolina: *Hammond v. Honda Motor Co., Ltd.*, 128 F. R. D. 638 (D. S. C. 1989); vgl. ferner *Haager Konferenz für IPR*, Practical Handbook[3] (2006), Rn. 38 (Fn. 68) m. weit. Nachw. aus der US-amerikanischen Rechtsprechung.

777 Hierzu bereits B. Entsprechend die Rechtslage in Delaware: *Quinn v. Keinicke*, 700 A. 2d 147, 154 (Super. Ct. Del. 1996); Florida: *McClenon v. Nissan Motor Corp. in USA*, 726 F. Supp. 822 (N. D. Fla. 1989); *Wasden v. Yamaha Motor Co., Ltd.*, 131 F. R. D. 206 (M. D. Fla. 1990); Illinois: *Chowaniec v. Heyl Truck Lines*, 1991 WL 111156 (N. D. Ill. 1991); Minnesota: *Froland v. Yamaha Motor Company, Ltd.*, 296 F. Supp. 2d 1004, 1008 (D. Minn. 2003); Virginia: *Randolph v. Hendry*, 50 F. Supp. 2d 572, 575 (S. D. W. Va. 1999); *Davies v. Jobs and Adverts Online*, 94 F. Supp. 719 (E. D. Va. 2000); Texas: *Kim v. Frank Mohn A/S*, 909 F. Supp. 474, 1995 US Dist. LEXIS 19154 (S. D. Tex. 1995); *Paradigm Entertainment v. Video Systems*, 2000 US Dist. LEXIS (N. D. Tex. 2000); *Alternative Delivery Solutions, Inc. v. R.R. Donnelly & Sons Co.*, 2005 WL 1862631 (W. D. Tex. 2005), S. 2.

ccc) In vielen Bundesstaaten ist der *Secretary of State* darüber hinaus fiktiver Zustellungsbevollmächtigter für alle *unauthorized foreign corporations*, also für ausländische juristische Personen, die im Staat ohne die erforderliche Genehmigung geschäftlich tätig sind[778]. Die postalische Benachrichtigung der beklagten Gesellschaft ist hier aus *due process*-Gründen regelmäßig unverzichtbarer Bestandteil der fiktiven Inlandszustellung[779]. Das Bedürfnis, das rechtliche Gehör der nicht zugelassenen ausländischen Gesellschaften zu wahren, ist in diesen Fällen einfach größer als bei zugelassenen ausländischen Gesellschaften, die selbst den *secretary* zu ihrem Zustellungsbevollmächtigten benennen. Dies hat jedenfalls zur Folge, dass der Tatbestand der fiktiven Inlandszustellung erst mit der Benachrichtigung des Beklagten im Ausland vollendet wird, so dass auch diese Zustellungsregeln vom HZÜ verdrängt werden, wenn die Mitteilung in einen Vertragsstaat zu übersenden ist[780].

dd) Postalische Zustellung gerichtet an das *principal office*

Statt der Zustellung an den *Secretary of State* sieht das Gesetzesrecht einiger Bundesstaaten auch die direkte postalische Übermittlung der verfahrenseinleitenden Schriftstücke an das *principal office* der beklagten Gesellschaft vor[781]. Diese Zustellungsmethode stößt jedoch an ihre Zulässigkeitsgrenzen, soweit sich das *principal office* in einem Vertragsstaat des Haager Zustellungsübereinkommens befindet, da dann die Zustellung nicht mehr im Inland bewirkt wird. Der vorrangige Geltungsanspruch des HZÜ würde sich auch in diesem Fall durchsetzen.

---

778 Bsp.: Delaware Code of Corporations § 382 (a); Illinois Business Corporation Act of 1983, § 5.30; Ohio Revised Code of Corporations – Partnerships § 1703.191; New York Business Corporation Law § 307,; South Carolina Corporation, Partnerships and Associations Code § 33-15-110 i.V.m. Civil Remedies and Procedures § 15-9-245 (a); allgemein *Fleischhauer*, Inlandszustellung an Ausländer (1996), S. 143.

779 *Fletcher*, 18A Cyclopedia of the Law of Corporations (2007), § 8740.

780 Siehe *Darden v. DaimlerChrysler North America Holding Corp.*, 191 F. Supp. 2d 382, 387 (S. D. N. Y. 2002); speziell zum New Yorker Recht *von Hein*, in: *Hopt/Kulms/von Hein* (Hrsg.), Rechtshilfe und Rechtsstaat (2006), S. 110.

781 Bsp.: Georgia Code of Corporations and Partnerships § 14- 2- 1510 (b); Iowa Code of Business Entities § 490.1510 (2); Ohio Revised Code of Corporations and Partnerships § 1703.19 a.E. i. V. m. Rules of Civil Procedure Rule 4.2 (F) i.V.m. Rule 4.1 (A) (*usual place of business*); South Carolina Corporation, Partnerships and Associations Code § 33-15-110 i.V.m. Civil Remedies and Procedures § 15-9-240 (b); Utah Revised Business Corporation Act § 16-10a- 1511; RMBC § 15.10 (b); zur Definition des „*principal office*", vgl. § 1.40 RMBC: „In this act (17) "Principal office" means the office (in or out of this state) so designated in the annual report where the principal executive officers of a domestic or foreign corporation are located".

ee) Zustellung im Wege moderner Kommunikationstechnologien

Unter sehr engen Voraussetzungen lassen bisher nur wenige Bundesstaaten die elektronische Übermittlung der zuzustellenden Dokumente im Inland zu. Nach New Yorker Recht ist die Zustellung per E-Mail nur auf Anordnung des Richters möglich, wenn sich die anderen Zustellungsformen zuvor als „impraktikabel" erwiesen haben[782]. Eine ausdrückliche Ermächtigung zur elektronischen Zustellung an Gesellschaften enthält überdies das Recht von South Carolina[783]. Ihre Vereinbarkeit mit dem *due process*-Gebot ist jedoch noch nicht sicher geklärt, da der *US Supreme Court* bisher nicht die Gelegenheit zu einer verbindlichen Stellungnahme hatte[784]. Die wohl herrschende Ansicht im US-amerikanischen Schrifttum geht gleichwohl von der bundesverfassungsrechtlichen Zulässigkeit der elektronischen Zustellung aus[785]. Neben der E-Mail-Zustellung eröffnet das Gesetzesrecht zweier Bundesstaaten die Möglichkeit, durch Telefax zuzustellen[786]. Ergänzt wird dies durch das *case law* anderer Einzelstaaten, das ebenfalls die Telefaxzustellung erlaubt[787]. Soweit der Tatbestand dieser Zustel-

---

782 Siehe *Hollow v. Hollow*, 2002 WL 31056097 (N. Y. Sup. 2002), S. 1 mit dem Verweis auf New York Civil Practice Law and Rules § 308 (5): Obwohl es bei dieser Entscheidung konkret um eine Auslandszustellung ging, sind die vom Gericht entwickelten Grundsätze auch auf Inlandszustellungen übertragbar; siehe *Colby*, J. Internet L. 2006, S. 3 (6). Zurückhaltender *D.R.I., Inc. v. Dennis*, 2004 WL 1237511 (S. D. N. Y. 2004), S. 2: Das Bundesbezirksgericht ließ die elektronische Zustellung nur als eines von vielen Mitteln zu, die kumulativ vom Kläger durchgeführt werden mussten.

783 South Carolina Uniform Electronic Transactions Act § 26-6-190; hierzu *Colby*, J. Internet L. 2006, S. 3 (7- 9).

784 Siehe aber die Entscheidung des neunten Bundesberufungsgerichtes in *Rio Properties, Inc. v. Rio International Interlink*, 284 F. 3d 1007, 1016- 1019 (9th Cir. 2002), das keine verfassungsrechtlichen Bedenken gegenüber der E-Mail-Zustellung hatte; in diesem Sinne *Ryan v. Brunswick Corporation*, 2002 WL 1628933 (W. D. N. Y. 2002), S. 2; *Viz Communications, Inc. v. Redsun*, 2003 WL 23901766 (N. D. Cal. 2003), S. 6; anders hingegen *Pfizer Inc. v. Domains by Proxy*, 2004 WL 1576703 (D. Conn. 2004): Das Gericht lehnte hier die Anordnung der E-Mail-Zustellung ab, da es nicht der Ansicht war, dass durch diese Art der Zustellung die hinreichende Inkenntnissetzung des Beklagten gewährleistet sei; entsprechend *Ehrenfeld v. Salim A Bin Mahfouz*, 2005 WL 696769 (S. D. N. Y. 2005): Die E-Mail-Adresse des Beklagten diente in diesem Fall allein der Anforderung bloßer Informationen und nicht etwa dem Geschäftsverkehr.

785 So *Cantor*, 66 U. Chi. L. Rev. 943- 967 (1999); *Tamayo*, 17 Harv. J. L. & Tech. 211, 219- 221 (2003); *Chacker*, 48 Vill. L. Rev. 597- 627 (2003); krit. *Schreck*, 38 J. Marshall L. Rev. 1121, 1142-1145 (2005).

786 Bsp.: Idaho Rules of Civil Procedure 4 (c) (3); Montana Code Annotated Civil Procedure § 25-3-501; bis vor kurzem sah auch Utah (Rule of Civil Procedure 4 a. F.) die Faxzustellung vor; zur alten Rechtslage *Sokasits*, 16 Rutgers Computer & Tech. L. J. 531 (1990).

787 Bsp.: New York: *Calabrese v. Springer Personnel of New York, Inc.*, 534 N. Y. Supp. 2d 83, 84 (N. Y. Civ. Ct. 1988); North Carolina: *Marolf Construction Inc. v. Allen's*

lungsmethoden in den Vereinigten Staaten vollendet wird, bestehen keine Bedenken hinsichtlich ihrer Vereinbarkeit mit dem HZÜ.

ff) Öffentliche Zustellung nach Einzelstaatenrecht

Als Ultima Ratio sehen schließlich die meisten einzelstaatlichen Prozessordnungen die öffentliche Zustellung (*service by publication*) auf Anordnung des Richters vor[788]. Sie ist in der Regel erst dann zulässig, wenn faktisch durch keine andere Zustellungsform das Inkenntnissetzen des Beklagten von dem gegen ihn anhängig gemachten Verfahren erreicht werden kann[789]. Der Kläger muss dabei mittels eidesstattlicher Erklärung (*affidavit*) nachweisen, dass er die verkehrsübliche Sorgfalt (*due diligence*) für die Benachrichtigung des Beklagten aufgebracht hat[790]. Häufig ist der Richter verpflichtet, mehrfach die Veröffentlichung der zuzustellenden Schriftstücke in Zeitungen, die im Gerichtsstaat (oder im Sitzstaat der beklagten juristischen Person) veröffentlicht werden, anzuordnen[791]. Im Einzelnen aber sind die Ausführungsregeln doch recht unterschiedlich[792]. Einigkeit besteht nur insoweit, dass die öffentliche Zustellung den Anwendungsbereich des Haager Zustellungsübereinkommens unberührt lässt[793].

Paving Co., 154 N. C. App. 723 (2002); entsprechend auch der *Illinoiser Supreme Court*; siehe *Conley*, 11 Temple Int'l & Comp. L. J. 407, 412 (1997) m. entspr. Nachw.

788 Bsp.: California Code of Civil Procedure § 415.50; Delaware Courts and Judicial Procedure Code § 3111 (b); Florida Statute of Civil Practice and Procedure §§ 49.011, 49.021 (2); Illinois Code of Civil Procedure § 2-206; Montana Rules of Civil Procedure Rule 4D (5) (a)- (h); New York Civil Practice Law and Rules §§ 315 ff.; Code of Virginia Civil Remedies and Procedure § 8.01-301 (4) i.V.m. §§ 8.01-316- 8.01-317.

789 Vgl. etwa California Code of Civil Procedure § 415.50 (a): „[…] the party to be served cannot with reasonable diligence be served in another manner […]".

790 Vgl. etwa Montana Rules of Civil Procedure Rule 4D (5)(c): „[…] Before service of the summons by publication is authorized in any case, there shall be filed with the clerk in the district court of the county in which the action is commenced […] an affidavit stating that such defendant resides out of the state, or has departed from the state, or cannot, after due diligence, be found within the state, or conceals defendant's person to avoid the service of summons; or, if the defendant is a domestic or foreign corporation, that none of the persons designated in D(2)(e) above can, after due diligence, be found within the state […]".

791 Vgl. etwa California Code of Civil Procedure § 415.50 (b): „The court shall order the summons to be published in a named newspaper, published in this state, that is most likely to give actual notice to the party to be served. If the party to be served resides or is located out of this state, the court may also order the summons to be published in a named newspaper outside this state that is most likely to give actual notice to that party".

792 Entsprechend *Fleischhauer*, Inlandszustellung an Ausländer (1996), S. 152.

793 *Eto v. Muranaka*, 57 P.3d 413, 423 (Haw.Sup. 2002).

b) Zustellung an leitende Angestellte, Handlungsbevollmächtigte oder Geschäftsführer

Am häufigsten wird nach der zweiten Variante der Rule 4 (h) (1) FRCivP zugestellt[794]. Danach wird die Zustellung in der Weise bewirkt, dass eine Abschrift von der Ladung und Klageschrift einem leitenden Angestellten (*officer*), einem Handlungsbevollmächtigten oder Geschäftsführer (*managing or general agent*) der beklagten *foreign corporation* übergeben wird. Die aufgeführten Vertreter brauchen weder ausdrücklich noch konkludent zum Empfang der für die juristische Person bestimmten Schriftstücke bevollmächtigt sein, da sie aufgrund ihrer Stellung innerhalb der Gesellschaft von vornherein als empfangsberechtigt angesehen werden[795].

Schon vor Erlass der *Federal Rules of Civil Procedure* verlangten einige US-Gerichte, dass nur an solche Vertreter zugestellt werden soll, deren Stellung eine Weiterleitung der verfahrenseinleitenden Schriftstücke an die verantwortlichen Organe der Gesellschaft erwarten lässt: „The rationale of all rules for service of process on corporations is that service must be made on a representative so integrated with the corporation sued as to make it a priori supposable that he will realize his responsibilities and know what he should do with any legal papers served on him." [796]

Anders als bei Ersatzzustellungen gegenüber natürlichen Personen nach Rule 4 (e) (2) FRCivP darf nicht an Ersatzpersonen am Wohn- oder Aufenthaltsort (*dwelling house or usual place of abode*) des Vertreters zugestellt werden[797]. Vielmehr muss nach dem Wortlaut der Rule 4 (h) (1) FRCivP die Abschrift der verfahrenseinleitenden Schriftstücke dem Vertreter persönlich übergeben werden. Damit wären an sich auch Zustellungen an geeignete Personen im Büro (*office*) oder Geschäftslokal (*place of business*) des Vertreters ausgeschlossen. Einige Bundesgerichte haben gleichwohl Ersatzzustellungen in den Geschäftsräumen des *agent* zugelassen[798]. Entscheidend war für sie die Tatsa-

794 *Wright/Miller/Bromley*, 4A Fed. Prac. & Proc. Civ. 3d (2006), § 1101.

795 *Stanley Works v. Globemaster, Inc.*, 400 F. Supp. 1325, 1335 (D. Mass. 1975); *Fleischhauer*, Inlandszustellung an Ausländer (1996), S. 137; *Wright/Miller/Bromley*, 4A Fed. Prac. & Proc. Civ. 3d (2006), § 1101.

796 St. Rspr. seit *Goetz v. Interlake S.S.Co.*, 47 F.2d 753, 757 (S. D. N. Y. 1931); *Underwood v. McBride*, 182 F. Supp. 361 (D. Del. 1960); *Russ Berrie & Co., Inc. v. T.L. Toys (HK) Ltd.*, 2002 WL 31458232 (S. D. N. Y.), S. 1.

797 Siehe *Tryforos v. Icarian Dev. Co.*, 518 F.2d 1258 (7th Cir. 1975); *Barclays Bank of New York v. Goldman*, 517 F.Supp. 403 (S. D. N. Y. 1981); vgl. aber *Apollo Technologies Corp. v. Centrosphere Industrial Corp.*, 805 F.Supp. 1157 (D. N. J. 1992), wonach die Zustellung am Wohnort des Vorstandsvorsitzenden als zulässig erachtet wurde.

798 Siehe *Direct Mail Specialists, Inc. v. Eclat Computerized Technologies, Inc.*, 840 F. 2d 685 (9th Cir. 1988); *Sellens v. Telephone Credit Union*, 189 F. R. D. 461 (D. Kan. 1999); strenger hingegen *Grand Entertainment Group, Ltd. V. Star Media Sales, Inc.*, 988 F. 2d 476 (3d Cir. 1993); *Link Group International, L.L.P. v. Toymax (H.K.) Ltd.*, 127 F. Supp. 2d 280

che, dass der Empfänger die zugestellten Dokumente unmittelbar an den Zustellungsbevollmächtigten weitergeleitet hatte und dadurch die beklagte Gesellschaft tatsächliche Kenntnis von dem eingeleiteten Verfahren erlangte[799]. Für die Inlandszustellung an auswärtige Gesellschaften genügt jedenfalls die Übergabe der verfahrenseinleitenden Schriftstücke an einen *corporate officer* oder *agent*, auch wenn dieser im Gerichtsstaat nur vorübergehend anwesend ist[800]. Dabei wird nicht immer verlangt, dass der Vertreter für die beklagte Gesellschaft im Forumstaat geschäftlich tätig ist[801].

aa) Unter dem Begriff *officer* fallen nach US-amerikanischem Gesellschaftsrecht im Unterschied zu den sonstigen Angestellten (*employees*) nur jene Spitzenmanager, die unmittelbar vom *board of directors*, dem Verwaltungsrat, bestellt wurden[802]. Ihnen ist die Führung der täglichen Geschäfte der Gesellschaft übertragen[803]. Bei dem leitenden Angestellten der juristischen Person im Sinne des Absatzes (h) (1) muss es sich jedoch nicht zwingend um den *chief executive officer* der *corporation* handeln[804]. Vielmehr kann genauso einem im Rang tiefer stehenden *officer*, wie dem *assistant treasurer*, zugestellt werden[805]. Nicht als *officers* im Sinne der Vorschrift werden hingegen die *directors* oder *trustees* der *corporation* angesehen. Eine an sie erfolgte Zustellung ist unzulässig[806].

bb) Es kann ebenso an den *managing or general agent* der beklagten Gesellschaft zugestellt werden. Die Bestimmung, welche Funktionsträger einer Ge-

---

(D. Conn. 2000); *BPA International, Inc. v. Kingdom of Sweden*, 281 F. Supp. 2d 73 (D. D. C. 2003).

799 Siehe *Wright/Miller/Bromley*, 4A Fed. Prac. & Proc. Civ. 3d (2006), § 1101.

800 *Perkins v. Benguet Consolidated Mining Co.*, 342 US 437, 444 (1952); siehe auch *Fleischhauer*, Inlandszustellung an Ausländer (1996), S. 137; *Malzahn*, GATT-widrige *Treble Damages*-Klagen auf der Grundlage des US Antidumping Act 1916 (2003), S. 215; *Ludes*, 19 Corpus Juris Secundum Corporations (2007), § 958. Allerdings vermag die persönliche Zustellung an einen Vertreter im Gerichtsstaat allein nicht die internationale Zuständigkeit über die Gesellschaft zu begründen; vgl. 3.Teil C. II. 1. a).

801 *Knapp*, Die US-amerikanische Produkthaftung in der Praxis der deutschen Automobilindustrie (1997), S. 150; *Malzahn*, GATT-widrige *Treble Damages*-Klagen auf der Grundlage des US Antidumping Act 1916 (2003), S. 215; *Ludes*, 19 Corpus Juris Secundum Corporations (2007), § 958.

802 *Otto*, Der prozessuale Durchgriff (1993), S. 98; *Merkt/Göthel*, US-amerikanisches Gesellschaftsrecht[2] (2006), Rn. 605.

803 *Hay*, US-Amerikanisches Recht[4] (2008), Rn. 592.

804 Siehe *Diamond Offshore Co. v. A & B Builders, Inc.*, 75 F. Supp. 2d 673 (S. D. Tex. 1999); *Larson v Mayo Medical Center*, 218 F. 3d 863 (8th Cir. 2000), cert. denied 531 US 1036.

805 *United States v. Central States Theatre Corp.*, 187 F. Supp. 114, 142 (D. C. Neb. 1960).

806 Siehe *Wright/Miller/Bromley*, 4A Fed. Prac. & Proc. Civ. 3d (2006), § 1102.

sellschaft als Handlungsbevollmächtigte oder Geschäftsführer zu qualifizieren sind, erfolgt dabei zunächst nach bundesstaatlichen Maßstäben[807]. Diese setzen sich gegenüber engeren Begriffsbestimmungen einzelstaatlicher Regelungen durch[808]. Großzügiger gestaltetes Gliedstaatenrecht bleibt dagegen über den Verweis in Absatz (h) (1) auf Rule 4 (e) (1) FRCivP anwendbar[809].

Die Beweislast, ob es sich bei dem Zustellungsvertreter um einen *managing or general agent* handelt, trägt der Kläger[810]. Zentraler Anhaltspunkt für die Qualifikation ist, ob die Person innerhalb der Gesellschaft eine Position bekleidet, die die Weiterleitung der zugestellten Schriftstücke an die entscheidenden Organe der Gesellschaft als genügend wahrscheinlich erscheinen lässt[811]. Dies ist nach der US-Rechtsprechung regelmäßig der Fall, wenn die betreffende Person in verantwortlicher Stellung die Geschäfte der Gesellschaft führt[812]. In diesen Fällen ist die Prüfung der Zuständigkeit über die beklagte Gesellschaft mit der Frage der Ordnungsgemäßheit der Zustellung eng verbunden[813]. Wird die *personal jurisdiction* durch die dauerhafte und planmäßige Geschäftstätigkeit der Gesellschaft im Gerichtsstaat begründet (*doing business*-Gerichtsstand), dann wird gewöhnlich auch die mit dieser Tätigkeit vertraute Person als empfangsberechtigter *agent* angesehen[814]. Darüber hinaus können gleichfalls untergeordnete Mitarbeiter wie *managing or general agent* behandelt werden, wenn die beklagte juristische Person diese im Geschäftsverkehr ausdrücklich als solche bezeichnet hat[815].

---

807 *Dodco, Inc. v. America Bonding Co.*, 7 F.3d 1387 (8th Cir. 1993).

808 Siehe *Wright/Miller/Bromley*, 4A Fed. Prac. & Proc. Civ. 3d (2006), § 1103, Fn. 3 m. entspr. Nachw.

809 *Printed Media Servs., Inc. v. Solna Web, Inc.*, 11 F.3d 838 (8th Cir. 1993); *Oekhi v. Security Bank of Bibb County*, 199 F. R. D. 388 (D. Ga. 2001); *Borah v. Monumental Life Ins. Co.*, 2005 WL 83261 (E. D. Pa. 2005).

810 *Fletcher*, 18A Cyclopedia of the Law of Corporations (2007), § 8745.

811 *Remington Rand, Inc. v. Knapp-Monarch Co.*, 139 F. Supp. 613 (E. D. Pa. 1956); *Nationwide Mut. Inc. Co. v. Kaufmann*, 896 F. Supp. 104 (E. D. N. Y. 1995); siehe ferner *Fleischhauer*, Inlandszustellung an Ausländer (1996), S. 139; *Malzahn*, GATT-widrige *Treble Damages*-Klagen auf der Grundlage des US Antidumping Act 1916 (2003), S. 214 f.; *Wright/Miller/Bromley*, 4A Fed. Prac. & Proc. Civ. 3d (2006), § 1103.

812 *Direct Mai Specialists v. Eclat Computerized Technologies, Inc.*, 840 F. 2d 685 (9th Cir. 1988); *Hong- Ming Lu v. Primax Wheel Corp.*, 2005 WL 807048 (N. D. Cal. 2005); vgl. ferner *Fletcher*, 18A Cyclopedia of the Law of Corporations (2007), § 8745.

813 *Wright/Miller/Bromley*, 4A Fed. Prac. & Proc. Civ. 3d (2006), § 1103; *Fleischhauer*, Inlandszustellung an Ausländer (1996), S. 139.

814 *International Shoe Co. v. Washington*, 326 US 310 (1945); *Jim Fox Enterprises, Inc. v. Air France*, 664 F.2d 63, 64 (5th Cir. 1981); *Schwartz & Associates v. Elite Line, Inc.*, 751 F. Supp. 1366 (E. D. Mo. 1990); abgelehnt für einen *switchboard operator Paramount Packaging Corp. v. H.B. Fuller Co.*, 190 F. Supp. 178 (E. D. Pa. 1960).

815 *Cohen v. Physical Culture Shoe Co.*, 28 F. Supp. 679 (S. D. N. Y. 1938); hierzu *Fleischhauer*, Inlandszustellung an Ausländer (1996), S. 140; *Malzahn*, GATT-widrige

Es bleibt festzustellen, dass die Wirksamkeit der Zustellung an einen *agent* im Sinne des Absatzes (h) (1) schlussendlich von einer Einzelfallbetrachtung abhängt[816]. Die US-Gerichte zeigen sich regelmäßig ergebnisorientiert, in dem sie vorwiegend auf den Sinn und Zweck der Zustellung abstellen und prüfen, ob die beklagte juristische Person tatsächliche Kenntnis von der Klage erlangt hat[817].

c) Zustellung an rechtsgeschäftlich oder gesetzlich bevollmächtigte Vertreter

Die dritte Zustellungsvariante der Rule 4 (h) (1) FRCivP sieht schließlich vor, dass *service of process* durch die Übergabe einer Kopie der verfahrenseinleitenden Schriftstücke an jeden zu ihrer Entgegennahme rechtsgeschäftlich oder gesetzlich bevollmächtigten Vertreter (*agent authorized by appointment or by law to receive service of process*) bewirkt werden kann. Bei dem Vertreter muss es sich nicht zwingend um eine natürliche Person handeln. Möglich ist vielmehr auch eine *agency*-Beziehung zwischen der beklagten ausländischen juristischen Person und ihrer US-amerikanischen Tochtergesellschaft[818].

aa) Der rechtsgeschäftlich bestellte Empfangsvertreter (*contractually appointed agent*) muss im Gegensatz zu den automatisch empfangsberechtigten *officers*, *general* oder *managing agents* gerade zur Entgegennahme der Zustellung autorisiert sein[819]. Unerheblich ist dabei, ob seine Bevollmächtigung aus-

---

Treble Damages-Klagen auf der Grundlage des US Antidumping Act 1916 (2003), S. 215; *Wright/Miller/Bromley*, 4A Fed. Prac. & Proc. Civ. 3d (2006), § 1103; anders hingegen bei *Landaas v. Canister Co.*, 69 F.Supp. 835 (S. D. N. Y. 1946), wo lediglich der Mitarbeiter sich als *sales manager* bezeichnet hat.

816 *Wright/Miller/Bromley*, 4A Fed. Prac. & Proc. Civ. 3d (2006), § 1103, Fn. 14 m. entspr. Nachw.; *Fletcher*, 18A Cyclopedia of the Law of Corporations (2007), § 8745.

817 Siehe *Leedo Cabinetry v. James Sales & Distribution, Inc.*, 157 F.3d 410 (5th Cir. 1998); *Drill South, Inc. v. International Fidelity Ins. Co.*, 234 F.3d 1232 (11th Cir. 2000); siehe ferner *Fleischhauer*, Inlandszustellung an Ausländer (1996), S. 140; *Wright/Miller/Bromley*, 4A Fed. Prac. & Proc. Civ. 3d (2006), § 1101: „[N]otice often seems to be the keystone to proper service under Rule 4 (h) […].“ Anders hingegen in *Ayres v. Jacobs & Crumplar, P.A.*, 99 F.3d 565 (3d Cir. 1996); *Link Group Int'l L.L.P. v. Toymax (H.K.) Ltd.*, 127 F. Supp. 2d 280 (D. Conn. 2000).

818 *Chan v Society Expeditions, Inc.*, 39 F. 3d 1398 (9th Cir. 1994), cert. denied 514 US 1004; vgl. ferner *Wright/Miller/Bromley*, 4A Fed. Prac. & Proc. Civ. 3d (2006), § 1104, Fn. 4 m. weit. Nachw.

819 Dies ergibt sich ohne weiteres aus dem Wortlaut der Vorschrift („…authorized … to receive service of process“). Diese Bestimmung betrifft auch den gesetzlichen Empfangsvertreter.

drücklich[820] oder konkludent[821] erteilt wurde[822]. Der *agent* muss lediglich im Zeitpunkt der Zustellung[823] in den Diensten der beklagten Gesellschaft stehen[824]. Seine dortige Stellung muss überdies eine zügige Weiterleitung der Schriftstücke an die Verantwortlichen erwarten lassen[825]. Darüber hinaus muss das Verhältnis zwischen *agent* und *corporation* eine gewisse Kontinuität aufweisen[826].

bb) Die Empfangsberechtigung des gesetzlich vorgesehenen Zustellungsvertreters (*statutory agent*) kann sich unzweifelhaft aus Bundesrecht (*federal law*) ergeben[827]. Dabei muss es sich aber um geschriebenes Gesetzesrecht handeln[828]. Unklar ist indes, ob darüber hinaus auch einzelstaatliches Gesetzesrecht im Rahmen der dritten Zustellungsvariante zum Empfang der Schriftstücke bevollmächtigen kann[829]. Unter Berücksichtigung der übrigen Zustellungsvarianten in Rule 4 (h) (1) FRCivP hat die Frage jedoch kaum praktische Relevanz, da die meisten Bundesgerichte auf eine klare Abgrenzung der Varianten in Absatz (h) (1) ohnehin verzichten[830]. Nach Absatz (h) (1) a.E. muss jedenfalls bei einer Zustellung an den *statutory agent* ergänzend eine Kopie der zuzustellenden Schriftstücke an die beklagte Gesellschaft geschickt werden, wenn das betreffende Gesetz dies vorschreibt. Dieser Regelung kommt lediglich eine klarstel-

---

820 Vgl. *Select Creations, Inc. v. Paliafito America, Inc.*, 830 F. Supp. 1223 (E. D. Wis. 1993).

821 Vgl. *Kane v. USSR*, 267 F.Supp. 709 (E. D. Pa. 1967); *Simms v. Mason's Stores, Inc.*, 196 S. E. 2d 545, 548 (18 N. C. App. 188, 1973).

822 Allgemein *Wright/Miller/Bromley*, 4A Fed. Prac. & Proc. Civ. 3d (2006), § 1101.

823 Unzulässige Zustellungen an ehemalige Mitarbeiter: *Westcott- Alexander, Inc. v. Dailey*, 264 F. 2d 853 (4th Cir. 1959); *Granite Chem. Corp. v. Northeast Coal & Dock Corp.*, 249 F. Supp. 597 (D. Me. 1966); anders hingegen bei *Estate of Monroe v. Bottle Rock Power Corp.*, 2005 WL 119883 (E. D. La. 2005): Dort wurde an den nicht mehr bei der beklagten Gesellschaft angestellten, aber trotzdem noch als *registered agent* aufgeführten Mitarbeiter der *corporation* wirksam zugestellt.

824 *Fleischhauer*, Inlandszustellung an Ausländer (1996), S. 137 f.; *Wright/Miller/Bromley*, 4A Fed. Prac. & Proc. Civ. 3d (2006), § 1101.

825 *Fleischhauer*, Inlandszustellung an Ausländer (1996), S. 138; *Wright/Miller/Bromley*, 4A Fed. Prac. & Proc. Civ. 3d (2006), § 1101.

826 *Zhemeck v. J.H. Winchester & Co.*, 23 F. R. D. 8 (E. D. Pa. 1958); *Pollard v. Steel Sys. Constr. Co.*, 581 F. Supp. 1551 (S. D. Fla. 1984).

827 Bsp.: 31 USC § 9306 Federal Process Agents of Surety Companies.

828 Vgl. *Wright/Miller/Bromley*, 4A Fed. Prac. & Proc. Civ. 3d (2006), § 1101.

829 Vgl. zum Parallelproblem der Rule 4 (e) (2) FRCivP *S & S Industries, Inc. v. Nakamura-Tome Precision Indus. Co.*, 93 F. R. D. 564, 566 (D. Minn. 1982); hierzu *Fleischhauer*, Inlandszustellung an Ausländer (1996), S. 131 f.; *Wright/Miller/Bromley*, 4A Fed. Prac. & Proc. Civ. 3d (2006), § 1098.

830 *Wright/Miller/Bromley*, 4A Fed. Prac. & Proc. Civ. 3d (2006), § 1101 und § 1103.

lende Funktion zu, in dem sie auf die bundesverfassungsrechtlichen *due process*-Anforderungen hinweist.

3. Besonders hervorzuhebende Zustellungsmethoden

a) Zustellungsdurchgriff

Bei ausländischen Unternehmen, die in den USA rechtlich selbständige Tochtergesellschaften unterhalten, stellt sich zudem in den meisten Bundesstaaten das Problem des Zustellungsdurchgriffs[831]. Danach gilt die Klage gegen ein im Ausland ansässiges Unternehmen bereits mit Übergabe der verfahrenseinleitenden Schriftstücke an seine inländische Tochtergesellschaft als ihm zugestellt[832]. Die Zustellung wird in diesem Fall im Inland abgeschlossen und fällt damit nicht unter die vom HZÜ beanspruchte Exklusivität gegenüber Auslandszustellungen[833]. Rechtlich kann dabei der Zustellungsdurchgriff als Variante der Zustellungsvertretung (*agency theory*) oder als echter Durchgriff im Konzern (*piercing the corporate veil theory*) auftauchen:

---

831 Nach Kalifornischem Recht bspw. kann nicht mit Wirkung für die ausländische Mutter an die inländische Tochtergesellschaft zugestellt werden; siehe *Gravely Motor Plow & Cultivator Co. v. H.V. Carter Co., Inc.*, 193 F.2d 158, 161 (9th Cir. 1951); *Orion Tire Corp. v. General Tire, Inc.*, 1992 WL 295224, (C. D. Cal. 1992); *Graval v. P.T. Bakrie & Brothers*, 986 F.Supp. 1326, 1330 (C. D. Cal. 1996): „Under California law, service on a subsidiary does not constitute service on a parent corporation, even if the subsidiary is considered to be an „alter-ego" of the parent corporation."

832 Zum Zustellungsdurchgriff allein aus dem deutschen Schrifttum *Otto*, Der prozessuale Durchgriff (1993), S. 101- 104; *Fleischhauer*, Inlandszustellung an Ausländer (1996), S. 143- 149; *Bischof*, Die Zustellung im internationalen Rechtsverkehr in Zivil- oder Handelssachen (1997), S. 119- 128; *Knapp*, Die US-amerikanische Produkthaftung in der Praxis der deutschen Automobilindustrie (1997), S. 147- 149; *Malzahn*, GATT-widrige *Treble Damages*-Klagen auf der Grundlage des US Antidumping Act 1916 (2003), S. 216- 218; speziell zum New Yorker Recht *von Hein*, in: *Hopt/Kulms/von Hein* (Hrsg.), Rechtshilfe und Rechtsstaat (2006), S. 106 f.

833 Insoweit ganz herrschende Ansicht: *Volkswagen AG v. Schlunk*, 486 US 694, 706-708 (1988); *C3 Media & Marketing Group, LLC v. Firstgate Internet, Inc.*, 419 F.Supp.2d 419, 427 (S. D. N. Y. 2005); *Buhler*, 27 Tul. Mar. L. J. 1, 20 f. (2002); *Wright/Miller/Bromley*, 4B Fed. Prac. & Proc. Civ. 3d (2006), § 1134; zur entspr. Beurteilung in Deutschland: *BVerfG*, Beschluss v. 07.12.1994, BVerfGE 91, S. 335 (345) = IPRax 1996, S. 112 (115) = IPRspr 1994, Nr. 160b, S. 365 (369); *Otto*, Der prozessuale Durchgriff (1993), S. 109 ff. (117 f.); *Juenger/Reimann*, NJW 1994, S. 3274 (3275); *Stadler*, JZ 1995, S. 718 (719); *Fleischhauer*, Inlandszustellung an Ausländer (1996), S. 144; *Bischof*, Die Zustellung im internationalen Rechtsverkehr in Zivil- oder Handelssachen (1997), S. 121, 255 f.; *Malzahn*, GATT-widrige *Treble Damages*-Klagen auf der Grundlage des US Antidumping Act 1916 (2003), S. 216; *Zekoll*, NJW 2003, S. 2885 (2887); *Schlosser*, EU-Zivilprozessrecht[2] (2003), Art. 1 HZÜ, Rn. 7; *von Hein*, in: *Hopt/Kulms/von Hein* (Hrsg.), Rechtshilfe und Rechtsstaat (2006), S. 107.

aa) Sowohl nach dem Vertretungs- als auch Gesellschaftsrecht der Bundesstaaten muss es sich bei dem inländischen Zustellungsbevollmächtigten nicht zwingend um eine natürliche Person handeln. Es kann genauso eine inländische juristische Person zur Entgegennahme gerichtlicher Schriftstücke bevollmächtigt werden[834]. Fehlt eine solche Bevollmächtigung, kann gleichwohl ein faktisches Vertretungsverhältnis (*de facto agency*) zwischen der amerikanischen Tochter- und der ausländischen Muttergesellschaft vorliegen. Dies wird regelmäßig angenommen, wenn die Tochter ihre Geschäftstätigkeit überwiegend im Interesse der Mutter ausübt[835]. Das ausländische Unternehmen muss gerade durch die von ihm beherrschte Gesellschaft innerhalb des Bundesstaates geschäftlich tätig sein[836]. Für die Annahme eines derartigen Beherrschungsverhältnisses reicht noch nicht aus, dass es sich bei der faktischen Vertreterin um eine hundertprozentige US-amerikanische Tochtergesellschaft handelt[837]. Vielmehr müssen weitere im Einzelfall zu überprüfende Faktoren vorliegen, die auf eine besonders enge Verbindung zwischen ausländischer Mutter- und inländischer Tochtergesellschaft schließen lassen[838]. Die Gerichte stützen sich dabei auf verschiedene Komponenten, die isoliert zur Begründung eines zustellungsrechtlichen *agency*-Verhältnisses weder hinreichend noch notwendig sind:

---

834 Vgl. auch D. III. 2. a) bb).

835 Siehe *Stoehr v. American Honda Motor Co., Inc.*, 429 F. Supp. 763, 766 (D. Neb. 1977); *Akzona, Inc. v. E.I. Du Pont de Nemours & Co.*, 607 F. Supp. 227 (D. Del. 1984); *CutCo Industries, Inc. v. Naughton*, 806 F.2d 3261 (2d Cir. 1986); hierzu *Otto*, Der prozessuale Durchgriff (1993), S. 103; *Fleischhauer*, Inlandszustellung an Ausländer (1996), S. 145; *Bischof*, Die Zustellung im internationalen Rechtsverkehr in Zivil- oder Handelssachen (1997), S. 120 f.

836 Siehe *New York Marine Managers, Inc. v. Ektrans International Transport & Trade, Inc.*, 716 F. Supp. 783, 785 f. (S. D. N. Y. 1989); *Darden v. DaimlerChrysler North America Holding Corp.*, 191 F. Supp. 2d 382, 387-388 (S. D. N. Y. 2002); hierzu auch *Fleischhauer*, Inlandszustellung an Ausländer (1996), S. 145; speziell zum New Yorker Recht *von Hein*, in: *Hopt/Kulms/von Hein* (Hrsg.), Rechtshilfe und Rechtsstaat (2006), S. 105.

837 Siehe *McClenon v. Nissan Motor Corp. USA*, 726 F. Supp. 822, 826 (N. D. Fla. 1989); *Adams v. Allied Signal General Aviation Avionics*, 74 F. 3d 882 (8th Cir. 1996); *Jerge v. Potter*, 2000 WL 1160459 (W. D. N. Y. 2000), S. 2; *Darden v. DaimlerChrysler North America Holding Corp.*, 191 F. Supp. 2d 382, 387 (S. D. N. Y. 2002); hierzu auch *Pfeil-Kammerer*, Deutsch-amerikanischer Rechtshilfeverkehr in Zivilsachen (1987), S. 40; *Junker*, JZ 1989, S. 121 (122); *Merkt*, Abwehr der Zustellung von „punitive-damages"-Klagen (1995), S. 179; *Malzahn*, GATT-widrige *Treble Damages*-Klagen auf der Grundlage des US Antidumping Act 1916 (2003), S. 216; speziell zum New Yorker Recht *von Hein*, in: *Hopt/Kulms/von Hein* (Hrsg.), Rechtshilfe und Rechtsstaat (2006), S. 105.

838 Siehe *Akari Imeji Co. v. Qume Corp.*, 748 F. Supp. 588, 592- 593 (N. D. Ill. 1990); hierzu auch *Merkt*, Abwehr der Zustellung von „punitive-damages"-Klagen (1995), S. 177 f.; *Fleischhauer*, Inlandszustellung an Ausländer (1996), S. 144 f.; *Buhler*, 27 Tul. Mar. L. J. 1, 21 (2002); *Zekoll*, NJW 2003, S. 2885 (2887).

„Each of these facts, taken singly, might not have justified the district court in disregarding the corporate separateness of appellant and Midwest. However, taken together they indicate that appellant and Midwest freely disregarded their separateness and compel the conclusion reached by the district court "that the corporation form of Vincent's Midwest operation was the sheerest of shells to cloak his real agency for General Sani-Can"."[839]

Mindestvoraussetzung ist, dass die Handlungsvollmachten tatsächlich vom Geschäftsherrn abgeleitet sind und unter dessen Kontrolle ausgeübt werden[840].

bb) Ein Zustellungsdurchgriff kommt ferner in Betracht, wenn die ausländische Muttergesellschaft ein so hohes Maß an Kontrolle über die US-amerikanische Tochter ausübt, dass diese lediglich als „bloße Abteilung" (*mere department*)[841] der auswärtigen Mutter anzusehen ist[842]. In diesem Fall wird die selbständige Rechtspersönlichkeit von Mutter- und Tochtergesellschaft durchbrochen mit der Folge, dass sämtliche Handlungen der einen Gesellschaft der anderen zugerechnet werden[843]. Die US-Gerichte stellen auch hier auf verschiedene von Staat zu Staat unterschiedlich gewichtete Faktoren ab, um die für den Durchgriff erforderliche *complete control* über das beherrschte Unternehmen festzustellen[844]:

---

839 *Leach Company v. General Sani- Can Manufacturing Corporation*, 393 F. 2d 183, 186 (7th Cir. 1968).

840 *Fleischhauer*, Inlandszustellung an Ausländer (1996), S. 145; *Wright/Miller/Bromley*, 4A Fed. Prac. & Proc. Civ. 3d (2006), § 1104.

841 Vgl. weit. Bezeichnungen zur Umschreibung der erforderlichen Abhängigkeit bei *Fleischhauer*, Inlandszustellung an Ausländer (1996), S. 147; *Merkt/Göthel*, US-amerikanisches Gesellschaftsrecht^2 (2006), Rn. 379: *mere adjunct, agent, alter ego, alter idem, arm, blind* etc.

842 *Hargrave v. Fibreboard Corp.*, 710 F. 2d 1154, 1159 (5th Cir. 1983); *Paradigm Entertainment, Inc. v. Video Systems Co., Ltd.*, 2000 WL 251731 (N. D. Tex. 2000); hierzu *Junker*, JZ 1989, S. 121 (122); *Otto*, Der prozessuale Durchgriff (1993), S. 101- 103; *Merkt*, Abwehr der Zustellung von „punitive-damages"-Klagen (1995), S. 175- 179; *Fleischhauer*, Inlandszustellung an Ausländer (1996), S. 146- 149; *Bischof*, Die Zustellung im internationalen Rechtsverkehr in Zivil- oder Handelssachen (1997), S. 124- 126; *Malzahn*, GATT-widrige *Treble Damages*-Klagen auf der Grundlage des US Antidumping Act 1916 (2003), S. 216 f.; *Zekoll*, NJW 2003, S. 2885 (2887), Fn. 22; *von Hein*, in: *Hopt/Kulms/von Hein* (Hrsg.), Rechtshilfe und Rechtsstaat (2006), S. 106 f.; *Nanda/Pansius*, Litigation of International Disputes in U.S. Courts (2006), § 2:12.

843 *Wasden v. Yamaha Motor Co., Ltd.*, 131 F. R. D. 206, 209 (M. D. Fla. 1990); *Hickory Travel Systems, Inc. v. TUI AG*, 213 F. R. D. 547, 553 (N. D. Cal. 2003); siehe ferner *Fleischhauer*, Inlandszustellung an Ausländer (1996), S. 147; *Bischof*, Die Zustellung im internationalen Rechtsverkehr in Zivil- oder Handelssachen (1997), S. 124.

844 *King v. Perry & Sylva Machinery Co.*, 766 F. Supp. 638, 639 f. (N. D. Ill. 1991); *United States v. International Brotherhood of Teamsters*, 945 F. Supp. 609, 619 (S. D. N. Y. 1996); allg. *Buhler*, 27 Tul. Mar. L. J. 1, 21 (2002); *Born/Rutledge*, International Civil Liti-

> „In making this determination, courts must consider four factors: (1) common ownership; (2) the subsidiary's financial dependency on the parent; (3) "the degree to which the parent corporation interferes in the selection and assignment of the subsidiary's executive personnel and fails to observe corporate formalities"; and (4) the degree of control exercised by the parent."[845]

Der hundertprozentige Aktienbesitz begründet hier ebenfalls nicht automatisch die komplette Kontrolle über das beherrschte Unternehmen[846]. Vielmehr muss dazu meistens eine gewisse finanzielle Abhängigkeit der Tochtergesellschaft von ihrer ausländischen Mutter bestehen, die die Eigenständigkeit des *subsidiary* aufhebt. Daneben kann die personelle Verflechtung auf dem Niveau des Verwaltungsrates bzw. des Managements eine bedeutende Rolle spielen[847]. Die doch recht ähnlichen Kriterien machen eine scharfe Abgrenzung zwischen den beiden Varianten des Zustellungsdurchgriffs nahezu unmöglich. Sie ist aber auch nicht nötig, da die US-Gerichte ohnehin keine strenge dogmatische Trennung der Institute vornehmen, sondern einfach auf beide Argumentationsmuster abstellen, um den Durchgriff zu begründen[848].

cc) Die Darlegungs- und Beweislast der ordnungsgemäßen Zustellung trägt der Kläger. Er muss also nachweisen, dass eine hinreichende enge Verbindung zwischen der Mutter- und Tochtergesellschaft im Sinne einer *de facto agency*-Beziehung oder im Sinne der *piercing the corporate veil theory* besteht, und dass mit der Zustellung an die US-amerikanische Tochtergesellschaft vermutlich die Inkenntnissetzung der Mutter einhergeht[849]. Gelingt ihm dieser Nachweis

---

gation in United States Courts[4] (2007), S. 891 f.; ausführlicher zu den einzelnen Kriterien *Otto*, Der prozessuale Durchgriff (1993), S. 102 f.; *Fleischhauer*, Inlandszustellung an Ausländer (1996), S. 147- 149; *Merkt/Göthel*, US-amerikanisches Gesellschaftsrecht[2] (2006), Rn. 383- 386.

845 *Darden v. DaimlerChrysler North America Holding Corp.*, 191 F. Supp. 2d 382, 388 (S. D. N. Y. 2002); *C3 Media & Marketing Group, LLC v. Firstgate Internet, Inc.*, 419 F. Supp. 2d 419, 427 (S. D. N. Y. 2005); vgl. ferner *von Hein*, in: *Hopt/Kulms/von Hein* (Hrsg.), Rechtshilfe und Rechtsstaat (2006), S. 106 f.

846 *Geick v. American Honda Motor Co.*, 117 F. R. D. 123, 127 (C. D. Ill. 1987); ferner *Fleischhauer*, Inlandszustellung an Ausländer (1996), S. 148 (Fn. 389) m. weit. Nachw.

847 Siehe *Bischof*, Die Zustellung im internationalen Rechtsverkehr in Zivil- oder Handelssachen (1997), S. 125 m. entspr. Nachw.

848 Siehe statt vieler *Chung v. Tarom, S.A.*, 990 F. Supp. 581, 584 (N. D. Ill. 1998); allgemein *Fleischhauer*, Inlandszustellung an Ausländer (1996), S. 144.

849 So deutlich *Darden v. DaimlerChrysler North America Holding Corp.*, 191 F. Supp. 2d 382, 387 (S. D. N. Y. 2002): „The subsidiary exception would apply if Darden could show that CSI is "the foreign parent's general agent in New York or is so dominated by the foreign parent as to be a 'mere department' of the parent." Siehe ferner *Akari Imeji Co. v. Qume Corp.*, 748 F. Supp. 588, 591 (N. D. Ill. 1990); *Fleming v. Yamaha Motor Corp., USA*, 774 F. Supp. 992, 994 (W. D. Va. 1991); *Gallagher v. Mazda Motor of America, Inc.*, 781 F.

nicht, dann ist die Inlandszustellung an die inländische Tochter mit Wirkung für die ausländische Mutter unwirksam[850]. Greift auch keine andere Inlandszustellung, dann bleibt ihm häufig nur der Weg über das Haager Zustellungsübereinkommen. Der Kläger steht damit vor einer nicht unerheblichen Hürde, die verdeutlicht, dass von einer regelmäßig wirksamen Ersatzzustellung an die inländische Tochtergesellschaft der beklagten ausländischen Gesellschaft nicht ohne weiteres ausgegangen werden darf[851].

b) Öffentliche Zustellung

Obwohl Rule 4 (h) FRCivP selbst nicht die Möglichkeit der öffentlichen Zustellung vorsieht, nimmt sie jedoch auf diese Bezug, in dem sie implizit auf die entsprechenden bundesgesetzlichen[852] und einzelstaatlichen Zustellungsregeln[853] verweist[854]. Mindestvoraussetzung ist in der Regel, dass der Zustellungsempfänger oder eine Ersatzperson nicht auf andere Weise benachrichtigt werden kann. Die Zustellung wird durch Veröffentlichung der verfahrenseinleitenden Schriftstücke in (nicht nur) US-amerikanischen Medien (Presse und Fernsehen)[855], in seltenen Fällen auch durch Anschlag an eine Gerichtstafel oder die

---

Supp. 1079, 1085 (E. D. Pa. 1992); *Kim v. Frank Mohn A/S*, 909 F. Supp. 474, 478 f. (S. D. Tex. 1995); hierzu *Buhler*, 27 Tul. Mar. L. J. 1, 21 (2002).

850 *McClenon v. Nissan Motor Corp. USA*, 726 F. Supp. 822, 826 f. (N. D. Fla. 1989); *Fleming v. Yamaha Motor Corp.*, 774 F. Supp. 992, 994 (W. D. Va. 1991); *Grand Entertainment Group, Ltd., v. Star Media Sales, Inc.*, 988 F. 2d 476, 478 (3d Cir. 1993); *United States v. International Brotherhood of Teamsters*, 945 F. Supp. 609, 619 (S. D. N. Y. 1996) allerdings im Hinblick auf die Zuständigkeitsbegründung; *Chung v. Tarom, S.A., et al.*, 990 F.Supp. 581, 584- 587 (N. D. Ill. 1998); vgl. zulässige Zustellung an den *subsidiary New York Marine Managers, Inc. v. Ektrans International Transport & Trade, Inc.*, 716 F. Supp. 783, 786 (S. D. N. Y. 1989); *King v. Perry & Sylva Machinery Co.*, 766 F. Supp. 638, 640 (N. D. Ill. 1991); *Doty v. Magnum Research Inc.*, 994 F. Supp. 894, 897 (N. D. Ohio 1997).

851 Vgl. *OLG Koblenz*, Beschluss v. 27.06.2005, IPRax 2006, S. 25 (34): In diesem Fall scheiterte die Inlandszustellung an das US-amerikanische Tochterunternehmen.

852 So vorgesehen bei abwesenden Patentinhabern (*nonresident patentees*) nach 35 USC § 293 (Bundespatentgesetz) und bei der Vollstreckung von Pfandrechten (*lien enforcement*) nach 28 USC § 1655.

853 Siehe hierzu D. III. 2. ff).

854 Vgl. Rule 4 (h) FRCivP: „Unless otherwise provided by *federal law*, service upon a [...] corporation or [...] association [...] shall be effected: (1) in a judicial district of the United States in the manner prescribed for individuals by subdivision (e)(1)"; Rule 4 (e) (1) FRCivP: "[...] service upon an individual [...] may be effected [...] (1) pursuant to the *law of the state* in which the district court is located, or in which service is effected"; Herv. d. Verf.

855 Siehe Bsp. bei *Malzahn*, GATT-widrige *Treble Damages*-Klagen auf der Grundlage des US Antidumping Act 1916 (2003), S. 227; *von Hein*, in: *Hopt/Kulms/von Hein* (Hrsg.), Rechtshilfe und Rechtsstaat (2006), S. 120 f.

Tür des Gerichtsgebäudes bewirkt[856]. Begrenzt wird die Zulässigkeit der öffentlichen Zustellung jedoch durch die bundesverfassungsrechtlichen Schranken der *due process clause*, wonach von mehreren in Betracht kommenden Zustellungsformen immer diejenige gewählt werden muss, die unter den gegebenen Umständen am besten geeignet ist, dem Beklagten wirkliche Kenntnis zu verschaffen[857]. Der *US Supreme Court* hat daher die öffentliche Zustellung nur dann für zulässig erklärt, wenn keine besseren Zustellungsmethoden durchführbar sind[858]. Das ist regelmäßig der Fall, wenn auch unter Anwendung der gebotenen Sorgfalt die Identität oder der Aufenthaltsort des Zustellungsempfängers nicht ermittelt werden konnte[859]. Das Haager Zustellungsübereinkommen steht der öffentlichen Zustellung dann nicht entgegen, da nach seinem Art. 1 Abs. 2 das Übereinkommen ohnehin nicht gilt, wenn die Anschrift des Empfängers des Schriftstücks unbekannt ist[860]. Bisher unbeantwortet blieb vom höchsten US-Gericht die Frage, ob die öffentliche Zustellung darüber hinaus zulässig ist, wenn die Anschrift des Beklagten zwar bekannt, aber dieser faktisch unter seiner bekannten Anschrift nicht erreichbar ist[861]. Dieselbe Interessenslage spreche nach Ansicht einiger deutscher Autoren für ihre Zulässigkeit[862]. Aber auch in diesem Fall würde die öffentliche Zustellung das HZÜ nicht verletzen, da der juristische Tatbestand im Inland vollendet wird[863].

---

856 *Fleischhauer*, Inlandszustellung an Ausländer (1996), S. 152.

857 Zum sog. *Mullane*-Standard des *US Supreme Court* weiter oben unter A. I. 1. b).

858 *Mullane v. Central Hanover Bank & Trust Co.*, 339 US 306, 317 (1950); *Tulsa Professional Collection Services, Inc. v. Pope*, 485 US 478, 490 f. (1988); ausführlich hierzu *Weintraub*, Commentary on Conflict of Laws[4] (2001), § 4.4, S. 130- 136; *Friedenthal/Kane/Miller*, Civil Procedure[4] (2005), § 3.19, S. 177- 180; vgl. ferner *Fleischhauer*, Inlandszustellung an Ausländer (1996), S. 107- 109; *Malzahn*, GATT-widrige *Treble Damages*-Klagen auf der Grundlage des US Antidumping Act 1916 (2003), S. 225; *von Hein*, in: *Hopt/Kulms/von Hein* (Hrsg.), Rechtshilfe und Rechtsstaat (2006), S. 121.

859 *Mullane v. Central Hanover Bank & Trust Co.*, 339 US 306, 317 (1950) mit dem Verweis auf *Cunnius v. Reading School District*, 198 US 458 (1905); *Blinn v. Nelson*, 222 US 1 (1911); *Jacob v. Roberts*, 223 US 261 (1912).

860 Entsprechend *Quaranta v. Merlini*, 192 Cal. App. 3d 22 (Cal. Ct. App. 1987); in *Kott v. Superior Court of Los Angeles County*, 45 Cal. App. 4th 1126, 1137- 1139 (Cal. Ct. App. 1996), wurde die öffentliche Zustellung abgelehnt, da der Kläger nicht die erforderliche Sorgfalt aufgebracht hatte; *The People v. Rafael Prieto Tarradas*, 58 Cal. App. 4th 120, 124 f. (Cal. Ct. App. 1997).

861 In *Butler v. McKey*, 138 F. 2d 373 (9th Cir. 1943), cert. denied 321 US 780, wurde die öffentliche Zustellung im Fall der vorsätzlichen Entziehung der Zustellung für zulässig erachtet. Allerdings handelt es sich in diesem Fall um einen beklagten *state resident*.

862 *Malzahn*, GATT-widrige *Treble Damages*-Klagen auf der Grundlage des US Antidumping Act 1916 (2003), S. 226; *von Hein*, in: *Hopt/Kulms/von Hein* (Hrsg.), Rechtshilfe und Rechtsstaat (2006), S. 121; vorsichtiger hingegen *Schack*, Einführung in das US-amerikanische Zivilprozessrecht[3] (2003), V. 1. b), S. 39.

863 Siehe *Eto v. Muranaka*, 57 P. 3d 413, 423 (Haw. Sup. 2002).

4. Zustellungsfrist der Rule 4 (m) FRCivP

Der Kläger hat die Inlandszustellung an das beklagte ausländische Unternehmen innerhalb einer Frist von 120 Tagen nach Einreichung der Klageschrift bei Gericht zu bewirken. Gelingt ihm dies nicht, kann das Gericht gemäß Rule 4 (m) FRCivP die Klage auf Antrag oder von Amts wegen ohne Präjudizwirkung für eine erneute Klageerhebung abweisen. Zeigt der Kläger einen guten Grund (*good cause*) für seine Fristversäumnis, dann soll das Gericht ihm eine angemessene Fristverlängerung gewähren. Dies wird es in der Regel tun, wenn der Grund für die ausgebliebene Zustellung nicht aus der Sphäre des Klägers stammt[864]. Ob das Gericht dem Kläger auch ohne diesen Nachweis anordnen kann, die Zustellung innerhalb einer gerichtlich festgelegten Frist zu bewirken, war in der US-Rechtsprechung umstritten[865]. Der Wortlaut der Rule 4 (m) FRCivP sowie die Anmerkungen des *Advisory Committee* zu Absatz (m) legen eine solche Sicht nahe[866]. Auch der *US Supreme Court* hat sich dictum dieser Ansicht angeschlossen[867], womit er diesem Streit wohl nunmehr ein Ende gesetzt hat[868].

Von der Zustellungsfrist der Rule 4 (m) FRCivP ausdrücklich ausgeschlossen ist nach Satz 2 die Auslandszustellung nach Absatz (f) oder (j) (1). Die Zustellung über die im HZÜ vorgesehenen Wege kann damit ohne zeitliche Begrenzung bewirkt werden, ohne dass das Gericht die Klage abweist[869]. Allerdings muss der Kläger auch ernsthaft um die Zustellungsbewirkung bemüht sein[870].

---

864 *Wright/Miller/Bromley*, 4B Fed. Prac. & Proc. Civ. 3d (2006), § 1137; vgl. ferner *Böhm*, Amerikanisches Zivilprozessrecht (2005), Rn. 299.

865 Befürwortend *Thompson v. Brown*, 91 F. 3d 20 (5th Cir. 1996); *Panaras v. Liquid Carbonic Industries Corporation*, 94 F. 3d 338 (7th Cir. 1996); ablehnend *Shao v. Link Cargo (Taiwan) Ltd.*, 986 F.2d 700 (4th Cir. 1993); *Mendez v. Elliot*, 45 F.3d 75 (4th Cir. 1995).

866 *Advisory Committee*, 1993 Amendments to Rule 4, Subdivision (m), abgedruckt in: 28 USCA FRCivP, Rule 1- 11 (Supplementary Pamphlet 2006), S. 121 (127): „The new subdivision […] authorizes the court to relieve a plaintiff of the consequences of an application of this subdivision even if there is no good cause shown."

867 *Henderson v. United States*, 517 US 654, 663 (1996).

868 Siehe *Wright/Miller/Bromley*, 4B Fed. Prac. & Proc. Civ. 3d (2006), § 1137(Fn. 12.1) m. entspr. Bsp. aus der US-Rechtsprechung, die der Ansicht des *Supreme Court* folgen.

869 Unklarer stellte sich jedoch die alte Rechtslage dar, als Rule 4 FRCivP noch nicht ausdrücklich auf das HZÜ verwies. Einige Beklagte nahmen diese vermeintliche Lücke zum Anlass, vor Gericht erfolglos vorzutragen, die Zustellung nach dem HZÜ sei nicht von den Federal Rules vorgesehen und falle damit nicht in den Anwendungsbereich der 120-Tage-Frist; siehe *Buhler*, 27 Tul. Mar. L. J. 1, 25- 26 (2002).

870 *Thayer v. Dial Industries Sales, Inc.*, 85 F. Supp. 2d 263 (S. D. N. Y. 2000).

5. Zustellungsnachweis nach Rule 4 (l) FRCivP

Soweit kein Zustellungsverzicht im Sinne der Rule 4 (d) FRCivP vorliegt, muss die Person, die die Zustellung bewirkt hat, dem Gericht nach Rule 4 (l) FRCivP einen Nachweis hierüber liefern. Dies geschieht in der Regel durch eine eidesstattliche Erklärung. Die Vorschrift stellt ferner klar, dass der fehlende Nachweis der Zustellung deren Wirksamkeit unberührt lässt. Das Gericht kann schließlich zulassen, dass der Zustellungsnachweis nachgereicht wird.

Bei Zustellungen, die im Ausland zu bewirken sind, verweist Absatz (l) auf die Beweisregeln der einschlägigen Staatsverträge und damit auch auf Art. 6 HZÜ[871].

IV. Ergebnis

Bei bundesgerichtlichen Verfahren richtet sich die Inlandszustellung an ausländische Kapital- und Personengesellschaften grundsätzlich nach Rule 4 (h) (1) i. V. m. Absatz (e) (1) FRCivP, es sei denn, ein spezielleres Bundesgesetz ist einschlägig. Diese Regelung kommt erst dann zur Anwendung, wenn die beklagte Gesellschaft nicht auf die förmliche Zustellung im Sinne der Rule 4 (d) FRCivP verzichtet hat. Deutschen Unternehmen wird hiervon abgeraten, da sie von ihr regelmäßig keine echten Verbesserungen erwarten können. Liegt also kein Verzicht vor, dann wartet Rule 4 (h) (1) FRCivP mit drei unterschiedlichen Zustellungsvarianten auf:

Die erste Variante erklärt über den Verweis auf Absatz (e) (1) das einschlägige einzelstaatliche Recht für anwendbar. Insbesondere deutsche Unternehmen, die in den Vereinigten Staaten geschäftlich tätig sind oder eine US-amerikanische Tochtergesellschaft unterhalten, sind einem erhöhten Risiko der Inlandszustellung ausgesetzt. Denn bevor sie ihre Geschäftstätigkeit in dem betreffenden Staat aufnehmen dürfen, müssen sie regelmäßig einen inländischen Zustellungsbevollmächtigten benennen. Ernennen sie keinen, dann wird meistens ein *state official* zum fiktiven Zustellungsbevollmächtigten bestimmt. Darüber hinaus besteht in den meisten Bundesstaaten die Gefahr eines Zustellungsdurchgriffs bei einer hinreichend engen Verflechtung der deutschen Muttergesellschaft mit der US-amerikanischen Tochter. Allerdings unterliegt sie sehr engen Voraussetzungen und muss zudem vom Kläger dargelegt werden, so dass von ihrem Vorliegen nicht ohne weiteres ausgegangen werden darf. Als Ultima Ratio sieht überdies der Großteil der Einzelstaaten die öffentliche Zustellung vor, die in ihrem Anwendungsbereich durch das bundesverfassungsrechtliche *due process*-Gebot sehr stark eingeschränkt ist. Unstreitig kann aber einem Unternehmen, von dem die Anschrift unbekannt ist, öffentlich zugestellt werden.

871 Siehe hierzu weiter oben C. III. 1. d).

Die öffentliche Zustellung sollte ferner nicht ausgeschlossen werden, wenn trotz Kenntnis der Anschrift dem Beklagten faktisch nicht auf andere Weise zugestellt werden kann.

Nach der zweiten Variante kann die Zustellung an die beklagte deutsche Gesellschaft mit persönlicher Übergabe der verfahrenseinleitenden Schriftstücke an einem leitenden Angestellten, einem Handlungsbevollmächtigten oder Geschäftsführer bewirkt werden[872]. Viele einzelstaatliche Zustellungsregeln erweitern den Kreis der empfangsberechtigten Personen, so dass unter Umständen auch anderen, in Rule 4 (h) (1) FRCivP nicht ausdrücklich aufgeführten Personen zugestellt werden kann. Die automatisch als empfangsberechtigt geltende Person braucht nur vorübergehend im Gerichtsstaat anzutreffen sein. Ausreichend ist etwa die Übergabe der zuzustellenden Schriftstücke bei einer Geschäftsreise in den USA[873]. Beklagte deutsche Aktiengesellschaften sollten zudem gewarnt sein, dass anders als im deutschen Recht[874] auch ihren Angestellten unterhalb der Vorstandsebene ordnungsgemäß zugestellt werden kann[875]. Denn maßgebend ist allein, ob die Person nach der US-amerikanischen Verkehrsanschauung innerhalb der Gesellschaft eine Position bekleidet, die die Weiterleitung der zugestellten Schriftstücke an die entscheidenden Organe der Gesellschaft als genügend wahrscheinlich erscheinen lässt.

Die dritte Zustellungsvariante sieht schließlich vor, dass die Inlandszustellung durch die Übergabe einer Kopie der verfahrenseinleitenden Schriftstücke an jeden zu ihrer Entgegennahme rechtsgeschäftlich oder gesetzlich bevollmächtigten Vertreter der beklagten Gesellschaft bewirkt werden kann.

Anzumerken bleibt schließlich, dass das Haager Zustellungsübereinkommen die Möglichkeit der Zustellungsdurchführung in den Vereinigten Staaten nicht ausschließt. Gleichwohl kann die Inlandszustellung in gewissen Fällen als Verstoß gegen das Übereinkommen gewertet werden. Dies ist regelmäßig der Fall, wenn trotz formaler Bezeichnung als Inlandszustellung ihr Tatbestand in einem Vertragsstaat vollendet wird. Dann nämlich liegt unstreitig eine Auslandszustellung vor, die von der Exklusivität des Übereinkommens erfasst wird. Das einzelstaatliche Zustellungsrecht wird von den vorrangigen staatsvertraglichen Regeln des HZÜ verdrängt. Auch bei der Zustellung nach Bundesrecht muss ihre Erledigung zunächst nach dem Übereinkommen versucht werden.

---

872 Schlussendlich wurde auch der Bertelsmann AG in dem berühmten *Napster*-Fall (siehe *BVerfG*, einstweilige Anordnung v. 25.07.2003, BVerfGE 108, S. 238) auf diese Weise zugestellt; siehe *Schack*, AG 2006, S. 823 (827); *von Hein*, RIW 2007, S. 249 (250).

873 Vgl. *Junker*, IPRax 1986, S. 197 (203).

874 Vgl. § 78 Abs. 1 AktG.

875 Ebenso *von Hein*, in: *Hopt/Kulms/von Hein* (Hrsg.), Rechtshilfe und Rechtsstaat (2006), S. 111 f.

E. Alternative Formen der Auslandszustellung nach Rule 4 (f) (2) und (3) FRCivP

Neben dem beispielhaften Verweis auf das Haager Zustellungsübereinkommen in Absatz (1) wartet Rule 4 (f) FRCivP mit zwei weiteren Varianten der Auslandszustellung auf, die in den Absätzen (2) und (3) geregelt sind. Die dort vorgesehenen Zustellungsformen finden mit Ausnahme der persönlichen Übergabe nach Absatz (f) (2) (C) (i) auch auf (ausländische) Kapital- und Personengesellschaften Anwendung, vgl. Rule 4 (h) (2) FRCivP. Der Kläger muss auch in diesen Fällen den Zustellungsnachweis im Sinne der Rule 4 (l) FRCivP erbringen. Fraglich ist indes, ihr Verhältnis zu dem Haager Zustellungsübereinkommen und den dort vorgesehenen Zustellungswegen.

I.Auslandszustellung nach Rule 4 (f) (2) FRCivP

Nach Rule 4 (f) (2) FRCivP kann die Auslandszustellung in der Weise erfolgen, die das Zustellungsrecht des Bestimmungsstaates vorschreibt (Absatz (A))[876], die die betreffende ausländische Behörde angeordnet hat (Absatz (B))[877], oder, sofern nicht durch das Recht des Bestimmungsstaates untersagt, durch persönliche Übergabe an den Beklagten (Absatz (C) (i)) bzw. durch postalische Zustellung (Absatz (C) (ii)):

> „[...] Unless otherwise provided by federal law, service upon an individual from whom a waiver has not been obtained and filed, other than an infant or an incompetent person, may be effected in a place not within any judicial district of the United States: [...] (2) if there is no internationally agreed means of service or the applicable international agreement allows other means of service, provided that service is reasonably calculated to give notice: (A) in the manner prescribed by the law of the foreign country for service in that country in an action in any of its courts of general jurisdiction; or (B) as directed by the foreign authority in response to a letter rogatory or letter of request; or (C) unless prohibited by the law of the foreign country, by (i) delivery to the individual personally of a copy of the summons and the complaint; or (ii) any form of mail requiring a signed receipt, to be addressed and dispatched by the clerk of the court to the party to be served [...]."

Die alternativen Zustellungsmethoden kommen nach den Anmerkungen des *Advisory Committee* zu Rule 4 (f) (2) FRCivP nur dann zur Anwendung, wenn die international vereinbarten Zustellungsformen nicht abschließend (*ex-*

---

876 Vgl. etwa *Hong-Ming Lu v. Primax Wheel Corp.*, 2005 WL 807048 (N. D. Cal. 2005): Zustellung nach taiwanesischem Zivilprozessrecht.

877 Vgl. etwa *Jung v. Neschis*, 2003 WL 1807202 (S. D. N. Y. 2003).

clusive) sind oder kein internationales Rechtshilfeabkommen anwendbar ist[878]. Überdies dürfen die Zustellungsmethoden im Allgemeinen nicht gegen das Recht des betreffenden Staates verstoßen[879]. Da das Haager Zustellungsübereinkommen innerhalb seines Geltungsbereiches nach nahezu unumstrittener Ansicht die Modalitäten der Auslandszustellung ausschließlich regelt[880], ist demnach für andere, im HZÜ nicht vorgesehene Zustellungsverfahren grundsätzlich kein Platz[881]. Insofern darf einem Adressaten, der sich in einem Vertragsstaat befindet, nur dann nach den Zustellungsformen des Absatzes (f) (2) zugestellt werden, wenn sie vom Übereinkommen erlaubt sind[882].

Praktisch am bedeutsamsten ist die in den USA weit verbreitete Zustellung durch die Post gemäß Rule 4 (f) (2) (C) (ii) FRCivP, die nach Art. 10 lit. a) HZÜ grundsätzlich möglich ist[883]. Da die staatsvertragliche Norm selbst nicht die Wirksamkeit der Zustellung regelt, sondern insoweit auf das Recht des Prozessgerichtes verweist, steht die Exklusivität des Übereinkommens der postalischen Zustellung nach dem nationalen Recht nicht entgegen[884]. Allerdings verlangt Art. 10 lit. a) HZÜ überdies, dass der Bestimmungsstaat keinen Vorbehalt gegenüber dieser Zustellungsart erklärt hat. Genau das hat die Bundesrepublik aber getan mit der Folge, dass Adressaten, die sich in Deutschland befinden, nicht nach Absatz (2) (C) (ii) postalisch zugestellt werden darf.

Gegenüber natürlichen Personen kann darüber hinaus Art. 19 HZÜ eine nicht unerhebliche Rolle spielen: Nach seiner weiten Auslegung sollen alle Zustellungsarten erlaubt sein, die das innerstaatliche Recht des Bestimmungsstaates nicht ausdrücklich oder konkludent verbietet[885]. Ein Bundesbezirksgericht hat unter ihrer Zugrundelegung die Zustellung nach Rule 4 (f) (2) (C) (i) FRCivP zugelassen, obwohl die persönliche Übergabe durch eine Privatperson erfolgte und der Beklagte sich in einem Vertragsstaat (Spanien) aufhielt, der

878 *Advisory Committee*, 1993 Amendments to Rule 4, Subdivision (f), abgedruckt in: 28 USCA FRCivP, Rule 1- 11 (Supplementary Pamphlet 2006), S. 121 (125).

879 *Nanda/Pansius*, Litigation of International Disputes in U.S. Courts (2006), § 2:13.

880 Siehe B. II.

881 Etwas unklar *Rempp/Lienemeyer*, ZVglRWiss 1995, S. 383 (392).

882 Siehe *Born/Rutledge*, International Civil Litigation in United States Courts[4] (2007), S. 825; etwas undifferenziert daher *Malzahn*, GATT-widrige *Treble Damages*-Klagen auf der Grundlage des US Antidumping Act 1916 (2003), S. 220.

883 *Brockmeyer v. May*, 383 F. 3d 798, 803- 805 (9th Cir. 2004); *Ballard v. Tyco International, Ltd.*, 2005 WL 1863492 (D. N. H. 2005); S. 4; *Fireman's Fund Insurance Company v. Fuji Electric Systems Co., Ltd.*, 2005 WL 628034 (N. D. Cal.), S. 2- 4. Allerdings ist in der US-amerikanischen Rechtsprechung umstritten, wie der Begriff „*send*" in der authentischen englischen Version des Art. 10 lit. a) HZÜ auszulegen ist: Manche US-Gerichte neigen dazu, die postalische Zustellung abzulehnen, da ihrer Ansicht nach *send* nicht mit *serve* gleichgesetzt werden dürfe; hierzu weiter oben C. III. 3. a) cc).

884 Hierzu weiter oben C. III. 3. a) bb).

885 Siehe zur Auseinandersetzung weiter oben C. III. 4. b).

jede Zustellung auf seinem Territorium ohne Beteiligung seiner Behörden als Souveränitätsverletzung ansieht[886]. Die gleiche Gefahr könnte damit auch einem Adressaten blühen, der sich in der Bundesrepublik Deutschland aufhält. Allerdings ist anzumerken, dass die Entscheidung des Bundesbezirksgerichtes insbesondere wegen der von ihr ausgehenden immensen Missbrauchsgefahr auf heftige Kritik stieß[887]. Zudem führt die weite Auslegung des Art. 19 HZÜ zu einer Entwertung der Vorbehalte gegen Art. 10 HZÜ. Haben Vertragsstaaten Art. 10 lit. b) und lit. c) HZÜ widersprochen, so ist zu vermuten, dass der Bestimmungsstaat nach seinem innerstaatlichen Recht die persönliche Übergabe der verfahrenseinleitenden Schriftstücke im Sinne der Rule 4 (f) (2) (C) (i) FRCivP in seinem Hoheitsgebiet nicht „zulässt"[888]. Durch den von der Bundesrepublik erklärten Widerspruch gegen Art. 10 HZÜ dürfte damit die Vorschrift gegenüber in Deutschland befindlichen Adressaten nicht zur Anwendung kommen. Beklagte deutsche Unternehmen brauchen diese Zustellungsmethode jedenfalls nicht zu befürchten, da sie ohnehin von der Verweisung in Absatz (h) (2) ausgenommen ist[889].

II. Auslandszustellung auf besondere Anordnung des Gerichts nach Rule 4 (f) (3) FRCivP

Nach Rule 4 (f) (3) FRCivP kann schließlich eine Zustellung auch in anderen, gesetzlich nicht zwingend vorgesehenen Formen bewirkt werden, sofern diese nicht durch ein internationales Übereinkommen untersagt sind:

> „[...] Unless otherwise provided by federal law, service upon an individual from whom a waiver has not been obtained and filed, other than an infant or an incompetent person, may be effected in a place not within any judicial district of the United States: [...] (3) by other means not prohibited by international agreement as may be directed by the court."

---

886 *Banco Latino, S.A.C.A. v. Gomez Lopez*, 53 F. Supp. 2d 1273, 1278- 1281 (S. D. Fla. 1999).

887 *Nanda/Pansius*, Litigation of International Disputes in U.S. Courts (2006), § 2:8: „[T]he liberal view creates serious potential for abuse. Many courts will be tempted to permit any method of service absent a specific objection."

888 Siehe *Friedman v. Israel Labour Party*, 1997 WL 379181 (E. D. Pa. 1997); zust. *Nanda/Pansius*, Litigation of International Disputes in U.S. Courts (2006), § 2:8.

889 Die alte Fassung der Rule 4 (f)(2)(C)(i) FRCivP (= Rule 4 (i)(1)(C)) war hingegen noch etwas großzügiger und erlaubte auch die persönliche Übergabe an den *officer, managing or general agent* der beklagten Gesellschaft. Allerdings bleibt anzumerken, dass für Kapital- und Personengesellschaft diese Art der Zustellung innerhalb eines US-amerikanischen Gerichtsbezirkes nach Rule 4 (h) (1) FRCivP ausdrücklich erlaubt ist; vgl. weiter oben D. III. 2. b).

Die Besonderheit dieser Zustellungsmethode liegt darin, dass sie nur auf Antrag des Klägers nach besonderer gerichtlicher Anordnung vorgenommen werden darf[890]. Die Vorschrift eröffnet dem Bundesgericht dabei einen weiten Ermessensspielraum, der ausdrücklich durch das einschlägige Völkervertragsrecht begrenzt wird. Zudem hat sich das Gericht an das bundesverfassungsrechtliche *due process*-Gebot zu halten[891]. Bei der Erfindung neuer Zustellungsformen muss es also unter anderem prüfen, ob die gewählte Zustellungsmethode unter den gegebenen Umständen am besten geeignet ist, den Beklagten über das gegen ihn laufende Verfahren in Kenntnis zu setzen[892]. Als weiteres (ungeschriebenes) Tatbestandsmerkmal kommt hinzu, dass die Zustellung in den gesetzlich festgelegten Formen aufgrund der besonderen Umstände des konkreten Falles nicht möglich ist, so dass erst das Einschreiten des Gerichts notwendig wird[893]. Dem Kläger obliegt es zu zeigen, dass er bereits vergeblich versucht hat, den Beklagten in billiger Weise in Kenntnis zu setzen, und dass auch weitere Zustellungsversuche voraussichtlich aussichtslos (*futile attempts at service*) bleiben[894]. Dieses Erfordernis rührt weniger aus dem Wortlaut und der Systematik der Rule 4 (f) FRCivP her[895]. Dahinter stecken vielmehr prozessökonomische Erwägungen, die Zivilgerichte vor einer allzu großen Arbeitslast zu bewahren[896]. Daneben verlangt das Haager Zustellungsübereinkommen in allen Fällen der

890 Deutlich in *Brockmeyer v. May*, 383 F. 3d 789, 806 (9th. Cir. 2004): „[The plaintiffs] must obtain prior court approval for the alternative method of serving process. Rule 4 (f) (3) thus is of no use to plaintiffs in this case."

891 Allgemeine Ansicht: *Advisory Committee*, 1993 Amendments to Rule 4, Subdivision (f), abgedruckt in: 28 USCA FRCivP, Rule 1- 11 (Supplementary Pamphlet 2006), S. 121 (125); zust. *Rio Properties, Inc. v. Rio International Interlink*, 284 F.3d 1007, 1016- 1019 (9th Cir. 2002); *Tamayo*, 17 Harv. J. L. & Tech. 211, 216 (2003); *Wright/Miller/Bromley*, 4B Fed. Prac. & Proc. Civ. 3d (2006), § 1133; *Nanda/Pansius*, Litigation of International Disputes in U.S. Courts (2006), § 2:15.

892 *Rio Properties, Inc. v. Rio International Interlink*, 284 F. 3d 1007, 1016 (9th Cir. 2002); allgemein zu dem hier angesprochenen *Mullane*-Standard weiter oben A. I. 1. b).

893 *Rio Properties, Inc. v. Rio International Interlink*, 284 F.3d 1007, 1016 (9th Cir. 2002): „[…] Rio needed only to demonstrate that the facts and circumstances of the present case necessitated the district court's intervention." Entsprechend *Ehrenfeld v. Salim A Bin Mahfouz*, 2005 WL 696769 (S. D. N. Y.), S. 2.

894 *Fmac Loan Receivables v. Dagra*, 228 F. R. D. 531, 534 (E. D. Va. 2005); entspr. *Williams v. Advertising Sex LLC*, 231 F. R. D. 483, 486 (N. D. W. Va. 2005); hierzu *Colby*, 51 Buff. L. Rev. 337, 370- 372 (2003).

895 *Rio Properties, Inc. v. Rio International Interlink*, 284 F. 3d 1007, 1015 (9th Cir. 2002).

896 *Ryan v. Brunswick Corporation*, 2002 WL 1628933 (W. D. N. Y.), S. 2: „[D]istrict courts may, in exercising the discretionary power permitted by FRCvP 4 (f)(3), impose a threshold requirement for parties to meet before seeking the court's assistance. […] This threshold requirement, although not expressly provided by FRCvP 4 (f) (3), is necessary in order to prevent parties from whimsically seeking alternate means of service and thereby increasing the workload of the courts."

Auslandszustellung seine zwingende Anwendung[897], so dass zunächst eine Zustellung über die im HZÜ vorgesehenen Wege versucht werden muss[898].

Rule 4 (f) (3) FRCivP dient als ein „Sicherheitsventil" (*safety valve*) für unvorhergesehene Situationen und stellt zudem ein gewöhnliches Verfahrensmittel dar[899]. Insofern überrascht es kaum, dass sich ähnliche Regelungen auch in anderen Bundesgesetzen[900] oder einzelstaatlichen Prozessordnungen[901] auffinden lassen[902]. Allerdings wirft die bewusst allgemein gehaltene Auffangvorschrift (*catch-all provision*)[903] eine Reihe von Fragen auf, die unter anderem ihre Anwendung neben dem Haager Zustellungsübereinkommen betreffen. Daneben ist fraglich, ob bei der gerichtlichen Anordnung Rücksicht auf das nationale Recht des Empfangsstaates zu nehmen ist.

1. Anwendung der Rule 4 (f) (3) FRCivP im Verhältnis zu HZÜ-Vertragsstaaten

Unklar ist, ob trotz des exklusiven Charakters des HZÜ Adressaten, die sich in einem Vertragsstaat befinden, nach Rule 4 (f) (3) FRCivP zugestellt werden darf. Insbesondere Stimmen im deutschen Schrifttum lehnen dies ab und vertreten die Ansicht, dass diese Regelung nur im Verhältnis zu Nichtvertragsstaaten zur Anwendung kommen kann[904].

---

897 Vgl. hierzu weiter oben B. II.

898 *Marcantonio v. Primorsk Shippig Corporation*, 206 F. Supp. 2d 54, 58 f. (D. Mass 2002); konkludent *Ehrenfeld v. Salim A Bin Mahfouz*, 2005 WL 696769 (S. D. N. Y.), S. 2; *Fmac Loan Receivables v. Dagra*, 228 F. R. D. 531, 534 (E. D. Va. 2005); *D'Acquisto v. Triffo*, 2006 WL 44057 (E. D. Wis.), S. 2; anders hingegen *Rio Properties, Inc. v. Rio International Interlink*, 284 F. 3d 1007, 1016 (9th Cir. 2002); zust. *Williams v. Advertising Sex LLC*, 231 F. R. D. 483, 486 (N. D. W. Va. 2005), allerdings in Bezug auf Sachverhalte, die nicht in den Anwendungsbereich des HZÜ fielen.

899 *Tamayo*, 17 Harv. J. L. & Tech. 211, 218 f. (2003); *Wright/Miller/Bromley*, 4B Fed. Prac. & Proc. Civ. 3d (2006), § 1133.

900 Siehe bspw. 35 USC §§ 146, 293; 38 USC § 784 (a).

901 Siehe bspw. New York Civil Practice and Rules § 308 (5) bei Zustellungen an natürliche Personen, § 310 (e) bei Zustellungen an Personengesellschaften und schließlich § 311 (b) bei Zustellungen an Kapitalgesellschaften; vgl. auch die Entscheidung in *Hollow v. Hollow*, 2002 WL 31056097 (N. Y. Sup. 2002) unter Bezugnahme des § 308 (5).

902 Auch andere Vertragsstaaten gestatten ihren Richtern, neue Zustellungsformen zu erfinden, vgl. Kanada (Provinz Quebec): Art. 138 des Code de procédure civile; hierzu *Holding Tusculum B.V.* c. *S.A. Louis Dreyfus & cie.*, 1998 CarswellQue 606 (= [1998] R. J. Q. 1722).

903 *Buhler*, 27 Tul. Mar. L. J. 1, 15 (2002); *Murphy*, 75 St. John's J. Leg. Comment. 73, 105 (2004); *Wright/Miller/Bromley*, 4B Fed. Prac. & Proc. Civ. 3d (2006), § 1134; ferner *von Hein*, in: *Hopt/Kulms/von Hein* (Hrsg.), Rechtshilfe und Rechtsstaat (2006), S. 112.

904 *Rempp/Lienemeyer*, ZVglRWiss 1995, S. 383 (392); *Nagel/Gottwald*, Internationales Zivilprozessrecht[6] (2007), § 7, Rn. 94; a. A. *Juenger/Reimann*, NJW 1994, S. 3274 (3275); *Hess*, JZ 2003, S. 923 (925); *Schack*, AG 2006, S. 823 (827); *Hopt/Kulms/von Hein*, ZIP

a) Diese Auffassung ist allerdings zu eng, da das Haager Zustellungsübereinkommen unzweifelhaft nur im Rahmen seines Geltungsbereiches ausschließlich gilt. Insofern kann das Übereinkommen eine Zustellung nach Rule 4 (f) (3) FRCivP in einem Vertragsstaat nicht hindern, wenn die Voraussetzungen des Art. 1 Abs. 1 HZÜ nicht gegeben sind. Dies ist etwa der Fall, wenn je nach dem maßgebenden Recht keine „Zivil- oder Handelssache" im Sinne dieser Vorschrift vorliegt[905] oder das US-Bundesgericht eine Zustellung im Inland anordnet[906]. Darüber hinaus ist eine gerichtliche Anordnung nach Absatz (3) auch dann möglich, wenn die Anschrift des Beklagten unbekannt bleibt[907]. In diesem Fall erklärt sogar Art. 1 Abs. 2 HZÜ das Übereinkommen ausdrücklich für unanwendbar.

b) Daneben soll nach den Anmerkungen des *Advisory Committee* Rule 4 (f) (3) FRCivP zur Anwendung kommen, wenn die Zentrale Behörde des ersuchten Staates die Erledigung des US-Zustellungsersuchens durch eine dilatorische Bearbeitung verzögert oder aus inhaltlichen Gründen verweigert[908]:

aa) Zur Begründung seiner Ansicht verweist das *Advisory Committee* zunächst auf Art. 15 HZÜ und erklärt damit die dort aufgeführte Aussetzungsfrist

---

2006, S. 973 (976); wohl auch *Knapp*, Die US-amerikanische Produkthaftung in der Praxis der deutschen Automobilindustrie (1997), S. 150.

905 Im deutsch-amerikanischen Rechtshilfeverkehr wohl eher ein äußerst unwahrscheinlicher Fall, da die deutschen Gerichte sich regelmäßig bei der Auslegung dieses Begriffs großzügig zeigen; siehe 5.Teil A. I. US-Gerichte werden sich jedenfalls nicht daran gehindert sehen, auch bei einer gegenteiligen Qualifikation eine Zustellung nach Rule 4 (f) (3) FRCivP anzuordnen.

906 Siehe *Fmac Loan Receivables v. Dagra*, 228 F. R. D. 531, 534 (E. D. Va. 2005), hier wurde die Zustellung an den Rechtsanwalt des Beklagten in den USA angeordnet; hierzu *Malzahn*, GATT-widrige *Treble Damages*-Klagen auf der Grundlage des US Antidumping Act 1916 (2003), S. 222 f.

907 Siehe *Popular Enterprises, LLC v. Webcom Media Group, Inc.*, 225 F. R. D. 560, 562 (E. D. Tenn. 2004); *BP Products North America, Inc. v. Dagra*, 236 F. R. D. 270 (E. D. Va. 2006).

908 *Advisory Committee*, 1993 Amendments to Rule 4, Subdivision (f), abgedruckt in: 28 USCA FRCivP, Rule 1- 11 (Supplementary Pamphlet 2006), S. 121 (125): „The Hague Convention does not specify a time within which a foreign country's Central Authority must effect service, but Article 15 does provide that alternate methods may be used if a Central Authority does not respond within six months. Generally, a Central Authority can be expected to respond much more quickly than that limit might permit, but there have been occasions when the signatory state *was dilatory* or *refused to cooperate for substantive reasons*. In such cases, resort may be had to the provisions set forth in subdivision (f) (3)." Herv. d. Verf.; siehe ferner *Juenger/Reimann*, NJW 1994, S. 3274 (3275); *Wright/Miller/Bromley*, 4B Fed. Prac. & Proc. Civ. 3d (2006), § 1134; *von Hein*, in: *Hopt/Kulms/von Hein* (Hrsg.), Rechtshilfe und Rechtsstaat (2006), S. 113.

von mindestens sechs Monaten zur verbindlichen Erledigungsfrist eines Zustellungsersuchens. Schafft es die Zentrale Behörde des ausländischen Staates nicht, die Zustellung innerhalb dieses Zeitraumes zu bewirken, dann könne nach Rule 4 (f) (3) FRCivP verfahren werden[909]. Auch wenn Art. 15 HZÜ eigentlich nichts mit der Frage zu tun hat, wie schnell eine Zentrale Behörde ein Zustellungsersuchen zu erledigen hat[910], ist dem *Advisory Committee* doch einzugestehen, dass in diesem Fall die Zustellung als gescheitert angesehen werden kann. Zumal Art. 15 Abs. 2 HZÜ noch nicht mal voraussetzt, dass der Beklagte die verfahrenseinleitenden Schriftstücke tatsächlich erhalten hat[911]. Jedenfalls bleibt anzumerken, dass die praktische Relevanz dieses Anwendungsbeispieles im deutsch-amerikanischen Rechtsverkehr äußerst gering bleiben wird, da nach den Angaben des Bundesjustizministeriums gewöhnlich die eingehenden Zustellungsersuchen innerhalb von drei Monaten bearbeitet werden[912].

bb) Ferner sei nach den Anmerkungen des *Advisory Committee* ein Eingreifen der Rule 4 (f) (3) FRCivP in dringenden Fällen (*cases of urgency*) möglich. So erlaube das Haager Zustellungsübereinkommen selbst spezielle Zustellungsformen in solchen Fällen, wenn die eigenen Methoden keine rechtzeitige Zustellungserledigung erwarten lassen[913]. Ohne den langwierigen Umweg über das HZÜ könne damit direkt die gerichtliche Anordnung nach Absatz (3) beantragt werden. Die Auffassung des *Advisory Committee* findet aber im Vertragstext keinen Halt[914]. Insbesondere enthält das Übereinkommen keine Freistellungs-

---

909 *Advisory Committee*, 1993 Amendments to Rule 4, Subdivision (f), abgedruckt in: 28 USCA FRCivP, Rule 1- 11 (Supplementary Pamphlet 2006), S. 121 (125): „Other circumstances that might justify the use of additional methods include the failure of the foreign country's Central Authority to effect service within the six-month period provided by the Convention […]."

910 Siehe zur Kritik *Born/Vollmer*, 150 F. R. D. 221, 241 (1993).

911 *Haager Konferenz für IPR*, Practical Handbook[3] (2006), Rn. 283.

912 Response of Germany to Questionnaire on the 1965 Service Convention 2003, Punkt 10.1, S. 10; erhältlich unter: www.hcch.net.

913 Vgl. *Advisory Committee*, 1993 Amendments to Rule 4, Subdivision (f), abgedruckt in: 28 USCA FRCivP, Rule 1- 11 (Supplementary Pamphlet 2006), S. 121 (125): „Paragraph (3) authorizes the court to approve other methods of service not prohibited by international agreements. The Hague Convention, for example, authorizes special forms of service in cases of urgency if convention methods will not permit service within the time required by the circumstances." Zust. *Wright/Miller/Bromley*, 4B Fed. Prac. & Proc. Civ. 3d (2006), § 1133.

914 Man könnte allenfalls argumentieren, dass im Sinne der Vertragsziele (Vereinfachung der Rechtshilfe und Beschleunigung der Übermittlungswege) grundsätzlich auch schnellere Zustellungsmethoden zulässig sein müssten. Dabei wird jedoch der völkerrechtliche Kontext missachtet. Das HZÜ dient gerade zur Überwindung souveränitätsrechtlicher Schranken, die bei der Vertragsauslegung zu berücksichtigen sind; siehe auch *Bischof*, Die Zustellung im internationalen Rechtsverkehr in Zivil- oder Handelssachen (1997), S. 249.

klausel für dringende Fälle[915], so dass eine direkte Anwendung der Rule 4 (f) (3) FRCivP in *cases of urgency* nicht in Betracht kommt.

cc) Schließlich erwägt das *Advisory Committee* ein Eingreifen der Rule 4 (f) (3) FRCivP in den Fällen, in denen die Zustellungserledigung einer US-amerikanischen *punitive damages*-Klage aus Gründen der öffentlichen Ordnung durch die ausländische Zentrale Behörde verweigert wird[916]. Damit nimmt das *Advisory Committee* implizit auf Art. 13 HZÜ Bezug, der die endgültige Ablehnung der Zustellungserledigung regelt. Dieser Anwendungsfall wurde vor allem mit Blick auf Art. 14 HZÜ kritisiert, wonach Schwierigkeiten, die im Rahmen der Zustellungserledigung auftreten, auf diplomatischen Weg beigelegt werden sollen[917]. Lehnt die Zentrale Behörde des ersuchten Staates die Erledigung des US-amerikanischen Zustellungsersuchens endgültig ab, muss aber eingeräumt werden, dass die Zustellung über die im Übereinkommen vorgesehen Verfahren gescheitert ist. Die Annahme einer fortwirkenden Sperrwirkung des HZÜ gegenüber der Auslandszustellung nach der lex fori wäre vor allem vor dem Hintergrund des Rechts des Beklagten auf rechtliches Gehör unbillig. Insofern darf in diesem Fall der Anwendung des Absatzes (3) nichts entgegenstehen[918].

c) Trotz der Exklusivität des Haager Zustellungsübereinkommens sind also Fälle denkbar, in denen nach Rule 4 (f) (3) FRCivP eine Zustellung in einem Vertragsstaat angeordnet werden kann. Dies gilt vor allem dann, wenn der Anwendungsbereich des Übereinkommens gar nicht erst eröffnet oder die Zustellung nach den im HZÜ vorgesehenen Übermittlungsarten gescheitert ist. Unzweifelhaft muss aber zunächst eine Zustellung über das HZÜ versucht werden.

2. Anordnung anderer im HZÜ nicht vorgesehener Zustellungsformen

Nachdem nun geklärt ist, dass Rule 4 (f) (3) FRCivP grundsätzlich auch im Verhältnis zu Vertragsstaaten des Haager Zustellungsübereinkommens zur An-

---

915 *Born/Vollmer*, 150 F. R. D. 221, 241 (1993).

916 *Advisory Committee*, 1993 Amendments to Rule 4, Subdivision (f), abgedruckt in: 28 USCA FRCivP, Rule 1- 11 (Supplementary Pamphlet 2006), S. 121 (125): „Other circumstances that might justify the use of additional methods include […] the refusal of the Central Authority to serve a complaint seeking punitive damages or to enforce the antitrust laws of the United States." Zust. *Wright/Miller/Bromley*, 4B Fed. Prac. & Proc. Civ. 3d (2006), § 1133; vgl. ferner *Juenger/Reimann*, NJW 1994, S. 3274 (3275); *Knapp*, Die US-amerikanische Produkthaftung in der Praxis der deutschen Automobilindustrie (1997), S. 150; *von Hein*, in: *Hopt/Kulms/von Hein* (Hrsg.), Rechtshilfe und Rechtsstaat (2006), S. 113.

917 *Born/Vollmer*, 150 F. R. D. 221, 241 (1993).

918 Siehe auch Anm. v. *Juenger/Reimann*, NJW 1994, S. 3274 (3275).

wendung kommen kann, stellt sich ferner die Frage, in welchen Formen zugestellt werden darf.

a) Vom HZÜ „untersagte" Zustellungsformen

Nach dem Wortlaut der Rule 4 (f) (3) FRCivP darf die angeordnete Zustellungsmethode nicht durch ein internationales Übereinkommen untersagt sein. Das Gericht darf also keine Zustellungsformen anordnen, die vom Haager Zustellungsübereinkommen „untersagt" sind. Welche Zustellungsformen unter diesem Ausschlusstatbestand zu subsumieren sind, ist indes fraglich. Teilweise wird die Ansicht vertreten, dass alle Formen verboten sind, die nicht ausdrücklich im HZÜ für zulässig erklärt wurden[919]. Andere hingegen sehen nur diejenigen Methoden als unzulässig an, die ausdrücklich vom Übereinkommen verboten wurden[920]. Der Unterschied ist gewaltig, da das Haager Zustellungsübereinkommen explizit kein Verbot bestimmter Zustellungsformen enthält. Nach einer extrem weiten Auslegung der Rule 4 (f) (3) FRCivP könnte damit in jeder beliebigen Form zugestellt werden.

Für die erste Auffassung spricht daher die Exklusivität des Haager Zustellungsübereinkommens gegenüber anderen Formen der Auslandszustellung. Diese würde bei einer weiten Interpretation der Rule 4 (f) (3) FRCivP übergangen werden[921]. Art. 11 HZÜ verdeutlicht überdies, dass andere Zustellungsverfahren zwischen Vertragsstaaten nur bei einer besonderen Vereinbarung zulässig sein sollen. Zudem stehen die alternativen Übermittlungswege des HZÜ nur dann offen, wenn der ersuchte Staat dagegen keinen Widerspruch erhoben hat. Die Unzulässigkeit anderer Zustellungswege folgt im Übrigen aus der Aussetzungspflicht des Art. 15 HZÜ. Nach seinem Absatz 2 darf ein Verfahren nur

---

919 *Rempp/Lienemeyer*, ZVglRWiss 1995, S. 383 (392); *Rüfner*, RIW 2002, S. 616 (619); *Malzahn*, GATT-widrige *Treble Damages*-Klagen auf der Grundlage des US Antidumping Act 1916 (2003), S. 222; *Nagel/Gottwald*, Internationales Zivilprozessrecht[6] (2007), § 7, Rn. 94.

920 So *Advisory Committee*, 1993 Amendments to Rule 4, Subdivision (f), abgedruckt in: 28 USCA FRCivP, Rule 1- 11 (Supplementary Pamphlet 2006), S. 121 (125): „In such cases, the court may direct a special method of service *not explicitly authorized* by international agreement if not prohibited by the agreement." Herv. d. Verf.; *Juenger/Reimann*, NJW 1994, S. 3274 (3275); vgl. ferner *Fleischhauer*, Inlandszustellung an Ausländer (1996), S. 153.

921 Entsprechend *OLG Koblenz*, Beschluss v. 27.06.2005, IPRax 2006, S. 25 (34); *Rempp/Lienemeyer*, ZVglRWiss 1995, S. 383 (392); *Rüfner*, RIW 2002, S. 616 (619); *Malzahn*, GATT-widrige *Treble Damages*-Klagen auf der Grundlage des US Antidumping Act 1916 (2003), S. 222; *Nagel/Gottwald*, Internationales Zivilprozessrecht[6] (2007), § 7, Rn. 94.

dann fortgesetzt werden, wenn die Übermittlung auf einem vom Übereinkommen vorgesehenen Weg erfolgte[922].

Allerdings sind diese Vorbehalte nicht unangreifbar. Art. 11 HZÜ schließt nicht zwingend die gerichtliche Anordnung besonderer Zustellungsformen aus. Zudem soll Rule 4 (f) (3) FRCivP erst nach einem gescheiterten Zustellungsversuch über das HZÜ angewendet werden. Insofern hindert Art. 15 Abs. 2 HZÜ nicht unbedingt die Zustellung auf Anordnung des Gerichts. Darüber hinaus führt die enge Auslegung des Absatzes (3) dazu, dass die US-Gerichte nur diejenigen Zustellungsformen anordnen können, die das HZÜ ausdrücklich zulässt. Dann aber wäre die bewusst als Auffangvorschrift konzipierte Regelung im Geltungsbereich des HZÜ praktisch funktionslos, da der Kläger jene Methoden ja bereits im Rahmen des Übereinkommens erfolglos ausprobiert hat[923]. Ob dies tatsächlich gewollt war, muss vor dem Hintergrund der Anmerkungen des *Advisory Committee* zu Rule 4 (f) (3) bezweifelt werden[924].

Jedenfalls ist zu berücksichtigen, dass das Haager Zustellungsübereinkommen zwar zum *supreme Law of the Land* gehört, gleichwohl aber durch die Aussagen der *US Constitution* begrenzt wird. Mit der Grundsatzentscheidung in *Reid v. Covert* hat der *US Supreme Court* unlängst geklärt, dass auch Staatsverträge den Anforderungen und Beschränkungen der US-Bundesverfassung unterliegen[925]. Danach ist das HZÜ ebenfalls den zwingenden Anforderungen der bundesverfassungsrechtlichen *due process*-Klausel unterworfen[926]. Kann die Zustellung nicht durch die herkömmlichen, in dem HZÜ vorgesehenen Wege bewirkt werden, zwingt das *due process*-Gebot die Gerichte also dazu, ungeachtet der Exklusivität des Übereinkommens auch in anderen Formen eine Zustellung anzuordnen. Um jedoch einer allzu weitgehenden Aushöhlung des ausschließlichen Charakters des HZÜ entgegenzuwirken, wird man allerdings verlangen müssen, diejenigen Zustellungsformen als vom HZÜ verboten anzu-

922 Siehe *Bischof*, Die Zustellung im internationalen Rechtsverkehr in Zivil- oder Handelssachen (1997), S. 249.

923 So *von Hein*, in: *Hopt/Kulms/von Hein* (Hrsg.), Rechtshilfe und Rechtsstaat (2006), S. 116.

924 Entspr. auch *von Hein*, in: *Hopt/Kulms/von Hein* (Hrsg.), Rechtshilfe und Rechtsstaat (2006), S. 116.

925 354 US 1, 16 f. (1957); hierzu *Blumenwitz*, Einführung in das anglo-amerikanische Recht[7] (2003), S. 87.

926 *Nanda/Pansius*, Litigation of International Disputes in U.S. Courts (2006), § 2:5. Die Annahme, dass die später erlassene Rule 4 (f) (3) FRCivP gemäß dem „lex posterior derogat legi priori“-Grundsatz das Übereinkommen und damit auch seinen Exklusivitätsanspruch verdrängen kann, ist hingegen wenig überzeugend, wenn man bedenkt, dass der Absatz (3) der alten Regelung in Rule 4 (i) (1) (E) FRCivP a. F. nachgebildet ist; so aber wohl *Brockmeier*, Punitive damages, multiple damages und deutscher ordre public (1999), S. 138.

sehen, gegen die ein Widerspruch im Sinne des Übereinkommens vom betreffenden Vertragsstaat erklärt worden ist[927].

b) Zulässige Zustellungsformen im deutsch-amerikanischen Rechtsverkehr

In der Vergangenheit haben die US-Bundesgerichte im Rahmen der Rule 4 (f) (3) FRCivP eine Reihe von verschiedenen alternativen Zustellungsmethoden angeordnet, die die Zustellung durch die Post[928], die öffentliche Zustellung[929], die Zustellung an den anwaltlichen Vertreter des Beklagten[930] und die Zustellung im Wege moderner Kommunikationstechnologien[931] ermöglichten. Bis auf die Postzustellung hat die Bundesrepublik keiner weiteren Zustellungsform ausdrücklich widersprochen, so dass im deutsch-amerikanischen Zustellungsverkehr an sich in allen anderen Formen zugestellt werden kann.

927 Umkehrschluss aus *Brockmeyer v. May*, 383 F.3d 798, 803 (9th Cir. 2004): „[T]he Convention permits –or, in the words of the Convention, does not "interfere with" –service of process by international mail, so long as the receiving country does not object." Zust. *Fireman's Fund Insurance Company v. Fuji Electric Systems Co., Ltd.*, 2005 WL 628034 (N. D. Cal.), S. 3: „Consequently, in that Japan has not stated any objection to Article 10(a), service of process by international mail to Japan is allowed under the Hague Convention." Explizit *Nanda/Pansius*, Litigation of International Disputes in U.S. Courts (2006), § 2:15: „[W]here a prohibition of foreign law has been incorporated into the [scil. Hague Service] Convention, that local prohibition becomes a bar to the Rule 4 (f)(3) order." Ähnlich *Brockmeier*, Punitive damages, multiple damages und deutscher ordre public (1999), S. 137; *Buhler*, 27 Tul. Mar. L. J. 1, 15 (2002); wohl auch *von Hein*, in: *Hopt/Kulms/von Hein* (Hrsg.), Rechtshilfe und Rechtsstaat (2006), S. 113 f.

928 Grundlegend *Levin v. Ruby Trading Corp.*, 248 F. Supp. 537 (S. D. N. Y. 1965) allerdings zur Vorgängerregelung Rule 4 (i) (1) (E) FRCivP a. F.; *International Controls Corp. v. Vesco*, 593 F. 2d 166 (2d Cir. 1979).

929 Siehe *SEC v. Tome*, 833 F. 2d 1086 (2d Cir. 1987); *Smith v. Islamic Emirate of Afghanistan*, 2001 WL 1658211 (S. D. N. Y. Dec. 26, 2001); *BP Products North America, Inc. v. Dagra*, 236 F. R. D. 270 (E. D. Va. 2006).

930 Siehe *Forum Financial Group, LLC v. Harvard College*, 199 F. R. D. 22, 23- 25 (D. Me. 2001); *Fmac Loan Receivables v. Dagra*, 228 F. R. D. 531, 534 (E. D. Va. 2005).

931 Zustellung durch Telex: *New England Merchants National Bank v. Iran Power Generation & Transmission Co.*, 495 F. Supp. 73, 80 f. (S. D. N. Y. 1980); Zustellung durch Telefax: *Ryan v. Brunswick Corporation*, 2002 WL 1628933 (W. D. N. Y.) auch Post- und E-Mail-Zustellung zugelassen; *Broadfoot v. Diaz (In re Telemedia Associates, Inc.)*, 245 B. R. 713, 719 f. (Bankr. N. D. Ga. 2000); Zustellung durch E-Mail: *Rio Properties, Inc. v. Rio International Interlink*, 284 F.3d 1007 (9th Cir. 2002); *Viz Communications, Inc. v. Redsun*, 2003 WL 23901766 (N. D. Cal.), S. 6; *Popular Enterprises, LLC v. Webcom Media Group, Inc.*, 225 F. R. D. 560 (E. D. Tenn. 2004); *Williams v. Advertising Sex LLC*, 231 F. R. D. 483, 486 (N. D. W. Va. 2005); die elektronische Zustellung haben hingegen abgelehnt: *Ehrenfeld v. Salim A Bin Mahfouz*, 2005 WL 696769 (S. D. N. Y.), S. 3; *Pfizer Inc. v. Domains by Proxy*, 2004 WL 1576703 (D. Conn.).

Im Hinblick auf die E-Mail-Zustellung sind jedoch einige Besonderheiten zu beachten: Vielfach wird im US-amerikanischen Schrifttum die Ansicht vertreten, dass sie unter dem Tatbestand des Art. 10 lit. a) HZÜ als postalische Zustellung subsumierbar ist[932]. Demnach könne dem Beklagten, der sich in einem Vertragsstaat befindet, in elektronischer Form zugestellt werden, sofern das Bundesgericht nach Absatz (3) der Rule 4 (f) FRCivP eine entsprechende Zustellungsanordnung erlässt. Ob die gerichtliche Anordnung auch gegenüber Adressaten zulässig ist, die sich in Deutschland aufhalten, ist indes fraglich. Konsequenterweise müsste der gegen Art. 10 HZÜ eingelegte Vorbehalt genauso die elektronische Zustellung erfassen[933]. Einschlägige Rechtsprechung fehlt allerdings bislang hierzu[934]. Insofern bleibt abzuwarten, wie die US-Gerichte entscheiden[935]. Ein weiteres Problem stellt sich im Hinblick auf die Bestimmung des Zustellungsortes bei einer E-Mail-Zustellung[936]. Nach dem US-amerikanischen Schrifttum soll hier der Sitz des Internet-Service-Providers von dem E-Mail-Account oder der Webseite maßgebend sein[937]. Unter Umständen kann dies aber dazu führen, dass aus einer vormals in das Ausland zu bewirkenden Zustellung eine reine Inlandszustellung wird mit der Folge, dass der (zunächst eröffnete) Anwendungsbereich des Haager Zustellungsübereinkommens von der elektronischen Zustellung nicht mehr berührt wird. Die Frage nach der Vereinbarkeit der E-Mail-Zustellung mit dem HZÜ stellt sich dann nicht mehr.

---

932 Siehe *Conley*, 11 Temple Int'l & Comp. L. J. 407, 413 f. (1997); *Kotuby*, 20 J. L. & Comp. 103, 114- 117 (2000); *Colby*, 51 Buff. L. Rev. 337, 351- 353 (2003); *ders.*, J. Internet L. 2006, S. 3 (4); *Tamayo*, 17 Harv. J. L. & Tech. 211, 243 (2003); a. A. *Rüfner*, RIW 2002, S. 616 (619).

933 *Nanda/Pansius*, Litigation of International Disputes in U.S. Courts (2006), § 2:16 (Fn. 4) und § 2:15: „Although [scil. Article 10 (a) (1)] refers to post channels, the objection would likely preclude service by e-mail as well." Wohl auch *Rüfner*, RIW 2002, S. 616 (619).

934 Nur in Bezug auf Vertragsstaaten, die keinen Widerspruch im Sinne des Art. 10 HZÜ erklärt hatten, haben einige US-Gerichte, ohne überhaupt näher auf das HZÜ einzugehen, die E-Mail-Zustellung angeordnet; siehe *Popular Enterprises, LLC v. Webcom Media Group, Inc.*, 225 F. R. D. 560, 562 (E. D. Tenn. 2004) in Bezug auf Portugal; *D'acquisto v. Triffo*, 2006 WL 44057 (E. D. Wis. 2006) in Bezug auf Kanada.

935 Vor allem deutsche Autoren bezweifeln, dass die US-amerikanischen Gerichte dem Einwand, der Vorbehalt des Art. 10 HZÜ verbiete ebenfalls die elektronische Zustellung, folgen werden; siehe *von Hein*, in: *Hopt/Kulms/von Hein* (Hrsg.), Rechtshilfe und Rechtsstaat (2006), S. 117; *Schack*, AG 2006, S. 823 (827).

936 Hierzu *Nanda/Pansius*, Litigation of International Disputes in U.S. Courts (2006), § 2:16; *Haager Konferenz für IPR*, Practical Handbook[3] (2006), Rn. 79 f.; vgl. ferner *von Hein*, in: *Hopt/Kulms/von Hein* (Hrsg.), Rechtshilfe und Rechtsstaat (2006), S. 117.

937 Siehe *Nanda/Pansius*, Litigation of International Disputes in U.S. Courts (2006), § 2:16; anders hingegen *Rüfner*, RIW 2002, S. 616 (619), der wohl allgemein auf die Ansässigkeit des Beklagten abstellen will.

3. Anordnung auch bei Verletzung des ausländischen Rechts

Im Gegensatz zu Rule 4 (f) (2) (C) FRCivP, der ausdrücklich bestimmt, dass die jeweilige Zustellungsform nicht gegen das Recht des ausländischen Staates verstoßen darf, kann dem Wortlaut der Rule 4 (f) (3) FRCivP keinerlei Beschränkung in dieser Hinsicht entnommen werden[938]. Insofern ist fraglich, ob der deutsche Einwand, jede Zustellung im Inland stelle ohne Beteiligung deutscher Behörden eine Souveränitätsverletzung dar[939], bei der gerichtlichen Anordnung zu berücksichtigen ist[940].

Viele, wenn nicht die meisten US-Gerichte haben bisher Rule 4 (f) (3) FRCivP wörtlich ausgelegt und kamen folglich zu dem Ergebnis, dass die Zustellungsanordnung nach Absatz (3) auch dann ergehen könne, wenn sie das Recht des Bestimmungsstaates verletzt[941]. In zwei Fällen allerdings haben unterschiedliche Bundesbezirksgerichte unter Bezugnahme der Anmerkungen des *Advisory Committee* zu Rule 4 (f) die gegenteilige Position eingenommen und entschieden, dass eine besondere Zustellungsmethode nicht angeordnet werden dürfe, wenn sie gegen das Recht des ausländischen Staates verstößt:

> „While Rule 4 (f) (3) provides for substitute service "as may be directed by the court," any such service must comport with the laws of the foreign country. *See* Fed.R.Civ.P. 4 (f) Advisory Committee's note ("Service by methods that would violate foreign law is not generally authorized ... Inasmuch as our Constitution requires that reasonable notice be given, an earnest effort should be made to devise a method of

---

938 Entspr. *Born/Rutledge*, International Civil Litigation in United States Courts[4] (2007), S. 825; gleichwohl sehen einige Stimmen im US-amerikanischen Schrifttum die Notwendigkeit, im Rahmen der Zustellungsanordnung nach Rule 4 (f) (3) FRCivP auf die Vereinbarkeit mit dem ausländischen Recht zu achten, um die Anerkennung und Vollstreckung des darauf folgenden Urteils in dem Bestimmungsstaat nicht zu gefährden; siehe *Tamayo*, 17 Harv. J. L. & Tech. 211, 235- 245 (2003). Diese Problematik stellt sich aber in Bezug auf Deutschland nicht, da nach § 328 Abs. 1 Nr. 2 ZPO das Recht des Urteilsstaates (also die USA) bestimmt, ob die Zustellung ordnungsgemäß bewirkt wurde; siehe hierzu auch C. V. 1. c).

939 Allgemein kritisch zu dieser Position *Schlosser*, EU-Zivilprozessrecht[2] (2003), Art. 10 HZÜ, Rn. 1; *Schack*, Internationales Zivilverfahrensrecht[4] (2006), Rn. 593 f.; *ders.*, AG 2006, S. 823 (825 f.); *Nagel/Gottwald*, Internationales Zivilprozessrecht[6] (2007), § 7, Rn. 2.

940 So wohl *OLG Koblenz*, Beschluss v. 27.06.2005, IPRax 2006, S. 25 (34).

941 *Mayoral-Amy v. BHI Corporation*, 180 F. R. D. 456, 459 (S. D. Fla. 1998), Fn. 4: „It is important, not to mention interesting, to note that this does not necessarily preclude this from issuing such an order in contradiction of the law of a foreign state." *Rio Properties, Inc. v. Rio International Interlink*, 284 F.3d 1007, 1014 (9th Cir. 2002): „[A]s long as court-directed and not prohibited by an international agreement, service of process ordered under Rule 4(f)(3) may be accomplished in contravention of the laws of the foreign country." Zust. *Ryan v. Brunswick Corporation*, 2002 WL 1628933 (W. D. N. Y.), S. 2; vgl. ferner *Fleischhauer*, Inlandszustellung an Ausländer (1996), S. 153; *Nanda/Pansius*, Litigation of International Disputes in U.S. Courts (2006), § 2:15; *von Hein*, in: *Hopt/Kulms/von Hein* (Hrsg.), Rechtshilfe und Rechtsstaat (2006), S. 118.

communication that is consistent with due process and *minimizes offense to foreign law."*)[942] [...]. Because service by direct mail is prohibited by Austrian law, service was improper here under Rules 4(f) (C) (ii) and 4 (f) (3), as well as Austrian law."[943]

In re Ski Train Fire in Kaprun sah das Gericht die Anordnung der direkten postalischen Zustellung als unzulässig an, da Österreich jede Zustellung auf ihrem Hoheitsgebiet ohne Beteiligung oder Zustimmung der österreichischen Behörden als Eingriff in seine Souveränität ansehe[944]. Man könnte daher annehmen, dass auch Adressaten in Deutschland sich erfolgreich gegen die gerichtliche Zustellungsanordnung wehren können. Dies muss aber bezweifelt werden. Denn zutreffend wurde in diesem Zusammenhang darauf hingewiesen, dass die Entscheidungen auf die falschen Passagen gestützt wurden[945]. Die von den Bundesbezirksgerichten als maßgebend erachtete Anmerkung des *Advisory Committee* „Service by methods that would violate foreign law is not generally authorized" bezieht sich allein auf Rule 4 (f) (2) FRCivP und nicht, wie von den Gerichten impliziert, auf Rule 4 (f) (3) FRCivP[946]. Insofern kann für die Anwendung der Rule 4 (f) (3) FRCivP hieraus nicht ein Verbot hergeleitet werden, Zustellungsanordnungen zu erlassen, die gegen das Recht des Bestimmungsstaates verstoßen[947].

Gleichwohl sollen die Bundesgerichte nach den einschlägigen Anmerkungen des *Advisory Committee* zu Absatz (3) bei der Zustellungsanordnung ernsthaft darum bemüht sein, Eingriffe in das ausländische Recht möglichst gering zu halten[948]. In *Prewitt Enterprises v. OPEC* hat das Berufungsgericht des

942 Herv. im Original.

943 *In re Ski Train Fire in Kaprun*, 2003 WL 1807148 (S. D. N. Y. 2003), S. 7; ebenso *In re Ski Train Fire in Kaprun*, 2003 WL 21659368 (S. D. N. Y. 2003), S. 3; ähnlich auch *Graval v. P.T. Bakrie & Brothers*, 986 F. Supp. 1326, 1330 (C. D. Cal. 1996).

944 *In re Ski Train Fire in Kaprun*, 2003 WL 1807148 (S. D. N. Y. 2003), S. 7.

945 Siehe *Rio Properties, Inc. v. Rio International Interlink*, 284 F. 3d 1007, 1015 (9th Cir. 2002): „[T]he court in [scil. *Graval v. P.T. Bakrie & Brothers*] erroneously based this belief on an advisory committee note pertaining solely to Rule 4 (f) (2) [...], which simply does not apply to Rule 4 (f)(3)." *Forum Financial Group, LLC v. Harvard College*, 199 F. R. D. 22, 23 f. (D. Me. 2001), Fn. 3: „The court's contrary statement in *Graval v. P.T. Bakrie & Bros* [...] is based on the [...] advisory committee notes regarding Rule 4 (f) (2) [...]. In my view, that language simply does not address Rule 4 (f)(3)." Anzumerken ist allerdings, dass beide Entscheidung sich nicht direkt auf die Problematik beziehen, sondern nur auf das Verhältnis der Absätze (1) bis (3) der Rule 4 (f) FRCivP zueinander. Deutlicher hingegen *von Hein*, in: *Hopt/Kulms/von Hein* (Hrsg.), Rechtshilfe und Rechtsstaat (2006), S. 118.

946 Siehe *Advisory Committee*, 1993 Amendments to Rule 4, Subdivision (f), abgedruckt in: 28 USCA FRCivP, Rule 1- 11 (Supplementary Pamphlet 2006), S. 121 (125).

947 Entspr. auch *von Hein*, in: *Hopt/Kulms/von Hein* (Hrsg.), Rechtshilfe und Rechtsstaat (2006), S. 119.

948 *Advisory Committee*, 1993 Amendments to Rule 4, Subdivision (f), abgedruckt in: 28 USCA FRCivP, Rule 1- 11 (Supplementary Pamphlet 2006), S. 121 (125): „Inasmuch as

elften Bundesbezirks daher die Anordnung einer besonderen Zustellungsform verweigert, da sie sonst einen erheblichen Verstoß gegen das Recht des Bestimmungsstaates zur Folge gehabt hätte[949]. In diesem Fall sollte eine auf US-amerikanisches Kartellrecht gestützte Schadensersatzklage an die OPEC mit Hauptsitz in Wien zugestellt werden. Das US-Gericht führte auf, dass das österreichische Recht ausdrücklich die Zustellungsdurchführung am Hauptsitz der OPEC verbiete, sofern nicht eine ausdrückliche Genehmigung ihres Generalsekretärs hierzu vorliegt[950]. Da jedoch ein Einverständnis der OPEC nicht zu erhalten war, führe die Zustellungsanordnung nach Rule 4 (f) (3) FRCivP zu einem „substantial affront to Austrian law", der mit einem möglichst geringen Eingriff in das fremde Recht nicht mehr in Einklang zu bringen sei[951]. Daher dürfe ohne die nach österreichischem Recht zwingend notwendige Einwilligung keine gerichtliche Anordnung ergehen[952]. Das Berufungsgericht stellte jedoch gleichzeitig klar, dass seine Entscheidung nicht dahingehend ausgelegt werden sollte, ein Gericht habe *niemals* das Ermessen, eine besondere Zustellungsform im Widerspruch zum ausländischen Recht anzuordnen[953]. Es ist wohl daher anzunehmen, dass der allgemeine deutsche Einwand, jede Zustellung auf deutschem Territorium sei ohne Beteiligung deutscher Behörden eine Souveränitätsverletzung, grundsätzlich nicht ausreichen wird, um eine Zustellungsanordnung nach Rule 4 (f) (3) FRCivP zu verhindern. Vielmehr ist davon auszugehen, dass die US-Gerichte auch bei Unvereinbarkeit mit dem ausländischen Recht eine Zustellungsanordnung erlassen werden, soweit es die Umstände des Falles erfordern[954].

III. Ergebnis

Die Auffassung, Rule 4 (f) (2) und (3) FRCivP finde nur im Verhältnis zu Nichtvertragsstaaten Anwendung, ist nicht zutreffend. Das Haager Zustellungs-

---

our Constitution requires that reasonable notice be given, *an earnest effort should be made to devise a method of communication that* is consistent with due process and *minimizes offense to foreign law.*" Herv. d. Verf.; zust. *Schreck*, 38 J. Marshall L. Rev. 1121, 1128 (2005); *Wright/Miller/Bromley*, 4B Fed. Prac. & Proc. Civ. 3d (2006), § 1133.

949 *Prewitt Enterprises, Inc. v. Organization of Petroleum Exporting Countries*, 353 F. 3d 916, 927 f. (11th Cir. 2003).

950 *Prewitt Enterprises, Inc. v. Organization of Petroleum Exporting Countries*, 353 F. 3d 916, 923 f. (11th Cir. 2003).

951 *Prewitt Enterprises, Inc. v. Organization of Petroleum Exporting Countries*, 353 F. 3d 916, 927 (11th Cir. 2003).

952 *Prewitt Enterprises, Inc. v. Organization of Petroleum Exporting Countries*, 353 F. 3d 916, 928 (11th Cir. 2003).

953 *Prewitt Enterprises, Inc. v. Organization of Petroleum Exporting Countries*, 353 F. 3d 916, 928 (11th Cir. 2003), Fn. 28.

954 *Nanda/Pansius*, Litigation of International Disputes in U.S. Courts (2006), § 2:15.

übereinkommen erlaubt grundsätzlich die Zustellung durch die Post. Die eigentliche Zustellungshandlung ist aber in Rule 4 (f) (2) (C) (ii) FRCivP geregelt. Rule 4 (f) (2) FRCivP ist gleichwohl für beklagte deutsche Unternehmen nicht von Bedeutung, da die praktisch relevanten Zustellungsformen nach Absatz (2) (C) ihnen gegenüber nicht zur Anwendung kommen.

Größere Aufmerksamkeit sollten deutsche Unternehmen hingegen dem Absatz (3) der Rule 4 (f) FRCivP schenken. Ist der Anwendungsbereich des HZÜ nicht eröffnet oder kann die Zustellung nicht auf den in dem Übereinkommen vorgesehenen Wegen bewirkt werden, ist das Gericht befugt, neue Zustellungsformen zu erfinden. Im letzteren Fall steht die Exklusivität des Haager Zustellungsübereinkommens der gerichtlichen Zustellungsanordnung nicht entgegen, da sie durch das bundesverfassungsrechtliche *due process*-Gebot begrenzt wird.

Der Ermessensspielraum des Gerichts ist bei der Anordnung insoweit begrenzt, als dass die Zustellungsmethode nicht vom HZÜ untersagt sein darf. Hierunter fallen alle Zustellungsformen, gegen die die Bundesrepublik einen Widerspruch im Sinne des Übereinkommens erklärt hat. Soweit das deutsche Recht kein ausdrückliches Verbot bestimmter Zustellungsformen enthält, kann die gerichtliche Zustellungsanordnung überdies gegen das deutsche Recht verstoßen. Ein ausdrückliches Verbot würde zudem nichts nützen, wenn die Zustellung nicht auf eine andere Weise bewirkt werden kann.

Im deutsch-amerikanischen Zustellungsverkehr ist die Anordnung der direkten postalischen Zustellung unzulässig. Entsprechendes gilt wahrscheinlich auch für die elektronische Zustellung, sofern man die Ansicht vertritt, der Begriff „E-Mail“ sei mit dem Begriff „Post“ in Art. 10 HZÜ gleichzusetzen. Die gerichtliche Anordnung der öffentlichen Zustellung als auch der Zustellung an einen inländischen Empfangsvertreter bleibt hingegen uneingeschränkt möglich, da die Zustellungswirkungen ohnehin im Inland eintreten, so dass es sich um eine vom HZÜ nicht erfasste Inlandszustellung handelt.

5.Teil: Besondere Fragestellungen im Zusammenhang mit der Zustellung nach dem Haager Zustellungsübereinkommen

A. Sachlicher Anwendungsbereich nach Art. 1 Abs. 1 HZÜ

Der sachliche Anwendungsbereich des Haager Zustellungsübereinkommens wird in Art. 1 Abs. 1 HZÜ bestimmt. Danach findet das Übereinkommen „in Zivil- oder Handelssachen in allen Fällen Anwendung, in denen ein gerichtliches oder außergerichtliches Schriftstück zum Zwecke der Zustellung in das Ausland zu übermitteln ist."

> Entsprechend heißt es in der authentischen englischen und französischen Vertragsversion: „The present Convention shall apply in all cases, in civil or commercial matters, where there is occasion to transmit a judicial or extrajudicial document for service abroad." „La présente Convention est applicable, en matière civile ou commerciale, dans tous les cas où un acte judiciaire ou extrajudiciaire doit être transmis à l'étranger pour y être signifié ou notifié."

Besondere Probleme warf in der Vergangenheit die Bestimmung auf, wann eine „Zivil- oder Handelssache" im Sinne des Übereinkommens vorliegt.

I. Vorliegen einer „Zivil- oder Handelssache" im Sinne des HZÜ

Da das HZÜ selbst weder Legaldefinitionen enthält noch ein Qualifikationsstatut beruft, nach dem das Recht bestimmt werden kann, das für die Definition und Abgrenzung der unbestimmten Begriffe maßgebend ist, ist die Bedeutung des Begriffs „Zivil- oder Handelssache" umstritten. Die Unsicherheiten haben sich insbesondere im Zusammenhang mit *class actions*, die auf Zahlung von *punitive damages* gerichtet sind, bemerkbar gemacht. So herrscht rege Uneinigkeit darüber, ob in diesen Fällen das Vorliegen einer Zivilsache im Sinne des Übereinkommens zu bejahen ist. Insofern ist zunächst zu klären, nach welchem Recht die Definition dieses Begriffs zu erfolgen hat, um daraufhin festzustellen, ob auch die *punitive damages*-Sammelklage hierunter subsumierbar ist.

1. Qualifikationsproblematik

Einigkeit besteht zumindest darin, dass die Qualifikation nicht nach formellen, sondern materiellen Kriterien zu erfolgen hat[955]. Dies ist auch im Ver-

955 *Taborda Ferreira*, Rapport Explicatif, in: Conférence de la Haye de droit International Privé, Actes et Documents de la Dixième Session, Band III, Notification (1965), S. 363

hältnis zu den USA sinnvoll, denn dort fehlt es nicht nur an einer dogmatisch strengen Unterteilung zwischen Privatrecht und öffentlichem Recht, sondern auch an einem besonderen Gerichtszug für verwaltungsrechtliche Streitigkeiten[956]. Der Rechtsweg führt also auch bei solchen Auseinandersetzungen stets zu den ordentlichen Gerichten. Eine klare Abgrenzung zwischen einer privatrechtlichen und einer Verwaltungssache wäre auf Grundlage formeller Kriterien mithin nicht möglich. Richtig ist daher, grundsätzlich auf die „Natur des Verfahrensgegenstandes" abzustellen und den prozessualen Merkmalen nur eine Indizwirkung zukommen zu lassen[957].

a) Überblick des Meinungsstands

aa) Schrifttum

Hinsichtlich der Frage, nach welchem Recht die Auslegung und Definition des Begriffs „Zivil- oder Handelssache" zu erfolgen hat, werden im Schrifttum unterschiedliche Lösungsansätze diskutiert: eine relativ starke Minderansicht möchte nach dem Recht des ersuchenden Staates qualifizieren[958]; andere hinge-

---

(366 f.); *Unterreitmayer*, Rpfleger 1972, S. 117 (119); *Böckstiegel/Schlafen*, NJW 1978, S. 1073 (1074); *Martens*, RIW/AWD 1981, S. 725 (731); *Hollmann*, RIW 1982, S. 784 (785); *Martiny*, Hdb. IZVR III/1 (1984), Rn. 501; *Junker*, Discovery im deutsch- amerikanischen Rechtsverkehr (1987), S. 256; *Pfennig*, Die internationale Zustellung in Zivil- und Handelssachen (1988), S. 37; *Wölki*, RIW 1985, S. 530 (532); *Bischof*, Die Zustellung im internationalen Rechtsverkehr in Zivil- oder Handelssachen (1997), S. 50; *Schlosser*, EU-Zivilprozessrecht[2] (2003), Art. 1 HZÜ, Rn. 3.

956 Siehe *Hay*, US-Amerikanisches Recht[4] (2008), Rn. 80.

957 *Hollmann*, RIW 1982, S. 784 (785); *Martiny*, Hdb. IZVR III/1 (1984), Rn. 501 f.; *Wölki*, RIW 1985, S. 530 (532); *Geimer/Schütze*, Internationaler Rechtsverkehr in Zivil- und Handelssachen Band I (2005), A I 2b, Nr. 351, S. 2; zust. *Merkt*, Abwehr der Zustellung von „punitive-damages"-Klagen (1995), S. 46; *Mörsdorf-Schulte*, Funktion und Dogmatik US-amerikanischer punitive damages (1999), S. 15; *Schlosser*, EU-Zivilprozessrecht[2] (2003), Art. 1 HZÜ, Rn. 3. Auch der EuGH stellt bei der Auslegung des Art. 1 Abs. 1 EuGVÜ auf die „Natur der zwischen den Parteien bestehenden Rechtsbeziehungen" oder auf den „Gegenstand des Rechtsstreits" ab; siehe EuGH, Urteil v. 14.10.1976 – Rs. 29/76, *LTU/Eurocontrol*, EuGHE 1976, S. 1541 = RIW 1977, S. 40.

958 *Böckstiegel/Schlafen*, NJW 1978, S. 1073 (1074), die nach dem Recht des Absendestaates qualifizieren wollen, da die Interessen des ersuchten Staates durch die *ordre public*-Klausel des Art. 13 HZÜ hinreichend gewahrt seien; ähnlich *Martens*, RIW/AWD 1981, S. 725 (731); *Stein/Jonas(-Schumann)*, ZPO, I §§ 1- 252 ZPO[20] (1984), Einl. XV M, Rn. 887; wohl auch die deutsche Bundesregierung, Denkschrift zum HZÜ, BT-Drucks. 7/4892, S. 38 (41): „Verwende der ersuchende Staat das Formular mit der Überschrift „Ersuchen in einer Zivil- oder Handelssache", bringe er damit zum Ausdruck, dass er wenigstens nach seinem Recht um Rechtshilfe in einer Zivil- oder Handelssache ersuche."

gen sehen das Recht des ersuchten Staates als maßgebend an[959]; teilweise wird auch die Ansicht vertreten, dass nur eine Doppelqualifikation zu einer gerechten Lösung führe[960]. Diese könne je nach Auffassung alternativ[961], kumulativ[962] oder faktisch[963] erfolgen. Ebenso finden sich schließlich Befürworter für eine vertragsautonome Auslegung[964].

bb) Rechtsprechung

In der Rechtsprechung lässt sich dagegen eine derart weite Bandbreite an verschiedenen Lösungsansätzen nicht auffinden. Dies liegt vor allem daran, dass die deutschen Gerichte eine solche Auseinandersetzung bisher nicht für notwen-

---

959 *Hollmann*, RIW 1982, 784 (785 f.), der die Interessen des ersuchten Staates für schutzwürdiger hält. Der ersuchende Staat könne ohne weiteres die Rechtshilfe missbrauchen. Ferner *von Hülsen*, RIW 1982, S. 537 (550); *Wölki*, RIW 1985, S. 530 (533); *Junker*, IPRax 1986, S. 197 (206); *ders.*, Discovery im deutsch-amerikanischen Rechtsverkehr (1987), S. 258 f.; *Mössle*, Internationale Forderungspfändung (1991), S. 73; *Immenga/Mestmäcker*(-*Rehbinder*), GWB[3] (2001), § 130 Abs. 2 GWB, Rn. 269; *Geimer*, Internationales Zivilprozeßrecht[5] (2005), Rn. 2443; *ders.*, in: *Zöller*, Zivilprozessordnung[27] (2009), § 363 ZPO, Rn. 85.

960 *Unterreitmayer*, Rpfleger 1972, S. 117 (119); *Schütze*, in: FS Heinrich Nagel (1987), S. 392 (394); zust. für bilaterale Verträge *Geimer*, NJW 1978, S. 484; *ders.*, Internationales Zivilprozeßrecht[5] (2005), Rn. 317.

961 Ausreichend ist danach, dass nach dem Recht entweder des einen oder des anderen Staates eine Zivil- oder Handelssache vorliegt; siehe *Basedow*, in: *Schlosser* (Hrsg.), Materielles Recht und Prozeßrecht und die Auswirkungen der Unterscheidung im Recht der internationalen Zwangsvollstreckung (1992), S. 131 (141 f.); zust. *Greiner*, Die „Class action" im amerikanischem Recht und deutscher „Ordre public" (1997), S. 155; *Schlosser*, EU-Zivilprozessrecht[2] (2003), Art. 1 HZÜ, Rn. 2.

962 Dementsprechend muss nach beiden Rechtsordnungen eine Zivil- oder Handelssache gegeben sein; siehe *Unterreitmayer*, Rpfleger 1972, S. 117 (119); *Schütze*, FS Heinrich Nagel (1987), S. 392 (394); einschränkend für bilaterale Verträge *Geimer*, NJW 1978, S. 484; *ders.*, Internationales Zivilprozeßrecht[5] (2005), Rn. 317. Die gleiche Ansicht vertrat auch der *House of Lords* im Zusammenhang mit dem Haager Übereinkommen über die Beweisaufnahme im Ausland in Zivil- oder Handelssachen, 16.02.1989, 28 ILM 693 (1989).

963 Bei der faktischen Doppelqualifikation genügt es, wenn jede Seite nach ihrer lex fori qualifiziert; siehe *Basedow*, in: *Schlosser* (Hrsg.), Materielles Recht und Prozeßrecht und die Auswirkungen der Unterscheidung im Recht der internationalen Zwangsvollstreckung (1992), S. 131 (143 f.).

964 So die Empfehlung der *Haager Konferenz für IPR* seit der XVI. Tagung im April 1989, RabelsZ 54 (1990), S. 364 (370); Seminar of the Hague Convention on Private International Law, 4- 5 October 2005, Moscow, Conclusions, Nr. 3, 6; Practical Handbook[3] (2006), Rn. 62; siehe ferner *Koch*, IPRax 1985, S. 245 (247); *ders./Diedrich*, ZIP 1994, S. 1830 (1831); *ders./Horlach/Thiel*, RIW 2006, S. 356 (357 f.); *Otte*, EWiR 1992, S. 1209 (1210); *Maack*, Englische antisuit injunctions im europäischen Zivilrechtsverkehr (1999), S. 81; *Schack*, Internationales Zivilverfahrensrecht[4] (2006), Rn. 605; *Nagel/Gottwald*, Internationales Zivilprozessrecht[6] (2007), § 7, Rn. 76.

dig erachtet haben[965]. Eine Ausnahme in der fachgerichtlichen Rechtsprechung bildet allein die Entscheidung des *OLG Koblenz* vom 27.06.2005, in der sich das Gericht ausdrücklich für eine autonome Auslegung des Art. 1 Abs. 1 HZÜ ausspricht[966]. Im Mittelpunkt seiner Argumentation steht vor allem die möglichst einheitliche Anwendung des Haager Zustellungsübereinkommens[967]. Auf gemeinschaftsrechtlicher Ebene hatte sich der Gerichtshof der Europäischen Gemeinschaften bereits 1976 für eine vertragsautonome Auslegung des Begriffs „Zivil- und Handelssache“ ausgesprochen[968]. Dies allerdings im Rahmen des Art. 1 Abs. 1 des „Europäischen Übereinkommens über die gerichtliche Zuständigkeit und die Vollstreckung gerichtlicher Entscheidungen in Zivil- und Handelssachen“ (EuGVÜ) vom 27.09.1968.

b) Eigene Stellungnahme

Eine Entscheidung der Qualifikation zugunsten einer Rechtsordnung verursacht im Zusammenhang mit multilateralen Verträgen Unbehagen: will man der einen Rechtsauffassung den Vorzug geben, muss man zwangsläufig die andere, gegenteilige Auffassung vernachlässigen. Ob aber dies im internationalen Rechtsverkehr erstrebenswert ist, muss bezweifelt werden. Vielmehr sollte der Interessensausgleich zwischen den Vertragsstaaten gesucht werden, der zudem aus dem völkerrechtlichen Gebot der gegenseitigen Respektierung und Rücksichtnahme hergeleitet werden kann. Aus diesem Grund scheidet auch eine Doppelqualifikation aus, die praktisch dazu führt, dass auf die nationalen Grundsätze der betreffenden Vertragsstaaten abgestellt wird[969]. Da die Vertragsstaaten

965 Ausdrücklich offen gelassen vom *BGH*, Urteil v. 04.06.1992, BGHZ 118, S. 312 (336 f.) für die Vollstreckung; *OLG München*, Beschluss v. 09.05.1989, IPRax 1990, S. 175 (176) = NJW 1989, S. 3102 = IPRspr 1989, Nr. 205, S. 466; *dass.* , Beschluss v. 07.06.2006, OLG-Report München 2006, S. 801 (802); *OLG Düsseldorf*, Beschluss v. 11.07.2003, WM 2003, 1587-1589; *OLG Naumburg*, Beschluss v. 09.02.2006, OLG-Report Naumburg 2006, S. 403 (404) = WuW 2006, S. 932 (934); *OLG Frankfurt a.M.*, Beschluss v. 06.03.2006, Aktz. 20 VA 2/05 -juris, Rn. 27; *dass.*, Beschluss v. 15.03.2006, Aktz. 20 VA 7/05 -juris, Rn. 28; *OLG Düsseldorf*, Beschluss v. 21.04.2006, RIW 2006, S. 629 (631); *OLG Celle*, Beschluss v. 20.07.2006, OLG-Report Celle 2006, S. 686 (687); zust. *von Hein*, RIW 2007, S. 249 (251 f.). Zu beachten ist jedoch, dass der *BGH* im Zusammenhang mit bilateralen Verträgen eine Qualifizierung nach dem Recht des ersuchenden Erststaates vornimmt; siehe *BGH*, Beschluss v. 26.11.1975, BGHZ 65, S. 291 = NJW 1976, S. 478; Beschluss v. 10.10.1977, NJW 1978, S. 1113; Urteil v. 29.04.1999, NJW 1999, S. 3198.

966 IPRax 2006, S. 25 (31).

967 Ebd.

968 EuGH, Urteil v. 14.10.1976 – Rs. 29/76, *LTU/Eurocontrol*, EuGHE 1976, S. 1541 = RIW 1977, S. 40.

969 Siehe *Bischof*, Die Zustellung im internationalen Rechtsverkehr in Zivil- oder Handelssachen (1997), S. 43.

teilweise recht unterschiedliche zivilrechtliche Konzeptionen aufweisen, besteht überdies die Gefahr, dass ein und derselbe Begriff der Zivil- und Handelssache von den gleichen Gerichten je nach anwendbarem Recht im selben Vertragswerk anders zu bestimmen ist[970]. Rein theoretisch könnte es dann so viele mögliche Auslegungen dieses Begriffs geben, wie das HZÜ Vertragsstaaten hat. Insofern ist sowohl eine Qualifikation nach der lex fori als auch eine Doppelqualifikation des Art. 1 Abs. 1 HZÜ abzulehnen. Eine relativ homogene Begriffsbestimmung erhält man dagegen nur, wenn diese Vorschrift autonom ausgelegt wird.

Die vertragsautonome Auslegung wird zwar im Rahmen des Haager Zustellungsübereinkommens dadurch erschwert, dass keine übergeordnete Auslegungsinstanz zur Wahrung der Einheitlichkeit berufen ist, doch hat die Praxis im Rahmen des „Luganer Übereinkommens über die gerichtliche Zuständigkeit und Vollstreckung gerichtlicher Entscheidungen in Zivil- und Handelssachen" (LugÜ) vom 16.09.1988[971] gezeigt, dass dies kein unüberwindbares Hindernis darstellen muss. Trotz Fehlens einer übergeordneten Auslegungsinstanz sind die nationalen Gerichte bei der Anwendung der staatsvertraglichen Regelungen des LugÜ um Einheitlichkeit – insbesondere mit der Rechtsprechung des EuGH im Hinblick auf die Regeln des EuGVÜ – bemüht[972]. Allerdings ist die Kritik von *Bischof*, dem HZÜ fehle es zudem an ausdrücklichen Kriterien, die ein einheitliches Begriffsverständnis auch ohne supranationale Auslegungsinstanz hätten durchsetzen können[973], nicht ganz von der Hand zu weisen. Doch darf hierbei nicht die Möglichkeit und vor allem die Notwendigkeit der Kooperation unter den nationalen Behörden außer Acht gelassen werden. Darüber hinaus sind die völkerrechtlich anerkannten Auslegungsmethoden durchaus imstande, eine einheitliche Anwendung des Haager Zustellungsübereinkommens durch die Vertragsstaaten zu gewährleisten. Außerdem stehen den nationalen Rechtsanwendern unterschiedliche Hilfsmittel zur Verfügung, die auch ohne eine supranationale Auslegungsinstanz die einheitliche Rechtsanwendung gewährleisten kön-

970 Darauf machten auch die Teilnehmer der XVI. Tagung der Haager Konferenz im April 1989 aufmerksam; siehe *Welp*, RabelsZ 54 (1990), S. 364 (365).

971 BGBl. 1994 II, S. 2660; siehe ferner Protokoll Nr. 2 über die einheitliche Auslegung des Übereinkommens BGBl. 1994 II, S. 2697.

972 Als Beispiel sei hier die Entscheidung des BAG, Urteil v. 29.05.2002, NJW 2002, S. 3196 aufgeführt, wonach das Arbeitsgericht bei der Auslegung des Art. 5 Nr. 1 LugÜ auf die Rechtsprechung des EuGH – insbesondere auf seine Auslegung zu Art. 5 Nr. 2 EuGVÜ (EuGH, Urteil v. 09.01.1997, Rs C-383/95, EuGHE I 1997, S. 57) – Bezug nahm. Allgemein zu den Problemen einer einheitlichen Interpretation ohne supranationale Auslegungsinstanz und zu etwaigen Lösungsmöglichkeiten *Magnus*, in: *Basedow/Drobnig/u.a.* (Hrsg.), Aufbruch nach Europa (2001), S. 571 ff. (577 ff.).

973 *Bischof*, Die Zustellung im internationalen Rechtsverkehr in Zivil- oder Handelssachen (1997), S. 49.

nen[974]: So kann die inländische Zentrale Behörde sowohl auf die Vorarbeiten – den sog. *travaux préparatoires* – als auch auf die erläuternden Berichte zu dem Übereinkommen sowie auf die Entscheidungen ihrer Kollegen aus dem Ausland zurückgreifen. Als weitere Erkenntnisquelle kommt darüber hinaus neben dem in- und ausländischen Schrifttum vor allem auch das von der Haager Konferenz für IPR herausgegebene *Practical Handbook on the Operation of the Hague Convention* in Betracht. Das Fehlen einer übergeordneten Auslegungsstelle sollte daher nicht zum Anlass genommen werden, sich gegen eine vertragsautonome Interpretation des Art. 1 Abs. 1 HZÜ zu entscheiden[975].

Ergänzend zu der vertragsautonomen Auslegung soll nach neuerer Auffassung im Schrifttum eine konventionsübergreifende Interpretation durch einen Rückgriff auf Lösungen anderer Einheitsrechtskonventionen vorgenommen werden[976]. Im vorliegenden Fall böte sich beispielsweise eine interkonventionelle Auslegung des Art. 1 Abs. 1 HZÜ mit Art. 1 Abs. 1 EuGVÜ bzw. EuGVVO an, der ebenfalls für den sachlichen Anwendungsbereich des Übereinkommens bzw. der Verordnung eine „Zivil- oder Handelssache" voraussetzt[977]. Gegen diese mit der systematischen Auslegung verwandten Auslegungsmethode spricht jedoch, dass das internationale Einheitsrecht größtenteils – so auch hier im Beispielsfall mit dem EuGVÜ bzw. der EuGVVO – eine untereinander nicht zusammenhängende, von verschiedenen internationalen Gremien erarbeitete Rechtsmasse bildet[978]. In diesen Fällen müssen die Schöpfer einheitsrechtlicher Übereinkommen den interkonventionell verwendeten Begriffen nicht zwingend auch die gleiche inhaltliche Bedeutung beigemessen haben. Selbst wenn sich also Begriffe zweier unabhängiger Übereinkommen rein äußerlich gleichen, kann die Bedeutung, die ihnen die jeweiligen Urheber zugedacht haben, variieren. Aus diesem Grund sollte jeder Vertragstext für sich und nicht im interkonventionellen Zusammenhang betrachtet werden. Dies gilt umso

974 Ausführlicher zu den einzelnen Hilfsmitteln *Linhart*, Internationales Einheitsrecht und einheitliche Auslegung (2005), S. 217- 225.

975 Entsprechend auch *Haager Konferenz für IPR*, RabelsZ 54 (1990), S. 364 (370): „[C]ivil or commercial matters should be interpreted in an autonomous way." Ebenso *Koch*, IPRax 1988, S. 245 (247); *ders./Diedrich*, ZIP 1994, S. 1830 (1831); *Merkt*, Abwehr der Zustellung von „punitive-damages"-Klagen (1995), S. 47 ff. (50); *Mörsdorf-Schulte*, Funktion und Dogmatik US-amerikanischer punitive damages (1999), S. 14; *Schack*, Internationales Zivilverfahrensrecht[4] (2006), Rn. 605; *Nagel/Gottwald*, Internationales Zivilprozessrecht[6] (2007), § 7, Rn. 76.

976 *Ferrari*, Riv. dir. int. priv. proc. 2000, S. 669 (681 ff.); *ders.*, in: *Schlechtriem/Schwenzer* (Hrsg.), Kommentar zum einheitlichen UN-Kaufrecht[5] (2008), Art. 7 CISG, Rn. 38; *Magnus*, in: *Basedow/Drobnig/u.a.* (Hrsg.), Aufbruch nach Europa (2001), S. 571 (581 f.); *Linhart*, Internationales Einheitsrecht und einheitliche Auslegung (2005), S. 41 f.

977 Vgl. zur vertragsautonomen Auslegung des Art. 1 Abs. 1 EuGVÜ *EuGH*, Urteil v. 14.10.1976 – Rs. 29/76, *LTU/Eurocontrol*, EuGHE 1976, S. 1541 (1550 f.).

978 Ebenso *Kropholler*, Internationales Einheitsrecht (1975), S. 273.

mehr, wenn sich – wie hier im Beispielsfall – die Kreise der jeweiligen Vertragsstaaten der in Frage stehenden Übereinkommen nicht decken. Eine auch nur ergänzend vorgenommene konventionsübergreifende Auslegung scheidet mithin aus.

2. *Punitive damages*-Sammelklage eine „Zivil- oder Handelssache“ i. S. des HZÜ

Der Begriff der Zivil- und Handelssache im Sinne des Art. 1 Abs. 1 HZÜ muss also aus sich selbst heraus und ohne Rückgriff auf das eine oder andere nationale Recht bestimmt werden.

Inhaltlich ohne Belang ist der in vielen bi- und multilateralen Verträgen unterschiedlich benutzte Terminus „und“ anstelle von „oder“. Insoweit herrscht vollkommene Einigkeit, dass die Sache nicht sowohl eine Zivil- als auch eine Handelssache darstellen muss[979]. Im Folgenden werden daher die Begriffe „Zivil- und Handelssache“ bzw. „Zivil- oder Handelssache“ alternativ verwendet, ohne damit auf unterschiedliche Inhalte hindeuten zu wollen.

Entscheidende Bedeutung kommt hierbei den völkerrechtlich anerkannten Auslegungsmethoden zu.

a) Vertragsautonome Begriffsbestimmung der Zivil- und Handelssache

aa) Der *Wortlaut* des Art. 1 Abs. 1 HZÜ ist hinsichtlich der Abgrenzung von Zivil- und Handelssachen zu Straf- oder Verwaltungssachen nur wenig ergiebig. Er gibt lediglich Auskunft über den äußeren Rahmen des Anwendungsbereichs. Bestimmt wird positiv das Vorliegen einer „Zivil- oder Handelssache“, so dass schon rein begrifflich Straf- und Verwaltungssachen vom Geltungsbereich des HZÜ ausgeschlossen sind[980]. Bei der *punitive damages*-Sammelklage muss es sich danach um eine Zivilsache im Sinne des Übereinkommens han-

---

979 Siehe *Haager Konferenz für IPR*, Practical Handbook[3] (2006), Rn. 50; vgl. ferner zur Auslegung des Art. 1 Abs. 1 der Brüssel I-Verordnung (EuGVVO) *Rauscher (-Mankowski)*, Europäisches Zivilprozessrecht[2] (2006) I, Art. 1 Brüssel I-VO, Rn. 1: „Die gesondert erwähnten Handelssachen sind nur ein Unterfall der Zivilsachen.“

980 Nach *Merkt* führe die positive Feststellung der Zivil- oder Handelssache in Zweifelsfällen dazu, dass tendenziell gegen die Anwendbarkeit zu entscheiden sei, in: Abwehr der Zustellung von „punitive-damages“-Klagen (1995), S. 51 f. Auch der *OLG Koblenz*, Beschluss v. 27.06.2005, IPRax 2006, S. 25 (36) verlangt eine positive Bestimmung des Charakters der Rechtsstreitigkeit.

deln[981]. Ausreichend ist hingegen nicht, dass sie keine Straf- oder Verwaltungssache darstellt.

bb) Auch die *historische Auslegung* ist in dieser Hinsicht nur bedingt aufschlussreich. Der im HZÜ verwendete Begriff der Zivil- und Handelssache ist den Vorgängerübereinkommen, den Haager Übereinkommen über den Zivilprozess vom 17. Juli 1905[982] und vom 01. März 1954[983], entnommen worden[984]. Diesen Konventionen lag das Begriffsverständnis der *civil law*-Staaten zugrunde[985]. Hieraus nun schlussfolgern zu wollen, dass weiterhin allein diese Sichtweise maßgebend ist, wäre jedoch aus vielerlei Gründen verfehlt[986]. Denn weder die Vereinigten Staaten noch das Vereinigte Königreich (sowie andere Commonwealthstaaten) waren an der Ausarbeitung der Vorgängerübereinkommen beteiligt, noch sind sie später diesen beigetreten[987]. Insofern konnte schon keine Einflussnahme jener Staaten auf die Begriffsbestimmung ausgeübt werden. Das kontinentaleuropäische Rechtsverständnis war bei der Ausfertigung der Haager Zivilprozeßübereinkommen damit nicht das einzig richtige, wohl aber aufgrund seiner Alleinherrschaft das einzig maßgebende. Überdies käme es einem gewissen Rechtschauvinismus gleich, trotz des späteren Beitritts der *common law*-Staaten weiterhin auf das ursprüngliche Rechtsverständnis pochen zu wollen. Insofern darf der Tatsache, dass ursprünglich eine kontinentaleuropäische Sicht dem HZÜ zugrunde lag, für die heutige Auslegung des Übereinkommens nur eine periphere Bedeutung eingeräumt werden.

cc) Die *systematische* und *teleologische Interpretation* des Haager Zustellungsübereinkommens bringt lediglich zum Vorschein, dass die gegenseitige Rechtshilfe in Zivil- und Handelssachen durch ein vereinfachtes und beschleunigtes Übermittlungsverfahren verbessert werden soll. Überdies soll der Be-

---

981 Vgl. Rapport de la Commission spéciale, Conférence de La Haye de droit international privé, Actes et Documents de la Dixième session, Band III, Notification (1965), S. 74 (80) ; *Merkt*, Abwehr der Zustellung von „punitive-damages"-Klagen (1995), S. 51; *Mörsdorf-Schulte*, Funktion und Dogmatik US-amerikanischer punitive damages (1999), S. 15 ; dem folgend *OLG Koblenz*, Beschluss v. 27.06.2005, IPRax 2006, S. 25 (32).

982 RGBl. 1909 I, S. 409.

983 BGBl. 1958 II, S. 557.

984 Rapport de la Commission spéciale, Conférence de La Haye de droit international privé, Actes et Documents de la Dixième session, Band III, Notification (1965), S. 74 (79).

985 *Merkt*, Abwehr der Zustellung von „punitive-damages"-Klagen (1995), S. 52; *Bischof*, Die Zustellung im internationalen Rechtsverkehr in Zivil- oder Handelssachen (1997), S. 45.

986 Anders offenbar *OLG Koblenz*, Beschluss v. 27.06.2005, IPRax 2006, S. 25 (31).

987 Siehe *Bischof*, Die Zustellung im internationalen Rechtsverkehr in Zivil- oder Handelssachen (1997), S. 212; *Geimer/Schütze*, Internationaler Rechtsverkehr in Zivil- und Handelssachen Band I (2005), A I a, Nr. 100, S. 1- 8.

klagtenschutz ausgeweitet werden, indem die rechtzeitige Kenntnisnahme des Zustellungsadressaten von den verfahrenseinleitenden Schriftstücken sichergestellt wird[988]. Konkrete Anhaltspunkte für die Begriffsbestimmung der Zivil- und Handelssache sind hieraus nicht entnehmbar. Gleichwohl ist die Auffassung der *Haager Konferenz für IPR* überzeugend, den sachlichen Anwendungsbereich möglichst liberal und weit auszulegen[989]. Die Effektivität der internationalen Rechtshilfe durch eine häufige Anwendung zum einen und die Vielzahl der Vertragsstaaten mit doch sehr unterschiedlichen Rechtsauffassungen zum anderen machen ein eher weiteres und liberales Begriffsverständnis notwendig. Zudem gebietet der von dem HZÜ intendierte Beklagtenschutz eine möglichst häufige Anwendung des Übereinkommens, da sonst die Gefahr bestünde, dass die Vertragsstaaten schnell auf fiktive Inlandszustellungen zurückgreifen, die nicht in der gleichen Form den Beklagtenschutz gewährleisten. Für einen weiten Anwendungsbereich des Abkommens spricht ferner die Ausgestaltung des Haager Zustellungsübereinkommens als „offene" Konvention. So sieht Art. 28 HZÜ eine Beitrittsmöglichkeit für dritte Staaten vor, die nicht an der Ausarbeitung des Übereinkommens teilgenommen haben[990]. Ist damit aber das Übereinkommen offen für weitere Beitrittsstaaten, kann seinem Anwendungsbereich hingegen kein strenger Maßstab zugrunde gelegt werden. Vielmehr muss dieser flexibel ausgestaltet sein, um sich entsprechend den verschiedenen Rechtskreisen anpassen zu können. Daher erscheint allein ein weiter Anwendungsbereich, begrenzt durch den Wortlaut des Übereinkommens, für sinnvoll.

dd) Da die vier klassischen Auslegungsmethoden vorliegend zu keinem konkreten Ergebnis hinsichtlich der Definition der Zivil- und Handelssache führen, kommt der *rechtsvergleichenden Interpretation* eine besondere Ergänzungsfunktion zu. Sie ist für die Auslegung von multilateralen Staatsverträgen von eminenter Wichtigkeit, da sie beim Fehlen einer gemeinsamen Auslegungsinstanz die einheitliche Anwendung am besten gewährleistet[991]. Heranzu-

---

988 Hierzu 4.Teil C. I.

989 *Haager Konferenz für IPR*, RabelsZ 54 (1990), S. 370: „In the „grey area" between private and public law, the historical evolution would suggest the possibility of *a more liberal interpretation of these words*." Vgl. neuerdings Bericht v. *Jastrow*, RabelsZ 68 (2004), S. 533 (537); zust. *Brockmeier*, Punitive damages, multiple damages und deutscher ordre public (1999), S. 79; a. A. *OLG Koblenz*, Beschluss v. 27.06.2005, IPRax 2006, S. 25 (32); *Merkt*, Abwehr der Zustellung von „punitive-damages"-Klagen (1995), S. 54.

990 Diese Beitrittsmöglichkeit steht gemäß Art. 28 Abs. 2 HZÜ unter dem Einspruchsvorbehalt eines anderen Vertragsstaates.

991 *Leible*, Anwaltskommentar BGB I (2005), Art. 36 EGBGB, Rn. 12; *Linhart*, Internationales Einheitsrecht und einheitliche Auslegung (2005), S. 38; siehe ferner *von Hein*, in: *Hopt/Kulms/von Hein* (Hrsg.), Rechtshilfe und Rechtsstaat (2006), S. 126; zur methodischen Vorgehensweise *Zweigert*, BerDtGesVR 5 (1964), S. 194 (211 ff.); *ders.*, FS Hans Schäffer (1966), S. 333 (341).

ziehen sind hierbei die innerstaatlichen Rechtsordnungen der Vertragsstaaten, aus denen dann allgemeine Rechtsgrundsätze zu gewinnen sind[992]. Auch der Gerichtshof der Europäischen Gemeinschaften stellt auf die allgemeinen Rechtsgrundsätze ab, um Lücken im Gemeinschaftsrecht zu schließen[993]. Maßgebend für ihre Feststellung ist zunächst eine (weitgehend) übereinstimmende Rechtsauffassung in den Vertragsstaaten. Lässt sich eine derartige Übereinstimmung nicht finden, ist dann auf Grundlage der divergierenden Auffassungen auf diejenige Lösung abzustellen, die den Zielen des Übereinkommens am ehesten entspricht; mithin sich als „beste Lösung" hervortut[994].

Die meisten Vertragsstaaten des Haager Zustellungsübereinkommens bedienen sich verschiedener Abgrenzungstheorien, um das Vorliegen einer Zivilsache festzustellen. Ohne die Ergebnisse der folgenden Untersuchung vorwegzugreifen, kann jetzt schon aufgedeckt werden, dass es sich bei diesen vorwiegend um Vertragsstaaten des kontinentaleuropäischen Rechtskreises handelt. Der Grund hierfür liegt vor allem darin, dass für den angloamerikanischen Rechtskreis die Unterscheidung zwischen privatem und öffentlichem Recht nur eine untergeordnete Rolle spielt. Zwar kennt sowohl das englische als auch das US-amerikanische Recht den Begriff des Verwaltungsrechts (*administrative law*), doch dürfen solche Termini nicht mit den in Kontinentaleuropa gängigen Begriffen des Verwaltungsrechts gleichgesetzt werden. Im angelsächsischen Recht liegt der Schwerpunkt des *administrative law* im Gegensatz zur kontinentaleuropäischen Auffassung auf dem Verfahrensrecht und den Ansprüchen gegen staatliche Behörden[995]. Aus diesem Grund haben sich in diesen Ländern keine konkreteren Abgrenzungstheorien herausgebildet[996]. Im kontinentaleuropäischen Rechtskreis lässt sich aber eine ganze Reihe von Abgrenzungstheorien finden, dic zur Herleitung allgemeiner Rechtsgrundsätze herangezogen werden können:

---

992 *Kropholler*, Internationales Einheitsrecht (1975), S. 159.

993 Siehe EuGH, Urteil v. 14.10.1976 – Rs. 29/76, *LTU/Eurocontrol*, EuGHE 1976, S. 1541 (1550 f.); 22.02.1979 – Rs. 133/78, *Gourdain/Nadler*, E 1979, S. 733 (= NJW 1979, S. 1772); 21.04.1992 – Rs. 172/91, *Sonntag/Waidmann*, E 1993 I, S. 1963 (1997, Rn. 22). Allgemein *Grundmann/Riesenhuber*, JuS 2001, S. 529 (533 f.); *Schroeder*, JuS 2004, S. 180 (183); *Kropholler*, Internationales Privatrecht[6] (2006), § 10 III 2, S. 79 ff.; siehe ferner *Zweigert*, RabelsZ 28 (1964), S. 601 (609 f.); *Martiny*, RabelsZ 45 (1981), S. 427 (442).

994 Sog. „wertende Rechtsvergleichung"; siehe hierzu *Zweigert*, BerDtGesVR 5 (1964), S. 194 (213 f.); *ders.*, RabelsZ 28 (1964), S. 601 (610 f.); *ders.*, FS Hans Schäffer (1966), S. 333 (341 ff.); *Kropholler*, Internationales Einheitsrecht (1975), S. 160; *Grundmann/Riesenhuber*, JuS 2001, S. 529 (533); *Schroeder*, JuS 2004, S. 180 (184): „zweckmäßigste und gerechteste".

995 Siehe *Harlow*, 43 Mod. L. Rev. 241, 258 (1980); zum US-Recht *Hay*, US-amerikanisches Recht[4] (2008), Rn. 80.

996 Vgl. umfassende Untersuchung von *Soltész*, Der Begriff der Zivilsache im Europäischen Zivilprozeßrecht (1998), S. 116- 121; ferner *Reimann*, Einführung in das US-amerikanische Privatrecht[2] (2004), § 66, S. 286; *Koch/Horlach/Thiel*, RIW 2006, S. 356 (358).

aaa) Eine gewisse Verbreitung in den Vertragsstaaten des Haager Zustellungsübereinkommens hat die sog. *Interessenstheorie* gefunden[997]. Danach werden diejenigen Rechtssätze dem Privatrecht zugeordnet, die dem Ausgleich privater Interessen dienen. Anders hingegen, wenn sie dem öffentlichen Interesse oder dem Allgemeininteresse dienen. Dann soll es sich um eine öffentlich-rechtliche Sache handeln. Ist eine klare Abgrenzung nicht möglich, soll bei solchen Mischformen auf den Schwerpunkt der Interessen abgestellt werden: Steht der private Interessensausgleich im Vordergrund, spricht dies für das Vorliegen einer Zivil- und Handelssache. Dominiert hingegen der Sanktionscharakter oder sonstige Interessen der Allgemeinheit, dann ist vom Vorliegen einer öffentlich-rechtlichen Sache auszugehen[998].

bbb) In den europäischen Vertragsstaaten ist ferner die *Subordinationstheorie*[999] weit verbreitet[1000]: Geht es um das Bestehen oder Nichtbestehen privater Rechte gleichgeordneter Personen, so liegt eine Zivilsache vor. Stellt sich das Rechtsverhältnis der Parteien als Über-/Unterordnungsverhältnis dar, dann spricht dies für das Vorliegen einer öffentlich-rechtlichen Sache[1001].

ccc) Die zumindest in Deutschland kaum noch vertretene *Subjektstheorie* will hingegen nach dem Subjekt unterscheiden[1002]. Beziehungen zwischen Priva-

---

997 Die Interessenstheorie geht auf den römischen Juristen *Ulpian* (170- 228 n. Chr.) zurück: „publicum ius est quod ad statum rei Romanae spectat, privatum quod ad singulorum utilitatem" (Dig. 1, 1, 1, 2); vgl. *Szladits*, in: Int'l Encycl.Comp. L. (1975), Vol. II Ch. 2, S. 23; *Maurer*, Allgemeines Verwaltungsrecht[17] (2009), § 3, Rn. 11; krit. *Leisner*, JZ 2006, S. 869 (872).

998 Als Befürworter der Interessenstheorie gelten im Zusammenhang mit dem HZÜ *OLG Koblenz*, Beschluss v. 27.06.2005, IPRax 2006, S. 25 (32); Conférence de La Haye de droit international privé, Actes et documents de la Dixième session, Band III, Notification (1965), S. 74 (80 f.); *Merkt*, Abwehr der Zustellung von „punitive-damages"-Klagen (1995), S. 55 ff.; *Mörsdorf-Schulte*, Funktion und Dogmatik US-amerikanischer punitive damages (1999), S. 16; *Koch/Horlach/Thiel*, RIW 2006, S. 356 (359); siehe ferner *Martiny*, in: Hdb. IZVR III/1 (1984), Rn. 507; *Pfeil-Kammerer*, Deutsch-amerikanischer Rechtshilfeverkehr in Zivilsachen (1987), S. 37.

999 In Deutschland auch als Über-/Unterordnungs- oder Subjektionstheorie bekannt.

1000 *Szladits*, in: Int'l Encycl.Comp.L. (1975), Vol. II Ch. 2, S. 22 f.; *Soltész*, Der Begriff der Zivilsache im Europäischen Zivilprozeßrecht (1998), S. 88 f.; vgl. ferner *Leisner*, JZ 2006, S. 869 (873).

1001 Als Anhänger der Subordinationstheorie gelten: *BGH*, Urteil v. 04.09.1992, BGHZ 118, S. 312 (337) = NJW 1992, S. 3096 (3102); allerdings in Bezug auf die Anerkennung und Vollstreckbarerklärung einer *punitive damages*-Klage; ferner *Junker*, Discovery im deutsch-amerikanischen Rechtsverkehr (1987), S. 260; *Coester-Waltjen*, in: *Heldrich/Kono* (Hrsg.), Herausforderungen des Internationalen Zivilverfahrensrecht (1994), S. 15 (22, 23); *Mörsdorf-Schulte*, Funktion und Dogmatik US-amerikanischer punitive damages (1999), S. 296 f.

1002 Vgl. *Maurer*, Allgemeines Verwaltungsrecht[17] (2009), § 3, Rn. 10.

ten sind allein dem Privatrecht, Beziehungen zu dem Staat dem öffentlichen Recht zuzuordnen[1003]. Handelt zumindest auf einer Seite der Staat, dann kann nach dieser Theorie nicht von einer Zivil- und Handelssache gesprochen werden. Handeln hingegen auf beiden Seiten Private, so ist ausschließlich von einer Privatsache auszugehen.

ddd) Die sog. *Zuordnungstheorie*[1004] stellt auf das Zuordnungssubjekt der jeweiligen Rechtsnorm ab[1005]: Richten sich die Voraussetzungen des geltend gemachten Anspruchs nach Rechtsvorschriften, die jedermann berechtigen und verpflichten, dann liegt eine Zivil- und Handelssache vor. Demgegenüber gehören dem öffentlichen Recht diejenigen Rechtssätze an, bei denen mindestens ein Zuordnungssubjekt ausschließlich ein Träger von Staatsgewalt als solcher ist, d.h. gerade in seiner Eigenschaft als Hoheitsträger berechtigt und verpflichtet wird[1006]. Das öffentliche Recht ist danach das Sonderrecht des Staates, das Privatrecht das Jedermannsrecht, wobei zu dem „jedermann" auch der Staat und umgekehrt zu dem Träger der Staatsgewalt auch der Private gehören kann[1007].

eee) Neben diesen drei dominierenden Abgrenzungstheorien lassen sich in den unterschiedlichen Rechtsordnungen der Vertragsstaaten *weitere Kriterien* aufführen, die zur Unterscheidung von privatem und öffentlichem Recht herangezogen werden[1008]. Insbesondere im Zusammenhang mit Strafschadensersatzzahlungen wollen einige Vertragsstaaten nach dem *Empfänger der Sanktionsleistung* differenzieren: Fließt die Sanktionszahlung einer Privatperson zu, so spricht dies für eine Zivilsache. Kommt die Zahlung hingegen dem Staat zugute, dann weist dies auf einen öffentlich-rechtlichen Charakter hin[1009]. Überdies wird zuweilen auch auf das *Klagerecht und* die *Verfolgungspflicht* des Klägers abge-

---

1003 *Szladits*, in: Int'l Encycl.Comp.L. (1975), Vol. II Ch. 2, S. 22.

1004 In Deutschland auch als modifizierte Subjekts- oder Sonderrechtstheorie bekannt.

1005 *Szladits*, in: Int'l Encycl.Comp.L. (1975), Vol. II Ch. 2, S. 22; *Maurer*, Allgemeines Verwaltungsrecht[17] (2009), § 3, Rn. 13; *Schoch/Schmidt-Aßmann/Pietzner- Ehlers*, Verwaltungsgerichtsordnung[13] (2006), § 40 VwGO, Rn. 225; krit. *Leisner*, JZ 2006, S. 869 (870- 872).

1006 Als Anhänger dieser Theorie können in diesem Zusammenhang *Großfeld*, Die Privatstrafe (1961), S. 61 und *Stürner/Stadler*, IPRax 1990, S. 157 (158) genannt werden.

1007 Vgl. *Maurer*, Allgemeines Verwaltungsrecht[17] (2009), § 3, Rn. 13; *Schoch/Schmidt-Aßmann/Pietzner-Ehlers*, Verwaltungsgerichtsordnung[13] (2006), § 40 VwGO, Rn. 235 f.

1008 Umfassend *Merkt*, Abwehr der Zustellung von „punitive-damages"-Klagen (1995), S. 58- 63.

1009 *OLG München*, Beschluss v. 09.05.1989, NJW 1989, S. 3102 m. Anm. *Greger*, ebd., S. 3103; *Stiefel/Stürner*, VersR 1987, S. 829 (837); *Stürner/Stadler*, IPRax 1990, S. 157 (158); vgl. ferner *Martiny*, Hdb. IZVR III/1 (1984), Rn. 506 m. weit. Nachw.; neuerdings *Berger/Wilske*, RIW 2007, S. 245 (248).

stellt[1010]: Steht es dem Berechtigten frei, die Sanktionsleistung zu verlangen, so ist dies als Anhaltspunkt für eine Zivilsache zu werten. Besteht hingegen eine Verfolgungspflicht, dann mag man dies als Hinweis auf den öffentlich-rechtlichen Charakter der Rechtssache ansehen. Insbesondere in Abgrenzung zu Strafsachen wird schließlich die *Registereintragung der Sanktion* und die Frage, ob der Verpflichtete aufgrund der Sanktionierung als vorbestraft gilt, als ein maßgebendes Kriterium erachtet[1011]: Wird die Sanktionsleistung in ein öffentlich-rechtliches Register aufgenommen oder gilt der Verpflichtete nach der Sanktionierung als vorbestraft, dann spricht dies gegen das Vorliegen einer Zivil- und Handelssache[1012]. Diese Kriterien sind ausschließlich auf die *punitive damages* zugeschnitten und eignen sich daher kaum als allgemeingültige Abgrenzungsmethode. Dennoch kann ihnen eine gewisse Indizwirkung nicht abgesprochen werden.

b) Subsumtion der *punitive damages*-Sammelklage unter einer „Zivil- oder Handelssache"

Zu prüfen bleibt, ob es sich unter Zugrundclegung der aufgeführten Abgrenzungskriterien bei der *punitive damages*-Sammelklage um eine Zivil- und Handelssache im Sinne des Art. 1 Abs. 1 HZÜ handelt.

aa) Legt man ausschließlich die *Interessenstheorie* zur Unterscheidung von privatem und öffentlichem Recht zugrunde, dann spricht vieles dafür, die besondere Klageart mit ihrem besonderen Klageziel nicht als Zivil- und Handelssache einzustufen. Die *punitive damages* sollen einerseits den Beklagten für sein besonders verwerfliches Verhalten bestrafen und dadurch auch andere von einem ähnlichen Tun abschrecken; andererseits dienen sie dem Kläger als Anreiz und Belohnung für die privatrechtliche Verfolgung von sozialschädlichem Tun[1013]. Die Bestrafungs- und Abschreckungsfunktion spricht für die Einordnung als Strafsache[1014]; der Belohnungs- und Anreizaspekt grundsätzlich für

---

1010 Entsprechend *OLG München*, Beschluss v. 09.05.1989, NJW 1989, S. 3102; *Junker*, Discovery im deutsch-amerikanischen Rechtsverkehr (1987), S. 262.

1011 *OLG München*, Beschluss v. 09.05.1989, NJW 1989, S. 3102; *dass.*, Beschluss v. 15.07.1992, NJW 1992, S. 3113; *dass.*, Beschluss v. 07.06.2006, OLG-Report München 2006, S. 801 (802); zust. *Stürner/Stadler*, IPRax 1990, S. 157 (158); *Heldrich*, in: *Heldrich/Kono* (Hrsg.), Herausforderungen des Internationalen Zivilverfahrensrecht (1994), S. 1 (10).

1012 Siehe *Großfeld*, Die Privatstrafe (1961), S. 61; *Anonymus*, 34 U. Chi. L. Rev. 408 (1967); *Owen*, 49 U. Chi. L. Rev. 1, 8 (1982).

1013 Siehe hierzu 2.Teil B. II. 2.

1014 So *Stiefel*, RIW/AWD 1979, S. 509 (510); *von Hülsen*, RIW 1982, S. 537 (551); *Hollmann*, RIW 1982, S. 784 (785); *Wölki*, RIW 1985, S. 530 (533); *Schütze*, WM 1986, S. 633 (635); *ders.*, FS Heinrich Nagel (1987), 392 (394 ff.); *ders.*, FS Mark M. Boguslavskij (2004), S. 325 (328); *Renger*, DAJV-NL 1987, S. 7; wohl auch *Berger/Wilske*, RIW 2007, S.

eine öffentlich-rechtliche Zuordnung[1015]. Jedenfalls fällt es in diesem Zusammenhang schwer, das Vorliegen einer Zivilsache positiv festzustellen[1016]. Ähnlich verhält es sich mit der *class action*. Auch sie dient der Abschreckung, was tendenziell keine Aufgabe des Privatrechts ist. Überdies soll sie dort Anreize zur privaten Rechtsdurchsetzung schaffen, wo eine staatliche Rechtsverfolgung aufgrund der knappen personellen und finanziellen Ausstattung der Behörden nicht möglich beziehungsweise nicht ausreichend ist[1017]. Stellt man auf den Schwerpunkt der verfolgten Interessen ab, ist die US-amerikanische Sammelklage, die unter anderem auf Zahlung von Strafschadensersatz gerichtet ist, wohl nicht als „Zivil- oder Handelssache" im Sinne des HZÜ anzusehen.

bb) Hingegen liegt nach der *Subordinationstheorie* eine Zivil- und Handelssache vor, da die Regeln über die *punitive damages* die Beteiligten als gleichgeordnete Private behandeln[1018]. An dieser Bewertung ändert auch die Tatsache nichts, dass die Jury aus einer Position der Überordnung heraus einseitig in den Rechtsbereich des Schädigers eingreift[1019]. Denn nach dieser Abgrenzungstheorie ist allein das Rechtsverhältnis der Parteien zueinander entscheidend. Diese stehen sich jedoch gerade nicht in einem Subordinationsverhältnis gegenüber. Auch bei der *class action* ist vom Vorliegen einer Zivilsache im Sinne des Übereinkommens auszugehen, da sie weiterhin eine besondere Verfahrensart des Zivilprozessrechts darstellt.

cc) Bei einer Abgrenzung nach der *Subjektstheorie* ist zumindest in den Fällen von einer Zivilsache auszugehen, in denen auf beiden Seiten Private agieren. Stellen Kläger und Beklagte bei einer *class action* Privatleute dar, dann ist von einer Zivilsache auszugehen. Ähnliches ergibt sich für die *punitive damages*. Sind Anspruchssteller und Anspruchsgegner Private, dann liegt auch hier eine Zivilsache vor.

---

245 (247 f.); a. A. *Brockmeier*, Punitive damages, multiple damages und deutscher ordre public (1999), S. 81 f.

1015 So *OLG Koblenz*, Beschluss v. 27.06.2005, IPRax 2006, S. 25 (32 f.) für die *treble damages*-Klagen; *Merkt*, Abwehr der Zustellung von „punitive-damages"-Klagen (1995), S. 64- 123; *Mörsdorf-Schulte*, Funktion und Dogmatik US-amerikanischer punitive damages (1999), S. 296.

1016 Anders dagegen *Junker*, Discovery im deutsch-amerikanischen Rechtsverkehr (1987), S. 262; *Burst*, Pönale Momente im ausländischen Privatrecht und deutscher ordre public (1994), S. 152; vgl. ferner *Koch/Horlach/Thiel*, RIW 2006, S. 356 (359).

1017 Siehe 2.Teil D. II.

1018 *Junker*, IPRax 1986, S. 197 (206); *ders.*, Discovery im deutsch-amerikanischen Rechtsverkehr (1987), S. 262; *Burst*, Pönale Momente im ausländischen Privatrecht und deutscher ordre public (1994), S. 152.

1019 So aber *Mörsdorf-Schulte*, Funktion und Dogmatik US-amerikanischer punitive damages (1999), S. 296.

dd) Auch nach der *Zuordnungstheorie* kommt man zu dem Ergebnis, dass bei einer *punitive damages*-Sammelklage eine Zivilsache vorliegt. Die Regeln über *punitive damages* bestimmen sich ausschließlich nach dem Zivilrecht[1020], mithin berechtigen und verpflichten sie jedermann[1021]. Gleiches gilt für die *class action*, deren Voraussetzungen in den einzelnen Zivilprozessordnungen geregelt sind. Jeder Geschädigte mit gleichgelagerten Interessen ist danach berechtigt, Gruppenmitglied einer Sammelklage zu werden.

ee) Stellt man schließlich auf die ebenfalls zur Abgrenzung hinzugezogenen *weiteren Kriterien* ab, ist zunächst festzustellen, dass diese im Hinblick auf die *class action* kaum zu brauchbaren Ergebnissen führen: Weder hat die US-amerikanische Sammelklage Einfluss auf den Empfänger der Sanktionsleistung, noch auf das Klagerecht des Einzelnen, noch auf eine etwaige Registereintragung der Sanktionsleistung. Hier zeigt sich schnell, dass die Abgrenzungskriterien allein im Hinblick auf den Strafschadensersatz entwickelt wurden. Empfänger der *punitive damages* ist im Grundsatz das private Opfer; nur in Ausnahmefällen fließen die Sanktionsleistungen in die Staatskassen der Einzelstaaten[1022]. Soweit sie jedoch dem Geschädigten zukommen, liegt jedenfalls eine Zivilsache vor[1023]. Der Jury steht das Recht zur Verhängung der *punitive damages* zu. Sie

---

1020 *Großfeld*, Die Privatstrafe (1961), S. 61; *Stürner/Stadler*, IPRax 1990, S. 157 (158); a. A. *Mörsdorf-Schulte*, Funktion und Dogmatik US-amerikanischer punitive damages (1999), S. 296: „Die Zulässigkeit von punitive damages bestimmt sich nicht ausschließlich nach dem Zivilrecht, sondern nach der [...] Notwendigkeit zusätzlicher Sanktionen. Ist eine solche denkbar, so wird die Jury mit der punitive damages-Frage befasst und hat sodann ihr Ermessen unmittelbar an dem Strafzweck der Institution zu orientieren." Ihre Argumentation vermag aber nicht zu überzeugen, da sie keine Unterscheidung zwischen dem haftungsbegründen und -ausfüllenden Tatbestand vornimmt. Ob die erforderlichen Voraussetzungen der *punitive damages* überhaupt vorliegen, entscheidet zunächst der Richter. Bejaht er sie, so überlässt er es der Jury, ob und in welcher Höhe sie den Strafschadensersatz zuerkennen will. Dieses nicht-verrechtlichte Juryermessen ähnelt im deutschen Recht der Ermessensentscheidung des Richters bei der Bemessung der Schadenshöhe hinsichtlich der immateriellen Schäden, vgl. § 287 Abs. 1 S. 1 ZPO. Gleichwohl käme hierzulande niemand auf die Idee, das Vorliegen einer Privatsache in diesen Fällen ernsthaft zu bestreiten.

1021 *Junker*, IPRax 1986, S. 197 (206); *ders.*, Discovery im deutsch-amerikanischen Rechtsverkehr (1987), S. 262; *Burst*, Pönale Momente im ausländischen Privatrecht und deutscher ordre public (1994), S. 152.

1022 Die Rechtslage hinsichtlich des Begünstigten der Strafschadensersatzzahlungen ist in den einzelnen Bundesstaaten uneinheitlich: Während in den meisten Einzelstaaten die *punitive damages* ausschließlich dem Opfer zugute kommen, sehen einige Staaten dagegen vor, dass der Strafschadensersatz überwiegend oder doch zu einem erheblichen Teil der Staatskasse zukommt; siehe *Merkt*, Abwehr der Zustellung von „punitive-damages"-Klagen (1995), S. 83- 86.

1023 So *BGH*, Urteil v. 04.09.1992, BGHZ 118, S. 312 (337) = NJW 1992, S. 3096 (3102); *OLG München*, Beschluss v. 09.05.1989, NJW 1989, S. 3102; *Stiefel/Stürner*, VersR 1987, S. 829 (837); *Stürner*, FS Peter Schlosser (2005), S. 967 (968) m. weit. Nachw.

ist dabei auf den Antrag des Geschädigten angewiesen, der ohne staatlichen Zwang vom Berechtigten gestellt werden kann, so dass zudem keine Verfolgungspflicht seitens des Klägers besteht. Auch nach diesem Kriterium handelt es sich um eine Zivilsache. Schließlich sind *punitive damages* nicht als Kriminalstrafen ausgebildet[1024]. Der zur Zahlung von Strafschadensersatz Verurteilte gilt weder als vorbestraft noch wird die Verurteilung in ein Register eingetragen. Zudem greift das verfassungsrechtliche Verbot der Doppelbestrafung nicht. Nach diesen Abgrenzungsmerkmalen ist also das Vorliegen einer Zivilsache ebenfalls zu bejahen[1025].

ff) Als Zwischenergebnis kann damit festgehalten werden, dass allein nach der Interessenstheorie die *punitive damages*-Sammelklage keine „Zivil- oder Handelssache" i. S. des Haager Zustellungsübereinkommens darstellt. Dagegen kommen die Subordinations-, Subjekts- und Zuordnungstheorie zu dem Ergebnis, dass eine Zivilsache vorliegt. Auch die weiteren Abgrenzungskriterien führen auf, dass *punitive damages* als Privatsache anzusehen sind. Diese Divergenz zwingt nun zu der Frage, welches Abgrenzungskriterium bzw. welche -theorie maßgebend ist, und damit zu einer eigenen Stellungnahme.

c) Eigene Stellungnahme

Die eigene Stellungnahme kann nicht ohne Betrachtung der Zielsetzungen des Haager Zustellungsübereinkommens erfolgen. Wie bereits mehrfach erwähnt, will das Übereinkommen die internationale Rechtshilfe im Bereich der Zustellung vereinfachen und beschleunigen. Darüber hinaus bezweckt es die Ausweitung des Beklagtenschutzes[1026]. Die zur Anwendung kommende Abgrenzungstheorie muss geeignet sein, diesen Zielen gerecht zu werden. Ferner darf nicht außer Acht gelassen werden, wer der Anwendungsadressat dieser Abgrenzungstheorie ist. Handelt es sich um eine internationale Stelle, die aufgrund eines supranationalen Überblicks weitaus unproblematischer rechtsvergleichend tätig werden kann, so können ihr gegenüber erhöhte Anforderungen gestellt werden. Wird hingegen eine nationale Einrichtung tätig, dann darf ihr nicht mehr zugemutet werden, als ihrer Stellung entspricht. Das Haager Zustellungsübereinkommen sieht nach seinem Artikel 2 vor, dass jeder Vertragsstaat eine Zentrale Behörde bestimmt, die er nach Maßgabe seines Rechts einrichtet. Es handelt sich damit um nationale Behörden, die die Zustellungsanträge entgegen-

---

1024 *OLG München*, Beschluss v. 09.05.1989, NJW 1989, S. 3102; *Stürner/Stadler*, IPRax 1990, S. 157 (158).

1025 Siehe auch *Anonymus*, 34 U. Chi. L. Rev. 408 (1967); *Owen*, 49 U. Chi. L. Rev. 1, 8 (1982).

1026 Siehe 4.Teil C. I.

nehmen und das Erforderliche veranlassen[1027]. Daran also muss sich die Begriffsbestimmung der „Zivil- oder Handelssache“ orientieren. Gänzlich ungeeignet erscheinen daher Abgrenzungstheorien, die sich als zu kompliziert, zu umständlich und damit zu zeitraubend erweisen.

Diese Vorüberlegungen machen deutlich, dass eine Abgrenzung nach der Interessensrichtung der einzelnen Rechtssätze, wie es die Interessenstheorie vorsieht, im Zusammenhang mit dem HZÜ nur bedingt geeignet ist. Der Zweck der Norm ist der Vorschrift, auf der das Rechtsverhältnis beruht, nicht unmittelbar zu entnehmen. Vielmehr kann hierfür im Einzelfall eine umfassende Untersuchung nötig sein[1028], die dem Beschleunigungszweck des Zustellungsübereinkommens unterlaufen würde. Zudem wären die nationalen Behörden bei der Bearbeitung des Zustellungsersuchens schlichtweg überfordert, wenn man von ihnen stets verlangen würde, nach dem eigentlichen Zweck der Norm zu fahnden. Darüber hinaus bestehen grundsätzliche Bedenken gegenüber der uneingeschränkten Anwendung der Interessenstheorie: Sie führt bei Mischformen, also bei Rechtssätzen, die sowohl öffentlichen als auch privaten Interessen dienen, zu erheblichen Abgrenzungsschwierigkeiten. Das Ausloten des Schwergewichts der Interessen ist nicht klar bestimmbar und ermöglicht schon deshalb keine durchweg scharfe Abgrenzung[1029]. Daher erweist sich die Interessenstheorie für die Bestimmung einer Zivil- und Handelssache als untauglich. Insofern sollte sie allenfalls nur hilfsweise für die Abgrenzung zwischen öffentlichem Recht und Privatrecht hinzugezogen werden.

Wesentlich einfacher gestaltet sich hingegen die Anwendung der Subjektstheorie. Sie ist simpel in ihrer Handhabung und führt vermeintlich zu klaren Ergebnissen. Dennoch bestehen ihr gegenüber ebenfalls erhebliche Vorbehalte. Denn nach dieser Abgrenzungsmethode liegt eine öffentlich-rechtliche Sache auch dann vor, wenn eine öffentliche Stelle auf Grundlage des Privatrechts handelt. Andererseits geht sie von einer Privatsache aus, wenn beispielsweise im Rahmen eines Strafverfahrens eine Privatklage erhoben wird. Die Subjektstheorie führt damit zu ungenauen Ergebnissen.

1027 Siehe 4.Teil C. III. 1.

1028 Als Beleg hierfür sollen die zahlreichen Monografien zum Thema *punitive damages* oder *class actions* dienen, die sich umfassend mit dem Sinn und Zweck des Strafschadensersatzes und der Sammelklage beschäftigen; siehe u. a. *Merkt*, Abwehr der Zustellung von „punitive-damages“-Klagen (1995); *Mörsdorf-Schulte*, Funktion und Dogmatik US-amerikanischer punitive damages (1999); *Brockmeier*, Punitive damages, multiple damages und deutscher ordre public (1999); *Schneider*, Rechtspolitische Fragen in den USA und Anerkennung und in Deutschland (1999); *Eichholtz*, Die US-amerikanische Class Action und ihre deutschen Funktionsäquivalente (2001).

1029 Vgl. *Junker*, Discovery im deutsch-amerikanischen Rechtsverkehr (1987), S. 262; *Merkt*, Abwehr der Zustellung von „punitive-damages“-Klagen (1995), S. 64- 123, die trotz Anwendung der Interessenstheorie zu jeweils unterschiedlichen Ergebnissen kommen.

Überzeugender ist dagegen eine Abgrenzung nach der Subordinationstheorie. Das Verhältnis der Beteiligten zueinander lässt sich ohne größeren Aufwand feststellen, so dass sich das Zustellungsersuchen durch die nationalen Behörden schnell bearbeiten lässt. Bedenken dahingehend, dass es auch im Privatrecht Subordinationsverhältnisse[1030] gibt, können dadurch ausgeklammert werden, indem man für das Über-/Unterordnungsverhältnis auf die typische öffentlich-rechtliche Handlungsform abstellt. Dieses Kriterium ist den meisten Vertragsstaaten bekannt[1031], so dass hinsichtlich ihrer Bestimmung keinerlei Probleme entstehen sollten. Schwieriger ist hingegen die positive Bestimmung der Zivil- und Handelssache. Ausschließlich auf das Gleichordnungsverhältnis der Beteiligten abstellen zu wollen, führt zwangsläufig zu dem Ergebnis, dass auch öffentlich-rechtliche Gleichordnungsverhältnisse, also beispielsweise öffentlich-rechtliche Verträge zwischen Staaten oder sonstigen Körperschaften des öffentlichen Rechts, dem Privatrecht zuzuordnen sind. Hier versagt die Subordinationstheorie, so dass sie in diesem Punkt nicht gänzlich zu überzeugen vermag. Dieses Defizit behebt die Anwendung der Zuordnungstheorie, die auf das Zuordnungssubjekt der jeweiligen Rechtsnorm abstellt. Sie besticht ebenso wie die Subordinationstheorie durch ihre Einfachheit in der Handhabung und kann damit durch ihre hohe Praktikabilität überzeugen. Die nationalen Behörden können in verhältnismäßig kurzer Zeit im Wege der Auslegung auskundschaften, ob die Rechtssätze einen Träger von Staatsgewalt als solchen oder als Privatrechtssubjekt ansprechen.

Vor dem Hintergrund der Ziele des Haager Zustellungsübereinkommens erweist sich die alternative Anwendung der beiden letztgenannten Abgrenzungstheorien als die beste Lösung. Beide Theorien bedürfen keiner umfassenden Untersuchung. Zudem sind sie leicht in ihrer Handhabung und führen relativ schnell zu konkreten Ergebnissen, so dass sie dem Beschleunigungszweck des Übereinkommens nicht zuwiderlaufen. Überdies sind sie in ihrer Anwendung weit genug gefasst, womit sie dem offenen Charakter des HZÜ gerecht werden. Für die Bestimmung der Zivil- und Handelssache ist damit die Subordinations- und Zuordnungstheorie maßgebend. Danach handelt es sich bei einer *punitive damages*-Sammelklage um eine „Zivil- oder Handelssache" i. S. des Haager Zustellungsübereinkommens.

1030 Bsp.: Verhältnis zwischen Arbeitgeber und Arbeitnehmer.

1031 Im deutschen Recht stellen bspw. der Verwaltungsakt und die Verordnung typische öffentlich-rechtliche Handlungsformen dar, da sie einseitig verbindlich Recht setzen. Auch das US-amerikanische Recht kennt diese Unterscheidung. So können die US-Verwaltungsbehörden unter anderem durch Verordnungsgebung (*rulemaking*) oder Einzelfallentscheidung (*adjudication*) tätig werden; siehe *Hay*, US-amerikanisches Recht[4] (2008), Rn. 89 f.

II. Ergebnis

Zusammenfassend ist festzuhalten, dass der Begriff „Zivil- oder Handelssache" i. S. des Haager Zustellungsübereinkommens autonom, also aus sich selbst heraus, auszulegen ist. Die vertragsautonome Auslegung hat anhand der völkerrechtlich anerkannten Auslegungsmethoden zu erfolgen. Die vier klassischen Interpretationsformen bringen hierbei zum Vorschein, dass das Begriffspaar weit und liberal zu interpretieren ist. Entscheidende Bedeutung kommt zudem der Rechtsvergleichung und damit den allgemeinen Rechtsgrundsätzen zu. Maßgebend für ihre Feststellung ist eine weitgehend übereinstimmende Rechtsauffassung in den Vertragsstaaten. Für die Vertragsstaaten des angloamerikanischen Rechtskreises spielt die Unterscheidung zwischen privatem und öffentlichem Recht keine dominierende Rolle, so dass auf die kontinentaleuropäischen Rechtsauffassungen abzustellen ist. Unter Zugrundelegung der Ziele des Haager Zustellungsübereinkommens zeichnet sich die Subordinations- und Zuordnungstheorie als die beste Lösung aus. Danach handelt es sich bei einer *class action*, mit dem Klageziel der *punitive damages*, um eine Zivil- und Handelssache i. S. des Übereinkommens.

Zudem steht der Annahme einer Zivil- und Handelssache nicht entgegen, dass dem Hauptsacheverfahren eine *pre-trial discovery* vorgeschaltet ist[1032]. Diese beeinflusst die grundsätzliche Einordnung der Sammelklage als Privatsache nicht, da sie Gegenstand nahezu jedes Zivilverfahrens ist. Keine andere Bewertung ergibt sich im Übrigen für *treble damages*-Klagen, die nach den Vorschriften des US-amerikanischen Kartellrechts erhoben werden[1033].

B. Zustellungsverweigerung nach Art. 13 Abs. 1 HZÜ

Den einzigen materiellen Ablehnungsgrund für ein Zustellungsersuchen enthält Art. 13 Abs. 1 HZÜ. Danach kann die Erledigung eines Zustellungsan-

---

1032 Explizit *OLG Frankfurt a.M.*, Beschluss v. 06.03.2006, Aktz. 20 VA 2/05 -juris, Rn. 30; *dass.*, Beschluss v. 15.03.2006, Aktz. 20 VA 7/05 -juris, Rn. 30.

1033 Siehe *OLG München*, Beschluss v. 31.10.1980, RIW 1981, S. 554 (556); *OLG Frankfurt a.M.*, Beschluss v. 15.03.2006, Aktz. 20 VA 7/05 -juris, Rn. 29; *OLG Celle*, Beschluss v. 20.07.2006, OLG-Report Celle 2006, S. 686 (687); *Burst*, Pönale Momente im ausländischen Privatrecht und deutscher ordre public (1994), S. 157 f.; *Witte*, Der US-amerikanische RICO- Act und deutsche Unternehmen (1998), S. 172; *Zekoll/Rahlf*, JZ 1999, S. 384 (385 f.); *Malzahn*, GATT-widrige *Treble Damages*-Klagen auf der Grundlage des US Antidumping Act 1916 (2003), S. 308- 310; *Stürner*, FS Peter F. Schlosser (2005), S. 967 (968); *Koch/Horlach/Thiel*, RIW 2006, S. 356 (359 f.); a. A. *OLG Koblenz*, Beschluss v. 27.06.2005, IPRax 2006, S. 25 (33); *Merkt*, Abwehr der Zustellung von „punitive-damages"-Klagen (1995), S. 116 f.

trags nur abgelehnt werden, „wenn der ersuchte Staat sie für geeignet hält, seine Hoheitsrechte oder seine Sicherheit zu gefährden."

Entsprechend heißt es in der authentischen englischen Fassung: „Where a request for service complies with the terms of the present Convention, the State addressed may refuse to comply therewith only if it deems that compliance would infringe its sovereignty or security".

Sowie im authentischen französischen Vertragstext: „L'exécution d'une demande de signification ou de notification conforme aux dispositions de la présente Convention ne peut être refusée que si l'Etat requis juge que cette exécution est de nature à porter atteinte à sa souveraineté ou à sa sécurité".

Die Vorschrift ist denkbar ungünstig formuliert, was dazu geführt hat, dass über den genauen Inhalt dieser Norm heftig gestritten wird. So konnte bisher nicht klar definiert werden, wann genau die Durchführung eines ausländischen Zustellungsersuchens die Hoheitsrechte und die Sicherheit der Bundesrepublik Deutschland gefährdet[1034]. Diese Ungewissheit ist nun zum Anlass genommen worden, Art. 13 Abs. 1 HZÜ einer gesonderten Betrachtung zu unterziehen. Versucht wird insbesondere, Klarheit hinsichtlich der inhaltlichen Ausgestaltung dieser Norm zu schaffen.

I. Prüfungskompetenz des ersuchten Staates

1. Prüfungskompetenz der Zentralen Behörde

Art. 13 Abs. 1 HZÜ spricht zwar selbst nur vom „ersuchten Staat", doch besteht insoweit Einigkeit, dass damit seine Zentrale Behörde gemeint ist[1035]. Dies ergibt sich bereits aus einem Zusammenspiel mit Art. 4 HZÜ, der sie ausdrücklich als Prüfungsstelle bestimmt[1036]. Die Zentrale Behörde hat also darüber zu befinden, ob ein Zustellungsersuchen erledigt wird oder gemäß Art. 13 Abs. 1 HZÜ aus materiellen Gründen endgültig abzulehnen ist. Kommt sie zu dem Ergebnis, sie könne das Ersuchen nicht ausführen, hat sie nach Art. 13 Abs. 3 HZÜ die ersuchende Stelle über die Ablehnung der Gründe zu unterrichten. Normalerweise ist die Ablehnung mit einem Verweis des Ersuchens auf den diplomatischen Weg nach Art. 9 Abs. 2 HZÜ zu verbinden. Es obliegt dann den

---

1034 Deutlich *Geimer*, Internationales Zivilprozeßrecht[5] (2005), Rn. 2159.

1035 Siehe *Greger*, Erlanger FS Karl H. Schwab (1990), S. 331 (334 f.); *Merkt*, Abwehr der Zustellung von „punitive-damages"-Klagen (1995), S. 124; *Bischof*, Die Zustellung im internationalen Rechtsverkehr in Zivil- und Handelssachen (1997), S. 278 f.

1036 Vgl. auch §§ 2, 4 AusfG zum HZÜ; §§ 9 Abs. 4, 57 Abs. 4, 59 Abs. 2 ZRHO.

politischen Behörden des Bundes zu entscheiden, ob sie die auf diplomatischen Weg übermittelte Ladung entgegennehmen und weiterleiten wollen[1037].

2. Beurteilungsspielraum der Zentralen Behörde

Der Zentralen Behörde des ersuchten Staates wird nach Art. 13 Abs. 1 HZÜ die Möglichkeit eröffnet, die Erledigung eines Zustellungsantrags abzulehnen, wenn *sie diese für geeignet hält*, die Hoheitsrechte oder Sicherheit des ersuchten Staates zu gefährden. Aus dieser Formulierung folgt zunächst, dass ihr ein gewisser Beurteilungsspielraum hinsichtlich des Vorliegens der Tatbestandsmerkmale gewährt wird[1038]. Die Beurteilung, ob die Erledigung der Zustellung geeignet ist, die Hoheitsrechte oder die Sicherheit des Staates zu gefährden, hängt ferner nur von einer ex ante möglichen Prognose einer Gefährdung ab[1039]. Im Zeitpunkt der Vorhersage müssen also Anhaltspunkte vorhanden sein, die den Schluss auf eine künftige Gefährdung begründbar machen. Dabei kann die Prognose nur aus mehr oder weniger gesicherten Erfahrungssätzen gewonnen werden[1040].

a) Fraglich ist indes, ob eine *objektive Gefahrenlage* erforderlich ist, oder ob nicht vielmehr das subjektive "Sich-gefährdet-fühlen"[1041] als Beurteilungsgrundlage ausreicht. Nach der letzten Ansicht wären also nicht die objektiven Verhältnisse maßgebend, sondern nur die subjektiven Wahrnehmungen der Rechtshilfebeamten der Zentralen Behörde. Ob dies tatsächlich von den Vertragsvätern intendiert war, ist doch eher zweifelhaft. Entgegen mancher Ansicht im Schrifttum[1042] lässt sich dem Wortlaut des Art. 13 Abs. 1 HZÜ hierzu nichts

1037 Siehe hierzu *Bischof*, Die Zustellung im internationalen Rechtsverkehr in Zivil- und Handelssachen (1997), S. 286.

1038 Allgemeine Ansicht: *OLG Frankfurt a.M.*, Beschluss v. 21.03.1991, RIW 1991, S. 417 (418); *Mössle*, Internationale Förderungspfändung (1991), S. 119; *Maack*, Englische antisuit injunctions im europäischen Zivilrechtsverkehr (1999), S. 88; *Brockmeier*, Punitive damages, multiple damages und deutscher ordre public (1999), S. 97; *Hau*, ZZPInt 6 (2001), S. 249 (251); *Malzahn*, GATT-widrige *Treble Damages*-Klagen auf der Grundlage des US Antidumping Act 1916 (2003), S. 337; *von Danwitz*, DÖV 2004, S. 501 (505 f.); *Schack*, AG 2006, S. 823 (829).

1039 *Merkt*, Abwehr der Zustellung von „punitive-damages"-Klagen (1995), S. 137; *von Danwitz*, DÖV 2004, S. 501 (506); *von Hein*, in: *Hopt/Kulms/von Hein* (Hrsg.), Rechtshilfe und Rechtsstaat (2006), S. 135.

1040 Entspr. für das allgemeine Ordnungsrecht *Gusy*, Polizeirecht[6] (2006), § 3 Rn. 113.

1041 So *Mössle*, Internationale Förderungspfändung (1991), S. 119; *Maack*, Englische antisuit injunction im europäischen Zivilrechtsverkehr (1999), S. 88; *Geimer/Schütze*, Internationaler Rechtsverkehr in Zivil- und Handelssachen, Band I (2005), A I 1 a, Nr. 100, S. 13 f. zu Art. 4 des Haager Übereinkommen über den Zivilprozess.

1042 *Maack*, Englische antisuit injunction im europäischen Zivilrechtsverkehr (1999), S. 88.

entnehmen. Die Konzeption des Haager Zustellungsübereinkommens spricht aber wohl eher für die erste Ansicht. Zudem lässt sich ein subjektives Sichgefährdetfühlen als Grundlage der Zustellungsverweigerung im internationalen Rechtshilfeverkehr nur schwer vermitteln, so dass auf eine objektive, von jedem verständigen Dritten zum maßgeblichen Zeitpunkt gleichermaßen erkennbare Gefahrenlage abzustellen ist.

b) Auch die Anforderungen an den *Grad der Schadenswahrscheinlichkeit* können der Vorschrift nicht klar entnommen werden. Teilweise wird hier bereits die *Möglichkeit* einer Verletzung der Hoheitsrechte oder Sicherheit für ausreichend gehalten[1043]. Andere hingegen verlangen eine *überwiegende Wahrscheinlichkeit* des Schadenseintritts[1044]. Zwar wäre wohl die bloße Möglichkeit noch vom Wortlaut des Art. 13 Abs. 1 HZÜ gedeckt[1045], doch sprechen die besseren Argumente gegen diese Annahme. Ließe man nämlich einen derart niedrigen Grad der Schadenswahrscheinlichkeit zu, dann bestünde die Gefahr, dass das Regel-Ausnahme-Verhältnis von Gewährung der Rechtshilfe und ausnahmsweiser Versagung in sein Gegenteil verkehrt wird. Daher ist auch im Sinne einer systematischen Auslegung der Vorschrift zu verlangen, dass die Verletzung der Hoheitsrechte oder Sicherheit des ersuchten Staates mit hinreichender Wahrscheinlichkeit eintritt. Nur diese hohe Anforderung an den Grad der Schadenswahrscheinlichkeit ist geeignet genug, den Weg zu Entscheidungen, die überwiegend auf Spekulationen beruhen, zu versperren[1046]. Damit genügt man am ehesten auch dem international geforderten Standard der Rechtssicherheit und Praktikabilität. Die Zentrale Behörde hat somit bei der Entscheidung über einen Zustellungsantrag den wahrscheinlichen Kausalverlauf im Wege typisierender Betrachtungen zu antizipieren, also die absehbaren Konsequenzen aus dem Zustellungsersuchen ihrer Beurteilung zugrunde zu legen[1047].

1043 *Merkt*, Abwehr der Zustellung von „punitive-damages"-Klagen (1995), S. 137 f.; zust. *Maack*, Englische antisuit injunctions im europäischen Zivilrechtsverkehr (1999), S. 88.

1044 *Brockmeier*, Punitive damages, multiple damages und deutscher ordre public (1999), S. 99; *von Danwitz*, DÖV 2004, S. 501 (506); i. E. wohl identisch *Hau*, ZZPInt 6 (2001), S. 249 (253), der anhand eines „Unmittelbarkeits-Tests" prüfen will, ob überhaupt ein aktuelles Gefährdungspotential besteht.

1045 *Merkt*, Abwehr der Zustellung von „punitive-damages"-Klagen (1995), S. 138; *Maack*, Englische antisuit injunctions im europäischen Zivilrechtsverkehr (1999), S. 88; a. A. *Hau*, ZZPInt 6 (2001), S. 249 (252).

1046 Siehe *Pieroth/Schlink/Kniesel*, Polizei- und Ordnungsrecht[5] (2008), § 4, Rn. 6.

1047 Entsprechend auch *von Danwitz*, DÖV 2004, S. 501 (506).

3. Ermessensprärogative der Zentralen Behörde

Auf Rechtsfolgenseite eröffnet Art. 13 Abs. 1 HZÜ der Zentralen Behörde des ersuchten Staates eine Ermessensbefugnis[1048]. Dies folgt bereits aus dem Wortlaut der Vorschrift. Im Gegenzug dazu sieht Art. 5 Abs. 1 HZÜ vor, dass, soweit die Voraussetzungen des Haager Zustellungsübereinkommens vorliegen, die Zustellung des Schriftstücks bewirkt oder veranlasst wird. Im Regelfall der Zustellungserledigung steht der Behörde also kein Ermessen zu. Daraus kann nun geschlussfolgert werden, dass in Zweifelsfällen die Zentrale Behörde sich zugunsten des Regelfalls zu entscheiden hat.

II. Prüfungsgegenstand/ -grundlage

1. Prüfungsgegenstand

Art. 13 Abs. 1 HZÜ macht deutlich, dass die Erledigung des Zustellungsersuchens und nicht das Ersuchen als solches den Prüfungsgegenstand bildet[1049]. Es kommt demnach auf den Rechtszustand an, der durch die Durchführung der Zustellung entstehen würde. Dieser muss geeignet sein, die Hoheitsrechte oder die Sicherheit des ersuchten Staates zu gefährden. Die im möglichen Urteilsinhalt liegenden Folgen sind in diesem Zusammenhang nicht zu berücksichtigen, da der Schutzbereich des deutschen Rechts grundsätzlich am Hoheitsgebiet des anderen Staates endet[1050]. Wird also das Vermögen des Zustellungsempfängers im Urteilsstaat durch eine Vollstreckung bedroht, kann dies nicht Gegenstand der Prüfung gemacht werden[1051]. Vielmehr unterliegt diese Vollstreckung der dortigen *ordre public*-Kontrolle. Entscheidend ist aber die Beurteilung der

---

1048 A. A. allein *Schütze*, FS Mark M. Boguslavskij (2004), S. 325 (328).

1049 *Taborda Ferreira*, Rapport Explicatif, in: Conférence de la Haye de droit International Privé, Actes et Documents de la Dixième Session, Band III, Notification (1965), S. 363 (375): „De L'introduction du mot *exécution* dans l'article en question [scil. Art. 13 HZÜ], il résulte que, d'après la convention, la demande, comme telle, ne pourra jamais porter atteinte á la souveraineté et à la sécurité.“

1050 So zutreffend und deutlich *OLG München*, Beschluss v. 09.05.1989, NJW 1989, S. 3102 (3103); *dass.*, Beschluss v. 15.07.1992, NJW 1992, S. 3113; *OLG Frankfurt a.M.*, Beschluss v. 21.03.1991, IPRax 1992, S. 166 (168); zust. *Stürner/Stadler*, IPRax 1990, S. 157 (169); wohl auch *Juenger/Reimann*, NJW 1994, S. 3274 (3275); *Koch/Diedrich*, ZIP 1994, S. 1830 (1832); *Schlosser*, EU-Zivilprozessrecht[2] (2003), Art. 13 HZÜ, Rn. 5.

1051 Zwar wird im Enteignungsrecht diskutiert, ob der Schutz des Auslandsvermögens eine grundgesetzlich geschützte Position sei; siehe *Stadler*, JZ 1995, S. 718 (721) m. weit. Nachw. Doch stellt sich die Situation hier anders dar: Im Rahmen der autonomen Anerkennungsvorschriften kommt dem deutschen Staat nur deshalb ein Überprüfungsrecht hinsichtlich des ausländischen Urteils zu, weil seine Wirkungen sich auf das eigene Territorium und auf die eigenen Staatsbürger im eigenen Land erstrecken.

Rechtslage durch die *Einbeziehung des Zustellungsadressaten in das ausländische Verfahren*[1052]. Mit der Erledigung der Zustellung wird das internationale Prozessrechtsverhältnis vor dem ausländischen Gericht begründet. Sie bewirkt also, dass der Zustellungsempfänger, soweit er keine Säumnisfolgen riskieren möchte, sich dem ausländischen Gerichtsverfahren stellen muss[1053]. Die Zentrale Behörde des ersuchten Staates hat somit zu prüfen, ob diese Konsequenz geeignet ist, die in Art. 13 HZÜ vorausgesetzte Gefährdung herbeizuführen[1054].

2. Prüfungsgrundlage

a) Zustellungsunterlagen

Die Rechtshilfebehörde ist grundsätzlich bei der Prüfung, ob ein Ablehnungsgrund vorliegt, auf die vom ausländischen Gericht übersandten Zustellungsunterlagen (Klageschrift nebst Begleitpapieren) beschränkt[1055]. Sie ist hingegen weder verpflichtet noch berechtigt, vor ihrer Entscheidung über das Vorliegen eines Ablehnungsgrundes Ermittlungen über Hintergrund, Anlass und Berechtigung des Klagebegehrens vorzunehmen, da diese sonst zu erheblichen Verzögerungen bei der Zustellung führen würden und damit dem Schutzzweck des Übereinkommens zuwiderliefen[1056]:

> „Hinzu kommt, daß solche Ermittlungen im Regelfall keine für eine Ablehnung des Zustellungsersuchens brauchbaren Ergebnisse zeitigen würden. Nach Art. 13 HZÜ muß der ersuchte Staat, wenn er nicht gegen das Abkommen verstoßen will, bei einer Verweigerung der Zustellung die Gefährdung seiner Hoheitsrechte oder seiner Sicherheit dartun. Hierfür benötigt er stichhaltige Beweismittel, die unter Umständen auch einer diplomatischen Intervention (vgl. Art. 14 HZÜ) standhalten. Ermittlungen könnten deshalb nur sinnvoll sein, wenn sie auf die Erlangung solcher Beweismittel abzielen. Hierfür müßte jedoch der in dem ersuchenden Staat anhängig gemachte Prozeß mit Beweisaufnahmen und dergleichen unter Umständen mehr oder weniger vorweggenom-

---

1052 *BVerfG*, Beschluss v. 07.12.1994, BVerfGE 91, S. 335 (345) = IPRax 1996, S. 112 (115) = IPRspr 1994 Nr. 160b, S. 365 (369).

1053 *Greger*, Erlanger FS Karl H. Schwab (1990), S. 331 (337).

1054 Entsprechend auch *Schlosser*, EU-Zivilprozessrecht[2] (2003), Art. 13 HZÜ, Rn. 5; *von Danwitz*, DÖV 2004, S. 501 (505).

1055 *OLG Düsseldorf*, Beschluss v. 19.02.1992, NJW 1992, S. 3110 (3111); zust. *Geimer*, Internationales Zivilprozeßrecht[5] (2005), Rn. 2159.

1056 *OLG Düsseldorf*, Beschluss v. 19.02.1992, NJW 1992, S. 3110 (3111), *dass.*, Beschluss v. 21.04.2006, RIW 2006, S. 629 (632), *OLG Celle*, Beschluss v. 20.07.2006, OLG-Report Celle 2006, S. 686 (688); zust. *Staudinger(-Blumenwitz)*, EGBGB/IPR[14] Artt. 3- 6 EGBGB (2003), Art. 6 EGBGB, Rn. 53; *Oberhammer*, IPRax 2004, S. 40 (42); *Koch/Horlach/Thiel*, RIW 2006, S. 356 (362).

men werden. Daß dies jedoch nicht dem Sinn des Übereinkommens entspräche und zudem in der Praxis kaum zu bewerkstelligen wäre, liegt auf der Hand."[1057]

Eine gleiche Beeinträchtigung der Übereinkommenszwecke wäre gegeben, wenn die Zentrale Behörde vor der Zustellung den Zustellungsempfänger über Umstände und Zusammenhänge des Verfahrens anhören müsste[1058]. Nur wenn sich aus den Zustellungsunterlagen selbst greifbare Anhaltspunkte für einen Verstoß gegen Art. 13 HZÜ ergeben, eröffnet Art. 4 HZÜ eine Rückfragemöglichkeit bei der ersuchenden Stelle, deren Beantwortung dann in die Prüfung einzubeziehen wäre[1059].

b) Allgemeinkundige Tatsachen und abstrakt-generelle Regeln

Ob auch „allgemeinkundige Aspekte bzw. Tatsachen" und „abstrakt-generelle Regeln des in- und ausländischen Rechts" grundsätzlich eine angemessene Grundlage für die Prüfung im Zustellungsverfahren bilden können[1060], erscheint eher zweifelhaft. Das *OLG Koblenz* will jedenfalls unter ihrer Zugrundelegung erkannt haben, dass die ausländischen Kläger einer *treble damages*-Klage ihr Klagerecht offensichtlich missbrauchen, da das Ziel ihrer Klage „erkennbar nicht auf die Herbeiführung eines Gerichtsurteils ausgerichtet" war, sondern vielmehr „auf die Abpressung eines Vergleichs unter Entfaltung publizistischen Drucks"[1061]. Das Gericht sah es als offenkundig an, dass mit Erhebung einer offensichtlich substanzlosen Klage per se Rechtsmissbrauch betrieben werde. Diese Ansicht ist jedoch grundlegenden Bedenken ausgesetzt. Gerade weil die Allgemeinkundigkeit einer Tatsache die Beweisbedürftigkeit entfallen lässt, ist bei ihrer Annahme große Zurückhaltung geboten[1062]. So wird eine Tatsachenbehauptung nicht schon dann allgemeinkundig, wenn sie als sehr wahrscheinlich anzusehen ist[1063]. Es reicht also für die Annahme einer allgemeinkundigen Tatsache nicht aus, dass in der Vergangenheit sehr häufig substanzlose Klagen allein aus dem Grund erhoben worden sind, um am Ende einen an sich unbe-

---

1057 *OLG Düsseldorf*, Beschluss v. 19.02.1992, NJW 1992, S. 3110 (3111).

1058 *OLG Düsseldorf*, Beschluss v. 19.02.1992, NJW 1992, S. 3110 (3111); a. A. *Wölki*, RIW 1985, S. 530 (534). Umgekehrt wird auch nicht der Kläger des US-amerikanischen Verfahrens, der die Klagezustellung begehrt, gesondert angehört; siehe *OLG Koblenz*, Beschluss v. 27.06.2006, IPRax 2006, S. 25 (34).

1059 *OLG Düsseldorf*, Beschluss v. 19.02.1992, NJW 1992, S. 3110 (3111).

1060 So *OLG Koblenz*, Beschluss v. 27.06.2005, IPRax 2006, S. 25 (34, 36).

1061 *OLG Koblenz*, Beschluss v. 27.06.2005, IPRax 2006, S. 25 (35).

1062 Münchener Kommentar zur ZPO(*-Prütting)*, I: §§ 1- 354 ZPO[3] (2008),§ 291 ZPO, Rn. 8.

1063 Münchener Kommentar zur ZPO(*-Prütting)*, I: §§ 1- 354 ZPO[3] (2008),§ 291 ZPO, Rn. 8.

gründeten Vergleich abzuschließen. Zudem muss dem Betroffenen die Erbringung des Gegenbeweises möglich sein, dass die als offenkundig angesehene Tatsache unwahr ist[1064]. Aber die Möglichkeit einer Beweiserhebung sieht das Übereinkommen gerade nicht vor, da sie im Widerspruch zu dem Beschleunigungszweck des HZÜ stehen würde. Schließlich ist zu berücksichtigen, dass die Frage, ob eine Partei Rechtsmissbrauch betreibt, in rechtstaatlich einwandfreier Weise nur erst nach Anhörung der Kläger beantwortet werden kann[1065]. Ohne diese Anhörung fällt hingegen die Annahme einer rechtmissbräuchlich erhobenen Klage in den spekulativen Bereich. Dann aber kann nicht mehr von einer allgemeinkundigen Tatsache gesprochen werden. Um den Beschleunigungszweck des Abkommens nicht zu gefährden und aus schlichten Praktikabilitätserwägungen ist also die Prüfungsmöglichkeit des ersuchten Staates auf den Inhalt der Klageschrift nebst Begleitpapieren und einer eventuellen Rückäußerung nach Art. 4 HZÜ zu beschränken. Darüber hinaus liegende Umstände dürfen nicht berücksichtigt werden.

III. Prüfungsumfang/ -maßstab

Die Erledigung der Zustellung muss also geeignet sein, die Hoheitsrechte und die Sicherheit des ersuchten Staates zu gefährden. Prüfungsmaßstab bildet demnach die Gefährdung dieser Schutzgüter.

1. Begriff der „Sicherheit" in Art. 13 Abs. 1 HZÜ

Die Zustellung kann verweigert werden, wenn ihre Erledigung geeignet ist, die Sicherheit der Bundesrepublik zu gefährden. Der Sicherheitsbegriff in Art. 13 Abs. 1 HZÜ umfasst dabei sowohl die innere als auch die äußere Sicherheit des ersuchten Staates[1066].

Zur Aufgabe und Zielsetzung der inneren Sicherheit gehört es, den „inneren Frieden" durch zum einen Verbrechensbekämpfung und zum anderen Orga-

---

1064 *Musielak(-Huber)*, Zivilprozessordnung[6] (2008), § 291 ZPO, Rn. 3; *Baumbach/ Lauterbach/Albers/ Hartmann*, ZPO[67] (2009), § 291 ZPO, Rn. 7.

1065 *OLG Frankfurt a.M.*, Beschluss v. 13.02.2001, ZZPInt 6 (2001), S. 245 (248) = IPRspr 2001, Nr. 174, S. 358.

1066 Siehe *Maack*, Englische antisuit injunctions im europäischen Zivilrechtsverkehr (1999), S. 92; anders hingegen noch die Sonderkommission zum vorausgegangenen Entwurf des Haager Übereinkommens, vgl. Rapport de la Commission Spéciale, in: Conférence de la Haye de droit International Privé, Actes et Documents de la Dixième Session, Band III, Notification (1965), S. 74 (85): „On a voulu limiter les cas des refus à ceux où la notification peut léser la sécurité interne des Etats ou leur souveraineté."

nisation und Aufgabenstellung der Sicherheitsbehörden zu erhalten[1067]. Unmittelbar geschütztes Gemeinschaftsgut sind die Einrichtungen des Staates, welche die innere Sicherheit zu gewährleisten haben, sowie die Funktionsfähigkeit dieser Einrichtungen[1068]. Die Erledigung der Zustellung kann die innere Sicherheit des ersuchten Staates gefährden, wenn entweder das zuzustellende Schriftstück ausdrücklich oder unmittelbar eine Aufforderung zu illegalem Tun enthält[1069] oder sein Inhalt den Bestand des Staates oder seiner Einrichtungen gefährdet sowie wenn wichtige Interessen des ersuchten Staates gefährdet werden[1070]. Letzteres ist stets anzunehmen, wenn in dem zuzustellenden Schriftstück schwere Sanktionen für den Fall angedroht werden, dass etwas geschehe oder unterbleibe, das sich für die deutsche Rechtsordnung als Ausübung fundamentaler Freiheitsrechte darstellt[1071]. Hinzu kommt der Fall, dass das Fehlen der innerstaatlichen Umsetzung völkerrechtlicher Verträge gezielt ausgenutzt wird, um ein völkerrechtswidriges Urteil zu erstreiten[1072].

Nach *Huber* könne die Zustellung einer Klageschrift unter einem verfassungsfeindlichen Briefkopf zu einer Gefährdung der inneren Sicherheit des Staates führen[1073]: Die Aussage auf dem Briefkopf „Deutschland ist größer als dic Bundesrepublik" in Verbindung mit einer Landkarte, die die Grenzen Deutschlands vor 1945 zeigt, sei danach geeignet, den Bestand des Staates Deutschland und damit seine Sicherheit zu gefährden.

Unter dem Begriff „äußere Sicherheit" fällt der Schutz des Staates von außen, der in den §§ 93 ff. und §§ 109 ff. des Strafgesetzbuches besonderen strafrechtlichen Schutz gefunden hat[1074]. Danach kann die äußere Sicherheit durch Landesverrat oder durch Offenbaren, landesverräterische Ausspähung, Auskundschaften oder Preisgabe von Staatsgeheimnissen oder ähnlichen friedensgefährdenden Verhalten verletzt sein. Die Erledigung der Zustellung müsste hierauf hinauslaufen, um die äußere Sicherheit des ersuchten Staates zu gefährden.

1067 *Isensee/Kirchhof(-Götz)*, Handbuch des Staatsrechts^3 (2006), IV- § 85, Rn. 4- 8.

1068 *Isensee/Kirchhof(-Götz)*, Handbuch des Staatsrechts^3 (2006), IV- § 85, Rn. 1. Nur mittelbar wird die Gesamtheit der individuellen und überindividuellen Schutzgüter geschützt.

1069 *Schlosser*, EU-Zivilprozessrecht^2 (2003), Art. 13 HZÜ, Rn. 2.

1069 *Schlosser*, EU-Zivilprozessrecht^2 (2003), Art. 13 HZÜ, Rn. 2.

1070 *Maack*, Englische antisuit injunctions im europäischen Zivilrechtsverkehr (1999), S. 92 f. m. weit. Nachw.

1071 *Bischof*, Die Zustellung im internationalen Rechtsverkehr in Zivil- und Handelssachen (1997), S. 284; *Schlosser*, EU-Zivilprozessrecht^2 (2003), Art. 13 HZÜ, Rn. 2; *Malzahn*, GATT-widrige *Treble Damages*-Klagen auf der Grundlage des US Antidumping Act 1916 (2003), S. 345; krit. *Maack*, Englische antisuit injunctions im europäischen Zivilrechtsverkehr (1999), S. 93.

1072 *Schlosser*, EU-Zivilprozessrecht^2 (2003), Art. 13 HZÜ, Rn. 2.

1073 *Huber*, FS Erik Jayme (2004), S. 361 (369).

1074 *Isensee/Kirchhof(-Götz)*, Handbuch des Staatsrechts^3 (2006), IV- § 85, Rn. 17.

Die hier aufgeführten Beispiele machen aber deutlich, dass die *punitive damages*-Sammelklage nur in absoluten Ausnahmefällen geeignet sein kann, die innere oder äußere Sicherheit der Bundesrepublik zu gefährden. Insofern wird wohl auf Grundlage dessen selten eine Zustellungsverweigerung nach Art. 13 Abs. 1 HZÜ begründbar sein.

2. Begriff der „Hoheitsrechte" in Art. 13 Abs. 1 HZÜ

Schwieriger ist hingegen die inhaltliche Konkretisierung des Begriffs der Gefährdung von Hoheitsrechten. Hierbei werden unterschiedliche Ansätze diskutiert, die von einer sehr weiten bis hin zu einer sehr engen Auslegung reichen. Umstritten ist vor allem, ob in dem Erledigungsvorbehalt des Art. 13 Abs. 1 HZÜ ein mehr oder weniger starker *ordre public*-Vorbehalt zu erblicken ist.

Zumindest besteht insoweit Klarheit, was nicht unter Art. 13 Abs. 1 HZÜ zu verstehen ist. Nach Art. 13 Abs. 2 HZÜ darf die Zentrale Behörde des ersuchten Staates die Zustellungserledigung nicht allein aus dem Grund ablehnen, „dass der ersuchte Staat nach seinem Recht die ausschließliche Zuständigkeit seiner Gerichte für die Sache in Anspruch nimmt oder ein Verfahren nicht kennt, das dem entspricht, für das der Antrag gestellt wird."

> In den authentischen Sprachen: „It may not refuse to comply solely on the ground that, under its internal law, it claims exclusive jurisdiction over the subject-matter of the action or that its internal law would not permit the action upon which the application is based." „L'exécution ne peut pas être refusée pour le seul motif que la loi de l'État requis revendique la compétence judiciaire exclusive dans l'affaire en cause ou ne connaît pas de voie de droit répondant à l'objet de la demande".

a) „Gefährdung der Hoheitsrechte" als *ordre public*-Vorbehalt

aa) Meinungsstand

aaa) Nationaler ordre public i.S.d. Art. 6 EGBGB/§ 328 Abs. 1 Nr. 4 ZPO

Teilweise wird die Ansicht vertreten, dass der Erledigungsvorbehalt in Art. 13 HZÜ mit dem nationalen *ordre public* gleichzusetzen sei[1075]. Begründet wird dies damit, dass der *ordre public* als solcher „unteilbar" sei: „Entweder sind die

---

1075 *OLG Koblenz*, Beschluss v. 27.06.2005, IPRax 2006, S. 25 (35); *Stiefel*, AWD/RIW 1979, 509 (514); *Brockmeier*, Punitive damages, multiple damages und deutscher ordre public (1999), S. 97- 99; *Schütze*, FS Mark M. Boguslavskij (2004), S. 325 (328); etwas undifferenziert, aber i. E. wohl darauf hinauslaufend *Böckstiegel/Schlafen*, NJW 1978, S. 1073 (1074); *Hollmann*, RIW 1982, S. 784 (789); *Junker*, JZ 1989, S. 121 (123).

Anwendung eines ausländischen Rechtssatzes oder die Durchsetzung eines ausländischen Urteils mit den Grundwerten der deutschen Rechtsordnung unvereinbar oder sie können hingenommen werden."[1076] Gehe man von einem einheitlichen *ordre public*-Begriff aus, dann könne es keinen Unterschied machen, ob es um die Anwendung ausländischen Rechts nach Art. 6 EGBGB, der Anerkennung und Vollstreckung eines Urteils nach § 328 Abs. 1 Nr. 4 ZPO oder nur um die Erledigung der Zustellung gehe[1077]. Falle somit die Anerkennungsprognose negativ aus, dann lege genauso ein Ablehnungsgrund i. S. des Art. 13 HZÜ vor.

bbb) *Ordre public international* i. S. des französischen IPR

Andere hingegen wollen in Art. 13 Abs. 1 HZÜ einen *ordre public international* im Sinne des französischen IPR erkannt haben[1078]. Die Regelung sei nach historischer Betrachtung und teleologischer Interpretation nur dann anwendbar, wenn die Zustellungserledigung gegen solche Vorschriften des innerstaatlichen zwingenden Rechts verstoße, die sich auch gegenüber ausländischen Rechts durchsetzen und die der Gesetzgeber des ersuchten Staates selbst nur unter Änderung der sozialen und verfassungsrechtlichen Ordnung aufheben könnte[1079].

1076 *Schütze*, FS Mark M. Boguslavskij (2004), S. 325 (329); a. A. *BGH*, Urteil v. 04.06.1992, BGHZ 118, S. 312 (329) = NJW 1992, S. 3096 (3100): „Der ordre public ist teilbar, je nachdem, ob der deutsche Richter selbst ausländisches Recht anzuwenden oder es als Ergebnis ausländischer Rechtsanwendung hinzunehmen hat."

1077 *Schütze*, FS Mark M. Boguslavskij (2004), S. 325 (329).

1078 *Arnold*, Procès-Verbal No. 4, in: Conférence de la Haye de droit International Privé, Actes et Documents de la Dixième Session, Band III, Notification (1965), S. 181 (193); *Taborda Ferreira*, Rapport Explicatif, in: Conférence de la Haye de droit International Privé, Actes et Documents de la Dixième Session, Band III, Notification (1965), S. 363 (375); *Pfeil-Kammerer*, Deutsch-amerikanischer Rechtshilfeverkehr in Zivilsachen (1987), S. 63; *Merkt*, Abwehr der Zustellung von „punitive-damages"-Klagen (1995), S. 136 f.; *Stadler*, JZ 1995, S. 718 (720); *Morisse*, RIW 1995, S. 370 (372); *Immenga/Mestmäcker(-Rehbinder)*, GWB3 (2001), § 130 Abs. 2 GWB, Rn. 270; *Malzahn*, GATT-widrige *Treble Damages*-Klagen auf der Grundlage des US Antidumping Act 1916 (2003), S. 357 ff. (370).

1079 *Raape/Sturm*, Internationales Privatrecht^6 (1977), I - § 13 III 1., S. 200; *Merkt*, Abwehr der Zustellung von „punitive-damages"-Klagen (1995), S. 133, 136 f.; *Staudinger(-Blumenwitz)*, EGBGB/IPR^{14} Artt. 3- 6 EGBGB (2003), Art. 6 EGBGB, Rn. 62.

ccc) Internationaler *ordre public* im völkerrechtlichen Sinn

Ein neuerdings aufkommender Standpunkt versteht Art. 13 Abs. 1 HZÜ als internationalen *ordre public* im völkerrechtlichen Sinne[1080]. Der Erledigungsvorbehalt werde primär im Lichte international akzeptierter Mindeststandards eines rechtsstaatlichen Verfahrens konkretisiert[1081]. Danach sei als Ultima Ratio (aber auch nur dann) die Verweigerung der Mitwirkung an Verfahren gestattet, die gemessen an diesen internationalen Maßstäben schlechthin rechtswidrig sind[1082]. Von Art. 13 Abs. 1 HZÜ sollte daher nur dann Gebrauch gemacht werden, wenn bspw. aufgrund absehbarer politischer Einflussnahme oder ähnlicher Faktoren mit hinreichender Sicherheit damit zu rechnen sei, dass das Verfahren im Gerichtsstaat rechtsstaatlichen Erfordernissen im Sinne von Art. 6 EMRK, Art. 14 Abs. 1 IPbpR nicht genügen werde[1083].

ddd) Abgeschwächter *ordre public*

Die wohl herrschende Meinung in der fachgerichtlichen Rechtsprechung und in der Literatur will den *ordre public*-Vorbehalt des Art. 13 HZÜ nur eingeschränkt auf besonders schwerwiegende Fälle anwenden[1084]. Begrifflich wird daher von einem „kleinen" oder „abgeschwächten *ordre public*" oder an die französische Jurisprudenz anlehnend von einem „*ordre public atténué*"[1085] gesprochen. Dem Zustellungsersuchen sei danach die Erledigung nur dann zu versagen, wenn sie besonders schwere Beeinträchtigungen der Wertungsgrund-

---

1080 *von Hein*, in: *Hopt/Kulms/von Hein* (Hrsg.), Rechtshilfe und Rechtsstaat (2006), S. 148 ff. (150); zust. *Schack*, AG 2006, S. 823 (829); zum völkerrechtlichen *ordre public Kokott*, BerDtGesVR 38 (1998), S. 71 ff.

1081 *Hau*, ZZPInt 6 (2001), S. 249 (252); *Staudinger(-Blumenwitz)*, EGBGB/IPR[14] Artt. 3- 6 EGBGB (2003), Art. 6 EGBGB, Rn. 54; *von Hein*, in: *Hopt/Kulms/von Hein* (Hrsg.), Rechtshilfe und Rechtsstaat (2006), S. 149 (Fn. 787) m. weit. Nachw.

1082 *von Hein*, in: *Hopt/Kulms/von Hein* (Hrsg.), Rechtshilfe und Rechtsstaat (2006), S. 152.

1083 *von Hein*, in: *Hopt/Kulms/von Hein* (Hrsg.), Rechtshilfe und Rechtsstaat (2006), S. 154.

1084 *OLG München*, Beschluss v. 09.05.1989, NJW 1989, S. 3102; *dass.*, Beschluss v. 15.07.1992, NJW 1992, S. 3113; *Schlosser*, ZZP 94 (1981), S. 369 (381 f.); *Pfennig*, Die Internationale Zustellung in Zivil- und Handelssachen (1987), S. 99; *Stürner/Stadler*, IPRax 1990, S. 157 (160); *Otte*, EWiR 1992, S. 1209 (1210); *Burst*, Pönale Momente im ausländischen Privatrecht und deutscher ordre public (1994), S. 113- 115; *Greiner*, Die „Class action" im amerikanischem Recht und deutscher „Ordre public" (1998), S. 160 ff. (161); *Witte*, Der US-amerikanische RICO-Act und deutsche Unternehmen (1999), S. 175 f.; wohl auch *Maack*, Englische antisuit injunctions im europäischen Zivilrechtsverkehr (1999), S. 87- 101; *Staudinger(-Blumenwitz)*, EGBGB/IPR[14] Artt. 3- 6 EGBGB (2003), Art. 6 EGBGB, Rn. 53; *Prütting*, FS Erik Jayme (2004), S. 709 (717); *Rohe*, FG Max Vollkommer (2006), S. 291 (308).

1085 Französische Lehre und Rechtsprechung sprechen von einem „effet atténué de l'ordre public", vgl. *Batiffol/Lagarde*, Traité de droit international privé[8] (1993), I- Nr. 361.

lagen der Rechtsordnung des ersuchten Staates mit sich brächte[1086]. Stelle Gegenstand der Klage ein als besonders verwerflich zu beurteilender Sachverhalt dar und lasse sich aus der Klageerhebung erkennen, dass eine Mithilfe bei der Zustellung dieser Klage gegen tragende Prinzipien eines freiheitlichen demokratischen Rechtsstaates verstoßen würde, sei dem Ersuchen auf Zustellung der Klage nicht stattzugeben[1087].

eee) Rechtshilfe- bzw. zustellungsrechtlicher *ordre public*

Mit zunehmender Beliebtheit wird der Erledigungsvorbehalt des Art. 13 HZÜ i. S. eines „rechtshilfe- bzw. zustellungsrechtlichen *ordre public*" verstanden[1088]. Nach dieser Ansicht sollte die internationale Rechtshilfe tendenziell gefördert werden, indem man Rechtshilfe nur in extremen Ausnahmefällen verweigert. Deshalb dürfe die wahrscheinliche Nichtanerkennung einer ausländischen Entscheidung in Deutschland noch lange kein Grund sein, die Zustellung im Wege der Rechtshilfe zu verweigern. Die Erledigung der Zustellung sei nur in den Fällen zu verweigern, in denen der Inhalt der zuzustellenden ausländischen Entscheidung total konträr zur Rechtsidee schlechthin sei und daher die Durchführung der Zustellung unter der Ägide deutscher Rechtshilfebehörden als Akt der Beihilfe zu völkerrechtswidrigem oder absolut unmoralischem Verfahren bedeute. Es handele sich hierbei um ganz seltene Ausnahmesituationen.

1086 *OLG München*, Beschluss v. 09.05.1989, NJW 1989, S. 3102 (3103); *OLG Düsseldorf*, Beschluss v. 19.02.1992, NJW 1992, S. 3110; *dass.*, Beschluss v. 11.07.2003, WM 2003, S. 1587 (1588); *dass.*, Beschluss v. 21.04.2006, RIW 2006, S. 629 (632); KG Berlin, Beschluss v. 05.07.1994, IPRspr 1994 Nr. 159, S. 360 (362); *OLG Frankfurt a.M.*, Beschluss v. 13.02.2001, ZZPInt 6 (2001), S. 245 = IPRspr 2001, Nr. 174, S. 358; *dass.*, Beschluss v. 01.06.2004, JMBl. Hessen 2004, S. 423 ff.; *dass.*, Beschluss v. 15.03.2006, Aktz. 20 VA 7/05 -juris, Rn. 41; *OLG Naumburg*, Beschluss v. 09.02.2006, OLG-Report Naumburg 2006, S. 403 (404)= WuW 2006, S. 932 (935); *OLG Celle*, Beschluss v. 20.07.2006, OLG-Report Celle 2006, S. 686 (687). Ähnlich für das Haager Beweisübereinkommen *Schlosser*, ZZP 94 (1981), S. 369 (381 f.); *Stürner/Stadler*, IPRax 1990, S. 157 (160); *Otte*, EWiR 1992, S. 1209 (1210); wohl auch *Bachmann*, FS Peter F. Schlosser (2005), S. 1 (8 f.).

1087 *OLG München*, Beschluss v. 09.05.1989, NJW 1989, S. 3102 (3103); *OLG Düsseldorf*, Beschluss v. 19.02.1992, NJW 1992, S. 3110 (3111 f.).

1088 *Geimer*, ZZP 103 (1990), 477 (490); *ders.*, Internationales Zivilprozeßrecht[5] (2005), Rn. 29b; *Baumbach/Henkel*, RIW 1997, S. 727 (731); *Kronke*, BerDtGesVR 38 (1998), S. 33 (35 f.); *G. Geimer*, Die Neuordnung des Internationalen Zustellungsrechts (1999), S. 68.

fff) Wortlautlösung

Schließlich finden sich vereinzelt Stimmen in der Rechtsliteratur, die den Erledigungsvorbehalt streng nach dem Wortlaut auslegen wollen[1089]. Die Vorschrift beziehe sich danach nur auf die Hoheitsrechte und Sicherheit des Staates, „nicht auf dessen Vorstellungen von Rechtsstaatlichkeit oder gar auf Grundrechte privater Parteien“[1090]. Ein Rekurs auf die Formel vom *ordre public international* sei zudem wenig Erkenntnis leitend[1091]. Als geschützte Hoheitsrechte kommen daher unter dem Begriff der Justizhoheit Befugnisse und unverzichtbare Grundsätze des freiheitlichen Rechtsstaates als Schutzgut in Betracht, welche die Justizgewährung in ihrem grundgesetzlichen Wesenskern ausmachen, und zwar in verfahrens- wie materiell-rechtlicher Hinsicht[1092].

bb) Eigene Stellungnahme anhand der Auslegung des Art. 13 Abs. 1 HZÜ

Welcher der genannten Auffassungen zu folgen ist, muss im Wege der Auslegung des Erledigungsvorbehalts ermittelt werden.

aaa) Methodische Vorgehensweise

Zunächst bedarf es aber der Klärung der konkreten methodischen Vorgehensweise. Denn denkbar ist entweder eine vertragsautonome Interpretation oder eine Auslegung des Art. 13 Abs. 1 HZÜ ausschließlich aus der Sicht des ersuchten Staates. Stellt man allein auf den Wortlaut der Vorschrift ab, scheint dieser eher für die zweite Alternative zu sprechen, da er ausdrücklich auf die Hoheitsrechte und die Sicherheit des ersuchten Staates abstellt („*seine* Hoheitsrechte oder *seine* Sicherheit“). Andererseits ruft die rein nationale Betrachtung des Erledigungsvorbehalts die Gefahr einer uneinheitlichen Begriffsbestimmung hervor, die dem Grundsatz der Rechtssicherheit im internationalen Rechtshilfeverkehr nicht hinreichend gerecht werden würde. Die weit überwiegende Ansicht in der deutschen Rechtslehre will daher Art. 13 Abs. 1 HZÜ autonom aus-

---

1089 *Juenger/Reimann*, NW 1994, S. 3274; *Bischof*, Die Zustellung im internationalen Rechtsverkehr in Zivil- und Handelssachen (1997), S. 284; *von Danwitz*, DÖV 2004, S. 501 (507); krit. *Stürner*, FS Wolfram Henckel (1995), S. 863 (866); *Schlosser*, EU-Zivilprozessrecht[2] (2003), Art. 13 HZÜ, Rn. 2.

1090 *Juenger/Reimann*, NW 1994, S. 3274.

1091 *von Danwitz*, DÖV 2004, S. 501 (507).

1092 *von Danwitz*, DÖV 2004, S. 501 (507).

legen[1093]. Als weitere Begründung verweist sie auf Art. 1 Abs. 1 HZÜ, der ebenfalls vertragsautonom zu interpretieren sei[1094].

Auf den ersten Blick mögen beide Argumente uneingeschränkt überzeugend sein. Zieht man aber andere multilaterale Übereinkommen aus dem Bereich des internationalen Zivilverfahrensrechts in diese Betrachtung hinzu, schwindet ihre Überzeugungskraft in ihrer Absolutheit. Das „Brüsseler Übereinkommen über die gerichtliche Zuständigkeit und die Vollstreckung gerichtlicher Entscheidung in Zivil- und Handelssachen"[1095] vom 27.09.1968 (EuGVÜ) beispielsweise enthält Normen, die methodisch unterschiedlich interpretiert werden. So wird nach der ständigen Rechtsprechung des Gerichtshofs der Europäischen Gemeinschaften (EuGH) Art. 1 Abs. 1 EuGVÜ[1096], der den sachlichen Anwendungsbereich des Übereinkommens bestimmt, vertragsautonom ausgelegt[1097]. Gleichwohl wird nach allgemeiner Ansicht davon ausgegangen, dass die inhaltliche Bestimmung des Begriffs „öffentliche Ordnung" in Art. 27 Nr. 1 EuGVÜ[1098] nach der lex fori zu erfolgen habe[1099]. Insofern scheint eine unter-

---

1093 *Koch/Diedrich*, ZIP 1994, S. 1830 (1831); *ders./Horlach/Thiel*, RIW 2006, S. 356 (360 f.); *Stadler*, JZ 1995, S. 718 (720); *Merkt*, Abwehr der Zustellung von „punitive-damages"-Klagen (1995), S. 126; *Bischof*, Die Zustellung im internationalen Rechtsverkehr in Zivil- und Handelssachen (1997), S. 283, 285; *Maack*, Englische antisuit injunctions im europäischen Zivilrechtsverkehr (1999), S. 87; *von Danwitz*, DÖV 2004, S. 501: „[D]er Maßstab für die Rechtmäßigkeitsbeurteilung einer beantragten Zustellung [scil. kann] grundsätzlich nicht der innerstaatlichen Rechtsordnung entnommen werden." *Bachmann*, FS Peter F. Schlosser (2005), S. 1 (9); *Rasmussen-Bonne*, Liber Amicorum Peter Hay (2005), S. 323 (336 f.); *von Hein*, in: *Hopt/Kulms/von Hein* (Hrsg.), Rechtshilfe und Rechtsstaat (2006), S. 125; *Schack*, Internationales Zivilverfahrensrecht[4] (2006), Rn. 605; anders wohl *Malzahn*, GATT-widrige *Treble Damages*-Klagen auf der Grundlage des US Antidumping Act 1916 (2003), S. 367 ff. (376); *Rothe*, RIW 2003, S. 859 (863); deutlicher *Wölki*, RIW 1985, S. 530 (533); *Pfeil-Kammerer*, Deutsch-amerikanischer Rechtshilfeverkehr in Zivilsachen (1987), S. 64: „Jedem Vertragsstaat bleibt überlassen, was er im Einzelnen unter „Gefährdung seiner Hoheitsrechte oder Sicherheit" nach Art. 13 Abs. 1 ZÜ verstehen will." *Schlosser*, EU-Zivilprozessrecht[2] (2003), Art. 13 HZÜ, Rn. 4.

1094 Vgl. etwa *Koch/Horlach/Thiel*, RIW 2006, S. 356 (360); siehe ferner A. I. 1.

1095 BGBl. 1972 II, S. 774; i. d. F. des 4. Beitrittsübereinkommens v. 29.11.1996, BGBl. 1998 II, S. 1412.

1096 Entspricht Art. 1 Abs. 1 LugÜ/EuGVVO.

1097 St. Rspr. seit EuGH, Urteil v. 14.10.1976 – Rs. 29/76, *LTU/Eurocontrol*, EuGHE 1976, S. 1541 = RIW 1977, S. 40; siehe ferner *Rauscher(-Mankowski)*, Europäisches Zivilprozessrecht[2] (2006) I, Art. 1 Brüssel I- VO, Rn. 2 (Fn. 5) m. weit. Nachw.

1098 Entspricht Art. 27 Nr. 1 LugÜ/Art. 34 Nr. 1 EuGVVO.

1099 *BGH*, Beschluss v. 26.09.1979, BGHZ 75, S. 167 (171); Beschluss v. 22.06.1983, BGHZ 88, S. 17 (20); *Martiny*, Hdb. IZVR III/1 (1984), Rn. 92; *Burst*, Pönale Momente im ausländischen Privatrecht und deutscher ordre public (1994), S. 100; *Kropholler*, Europäisches Zivilprozeßrecht[5] (2005), Art. 34 EuGVVO, Rn. 5; *Schack*, Internationales Zivilverfahrensrecht[4] (2006), Rn. 862; *Rauscher*(- *Leible*), Europäisches Zivilprozessrecht[2] (2006) I, Art. 34 Brüssel I-VO, Rn. 5.

schiedliche methodische Vorgehensweise bei der Auslegung einzelner Normen in ein und demselben Staatsvertrag kein grundsätzliches Hindernis zu sein. Hinzu kommt, dass auch der EuGH bei der Anwendung des EuGVÜ nicht müde wird zu betonen, der Grundsatz der Rechtssicherheit erfordere es, dass „die Vorschriften des Übereinkommens und die dazu ergangene Rechtsprechung des Gerichtshofs in allen Vertragsstaaten einheitlich angewandt werden“ müssen[1100]. Damit nimmt im Rahmen des EuGVÜ der Aspekt der einheitlichen Rechtsanwendung ebenfalls eine entscheidende Bedeutung ein. Insofern muss das Bedürfnis der Rechtssicherheit nicht unversöhnlich einer Auslegung nach der lex fori gegenüber stehen.

Allerdings dürfen die obigen Ausführungen nicht zu der Annahme verführen, Art. 13 Abs. 1 HZÜ könne nun ausschließlich aus der Sicht des ersuchten Staates interpretiert werden. Diese Auffassung würde dem supranationalen Charakter der Norm in keiner Weise gerecht werden[1101]. Zudem wird auch Art. 27 Nr. 1 EuGVÜ nicht ausschließlich nach innerstaatlichen Grundsätzen gedeutet. Zwar obliegt es den einzelnen Vertragsstaaten, den *Inhalt* der öffentlichen Ordnung i. S. des Art. 27 Nr. 1 EuGVÜ zu definieren, doch sind die *Grenzen*, innerhalb deren sich der Vertragsstaat auf diesen Begriff berufen kann, durch die Auslegung des Übereinkommens zu bestimmen[1102]. Der äußere Rahmen, in dem sich die öffentliche Ordnung bewegen darf, ist also vertragsautonom zu ermitteln; ihre inhaltlichen Anforderungen dagegen nach der lex fori.

Überträgt man nun diese Grundsätze auf das Haager Zustellungsübereinkommen, führen sie zu dem Ergebnis, dass für die inhaltliche Ausgestaltung des Begriffs „Gefährdung seiner Hoheitsrechte“ der jeweils ersuchte Staat verantwortlich ist. Anhand der Auslegung des Übereinkommens sind jedoch die Grenzen aufzuführen, innerhalb deren er sich auf diesen Begriff berufen darf. Ein solcher Mittelweg ist geeignet genug, dem Wortlaut des Erledigungsvorbehalts genügend Rechnung zu tragen und gleichzeitig der Gefahr einer Rechtszersplitterung entgegenzuwirken. Umso mehr vermag diese methodische Vorgehensweise zu überzeugen, wenn man ohnehin der Auffassung ist, dass es sich bei Art. 13 Abs. 1 HZÜ um einen *ordre public*-Vorbehalt handelt. Denn auch im Bereich des staatsvertraglichen Kollisionsrechts wird trotz der angestrebten Rechtsvereinheitlichung die Ansicht vertreten, dass ein staatsvertraglicher *ordre*

1100 EuGH, Urteil v. 11.08.1995 – Rs C-432/93, EuGHE 1995, S. I-2269, Rn. 39 – *SISRO/Ampersand Software*; Urteil v. 28.03.2000 – Rs C-7/98, EuGHE 2000, S. I- 1935, Rn. 20 – *Krombach/Bamberski.*

1101 So auch *OLG Frankfurt a.M.*, Beschluss v. 13.02.2001, ZZPInt 6 (2001), S. 245 (246 f.) = NJW-RR 2002, S. 357 (358) = IPRspr 2001, Nr. 174, S. 358; *Koch/Diedrich*, ZIP 1994, S. 1830 (1831); *Rasmussen-Bonne*, Liber Amicorum Peter Hay (2005), S. 323 (336).

1102 EuGH, Urteil v. 28.03.2000 – Rs C-7/98, EuGHE 2000, S. I- 1935, Rn. 22 f. – *Krombach/Bamberski*; Urteil v. 11.05.2000 – Rs. C-38/98. E 2000, S. I- 2973, Rn. 27 f. – *Renault/Maxicar*; vgl. ferner *Stolz*, JuS 2002, S. 541; *Kropholler*, Europäisches Zivilprozeßrecht[8] (2005), Art. 34 EuGVVO, Rn. 6.

public-Vorbehalt sich stets auf den *ordre public* des jeweiligen Gerichtsstaates (also vor deutschen Gerichten auf den deutschen *ordre public*) beziehe[1103]. Aufgrund der Verschiedenheit der nationalen Rechtsordnungen könne es keinen rechtsordnungsübergreifenden *ordre public* geben, der sich aus der Konvention heraus entwickeln könnte[1104]. Insofern sei inhaltlich nicht von größerer Bedeutung, dass die staatsvertraglichen Vorbehaltsklauseln als leges speciales die innerstaatlichen Vorbehaltsklauseln verdrängen[1105]. Es sind keine Gründe ersichtlich, die einer uneingeschränkten Geltung dieser Argumente auf Staatsverträge im internationalen Rechtshilfeverkehr entgegenstehen, so dass auch hier von einer inhaltlichen Auslegung nach der lex fori auszugehen ist. Schließlich darf der konkrete Normadressat des Art. 13 Abs. 1 HZÜ nicht unberücksichtigt bleiben. Die Zentrale Behörde des ersuchten Staates wird in der Regel nicht über die Kapazitäten verfügen, den Erledigungsvorbehalt ausschließlich vertragsautonom auslegen zu können. Daher sprechen genauso Praktikabilitätserwägungen für die hier gewählte methodische Vorgehensweise.

Anhand der vier klassischen Auslegungsmethoden und der Rechtsvergleichung sind damit zunächst die Grenzen für die nationale Begriffsbestimmung aufzuführen, sodann ist auf die inhaltliche Ausgestaltung des Begriffs „Gefährdung seiner Hoheitsrechte" einzugehen.

bbb) Bestimmung der Grenzen anhand vertragsautonomer Auslegung

(1) Grammatikalische Auslegung

Die grammatikalische Auslegung misst dem natürlichen und gewöhnlichen Wortsinn der im Text gewählten Ausdrücke gesteigerte Aufmerksamkeit bei[1106]. Bei internationalen Verträgen ist dabei der authentische Vertragstext heranzuziehen. Dem zugrunde legend ist für die Auslegung des Art. 13 HZÜ der englische und französische Wortlaut maßgebend. Danach kann die Erledigung eines Zustellungsantrags nur abgelehnt werden, „if it deems that compliance would infringe its *sovereignty*" bzw. „si l'État requis juge que cette exécution est de

1103 *Bamberger/Roth(-S. Lorenz)*, BGB III, §§ 1297- 2385, EGBGB, CISG (2003), Art. 6 EGBGB, Rn. 8; *Staudinger(-Blumenwitz)*, EGBGB/IPR[14] Artt. 3- 6 EGBGB (2003), Art. 6 EGBGB, Rn. 48; Münchener Kommentar zum BGB(*-Sonnenberger)*, X: Art. 1- 46 EGBGB/IPR[4] (2006), Art. 6 EGBGB, Rn. 29; *Palandt(-Thorn)*, BGB[68] (2009), Art. 6 EGBGB, Rn. 2.

1104 *Erman(-Hohloch)*, BGB[12] (2008), Art. 6 EGBGB, Rn. 6.

1105 Explizit Münchener Kommentar zum BGB(*-Sonnenberger)*, X: Art. 1- 46 EGBGB/IPR[4] (2006), Art. 6 EGBGB, Rn. 29; anders wohl *von Hein*, in: *Hopt/Kulms/von Hein* (Hrsg.), Rechtshilfe und Rechtsstaat (2006), S. 125 f.

1106 *Kropholler*, Internationales Einheitsrecht (1975), S. 264 f.; *Dahm/Delbrück/Wolfrum*, Völkerrecht[2] (2002), I/3: § 153, S. 640 f.

nature à porter atteinte à sa *souveraineté*"[1107]. Diese Formulierung ist mit den entsprechenden Bestimmungen im „Haager Übereinkommen über den Zivilprozess" (HZPÜ) vom 01.03.1954[1108] und im „Haager Übereinkommen über die Beweisaufnahme im Ausland in Zivil- oder Handelssachen" (HBÜ) vom 18.03.1970[1109] textidentisch[1110]. Dem Wortlaut ist damit zu entnehmen, dass der in der deutschen Fassung verwendete Begriff „Hoheitsrechte" mit dem Begriff „Souveränität" deckungsgleich ist.

Der Souveränitätsbegriff untergliedert sich nach dem heute im Völkerrecht herrschenden Verständnis in die *innere* und *äußere* Souveränität[1111]. Als innere Souveränität wird die Fähigkeit des Staates angesehen, eine Ordnung auf dem Staatsgebiet zu organisieren. Dagegen ist die äußere Souveränität dadurch gekennzeichnet, dass der Staat allein dem Völkerrecht und keiner anderen Autorität, insbesondere keiner anderen staatlichen Rechtsordnung untersteht, also völkerrechtsunmittelbar ist[1112]. Das Souveränitätsprinzip bezieht sich somit auf die Außenbeziehungen des Staates, auf die inneren Angelegenheiten des Staates, auf die ihm unterworfenen Menschen (sog. Personalhoheit) und auf das ihm zugehörige Gebiet (sog. Gebietshoheit)[1113]. Das herrschende Souveränitätsverständnis richtet sich mithin an unmittelbare Staatsinteressen aus.

Außerhalb des Anwendungsbereichs des Haager Zustellungsübereinkommens vertritt *Stürner* überdies die Ansicht, „dass staatliche Souveränität nicht nur Gemeinwohlinteressen artikuliert, sondern ein Schutzschild für den einzelnen Bürger darstellt, um ihn vor Übergriffen eines ihm fremden Rechts zu bewahren."[1114] Das Bedürfnis der

---

1107 Herv. d. Verf.

1108 BGBl. 1958 II, S. 557.

1109 BGBl. 1977 II, S. 1472.

1110 Vgl. Art. 4 HZPÜ und Art. 12 Abs. 1 lit. b) HBÜ.

1111 Statt vieler *Berber*, Lehrbuch des Völkerrechts[2] (1975), I- § 14 d, S. 127; *Ipsen(-Epping)*, Völkerrecht[5] (2004), § 5, Rn. 7.

1112 *Verdross/Simma*, Universelles Völkerrecht[3] (1984), § 35; *Oeter*, FS Helmut Steinberger (2002), S. 259 (276); *Bernhardt(-Steinberger)*, Sovereignty, Encyclopedia of Public International Law (2000), IV- S. 500 (511 f.); *Ipsen(-Epping)*, Völkerrecht[5] (2004), § 5, Rn. 8.

1113 *Berber*, Lehrbuch des Völkerrechts[2] (1975), I- § 23, S. 181.

1114 *Stürner*, FS Heinrich Nagel (1987), S. 446 (455); *ders.*, JZ 1992, S. 325 (331); *ders.*, ZVglRWiss 81 (1982), S. 159 (209) entsprechend für das HBÜ; zust. *Stadler*, Der Schutz des Unternehmensgeheimnisses (1989), S. 288: „Staatliche Souveränität umfasst auch den Schutz eigener Staatsbürger [...] vor fremden Hoheitsakten." *Mössle*, Internationale Forderungspfändung (1991), S. 85 f.; *Bertele*, Souveränität und Verfahrensrecht (1999), S. 354, der den Individualschutz als Teil der „politischen Souveränität" ansieht; *Malzahn*, GATT-widrige *Treble Damages*-Klagen auf der Grundlage des US Antidumping Act 1916 (2003), S. 341- 343; krit. *Geimer*, ZZP 103 (1990), S. 477 (489 f.); *ders.*, Internationales Zivilprozeßrecht[5] (2005), Rn. 2184; *Juenger/Reimann*, NJW 1994, S. 3274; *Fleischhauer*, Inlandszustellung an Ausländer (1996), S. 69; *Bischof*, Die Zustellung im internationalen Rechtsverkehr in Zivil- und Handelssachen (1997), S. 284; *Maack*, Englische antisuit injunctions im europäindividualschützenden Funktion des Souveränitätsanspruchs bestehe vor allem deshalb, da der Beklagte in diesen Fällen nicht vor privaten Direktzustellungen gewahrt sei, die in der Regel seine Kenntnisnahme von der Verfahrenseinleitung nicht sicherstellen[1115]. Daher bestehe der Individualschutz in der Förderung wohlorganisierter Information und Zustellung und nicht in ihrer Verhinderung und sinnlosen Blockade[1116].

Die Souveränität, als Grundrecht des Staates verstanden, bedeutet also, dass andere Staaten zur Achtung dieser Rechte verpflichtet sind. Das heißt, ein Staat ist verpflichtet, die Hoheitsbereiche anderer Staaten und die Ausübung staatlicher Hoheitsgewalt durch sie, in eben der Form zu achten, wie er sie für sich in Anspruch nimmt[1117]. Denkbar ist ein Eingriff in dieses Recht durch die Zustellung eines ausländischen Schriftstücks unter dem Aspekt der Gebietshoheit, insbesondere in ihren Unterprinzipien der Rechtsdurchsetzungs- (*jurisdiction to enforce*) und Justizhoheit (*judicial sovereignty*):

So könne eine Klage gegen den ersuchten Staat oder seine Organe die Zustellungsverweigerung nach Art. 13 HZÜ auslösen[1118]. Eine Verletzung der Justizhoheit stelle es ferner dar, wenn Gegenstand der Zustellung eine ausländische Amtshaftungsklage gegen einen inländischen Richter für Schäden ist, die durch dessen Rechtsprechung verursacht worden sind[1119]. Auch ein Prozessführungsverbot nach englischem Recht (*antisuit injunction*) könne eine Zustellungsverweigerung nach Art. 13 Abs. 1 HZÜ nach sich ziehen[1120]. Dagegen stelle nunmehr die Zustellung ausländischer Pfän-

---

ischen Zivilrechtsverkehr (1999), S. 89 f.; *Schack*, Internationales Zivilverfahrensrecht[4] (2006), Rn. 590.

1115 *Stürner*, ZZP 109 (1996), S. 224 (232); *ders.*, JZ 2006, S. 60 (65).

1116 *Stürner*, JZ 2006, S. 60 (65); *ders./Müller*, IPRax 2008, S. 339 (343).

1117 *Dahm/Delbrück/Wolfrum*, Völkerrecht[2] (2002), I/3: § 166, S. 784.

1118 Siehe *Pfeil-Kammerer*, Deutsch-amerikanischer Rechtshilfeverkehr in Zivilsachen (1987), S. 64 f.; *Bischof*, Die Zustellung im internationalen Rechtsverkehr in Zivil- und Handelssachen (1997), S. 285; *Maack*, Englische antisuit injunctions im europäischen Zivilrechtsverkehr (1999), S. 97; *von Hein*, in: *Hopt/Kulms/von Hein* (Hrsg.), Rechtshilfe und Rechtsstaat (2006), S. 135 f.

1119 Siehe *Pfeil-Kammerer*, Deutsch-amerikanischer Rechtshilfeverkehr in Zivilsachen (1987), S. 64 f.; *Maack*, Englische antisuit injunctions im europäischen Zivilrechtsverkehr (1999), S. 97; *G. Geimer*, Die Neuordnung des Internationalen Zustellungsrechts (1999), S. 73; *von Hein*, in: *Hopt/Kulms/von Hein* (Hrsg.), Rechtshilfe und Rechtsstaat (2006), S. 136. Inzwischen zweifelhaft vor dem Hintergrund der Entscheidungen des EuGH, Urteil v. 30.09.2003 – Rs. C- 244/01, EuGHE 2003, S. I- 10239 – *Köbler/ Republik Österreich*; Urteil v. 13.06.2006 – Rs. C- 173/03, ZSteu 2006, R 496 – *Traghetti del Mediterraneo/Italienische Republik*, wonach Haftungsansprüche gegen Richter für Schäden, die durch dessen Rechtsprechung verursacht worden sind, möglich sind.

1120 So *OLG Düsseldorf*, Beschluss v. 10.01.1996, ZZP 109 (1996), S. 221, m. abl. Anm. *Stürner*, ebd., S. 224; krit. *Mankowski*, EWiR 1996, S. 321; zust. *Mansel*, EuZW 1996, S. 335; zust. *Hau*, IPRax 1997, S. 245; abl. *Bischof*, Die Zustellung im internationalen Rechtsverkehr in Zivil- und Handelssachen (1997), S. 285; abl. *Maack*, Englische antisuit injunctions im europäischen Zivilrechtsverkehr (1999), S. 90 f.; abl. *G. Geimer*, Die Neuorddungs- und Überweisungsbeschlüsse an inländische Drittschuldner keine Verletzung deutscher Hoheitsrechte dar[1121]. Gleiches gelte für einstweilige Verfügungen[1122]. Möglich sei ein Eingreifen des Art. 13 Abs. 1 HZÜ dagegen in dem Fall, wo die Zustellungserledigung das zwischen dem ersuchten Staat und den betroffenen Bürgern bestehende Staatsangehörigkeitsverhältnis verletze[1123].

(2) Systematische Auslegung

Die systematische Auslegung stellt auf den Bedeutungszusammenhang ab, in dem eine Norm steht. Ein Ausdruck oder ein Rechtssatz ist dabei so auszulegen, dass Widersprüche mit den übrigen Regelungen des gesamten Regelwerks vermieden werden[1124]. Danach ist der Erledigungsvorbehalt zunächst im Zusammenhang mit den übrigen Bestimmungen des Art. 13 HZÜ zu betrachten. Von besonderer Bedeutung ist hierbei der zweite Absatz des Art. 13 HZÜ, der bestimmt, wann eine Zustellungserledigung nicht verweigert werden darf. Der ersuchte Staat darf demnach die Erledigung nicht allein deshalb ablehnen, weil er für die Sache ausschließliche Zuständigkeit beansprucht oder ein dem ausländischen Verfahren entsprechendes Verfahren nicht kennt. *Maack* leitet hieraus ab, dass der Vorbehalt in Art. 13 Abs. 1 HZÜ enger auszulegen sei als der anerkennungsrechtliche *ordre public*-Vorbehalt, da damit das Anerkennungshindernis i. S. des § 328 Abs. 1 Nr. 1 ZPO ausdrücklich ausgeschlossen wurde[1125]. Ihre Begründung vermag aber nicht zu überzeugen, da die Anerkennung eines ausländischen Urteils auch aus anderen in § 328 Abs. 1 Nr. 2- 5 ZPO aufgeführten Gründen abgelehnt werden kann. Zudem sagt Art. 13 Abs. 2 HZÜ nichts zum

---

nung des Internationalen Zustellungsrechts (1999), S. 77- 81; zust. *von Danwitz*, DÖV 2004, S. 501 (507); zust. *von Hein*, in: *Hopt/Kulms/von Hein* (Hrsg.), Rechtshilfe und Rechtsstaat (2006), S. 137.

1121 So noch § 59 Abs. 3 Nr. 1 ZRHO a.F.; die einschlägige Passage, wonach die Zustellung ausländischer Pfändungs- und Überweisungsbeschlüsse durch die deutschen Rechtshilfebehörden abzulehnen war, wurde hingegen in der neuen Fassung des § 59 Abs. 3 Nr. 1 ZRHO gestrichen. Siehe hierzu *Schlosser*, EU-Zivilprozessrecht[2] (2003), Art. 13 HZÜ, Rn. 2; *von Hein*, in: *Hopt/Kulms/von Hein* (Hrsg.), Rechtshilfe und Rechtsstaat (2006), S. 137 f.

1122 *Schlosser*, EU-Zivilprozessrecht[2] (2003), Art. 1 HZÜ, Rn. 18; *von Hein*, in: *Hopt/Kulms/von Hein* (Hrsg.), Rechtshilfe und Rechtsstaat (2006), S. 138.

1123 *Taborda Ferreira*, Rapport Explicatif, in: Conférence de la Haye de droit International Privé, Actes et Documents de la Dixième Session, Band III, Notification (1965), S. 363 (375): „La demande pourra seulement être refusée si du fait de *l'exécution*, résulte une atteinte à la *souveraineté* ou à la *sécurité* parce que, par exemple, cette exécution porterait atteinte au lien de nationalité existant entre les Etats et leurs ressortissants." Krit. *von Hein*, in: *Hopt/Kulms/von Hein* (Hrsg.), Rechtshilfe und Rechtsstaat (2006), S. 139.

1124 *Kropholler*, Internationales Einheitsrecht (1975), S. 271.

1125 *Maack*, Englische antisuit injunctions im europäischen Zivilrechtsverkehr (1999), S. 94; vgl. ferner *Koch/Diedrich*, ZIP 1994, S. 1830 (1831).

Verhältnis zwischen dem Erledigungsvorbehalt in Art. 13 Abs. 1 HZÜ und dem eigentlichen anerkennungsrechtlichen *ordre public*-Vorbehalt in § 328 Abs. 1 Nr. 4 ZPO aus. Darüber hinaus ließe sich ebenso argumentieren, dass gerade der Ausschluss zweier spezieller Fälle auf einen ansonsten weiten *ordre public*-Vorbehalt hindeute[1126]. Hinzu kommt, dass nach Auffassung der Delegierten der zehnten Tagung der *Haager Konferenz für IPR* die Klarstellung des Art. 13 Abs. 2 HZÜ aus rechtlichen Gründen nicht erforderlich gewesen wäre, da die in Art. 13 Abs. 2 HZÜ genannten Fälle nicht dem *ordre public*-Vorbehalt unterfallen[1127]. Sie nahmen dennoch den Absatz 2 in den Text des Art. 13 HZÜ auf, um mögliche Zweifel einzelner Vertragsstaaten von vornherein auszuschließen[1128]. Jedenfalls können aus Art. 13 Abs. 2 HZÜ keine Rückschlüsse dahingehend gezogen werden, dass der Erledigungsvorbehalt enger oder weiter auszulegen ist als der Anerkennungsvorbehalt. Die Systematik des Art. 13 HZÜ lässt lediglich die Vermutung zu, die zustellungsrechtliche Vorbehaltsklausel ist von der Urteilsanerkennung unabhängig[1129].

Für die systematische Betrachtung des Art. 13 Abs. 1 HZÜ sind ferner die übrigen Regelungen des Haager Zustellungsübereinkommens heranzuziehen. Relevant sind hierbei vor allem Artt. 4 und 5 HZÜ. Nach Art. 5 Abs. 1 HZÜ hat die Zentrale Behörde des ersuchten Staates die Zustellung zu bewirken bzw. zu veranlassen, soweit der Anwendungsbereich des Haager Zustellungsübereinkommens eröffnet ist und die übrigen Voraussetzungen vorliegen. Indessen kann sie die Erledigung der Zustellung nach Art. 13 Abs. 1 HZÜ nur dann ablehnen, wenn sich der ersuchte Staat dadurch in seinen Hoheitsrechen oder in seiner Sicherheit gefährdet sieht. Im Regelfall muss also die Zentrale Behörde zustellen; dagegen kann sie im Ausnahmefall die Zustellungserledigung ablehnen. Nach dem völkerrechtlichen Grundsatz, Ausnahmen stets eng auszulegen[1130], muss dementsprechend auch der Erledigungsvorbehalt eng ausgelegt werden. Darüber hinaus spricht die unterschiedliche Normgestaltung des Art. 5 HZÜ als gebundene Vorschrift und des Art. 13 Abs. 1 HZÜ als Ermessensvorschrift dafür, dass

---

1126 So *Merkt*, Abwehr der Zustellung von „punitive-damages“-Klagen (1995), S. 127.

1127 Siehe *Taborda Ferreira*, Rapport Explicatif, in: Conférence de la Haye de droit International Privé, Actes et Documents de la Dixième Session, Band III, Notification (1965), S. 363 (376).

1128 Ebd.; siehe ferner Denkschrift zum HZÜ, BT-Drucks. 7/4892, S. 38 (47); *Böckstiegel/Schlafen*, NJW 1978, S. 1073 (1074); *Pfeil-Kammerer*, Deutsch-amerikanischer Rechtshilfeverkehr in Zivilsachen (1987), S. 67; *von Hein*, in: *Hopt/Kulms/von Hein* (Hrsg.), Rechtshilfe und Rechtsstaat (2006), S. 127.

1129 So *von Hein*, in: *Hopt/Kulms/von Hein* (Hrsg.), Rechtshilfe und Rechtsstaat (2006), S. 127; a. A. *Merkt*, Abwehr der Zustellung von „punitive-damages“-Klagen (1995), S. 127.

1130 *Ipsen(-Heintschel von Heinegg)*, Völkerrecht[5] (2004), § 11, Rn. 19; siehe auch EuGH, Urteil v. 28.03.2000 – Rs C-7/98, EuGHE I- 2000, S. 1935, Rn. 23 – *Krombach/Bamberski*; krit. *Kropholler*, Internationales Einheitsrecht (1975), S. 290.

in Zweifelsfällen zugunsten der internationalen Rechtshilfe zu optieren ist[1131]. Bestätigt wird diese Ansicht zudem durch Art. 4 HZÜ, wonach allein formelle Mängel nicht genügen, die Zustellungserledigung endgültig zu verweigern. Vielmehr muss der ersuchenden Stelle die Möglichkeit der Nachbesserung eingeräumt werden[1132].

Als weitere Bezugsquelle für diese Auslegungsmethode könnten schließlich Rechtssätze aus anderen Texten des Einheitsrechts hinzugezogen werden. Konkret böten sich die wortgleichen Bestimmungen des Art. 4 HZPÜ[1133] und Art. 12 Abs. 1 lit. b) HBÜ[1134] an. Die Bedenken, die gegen eine Auslegung in einem weiteren Bedeutungszusammenhang bestehen, wären hier nicht einschlägig, da mit der *Haager Konferenz für IPR* dasselbe internationale Gremium die Rechtsmasse erarbeitet hat[1135]. Jedoch lassen sich aus dem Bedeutungszusammenhang zu diesen Erledigungsvorbehaltsklauseln keine tragfähigen Argumente gewinnen: Es lässt sich lediglich feststellen, dass im Vergleich zu anderen „klassischen" Vorbehaltsklauseln[1136] auch hier der Wortlaut der beiden Bestimmungen sich nicht auf den *ordre public* ausdrücklich bezieht. Ein schwaches Indiz, das gegen die Annahme spricht, in dem Erledigungsvorbehalt des Art. 13 Abs. 1 HZÜ und Art. 4 HZPÜ, Art. 12 Abs. 1 lit. b) HBÜ einen allgemeinen *ordre public*-Vorbehalt zu sehen[1137].

(3) Historische Auslegung

Die historische Auslegung ist auf die Ermittlung des tatsächlichen Willens des Normgebers gerichtet, der in den *travaux préparatoires*, also den vorbereitenden Arbeiten zum Haager Zustellungsübereinkommen, seinen Niederschlag gefunden hat[1138]. Zu ihren maßgeblichen Quellen gehören der offizielle Erläute-

---

1131 Siehe B. I. 3.

1132 Siehe 4.Teil C. IV. 1.

1133 Art. 4 HZPÜ: „Eine in den Artikeln 1, 2 und 3 vorgesehene Zustellung kann nur abgelehnt werden, wenn der Staat, in dessen Hoheitsgebiet sie bewirkt werden soll, sie für geeignet hält, seine Hoheitsrechte oder seine Sicherheit zu gefährden." Zur Bedeutung des Art. 4 HZPÜ *Geimer/Schütze,* Internationaler Rechtsverkehr in Zivil- und Handelssachen, Band I (2005), A I 1 a, Nr. 100, S. 13 f.

1134 Art. 12 Abs. 1 lit. b) HBÜ: „Die Erledigung eines Rechtshilfeersuchens kann nur insoweit abgelehnt werden, als … b) der ersuchte Staat die Erledigung für geeignet hält, seine Hoheitsrechte oder seiner Sicherheit zu gefährden."

1135 Zu den Bedenken weiter oben unter A. I. 1. b) a.E..

1136 Siehe bspw. Art. 34 Nr. 1 EuGVVO und Art. 27 Nr. 1 EuGVÜ/LugÜ, die allesamt ausdrücklich vom *ordre public* sprechen.

1137 So *Koch/Horlach/Thiel*, RIW 2006, S. 356 (361).

1138 Vgl. *Kropholler*, Internationales Einheitsrecht (1975), S. 274 (Fn. 56); *Dahm/Delbrück/Wolfrum*, Völkerrecht[2] (2002), I/3: § 153, S. 637, 645.

rungsbericht der *Haager Konferenz für IPR* zum Haager Zustellungsübereinkommen (*Rapport Explicatif*)[1139], der Bericht der Sonderkommission zum vorausgegangenen Entwurf des Haager Übereinkommens (*Avant-projet*)[1140] und die zwischenzeitlichen Beratungen der Delegierten der zehnten Tagung der Haager Konferenz (*Procès-Verbal*)[1141].

Der Rückgriff auf die vorbereitenden Arbeiten gehört heute überwiegend zur Praxis der internationalen Gerichte allerdings mit der Maßgabe, dass bei multilateralen Verträgen diese Materialien nur verwandt werden dürfen, wenn sie den Parteien bekannt oder zumindest allgemein zugänglich sind[1142]. Dies ist vorliegend der Fall. Die oben aufgeführten Quellen sind in einem Band von der *Haager Konferenz für IPR* veröffentlicht worden. Insofern steht dem Rückgriff auf die *travaux préparatoires* nichts im Weg.

(a) Aus dem offiziellen Erläuterungsbericht geht zunächst hervor, dass die Fälle der Zustellungsverweigerung möglichst eingeschränkt werden sollten.

„L'article 13 a voulu restreindre au maximum les cas de refus d'entraide."[1143]

Daher sollte die Erledigung eines Zustellungsantrags nur dann abgelehnt werden, wenn ein Verstoß gegen den *ordre public* vorliegt, der auf eine Verletzung der Souveränität und Sicherheit des Staates zurückgeht.

„L'exécution de la demande peut être refusée uniquement en cas d'offense à l'ordre public portant atteinte à la souveraineté ou à la sécurité de l'Etat."[1144]

Mit der Verwendung der Begriffe „Souveränität" und „Sicherheit" wollte man ferner den *ordre public* begrenzen. Man erkannte zwar, dass diese Begriffe unbestimmt sind, doch hielt man sie für geeignet genug, das verfolgte Ziel zu

---

1139 *Taborda Ferreira*, Rapport Explicatif, in: Conférence de la Haye de droit International Privé, Actes et Documents de la Dixième Session, Band III, Notification (1965), S. 363 ff.

1140 Rapport de la Commission Spéciale, in: Conférence de la Haye de droit International Privé, Actes et Documents de la Dixième Session, Band III, Notification (1965), S. 74 ff.

1141 Procès-Verbal No. 4, in: Conférence de la Haye de droit International Privé, Actes et Documents de la Dixième Session, Band III, Notification (1965), S. 181 ff.

1142 *Dahm/Delbrück/Wolfrum*, Völkerrecht^2 (2002), I/3: § 153, S. 645 f.

1143 *Taborda Ferreira*, Rapport Explicatif, in: Conférence de la Haye de droit International Privé, Actes et Documents de la Dixième Session, Band III, Notification (1965), S. 363 (375).

1144 *Taborda Ferreira*, Rapport Explicatif, in: Conférence de la Haye de droit International Privé, Actes et Documents de la Dixième Session, Band III, Notification (1965), S. 363 (375).

erreichen. Der Begriff „Souveränität“ sei schließlich mit dem *ordre public international* gleichzusetzen.

> „On a voulu limiter l'ordre public par l'emploi des mots *souveraineté* et *sécurité*. Ces mots sont imprécis mais ils sont susceptibles de répondre au but poursuivi. L'expression *souveraineté* serait équivalente à *ordre public international*.“[1145]

Auch aus dem Bericht der Sonderkommission zum vorausgegangenen Entwurf des Haager Übereinkommens geht hervor, dass die Sonderkommission die Ansicht vertrat, dass man mit der Verwendung des Begriffs „Gefährdung der Souveränität und Sicherheit“ die Fälle der Rechtshilfeverweigerung begrenzen könne. Der Ausdruck *ordre public* könne hingegen gefährlich sein, da er nur wenig bestimmt sei und er zudem Verweigerungen zuließe, die auf einer feindlichen Gesinnung gegenüber der internationalen Rechtshilfe beruhen.

> „La Commission a pensé que [scil. par l'expression *atteinte à la souveraineté ou à la sécurité*] on pourrait limiter les cas de refus. L'expression *ordre public* peut être dangereuse parce qu'elle est peu précis et permettrait des refus basés sur un esprit hostile à l'entraide internationale.“[1146]

Ähnlich sahen auch die Delegierten der zehnten Tagung der Haager Konferenz die Begriffswahl der „Souveränität“ gegenüber der gängigen *ordre public*-Klausel als besser an, denn sie sei zu Recht auf die Bedeutung des *ordre public international* begrenzt.

> „M. Arnold (Allemagne) est convaincu, et des auteurs récents soutiennent son opinion, que la solution apportée par le terme *souveraineté* est meilleure que la mention *d'ordre public* car elle se limite avec raison à la notion d'ordre public *international*.“[1147]

Jedenfalls unterstrich der Berichterstatter *Taborda Ferreira* die Übereinstimmung der Formulierung des Entwurfs zum HZÜ mit der Vorbehaltsklausel der Haager Übereinkunft über Zivilprozess und wies zugleich darauf hin, dass es vielleicht angebracht sei, eine modernere Formulierung zu wählen, um deutlich zu machen, dass es sich bei dem Begriff „Souveränität“ der Sache nach um einen *ordre public*-Vorbehalt handele.

1145 *Taborda Ferreira*, Rapport Explicatif, in: Conférence de la Haye de droit International Privé, Actes et Documents de la Dixième Session, Band III, Notification (1965), S. 363 (375); Herv. im Original.

1146 Rapport de la Commission Spéciale, in: Conférence de la Haye de droit International Privé, Actes et Documents de la Dixième Session, Band III, Notification (1965), S. 74 (85); Herv. im Original.

1147 *Arnold*, Procès-Verbal No. 4, in: Conférence de la Haye de droit International Privé, Actes et Documents de la Dixième Session, Band III, Notification (1965), S. 181 (193); Herv. im Original.

„Le Rapporteur souligne la correspondance qui existe entre l'article 4 de l'avant-projet et celui der la Convention de 1954. Il estime que l'article 4 présente surtout un problème de rédaction et qu'il faudra peut-être concevoir une formule plus nouvelle pour indiquer la matière d'ordre public actuellement comprise dans le mot *souveraineté.*"[1148]

Eine modernere Formulierung konnte jedoch nicht gefunden werden, so dass es bei der Verwendung dieses Begriffs blieb.

„Personne ne suggérant un terme pour remplacer celui de *souveraineté* ce point est laissé de côté."[1149]

Der Begriff „Souveränität" bzw. „Hoheitsrechte" in Art. 13 Abs. 1 HZÜ sollte damit als *ordre public international* verstanden werden. Doch ist diese Erkenntnis zunächst wenig erhellend, da ein abstrakter Begriff mit einem anderen ersetzt wird. So wird der Begriff *ordre public international* vielseitig mit jeweils unterschiedlicher inhaltlicher Bestimmung verwendet[1150]:

Im Gegensatz zum römischen Rechtskreis, wo der Begriff *ordre public international* als Gegenstück zum *ordre public interne* entwickelt wurde, hat sich in der deutschsprachigen Literatur die völkerrechtliche Bedeutung durchgesetzt[1151]. Dabei sind ein unter Rückgriff auf das Völkerrecht ausgelegter, innerstaatlicher *ordre public* und ein völkerrechtlicher *ordre public* voneinander zu unterscheiden. Letzterer dient dem Schutz der zwischenstaatlichen Ordnung und wendet sich an die dem Völkerrecht unterliegenden Subjekte[1152]. Eine gänzlich andere Bedeutung misst der Bundesgerichtshof dem Begriff des internationalen *ordre public* bei, den er zur Umschreibung des großzü-

1148 *Taborda Ferreira*, Procès-Verbal No. 4, in: Conférence de la Haye de droit International Privé, Actes et Documents de la Dixième Session, Band III, Notification (1965), S. 181 (192); Herv. im Original.

1149 *Panchaud*, Procès-Verbal No. 4, in: Conférence de la Haye de droit International Privé, Actes et Documents de la Dixième Session, Band III, Notification (1965), S. 181 (193); Herv. im Original.

1150 Siehe vor allem *Völker*, Zur Dogmatik des ordre public (1998), S. 254 ff.; *Kokott*, BerDtGesVR 38 (1998), S. 73; *Staudinger(-Blumenwitz)*, EGBGB/IPR[14] Artt. 3- 6 EGBGB (2003), Art. 6 EGBGB, Rn. 61; *Kropholler*, Internationales Privatrecht[6] (2006), § 36 III 2 d, S. 250.

1151 *Staudinger(-Blumenwitz)*, EGBGB/IPR[14] Artt. 3- 6 EGBGB (2003), Art. 6 EGBGB, Rn. 63.

1152 *Kokott*, BerDtGesVR 38 (1998), S. 73; *Staudinger(-Blumenwitz)*, EGBGB/IPR[14] Artt. 3- 6 EGBGB (2003), Art. 6 EGBGB, Rn. 61; *Basedow*, FS Hans J. Sonnenberger (2004), S. 291 (295); Münchener Kommentar zum BGB(*-Sonnenberger)*, X: Art. 1- 46 EGBGB/IPR[4] (2006), Art. 6 EGBGB, Rn. 19.

gigeren anerkennungsrechtlichen *ordre public* verwendet, um ihn vom engeren kollisionsrechtlichen *ordre public* abzugrenzen[1153].

Merkt beispielsweise will diesen Begriff als *ordre public international* in Anlehnung an das romanische Recht verstehen[1154]. Danach müsse die Erledigung des Ersuchens gegen solche Vorschriften des innerstaatlichen zwingenden Rechts verstoßen, die sich auch gegenüber ausländischem Recht durchsetzen und die der Gesetzgeber des ersuchten Staates selbst nur unter der Änderung der sozialen und verfassungsrechtlichen Ordnung aufheben könnte[1155]. *Von Hein* dagegen legt den Souveränitätsbegriff i. S. des Art. 13 Abs. 1 HZÜ als Bestandteil eines internationalen *ordre public* im völkerrechtlichen Sinne aus[1156]. Folglich handele es sich bei Art. 13 Abs. 1 HZÜ um eine Vorbehaltsklausel völkervertraglichen Ursprungs, die ihrerseits im Lichte international akzeptierter Menschenrechte konkretisiert werde[1157]. Beide Ansichten werden mehr oder weniger überzeugend begründet[1158], doch ist zu berücksichtigen, dass von der gewöhnlichen Wortbedeutung *zum Zeitpunkt des Vertragsschlusses* auszugehen ist[1159]. Danach ist eher davon auszugehen, dass bei Vertragsschluss auf die im romanischen Rechtskreis vorgenommene Begriffsunterscheidung Bezug genommen wurde[1160]. Als Zwischenergebnis ist daher festzuhalten, dass in Art. 13 Abs. 1 HZÜ ein *ordre public*-Vorbehalt gesehen wurde, der jedenfalls nicht mit

---

1153 *BGH*, Urteil v. 21.04.1998, BGHZ 138, S. 331 (334); krit. *Staudinger(-Blumenwitz)*, EGBGB/IPR[14] Artt. 3- 6 EGBGB (2003), Art. 6 EGBGB, Rn. 101; *Sandrock*, FS Hans J. Sonnenberger (2004), S. 615 ff.

1154 *Merkt*, Abwehr der Zustellung von „punitive-damages"-Klagen (1995), S. 133, 135, 136 f.; zust. *Brockmeier*, Punitive damages, multiple damages und deutscher ordre public (1999), S. 97 ff.; so auch *Pfeil-Kammerer*, Deutsch-amerikanischer Rechtshilfeverkehr in Zivilsachen (1987), S. 62 f.

1155 *Merkt*, Abwehr der Zustellung von „punitive-damages"-Klagen (1995), S. 133; so auch *Pfeil-Kammerer*, Deutsch-amerikanischer Rechtshilfeverkehr in Zivilsachen (1987), S. 63.

1156 *von Hein*, in: *Hopt/Kulms/von Hein* (Hrsg.), Rechtshilfe und Rechtsstaat (2006), S. 148.

1157 *von Hein*, in: *Hopt/Kulms/von Hein* (Hrsg.), Rechtshilfe und Rechtsstaat (2006), S. 150.

1158 Zur Begründung seiner Ansicht führt *von Hein*, in: *Hopt/Kulms/von Hein* (Hrsg.), Rechtshilfe und Rechtsstaat (2006), S. 147, u. a. aus: „Als einziges Beispiel für eine Gefährdung der Souveränität wird ein Eingriff in das zwischen dem ersuchten Staat und seinen Bürgern bestehende Staatsangehörigkeitsverhältnis genannt. [...] Würde *Taborda Ferreira* den Begriff „ordre public international" im Sinne des französischen IPR verwenden, [scil. wäre diese Ausführung] sinn- und gegenstandslos." Seine Begründung vermag in dieser Hinsicht nicht gänzlich zu überzeugen. Denn der französische IPR-Begriff umfasst nicht nur den traditionellen Bereich des *conflits de lois*, sondern auch das Staatsangehörigkeits- und Fremdenrecht; siehe statt vieler *Schack*, Internationales Zivilverfahrensrecht[4] (2006), Rn. 26.

1159 *Dahm/Delbrück/ Wolfrum*, Völkerrecht[2] (2002), I/3: § 153, S. 641.

1160 *Merkt*, Abwehr der Zustellung von „punitive-damages"-Klagen (1995), S. 131 ff.; *Brockmeier*, Punitive damages, multiple damages und deutscher ordre public (1999), S. 98; *Malzahn*, GATT-widrige *Treble Damages*-Klagen auf der Grundlage des US Antidumping Act 1916 (2003), S. 361 ff.

dem *ordre public interne*, der innerstaatliches ius cogens gegen abweichende Parteivereinbarungen schützt, gleichzusetzen ist.

(b) Dem *Rapport Explicatif* ist schließlich zu entnehmen, dass die Durchführung des Zustellungsersuchens keinerlei Präjudizwirkung auf das spätere Anerkennungs- und Vollstreckungsverfahren des hiernach ergangenen Urteils hat. Vielmehr kann der ersuchte Staat trotz der Zustellungserledigung die Anerkennungs- und Vollstreckbarerklärung der Gerichtsentscheidung des ersuchenden Staats ablehnen.

> „L'exécution de la demande ne préjuge pas la reconnaissance de l'exécution ultérieure. Le pays requis pourra, malgré l'exécution de la demande d'assignation, ne pas reconnaître et exécuter la décision rendue par les tribunaux du pays requérant à la suite de cette assignation."[1161]

Dies lässt die Vermutung zu, dass von den Vertragsparteien eine Gleichsetzung des Art. 13 Abs. 1 HZÜ mit der nationalen anerkennungsrechtlichen Vorbehaltsklausel nicht intendiert wurde, sondern vielmehr eine restriktivere Anwendung des Erledigungsvorbehalts beabsichtigt war[1162].

(c) Zusammenfassend ist damit festzustellen, dass von der Einführung eines *ordre public*-Vorbehalts bewusst abgesehen wurde. Dennoch ist der Begriff „Souveränität" mit dem *ordre public international* gleichbedeutend. Ob nun damit der *ordre public international* im Sinne des römischen Rechtskreises oder eher ein völkerrechtlich aufgeladener *ordre public* gemeint war, kann nicht sicher festgestellt werden. Die Wortbedeutung im Zeitpunkt des Vertragsschlusses spricht eher für die erste Ansicht. Jedenfalls ist Art. 13 Abs. 1 HZÜ nicht im Sinne eines *ordre public interne* zu verstehen. Zu vermuten ist ferner, dass der Anwendungsbereich des Erledigungsvorbehalts enger ist als der des anerkennungsrechtlichen *ordre public*. Sicher ist schließlich nur, dass eine restriktive Auslegung beabsichtigt wurde, so dass ihr Anwendungsbereich auf sehr seltene Fälle zu beschränken ist.

1161 *Taborda Ferreira*, Rapport Explicatif, in: Conférence de la Haye de droit International Privé, Actes et Documents de la Dixième Session, Band III, Notification (1965), S. 363 (376).

1162 Ebenso *von Hein*, in: *Hopt/Kulms/von Hein* (Hrsg.), Rechtshilfe und Rechtsstaat (2006), S. 127; *Schack*, AG 2006, S. 823 (829); anders *Schütze*, FS Mark M. Boguslavskij (2004), S. 325 (330).

(4) Teleologische Auslegung

Die teleologische Auslegung verlangt, dass der Staatsvertrag im Lichte seiner Ziele und Zwecke so ausgelegt wird, dass unter allen in Betracht kommenden Interpretationsmöglichkeiten des Vertragstextes diejenige bestimmt wird, die der Erreichung dieser Vertragsziele am besten dient[1163].

(a) Stellt man zunächst *allgemein* auf die Ziele und Zwecke internationaler Rechtshilfeverträge ab, so liegen diese vorwiegend in der Förderung und Erleichterung grenzüberschreitender Rechtsbeziehungen[1164]. Das Haager Zustellungsübereinkommen beispielsweise ermöglicht und vereinfacht dem ausländischen Kläger durch die Zustellung der verfahrenseinleitenden Schriftstücke die Prozessführung gegen einen im Inland ansässigen Beklagten vor den heimischen Gerichten. Diese Förderung wird aber nicht dadurch erreicht, wenn die Rechtshilfeverträge weite Vorbehaltsklauseln enthalten, die den Staaten die Möglichkeit eröffnen, unangenehmen Rechtshilfeersuchen allzu leicht aus dem Wege zu gehen. Hieraus wird nun die allgemeine Verpflichtung einer engen Auslegung der Vorbehaltsklauseln in den Rechtshilfeverträgen abgeleitet[1165]. Gegen diese Ansicht könnte jedoch die Tatsache sprechen, dass außerhalb geltender Staatsverträge ja gerade keine völkerrechtliche Verpflichtung besteht, einander Rechtshilfe zu leisten[1166]. Bestehe aber damit im Grundsatz keine Pflicht zur Rechtshilfe, dann könne in den Ausnahmefällen, also in den Fällen, in denen die internationale Rechtshilfe in multi- oder bilaterale Staatsverträge geregelt wurde, nicht von einer weiten Verpflichtung zu eben dieser ausgegangen werden. Dies hätte wiederum zur Folge, dass die Vorbehaltsklauseln eher weit auszulegen wären. Dieser Überlegung ist jedoch nicht zu folgen. Der Staat öffnet sich durch die vertragliche Bestimmung verpflichtend der internationalen Rechtshilfe. Zudem möchte er dem ungewissen Rechtszustand, der aufgrund der

---

1163 *Dahm/Delbrück/Wolfrum*, Völkerrecht^2 (2002), I/3: § 153, S. 644.

1164 Vgl. *Pfennig*, Die internationale Zustellung in Zivil- und Handelssachen (1988), S. 98; *Maack*, Englische antisuit injunctions im europäischen Zivilrechtsverkehr (1999), S. 96.

1165 So *Pfennig*, Die internationale Zustellung in Zivil- und Handelssachen (1988), S. 99; *Maack*, Englische antisuit injunctions im europäischen Zivilrechtsverkehr (1999), S. 96; ähnlich auch *von Hein*, in: *Hopt/Kulms/von Hein* (Hrsg.), Rechtshilfe und Rechtsstaat (2006), S. 125: „Staatsvertragliche Vorbehaltsklauseln sind ... eng auszulegen, um den internationalen Entscheidungseinklang nicht zu gefährden."

1166 Allg. Ansicht, siehe *BVerfG*, Urteil v. 22.03.1983, BVerfGE 63, S. 343 (361): „Ein Staat ist nach allgemeinem Völkerrecht grundsätzlich nicht verpflichtet, in seinem Hoheitsgebiet die Vornahme oder Vollstreckung von Hoheitsakten eines anderen Staates durch dessen Organe zu dulden [...] oder dafür – im Wege der Rechtshilfe – seine Hand zu reichen; das Völkerrecht verbietet freilich solche Duldung oder Mithilfe auch nicht, es stellt sie den Staaten frei." Vgl. ferner *Schack*, Internationales Zivilverfahrensrecht^4 (2006), Rn. 170 m. weit. Nachw.

fehlenden Verpflichtung im vertragslosen Rechtshilfeverkehr herrscht, ein Ende setzen. Dieser Zielsetzung widerspräche es jedoch, wenn der staatsvertraglich geregelte Zustand als vermeintlicher Ausnahmefall eng auszulegen wäre. Der obigen Ansicht ist somit zuzustimmen. Die internationale Rechtshilfe wird nur dann nachdrücklich vereinfacht, wenn die Rechtshilfeübereinkommen in möglichst vielen Fällen angewandt werden. Dies spricht für eine enge Auslegung des Art. 13 Abs. 1 HZÜ.

(b) In der gleichen Weise vermögen auch die *konkreten* Ziele des Haager Zustellungsübereinkommens diese Auffassung zu bestätigen. Bereits mehrfach erwähnt wurde, dass das Haager Übereinkommen zum einen die gegenseitige Rechtshilfe verbessern will, indem es das Zustellungsprozedere vereinfacht und beschleunigt, und zum anderen die Verbesserung der Beklagtensituation intendiert, indem es die rechtzeitige Kenntnisnahme des Beklagten von dem ausländischen Verfahren sicherstellt.

Mit dem Vereinfachungs- und Beschleunigungszweck des Haager Zustellungsübereinkommens wäre es offensichtlich unvereinbar, wenn man der Zentralen Behörde ein umfassendes materielles Prüfungsrecht hinsichtlich der Zulässigkeit, Schlüssigkeit oder gar Begründetheit der Klage einräumen würde[1167]. Eine solche Prüfung würde in der Regel zu erheblichen Verzögerungen bei der Zustellung führen und dem Ziel zuwiderlaufen, dem ausländischen Kläger die Führung eines Prozesses gegen einen inländischen Beklagten im Ausland zu vereinfachen. Insofern ist auch im Bereich des internationalen Zustellungsrechts von dem Verbot der *révision au fond* auszugehen[1168]. Damit das Verbot der Nachprüfung der ausländischen Klage auf ihre Gesetzmäßigkeit gewahrt bleibt, ist zu verlangen, dass es sich bei der Gefährdung um eine *offensichtliche* Beeinträchtigung der Souveränität und der Sicherheit des ersuchten Staates handeln

1167 *BVerfG*, Beschluss v. 07.12.1994, BVerfGE 91, S. 335 (340 f.) = IPRax 1996, S. 112 (113) = IPRspr 1994, Nr. 160b, S. 365 (366); einstweilige Anordnung v. 25.07.2003, BVerfGE 108, S. 238 (246 f.) = NJW 2003, S. 2598 (2599) = IPRspr 2003, Nr. 176b, S. 580; *OLG München*, Beschluss v. 09.05.1989, NJW 1989, S. 3102 f.; *dass.*, Beschluss v. 15.07.1992, NJW 1992, S. 3113; KG Berlin, Beschluss v. 05.07.1994, IPRspr 1994 Nr. 159, S. 360 (363); *OLG Frankfurt a.M.*, Beschluss v. 13.02.2001, NJW-RR 2002, S. 357 (358) = IPRspr 2001, Nr. 174, S. 358; *OLG Düsseldorf*, Beschluss v. 11.07.2003, WM 2003, S. 1587 (1589); *Greger*, Erlanger FS Karl H. Schwab (1990), S. 331 (335); *von Danwitz*, DÖV 2004, S. 501 (504).

1168 Insoweit ganz herrschende Ansicht, vgl. *Koch/Diedrich*, ZIP 1994, S. 1830 (1831 f.); *ders./Horlach/Thiel*, RIW 2006, S. 356 (361); *Bischof*, Die Zustellung im internationalen Rechtsverkehr in Zivil- und Handelssachen (1997), S. 283; *Merkt*, Abwehr der Zustellung von „punitive-damages"-Klagen (1995), S. 130; *Malzahn*, GATT-widrige *Treble Damages*-Klagen auf der Grundlage des US Antidumping Act 1916 (2003), S. 347; *Haager Konferenz für IPR*, in: Practical Handbook on the Operation of the Hague Convention[3] (2006), Rn. 174; *Rothe*, RIW 2003, S. 859 (863).

muss, zumal Art. 13 Abs. 1 HZÜ ein Hindernis für die Verwirklichung dieser Ziele bildet[1169].

Das Haager Zustellungsübereinkommen will überdies die tatsächliche Zustellung der verfahrenseinleitenden Schriftstücke im Ausland sicherstellen, um dadurch die möglichen Nachteile einer fiktiven Inlandszustellung oder privaten Direktzustellung für den Adressaten zu verringern[1170]. Die Zustellung im Rahmen des Übereinkommens bewahrt den Empfänger der ausländischen Klageschrift also davor, dass er von einem Zivilverfahren überzogen wird, von dem er keine Kenntnis hat[1171]. Das Übereinkommen bietet damit eine bessere Gewähr, dass die deutsche Partei sich gegen den ausländischen Prozess wirksam verteidigen kann[1172]. Will man nicht Gefahr laufen, das rechtliche Gehör des Beklagten dem Justizgewährungsanspruch des Klägers opfern zu müssen, dann gebietet auch diese Zielsetzung des HZÜ eine möglichst häufige Anwendung des Übereinkommens. Dies wiederum spricht erneut für eine restriktive Auslegung des Art. 13 Abs. 1 HZÜ.

(c) Im engen Zusammenhang mit der teleologischen Auslegung steht der wichtige und an Bedeutung zunehmende *Effektivitätsgrundsatz*[1173]. Danach darf eine Auslegung den Vertrag weder in Teilen noch im Ganzen unwirksam machen. Vielmehr ist diejenige Auslegung zu wählen, die Ziele und Zweck eines Vertrages am wirksamsten zum Tragen bringt[1174]. Bei mehreren möglichen

---

1169 So auch EuGH, Urteil v. 02.06.1994 – Rs. C-267/97, EuGHE 1994, I- 2237, Rn. 20 – *Solo Kleinmotoren/Emilio Boch* = IPRax 1995, S. 217, in Bezug auf Art. 27 EuGVÜ.

1170 Allgemein zu dieser Problematik *Roth*, IPRax 2000, S. 497- 499; deutlich *Hess*, NJW 2001, S. 15 ff. (17): „[D]as traditionelle System der Auslandszustellung [scil. ist] unausgewogen. Es bevorzugt den inländischen Kläger nachhaltig zu Lasten des ausländischen Beklagten, dessen rechtliches Gehör nicht ansatzweise geschützt wird."

1171 *BVerfG*, Beschluss v. 07.12.1994, BVerfGE 91, S. 335 (340) = IPRax 1996, S. 112 (113 f.) = IPRspr 1994 Nr. 160b, S. 365 (366 f.); zust. *OLG Frankfurt a.M.*, Beschluss v. 15.03.2006, Aktz. 20 VA 7/05 -juris, Rn. 40. *Stürner*, JZ 2006, S. 60 (65 f.): Unter dem Gebrauch der Direktzustellungen oder fiktiven Zustellungen leiden insbesondere kleinere bis mittlere Unternehmen, die ohne die Mitwirkung deutscher Behörden die Bedeutung von Zustellungen überraschend oft falsch einschätzen.

1172 *BVerfG*, Beschluss v. 07.12.1994, BVerfGE 91, S. 335 (341) = IPRax 1996, S. 112 (114) = IPRspr 1994 Nr. 160b, S. 365 (367); vgl. ferner *Juenger/Reimann*, NJW 1994, S. 3274 (3275), Fn. 17: „Die Zustellung nach dem HZÜ garantiert immerhin die rechtzeitige Kenntnisnahme vom Prozeß und erlaubt es damit der Beklagten, zumindest die eventuelle Unzuständigkeit und andere Prozesshindernisse vorzutragen. Das ist deshalb besonders wichtig, weil der amerikanische Richter in aller Regel nicht verpflichtet ist, die Zuständigkeit von Amts wegen zu prüfen."

1173 Auch *effet utile*-Regel oder „ut res magis valeat quam pereat"-Maxime genannt.

1174 *Dahm/Delbrück/Wolfrum*, Völkerrecht[2] (2002), I/3: § 153, S. 644. Auch bei der Auslegung des EuGVÜ hat sich der EuGH wiederholt auf das Ziel berufen, die „volle Wirk-

Auslegungsalternativen ist demnach diejenige zu wählen, bei der die Zustellung des verfahrenseinleitenden Schriftstücks möglichst einfach und schnell erfolgen kann. Damit ist auch nach der *effet utile*-Regel davon auszugehen, dass Art. 13 Abs. 1 HZÜ nur in den seltenen Fällen zur Anwendung kommen soll. Steht die am Effektivitätsgrundsatz ausgerichtete Auslegung überdies nicht gegen Wortlaut und Sinn des Vertrages, ist der Erledigungsvorbehalt sogar gar nicht anzuwenden, da er sonst die Verwirklichung der Vertragsziele praktisch unmöglich machen würde.

(d) Zusammenfassend bringt die teleologische Auslegung mithin zum Vorschein, dass eine umfassende inhaltliche Prüfung i. S. einer *révision au fond* nicht zulässig ist. Ferner macht sie deutlich, dass Art. 13 Abs. 1 HZÜ möglichst eng auszulegen ist, damit seine Anwendung auf Ausnahmefälle beschränkt bleibt. Zu fordern ist daher eine offensichtliche Beeinträchtigung der Souveränität und Sicherheit des ersuchten Staates.

(5) Rechtsvergleichende Auslegung

Für die einheitliche Deutung des Haager Zustellungsübereinkommens ist schließlich die rechtsvergleichende Auslegung bedeutsam. Mit ihrer Hilfe können allgemeine Rechtsgrundsätze bzw. internationale Standards hergeleitet werden, die den Inhalt des Erledigungsvorbehalts konkretisieren[1175]. Methodisch lassen sie sich nicht nur aus der Rechtsvergleichung gewinnen, sondern auch aus international vereinheitlichten Rechtsätzen sowie sonstigen internationalen Regeln[1176]. Dadurch wird die Suche nach den internationalen Standards mitunter erheblich vereinfacht.

(a) Vor der Herleitung der allgemeinen Rechtsgrundsätze muss aber zunächst geklärt werden, in welcher Weise die Grundsätze bei der Auslegung des Erledigungsvorbehalts zu berücksichtigen sind. So können sie den Inhalt der *ordre public*-Klausel insoweit konkretisieren, als dass sie selbst Gegenstand des Vorbehalts sind[1177]. Denkbar ist aber auch, dass sie lediglich Rückschlüsse hin-

---

samkeit" sicherzustellen; siehe EuGH, Urteil v. 20.03.1997 – Rs. C-295/95, EuGHE 1997 I, S. 1683 (1704), Rn. 12 m. weit. Nachw. – *Jackie Farrell/James Long.*

1175 Siehe hierzu bereits A. I. 2. a) dd).

1176 *Jayme*, Methoden der Konkretisierung des ordre public im Internationalen Privatrecht (1989), S. 51; *Kropholler*, Internationales Privatrecht[6] (2006), § 36 III 2 b), S. 249; Münchener Kommentar zum BGB(-*Sonnenberger)*, X: Art. 1- 46 EGBGB/IPR[4] (2006), Art. 6 EGBGB, Rn. 71.

1177 Dogmatisch sind für die allgemeinen Regeln des Völkerrechts der Weg über Art. 25 GG und für das Völkervertragsrecht der Weg über Art. 59 Abs. 2 GG zu wählen. Als Bestandteil des Bundesrechts werden sie innerstaatlich von dem Schutzbereich der deutschen

sichtlich des Gewichts des inländischen Rechtssatzes geben. Diese Differenzierung ist deshalb von Bedeutung, da der ersuchte Staat sich unter Umständen nicht auf den *ordre public*-Vorbehalt berufen darf, wenn nicht (gleichzeitig) ein Verstoß gegen den allgemeinen Rechtsgrundsatz gegeben ist.

Bilden die internationalen Standards Teil des Prüfungsmaßstabes, kann eine *ordre public*-Widrigkeit bejaht werden, wenn dieser Rechtssatz verletzt wurde[1178]. Darüber hinaus können die nationalen Behörden sich auf den Erledigungsvorbehalt auch dann berufen, wenn ein inländischer Rechtsgrundsatz betroffen ist. Dies gilt freilich nicht, wenn die internationalen Standards allein den Inhalt der staatsvertraglichen Vorbehaltsklausel vorgeben[1179]. Unter dieser Voraussetzung dürfen die nationalen Rechtshilfebeamten den Einwand der *ordre public*-Widrigkeit nur dann erheben, wenn ein international akzeptierter Mindeststandard missachtet wurde. Möglich erscheint schließlich die Variante, dass die internationalen Standards lediglich Auskunft darüber geben, ob es sich bei der betroffenen inländischen Regelung um einen wesentlichen bzw. unwesentlichen Rechtssatz handelt. Ein Eingreifen des *ordre public*-Vorbehalts liegt immer dann nahe, wenn sich der inländische mit dem internationalen Standard deckt[1180]. In diesen Fällen liefern die allgemeinen Rechtsgrundsätze ein Indiz dafür, ob ein „wesentlicher" bzw. „unverzichtbarer" Grundsatz der inländischen Rechtsordnung vorliegt.

Im Bereich des europäischen Zivilprozessrechts bedient sich der Gerichtshof der Europäischen Gemeinschaften bei der Auslegung des Art. 27 Nr. 1 EuGVÜ[1181] ebenfalls allgemeiner Rechtsgrundsätze, um anhand derer zu bestimmen, ob ein wesentlicher Grundsatz der inländischen Rechtsordnung gegeben ist. Nach seiner Rechtsprechung kommt eine Anwendung der *ordre public*-Klausel nur dann in Betracht, „wenn die Anerkennung oder Vollstreckung der in

---

ordre public-Klauseln umfasst; siehe statt vieler *Staudinger(-Blumenwitz)*, EGBGB/IPR[14] Artt. 3- 6 EGBGB (2003), Art. 6 EGBGB, Rn. 66, 73; *Kropholler*, Internationales Privatrecht[6] (2006), § 36 III 2 a), S. 248 f.

1178 So *Kokott*, BerDtGesVR 38 (1998), S. 71 (99 ff.; 105 ff.); ähnlich auch *Hau*, ZZPInt 6 (2001), S. 249 (252): „Nicht zuletzt die in der EMRK zum Ausdruck kommenden Prinzipien bilden den unverzichtbaren Kern allen rechtsstaatlichen Handelns, der auch dem Ziel eines geordneten internationalen Zivilrechtsverkehrs nicht geopfert werden darf; der Rechts(hilfe)staat muß diese Grundsätze ebenso wie seine eigene Souveränität gegen ausländische Eingriffe verteidigen können."

1179 So *Maack*, Englische antisuit injunction im europäischen Zivilprozeßverkehr (1999), S. 99- 101; *von Hein*, in: *Hopt/Kulms/von Hein* (Hrsg.), Rechtshilfe und Rechtsstaat (2006), S. 148 f.; 150 ff. für Art. 13 Abs. 1 HZÜ.

1180 So *Jayme*, Methoden der Konkretisierung des ordre public im Internationalen Privatrecht (1989), S. 45, 65; zust. *Kropholler*, Internationales Privatrecht[6] (2006), § 36 III 2 b), S. 249 f.; i. E. ähnlich Münchener Kommentar zum BGB(*-Sonnenberger)*, X: Art. 1- 46 EGBGB/IPR[4] (2006), Art. 6 EGBGB, Rn. 62.

1181 Entspricht Art. 27 Nr. 1 LugÜ und Art. 34 Nr. 1 EuGVVO.

einem anderen Vertragsstaat erlassenen Entscheidung gegen einen wesentlichen Rechtsgrundsatz verstieße und deshalb in einem nicht hinnehmbaren Gegensatz zur Rechtsordnung des Vollstreckungsstaats stünde."[1182] Dabei sind für seine Beurteilung, ob ein wesentlicher Rechtsgrundsatz des Vollstreckungsstaates vorliegt, die aus den gemeinsamen Verfassungstraditionen der Mitgliedstaaten gewonnenen allgemeinen Rechtsgrundsätze von Belang[1183]. Sie haben im Anwendungsbereich des Art. 27 Nr. 1 EuGVÜ eine auf den nationalen *ordre public* begrenzende Funktion[1184]. Eine Berechtigung zur Ablehnung der Vollstreckung eines ausländischen Urteils liegt nur dann vor, wenn sie *zugleich* durch wesentliche europäische Grundsätze geboten ist[1185]. Diese zwingende Kongruenz zwischen dem wesentlichen Rechtsgrundsatz der inländischen Rechtsordnung mit dem europäischen Standard geht freilich über die beschriebene Indizwirkung der internationalen Standards hinaus[1186]. Dies lässt sich jedoch einfach mit der Besonderheit des Gemeinschaftsrechts und vor allem mit ihrer Integrationsfunktion begründen. Sie bestimmen das Verhältnis der Mitgliedstaaten zueinander[1187].

Fraglich bleibt indes, ob auch außerhalb dieser Rechtsgemeinschaft die *ordre public*-Widrigkeit nur dann bejaht werden kann, wenn gleichzeitig ein allgemeiner Rechtsgrundsatz verletzt ist. Die weitaus größere Anzahl an Vertragsstaaten und die damit einhergehende breite Vielfalt unterschiedlicher Rechtskulturen sprechen gegen eine solche Annahme. Auch die Entscheidung des Bundesverfassungsgerichts vom 07.12.1994 lässt Gegenteiliges vermuten[1188]. Dort hat das Verfassungsgericht im Zusammenhang mit der Zustellung einer US-amerikanischen Klage darauf hingewiesen, dass die Erledigung des Zustellungsersuchens nach Art. 13 Abs. 1 HZÜ verweigert werden kann, „wenn das mit der Klage angestrebte Ziel offensichtlich gegen unverzichtbare Grundsätze

---

1182 EuGH, Urteil v. 28.03.2000 – Rs C-7/98, EuGHE 2000 I, S. 1935, Rn. 37 – *Krombach/Bamberski*= IPRax 2001, S. 454 m. Anm. *Matscher*, ebd., S. 428.

1183 EuGH, Urteil v. 28.03.2000 – Rs C-7/98, Slg. 2000 I, S. 1935, Rn. 25 – *Krombach/Bamberski.*

1184 *Jayme*, Wiener Vorträge (2001), S. 265 (274); *Basedow*, FS Hans J. Sonnenberger (2004), S. 291 (315); *Martiny*, FS Hans J. Sonnenberger (2004), S. 523 (532).

1185 *Jayme*, Wiener Vorträge (2001), S. 265 (274).

1186 Die europäische Werteordnung bildet nicht unmittelbar den Prüfungsmaßstab für den nationalen *ordre public*, sondern setzt ihr nur Grenzen. Aus diesem Grund hat sich der *BGH*, Beschluss v. 29.06.2000, BGHZ 144, S. 390, in der Folgeentscheidung zum *Krombach*-Fall des EuGH nicht auf den europäischen Standard berufen, sondern die Nichtanerkennung auf das nationale Recht gestützt.

1187 Siehe *Jayme*, Wiener Vorträge (2001), S. 265 (279): „Die Integration verlangt insoweit Opfer." *Basedow*, FS Hans J. Sonnenberger (2004), S. 291 (315); ähnlich *Martiny*, FS Hans J. Sonnenberger (2004), S. 523; vgl. ferner *Stürner*, FG 50 Jahre Bundesgerichtshof (2000), S. 677 (688), der anhand der Vorgaben des EU-Rechts für die nationale *ordre public*-Kontrolle vier konkrete Prüfungsgrundlinien herausgearbeitet hat.

1188 BVerfGE 91, S. 335 = IPRax 1996, S. 112 = IPRspr 1994, Nr. 160b, S. 365.

eines freiheitlichen Rechtsstaates verstieße, wie sie auch in internationalen Menschenrechtsübereinkommen verankert sind."[1189] Der nur beispielhafte Verweis auf die Menschenrechtskonventionen deutet an, dass die international akzeptierten Mindeststandards nicht den Prüfungsmaßstab für Art. 13 Abs. 1 HZÜ bilden sollen[1190], sondern eher als Auslegungshilfe für die Bestimmung von Inhalt und Reichweite von Grundrechten und rechtsstaatlichen Grundsätzen des Grundgesetzes herangezogen werden sollen[1191]. Danach ist der betroffene inländische Rechtssatz an den internationalen Standards zu messen, um besser ermitteln zu können, ob es sich bei diesem um einen „wesentlichen" bzw. „unverzichtbaren" Grundsatz des inländischen Rechts handelt. Liegt ein Verstoß gegen die inländische Rechtsordnung vor und deckt sich der betroffene inländische Rechtssatz mit dem internationalen Standard, dann indiziere dies die Verletzung eines wesentlichen bzw. unverzichtbaren Grundsatzes des inländischen Rechts.

(b) Für die Entwicklung allgemeiner Rechtsgrundsätze bzw. internationaler Standards spielen die internationalen Menschenrechtsübereinkommen eine herausragende Rolle. Ihre Aussagen sind nach allgemeiner Ansicht bei der Auslegung des Art. 13 Abs. 1 HZÜ zu berücksichtigen[1192]. Eine besondere Bedeutung nehmen hierbei die Justizgrundrechte in Art. 6 der (Europäischen) „Konvention zum Schutze der Menschenrechte und Grundfreiheiten"[1193] (EMRK) vom

1189 *BVerfG*, Beschluss v. 07.12.1994, BVerfGE 91, S. 335 (343) = IPRax 1996, S. 112 (114) = IPRspr 1994, Nr. 160b, S. 365 (368).

1190 So aber *von Hein*, in: *Hopt/Kulms/von Hein* (Hrsg.), Rechtshilfe und Rechtsstaat (2006), S. 149; *ders.*, RIW 2007, S. 249 (252). Gegen seine Ansicht sprechen ferner die folgenden Entscheidungen des Bundesverfassungsgerichts zum internationalen Zustellungsrecht. Sowohl in dem Beschluss vom 25.07.2003 (BVerfGE 108, S. 238 (247) = NJW 2003, S. 2598 (2599)), vom 11.06.2004 (NJW 2004, S. 3552 (3553) = IPRspr 2004, Nr. 154b, S. 339 (340)) als auch vom 24.01.07 (WM 2007, S. 375 (376)) stellt das Verfassungsgericht allein darauf ab, ob das mit der ausländischen Klage angestrebte Ziel offensichtlich gegen unverzichtbare Grundsätze des freiheitlichen Rechtsstaats verstößt. Auf die internationalen Menschenrechtsabkommen nimmt sie hingegen keinen Bezug mehr.

1191 Siehe *BVerfG*, Beschluss v. 26.03.1987, BVerfGE 74, S. 358 (370).

1192 *Mansel*, EuZW 1996, S. 335 (337); *Tomuschat*, IPRax 1996, S. 83 (85); *Maack*, Englische antisuit injunction im europäischen Zivilprozeßverkehr (1999), S. 99- 102; *Hau*, ZZPInt 6 (2001), S. 249 (252); *Malzahn*, GATT-widrige *Treble Damages*-Klagen auf der Grundlage des US Antidumping Act 1916 (2003), S. 352 ff.; *Staudinger*(*-Blumenwitz*), EGBGB/IPR[14] Artt. 3- 6 EGBGB (2003), Art. 6 EGBGB, Rn. 54; *Oberhammer*, IPRax 2004, S. 40 (41); *Huber*, FS Erik Jayme (2004), S. 361 (366); *Stürner*, JZ 2006, S. 60 (61); *von Hein*, in: *Hopt/Kulms/von Hein* (Hrsg.), Rechtshilfe und Rechtsstaat (2006), S. 149.

1193 BGBl. 1952 II, S. 686; zuletzt geändert durch Protokoll Nr. 14 v. 13.05.2004, BGBl. 2006 II, S. 138.

04.11.1950 und in Art. 14 Abs. 1 des „Internationalen Pakt über bürgerliche und politische Rechte“[1194] (IPbpR) vom 19.12.1966 ein[1195].

Auch der Gerichtshof der Europäischen Gemeinschaften misst bei der Entwicklung allgemeiner gemeinschaftsrechtlicher Grundsätzen den Aussagen der EMRK eine besondere Bedeutung zu[1196]. So hat er aus diesen Grundrechten den allgemeinen Rechtsgrundsatz entwickelt, dass jedermann Anspruch auf einen fairen Prozess hat[1197]. Die Wahrung dieses *fair trial*-Prinzips in allen Verfahren bilde einen fundamentalen Grundsatz des Gemeinschaftsrechts, der auch unter Beeinträchtigung der Vereinfachungs- und Beschleunigungsziele der EuGVÜ sichergestellt werden müsse[1198].

In diesen Artikeln ist das Recht auf ein faires Verfahren verankert. So hat nach Art. 6 EMRK jedermann Anspruch darauf, „dass seine Sache in billiger Weise öffentlich und innerhalb einer angemessenen Frist gehört wird, und zwar von einem unabhängigen und unparteiischen, auf Gesetz beruhenden Gericht, das über zivilrechtliche Ansprüche und Verpflichtungen [...] zu entscheiden hat.“[1199] Entsprechend steht gemäß Art. 14 Abs. 1 IPbpR jedermann der Anspruch zu, „dass über [...] seine zivilrechtlichen Ansprüche und Verpflichtungen durch ein zuständiges, unabhängiges, unparteiisches und auf Gesetz beruhendes Gericht in billiger Weise und öffentlich verhandelt wird.“[1200] Die universelle Geltung des *fair trial*-Prinzips führt zur Herausbildung eines allgemeinen

---

1194 BGBl. 1973 II, S. 1533.

1195 Auf andere multilaterale Menschenrechtsübereinkommen, wie die Amerikanische Menschenrechtskonvention vom 22.11.1969 (Text: ILM 1970, S. 673; deutsche Übersetzung: EuGRZ 1980, S. 435) und die Afrikanische Charta der Menschenrechte und Recht der Völker vom 26.06.1981 (Text: ILM 1982, S. 59; deutsche Übersetzung: EuGRZ 1986, S. 677), wird hier nicht näher eingegangen, da sie im räumlichen Anwendungsbereich des HZÜ kaum Relevanz haben.

1196 EuGH, Urteil v. 28.03.2000 – Rs C-7/98, EuGHE 2000 I, S. 1935, Rn. 25 – *Krombach/Bamberski.*

1197 EuGH, Urteil v. 17.12.1998 – Rs. C-185/95 P, EuGHE 1998 I, S. 8417, Rn. 20 f. – *Baustahlgewerbe/ Kommission*; Urteil v. 11.01.2000 – Rs. C- 174/98 P/ Rs. C- 189/98 P (verbunden), EuGHE 2000 I, S. 0000, Rn. 17 – *Niederlande und Van der Wal/ Kommission*; Urteil v. 28.03.2000 – Rs C-7/98, EuGHE 2000 I, S. 1935, Rn. 26 – *Krombach/Bamberski; Hess*, FS Erik Jayme (2004), S. 339 (350). Diese Rechtsprechung wird nunmehr durch Art. 6 Abs. 2 EU bestätigt; hierzu *Matscher*, IPRax 2001, S. 428; *Kropholler*, Europäisches Zivilprozeßrecht[8] (2005), Art. 34 EuGVVO, Rn. 8.

1198 EuGH, Urteil v. 29.06.1994 – Rs. C-135/92, EuGHE 1994 I, S. 2885, Rn. 39 – *Fiskano/Kommission*; Urteil v. 24.10.1996 – Rs. C- 32/95 P, EuGHE 1996 I, S. 5373, Rn. 21 – *Kommission/Lisrestal* u.a.; Urteil v. 28.03.2000 – Rs C-7/98, EuGHE 2000 I, S. 1935, Rn. 42 f. – *Krombach/Bamberski.*

1199 Näher zur Bedeutung des Art. 6 EMRK u. a. *Matscher*, FS Wolfram Henckel (1995), S. 593- 614.

1200 Näher zur Bedeutung des Art. 14 Abs. 1 IPbpR *Nowak*, CCPR- Kommentar (1989), Art. 14 des Paktes, Rn. 1 ff., 20.

Rechtsgrundsatzes, der bei der Auslegung des Art. 13 Abs. 1 HZÜ zu berücksichtigen ist. Wird also durch die Zustellungserledigung in ungerechtfertigter Weise in das universell geltende *fair trial*-Prinzip eingegriffen, dann kann der ersuchte Staat auch unter Beeinträchtigung der Beschleunigungsziele des HZÜ die Erledigung des Zustellungsersuchens verweigern.

(6) Zwischenergebnis

Zusammenfassend sind folgende Ergebnisse festzuhalten: Die *grammatikalische Auslegung* des Art. 13 Abs. 1 HZÜ bringt als sichere Erkenntnis lediglich hervor, dass der in der deutschen Übersetzung des Vertragstextes verwendete Begriff „Hoheitsrechte“ mit dem Ausdruck „Souveränität“ gleichzusetzen ist. Die Souveränität, als Grundrecht des Staates verstanden, bedeutet, dass andere Staaten zur Achtung dieser Rechte verpflichtet sind. Die *systematische Interpretation* bringt darüber hinaus ans Licht, was nicht unter Art. 13 Abs. 1 HZÜ zu verstehen ist. Art. 13 Abs. 2 HZÜ stellt dies klar. Dagegen können aus dieser Regelung keine Schlüsse dahingehend gezogen werden, ob der Erledigungsvorbehalt enger oder weiter als der Anerkennungsvorbehalt auszulegen ist. Die Systematik des Art. 13 HZÜ lässt lediglich die Vermutung zu, dass die zustellungsrechtliche Vorbehaltsklausel von der Urteilsanerkennung unabhängig ist. Deutlich wurde zudem, dass der Erledigungsvorbehalt als Ausnahmevorschrift eng auszulegen ist. Die *historische Auslegung* führt ferner auf, dass von der Einführung eines *ordre public*-Vorbehalts bewusst abgesehen wurde. Dennoch ist der Begriff „Souveränität“ mit dem *ordre public international* gleichbedeutend. Ob nun damit der *ordre public international* im Sinne des römischen Rechtskreises oder eher ein völkerrechtlich aufgeladener *ordre public* gemeint war, kann nicht sicher festgestellt werden. Die Wortbedeutung im Zeitpunkt des Vertragsschlusses spricht für die erste Ansicht. Jedenfalls ist Art. 13 Abs. 1 HZÜ nicht im Sinne eines *ordre public interne* zu verstehen. Zudem ist zu vermuten, dass der Anwendungsbereich des Erledigungsvorbehalts enger ist als der des anerkennungsrechtlichen *ordre public*. Sicher ist schließlich nur, dass eine restriktive Auslegung beabsichtigt wurde, so dass ihr Anwendungsbereich auf sehr seltene Fälle zu beschränken ist. Die *teleologische Auslegung* ergibt, dass eine umfassende inhaltliche Prüfung im Sinne einer *révision au fond* nicht zulässig ist. Ferner verdeutlicht sie, dass Art. 13 Abs. 1 HZÜ möglichst eng auszulegen ist, damit seine Anwendung auf Ausnahmefälle beschränkt bleibt. Zu fordern ist daher eine offensichtliche Beeinträchtigung der Souveränität und Sicherheit des ersuchten Staates. Die aus der *Rechtsvergleichung* gewonnenen allgemeinen Rechtsgrundsätze bzw. internationalen Standards offenbaren, dass der ersuchte Staat berechtigt ist, sich auf den Erledigungsvorbehalt des Art. 13 Abs. 1 HZÜ zu berufen, wenn durch die Zustellungserledigung justizielle Menschenrechte, wie sie auch in universellen/regionalen Menschenrechtspakte verbürgt sind, beeinträchtigt sind. Die allgemeinen Rechtsgrundsätze bzw. internationalen Standards haben eine Indizwirkung dahingehend, ob ein „wesentlicher" Grundsatz der inländischen Rechtsordnung betroffen ist.

ccc) Inhaltliche Bestimmung anhand der lex fori

Durch die vertragsautonome Auslegung wurde deutlich, dass es sich bei dem Erledigungsvorbehalt des Art. 13 Abs. 1 HZÜ um eine *ordre public*-Klausel handeln muss. Im Folgenden bleibt nun zu klären, wie dieser Vorbehalt aus deutscher Sicht inhaltlich ausgestaltet ist.

(1) Kein „innerstaatlicher ordre public"-Vorbehalt

Nach dem Willen der Vertragsväter sollte zumindest in Art. 13 Abs. 1 HZÜ kein *ordre public interne*, der lediglich das innerstaatlich zwingende Recht schützt, hineingelesen werden. Auch der Erste Senat des Bundesverfassungsgerichts scheint sich in dem Beschluss vom 07.12.1994 diesem Standpunkt angeschlossen zu haben[1201]. Denn nach seiner Ansicht sei Art. 13 Abs. 1 HZÜ nicht mit dem „innerstaatlichen ordre public" gleichzusetzen:

> „Würden die Grundsätze der innerstaatlichen Rechtsordnung bereits zum Maßstab für die Zustellung gemacht, so würde der internationale Rechtshilfeverkehr erheblich beeinträchtigt. Zum einen könnte die Prüfung der Klagen auf ihre Vereinbarkeit mit dem innerstaatlichen ordre public zu großen Verzögerungen bei der Zustellung führen. Zum anderen käme sie einer Erstreckung inländischer Rechtsvorstellung auf das Ausland gleich [...]."[1202]

Es stellt sich allerdings die Frage, ob der Erste Senat mit dieser Formulierung überhaupt den *ordre public interne* bezeichnen wollte. Dies ist deshalb zweifelhaft, da die deutsche Rechtsterminologie eine begriffliche Differenzie-

---

1201 BVerfGE 91, S. 335 = ZIP 1995, S. 70 = NJW 1995, S. 649 = EuZW 1995, S. 218 m. Anm. *Kronke*, ebd., S. 221 = JZ 1995, S. 716 m. Anm. *Stadler*, ebd., S. 718 = IPRax 1996, S. 112 m. Bespr. *Tomuschat*, ebd., S. 83 = RIW 1995, S. 320 m. Bespr. *Morisse*, ebd., S. 370 = EWiR 1995, S. 161 (Leitsatz) m. Anm. *Geimer*, ebd., S. 161 = JuS 1995, S. 454 (Leitsatz) m. Bespr. *Hohloch*, ebd., S. 454 = IPRspr 1994, Nr. 160, S. 363.

1202 *BVerfG*, Beschluss v. 07.12.1994, BVerfGE 91, S. 335 (340) = IPRax 1996, S. 112 (113) = IPRspr 1994, Nr. 160b, S. 363 (366); Beschluss v. 24.01.07, WM 2007, S. 375 f. = RIW 2007, S. 211 (212) m. zust. Bespr. *von Hein*, ebd., S. 249 (252); zust. *OLG Naumburg*, Beschluss v. 09.02.2006, OLG-Report Naumburg 2006, S. 403 (404) = WuW 2006, S. 932 (934 f.); *OLG Frankfurt a.M.*, Beschluss v. 15.03.2006; Aktz. 20 VA 7/05 -juris, Rn. 40.

rung im Sinne der romanischen Diktion nicht vornimmt. Zudem betrifft der *ordre public interne* nur Inlandssachverhalte[1203], so dass zu vermuten ist, mit dem innerstaatlichen *ordre public* ist der nationale *ordre public* i. S. des Art. 6 EGBGB gemeint. Dieser kennzeichnet diejenigen Rechtsgrundsätze, deren Durchsetzung auch in Fällen mit Auslandsberührung als unverzichtbar angesehen wird.

Dementsprechend könnte in Art. 13 Abs. 1 HZÜ ein völkerrechtlicher *ordre public*-Vorbehalt erblickt werden[1204]. Ihm kommt die Aufgabe zu, im Interesse der Staatengemeinschaft als solcher auf der zwischenstaatlichen Ebene die Einhaltung elementarer Rechtssätze, gegebenenfalls unter Durchbrechung reziproker Völkerrechtspflichten, zu sichern[1205]. Bestandteil dieses völkerrechtlichen *ordre public* bilden nur die zwingenden Normen des Völkerrechts (ius cogens), da diese der individuellen Disposition der einzelnen Staaten entzogen sind und die Anwendung des dem ius cogens widersprechenden Rechtssatzes untersagen[1206]. Die Erledigung eines ausländischen Zustellungsersuchens müsste demnach abgelehnt werden, wenn es der Durchsetzung eines Anspruchs dient, der völkerrechtliches ius cogens verletzten würde[1207]. Berücksichtigt man ferner, dass zu den zwingenden Normen des Völkerrechts beispielsweise das Recht auf Leben, das Verbot des Völkermords, der Sklaverei und des Menschenhandels, das Verbot des Rassismus und der Folter zählen[1208], dürfte es nur in äußerst seltenen Ausnahmefällen zur Anwendung des Erledigungsvorbehalts kommen[1209]. Dadurch befände man sich mit Sicherheit in den Grenzen des Haager Zustellungsübereinkommens, innerhalb deren sich die Vertragsstaaten auf Art. 13 Abs. 1 HZÜ berufen dürfen.

1203 Siehe statt vieler *Staudinger(-Blumenwitz)*, EGBGB/IPR[14] Artt. 3- 6 EGBGB (2003), Art. 6 EGBGB, Rn. 62; Münchener Kommentar zum BGB(*-Sonnenberger)*, X: Art. 1- 46 EGBGB/IPR[4] (2006), Art. 6 EGBGB, Rn. 19.

1204 So *von Hein*, in: *Hopt/Kulms/von Hein* (Hrsg.), Rechtshilfe und Rechtsstaat (2006), S. 149 f.; ähnlich *Hau*, IPRax 1997, S. 245 (246).

1205 *Staudinger(-Blumenwitz)*, EGBGB/IPR[14] Artt. 3- 6 EGBGB (2003), Art. 6 EGBGB, Rn. 64; Münchener Kommentar zum BGB(*-Sonnenberger)*, X: Art. 1- 46 EGBGB/IPR[4] (2006), Art. 6 EGBGB, Rn. 19; zur Herleitung des völkerrechtlichen *ordre public Kokott*, BerDtGesVR 38 (1998), S. 71 (77- 85).

1206 *Staudinger(-Blumenwitz)*, EGBGB/IPR[14] Artt. 3- 6 EGBGB (2003), Art. 6 EGBGB, Rn. 64 f.; Münchener Kommentar zum BGB(*-Sonnenberger)*, X: Art. 1- 46 EGBGB/IPR[4] (2006), Art. 6 EGBGB, Rn. 19; vgl. ferner *Kokott*, BerDtGesVR 38 (1998), S. 71 (85- 89).

1207 *von Hein*, in: *Hopt/Kulms/von Hein* (Hrsg.), Rechtshilfe und Rechtsstaat (2006), S. 152 f.

1208 Vgl. *Staudinger(-Blumenwitz)*, EGBGB/IPR[14] Artt. 3- 6 EGBGB (2003), Art. 6 EGBGB, Rn. 65.

1209 Siehe *von Hein*, in: *Hopt/Kulms/von Hein* (Hrsg.), Rechtshilfe und Rechtsstaat (2006), S. 152 m. entspr. Nachw.: „Es darf nicht vergessen werden, dass das HZÜ auch im Verhältnis zu Staaten gilt, deren Verständnis von Rechtsstaatlichkeit von den in den USA und Europa geltenden Maßstäben zum Teil erheblich abweicht (z.B. Weißrussland, Pakistan, VR China)."

Allerdings bestehen gegenüber der Annahme eines ausschließlich völkerrechtlich aufgeladenen Erledigungsvorbehalts erhebliche Bedenken. Wie die vertragsautonome Auslegung des Haager Zustellungsübereinkommens bereits zum Vorschein gebracht hat, gingen die Vertragsväter wohl eher davon aus, dass in Art. 13 Abs. 1 HZÜ ein *ordre public international* i. S. des romanischen Rechtskreises zu erblicken ist. Dieser umfasst zwar auch das Staatsangehörigkeits- und Fremdenrecht, bezieht sich aber genauso auf das Kollisionsrecht im engeren Sinne[1210]. Zudem hält das Bundesverfassungsgericht die Zustellung einer ausländischen Klage nach Art. 13 Abs. 1 HZÜ nicht mehr für geboten, „wenn das mit der Klage angestrebte Ziel offensichtlich gegen unverzichtbare Grundsätze eines freiheitlichen Rechtsstaates verstieße"[1211]. Die vom Gericht gewählte Formulierung erinnert an den Wortlaut des Art. 6 S. 1 EGBGB und des § 328 Abs. 1 Nr. 4 ZPO, die beide auf die „wesentlichen Grundsätze des deutschen Rechts" abstellen. Dies deutet darauf hin, dass der Erste Senat auf die deutschen *ordre public*-Klauseln Bezug nehmen wollte. Klarer wird die Bezugnahme zur deutschen Rechtsordnung in dem Beschluss des Zweiten Senats des Bundesverfassungsgerichts vom 25.07.2003[1212]. Als allgemeinen Rechtsgedanken zieht er dort Art. 40 Abs. 3 Nr. 2 EGBGB hinzu, um die vorläufige Ablehnung der Zustellungserledigung zu begründen[1213]. Die spezielle Vorbehaltsklausel soll die Anwendung ausländischer Haftungsregeln verhindern, die von den grundlegenden Wertungen des deutschen Deliktsrechts zum Nachteil des Schä-

---

1210 Statt vieler *Schack*, Internationales Zivilverfahrensrecht[4] (2006), Rn. 26; *von Hoffmann/Thorn*, Internationales Privatrecht[9] (2007), § 1, Rn. 36.

1211 *BVerfG*, Beschluss v. 07.12.1994, BVerfGE 91, S. 335 (343) = IPRax 1996, S. 112 (114) = IPRspr 1994, Nr. 160b, S. 365 (368); einstweilige Anordnung v. 25.07.2003, BVerfGE 108, S. 238 (247) = IPRspr 2003, Nr. 176b, S. 580 (581); einstweilige Anordnung v. 11.06.2004, NJW 2004, S. 3552 (3553) = IPRspr 2004, Nr. 154b, S. 339 (340); Beschluss v. 24.01.2007, WM 2007, S. 375 (376) = RIW 2007, S. 211 (212) m. zust. Bespr. *von Hein*, ebd., S. 249 (252) = JZ 2007, S. 1046 m. zust. Anm. *Stadler*, ebd., S. 1047 (1048); Beschluss v. 14.06.2007, WM 2007, S. 1392 (1393).

1212 BVerfGE 108, 238 = NJW 2003, S. 2598, m. Bespr. *Zekoll*, ebd., S. 2885 = ZIP 2003, S. 1625, m. Bespr. *Braun*, ebd., S. 2225 = JZ 2003, S. 956 m. Bespr. *Hess*, ebd., S. 923 = RIW 2003, S. 874 m. Anm. *Rothe*, ebd., S. 859 = PHi 2003, S. 222 m. Anm. *Bellinghausen*, ebd., S. 224; IPRax 2004, S. 61 m. Bespr. *Oberhammer*, ebd., S. 40; hierzu u. a. *Friedrich*, 4 German L.J. 1233 (2003); *Lejeune*, CR 2003, S. 764; *von Danwitz*, DÖV 2004, S. 501; *Huber*, FS Erik Jayme (2004), S. 361; *Prütting*, FS Erik Jayme (2004), S. 709; *Schütze*, FS Mark M. Boguslavskij (2004), S. 325; *Rasmussen- Bonne*, Liber Amicorum Peter Hay (2005), S. 323; *Bachmann*, FS Peter F. Schlosser (2005), S. 1; *Zeidler*, IDR 2005, S. 40 f.; *Stürner*, JZ 2006, S. 60; *Schack*, AG 2006, S. 823.

1213 *BVerfG*, einstweilige Anordnung v. 25.07.2003, BVerfGE 108, S. 238 (248) = NJW 2003, S. 2598 (2599) = IPRspr 2003, Nr. 176b, S. 580 (581); abl. *Rasmussen-Bonne*, Liber Amicorum Peter Hay (2005), S. 323 (338 f.); abl. *Schack*, AG 2006, S. 823 (830); abl. *von Hein*, in: *Hopt/Kulms/von Hein* (Hrsg.), Rechtshilfe und Rechtsstaat (2006), S. 130; *ders.*, RIW 2007, S. 249 (253); zust. *Rohe*, FG Max Vollkommer (2006), S. 291 (308).

digers erheblich abweichen[1214]. Würde man aber in Art. 13 Abs. 1 HZÜ einen *ordre public*-Vorbehalt im völkerrechtlichen Sinne sehen, wäre der irreführende Verweis auf die wesentlichen Grundvorstellungen des deutschen Rechts sinnlos. Wahrscheinlicher erscheint daher die Anlehnung des Verfassungsgerichts an die vom Bundesgerichtshof verwendete Terminologie. Dieser verwendet den Begriff des *ordre public international* als Umschreibung für den großzügigeren anerkennungsrechtlichen *ordre public* im Sinne des § 328 Abs. 1 Nr. 4 ZPO, um ihn vom engeren kollisionsrechtlichen *ordre public* im Sinne des Art. 6 EGBGB abzugrenzen[1215]. Mit dem innerstaatlichen *ordre public* bezeichnet das Verfassungsgericht also den nationalen *ordre public* i. S. des Art. 6 EGBGB. Der Erledigungsvorbehalt in Art. 13 Abs. 1 HZÜ darf demnach mit diesem nicht gleichgesetzt werden[1216].

(2) Prüfungsintensität des *ordre public international*

Nach der Auffassung des Bundesverfassungsgerichts ist also die Zustellung einer ausländischen Klageschrift nach Art. 13 Abs. 1 HZÜ nicht mehr geboten, wenn das mit der Klage angestrebte Ziel offensichtlich gegen unverzichtbare Grundsätze eines freiheitlichen Rechtsstaates verstößt. Unverzichtbare Rechtsgrundsätze können sowohl im Verfahrensrecht als auch im materiellen Recht betroffen sein.

(a) Verfahrensrechtlicher *ordre public*

Schon im Anerkennungsrecht sind Verstöße gegen den verfahrensrechtlichen *ordre public* äußerst selten. Verfahrensunterschiede sind dort grundsätzlich hinzunehmen[1217]. Im Bereich der internationalen Zustellung ist diese Maxime in Art. 13 Abs. 2 HZÜ geregelt. Danach darf der ersuchte Staat die Zu-

---

1214 *Palandt(-Thorn)*, BGB[68] (2009), Art. 40 EGBGB, Rn. 14 f.

1215 St. Rspr., vgl. *BGH*, Urteil v. 21.04.1998, BGHZ 138, S. 331 (334); Urteil v. 04.06.1992, BGHZ 118, S. 312 (329 f.) = NJW 1992, S. 3096 (3101); hierzu *Staudinger(-Blumenwitz)*, EGBGB/IPR[14] Artt. 3- 6 EGBGB (2003), Art. 6 EGBGB, Rn. 101.

1216 So auch *Koch/Diedrich*, ZIP 1994, S. 1830 (1831); *Baumbach/Henkel*, RIW 1997, S. 727 (731); *G. Geimer*, Die Neuordnung des Internationalen Zustellungsrechts (1999), S. 68; *Zekoll*, NJW 2003, S. 2885 (2886 f.); *Huber*, FS Erik Jayme (2004), S. 361 (366); *Oberhammer*, IPRax 2004, S. 40 (41); *Bachmann*, FS Peter F. Schlosser (2005), S. 1 (9); *Schack*, AG 2006, S. 823 (829); *von Hein*, in: *Hopt/Kulms/von Hein* (Hrsg.), Rechtshilfe und Rechtsstaat (2006), S. 125 ff., 130 ff.

1217 Statt vieler *Staudinger(-Blumenwitz)*, EGBGB/IPR[14] Artt. 3- 6 EGBGB (2003), Art. 6 EGBGB, Rn. 95; *Schack*, Internationales Zivilverfahrensrecht[4] (2006), Rn. 864; *Zöller(-Geimer)*, Zivilprozessordnung[27] (2009), § 328 ZPO, Rn. 216.

stellungserledigung nicht allein aus dem Grund ablehnen, weil er ein dem ausländischen Verfahren entsprechendes Verfahren nicht kennt. Erst wenn das ausländische Verfahren von den Grundprinzipien des deutschen Rechts so stark abweicht, dass es nicht mehr rechtsstaatlichen Anforderungen, wie sie unter anderem in Art. 6 EMRK und Art. 14 Abs. 1 IPbpR verankert sind, entspricht, kann der *ordre public* eingreifen[1218]. In diesen Fällen liegt ein klarer Verstoß gegen unverzichtbare (Verfahrens-) Grundsätze eines freiheitlichen Rechtsstaates vor.

(b) Materiell-rechtlicher *ordre public*

Der Schwerpunkt der Prüfung wird jedoch regelmäßig im materiell-rechtlichen *ordre public* liegen. Die vertragsautonome Auslegung verdeutlichte bereits, dass eine *révision au fond* unzulässig ist. Die ausländische Klageschrift darf damit nicht in tatsächlicher und rechtlicher Hinsicht auf ihre Schlüssigkeit oder gar Begründetheit nachgeprüft werden. Fraglich ist indes, ob die materielle *ordre public*-Kontrolle denselben Maßstäben unterliegt, wie sie für den besonderen kollisionsrechtlichen *ordre public*-Vorbehalt in Art. 40 Abs. 3 EGBGB oder für die anerkennungsrechtliche *ordre public*-Klausel in § 328 Abs. 1 Nr. 4 ZPO gelten, oder etwa noch strengeren Anforderungen unterworfen ist.

(aa) Man könnte zunächst eine *Gleichsetzung des Art. 13 Abs. 1 HZÜ mit Art. 40 Abs. 3 EGBGB und § 328 Abs. 1 Nr. 4 ZPO* erwägen[1219]. Danach wäre der Erledigungsvorbehalt den gleichen Anforderungen unterstellt wie der Anwendungs- bzw. Anerkennungsvorbehalt. Allerdings stellt sich dann das Problem, wie die Gleichsetzung mit dem Willen der Vertragsväter, die Zustellungserledigung präjudiziere nicht die Anerkennung des späteren Urteils, zu vereinbaren ist. Denn nach dieser Auslegung dürfte die Zustellung einer Klage allein deshalb verweigert werden, weil ein späteres Urteil im ersuchten Staat nicht anerkennungsfähig wäre.

Die Bedenken können aber dahinstehen, wenn aus nationaler Sicht eine Gleichsetzung der Vorbehaltsklauseln abzulehnen ist. Hierfür sprechen zunächst die *unterschiedlichen Interessen*, die mit der Anwendung fremden Rechts, der Anerkennung ausländischer Urteile und der Zustellung ausländischer Schriftstücke verfolgt werden: Das internationale Privatrecht will vorrangig einen Beitrag zur Verwirklichung der Gerechtigkeit leisten, indem es auf Fälle mit überwie-

1218 St. Rspr., vgl. *BGH*, Urteil v. 18.10.1967, BGHZ 48, S. 327 (333); Urteil v. 19.09.1977, NJW 1978, S. 1114 (1115); Beschluss v. 21.03.1990, IPRax 1992, S. 33 (35); Urteil v. 22.01.1997, NJW 1997, S. 2051.

1219 Vgl. Nachw. zu den Vertretern B. III. 2. a) aa) aaa).

gender Auslandsbeziehung ausländisches Recht anwendet[1220]. Hinter der Vollstreckung ausländischer Urteile stecken dagegen vorwiegend (prozess-) ökonomische und Ordnungsinteressen, indem verhindert werden soll, dass bereits entschiedene Rechtsstreitigkeiten in tatsächlicher und rechtlicher Hinsicht neu aufgerollt werden müssen[1221]. Die internationale Zustellung erfolgt hingegen aus Gründen, die eine internationale Rechtshilfe notwendig machen: Kooperationsgebot aufgrund der territorial begrenzten Hoheitsgewalt. So wird der ersuchte Staat auch außerhalb geltender multi- oder bilateraler Staatsverträge auf ein Rechtshilfeersuchen in der Erwartung Hilfe leisten, dass der ersuchende Staat umgekehrt gleiches tun wird[1222].

Einer Gleichsetzung der Ausnahmeregelungen steht ferner ihre *unterschiedliche Struktur* entgegen, die am deutlichsten durch die ungleichen Prüfungsgegenstände zum Vorschein kommt. So untersagt Art. 40 Abs. 3 EGBGB die Anwendung ausländischen Haftungsrechts, wenn sie zu einem Ergebnis führt, das von den grundlegenden Wertungen des deutschen Deliktsrechts zum Nachteil des Schädigers erheblich abweicht[1223]. Prüfungsgegenstand der kollisionsrechtlichen Vorbehaltsklausel ist demzufolge das konkrete Anwendungsergebnis der fremden Rechtsnorm im jeweiligen Einzelfall[1224]. Die anerkennungsrechtliche Vorbehaltsklausel schließt dagegen die Anerkennung eines ausländischen Urteils aus, wenn sie zu einem Ergebnis führt, das mit wesentlichen Grundsätzen des deutschen Rechts offensichtlich unvereinbar ist. § 328 Abs. 1 Nr. 4 ZPO richtet sich damit sowohl gegen das Anwendungsergebnis fremden Rechts durch den ausländischen Richter als auch gegen die Art und Weise, wie dieses Ergebnis im Ausland zustande gekommen ist. Der *ordre public*-Vorbehalt in Art. 13 Abs. 1 HZÜ kommt hingegen zur Anwendung, wenn die Erledigung (also sozusagen das Ergebnis der Klagezustellung)[1225] eines Zustellungsantrages die Hoheitsrechte oder Sicherheit des ersuchten Staates gefährdet. Seiner Kontrolle unterliegt die Einbeziehung des Zustellungsadressaten in das ausländische Verfahren[1226].

Des Weiteren greifen die ungleichen Prüfungsgegenstände *unterschiedlich intensiv* in die inländische Rechtsordnung ein, so dass auch hiernach eine inhaltliche Gleichsetzung der Vorbehaltsklauseln nicht sachgerecht erscheint. Steht

---

1220 *Kropholler*, Internationales Privatrecht[6] (2006), § 4 I, S. 24.

1221 *Schack*, Internationales Zivilverfahrensrecht[4] (2006), Rn. 787- 790.

1222 *Schack*, Internationales Zivilverfahrensrecht[4] (2006), Rn. 170.

1223 *Palandt(-Thorn)*, BGB[68] (2009), Art. 40 EGBGB, Rn. 14 f.

1224 Statt vieler *Bamberger/Roth(-S. Lorenz)*, BGB III, §§ 1297- 2385, EGBGB, CISG (2003), Art. 6 EGBGB, Rn. 9; *Kegel/Schurig*, Internationales Privatrecht[9] (2004), § 16 III 2 b), S. 526; *Kropholler*, Internationales Privatrecht[6] (2006), § 36 II 1, S. 245; zum insoweit unklareren Art. 38 EGBGB a. F. *Völker*, Zur Dogmatik des ordre public (1998), S. 68 (Fn. 236) m. weit. Nachw.

1225 *Rasmussen-Bonne*, Liber Amicorum Peter Hay (2005), S. 323 (341).

1226 Siehe B. II. 1.

nach dem deutschen Kollisionsrecht fest, welches Recht zur Anwendung berufen ist, hat der deutsche Richter auf Grundlage eben dieser fremden Rechtsordnung ein inländisches Urteil zu erlassen. Bereits im Erkenntnisverfahren kommt es zur (direkten) Anwendung ausländischen Rechts. Der fremden Rechtsordnung wird damit unmittelbar Einlass in die inländische gewährt. Ähnlich stellt sich die Situation bei der Anerkennung und Vollstreckung eines ausländischen Urteils dar. Liegen die Anerkennungsvoraussetzungen vor, wird dem fremden Staat unmittelbar der Zugang auf das deutsche Rechtswesen eröffnet, indem die Wirkung seiner konkreten rechtlichen Beurteilung eines bestimmten Sachverhalts auf das eigene Territorium erstreckt und damit der Zugriff auf die eigenen Staatsbürger im eigenen Land eröffnet wird[1227]. Dies führt ebenfalls zu einer (indirekten) Anwendung ausländischen Rechts im Inland. Die Erledigung der Zustellung bewirkt dagegen lediglich, dass der Fortgang des ausländischen Verfahrens ermöglicht und der inländische Beklagte in dieses Verfahren einbezogen wird. Dem Zustellungsempfänger wird dabei weder ein bestimmtes Handeln abverlangt noch ein bestimmtes Verhalten verboten[1228]. Er wird einzig durch die aktive Beteiligung am Verfahren dem Risiko einer Verurteilung ausgesetzt, die zu einer Vollstreckung in sein im Ausland belegenes Vermögen führen kann[1229]. Unmittelbare, im Inland auswirkende Rechtsfolgen hat die Zustellungserledigung einer ausländischen Klageschrift aber nicht[1230]. Zu einer direkten Anwendung ausländischen Rechts wie im Erkenntnisverfahren führt sie also nicht. Da zudem im Zeitpunkt der Zustellung der Ausgang des Verfahrens noch völlig of-

1227 Sog. „Theorie der Wirkungserstreckung“; hierzu *Stürner/Stadler*, IPRax 1990, S. 157 (159); *Stadler*, JZ 1995, S. 718 (721); *Schack*, Internationales Zivilverfahrensrecht[4] (2006), Rn. 791 ff.; *von Hoffmann/Thorn*, Internationales Privatrecht[9] (2007), § 3, Rn. 154 ff.; vgl. etwa Art. 1 Abs. 1 S. 3 des deutsch-belgischen Abkommens v. 30.06.1958, BGBl. 1959 II, S. 766: „Die Anerkennung hat zur Folge, dass den Entscheidungen die Wirkung beigelegt wird, die ihnen in dem Staat, in dessen Hoheitsgebiet sie ergangen sind, zukommt.“

1228 *BVerfG* v. 07.12.1994, BVerfGE 91, S. 335 (339) = IPRax 1996, S. 112 (113) = IPRspr 1994, Nr. 160b, S. 365 (366).

1229 *BVerfG* v. 07.12.1994, BVerfGE 91, S. 335 (339) = IPRax 1996, S. 112 (113) = IPRspr 1994, Nr. 160b, S. 365 (366). Diese Gefahr ist jedoch hinzunehmen; vgl. *Stürner/Stadler*, IPRax 1990, S. 157 (160): „Wer im internationalen Geschäftsverkehr tätig wird, muss das Risiko, dass eine fremde Rechtsordnung auf in ihrem Hoheitsgebiet belegenes Vermögen zugreift, in Kauf nehmen.“

1230 So auch *OLG München*, Beschluss v. 15.07.1992, NJW 1992, S. 3113; *Pfeil-Kammerer*, Deutsch-amerikanischer Rechtshilfeverkehr in Zivilsachen (1987), S. 64. Anders *Malzahn*, GATT-widrige *Treble Damages*-Klagen auf der Grundlage des US Antidumping Act 1916 (2003), S. 349 f., der die Ansicht vertritt, dass mit der Klagezustellung „vollendete Tatsachen“ geschaffen werden. Das von ihm als berücksichtigungswürdig anzusehende „Gefährdungspotential“ der Einbeziehung in das US-amerikanische Verfahren stellt aber nur eine mittelbare Folge dar, die zudem in ihrer Bestimmtheit derart undeutlich ist, dass sie in den Bereich der rechtlich nicht zu beachtenden Spekulation fällt; vgl. *Stürner/Stadler*, IPRax 1990, S. 157 (159); *Stadler*, JZ 1995, S. 718 (720).

fen ist[1231], ist auch eine indirekte ausländische Rechtsanwendung entsprechend dem Anerkenntnisverfahren nicht ersichtlich. Die Zustellung einer ausländischen Klageschrift hat damit eine wesentlich geringere Eingriffsintensität als die unmittelbar im Inland wirkende Anwendung und Anerkennung fremden Rechts[1232].

Ein nicht unerhebliches Indiz für das Zutreffen dieser Ansicht liefert schließlich die *unterschiedliche rechtliche Einordnung* der Zustellung in den Vertragsstaaten des HZÜ. In den kontinentaleuropäischen Rechtsordnungen ist die traditionelle Auffassung von der Zustellung als Hoheitsakt herrschend[1233]. Danach können allenfalls Private als Beliehene die Zustellung vornehmen[1234]. Das angloamerikanische Recht hingegen tut sich demgegenüber viel leichter und lässt die Aufgabe der Zustellung auch durch Privatpersonen erfüllen. So sieht Rule 4 (c) (1) FRCivP vor, dass jede Privatperson, die über 18 Jahre alt und nicht Partei ist, die Ladung und die Klageschrift an den Beklagten zustellen darf[1235]. Die Zustellung muss damit nicht zwingend ein Hoheitsakt darstellen[1236]. Wird aber somit der zwingende Charakter der Zustellung als Staatshoheitsakt negiert, dann lässt dies die Annahme zu, dass die Zustellungserledigung als solche nur in einem geringen, sogar vernachlässigungswürdigen Umfang die elementaren Interessen eines Staates berührt. Bestärkt wird diese Annahme überdies durch die Ausgestaltung der „Verordnung über die Zustellung gerichtlicher und außergerichtlicher Zivil- oder Handelssachen in den Mitgliedstaaten“[1237] (EuZVO) vom 29.05.2000. Die EuZVO enthält für die Zustellung keinerlei Vorbehaltsklausel mehr. Bedenkt man, dass die „Verordnung über die gerichtliche Zuständigkeit und die Anerkennung und Vollstreckung von Entscheidungen in Zivil- und Handelssachen“[1238] (EuGVVO) vom 22.12.2000 mit ihrem Art. 34

1231 So *BVerfG* v. 07.12.1994, BVerfGE 91, S. 335 (340) = IPRax 1996, S. 112 (113) = IPRspr 1994, Nr. 160b, S. 365 (366); JZ 1995, S. 716 (718) m. zust. Anm. *Stadler*, ebd., S. 718 (720).

1232 Siehe ferner *Pfeil-Kammerer*, Deutsch-amerikanischer Rechtshilfeverkehr in Zivilsachen (1987), S. 63 f.; *Merkt*, Abwehr der Zustellung von „punitive-damages“-Klagen (1995), S. 141; *Morisse*, RIW 1995, S. 370 (372).

1233 *BVerfG*, Beschluss v. 07.12.1994, BVerfGE 91, S. 335 (339) = IPRax 1996, S. 112 (113) = IPRspr 1994, Nr. 160b, S. 365 (366); einstweilige Anordnung v. 25.07.2003, BVerfGE 108, S. 238 (249) = NJW 2003, S. 2598 (2599) = IPRspr 2003, Nr. 176b, S. 580 (582); *BGH*, Urteil v. 24.02.1971, BGHZ 58, S. 177 (179 f.); ebenso *Greger*, Erlanger FS Karl H. Schwab (1990), S. 331 (334); *von Danwitz*, DÖV 2004, S. 501; *Linke*, Internationales Zivilprozessrecht[4] (2006), § 5, Rn. 218 f.; *Stürner*, JZ 2006, S. 60 (65).

1234 *Schack*, Internationales Zivilverfahrensrecht[4] (2006), Rn. 589.

1235 Siehe 4.Teil D. I. 1.

1236 So *Schack*, AG 2006, S. 823 (825 f.).

1237 ABl.EG 2000, Nr. L 160, S. 37.

1238 ABl.EG 2001, Nr. L 12, S. 1.

Nr. 1 hingegen weiterhin einen anerkennungsrechtlichen *ordre public*-Vorbehalt hat, wird dadurch die unterschiedliche Eingriffsintensität noch deutlicher.

Zusammenfassend ist damit festzustellen, dass die Ausnahmetatbestände grundlegend unterschiedlich sind. Art. 13 Abs. 1 HZÜ, Art. 40 Abs. 3 EGBGB[1239] und § 328 Abs. 1 Nr. 4 ZPO unterliegen nicht denselben Anforderungen. Damit verbietet sich auch aus deutscher Sicht eine Gleichsetzung der *ordre public*-Klauseln[1240].

(bb) Dagegen bleibt zu klären, wie *intensiv* die *ordre public*-Prüfung des Art. 13 Abs. 1 HZÜ vorzunehmen ist. Vergleicht man hierfür zunächst die sprachlich weitgehend übereinstimmenden kollisions- und anerkennungsrechtlichen Vorbehaltsklauseln miteinander, dann lassen sich bereits dort Unterschiede hinsichtlich des Prüfungsumfangs und der Prüfungsintensität feststellen. So haben die unterschiedlichen Verfahrenslagen zur Folge, dass die Vorbehaltsklauseln ungleiche Inhalte annehmen. Entsprechend erschöpft sich die *ordre public*-Kontrolle im Vollstreckungsverfahren nicht nur in der Überprüfung der ausländischen materiellen Wertungen, die sich in der anzuerkennenden Entscheidung niederschlagen, sondern auch in der Überprüfung des ausländischen Verfahrens, das zu dieser Entscheidung geführt hat[1241].

Darüber hinaus ist nach weit überwiegender Ansicht[1242] der materielle *ordre public* des Anerkennungsrechts zurückhaltender anzuwenden als die kollisionsrechtliche Vorbehaltsklausel (*effet atténué de l'ordre public de la recon-*

1239 Vgl. *von Hein*, in: *Hopt/Kulms/von Hein* (Hrsg.), Rechtshilfe und Rechtsstaat (2006), S. 130- 132: Sein Argument, dass Art. 40 Abs. 3 EGBGB schon nicht die Auslegung des § 328 Abs. 1 Nr. 4 betreffe und damit „erst recht“ nicht Art. 13 Abs. 1 HZÜ konkretisiere, erscheint hier aber nicht zwingend, da teilweise in der Literatur die Ansicht vertreten wird, dass Art. 40 Abs. 3 EGBGB als Konkretisierung des anerkennungsrechtlichen *ordre public* aufgefasst werden kann; siehe *Bamberger/Roth(-Spickhoff)*, BGB III, §§ 1297- 2385, EGBGB, CISG (2003), Art. 40 EGBGB, Rn. 55 a.E.; *Erman(-Hohloch)*, BGB[12] (2008), Art. 40 EGBGB, Rn. 77 a.E.; *Schack*, Internationales Zivilverfahrensrecht[4] (2006), Rn. 869.

1240 So auch *von Danwitz*, DÖV 2004, S. 501 (504 f.); *Oberhammer*, IPRax 2004, S. 40 (41); *Huber*, FS Erik Jayme (2004), S. 361 (366); *Bachmann*, FS Peter F. Schlosser (2005), S. 1 (9); *Rasmussen-Bonne*, Liber Amicorum Peter Hay (2005), S. 323 (339); *von Hein*, in: *Hopt/Kulms/von Hein* (Hrsg.), Rechtshilfe und Rechtsstaat (2006), S. 126- 132; ebenso krit. *Rothe*, RIW 2003, S. 859 (864).

1241 *Martiny*, Hdb. IZVR III/1 (1984), Rn. 1013; *Staudinger(-Blumenwitz)*, EGBGB/IPR[14] Artt. 3- 6 EGBGB (2003), Art. 6 EGBGB, Rn. 94 f.; *Basedow*, FS Hans J. Sonnenberger (2004), S. 291 (299); Münchener Kommentar zum BGB(*-Sonnenberger)*, X: Art. 1- 46 EGBGB/IPR[4] (2006), Art. 6 EGBGB, Rn. 21.

1242 Nicht nur in Deutschland, sondern auch in Frankreich (siehe *Batiffol/Lagarde*, Traité de droit international privé[8] (1993), I- Nr. 361 f.; *Audit*, Droit international privé[4] (2006), Rn. 316) und in der Schweiz (siehe *Völker*, Zur Dogmatik des order public (1998), S. 52 m. entspr. Nachw.) geht man von der abgeschwächten Wirkung des anerkennungsrechtlichen *ordre public* aus.

naissance)[1243]. Denn anders als im Erkenntnisverfahren habe das ausländische Recht, wenn es um die Anerkennung und Vollstreckung einer Entscheidung geht, bereits Rechtswirkung (im Ausland) entfaltet[1244]. Die Achtung vor der ausländischen res iudicata erfordere daher eine größere Duldsamkeit[1245].

Auch der Bundesgerichtshof legt inzwischen[1246] im Anerkennungs- und Vollstreckungsverfahren einen großzügigeren Maßstab der *ordre public*-Anwendung an, den er mit dem Attribut „ordre public international" verbindet[1247]. Danach sei im Rahmen der Anerkennung ausländischer Urteile „nicht auf den nationalen ordre public [scil. abzustellen], den die deutschen Gerichte bei eigener Anwendung ausländischen Rechts zu beachten haben, sondern auf den großzügigeren anerkennungsrechtlichen ordre public international [...]. Mit diesem ist ein ausländisches Urteil nicht schon dann unvereinbar, wenn der deutsche Richter – hätte er den Prozeß entschieden – aufgrund zwingenden deutschen Rechts zu einem anderen Ergebnis gekommen wäre. Maßgeblich ist vielmehr, ob das Ergebnis der Anwendung ausländischen Rechts im konkreten Fall zu den Grundgedanken der deutschen Regelungen und den in ihnen enthaltenen Gerechtigkeitsvorstellungen in so starkem Widerspruch steht, daß es nach deutscher Vorstellung untragbar erscheint."[1248]

1243 *Raape/Sturm*, Internationales Privatrecht[6] (1977), I- § 13, S. 204; *Martiny*, Hdb. IZVR III/1 (1984), Rn. 1014; *Burst*, Pönale Momente im ausländischen Privatrecht und deutscher ordre public (1994), S. 101 ff. (107); *G. Geimer*, Die Neuordnung des Internationalen Zustellungsrechts (1999), S. 71 f.; *Staudinger(-Blumenwitz)*, EGBGB/IPR[14] Artt. 3- 6 EGBGB (2003), Art. 6 EGBGB, Rn. 100; *Basedow*, FS Hans J. Sonnenberger (2004), S. 291 (299); *Bachmann*, FS Peter F. Schlosser (2005), S. 1 (10); *Geimer*, Internationales Zivilprozeßrecht[5] (2005), Rn. 27; *Kropholler*, Internationales Privatrecht[6] (2006), § 60 IV 2., S. 667; *Schack*, Internationales Zivilverfahrensrecht[4] (2006), Rn. 25; Münchener Kommentar zum BGB(*-Sonnenberger)*, X: Art. 1- 46 EGBGB/IPR[4] (2006), Art. 6 EGBGB, Rn. 22; a. A. *Schütze*, FS Heinrich Nagel (1987), S. 392 (400); *ders.*, RIW 1993, S. 139 (140); wohl auch *Merkt*, Abwehr der Zustellung von „punitive-damages"-Klagen (1995), S. 141; *Brockmeier*, Punitive damages, multiple damages und deutscher ordre public (1999), S. 91- 94; *Malzahn*, GATT-widrige *Treble Damages*-Klagen auf der Grundlage des US Antidumping Act 1916 (2003), S. 349 f.; *Looschelders*, Internationales Privatrecht (2004), Art. 6 EGBGB, Rn. 8; krit. auch *Völker*, Zur Dogmatik des order public (1998), S. 53 ff. (56).

1244 *Staudinger(-Blumenwitz)*, EGBGB/IPR[14] Artt. 3- 6 EGBGB (2003), Art. 6 EGBGB, Rn. 100.

1245 So *Raape/Sturm*, Internationales Privatrecht[6] (1977), I- § 13, S. 204; *Burst*, Pönale Momente im ausländischen Privatrecht und deutscher ordre public (1994), S. 107 f.; *Bruns*, JZ 1999, S. 278 (279).

1246 Siehe zur alten Rechtslage *Raape/Sturm*, Internationales Privatrecht[6] (1977), I- § 13, S. 204.

1247 St. Rspr., vgl. *BGH*, Urteil v. 21.04.1998, BGHZ 138, S. 331 (334) = IPRax 1999, S. 466; krit. zur Begriffsbildung *Kornblum*, NJW 1987, S. 1105 (1106); *Völker*, Zur Dogmatik des ordre public (1998), S. 256 f.; zust. *Staudinger(-Blumenwitz)*, EGBGB/IPR[14] Artt. 3- 6 EGBGB (2003), Art. 6 EGBGB, Rn. 101.

1248 *BGH*, Urteil v. 04.06.1992, BGHZ 118, S. 312 (330) = NJW 1992, S. 3096 (3101); Beschluss v. 16.09.1993, BGHZ 123, S. 268 (270); Urteil v. 21.04.1998, BGHZ 138, S. 331 (334 f.).

Dieser Ansicht ist zu folgen. Die direkte Anwendung ausländischen Rechts durch den inländischen Richter im Erkenntnisverfahren ist nicht mit der Situation vergleichbar, in der das ausländische Recht indirekt durch die Anerkennung des ausländischen Urteils zur Anwendung kommt. Im ersten Fall ist die inländische Rechtsordnung regelmäßig stärker betroffen. Zudem spielt das Respektierungsgebot gegenüber der fremden Rechtsordnung im Anerkennungsverfahren eine größere Rolle, da die Parteien durch die ausländische Entscheidung bereits eine Rechtsposition erworben haben. Überdies dient die Anerkennung fremder Urteile dem internationalen Entscheidungseinklang. Würde derselbe (identische) Sachverhalt in verschiedenen Ländern unterschiedlich beurteilt, leiden hierunter das Ansehen des Rechts und das Vertrauen auf seine internationale Unverbrüchlichkeit in besonderem Maße[1249]. Dies ist in der Regel der Fall, „wenn ... das eine Urteil gebietet, was das andere verbietet“[1250]. Daher ist der anerkennungsrechtliche *ordre public* in einer abgeschwächten Form anzuwenden.

Der Gedanke des gestuften Prüfungsmaßstabs ist im Rahmen der internationalen Rechtshilfe fortzuführen mit der Konsequenz, dass für den zustellungsrechtlichen Erledigungsvorbehalt ein noch milderer Maßstab zu gelten hat, als es schon bei der anerkennungsrechtlichen *ordre public*-Klausel der Fall ist. Dies wird bereits durch den bewusst eng gewählten Wortlaut des Art. 13 Abs. 1 HZÜ indiziert[1251]. Außerdem spricht hierfür, dass im Zeitpunkt der Klagezustellung der Ausgang des Verfahrens völlig offen ist. Allein durch die Zustellung der ausländischen Klageschrift werden noch keine vollendeten Tatsachen geschaffen, so dass es weder zu einer direkten noch indirekten Anwendung ausländischen Rechts kommt. Die inländische Rechtsordnung ist mithin in einem weitaus geringeren Umfang tangiert. Darüber hinaus haben für die Anwendung und Anerkennung fremden Rechts Gesichtspunkte wie insbesondere die Verfahrensbeschleunigung keine vorrangige Bedeutung[1252]. In diesen Verfahrensstadien soll vielmehr eine gründlichere Prüfung der Vereinbarkeit ausländischer Rechtsordnungen mit den tragenden deutschen Rechtsgrundsätzen stattfinden[1253]. Überdies wird die deutsche öffentliche Gewalt für die ersuchende ausländische Behörde tätig, um das in jener Rechtsordnung anhängige, innerstaatliche Verfahren über die Grenzen der nationalen Hoheitsgewalt hinaus zu fördern[1254]. Die

---

1249 So *Schack*, Internationales Zivilverfahrensrecht[4] (2006), Rn. 788.

1250 *Kropholler*, Internationales Privatrecht[6] (2006), § 6 I, S. 37.

1251 Siehe B. III. 2. a) bb) bbb) (3); anders *OLG Koblenz*, Beschluss v. 27.06.2005, IPRax 2006, S. 25 (35): „[D]ie Wortwahl [scil. des Art. 13 Abs. 1 HZÜ] unterscheidet sich [...] von anderen ordre public-Klauseln des deutschen Rechts [...]. Dies ist aber durch die Tatsache zu erklären, dass es sich um eine staatsvertragliche Regelung handelt, deren Fassung aus dem in den Vertragssprachen gehaltenen Text ins Deutsche übertragen wurde.“

1252 *Rothe*, RIW 2003, S. 859 (863); siehe zu den Zielen des HZÜ 4.Teil C. I.

1253 *Bachmann*, FS Peter F. Schlosser (2005), S. 1 (10).

1254 *BVerfG*, einstweilige Anordnung v. 25.07.2003, BVerfGE 108, S. 238 (248) = NJW 2003, S. 2598 (2599) = IPRspr 2003, Nr. 176b, S. 580 (582).

internationale Zustellung dient damit in erster Linie den ausländischen Staatsinteressen[1255]. Das Bundesverfassungsgericht spricht daher zu Recht auch im Zusammenhang mit der internationalen Rechtshilfe von der Respektierungspflicht ausländischer Rechtsordnungen[1256]. Nur muss dieser Achtungsanspruch im Bereich der Klagezustellung noch weiter gehen und in ein „wechselseitiges Vertrauen“ und in eine „gegenseitige Anerkennung“ münden[1257]. Denn bei der Zustellungserledigung gibt es weder einen ausländischen Rechtssatz noch eine im Ausland erworbene Rechtsposition, die einer Respektierung durch die inländische Rechtsordnung bedürften. Vielmehr kann und darf nur darauf vertraut werden, dass das anhängig werdende Verfahren im Ausland den gleichen bzw. ähnlichen rechtsstaatlichen Anforderungen unterliegt, wie es hierzulande üblich ist. Das wechselseitige Vertrauen ist nur dort zu begrenzen, wo das mit der ausländischen Klage angestrebte Ziel offensichtlich gegen unverzichtbare Grundsätze eines freiheitlichen Rechtsstaates verstößt[1258]. Daher ist Art. 13 Abs. 1 HZÜ im Vergleich zu Art. 6 EGBGB oder § 328 Abs. 1 Nr. 4 ZPO in einer abgeschwächten Form anzuwenden[1259].

1255 Siehe *Tomuschat*, IPRax 1996, S. 83 (84): „Wenn der freiheitliche Staat moderner Prägung seinen Bürgern die wirtschaftliche Betätigung jenseits der eigenen Grenzen fast ohne Einschränkung gestattet, so muß er auf der Gegenseite auch für einen angemessenen Ordnungsrahmen für diese transnationalen Beziehungen sorgen.“ Vgl. ferner *BVerfG*, Beschluss v. 24.01.07, WM 2007, S. 375 = RIW 2007, S. 211 (212): „Der deutsche Staat schützt den Bürger, der sich im internationalen Rechtsverkehr bewegt, nicht vor der Verantwortlichkeit in einer fremden Rechtsordnung. Vielmehr unterstützt der Staat die Durchsetzung des ausländischen Regelungsanspruches auch gegen eigene Staatsbürger [...].“

1256 *BVerfG*, einstweilige Anordnung v. 25.07.2003, BVerfGE 108, S. 238 (248) = NJW 2003, S. 2598 (2599) = IPRspr 2003, Nr. 176b, S. 580 (582); Beschluss v. 14.06.2007, WM 2007, S. 1392 (1393); einschränkend *OLG Koblenz*, Beschluss v. 27.06.2005, IPRax 2006, S. 25 (35): „[E]inerseits [scil. ist] grundsätzlich aus Respekt vor dem ersuchenden Staat dessen Zustellungsersuchen rasch und ohne vermeidbare Erschwerungen des Verfahrens auszuführen; andererseits kann der ersuchte Staat ausnahmsweise aufgrund der Vorbehaltsklausel die Respektierung seiner eigenen Interessen einfordern“, wie beispielsweise in Fällen offensichtlichen Rechtsmissbrauchs des Klagerechts durch die Parteien.

1257 So schon im Bereich des EU-Rechts; siehe *Hess*, JZ 2003, S. 923 (926).

1258 *BVerfG*, Beschluss v. 07.12.1994, BVerfGE 91, S. 335 (343) = IPRax 1996, S. 112 (114) = IPRspr 1994, Nr. 160b, S. 365 (368); einstweilige Anordnung v. 25.07.2003, BVerfGE 108, S. 238 (247) = IPRspr 2003, Nr. 176b, S. 580 (581 f.); einstweilige Anordnung v. 11.06.2004, NJW 2004, S. 3552 (3553) = IPRspr 2004, Nr. 154b, S. 339 (340); Beschluss v. 14.06.2007, WM 2007, S. 1392 (1393); explizit zust. *OLG Düsseldorf*, Beschluss v. 21.04.2006, RIW 2006, S. 629 (632); *OLG Celle*, Beschluss v. 20.07.2006, OLG-Report Celle 2006, S. 686 (687).

1259 Ebenso *Pfennig*, Die internationale Zustellung in Zivil- und Handelssachen (1988), S. 99; *Stürner/Stadler*, IPRax 1990, S. 157 (159); *Koch/Diedrich*, ZIP 1994, S. 1830 (1831); *Burst*, Pönale Momente im ausländischen Privatrecht und deutscher ordre public (1994), S. 113 ff.; *Morisse*, RIW 1995, S. 370 (372); *Volken*, Die internationale Rechtshilfe in Zivilsachen (1996), Kapitel 2, Rn. 108; *Hau*, IPRax 1997, S. 245 (246); *Knapp*, Die US-ame-

Auch die fachgerichtliche Rechtsprechung bringt die im Verhältnis zum Anerkennungsrecht eingeschränkte Anwendung des Art. 13 Abs. 1 HZÜ durch die folgende Formel zum Ausdruck: „Dem Zustellungsersuchen ist die Erledigung nur dann zu versagen, wenn es besonders schwere Beeinträchtigungen der Wertungsgrundlagen der Rechtsordnung des ersuchten Staates mit sich brächte"[1260]. Aus den Entscheidungsgründen der ersten veröffentlichten Entscheidung zu Art. 13 HZÜ kann bereits entnommen werden, dass diese Formel bewusst in Abgrenzung zu dem weiteren anerkennungsrechtlichen *ordre public*-Vorbehalt gewählt wurde, um den engeren Anwendungsbereich des Erledigungsvorbehalts besser deutlich zu machen; Art. 13 Abs. 1 HZÜ ist nur eingeschränkt auf besonders schwerwiegende Fälle anzuwenden[1261]. Damit steht die Formulierung aus der fachgerichtlichen Rechtsprechung im Einklang mit dem Beschluss des Bundesverfassungsgerichts vom 07.12.1994. Sie ist damit keineswegs als überholt anzusehen[1262].

(3) Zwischenergebnis

Als Zwischenergebnis kann damit festgehalten werden, dass der *ordre public*-Vorbehalt in Art. 13 Abs. 1 HZÜ nicht mit dem „innerstaatlichen ordre public" im Sinne des Art. 6 EGBGB gleichgesetzt werden darf. In dem Erledigungsvorbehalt ist vielmehr ein internationaler *ordre public* zu sehen, der nicht als *ordre public* im völkerrechtlichen Sinne verstanden werden soll. Ein Verstoß gegen Art. 13 Abs. 1 HZÜ ist dagegen anzunehmen, wenn durch die Zustel-

---

rikanische Produkthaftung in der Praxis der deutschen Automobilindustrie (1997), S. 142; *Witte*, Der US-amerikanische RICO- Act und deutsche Unternehmen (1998), S. 175; *Huber*, FS Erik Jayme (2004), S. 361 (366); *Bachmann*, FS Peter F. Schlosser (2005), S. 1 (10); *von Hein*, in: *Hopt/Kulms/von Hein* (Hrsg.), Rechtshilfe und Rechtsstaat (2006), S. 126- 132; *Schack*, AG 2006, S. 823 (829).

1260 *OLG München*, Beschluss v. 09.05.1989, NJW 1989, S. 3102 (3103); *OLG Düsseldorf*, Beschluss v. 19.02.1992, NJW 1992, S. 3110; *dass.*, Beschluss v. 11.07.2003, WM 2003, S. 1587 (1588); KG Berlin, Beschluss v. 05.07.1994, IPRspr 1994, Nr. 159, S. 360 (362); *OLG Frankfurt a.M.*, Beschluss v. 13.02.2001, NJW-RR 2002, S. 357 = IPRspr 2001, Nr. 174, S. 358; *dass.*, Beschluss v. 01.06.2004, JMBl. Hessen 2004, S. 423 ff.; a. A. allein *OLG Koblenz*, Beschluss v. 27.06.2005, IPRax 2006, S. 25 (35).

1261 *OLG München*, Beschluss v. 09.05.1989, NJW 1989, S. 3102 f.; *dass.*, Beschluss v. 07.06.2006, OLG-Report München 2006, S. 801 (802); *OLG Celle*, Beschluss v. 20.07.2006, OLG-Report Celle 2006, S. 686 (687).

1262 So aber *von Hein*, in: *Hopt/Kulms/von Hein* (Hrsg.), Rechtshilfe und Rechtsstaat (2006), S. 148. Dieser Ansicht steht ferner auch die fachgerichtliche Rechtsprechung nach dem Beschluss des *BVerfG* entgegen, die weiterhin unter Bezugnahme der Entscheidung des Verfassungsgerichts auf diese alte Formel zurückgreift, vgl. *OLG Naumburg*, Beschluss v. 09.02.2006, OLG-Report 2006, S. 403 (404) = WuW 2006, S. 932 (935); *OLG Frankfurt a.M.*, Beschluss v. 06.03.2006, Aktz. 20 VA 2/05 -juris, Rn. 37; *dass.*, Beschluss v. 15.03.2006, Aktz. 20 VA 7/05 -juris, Rn. 41; *OLG Düsseldorf*, Beschluss v. 21.04.2006, RIW 2006, S. 629 (632); *OLG Celle*, Beschluss v. 20.07.2006, OLG-Report Celle 2006, S. 686 (687).

lungserledigung offensichtlich unverzichtbare Grundsätze eines freiheitlichen Rechtsstaates verletzt werden, wie sie auch in internationalen Menschenrechtsabkommen verankert sind. Der zustellungsrechtlichen *ordre public*-Kontrolle ist dabei ein im Verhältnis zu § 328 Abs. 1 Nr. 4 ZPO großzügigerer Prüfungsmaßstab zugrunde zu legen.

b) Prüfung der *ordre public*-Widrigkeit der *punitive damages*-Sammelklage

Die Zentrale Behörde kann also die Zustellung einer US-amerikanischen Sammelklageschrift, die auf Zahlung von *punitive damages* gerichtet ist, nach Art. 13 Abs. 1 HZÜ verweigern, wenn sie ihre Erledigung für geeignet hält, die Hoheitsrechte oder Sicherheit der Bundesrepublik Deutschland zu gefährden. Dies wird stets dann anzunehmen sein, wenn die Einbeziehung des Zustellungsempfängers in das Verfahren vor den US-amerikanischen Gerichten offensichtlich gegen unverzichtbare Grundsätze eines freiheitlichen Rechtsstaates verstößt.

aa) Kein Einlassungszwang als unmittelbare Folge der Zustellung

Die Pflicht des Beklagten, sich einem Zivilverfahren stellen zu müssen, stellt zweifelsohne eine Verletzung der Parteiautonomie dar, die unter gewissen Umständen zu einem Verstoß unverzichtbarer Grundsätze eines freiheitlichen Rechtsstaates führen kann[1263]. Um vorliegend einen solchen Verstoß annehmen zu dürfen, muss zunächst geklärt werden, ob der Beklagte nach Klagezustellung sich auf das Verfahren vor den US-Gerichten einzulassen hat. Nach *Braun* ist ein derartiger Einlassungszwang stets gegeben, da der Beklagte im Falle seiner Untätigkeit gravierende Nachteile in Form der Säumnisfolgen zu gewärtigen habe[1264]. Diese Definition greift jedoch zu weit. Von einem „Zwang" zur Einlassung sollte nur dann gesprochen werden, wenn dem Betroffenen durch Androhung bzw. unter Anwendung von klassischen Zwangsmitteln bestimmte Prozesshandlungen abgenötigt werden. Dies ist jedoch bei der Einbeziehung des Zustellungsempfängers in das US-amerikanische Zivilverfahren nicht der Fall. Von ihm wird weder ein bestimmtes Handeln abverlangt, noch wird ihm ein bestimmtes Verhalten verboten[1265]. Der Zustellungsadressat muss sich allerdings auf das ausländische Verfahren einlassen, wenn er keine Rechtsnachteile erlei-

---

1263 Näher hierzu *Braun*, ZIP 2003, S. 2225 (2228 f.).

1264 ZIP 2003, S. 2225 (2226); a.A. (herrschend) *OLG München*, Beschluss v. 01.02.1979, FamRZ 1979, S. 299 (300): „[I]m Zivilprozeß [scil. gibt] es keinen Einlassungszwang"; *Grüneberg*, MDR 1992, S. 326; *M. Völker*, MDR 2001, S. 1325.

1265 Entsprechend *BVerfG*, Beschluss v. 07.12.1994, BVerfGE 91, S. 335 (339) = IPRax 1996, S. 112 (113) = IPRspr 1994 Nr. 160b, S. 365 (366).

den will, die er durch die aktive Beteiligung am Verfahren möglicherweise abwenden kann[1266]. Die Verteidigung wird in der Regel mit Unbequemlichkeiten, Aufwand und Kosten verbunden sein. Aber ob dies allein ausreicht, eine Gefährdung der Hoheitsrechte der Bundesrepublik annehmen zu können, darf bezweifelt werden, da sie in jeder Rechtsordnung und damit auch in Deutschland die Folgen eines eingeleiteten Verfahrens sind[1267]. Darüber hinaus hat die aus der Zustellung resultierende Gefahr eines Verfahrens in Abwesenheit bei Nichtbeteiligung seine Entsprechung im deutschen Säumnisverfahren[1268]. Insofern ist der mögliche Erlass eines US-amerikanischen Versäumnisurteils aus rechtstaatlicher Sicht nicht als unerträglich anzusehen[1269].

bb) Zustellung trotz *American Rule of Costs* und *Contingent fees*

Die Zustellung der US-amerikanischen Sammelklageschrift könnte zum einen wegen der *American Rule of Costs*[1270] und zum anderen wegen den *contingent fees*[1271] *ordre public*-widrig sein und damit gegen deutsche Hoheitsrechte verstoßen. Diese Überlegung lässt sich jedenfalls nicht schon mit dem Gedanken abtun, dass eine hinreichende Wahrscheinlichkeit der Gefährdung nicht vorliegt, denn der Beklagte muss sinnvollerweise bereits mit Einbeziehung in den US-Prozess kostenintensive Vorbereitungen zur Wahrung seiner Interessen treffen[1272].

aaa) Teilweise wird die Ansicht vertreten, das *US-amerikanische Kostenrecht* verstoße gegen den *ordre public*, weil dieses grundsätzlich keine Kostenerstattung zugunsten der obsiegenden Partei vorsehe und damit der deutsche Be-

---

1266 *BVerfG*, Beschluss v. 07.12.1994, BVerfGE 91, S. 335 (339) = IPRax 1996, S. 112 (113) = IPRspr 1994 Nr. 160b, S. 365 (366); *Malzahn*, GATT- widrige *Treble Damages*-Klagen auf der Grundlage des US Antidumping Act 1916 (2003), S. 389; *Rothe*, RIW 2003, S. 859 (861).

1267 *OLG Naumburg*, Beschluss v. 09.02.2006, OLG-Report Naumburg 2006, S. 403 (405) = WuW 2006, S. 932 (936); *OLG Celle*, Beschluss v. 20.07.2006, OLG-Report Celle 2006, S. 686 (688); *Greger*, Erlanger FS Karl H. Schwab (1990), S. 331 (337): „Selbstverständlich müssen all diese Belastungen im Interesse des Internationalen Rechtsverkehrs grundsätzlich hingenommen werden."

1268 Vgl. *OLG Naumburg*, Beschluss v. 09.02.2006, OLG-Report Naumburg 2006, S. 403 (405) = WuW 2006, S. 932 (936); einen Überblick über das US-amerikanische Säumnisverfahren bietet *Malzahn*, GATT- widrige *Treble Damages*-Klagen auf der Grundlage des US Antidumping Act 1916 (2003), S. 174- 176.

1269 Entsprechend für die Anerkennung eines US-amerikanischen Urteils *BGH*, Urteil v. 29.04.1999, BGHZ 141, S. 286 (298) = IPRspr 1999, Nr. 160.

1270 Hierzu 2.Teil B. I. 2.

1271 Hierzu 2.Teil B. I. 2.

1272 *Hau*, ZZPInt 6 (2001), S. 249 (253 f.).

klagte auch bei der Abwehr eines unberechtigten Anspruchs mit teilweise sehr hohen Kosten belastet werde[1273]. Die Verteilung der Kostenlast nach dem Veranlassungsprinzip stelle danach einen unverzichtbaren Grundsatz des freiheitlichen Rechtsstaates dar[1274]. Dem ist der Bundesgerichtshof in seiner Grundsatzentscheidung zur Anerkennung und Vollstreckbarerklärung US-amerikanischer Schadensersatzurteile am 04.06.1992 entgegengetreten:

> „Aus deutscher Sicht verletzt der regelmäßige Ausschluß der Kostenerstattung im US-amerikanischen Zivilprozeß weder Grundrechte der Parteien noch grundlegende Gebote der Rechtsstaatlichkeit."[1275]

Das US-amerikanische Kostenrecht kann damit erst recht nicht im Rahmen des deutlich restriktiveren Art. 13 Abs. 1 HZÜ zur Ablehnung eines Rechtshilfeersuchens herangezogen werden[1276]. Dies gilt umso mehr, als dass auch das deutsche Recht Ausnahmen von der Kostentragungspflicht der unterlegenen Partei kennt[1277].

bbb) In Bezug auf die *contingent fees* ist insbesondere *Schütze* der Meinung, dass diese mit den Prinzipien des deutschen Rechts unvereinbar seien[1278]. Diese Art der Kostenerstattung verletze den Grundsatz der Waffengleichheit, weil der obsiegende Beklagte in der Regel kein Erfolgshonorar vereinbaren und

---

1273 *Schütze*, WM 1979, S. 1174 (1176); *ders.*, RIW 1993, S. 139 (140); *ders.*, FS R. Geimer (2002), S. 1025 (1034 f.); siehe auch *Stiefel/Stürner*, VersR 1987, S. 829 (831): „Darin liegt letztlich ein unverhältnismäßiger Eingriff in die persönlichen Freiheitsrechte, der der deutschen verfassungsmäßigen Ordnung nicht oder wenig entspricht."

1274 Siehe aber *Oberhammer*, IPRax 2004, S. 40 (42): „Das deutsche System des streitwertabhängigen Prozesskostenersatzes hat schon zum Teil in den europäischen Nachbarstaaten keine (völlige) Entsprechung."

1275 *BGH*, Urteil v. 04.06.1992, BGHZ 118, S. 312 (326) = NJW 1992, S. 3096 (3099 f.); Urteil v. 29.04.1999, BGHZ 141, S. 286 (298); zust. *BVerfG*, Beschluss v. 14.06.2007, WM 2007, S. 1392 (1394); ebenso *Coester-Waltjen*, in: *Heldrich/Kono* (Hrsg.), Herausforderungen des Internationalen Zivilverfahrensrecht (1994), S. 15 (27); *Baumbach/Henkel*, RIW 1997, S. 727 (732 f.); *Knapp*, Die US-amerikanische Produkthaftung in der Praxis der deutschen Automobilindustrie (1997), S. 209 f.; *Schneider*, Rechtspolitische Fragen in den USA und Anerkennung und in Deutschland (1999), S. 109 f.; *Geimer*, Internationales Zivilprozessrecht[5] (2005), Rn. 2594.

1276 *OLG Celle*, Beschluss v. 20.07.2006, OLG-Report Celle 2006, S. 686 (689); *Hau*, ZZPInt 6 (2001), S. 249 (254); *Oberhammer*, IPRax 2004, S. 40 (42); *von Hein*, in: *Hopt/Kulms/von Hein* (Hrsg.), Rechtshilfe und Rechtsstaat (2006), S. 93 f.

1277 *Coester-Waltjen*, in: *Heldrich/Kono* (Hrsg.), Herausforderungen des Internationalen Zivilverfahrensrecht (1994), S. 15 (27) m. weit. Nachw.; ebenso *BVerfG*, Beschluss v. 24.01.2007, WM 2007, S. 375 (376) = RIW 2007, S. 211 (213) m. zust. Bespr. *von Hein*, ebd., S. 249 (254) = JZ 2007, S. 1046 (1047) m. Anm. *Stadler*, ebd., S. 1047.

1278 RIW 1993, S. 139 (140).

die Kosten auch nicht vom unterliegenden Kläger ersetzt verlangen könne[1279]. Die Kombination von grundsätzlich fehlender Kostenerstattung für die siegreiche Partei, Vereinbarung eines Erfolgshonorars und Abwälzung dieser Kosten über *punitive damages* auf den unterliegenden Beklagten verstoße gegen grundlegende Gerechtigkeitsvorstellungen des deutschen Rechts[1280]. Der Bundesgerichtshof stellte aber auch hierzu fest, „dieser Grundsatz ist jedoch für deutsche Gerechtigkeitsvorstellungen nicht so wesentlich, daß es in jedem Falle weltweit unbedingte Geltung beansprucht"[1281]. Denn „es steht grundsätzlich jeder Rechtsordnung frei, welche standesrechtlichen Beschränkungen sie ihrer eigenen Rechtsanwaltschaft auferlegt"[1282]. Dies dürfte nach der Einführung des Erfolgshonorars in das deutsche Kostenrecht erst recht gelten[1283].

Genauso ist die Abwälzung der Verfahrens- und Anwaltskosten über die *punitive damages* auf den unterliegenden Beklagten allein aus deutscher Sicht kein unerträgliches Ergebnis, „denn wäre der Beklagte in Deutschland auf Schadensersatz verklagt worden, so hätte er den Kläger gemäß § 91 ZPO ebenfalls von Prozeßkosten freistellen müssen"[1284]. Die Erkenntnisse des Bundesgerichtshofs haben für den wesentlich engeren Erledigungsvorbehalt gleichfalls zu gelten. Zudem ist im Gegensatz zu dem regelmäßigen Ausschluss der Kostenerstattung im Zeitpunkt der Zustellungserledigung noch nicht mal klar, ob der Beklagte am Ende des Verfahrens unterliegen und damit mit den Verfahrens- und Anwaltskosten des Klägers über den Strafschadensersatz belastet wird. Desbezüglich fehlt es also schon an der hinreichenden Wahrscheinlichkeit der Gefährdung im Sinne des Art. 13 Abs. 1 HZÜ. Damit können die *contingent fees* nicht zur Ablehnung des US-Zustellungsersuchens herangezogen werden.

1279 Siehe *BVerfG*, Beschluss v. 12.12.2006, NJW 2007, S. 979 (980): „Mit dem Verbot anwaltlicher Erfolgshonorare verfolgt der Gesetzgeber Gemeinwohlziele, die auf vernünftigen Erwägungen beruhen und daher die Beschränkung der Berufsausübung legitimieren können." Ebd., S. 981: „Schließlich verfolgt das gesetzliche Verbot des Erfolgshonorars auch im Hinblick auf die Förderung der prozessualen Waffengleichheit ein hinreichendes Gemeinwohlziel."

1280 *Schütze*, RIW 1993, S. 139 (140): „Diese offenbare Bevorzugung des Klägers verstößt gegen das Verfassungsgebot des Art. 3 GG, Gleiches gleichzubehandeln." Krit. *Coester-Waltjen*, in: *Heldrich/Kono* (Hrsg.), Herausforderungen des Internationalen Zivilverfahrensrecht (1994), S. 15 (28).

1281 *BGH*, Urteil v. 04.06.1992, BGHZ 118, S. 312 (332) = NJW 1992, S. 3096 (3101).

1282 *BGH*, Urteil v. 04.06.1992, BGHZ 118, S. 312 (332) = NJW 1992, S. 3096 (3101) mit dem Hinweis auf *Martiny*, Hdb. IZVR III/1 (1984), Rn. 1111.

1283 Siehe §§ 4a RVG, 49b Abs. 2 Satz 1 BRAO n.F. Auslöser für die Änderung des alten Kostenrechts war ein Beschluss des Bundesverfassungsgerichts v. 12.12.2006 (NJW 2007, S. 979 m. Anm. *Johnigk*, ebd., S. 986), in dem das ausnahmslose Verbot der Erfolgshonorarvereinbarung für unzulässig erklärt wurde.

1284 *BGH*, Urteil v. 04.06.1992, BGHZ 118, S. 312 (333) = NJW 1992, S. 3096 (3101).

cc) Zustellung einer nicht substantiierten Klageschrift

aaa) Die Zustellung einer *dürftig begründeten US-amerikanischen Klageschrift* verstößt allein noch nicht gegen den *ordre public*-Vorbehalt des Art. 13 Abs. 1 HZÜ. Der Beklagte wird jedenfalls in groben Zügen von dem Klagebegehren und dem Sachverhalt, auf den der Anspruch gestützt wird, in Kenntnis gesetzt[1285]. Unter dem Gesichtspunkt der Gewährung rechtlichen Gehörs ist dies als genügend anzusehen[1286]. Überdies darf nicht unberücksichtigt bleiben, dass schon vor dem Inkrafttreten des HZÜ die US-Verfahrensregeln hinsichtlich der inhaltlichen Ausgestaltung der Klageschrift bekannt waren.

> „Dennoch haben die Vertragsparteien (anders als in dem Haager Übereinkommen über die Beweisaufnahme im Ausland in Zivil- und Handelssachen vom 18. 3. 1970 für Beweisersuchen) darauf verzichtet, Mindesterfordernisse für den Inhalt einer Klageschrift zu statuieren. Dies kann jedoch nur bedeuten, daß nach dem Übereinkommen Klagen so hinzunehmen sind, wie sich nach der Rechtsordnung des ersuchenden Staates zulässig sind."[1287]

bbb) Auch die Zustellung einer *unschlüssigen Klage* verletzt nicht die Hoheitsrechte der Bundesrepublik, da deutsche Klagen mit ähnlichen Mängeln ebenso zuzustellen wären[1288]. Den deutschen Gerichten obliegt nach § 139 ZPO lediglich eine Hinweispflicht. Zudem dürfte ein Versäumnisurteil gegen den Beklagten nach § 331 Abs. 2 ZPO nicht erlassen werden. Vielmehr ist eine Klage

---

1285 Hierzu 2.Teil B. II. 1 a).

1286 Siehe 4.Teil A. I. 3.; ebenso *Schütze*, FS Mark M. Boguslavskij (2004), S. 325 (336).

1287 *OLG Düsseldorf*, Beschluss v. 19.02.1992, NJW 1992, S. 3110 (3111); zust. *BVerfG*, Beschluss v. 24.01.2007, WM 2007, S. 375 (376) = RIW 2007, S. 211 (213).

1288 *OLG Düsseldorf*, Beschluss v. 11.07.2003, WM 2003, S. 1587 (1589); *dass.*, Beschluss v. 21.04.2006, RIW 2006, S. 629 (632); *OLG Naumburg*, Beschluss v. 09.02.2006, OLG-Report Naumburg 2006, S. 403 (405) = WuW 2006, S. 932 (936); *OLG Frankfurt a.M.*, Beschluss v. 15.03.2006, Aktz. 20 VA 7/05 -juris, Rn. 47; *OLG München*, Beschluss v. 07.06.2006, OLG-Report München 2006, S. 801 (802): „Selbst wenn [...] der Inhalt der Klageschrift Zweifel an der Passivlegitimation der Antragstellerin aufdrängt, die Sachverhaltsdarlegung nach hiesigem Maßstab unsubstanziiert erscheint und viel für den Eintritt der Verjährung spricht, muss die Klage zugestellt werden." *OLG Celle*, Beschluss v. 20.07.2006, OLG-Report Celle 2006, S. 686 (687 f.); entsprechend *Morisse*, RIW 1995, S. 370 (372); *Oberhammer*, IPRax 2004, S. 40 (42); *Rasmussen-Bonne*, Liber Amicorum Peter Hay (2005), S. 323 (335); *Piekenbrock*, IPRax 2006, S. 4 (9); *Stürner*, JZ 2006, S. 60 (64); *von Hein*, in: *Hopt/Kulms/von Hein* (Hrsg.), Rechtshilfe und Rechtsstaat (2006), S. 144. Einschränkend *Braun*, ZIP 2003, S. 2225 (2228). Siehe auch *Lorenz*, ZZP 111 (1998), S. 35 (46): „Die Gefahr, daß eine ... Behauptung [scil. in der Klageschrift] „aus der Luft gegriffen ist", besteht in beiden Systemen gleichermaßen. Sie wird im amerikanischen Recht nicht durch die Anforderungen an die Klageschrift, sondern allenfalls durch das verminderte Kostenrisiko im Unterliegensfall erhöht."

nach § 271 ZPO unverzüglich zuzustellen. Ermittlungen im Zustellungsverfahren würden darüber hinaus zu einer dem Sinn und Zweck des HZÜ zuwiderlaufenden Verzögerung führen[1289].

ccc) Genauso ist die Zustellungserledigung eines *exorbitant hohen Klageantrags* nicht geeignet, deutsche Hoheitsrechte zu gefährden[1290]. Durch den Klageantrag allein wird kein nennenswerter wirtschaftlicher Druck auf die beklagte Partei ausgeübt werden, da die Gerichts- und Anwaltskosten nicht vom Streitwert abhängen, sondern weitgehend unabhängig vom Streitwert festgesetzt bzw. vereinbart werden[1291].

> „Es ist deshalb [...] auch nicht erkennbar, wie durch die Höhe der Klageanträge (selbst wenn sie übersetzt sein sollten) die Möglichkeit der Rechtsverteidigung [...] in den USA nennenswert beeinträchtigt sein könnte."[1292]

Zudem muss nach US-amerikanischem Recht in der Klage noch nicht mal ein Schadensbetrag genannt werden, so dass im Vorwege schon ein etwaiges Erledigungshindernis ohne weiteres ausgehebelt werden kann[1293]. Schließlich hindert auch das deutsche Zivilprozessrecht nicht die Zustellung einer „deutschen" Klage mit exorbitant hohem Streitwert[1294].

1289 Ebenso *OLG Düsseldorf*, Beschluss v. 19.02.1992, NJW 1992, S. 3110 (3111); *dass.*, Beschluss v. 11.07.2003, WM 2003, S. 1587 (1589); *dass.*, Beschluss v. 21.04.2006, RIW 2006, S. 629 (632); *OLG München*, Beschluss v. 15.07.1992, NJW 1992, S. 3113.

1290 Entsprechend *OLG Düsseldorf*, Beschluss v. 19.02.1992, NJW 1992, S. 3110 (3112).

1291 Siehe 2.Teil B. I.; ebenso *Böhmer*, NJW 1990, S. 3049 (3050); *von Hein*, in: *Hopt/Kulms/von Hein* (Hrsg.), Rechtshilfe und Rechtsstaat (2006), S. 93 f.; a. A. *Rohe*, FG Max Vollkommer (2006), S. 291 (309).

1292 *OLG Düsseldorf*, Beschluss v. 19.02.1992, NJW 1992, S. 3110 (3112); zust. *Piekenbrock*, IPRax 2006, S. 4 (9 f.); *Stürner*, JZ 2006, S. 60 (63); *von Hein*, in: *Hopt/Kulms/von Hein* (Hrsg.), Rechtshilfe und Rechtsstaat (2006), S. 94.

1293 Siehe *BVerfG*, Beschluss v. 07.12.1994, BVerfGE 91, S. 335 = IPRax 1996, S. 112 = IPRspr 1994, Nr. 160b, S. 365: für das Verfassungsgericht war der unbezifferte Strafschadensersatz unerheblich; KG Berlin, Beschluss v. 05.07.1994, IPRspr 1994, Nr. 159, S. 360 (363); *Lange/Black*, Der Zivilprozeß in den Vereinigten Staaten (1987), Rn. 13; *Lange/Leyendecker*, in: *H. von Boehmer* (Hrsg.), Deutsche Unternehmen auf dem amerikanischen Markt (1988), S. 275 (279); *Zekoll*, NJW 2003, S. 2885 (2886); *Schack*, AG 2006, S. 823 (830). Die mangelnde Bezifferung des Klageantrags entspricht im Übrigen einer weit verbreiteten vom *BGH* anerkannten ausländischen Praxis, vgl. *BGH*, Urteil v. 29.04.1999, BGHZ 141, S. 286 (295 f.); hierzu *von Hein*, in: *Hopt/Kulms/von Hein* (Hrsg.), Rechtshilfe und Rechtsstaat (2006), S. 122 f.

1294 *OLG Frankfurt a.M.*, Beschluss v. 15.03.2006, Aktz. 20 VA 7/05 -juris, Rn. 47.

dd) Zustellung trotz exzessiver bzw. exorbitanter *jurisdiction*

Das *OLG Koblenz* nahm in einem ihm unterworfenen Fall an, dass die Zustellung einer US-amerikanischen Klageschrift unter anderem aus dem Grund nicht erfolgen dürfe, da der Klagezustellung im Falle der Extraterritorialität eine zuständigkeitsbegründende Wirkung zukommen könne, die andernfalls nicht bestünde[1295]. Die hierauf beruhende Inanspruchnahme extraterritorialer Rechtsprechungsgewalt verletze das Territorialitätsprinzip und sei daher als völkerrechtswidrig anzusehen[1296].

Die Ansicht des Oberlandesgerichts ist aus zwei Gründen nicht zutreffend: Zum einen haben die obigen Ausführungen zur Völkerrechtswidrigkeit der US-Zuständigkeitsordnung deutlich gemacht, dass die amerikanische Zuständigkeitspraxis allenfalls nur völkerrechtliche Bedenken hervorruft. Eine Völkerrechtswidrigkeit der Regeln über die internationale Zuständigkeit konnte hingegen nicht festgestellt werden, da das US-Recht zumindest Minimalkontakte zum Forumstaat verlangt[1297]. Insofern ist der Ansicht des Gerichts schon unter diesem Aspekt nicht zu folgen. Zum anderen verkennt das Gericht, dass die Zustellung nur dann die Zuständigkeit des US-amerikanischen Gerichts zu begründen vermag, wenn diese auf dem Hoheitsgebiet des Gerichtsstaates, also in einem Einzelstaat der Vereinigten Staaten erfolgt ist[1298]. In dem vom *OLG Koblenz* zu bescheidenden Fall ergab sich die Zuständigkeit des Bezirksgerichtes jedoch daraus, dass die deutsche Beklagte in den USA in großem Umfang Geschäfte machte und damit dem *doing business*-Gerichtsstand unterworfen war[1299]. Die Zustellung an auswärtige Unternehmen hat regelmäßig keine zuständigkeitsbegründende Wirkung[1300].

Aber auch ohne diese Einwände gegen die Entscheidung des Oberlandesgerichts kommt eine Zustellungsverweigerung wegen exzessiver bzw. exorbitanter *jurisdiction* nicht in Betracht, da Art. 13 Abs. 2 HZÜ ausdrücklich festlegt, dass die Zustellungserledigung nicht allein aus dem Grund abgelehnt werden darf, wenn der ersuchte Staat nach seinem Recht die ausschließliche Zuständigkeit seiner Gerichte für die Sache in Anspruch nimmt. Mit dieser Regelung ist zum Ausdruck gebracht worden, dass die Zentrale Behörde des ersuchten Staates nicht die Zuständigkeit des ausländischen Gerichts überprüfen darf[1301]. Der Ein-

---

1295 *OLG Koblenz*, Beschluss v. 27.06.2005, IPRax 2006, S. 25 (38) m. abl. Anm. *Piekenbrock*, ebd., S. 5 (9).

1296 Ebd.

1297 Siehe 2.Teil A. II.

1298 Siehe 4.Teil A. I. 2.

1299 *Piekenbrock*, IPRax 2006, S. 5 (9).

1300 Siehe 4.Teil A. III.

1301 *Haager Konferenz für IPR*, Practical Handbook[3] (2006), Rn. 181; *Koch/Horlach/Thiel*, RIW 2006, S. 356 (362).

wand der fehlenden internationalen Zuständigkeit ist nur vor dem Forumgericht zu erheben und nicht im Zusammenhang mit der Zustellung[1302]. Die Zustellung einer bei einem unzuständigen Gericht eingereichten Klage gefährdet demnach nicht die Hoheitsrechte der Bundesrepublik[1303].

ee) Zustellung einer *class action*

Das *OLG Frankfurt a.M.* musste sich bereits 1991 mit der Frage auseinandersetzen, ob die Zustellung einer US-amerikanischen Sammelklage in Deutschland zulässig ist[1304]. Es nahm dies an mit der Begründung, dass eine Verletzung des deutschen *ordre public* nicht festgestellt werde könne. Es sei nicht ersichtlich, welche unverzichtbaren Rechte der Antragstellerin durch die Zustellung einer *class action* in Deutschland verletzt seien.

Schütze[1305] und mit ihm das *OLG Koblenz*[1306] wollen dies hingegen etwas differenzierter sehen und unterscheiden bei der Zustellung einer *class action* nach ihrer konkreten Zielrichtung: Nur solche Sammelklagen dürften nach dem HZÜ zugestellt werden, die offensichtlich billigenswerten Zwecken dienen[1307]. Auf diese wenig sinnvoll erscheinende Differenzierung wird später noch näher eingegangen[1308].

Das hessische Gericht fuhr ferner fort und erklärte, dass allein aufgrund der Tatsache, dass es in Deutschland das Rechtsinstitut der Popularklage nicht gebe, noch kein Anerkennungs- und Zustellungshindernis folge[1309]. In der Tat wird die zutreffende Ansicht des Oberlandesgerichts durch Art. 13 Abs. 2 HZÜ bestätigt, der deutlich macht, dass eine unbekannte Verfahrensart nicht eine Zustellungsverweigerung nach Absatz 1 zur Folge haben dürfe[1310]. Überdies sind Sammel-

---

1302 *Haager Konferenz für IPR*, Practical Handbook[3] (2006), Rn. 181.

1303 Siehe auch *OLG Frankfurt a.M.*, Beschluss v. 06.03.2006, Aktz. 20 VA 2/05 -juris, Rn. 42.

1304 *OLG Frankfurt a.M.*, Beschluss v. 21.03.1991, RIW 1991, 417 = IPRax 1992, S. 166.

1305 FS Mark M. Boguslavskij (2004), S. 325 (330 f.); *ders.*, RIW 2005, S. 579 (581).

1306 Beschluss v. 27.06.2005, IPRax 2006, S. 25 (36 f.).

1307 *OLG Koblenz*, Beschluss v. 27.06.2005, IPRax 2006, S. 25 (36); *Schütze*, FS Mark M. Boguslavskij (2004), S. 325 (331); siehe ferner *BVerfG*, Beschluss v. 14.06.2007, WM 2007, S. 1392 (1394).

1308 Siehe B. III. 2. b) jj).

1309 *OLG Frankfurt a.M.*, Beschluss v. 21.03.1991, RIW 1991, 417 (419) = IPRax 1992, S. 166 (168) m. zust. Anm. *Stadler*, ebd., S. 147; *Schlosser*, EU-Zivilprozessrech[2] (2003), Art. 13 HZÜ, Rn. 6; *Lejeune*, CR 2003, S. 764 (765); zur Frage der *class action* als Anerkennungshindernis *Stiefel/Stürner*, VersR 1987, S. 829 f. i.E. abl.; zust. *R. Mann*, NJW 1994, S. 1187 (1188 f.).

1310 *Mark*, EuZW 1994, S. 238 (240); *G. Geimer*, Neuordnung des internationalen Zustellungsrechts (1999), S. 77; *Huber*, FS Erik Jayme (2004), S. 361 (367); *Hopt/Kulms/von*

klagen seit der Einführung des Kapitalanleger-Musterverfahrens[1311] dem deutschen Recht nicht mehr grundsätzlich fremd[1312], so dass auch deswegen ein Verstoß gegen unverzichtbare Grundsätze des freiheitlichen Rechtsstaates nicht angenommen werden kann[1313].

Schließlich könnte die US-amerikanische Sammelklage unter dem Aspekt des verfassungsrechtlichen Verhältnismäßigkeitsgrundsatzes problematisch sein, da durch die Bündelung zahlreicher gleichgelagerter Interessen der Streitgegenstand eine astronomische Höhe annehmen kann. Hierbei ist aber anzumerken, dass im Zeitpunkt der Zustellung noch gar nicht feststeht, wie das Verfahren ausgehen wird. Insofern fehlt es bereits an der hinreichenden Wahrscheinlichkeit der Gefährdung[1314]. Zudem entstehen die Prozesskosten streitwertunabhängig, so dass dem Beklagten auch hieraus kein finanzieller Nachteil erwächst. Damit bestehen insgesamt keine Bedenken gegenüber der Zustellungserledigung einer *class action*.

ff) Zustellung trotz *pre-trial discovery*

Mit der Einbeziehung in das US-amerikanische Verfahren wird sich der Zustellungsempfänger regelmäßig dem *pre-trial discovery*-Verfahren stellen müssen[1315]. Daher stellt sich hier die Frage, ob dieses Beweisermittlungsverfahren mit den unverzichtbaren Grundsätzen eines freiheitlichen Rechtsstaates vereinbar ist.

Hein, ZIP 2006, S. 973 (975); *von Hein*, in: *Hopt/Kulms/von Hein* (Hrsg.), Rechtshilfe und Rechtsstaat (2006), S. 95; *Schack*, AG 2006, S. 823 (829); *Nagel/Gottwald*, Internationales Zivilprozessrecht[6] (2007), § 7, Rn. 95; vgl. ferner *BVerfG*, Beschluss v. 14.06.2007, WM 2007, S. 1392 (1395), das allerdings irrtümlich auf Art. 13 Abs. 1 HZÜ abstellt.

1311 Seit dem 01.11.2005 ist das Gesetz zur Einführung von Kapitalanleger-Musterverfahren (KapMuG) in Kraft getreten, vgl. BGBl. I 2005, S. 2437. Einen ausführlichen Überblick über die Auswirkungen des KapMuG verschaffen *Reuschle*, NZG 2004, S. 590- 593; *ders.*, Österreichisches Anwaltsblatt 2006, S. 371- 382; *Paßmeier*, NZG 2005, S. 609- 616; *B. Schneider*, 2005, S. 2249- 2258; *Möllers/Weichert*, NJW 2005, S. 2737- 2741; *D. Assmann*, FG Max Vollkommer (2006), S. 119- 151.

1312 Eine anschauliche Untersuchung hinsichtlich der Unterschiede und Gemeinsamkeiten von *class actions* und dem Musterverfahren nach dem KapMuG bieten *Franklin/Heydn*, ZVglRWiss 105 (2006), S. 313- 324.

1313 So auch *OLG München*, Beschluss v. 07.06.2006, OLG-Report München 2006, S. 801 (802); zust. *von Hein*, RIW 2007, S. 249 (255); vgl. auch *Stadler*, JZ 2007, S. 1047 (1049 f.).

1314 Anders *OLG Koblenz*, Beschluss v. 27.06.2005, IPRax 2006, S. 25 (36 f.).

1315 Entsprechend *von Danwitz*, DÖV 2004, S. 501 (508); *Huber*, FS Erik Jayme (2004), S. 361 (368); *von Hein*, in: *Hopt/Kulms/von Hein* (Hrsg.), Rechtshilfe und Rechtsstaat (2006), S. 92; anders wohl *OLG Düsseldorf*, Beschluss v. 19.02.1992, NJW 1992, S. 3110 (3112).

aaa) Zunächst könnten unter dem Gesichtspunkt Bedenken bestehen, dass die Beschaffung von Beweismitteln im *discovery*-Verfahren unter *weitgehend alleiniger Verantwortung der privaten Parteien* und ihrer Anwälte erfolgt[1316]. Darin könnte ein Verstoß gegen die verfassungsrechtlich verankerte gerichtliche Beweiserhebung gesehen werden[1317]. Dadurch, dass die Rechtsprechung an die tatsächlichen Ergebnisse einer privat durchgeführten Beweiserhebung gebunden ist, könnte der Gewährleistungskern der grundgesetzlichen Rechtsweggarantie und des Richtervorbehaltes betroffen sein[1318]. Die Zustellungserledigung müsste dann nach Art. 13 Abs. 1 HZÜ abgelehnt werden, da ein unverzichtbarer Grundsatz des freiheitlichen Rechtsstaates verletzt wäre[1319].

Formal betrachtet, spricht gegen diese Ansicht bereits die Tatsache, dass es sich bei der *pre-trial discovery* nicht um eine Beweisaufnahme handelt. Denn die in dem *discovery*-Verfahren gemachten Aussagen sind grundsätzlich keine Beweismittel, sondern dienen erst der Findung später vor Gericht zu präsentierender Tatsachen und Beweismittel[1320]. Darüber hinaus ist zu berücksichtigen, dass der Richter in der *discovery* immerhin die Rolle eines Schiedsrichters einnimmt und mithin über die ordnungsgemäße Durchführung der Beweisermittlung wacht. Die jüngsten Änderungen im Bereich der *pre-trial discovery* haben zudem seine Rolle im Vorverfahren gestärkt und erlauben ihm noch mehr Eingriffsmöglichkeiten[1321]. Eine vollkommene Entkopplung vom Richtervorbehalt sieht das US-amerikanische Bundeszivilprozessrecht also nicht vor. Die nach wie vor bestehenden Unterschiede müssen vor allem vor dem Hintergrund des Art. 13 Abs. 2 HZÜ hingenommen werden. Jeder Rechtsordnung muss die eigenständige rechtliche Ausgestaltung ihres Beweis- bzw. Beweisermittlungsverfahrens zugestanden werden, wenn man ihr nicht die eigenen Rechtsvorstellungen aufdrücken will[1322]. Außerdem liegt nach dem deutschen Beibringungsgrundsatz die Verantwortung der Stoffsammlung, also der rechtlich zu beur-

---

1316 Siehe 2.Teil B. II. 1. d.

1317 Vgl. *von Danwitz*, DÖV 2004, S. 501 (509).

1318 Vgl. *von Danwitz*, DÖV 2004, S. 501 (509).

1319 So *von Danwitz*, DÖV 2004, S. 501 (509) allerdings wohl nur auf die extraterritoriale Beweiserhebung bezogen.

1320 *Lorenz*, ZZP 111 (1998), S. 35 (46), Fn. 44; *Reufels*, RIW 1999, S. 667 (670); *Schack*, Einführung in das US-amerikanische Zivilprozessrecht[3] (2003), VI. 3., S. 64 f.

1321 Siehe *Reimann*, IPRax 1994, S. 152- 156; *Junker*, ZZPInt 1 (1996), S. 235 (241-260); *Lorenz*, ZZP 111 (1998), S. 35 (50); zu der *discovery*-Reform von 2000 *Trittmann/Leitzen*, IPRax 2003, S. 7 (10 f.).

1322 So *BVerfG*, Beschluss v. 07.12.1994, BVerfGE 91, S. 335 (340) = IPRax 1996, S. 112 (113) = IPRspr 1994, Nr. 160b, S. 363 (366); Beschluss v. 24.01.07, WM 2007, S. 375 f. = RIW 2007, S. 211 (212); zust. *OLG Naumburg*, Beschluss v. 09.02.2006, OLG-Report Naumburg 2006, S. 403 (404) = WuW 2006, S. 932 (934 f.); *OLG Frankfurt a.M.*, Beschluss v. 15.03.2006; Aktz. 20 VA 7/05 -juris, Rn. 40.

teilenden Tatsachen, ebenfalls weitgehend in den Händen der Parteien[1323]. Sie unterbreiten dem Gericht den Sachverhalt durch ihren Parteivortrag. Soweit er übereinstimmt, wird er vom Gericht unabhängig von seiner Richtigkeit als Entscheidungsgrundlage verwendet[1324]. Insofern ist der deutsche Richter genauso wie sein US-amerikanischer Kollege an den unbestrittenen Parteivortrag gebunden. Der oben beschriebene Richtervorbehalt kann damit nicht als unverzichtbarer Grundsatz eines freiheitlichen Rechtsstaates angesehen werden, insbesondere deshalb nicht, weil auch die Entscheidung des deutschen Richters über Notwendigkeit und Umfang einer Beweiserhebung von dem streitigen Parteivortrag abhängt. Die hier vertretene Ansicht stimmt ferner mit der Beurteilung des Bundesgerichtshofs überein, die Durchführung der *pre-trial discovery* unter weitgehender Parteiherrschaft begründe für sich noch keinen Verstoß gegen den anerkennungsrechtlichen *ordre public*[1325]. Bei einer zurückhaltenderen Anwendung des Art. 13 Abs. 1 HZÜ muss dies erst recht für die Zustellungserledigung gelten[1326].

bbb) Ein weiterer Aspekt der *pre-trial discovery*, der vereinzelt zu der Annahme geführt hat, dass die Zustellung der US-amerikanischen Klage nach Art. 13 Abs. 1 HZÜ zu verweigern sei, sind die recht *weitgehenden Auskunfts- und Informationspflichten* der Parteien als auch unbeteiligter Dritte, die hierzulande als unzulässige Ausforschung anzusehen wären[1327].

Im deutschen Zivilprozess bedeutet das Ausforschungsverbot, dass es dem Gericht verwehrt ist, auf Grund eines unsubstanziierten oder konkreter Anhaltspunkte entbehrenden, also ins Blaue hinein folgenden Parteivortrags, eine Beweisaufnahme durchzuführen, um dadurch erst Hinweise auf prozessrelevante Tatsachen zu erhalten[1328]. Im Grundsatz ist keine Partei gehalten, dem Gegner

---

1323 Siehe statt vieler *Lorenz*, ZZP 111 (1998), S. 35 (39).

1324 Vgl. §§ 138 Abs. 3, 288 ZPO.

1325 *BGH*, Urteil v. 04.06.1992, BGHZ 118, S. 312 (324) = NJW 1992, S. 3096 (3099); vgl. ebenfalls Untersuchung von *Eschenfelder*, Beweiserhebung im Ausland und ihre Verwertung im inländischen Zivilprozess (2002), S. 174- 177, 272 f.

1326 *OLG Frankfurt a.M.*, Beschluss v. 13.02.2001, NJW-RR 2002, S. 357 (358) = IPRspr 2001, Nr. 174, S. 358 = ZZPInt 6 (2001), S. 245 (248) m. zust. Anm. *Hau*, ebd., S. 249 (253), Fn. 25; *dass.*, Beschluss v. 15.03.2006, Aktz. 20 VA 7/05 -juris, Rn. 44. Ebenso *OLG Koblenz*, Beschluss v. 27.06.2005, IPRax 2006, S. 25 (37): „[E]ine „pre-trial discovery" [scil. verletzt] für sich genommen nicht den deutschen ordre public." *OLG Naumburg*, Beschluss v. 09.02.2006, OLG-Report Naumburg 2006, S. 403 (405) = WuW 2006, S. 932 (936); *OLG Düsseldorf*, Beschluss v. 21.04.2006, RIW 2006, S. 629 (632); *OLG Celle*, Beschluss v. 20.07.2006, OLG-Report Celle 2006, S. 686 (689); *von Hein*, in: *Hopt/Kulms/von Hein* (Hrsg.), Rechtshilfe und Rechtsstaat (2006), S. 92 f.

1327 *Schütze*, FS Mark M. Boguslavskij (2004), S. 325 (336); wohl auch *von Danwitz*, DÖV 2004, S. 501 (508 f.).

1328 Hierzu *Pfeil-Kammerer*, Deutsch-amerikanischer Rechtshilfeverkehr in Zivilsachen (1987), S. 222- 224 m. weit. Nachw.; Münchener Kommentar zur ZPO(*-Prütting)*, I: §§

für seinen Prozesssieg das Material zu verschaffen, über das er nicht schon von sich aus verfügt[1329]. Nach *Schütze* stellt das Verbot des Ausforschungsbeweises ein so grundlegendes Prinzip des deutschen Zivilprozesses dar, dass es zum verfahrensrechtlichen *ordre public* gerechnet werden müsse[1330]. In allen Fällen, in denen ein US-amerikanisches Urteil wegen aus deutscher Sicht unzulässiger Ausforschung nicht anerkannt und für vollstreckbar erklärt werden könnte, sei schon die Zustellung der Klageschrift nach Art. 13 HZÜ unzulässig[1331]. Hiergegen wandte der Bundesgerichtshof jedoch ein, die bloße Möglichkeit, dass im Rahmen des *discovery*-Verfahrens eine nach deutschem Prozessrecht unzulässige Ausforschung betrieben werde, erfülle die Voraussetzungen des § 328 Abs. 1 Nr. 4 ZPO nicht[1332]. In der Konsequenz könnte man nun auch die Gefährdung deutscher Hoheitsrechte mit der fehlenden hinreichenden Wahrscheinlichkeit im Zeitpunkt der Zustellung abtun[1333]. Allerdings würde man dann ignorieren, dass die *discovery* nicht gerade selten von den Parteien dazu benutzt wird, um durch sog. Beweisfischzüge (*fishing expeditions*) Kenntnis von möglichen anderen Klagegründen und auch von Geschäftsgeheimnissen zu verschaffen[1334]. Die *pre-*

1- 354 ZPO³ (2008), § 284 ZPO, Rn. 78; auch die ZPO- Reform von 2001 hat an dieser Position nichts geändert, vgl. BT-Drucks. 14/6063, S.121; *Zekoll/Bolt*, NJW 2002, S. 3129 (3130).

1329 Sog. „nemo contra se edere tenetur"-Grundsatz; vgl. *BGH*, Urteil v. 11.06.1990, NJW 1990, S. 3151 = JZ 1991, S. 630 m. Anm. *Schlosser*, ebd., S. 599- 608; *Schütze*, FS Ernst C. Stiefel (1987), S. 697 (702) m. weit. Nachw.; *ders.*, RIW 1993, S. 139 (141); *ders.*, FS Reinhold Geimer (2002), S. 1025 (1033); *ders.*, FS Mark M. Boguslavskij (2004), S. 325 (336).

1330 *Schütze*, FS Ernst C. Stiefel (1987), S. 697 (703); *ders.*, RIW 1993, S. 139 (141); *ders.*, FS Reinhold Geimer (2002), S. 1025 (1032 f.); i. E. zust. *von Danwitz,* DÖV 2004, S. 501 (508): „Die Berücksichtigung dieser Umstände ist bereits im Rahmen der Zustellungsentscheidung nach Art. 13 Abs. 1 HZÜ erforderlich. Denn eine etwaige Rechtsbeeinträchtigung durch die Ausforschung von Geschäfts- und Betriebsgeheimnissen kann zu einem späteren Verfahrenszeitpunkt, namentlich im Anerkennungsverfahren, nicht mehr erfolgreich verhindert werden." Jedenfalls wird vielfach die Ansicht vertreten, dass das deutsche Ausforschungsverbot über die rechtshilferechtliche Vorbehaltsklausel (also Art. 12 HBÜ) auch gegenüber ausländischen Rechtshilfeersuchen durchzusetzen ist, vgl. *OLG München*, Beschluss v. 27.11.1980, JZ 1981, S. 540 (541); *Geimer*, Internationales Zivilprozessrecht⁵ (2005), Rn. 2482 (Fn. 357) m. weit. Nachw.; a.A. *Schlosser*, EU-Zivilprozessrecht² (2003), Art. 12 HBÜ, Rn. 2, Art. 23 HBÜ, Rn. 4 m. weit. Nachw.

1331 *Schütze*, FS Mark M. Boguslavskij (2004), S. 325 (336).

1332 *BGH*, Urteil v. 04.06.1992, BGHZ 118, S. 312 (324) = NJW 1992, S. 3096 (3099).

1333 So *BVerfG*, Beschluss v. 24.01.2007, WM 2007, S. 375 (376) = RIW 2007, S. 211 (213) m. krit. Bespr. *von Hein*, ebd., S. 249 (253 f.) = JZ 2007, S. 1046 m. zust. Anm. *Stadler*, ebd., S. 1047 (1048); Beschluss v. 14.06.2007, WM 2007, S. 1392 (1394).

1334 *Stürner*, in: *Habscheid* (Hrsg.), Der Justizkonflikt mit den Vereinigten Staaten von Amerika (1986), S. 3 (12): „fishing expeditions" sind in den U.S.A. die Regel"; *Schütze*, FS Reinhold Geimer (2002), S. 1025 (1033): „häufig"; *Schack*, Einführung in das US-amerikanische Zivilprozessrecht³ (2003), V. 4. a), S. 45: „gang und gäbe"; *ders.*, Internationales Zivil-

trial discovery wird daher treffend als „ein Verfahrensabschnitt mit eingebautem Ausforschungselement" beschrieben[1335]. Demnach kann hier nicht einfach auf die negative Gefahrenprognose verwiesen werden.

Es kommt damit entscheidend darauf an, ob das deutsche Ausforschungsverbot zu den unverzichtbaren (Verfahrens-)Grundsätzen eines freiheitlichen Rechtsstaates zu zählen ist. Gegen diese Annahme spricht zunächst, dass das Ausforschungsverbot schon im deutschen Recht keine uneingeschränkte Anwendung findet, als dass es als „unverzichtbarer" Grundsatz angesehen werden dürfte. So sieht die deutsche Rechtsordnung in einzelnen Vorschriften ebenfalls einklagbare Auskunftsansprüche vor[1336]. Unter Umständen können sie sogar bei bestehenden Schuldverhältnissen kraft Treu und Glauben entstehen[1337]. Überdies sind materiell-rechtlich auch Ansprüche auf Einsicht in oder Herausgabe von Urkunden geregelt[1338]. In den USA muss dagegen das prozessuale Institut der *pre-trial discovery* zu einem großen Teil die Funktion dieser Ansprüche übernehmen[1339]. Darüber hinaus kennt (zwar nur sehr begrenzt)[1340] auch das deutsche Prozessrecht die Pflicht des Prozessgegners zur Urkundenvorlage[1341]. Seit der ZPO-Reform von 2001[1342] können zudem auch unbeteiligte Dritte zur Vorlage

---

verfahrensrecht[4] (2006), Rn. 737: „sehr häufig"; *Nagel/Gottwald*, Internationales Zivilprozessrecht[6] (2007), § 8, Rn. 75: „Fishing expeditions" [...] sind die Regel".

1335 So *Junker*, ZZPInt. 1 (1996), S. 235 (238); zust. *Lorenz*, ZZP 111 (1998), S. 35 (47).

1336 Siehe u. a. §§ 666, 1758 Abs. 1 a.E., 2027, 2314 BGB; § 101 a UrhG; §§ 8 ff. UmweltHG; § 19 MarkenG.

1337 Nach ständiger Rechtsprechung des Bundesgerichtshofs gebieten es Treu und Glauben, dem Anspruchsberechtigten einen Auskunftsanspruch zuzubilligen, wenn die zwischen den Parteien bestehenden Rechtsbeziehungen es mit sich bringen, dass der Anspruchsberechtigte in entschuldbarer Weise über das Bestehen oder den Umfang seines Rechts im Ungewissen ist, und wenn der Verpflichtete in der Lage ist, unschwer die zur Beseitigung dieser Ungewissheit erforderliche Auskunft zu erteilen; vgl. *BGH*, Urteil v. 28.10.1953, BGHZ 10, S. 385 (387); Urteil v. 13.06.1985, BGHZ 95, S. 285 (287 f.); Urteil v. 17.05.2001, BGHZ 148, S. 26 (30); Urteil v. 05.11.2002, BGHZ 152, S. 307 (316); hierzu *Lorenz*, JuS 1995, S. 569- 575; *ders.*, ZZP 111 (1998), S. 35 (56).

1338 Siehe u. a. §§ 810, 402 BGB.

1339 Vgl. *BGH*, Urteil v. 04.06.1992, BGHZ 118, S. 312 (324) = NJW 1992, S. 3096 (3099); ebenso *Schlosser*, IPRax 1987, S. 153 (154); *ders.*, Der Justizkonflikt mit den Vereinigten Staaten von Amerika (1986), S. 111; *Paulus*, ZZP 104 (1991), S. 397 (402 ff.); *Schack*, Internationales Zivilverfahrensrecht[4] (2006), Rn. 740.

1340 Eine allgemeine Aufklärungspflicht kennt das deutsche Prozessrecht im Gegensatz zu vielen, wenn nicht den meisten anderen kontinentaleuropäischen Rechtsordnungen auch nach der ZPO-Reform von 2001 nicht, vgl. *Stürner*, FG Max Vollkommer (2006), S. 201 (207 f.). Zur Rechtslage in den anderen Rechtsordnungen *Schlosser*, JZ 1991, S. 599- 608.

1341 Der Prozessgegner braucht Urkunden nur vorzulegen, wenn die Gegenpartei einen materiell-rechtlichen Anspruch auf Herausgabe oder Vorlegung besitzt (§ 422 ZPO) oder er sich selbst im Prozess darauf berufen hat (§ 423 ZPO).

1342 Gesetz zur Reform des Zivilprozesses v. 27.07.2001, BGBl. I 2001, S. 1887.

von Urkunden und Augenscheinsobjekten in den Grenzen der §§ 142, 144 ZPO verpflichtet werden[1343].

Außerdem darf der Zweck der *pre-trial discovery* nicht aus dem Blickfeld geraten. So dient das Verfahren insbesondere der allumfassenden Wahrheitsermittlung[1344], einem Idealziel, dessen Erlangung auch das deutsche Zivilprozessrecht in den Grenzen der Dispositionsmaxime sowie des Verhandlungsgrundsatzes bestrebt[1345]. Zutreffend merkt *Schack* daher an, „es [scil. ist] nicht von vornherein ungerecht, wenn eine Prozessordnung die Mitwirkung aller bei der Offenlegung und Ermittlung der objektiven Wahrheit durchsetzen will."[1346] Auf der anderen Seite können gegen unzulässige oder zu weit gehende Begehren in der *pre-trial discovery*, also insbesondere in den exzessiven Fällen der *fishing expeditions*, die Gerichte sog. *protective orders* erlassen[1347]. In der US-Gerichtspraxis geschieht dies in letzter Zeit immer häufiger, um die unendliche Ausweitung von Ermittlungsfragen, die erkennbar keinen oder kaum noch Bezug zum Streitgegenstand haben, einzudämmen[1348]. Insofern ist der deutsche Beklagte der allzu weitgehenden Ausforschung nicht völlig schutzlos ausgeliefert, so dass ihm das Verfahren grundsätzlich zugemutet werden kann. Schlussendlich bestehen auch rein praktische Bedenken gegen die Annahme des deutschen Ausforschungsverbots als unverzichtbaren Grundsatz des freiheitlichen Rechtsstaates. Denn Prüfungsgrundlage für die Entscheidung der Zentralen Behörde bilden allein die Zustellungsunterlagen[1349]. Nur anhand dieser Dokumente wird es der Rechtshilfebehörde aber in der Regel nicht gelingen, in rechtstaatlich einwandfreier Weise zu überprüfen, ob die Behauptung tatsächlich „ins Blaue hinein" aufgestellt worden ist[1350]. Die Zustellungserledigung darf von ihr auch nicht deshalb verweigert werden, weil sie einen solchen Ausforschungsbeweis vermutet. Die recht weitgehenden Auskunfts- und Informationspflichten der Parteien verletzen damit keine deutschen Hoheitsrechte. Die Zustellung der US-amerikani-

---

1343 Vgl. *Zekoll/Bolt*, NJW 2002, S. 3129- 3134; *Trittmann/Leitzen*, IPRax 2003, S. 7 (11 f.); *Stürner*, FG Max Vollkommer (2006), S. 201 (208- 210), der noch weitergehende Informationsbeschaffungsmittel einfordert, ebd., S. 211- 215; *Musielak*, FG Max Vollkommer (2006), S. 237- 255.

1344 *Pfeil-Kammerer*, Deutsch-amerikanischer Rechtshilfeverkehr in Zivilsachen (1987), S. 228 f.; *Lorenz*, ZZP 111 (1998), S. 35 (48 f.); *Schack*, Internationales Zivilverfahrensrecht[4] (2006), Rn. 737.

1345 *Lorenz*, ZZP 111 (1998), S. 35 (36- 41).

1346 Internationales Zivilverfahrensrecht[4] (2006), Rn. 739.

1347 Siehe 2.Teil B. II. 1. d).

1348 *Reufels*, RIW 1999, S. 667 (668).

1349 Siehe weiter oben B. II. 2. a).

1350 Anders dagegen *OLG Koblenz*, Beschluss v. 27.06.2005, IPRax 2006, S. 25 (34 ff.), das überdies „allgemeinkundige Aspekte" und „abstrakt-generell geltende rechtliche Kriterien" zur Beurteilung heranziehen will. Hierzu bereits weiter oben B. II. 2. b).

schen Klage kann mithin nicht aus dem Grund verweigert werden, dass den Beklagten in der *pre-trial discovery* wahrscheinlich eine Ausforschung erwartet[1351].

ccc) Schließlich bestehen Vorbehalte gegen die Zustellungserledigung aufgrund der *extraterritorialen Anwendung* der *pre-trial discovery*-Regeln. Die US-Beweisaufnahme auf deutschem Boden stelle stets eine Verletzung der deutschen Souveränität dar, soweit sie jenseits der Regeln des an sich im deutsch-amerikanischen Verhältnis einschlägigen „Haager Übereinkommens über die Beweisaufnahme im Ausland in Zivil- und Handelssachen" (HBÜ) v. 18.03.1970[1352] erfolge[1353]. Da die transatlantische Beweisaufnahme regelmäßig ohne Beachtung der Schranken des HBÜ durchgeführt werde, ergebe sich hieraus eine Gefährdung deutscher Hoheitsrechte schon im Zeitpunkt der Klagezustellung[1354]. Aus diesem Grund müsse die von amerikanischen Gerichten ersuchte Zustellung solcher Klagen bereits nach Art. 13 Abs. 1 HZÜ abgelehnt werden.

Bevor auf die Frage eingegangen werden kann, ob die grenzüberschreitende Anwendung der *discovery*-Regeln die Erledigung der Zustellung nach dem HZÜ hindert, bedarf es zur Verdeutlichung der Problematik einiger erläuternder Ausführungen: Ausländische Parteien eines US-Zivilprozesses sind genauso den *discovery*-Maßnahmen unterworfen wie einheimische Prozessparteien, d.h. sie trifft grundsätzlich dieselbe Mitwirkungspflicht[1355]. Sie können also zur Herbeischaffung sämtlicher Beweismittel verpflichtet werden. Befinden sich diese jedoch in Deutschland, stellt sich regelmäßig die Frage, welche Vor-

---

1351 Auch im Rahmen des HBÜ dürfen andere nicht unter Art. 23 HBÜ fallende *discovery*-Formen nicht pauschal unter Hinweis auf das deutsche Ausforschungsverbot nach Art. 12 Abs. 1 lit. b HBÜ abgelehnt werden; siehe *Geimer*, Internationales Zivilprozessrecht[5] (2005), Rn. 2490. Geht man überdies davon aus, dass Art. 13 Abs. 1 HZÜ restriktiver auszulegen ist als Art. 12 Abs. 1 lit. b HBÜ, dann gilt dies erst recht für die Zustellungserledigung nach dem HZÜ; siehe *Stürner/Stadler*, IPRax 1990, S. 157 (158).

1352 BGBl. 1977 II, S. 1472. Das Übereinkommen ist in den Vereinigten Staaten am 07.10.1972 in Kraft getreten, vgl. BGBl. 1980 II, S. 1290; in Deutschland gilt es seit dem 26.06.1979, vgl. BGBl. 1979 II, S. 780.

1353 So *Stürner*, JZ 1987, S. 44 (45); zust. *von Danwitz*, DÖV 2004, S. 501 (508).

1354 So *von Danwitz*, DÖV 2004, S. 501 (508 f.); a.A. *Schlosser*, EU-Zivilprozessrecht[2] (2003), Art. 1 HBÜ, Rn. 3; *Huber*, FS Erik Jayme (2004), S. 361 (368); *von Hein*, in: *Hopt/Kulms/von Hein* (Hrsg.), Rechtshilfe und Rechtsstaat (2006), S. 93: „Letztlich dürfen derartige Fragen nicht ex ante bei der Zustellung, sondern müssen im Rahmen des Haager Beweisaufnahmeübereinkommens (HBÜ) beantwortet werden". Ebenso *BVerfG*, Beschluss v. 24.01.2007, WM 2007, S. 375 (376) = RIW 2007, S. 211 (213) m. krit. Bespr. *von Hein*, ebd., S. 249 (253 f.) = JZ 2007, S. 1046 (1047); Beschluss v. 14.06.2007, WM 2007, S. 1392 (1394).

1355 *Junker*, in: *Heldrich/Kono* (Hrsg.), Herausforderungen des Internationalen Zivilverfahrensrecht (1994), S. 103 (108); *Schlosser*, EU-Zivilprozessrecht[2] (2003), Art. 1 HBÜ, Rn. 6.

schriften für die transatlantische Beweisermittlung und -erhebung Anwendung finden. In Betracht kommen sowohl die lex fori, also bei Verfahren vor den Bundesgerichten die *discovery*-Regeln der *Federal Rules of Civil Procedure*, als auch das Haager Beweisübereinkommen, das im Einzelnen die Durchführung einer Beweisaufnahme zwischen den Vertragsstaaten regelt.

Seit Inkrafttreten des Haager Beweisübereinkommens ist allerdings lebhaft umstritten, ob die grenzüberschreitende Beweisermittlung nun ausschließlich nach den Regeln des HBÜ zu erfolgen habe, also die staatsvertraglichen Vorschriften in einem Exklusivitätsverhältnis zu den nationalen Bestimmungen stehen, oder vielmehr diese fakultativ neben dem nationalen Prozessrecht zur Anwendung gelangen. Die deutsche Bundesregierung nimmt entgegen dem klaren Wortlaut des Art. 1 Abs. 1 HBÜ[1356] eine „konventionstreue" Position ein und ist der Meinung, dass ein ausländischer Staat das HBÜ immer dann anwenden müsse, sobald die Urkunden in Deutschland belegen oder die Beweispersonen hier wohnhaft sind[1357]. Anders dagegen fiel die Beurteilung des *US Supreme Court* in dem *Aérospatiale*-Fall im Jahr 1987 aus.[1358] Seitdem steht zumindest für die Amerikaner fest, das Haager Beweisübereinkommen verdrängt die nationalen Prozessregeln über die Beweisermittlung nicht[1359]. Allerdings betonte das Gericht auch, dass im Einzelfall zu überprüfen sei, ob die Rücksichtnahme auf fremde Staatsinteressen (*comity*) oder die Vermeidung unnötiger Belastungen für ausländische Parteien ein Vorgehen des Übereinkommens erforderlich mache[1360]. Einige US-Gerichte stellen dabei derjenigen Partei, die sich auf die An-

1356 Das Wort „kann" in Art. 1 Abs. 1 HBÜ bringt deutlich zum Ausdruck, dass das Gericht sich nicht des HBÜ zu bedienen braucht, wenn es eine im Ausland belegene Information benötigt. Ebenso *Schlosser*, EU-Zivilprozessrecht[2] (2003), Art. 1 HBÜ, Rn. 5.

1357 Siehe amicus curiae-Schriftsatz der deutschen Bundesregierung in Sachen *Société Nationale Industrielle Aérospatiale*, Brief for the Federal Republic of Germany as Amicus Curiae, 25 ILM 1539, 1541 (1986); berichtet von *Heidenberger*, RIW 1986, S. 489 (491). Zur Beurteilung anderer Vertragsstaaten, siehe *Welp*, RabelsZ 54 (1990), S. 364 (367); *Bermann*, 63 Tul. L. Rev. 525 ff. (1989); krit. *Junker*, JZ 1989, S. 121 (126); *ders.*, in: *Heldrich/Kono* (Hrsg.), Herausforderungen des Internationalen Zivilverfahrensrecht (1994), S. 103 (112); *Daoudi*, Extraterritoriale Beweisbeschaffung im deutschen Zivilprozeß (2000), S. 78- 80; *Schack*, Internationales Zivilverfahrensrecht[4] (2006), Rn. 734.

1358 *Société Nationale Industrielle Aerospatiale et al. v. U. S. District Court,* 482 US 522, 542 ff. (1987) = JZ 1987, S. 984 (deutsche Übersetzung von *Stadler*); hierzu *Koch*, IPRax 1987, S. 328; *Stürner*, JZ 1987, S. 988; *Junker*, JZ 1989, S. 121 (126 ff.); neuerdings *Richter*, RIW 2005, S. 815 (816- 821).

1359 Es braucht auch nicht zuerst versucht zu werden, mit den vom HBÜ angebotenen Möglichkeiten zurechtzukommen (sog. *first attempt rule*); siehe *Anonymus*, 19 N. Y. U. J. Int. L. & Pol. 87 (1986); *Borchers*, 38 Tex. Int'l L. J. 73, 77 f. (2003); *Nafziger*, 38 Tex. Int'l L. J. 103, 108 f. (2003); a. A. dissent opinion *Société Nationale Industrielle Aerospatiale et al. v. U. S. District Court,* 482 US 522, 547 ff. (1987) = JZ 1987, S. 984 (987).

1360 *Société Nationale Industrielle Aerospatiale et al. v. U. S. District Court,* 482 US 522, 546 (1987): „The exact line between reasonableness and unreasonableness in each case

wendung des HBÜ beruft und dies als Einwand gegenüber *discovery*-Maßnahmen geltend macht, eine Regel zur Darlegungslast auf[1361]. Die in der Regel ausländische Partei muss vorbringen, dass die Anwendung der *discovery*-Regeln im Einzelfall *unreasonable* und die Durchführung der Beweisermittlung nach dem Staatsvertrag *more effective* ist[1362].

Trotz eines entsprechenden Parteivortrags tendieren die US-Gerichte deutlich dazu, ihren eigenen Prozessvorschriften den Vorzug zu geben[1363]. Dies mag vor allem an der strengen Handhabung US-amerikanischer Rechtshilfeersuchen durch deutsche Zentralbehörden liegen, die eine Beweisermittlung nach den nationalen Regelungen stets effektiver erscheinen lässt[1364]. Einen Beitrag zu der restriktiven Praxis der deutschen Rechtshilfebehörden hat insbesondere der von der Bundesrepublik Deutschland erklärte Vorbehalt in Art. 23 HBÜ geleistet[1365]. Dieser inhaltlich verunglückte, gegen die USA gerichtete Vorbehalt sieht vor, dass Rechtshilfeersuchen, die eine *pre-trial discovery of documents* zum Ge-

---

must be drawn by the trial court, based on its knowledge of the case and of the claims and interests of the parties and the governments whose statutes and policies they invoke." Die Neufassung der Rule 28 (b) FRCivP aus dem Jahre 1993 hat die Kriterien dieser Entscheidung (in Nuancen) aufgenommen; hierzu *Reimann*, IPRax 1994, S. 152 (154); *Schlosser*, EU-Zivilprozessrecht[2] (2003), Art. 1 HBÜ, Rn. 5; *Hess*, AG 2005, S. 897 (903), Fn. 83; *Nagel/Gottwald*, Internationales Zivilprozessrecht[6] (2007), § 8, Rn. 34 f.

1361 Siehe statt vieler *Doster v. Schenk, A.G*, 141 F. R. D. 50, 51 (Fn.3) (M. D. N. C. 1991); *Scarminach v. Goldwell GmbH*, 531 N. Y. Supp. 2d 188, 191 (N. Y. Sup. 1988); vgl. ferner *Borchers*, 38 Tex. Int'l L. J. 73, 84 (2003).

1362 *In re Aircrash Disaster Near Roselawn*, 172 F. R. D. 295, 308 (N. D. Ill. 1997): „We find nothing in this record showing that the Hague Convention discovery proceeding would prove any more effective than our current discovery process under the Federal Rules of Civil Procedure." *Fishel v. BASF-Group* 175 F. R. D. 525, 529 (S. D. Iowa 1997): „Notably, defendants have not argued that Convention procedures present an effective, or more effective means of discovering jurisdictional facts." Siehe ferner *Reufels*, RIW 1999, S. 667 (674); *Schlosser*, EU-Zivilprozessrecht[2] (2003), Art. 1 HBÜ, Rn. 5; *Trittmann/Leitzen*, IPRax 2003, S. 7 (8); *Hess*, AG 2005, S. 897 (903) m. weit. Nachw.

1363 Siehe Untersuchung von *Borchers*, 38 Tex. Int'l L. J. 73 ff., 84 (2003): „Many courts seem to simply place the burden and then announce that the burden has not been carried, with little further explanation." Ebenso *Trittmann/Leitzen*, IPRax 2003, S. 7 (8 f.) m. weit. Nachw. Anders hingegen *Richter*, RIW 2005, S. 815 (821- 826), der anhand jüngerer Entscheidungen des *US Supreme Court* erkannt haben will, dass dem *comity*-Gedanken eine stärkere und gerechtere Berücksichtigung geschenkt wird. Gleichwohl räumt *Richter* selbst ein, dass die Entscheidungen zu keinem endgültigen Durchbruch hinsichtlich der extraterritorialen Anwendung des US-amerikanischen Beweisrechts geführt haben.

1364 *Hess*, AG 2005, S. 897 (903); siehe ferner *von Hein*, RIW 2007, S. 249 (254), der verlangt, dass nunmehr die in § 14 Abs. 2 Ausführungsgesetz zum HBÜ angekündigte Rechtsverordnung erlassen werden soll, damit für US-amerikanische Gerichte Anreize geschaffen werden, vermehrt vom HBÜ Gebrauch zu machen.

1365 Siehe § 14 Abs. 1 Ausführungsgesetz zum HBÜ.

genstand haben, nicht erledigt werden[1366]. Dies hat dazu geführt, dass die grenzüberschreitende Beweisermittlung regelmäßig nicht nach den Bestimmungen des HBÜ, sondern in direkter Anwendung der *discovery*-Regeln durchgeführt wird[1367]. Insofern stellt sich die Frage, ob diese Praxis stets als eine Verletzung deutscher Souveränitätsinteressen anzusehen ist und ob diese Souveränitätsverletzung bereits im Zeitpunkt der Zustellung berücksichtigt werden muss.

Ein völkerrechtswidriger Eingriff in die deutsche Hoheitsgewalt ist unstreitig gegeben, wenn die fremde Beweisermittlung gegen den Willen der deutschen Partei und ohne Inanspruchnahme deutscher Rechtshilfe erzwungen wird[1368]. Fraglich ist hingegen, ob darüber hinaus auch die *freiwillige* Mitwirkung bei der *pre-trial discovery* auf deutschem Boden die Justizhoheit der Bundesrepublik Deutschland verletzt.

Es besteht zumindest insoweit Einigkeit, dass die richterliche bzw. jede hoheitliche Beweiserhebung oder -ermittlung als Amtshandlung auf fremdem Territorium auch

1366 Hierzu *Junker*, in: *Heldrich/Kono* (Hrsg.), Herausforderungen des Internationalen Zivilverfahrensrecht (1994), S. 103 (110): Der *discovery* Vorbehalt in Art. 23 HBÜ ist einerseits zu weit, da er sämtliche Rechtshilfeersuchen um Urkundenvorlagen blockiert, andererseits zu eng, da er nur Rechtshilfebegehren auf Vorlage von Urkunden erfasst. Siehe ferner *Schack*, Einführung in das US-amerikanische Zivilprozessrecht[3] (2003), V. 4. c), S. 56; *ders.*, Internationales Zivilverfahrensrecht[4] (2006), Rn. 734; *Nafziger*, 38 Tex. Int'l L. J. 103, 108 (2003). Krit. auch *Schlosser*, EU-Zivilprozessrecht[2] (2003), Art. 23 HBÜ, Rn. 3, 5: Er hält Art. 23 HBÜ sogar für willkürlich mit der Folge, dass § 14 Abs. 1 Ausführungsgesetz zum HBÜ als willkürliche deutsche Regelung verfassungswidrig sei, wenn nicht die Vorschrift grundgesetzeskonform ausgelegt werde.

1367 *Born/Honig*, 24 Int'l Lawyer 393, 398 ff. (1990); *Böhmer*, NJW 1990, S. 3049 (3054); *Trittmann/Leitzen*, IPRax 2003, S. 7 (8); *von Danwitz*, DÖV 2004, S. 501 (509); *Hess*, AG 2005, S. 897 (903 ff., 905); *Nagel/Gottwald*, Internationales Zivilprozessrecht[6] (2007), § 8, Rn. 34 f. Diese Tatsache wird wohl vom Bundesverfassungsgericht in seinem Beschluss vom 24.01.2007 (WM 2007, S. 375 (376)) verkannt: „Vor einer konkreten gegen die Beschwerdeführerin gerichteten Beweisaufnahme bedarf es weiterer Rechtshilfeentscheidungen deutscher Hoheitsträger, bei denen die Rechte der Beschwerdeführerin zu beachten sind. Sie wird durch die Eröffnung der Möglichkeit eines *pre-trial discovery*-Verfahrens durch eine Klagezustellung in Deutschland nicht zugleich schutzlos einer Ausforschung ausgeliefert."

1368 *Stiefel/Stürner*, VersR 1987, S. 829 (830); *Schack*, Einführung in das US-amerikanische Zivilprozessrecht[3] (2003), V. 4. c), S. 52 f.; *ders.*, Internationales Zivilverfahrensrecht4 (2006), Rn. 865. Siehe auch *BGH*, Urteil v. 04.06.1992, BGHZ 118, S. 312 (324) = NJW 1992, S. 3096 (3099).

bei freiwilliger Mitwirkung eine Souveränitätsverletzung darstellt[1369]. Dies gilt allerdings nicht für private Voruntersuchungen auf freiwilliger Basis[1370].

Dies wird zum Teil mit der Begründung angenommen, dass in dem *discovery*-Verfahren gerichtsverwertbare Beweisstücke produziert werden[1371]. Trotz privater Beweisermittlung wirke diese hoheitlich, so dass sie als völkerrechtswidrig einzustufen sei[1372]. Nehme die betroffene (deutsche) Partei hieran teil, erfülle sie sogar den objektiven Tatbestand der Amtsanmaßung gemäß § 132 2. Alt. StGB[1373]. Diese Auffassung geht jedoch entschieden zu weit. Zutreffend weist *Schack* darauf hin, dass das Völkerrecht

> „nicht Selbstzweck, sondern wie alles Recht letztlich den Menschen verpflichtet [scil. ist], deren Interessen zu schützen, und nicht zu vereiteln, Aufgabe des Staates ist. Man sollte deshalb im Privat(prozess)rechtsverkehr nicht unnötig völkerrechtliche Hindernisse aufbauen."[1374]

Nimmt die betroffene Partei demnach freiwillig an der *pre-trial discovery* teil, wird noch lange nicht völkerrechtswidrig in deutsche Hoheitsrechte eingegriffen[1375]. Die Freiwilligkeit erfährt hingegen dort ihre Grenzen, wo die Mitwirkung ausschließlich unter dem hohen Sanktionsdruck erfolgt[1376]; also vor allem

---

1369 Siehe *Stürner*, ZVglRWiss 81 (1982), S. 159 (169); *ders.*, in: *Habscheid* (Hrsg.), Der Justizkonflikt mit den Vereinigten Staaten von Amerika (1986), S. 3 (22 f.); *Leipold*, Lex fori, Souveränität, Discovery (1989), S. 39 ff. (41): „Ohne Einwilligung des betroffenen Staates sind auch zwangsfreie gerichtliche Ermittlungen im Ausland […] als völkerrechtswidrig zu betrachten." Zust. *Nagel/Gottwald*, Internationales Zivilprozessrecht[6] (2007), § 8, Rn. 2.

1370 *Stürner*, in: *Habscheid* (Hrsg.), Der Justizkonflikt mit den Vereinigten Staaten von Amerika (1986), S. 3 (23) m. weit. Nachw.

1371 *Stürner*, in: *Habscheid* (Hrsg.), Der Justizkonflikt mit den Vereinigten Staaten von Amerika (1986), S. 3 (23); *Stadler*, Der Schutz des Unternehmensgeheimnisses (1989), S. 277 f.

1372 *Stürner*, ZVglRWiss 81 (1982), S. 159 (169 f.); *ders.*, in: *Habscheid* (Hrsg.), Der Justizkonflikt mit den Vereinigten Staaten von Amerika (1986), S. 3 (23); *Leipold*, Lex fori, Souveränität, Discovery (1989), S. 42 ff. (43); ähnlich auch *Böhmer*, NJW 1990, S. 3049 (3054); *von Danwitz*, DÖV 2004, S. 501 (509).

1373 So *Stürner*, ZVglRWiss 81 (1982), S. 159 (170 f., 202); *Böhmer*, NJW 1990, S. 3049 (3054); a.A. *Schack*, Einführung in das US-amerikanische Zivilprozessrecht[3] (2003), V. 4. c), S. 53; *Geimer*, Internationales Zivilprozessrecht[5] (2005), Rn. 464 a, 2532.

1374 *Schack*, Einführung in das US-amerikanische Zivilprozessrecht[3] (2003), V. 4. c), S. 53.

1375 *Bertele*, Souveränität und Verfahrensrecht (1998), S. 408, 482 f.; *Reufels*, RIW 1999, S. 667 (670): „Die freiwillige Mitwirkung […] stellt […] keinen Verstoß gegen die Souveränität […] dar, weil in den pre-trial discovery-Maßnahmen keine staatlich zurechenbaren Handlungen eines anderen Staates liegen." Ebenso *Schack*, Einführung in das US-amerikanische Zivilprozessrecht[3] (2003), V. 4. c), S. 53; *Geimer*, Internationales Zivilprozessrecht[5] (2005), Rn. 464a; *Nagel/Gottwald*, Internationales Zivilprozessrecht[6] (2007), § 8, Rn. 36, 122.

1376 *Schlosser*, EU-Zivilprozessrecht[2] (2003), Art. 12 HBÜ, Rn. 1; *Schack*, Einführung in das US-amerikanische Zivilprozessrecht[3] (2003), V. 4. c), S. 53 (Fn. 410).

dann, wenn sich die Partei unter Wirkung angedrohter Zwangsmittel zur Teilnahme genötigt sieht[1377]. In diesen Fällen liegt zudem eine dem Staat zurechenbare Handlung vor, so dass darin ein Übergriff in die deutsche Souveränität zu erblicken ist.

Jedenfalls ist für die hier zu interessierende Frage festzustellen, dass nicht jede Beweisermittlung nach den *discovery*-Regeln auf dem deutschen Territorium jenseits der Regeln des Haager Beweisübereinkommens zu einem völkerrechtswidrigen Eingriff in die Souveränität der Bundesrepublik Deutschland führt. Vielmehr kommt es maßgebend darauf an, ob die freiwillige Mitwirkung der deutschen Partei durch die Androhung von Zwangsmitteln erzwungen wurde. Die Entscheidung über den Einsatz der Zwangsmaßnahmen erfolgt aber regelmäßig erst nach der Zustellung der Klage. Insofern kann zu diesem Zeitpunkt noch keine Beeinträchtigung der deutschen Justizhoheit angenommen werden. Zudem ist ihr Erlass ungewiss, so dass es insgesamt an der hinreichenden Wahrscheinlichkeit der Gefährdung deutscher Hoheitsrechte fehlt[1378]. Die Zustellungserledigung kann mithin auch unter diesem Aspekt nicht verweigert werden. Art. 13 Abs. 1 HZÜ gewährt damit keinen Umgehungsschutz von Art. 23 HBÜ[1379].

gg) Zustellung trotz *jury trial*

In Bezug auf den *jury trial* vertritt allein *Schütze* die Ansicht, dass die Zustellung einer US-amerikanischen Klage nach Art. 13 Abs. 1 HZÜ wegen konzeptioneller Befangenheit der Richter der Einzelstaatengerichte regelmäßig zu verweigern sei[1380]. Da nach seiner Auffassung zudem Laienrichter beeinflussbarer seien als Berufsrichter[1381], müsste bei diesen Verfahren erst recht ein Zustellungshindernis vorliegen.

Zunächst muss auch hier auf Art. 13 Abs. 2 HZÜ hingewiesen werden, wonach Verfahrensunterschiede grundsätzlich hinzunehmen sind. Insofern stellt allein die Tatsache, dass eine Jury zur Entscheidung von Tatsachen berufen ist, keinen Ablehnungsgrund nach Absatz 1 dar. Die Mitwirkung der Geschworenen in der US-amerikanischen Rechtsprechung ist ferner als Ausprägung des Demokratieprinzips zu verstehen, so dass auch danach kein Verstoß gegen unverzichtbare Grundsätze eines freiheitlichen Rechtsstaates festgestellt werden kann.

1377 Ebenso *Nagel/Gottwald*, Internationales Zivilprozessrecht[6] (2007), § 8, Rn. 122.

1378 Entsprechend auch *Hau*, ZZPInt 6 (2001), S. 249 (253).

1379 So aber *von Danwitz*, DÖV 2004, S. 501 (508).

1380 *Schütze*, ZVglRWiss 100 (2001), S. 464 (469 f.) im Hinblick auf den anerkennungsrechtlichen ordre public; *ders.*, FS Mark M. Boguslavskij (2004), S. 325 (332 f.); ausdrücklich a. A. *Rohe*, FG Max Vollkommer (2006), S. 291 (309 f.).

1381 *Schütze*, FS Reinhold Geimer (2002), S. 1025 (1030- 1032).

Erst wenn das ausländische Verfahren von den Grundprinzipien des deutschen Rechts so stark abweicht, dass es nicht mehr rechtsstaatlichen Anforderungen entspricht, kann anders entschieden werden. Zweifellos ist das Recht auf einen unbefangenen Richter als wesentliches Grundprinzip des deutschen Rechts anzusehen, das in verschiedenen Vorschriften seinen Niederschlag gefunden hat[1382]. Insofern ist darin ein unverzichtbarer Grundsatz eines freiheitlichen Rechtsstaates zu sehen. Fraglich ist indes, ob ein Verstoß gegen diesen Grundsatz bejaht werden darf. Ohne vertieft auf die Möglichkeit der Ablehnung befangener Jurymitglieder eingehen zu wollen[1383], bestehen hiergegen erhebliche Bedenken. Zunächst steht im Zeitpunkt der Klagezustellung noch gar nicht fest, ob das Zivilverfahren überhaupt vor Geschworenen ausgetragen wird. Denn die Parteien können auf ihr Recht auf einen *jury trial* verzichten, was vor allem in Wirtschaftsstreitigkeiten nicht selten geschieht[1384]. Zudem kommt es nur in etwa einem Drittel aller Fälle zu einem *jury trial*[1385], so dass es schon an der hinreichenden Wahrscheinlichkeit der Gefährdung fehlen dürfte. Wenn man überdies bedenkt, dass sich wegen des Beratungsgeheimnisses der Jury und der mangelnden Urteilsbegründung ihre Beeinflussbarkeit und Voreingenommenheit nicht ohne weiteres verifizieren lassen, erscheint der Vorwurf der konzeptionellen Befangenheit als zu pauschal und zudem nicht belegbar. Die Zustellung einer US-amerikanischen Klageschrift darf jedenfalls nicht allein wegen der Möglichkeit eines *jury trial* nach Art. 13 Abs. 1 HZÜ abgelehnt werden.

hh) Zustellung einer *punitive damages*-Klage

Der Bundesgerichtshof hat in seiner grundlegenden Entscheidung vom 04.06.1992 dargelegt, dass die Vollstreckbarerklärung eines US-amerikanischen Urteils, das die Verpflichtung zur Zahlung von *punitive damages* vorsieht, regelmäßig am materiellen *ordre public* im Sinne des §§ 723 Abs. 2 S. 2, 328 Abs. 1 Nr. 4 ZPO scheitere[1386]. Denn

> „[z]u den wesentlichen Grundsätzen des deutschen Rechts gehört der aus dem Rechtsstaatsprinzip folgende Grundsatz der Verhältnismäßigkeit, der auch in der Zivilrechtsordnung Geltung beansprucht […]. Ihm trägt im Zivilrecht unter anderem der

---

1382 So kann sowohl der Straf- (vgl. §§ 24, 25, 31 Abs. 1 StPO) als auch Zivilrichter (vgl. §§ 42, 43 ZPO) wegen Besorgnis der Befangenheit abgelehnt werden.

1383 Auch nach US-amerikanischem Recht können die Geschworenen wegen Befangenheit abgelehnt werden (*challenge for cause*); siehe *Schack*, Einführung in das US-amerikanische Zivilprozessrecht³ (2003), VI. 3., S. 64.

1384 *Schack*, Einführung in das US-amerikanische Zivilprozessrecht³ (2003), VI. 2., S. 63.

1385 *Schack*, Einführung in das US-amerikanische Zivilprozessrecht³ (2003), VI. 2., S. 63 (Fn. 496) m. weit. Nachw.

1386 BGHZ 118, S. 312 (338) = NJW 1992, S. 3096 (3103).

Kompensationsgedanke beim Schadensersatz Rechnung: Regelmäßig ist allein der Ausgleich der durch den rechtswidrigen Eingriff gestörten Vermögensverhältnisse der unmittelbar Beteiligten das angemessene Ziel des über den Eingriff geführten Zivilprozesses. Darauf sind dessen Verfahrens- und Beweisregeln zugeschnitten, die den Parteien einen vielfältig bestimmenden Einfluß auf das Ergebnis einräumen. Ähnliche Regeln bestimmen den US-amerikanischen Zivilprozeß, bis hin zur Festlegung des maßgeblichen Sachverhalts durch die Parteien und zur Möglichkeit von Säumnisentscheidungen. Hingegen fallen Sanktionen, die der Bestrafung und Abschreckung - also dem Schutz der Rechtsordnung im allgemeinen - dienen, nach deutscher Auffassung grundsätzlich unter das Strafmonopol des Staates. Er übt es im öffentlichen Interesse in einer besonderen Verfahrensart aus, in dem einerseits die Amtsermittlung eine höhere Gewähr für die Richtigkeit der Sachentscheidung bieten soll und andererseits die Rechte des Beschuldigten stärker geschützt sind. Aus hiesiger Sicht erscheint es unerträglich, in einem Zivilurteil eine erhebliche Geldzahlung aufzuerlegen, die nicht dem Schadensausgleich dient, sondern wesentlich nach dem Interesse der Allgemeinheit bemessen wird und möglicherweise neben eine Kriminalstrafe für dasselbe Vergehen treten kann [...]. So verhält es sich im Ergebnis mit dem vorliegenden Fall. Der verhängte Strafschadensersatz ist höher als die Summe aller zugesprochenen Ausgleichsbeträge. Sogar das hierauf anfallende Anwaltshonorar zusammen könnte nur gut ein Drittel der "punitive damages" ausmachen. Für einen sonstigen auszugleichenden Schaden ist nichts ersichtlich. Dann würde eine Vollstreckung den Beklagten übermäßig treffen."[1387]

Aus diesem Grund sahen sich einige Stimmen im Schrifttum nicht daran gehindert anzunehmen, dass auch die Zustellungserledigung einer solchen Klage nach Art. 13 Abs. 1 HZÜ verweigert werden müsse[1388].

In der fachgerichtlichen Rechtsprechung besteht dagegen nahezu[1389] einhellige Einigkeit, dass die Zustellung einer US-amerikanischen Klage nicht allein aus dem Grund verweigert werden dürfe, weil die Klage auf Zahlung von *puni-*

1387 *BGH*, Urteil v. 04.06.1992, BGHZ 118, S. 312 (344) = NJW 1992, S. 3096 (3104); krit. *Coester-Waltjen*, in: *Heldrich/Kono* (Hrsg.), Herausforderungen des Internationalen Zivilverfahrensrecht (1994), S. 15 (29- 33). Trotz aktueller Annäherungsversuche des deutschen Schadensersatzrechtes an den Strafschadensersatz aus Gründen der Verhaltenssteuerung (vgl. Agenda des 66. Deutschen Juristentages 2006, *Wagner*, Beilage zu NJW 22/2006, S. 5 (8); *Mörsdorf-Schulte*, NJW 2006, S. 1184 ff.) ist wohl nicht davon auszugehen, dass sich an dieser Position etwas ändern wird. Die *auch* Straffunktion der *punitive damages* hindert ihre Anerkennungsfähigkeit; siehe *Wagner*, AcP 206 (2006), S. 352 (476); zust. *Medicus*, JZ 2006, S. 805 (809).

1388 So *Greger*, NJW 1989, S. 3103 (3104); *ders.*, Erlanger FS Karl H. Schwab (1990), S. 338 (341); *Merkt*, Abwehr der Zustellung von „punitive-damages"-Klagen (1995), S. 148-157; *Mörsdorf-Schulte*, Funktion und Dogmatik US-amerikanischer „punitive damages" (1999), S. 44 ff., 296 ff.: Sie wendet sich insbesondere gegen die Qualifizierung der *punitive damages* als Zivil- und Handelssache im Sinne des Art. 1 Abs. 1 HZÜ. Vgl ferner *Schütze*, FS Mark M. Boguslavskij (2004), S. 325 (329 f.); wohl auch *von Danwitz*, DÖV 2004, S. 501 (509 f.).

1389 Allein das *OLG Koblenz*, Beschluss v. 27.06.2005, IPRax 2006, S. 25 (37) sieht im Hinblick auf *treble damages* das Gebot der Verhältnismäßigkeit verletzt.

tive damages gerichtet ist. Durch die Geltendmachung des Strafschadensersatzes werden weder der Grundsatz der Verhältnismäßigkeit, das Willkürverbot und das Bestimmtheitsgebot, noch das Bestrafungsmonopol des Staates und das Verbot der Mehrfachbestrafung beeinträchtigt. Insofern verstoße die Klagezustellung nicht gegen den Erledigungsvorbehalt des Art. 13 Abs. 1 HZÜ[1390]. Bestätigt wird diese Rechtsprechung durch die Entscheidung des Ersten Senats des Bundesverfassungsgerichts vom 07.12.1994, wonach „[u]nverzichtbare Grundsätze des freiheitlichen Rechtsstaates [...] nicht schon durch die Möglichkeit der Verhängung von Strafschadensersatz verletzt" werden[1391]. Die Zustellung bewirke „allenfalls eine Gefährdung der finanziellen Interessen des Beklagten [...]. Ob er aber tatsächlich auch zur Zahlung von Strafschadensersatz verurteilt wird, stellt sich erst bei Abschluß des Verfahrens mit dem Erlaß des Urteils heraus"[1392]. Insofern sei die Zustellung einer Klage, mit der (auch) Strafschadensersatz nach US-amerikanischem Recht geltend gemacht wird, nicht unzumutbar. Der Großteil des deutschen Schrifttums folgt dieser Auffassung: Allein die Tatsache, dass mit der zuzustellenden Klage die Geltendmachung von *punitive damages* verfolgt wird, stelle kein Ablehnungsgrund im Sinne das Art. 13 Abs. 1 HZÜ dar[1393].

1390 *OLG München*, Beschluss v. 09.05.1989, NJW 1989, S. 3102 (3103); *dass.*, Beschluss v. 15.07.1992, NJW 1992, S. 3113; *dass.*, Beschluss v. 07.06.2006, OLG-Report München 2006, S. 801 (802); *OLG Frankfurt a.M.*, Beschluss v. 21.03.1991, IPRax 1992, S. 166 (168); *dass.*, Beschluss v. 15.03.2006, Aktz. 20 VA 7/05 -juris, Rn. 45 ff.; *OLG Düsseldorf*, Beschluss v. 19.02.1992, NJW 1992, S. 3110 (3112); *dass.*, Beschluss v. 11.07.2003, WM 2003, S. 1587 (1588); *dass.*, Beschluss v. 21.04.2006, RIW 2006, S. 629 (632); KG Berlin, Beschluss v. 05.07.1994, IPRspr 1994, Nr. 159, S. 360 (363); *OLG Naumburg*, Beschluss v. 09.02.2006, WuW 2006, S. 932 (935) = OLG-Report Naumburg 2006, S. 403 (405); *OLG Celle*, Beschluss v. 20.07.2006, OLG-Report Celle 2006, S. 686 (688).

1391 BVerfGE 91, S. 335 (344) = IPRax 1996, S. 112 (115) = IPRspr 1994, Nr. 160b, S. 365 (369); *BVerfG*, einstweilige Anordnung v. 11.06.2004, NJW 2004, S. 3552 (3553) = IPRspr 2004, Nr. 154b, S. 339 (340); bestätigend Beschluss v. 24.01.07, WM 2007, S. 375 (376) = RIW 2007, S. 211 (212) m. zust. Bespr. *von Hein*, ebd., S. 249 (253).

1392 *BVerfG*, Beschluss v. 07.12.1994, BVerfGE 91, S. 335 (344 f.) = IPRax 1996, S. 112 (115) = IPRspr 1994, Nr. 160b, S. 365 (369); einstweilige Anordnung v. 11.06.2004, NJW 2004, S. 3552 (3553) = IPRspr 2004, Nr. 154b, S. 339 (340).

1393 *Stürner/Stadler*, IPRax 1990, S. 157 (159 f.); *Stadler*, IPRax 1992, S. 147; *dies.*, JZ 1995, S. 718 (720); *Otte*, EWiR 1992, S. 1209 (1210); *Koch/Zekoll*, IPRax 1993, S. 288 (289); *ders./Diedrich*, ZIP 1994, S. 1830 (1832); *Juenger/Reimann*, NJW 1994, S. 3274; *Coester-Waltjen*, in: *Heldrich/Kono* (Hrsg.), Herausforderungen des Internationalen Zivilverfahrensrecht (1994), S. 15 (24); *Kronke*, EuZW 1995, S. 221; *Morisse*, RIW 1995, S. 370 (372); *Tomuschat*, IPRax 1996, S. 83 (84 f.); *Knapp*, Die US-amerikanische Produkthaftung in der Praxis der deutschen Automobilindustrie (1997), S. 141 f.; *Greiner*, Die „Class action" im amerikanischem Recht und deutscher „Ordre public" (1998), S. 163; *Witte*, Der US-amerikanische RICO- Act und deutsche Unternehmen (1998), S. 175; ebenso *Brockmeier*, Punitive damages, multiple damages und deutscher ordre public (1999), S. 138, trotz Annahme eines unteilbaren *ordre public*-Begriffs; *G. Geimer*, Neuordnung des internationalen Zustellungs-

Der Ansicht der Rechtsprechung und herrschenden Lehre ist zu folgen. In der Tat können im Zeitpunkt der Klagezustellung keine Aussagen getroffen werden, ob es überhaupt zu einem Endurteil mit der Verpflichtung zur Zahlung von *punitive damages* kommt. Erst recht können auch keine Angaben über die endgültige Höhe des Strafschadensersatzes gemacht werden[1394]. Berücksichtigt man ferner, dass gerade mal weniger als 5 % der anhängig gemachten Zivilverfahren durch ein Endurteil entschieden werden[1395], dann ist es sogar eher unwahrscheinlich, dass es überhaupt zu einer Verurteilung kommt. Insofern scheitert die Anwendung des Art. 13 Abs. 1 HZÜ regelmäßig an der negativen Gefahrenprognose.

ii) Zustellung trotz Grundrechtsbeeinträchtigung

Bevor auf die Frage eingegangen werden kann, welche Grundrechte durch die Zustellungserledigung nach dem HZÜ überhaupt beeinträchtigt sein können, muss zunächst die Grundrechtsbindung bei grenzüberschreitenden Sachverhalten geklärt werden. Dabei ist fraglich, ob und inwieweit diese im internationalen Rechtshilfeverkehr Geltung beanspruchen.

aaa) Die Frage, *ob* die Grundrechte überhaupt im internationalen Rechtshilfeverkehr Achtung beanspruchen, kann relativ einfach beantwortet werden. Ohne den räumlichen Geltungsbereich der Grundrechte zu beschränken, sieht Art. 1 Abs. 3 GG eine umfassende Grundrechtsbindung der öffentlichen Gewalt vor. Die deutsche Staatsgewalt ist also an die deutschen Grundrechte gebunden, wo immer sie und in welchen Staatsgebieten sie handeln möge[1396]. Da es sich

---

rechts (1999), S. 76; *Schlosser*, EU-Zivilprozessrech[2] (2003), Art. 13 HZÜ, Rn. 3, 6; *Zekoll*, NJW 2003, S. 2885 (2886); *Schack*, Einführung in das US-amerikanische Zivilprozessrecht[3] (2003), V. 1. b), S. 39; *Huber*, FS Erik Jayme 2004, S. 361 (366 f.); *Bachmann*, FS Peter F. Schlosser (2005), S. 1 (9- 13); *Geimer*, Internationales Zivilprozessrecht[5] (2005), Rn. 2157, 2159; *von Hein*, in: *Hopt/Kulms/von Hein* (Hrsg.), Rechtshilfe und Rechtsstaat (2006), S. 140 f.; *Nagel/Gottwald*, Internationales Zivilprozessrecht[6] (2007), § 7, Rn. 96; sehr vorsichtig hingegen *Rothe*, RIW 2003, S. 859 (862).

1394 Bedenkt man ferner, dass die Schadensersatzklagen in den USA häufig unbeziffert erhoben werden, dann wird umso deutlicher, dass die Anspruchshöhe kein geeignetes Abgrenzungskriterium darstellt; so *OLG München*, Beschluss v. 15.07.1992, NJW 1992, S. 3113; KG Berlin, Beschluss v. 05.07.1994, IPRspr 1994, Nr. 159, S. 360 (363); siehe ferner B. III. 2. b) cc) ccc).

1395 Siehe 2.Teil C. I.

1396 *Tomuschat*, IPRax 1996, S. 83; *Maunz/Dürig(-Herdegen)*, GG[46] (2006), Art. 1 Abs. 3 GG, Rn. 71; vgl. ferner den sog. *Spanier*-Beschluss des *BVerfG*, Urteil v. 04.05.1971, BVerfGE 31, S. 58 (72 f.): „Auch im Internationalen Privatrecht ist von der Leitnorm des Art. 1 Abs. 3 GG auszugehen, die im Geltungsbereich des Grundgesetzes alle staatliche Gewalt mit unmittelbarer Wirkung an die Grundrechte bindet. […] Als nationales, innerstaatliches

bei der Zustellungserledigung nach dem HZÜ durch die deutsche Zentrale Behörde um einen deutschen Hoheitsakt handelt[1397], ist damit auch diese Maßnahme wie jede andere Ausübung deutscher Staatsgewalt an die Grundrechte gebunden[1398]. Die deutschen Grundrechte finden aber auch direkt über Art. 13 Abs. 1 HZÜ Beachtung[1399]. Wie bereits festgestellt wurde, handelt es sich in der Sache bei dem Erledigungsvorbehalt um eine staatsvertragliche *ordre public*-Klausel, die inhaltlich mit den Wertungsgrundlagen der deutschen Rechtsordnung ausgefüllt wird. Zu den unverzichtbaren Grundsätzen der Bundesrepublik Deutschland gehören unzweifelhaft die Grundrechte[1400]. Daher bedarf es an sich noch nicht mal des Rückgriffs auf Art. 1 Abs. 3 GG.

bbb) Problematischer ist hingegen die Beantwortung der Frage, *inwieweit* die Grundrechte im internationalen Kontext Geltung beanspruchen. Unstreitig unterliegen Grundrechtsbindung und Grundrechtsschutz bei grenzüberschreitenden Sachverhalten Differenzierungen nach der gebotenen Intensität[1401]. Die Einbindung der Bundesrepublik Deutschland in die Völkerrechtsordnung, das Zusammenwirken mit anderen Staaten und sonstigen Völkerrechtssubjekten, sowie

---

Recht […] sind die Vorschriften des deutschen Internationalen Privatrechts in vollem Umfang an den Grundrechten zu messen." Hierzu *R. Hofmann*, Grundrechte und grenzüberschreitende Sachverhalte (1994), S. 15 ff., 116 ff.

1397 St. Rspr., vgl. *BVerfG*, Beschluss v. 07.12.1994, BVerfGE 91, S. 335 (339) = IPRax 1996, S. 112 (113) = IPRspr 1994, Nr. 160b, S. 365 (366); einstweilige Anordnung v. 25.07.2003, BVerfGE 108, S. 238 (249) = NJW 2003, S. 2598 (2599) = IPRspr 2003, Nr. 176b, S. 580 (582); *BGH*, Urteil v. 24.02.1971, BGHZ 58, S. 177 (179 f.); ebenso *Greger*, Erlanger FS Karl H. Schwab (1990), S. 331 (334); *von Danwitz*, DÖV 2004, S. 501; *Linke*, Internationales Zivilprozessrecht[4] (2006), § 5, Rn. 218 f.; *Stürner*, JZ 2006, S. 60 (65); krit. *Fleischhauer*, Inlandszustellung an Ausländer (1996), S. 245; *Schlosser*, EU-Zivilprozessrecht[2] (2003), Art. 10 HZÜ, Rn. 1; *Schack*, AG 2006, S. 823 (825 f.); *Nagel/Gottwald*, Internationales Zivilprozessrecht[6] (2007), § 7, Rn. 2. Nach US-amerikanischem Verständnis ist die Klagezustellung dagegen eine Mitteilung privaten Charakters *inter partes*; siehe 4.Teil D. I. 1; ebenso *Stürner*, JZ 2006, S. 60 (65).

1398 So auch ausdrücklich *Greger*, Erlanger FS Karl H. Schwab (1990), S. 331 (337); *Schlosser*, EU-Zivilprozessrecht[2] (2003), Art. 13 HZÜ, Rn. 4; *Malzahn*, GATT-widrige *Treble Damages*-Klagen auf der Grundlage des US Antidumping Act 1916 (2003), S. 333.

1399 Siehe *Merkt*, Abwehr der Zustellung von „punitive-damages"-Klagen (1995), S. 169; *Bachmann*, FS Peter F. Schlosser (2005), S. 1 (10); wohl auch *Koch/Diedrich*, ZIP 1994, S. 1830 (1832); *Oberhammer*, IPRax 2004, S. 40 (45); a. A. *Juenger/Reimann*, NJW 1994, S. 3274: „Die Vorschrift bezieht sich auf die Souveränität und Sicherheit des Staates, nicht […] auf Grundrechte privater Parteien."

1400 Siehe *Koch/Diedrich*, ZIP 1994, S. 1830 (1832): „Die Grundrechte sind … geradezu der Kernbestandteil des ordre public."

1401 Siehe *R. Hofmann*, Grundrechte und grenzüberschreitende Sachverhalte (1994), S. 30 ff.; *Tomuschat*, IPRax 1996, S. 83 (86 f.); *Malzahn*, GATT-widrige *Treble Damages*-Klagen auf der Grundlage des US Antidumping Act 1916 (2003), S. 386- 396; *Maunz/Dürig(-Herdegen)*, GG[46] (2006), Art. 1 Abs. 3 GG, Rn. 72.

die beschränkten Einwirkungsmöglichkeiten auf Sachverhaltskomponenten unter fremder Hoheitsgewalt zwingen zu Abstufungen in der Steuerungskraft deutscher Grundrechte[1402]. Inwieweit Abstufungen vorzunehmen sind, lässt sich jedoch nicht allgemein bestimmen.

> „Vielmehr ist jeweils durch Auslegung der entsprechenden Verfassungsnorm festzustellen, ob sie nach Wortlaut, Sinn und Zweck für jede denkbare Anwendung hoheitlicher Gewalt innerhalb der Bundesrepublik gelten will oder ob sie bei Sachverhalten mit mehr oder weniger intensiver Auslandsbeziehung eine Differenzierung zuläßt oder verlangt.“[1403]

Ist die Entscheidungsfreiheit der Bundesrepublik Deutschland völkervertraglich gebunden und dient die völkerrechtliche Bindung einem Belang vom Verfassungsrang, lässt sich eine besondere Grundrechtseinschränkung gerade wegen des internationalen Kontextes rechtfertigen[1404]. Das Haager Zustellungsübereinkommen soll die gegenseitige Rechtshilfe unter den Vertragsstaaten verbessern, so dass das Übereinkommen „wichtigen Belangen des Gemeinwohls“ dient[1405]. Insofern lässt sich in diesem Zusammenhang eine besondere Grundrechtseinschränkung ohne weiteres rechtfertigen. Die Grenze der Grundrechtseinschränkung ist jedoch dort erreicht, wo sie gegen unabdingbare Grundprinzipien der deutschen öffentlichen Ordnung verstößt, die nicht nur unter Berücksichtigung des Wesensgehalts eines jeden Grundrechts im Sinne des Art. 19 Abs. 2 GG, sondern vor allem auch mittels des für das jeweilige Grundrecht bestehenden völkerrechtlichen Mindeststandards im Sinne von Art. 25 GG zu bestimmen sind[1406].

ccc) Nachdem nunmehr feststeht, dass auch bei grenzüberschreitenden Sachverhalten die Grundrechte im Rahmen des Art. 13 Abs. 1 HZÜ grundsätzlich, aber nicht uneingeschränkt zu berücksichtigen sind, bleibt zu klären, ob sie

---

1402 Vgl. *BVerfG*, Beschluss v. 16.12.1983, BVerfGE 66, S. 39 (57); Urteil v. 10.01.1995, BVerfGE 92, S. 26 (47); Beschluss v. 04.04.2001, BVerfGE 103, S. 313 (362).

1403 *BVerfG*, Urteil v. 04.05.1971, BVerfGE 31, S. 58 (77).

1404 *Maunz/Dürig(-Herdegen)*, GG[46] (2006), Art. 1 Abs. 3 GG, Rn. 74.

1405 *BVerfG*, Beschluss v. 07.12.1994, BVerfGE 91, S. 335 (340) = IPRax 1996, S. 112 (113) = IPRspr 1994, Nr. 160b, S. 365 (366); Beschluss v. 20.09.2006, WM 2006, S. 2105; Beschluss v. 24.01.07, WM 2007, S. 375 = RIW 2007, S. 211 (212); vgl. ferner *Maunz/Dürig(-Herdegen)*, GG[46] (2006), Art. 1 Abs. 3 GG, Rn. 78: „Das Interesse der Bundesrepublik Deutschland am internationalen Rechtshilfeverkehr insbesondere in Straf- und Zivilsachen bildet einen Belang von Verfassungsrang, der im Grundgesetz ausdrücklich Anerkennung findet (Art. 16 Abs. 2, 73 Abs. 1 Nr. 1 und Nr. 10 GG).“

1406 *R. Hofmann*, Grundrechte und grenzüberschreitende Sachverhalte (1994), S. 71; *Tomuschat*, IPRax 1996, S. 83 (84, 87); *Maunz/Dürig(-Herdegen)*, GG[46] (2006), Art. 1 Abs. 3 GG, Rn. 79; siehe ferner *BVerfG*, Urteil v. 22.03.1983, BVerfGE 63, S. 343 (366); vgl. auch *Stadler*, JZ 2007, S. 1047 (1051).

durch die Zustellungserledigung nach dem HZÜ in ungerechtfertigter Weise beeinträchtigt werden.

(1) In Betracht kommt zunächst ein *Eingriff in die Eigentumsgewährleistung* nach Art. 14 Abs. 1 GG. Dabei könnte sowohl das im Inland als auch das im Ausland belegene Eigentum vom Schutzbereich des Art. 14 Abs. 1 GG mit umfasst sein. Für das inländische Eigentum, das zumindest unzweifelhaft in den sachlichen Schutzbereich der Eigentumsgarantie fällt, ist schon äußerst fraglich, ob es durch die Zustellung überhaupt beeinträchtigt wird. Denn zum einen ist im Zeitpunkt der Klagezustellung der Ausgang des Verfahrens nicht ersichtlich, so dass es an einer hinreichenden Wahrscheinlichkeit der Grundrechtsverletzung fehlt, und zum anderen ist die Vollstreckung aus dem ausländischen Urteil in inländisches Vermögen erst nach seiner Anerkennung und Vollstreckbarerklärung nach §§ 723 Abs. 2 S. 2, 328 Abs. 1 ZPO möglich[1407]. Insoweit besteht noch nicht mal eine Gefährdung des in Deutschland belegenen Eigentums[1408]. Hinsichtlich des in den USA belegenen Vermögens bestehen zudem Zweifel, ob es sich um eine grundgesetzlich geschützte Position handelt[1409]. Da die Grund-

1407 Ähnlich *Knapp*, Die US-amerikanische Produkthaftung in der Praxis der deutschen Automobilindustrie (1997), S. 143; *Bachmann*, FS Peter F. Schlosser (2005), S. 1 (11).

1408 So auch *BVerfG*, Beschluss v. 24.01.2007, WM 2007, S. 375 (376) = RIW 2007, S. 211 (213); Beschluss v. 14.06.2007, WM 2007, S. 1392 (1395); Beschluss v. 04.09.2008, WM 2008, S. 2033 (2034); KG Berlin, Beschluss v. 05.07.1994, IPRspr 1994, Nr. 159, S. 360 (363); *Merkt*, Abwehr der Zustellung von „punitive-damages"-Klagen (1995), S. 171 f.

1409 Krit. *Koch/Diedrich*, ZIP 1994, S. 1830 (1832); *Stadler*, JZ 1995, S. 718 (721) m. weit. Nachw.; zust. *Zekoll*, NJW 2003, S. 2885 (2886); dagegen eindeutig bejahend *Merkt*, Abwehr der Zustellung von „punitive-damages"-Klagen (1995), S. 171; so auch tendenziell das *BVerfG* in seiner einstweiligen Anordnung v. 03.08.1994, BVerfGE 91, S. 140 (146) = IPRspr 1994, Nr. 160a, S. 363 (365): „Als greifbarer Nachteil bliebe, daß die Beschwf. der Gefahr einer Verurteilung ausgesetzt würde, die den Maßstäben des Grundgesetzes nicht standhielte. Die Möglichkeit, daß das Urteil im Inland (ganz oder teilweise) nicht anerkannt und nicht für vollstreckbar erklärt wird, könnte die Beschwf. nicht vor einer Vollstreckung in ihr in den Vereinigten Staaten belegenes Vermögen bewahren." Ähnlich auch *BVerfG*, einstweilige Anordnung v. 25.07.2003, BVerfGE 108, S. 238 (249) = NJW 2003, S. 2598 (2599) = IPRspr 2003, Nr. 176b, S. 580 (582): „Verstößt schon die Zustellung einer ausländischen Klage gegen unverzichtbare Grundsätze des freiheitlichen Rechtsstaates, so ist fraglich, ob deutsche Behörden in diesem Fall die Rechtshilfe mit dem Hinweis leisten dürfen, der Betroffene habe noch im weiteren Verlauf des Verfahrens – etwa im Rahmen der Anerkennung des ausländischen Titels nach § 328 I ZPO – die Möglichkeit, den Verstoß zu rügen. *Denn aus der Zustellung ergeben sich für den Empfänger Rechtsfolgen, die geeignet sind, ihn in seinen grundrechtlich geschützten Positionen zu beeinträchtigen.*" Herv. d. Verf. Noch deutlicher ebd., S. 238 (250) = ebd., S. 2598 (2600) = ebd., S. 580 (582 f.): „Die Möglichkeit, dass das Urteil in einem späteren Verfahrensstadium im Inland nicht anerkannt oder für nicht vollstreckbar erklärt wird, *könnte die Bf. weder vor einer Vollstreckung in ihr in den Vereinigten Staaten belegenes Vermögen* noch vor einem mit der Zustellung geförderten Reputationsverlust *bewahren*"; Herv. d. Verf. Allerdings muss hierbei angemerkt werden, dass die

rechte bei grenzüberschreitenden Sachverhalten nicht in der gleichen Intensität wie bei reinen Inlandssachverhalten zur Anwendung kommen, ist jedenfalls die bloße Gefährdung des Auslandsvermögens für die Eigentumsbeeinträchtigung nicht ausreichend[1410]. Art. 14 GG ist damit nicht betroffen.

(2) Zu erwägen wäre ferner ein *mittelbarer Eingriff in die Berufsfreiheit* des Zustellungsadressaten nach Art. 12 Abs. 1 GG. Voraussetzung ist hierfür, dass die betreffende Maßnahme in einem Zusammenhang mit der Ausübung des Berufs steht und objektiv eine berufsregelnde Tendenz deutlich erkennen lässt[1411]. Die Entscheidung der Zentralen Behörde, die US-amerikanische Klageschrift dem deutschen Beklagten zuzustellen, ist zwar eine mittelbare Folge seiner Geschäftstätigkeit im Ausland, doch fehlt ihr die notwendige berufsregelnde Tendenz[1412]. Insofern liegt kein mittelbarer Eingriff in die Berufsfreiheit des Adressaten vor.

(3) Möglicherweise könnte Art. 2 Abs. 1 GG beeinträchtigt sein. Dieses Grundrecht gewährleistet die *allgemeine Handlungsfreiheit* im umfassenden Sinne[1413]. Geschützt ist danach jede Form menschlichen Handelns ohne Rücksicht darauf, welches Gewicht der Betätigung für die Persönlichkeitsentfaltung zukommt[1414]. Die Zustellungserledigung der US-amerikanischen Klageschrift

---

Ausführungen des Verfassungsgerichts im Rahmen einer einstweilligen Anordnung im Sinne des § 32 BVerfGG ergangen sind. In der Hauptsache des ersten Falles ging das Gericht hierauf nicht mehr ein; im zweiten Fall kam es sogar nicht mehr zum Hauptverfahren. Insofern ist eine gewisse Zurückhaltung hinsichtlich des endgültigen Aussagegehalts der Beschlüsse geboten. Eine neuere Entscheidung des Verfassungsgerichts (Beschluss v. 14.06.2007, WM 2007, S. 1392 (1395)) lässt sogar eher auf eine gegenteilige Ansicht schließen: „[D]ie Vollstreckung in ausländisches Vermögen ist ... ein Vorgang, vor dem die deutsche Rechtsordnung von vornherein weder völkerrechtlich schützen kann noch verfassungsrechtlich schützen muss."

1410 Ähnlich auch *Koch/Diedrich*, ZIP 1994, S. 1830 (1832); *Stadler*, JZ 1995, S. 718 (721); a. A. *Merkt*, Abwehr der Zustellung von „punitive-damages"- Klagen (1995), S. 172- 180.

1411 St. Rspr., vgl. *BVerfG*, Beschluss v. 19.06.1985, BVerfGE 70, S. 191 (214); Beschluss v. 29.11.1989, BVerfGE 81, S. 108 (121); Beschluss v. 20.09.2006, WM 2006, S. 2105 (2107).

1412 So explizit *BVerfG*, Beschluss v. 20.09.2006, WM 2006, S. 2105 (2107); Beschluss v. 24.01.2007, WM 2007, S. 375 (376) = RIW 2007, S. 211 (213); Beschluss v. 14.06.2007, WM 2007, S. 1392 (1395); Beschluss v. 04.09.2008, WM 2008, S. 2033 (2034).

1413 St. Rspr., vgl. *BVerfG*, Urteil v. 16.01.1957, BVerfGE 6, S. 32 (36); Beschluss v. 23.05.1980, BVerfGE 54, S. 143 (144); Beschluss v. 08.04.1987, BVerfGE 75, S. 108 (154 f.); Beschluss v. 07.12.1994, BVerfGE 91, S. 335 (339); Beschluss v. 20.09.2006, WM 2006, S. 2105; Beschluss v. 24.01.2007, WM 2007, S. 375 = RIW 2007, S. 211 (212); allgemein *Degenhart*, JuS 1990, S. 161- 169.

1414 Vgl. *BVerfG*, Beschluss v. 06.06.1989, BVerfGE 80, S. 137 (152 f.); Beschluss v. 07.12.1994, BVerfGE 91, S. 335 (339).

bewirkt, dass der Zustellungsadressat Partei eines US-amerikanischen Prozesses wird[1415]. Darin kann eine Schutzbereichsbeeinträchtigung gesehen werden[1416]. Der Eingriff in Art. 2 Abs. 1 GG ist aber durch das verfassungsgemäße Zustimmungsgesetz zum HZÜ als Ermächtigungsgrundlage gedeckt, so dass eine etwaige Grundrechtsbeeinträchtigung gerechtfertigt wäre[1417].

(4) Die Zustellung nach dem Haager Zustellungsübereinkommen bietet darüber hinaus eine bessere Gewähr dafür, dass die deutsche Partei sich gegen die Klage wirksam verteidigen kann. Insofern dient sie gerade dem Anspruch des Zustellungsempfängers auf *rechtliches Gehör* im Sinne des Art. 103 Abs. 1 GG, so dass auch danach kein Ablehnungsgrund besteht.

(5) Die Zustellung einer *punitive damages*-Klage verletzt zudem nicht das *Bestimmtheitsgebot* im Sinne des Art. 103 Abs. 2 GG und das *Verbot der Mehrfachbestrafung* im Sinne des Art. 103 Abs. 3 GG[1418]. Auch hier gilt, dass der exorbitant hohe Klagantrag keine Auswirkung auf den endgültigen Ausgang des Verfahrens hat. Insofern besteht in diesem Zusammenhang schon keine hinreichende Gefährdungswahrscheinlichkeit.

(6) Schließlich könnte eine *Verletzung des Willkürverbots* nach Art. 3 Abs. 1 GG erwogen werden[1419]. Diese käme in Betracht, wenn dem ausländischen

1415 Vgl. in diesem Zusammenhang auch die Ausführungen weiter oben aa) zum Einlassungszwang als unmittelbare Folge der Zustellung.

1416 Ausdrücklich offen gelassen vom *BVerfG*, Beschluss v. 07.12.1994, BVerfGE 91, S. 335 (343) = IPRax 1996, S. 112 (113) = IPRspr 1994, Nr. 160b, S. 365 (366): „Ob die Zustellung in den Schutzbereich des Art. 2 I GG eingreift oder nur an den Anforderungen zu messen ist, die sich aus den Schutzpflichten des Staates ergeben, kann dahingestellt bleiben […].“

1417 So *BVerfG*, Beschluss v. 07.12.1994, BVerfGE 91, S. 335 (339- 345) = IPRax 1996, S. 112 (113- 115) mit zust. Anm. *Tomuschat*, ebd., S. 83 (85) = IPRspr 1994, Nr. 160b, S. 365 (366- 370); bestätigend *BVerfG*, Beschluss v. 20.09.2006, WM 2006, S. 2105; Beschluss v. 24.01.2007, WM 2007, S. 375 = RIW 2007, S. 211 (212) = JZ 2007, S. 1046; Beschluss v. 14.06.2007, WM 2007, S. 1392 (1393); vgl. auch *Knapp*, Die US-amerikanische Produkthaftung in der Praxis der deutschen Automobilindustrie (1997), S. 144; *Bellinghausen*, PHi 2003, S. 224 (225).

1418 Siehe auch *Knapp*, Die US-amerikanische Produkthaftung in der Praxis der deutschen Automobilindustrie (1997), S. 143; a. A. *Merkt*, Abwehr der Zustellung von „punitive-damages“-Klagen (1995), S. 180.

1419 Siehe *BVerfG*, Beschluss v. 20.09.2006, WM 2006, S. 2105 (2107); vgl. ferner *Bachmann*, FS Peter F. Schlosser (2005), S. 1 (10 f.), die eine Beeinträchtigung des Willkürverbots unter dem Aspekt willkürlicher Begrenzung des Strafschadensersatzes untersucht. Sie kommt dabei zudem Ergebnis, dass die Zustellung der US-amerikanischen Klage nicht nach Art. 13 Abs. 1 HZÜ scheitern sollte, da bei Klagezustellung der Ausgang des Verfahrens ungewiss sei.

(deutschen) Beklagten in dem Verfahren vor den US-amerikanischen Gerichten andere (schlechtere) Bedingungen erwarten würden, als es bei den inländischen Beklagten der Fall sei. Eine solche Inländerbegünstigung findet jedoch nicht statt[1420]. Die amerikanischen Unternehmen sind den gleichen prozessualen Risiken ausgesetzt wie ihre deutschen Mitstreiter. Die Zustellungserledigung kann damit auch nicht aus diesem Grund verweigert werden.

ddd) Als Zwischenergebnis kann damit festgehalten werden, dass die Zustellung einer US-amerikanischen *punitive damages*-Sammelklage nicht geeignet ist, die Grundrechte des Zustellungsempfängers offensichtlich zu gefährden.

jj) Zustellung trotz rechtsmissbräuchlicher Klageerhebung

Als Zustellungshindernis im Sinne des Art. 13 Abs. 1 HZÜ kommt schließlich die rechtsmissbräuchlich erhobene Klage in Betracht. Danach darf die Zustellung einer US-amerikanischen Klage nach dem Haager Zustellungsübereinkommen verweigert werden, wenn der Kläger die Klage nur aus dem Grund erhebt, um den Beklagten unter Ausnutzung der Besonderheiten des US-amerikanischen Rechts und des damit verbundenen erheblichen Prozesskostendrucks zum Abschluss eines unbegründeten Vergleichs zu zwingen[1421].

> „In diesem Fall wäre mit der Anbringung des Zustellungsantrags am Ort der Zustellungsbehörde der Versuch einer Erpressung verwirklicht (§§ 9, 22, 23, 253 StGB). Bereits das Reichsgericht hat „fortgesetztes Bedrohen mit einem kostspieligen Prozess" bei Kenntnis der Unbegründetheit des Anspruchs so gewürdigt. § 253 StGB gilt für deutsche Klagen ebenso wie für ausländische, die hier nur zugestellt werden sollen."[1422]

aaa) Wachsende Bedeutung des Missbrauchseinwands

In der fachgerichtlichen Rechtsprechung wurde dem Missbrauchseinwand zunächst keine zustellungshindernde Wirkung eingeräumt[1423]. Erst der Beschluss

1420 Ähnlich *OLG München*, Beschluss v. 15.07.1992, NJW 1992, S. 3113: „Hinweise dazu, daß punitive damages bevorzugt zum Nachteil ausländischer Unternehmer verhängt werden, liegen ... nicht vor. Inländische Personen und Betriebe sind den Risiken dieses Rechtsinstitutes ebenso ausgesetzt."

1421 Siehe auch 2.Teil C. I.

1422 *OLG München*, Beschluss v. 07.06.2006, OLG-Report München 2006, S. 801 (802).

1423 Siehe *OLG Frankfurt a.M.*, Beschluss v. 21.03.1991, IPRax 1992, S. 166 (168); *dass.*, Beschluss v. 13.02.2001, IPRspr 2001, Nr. 174, S. 358 = ZZPInt. 6 (2001), S. 245 (248) m. zust. Anm. *Hau*, ebd., S. 249 (253 f.); *OLG Düsseldorf*, Beschluss v. 19.02.1992, NJW 1992, S. 3110 (3112); *dass.*, Beschluss v. 11.07.2003, WM 2003, S. 1587 (1589).

des Zweiten Senats des Bundesverfassungsgerichts vom 25. Juli 2003[1424] schien den Weg geebnet zu haben, die Zustellung der US-amerikanischen Klageschrift unter diesem Aspekt ablehnen zu können. So merkte das Verfassungsgericht in seiner einstweiligen Anordnung an, dass die Zustellungserledigung nach Art. 13 Abs. 1 HZÜ verweigert werden könnte, wenn „die ausländische, im Klageweg geltend gemachte Forderung – jedenfalls in ihrer Höhe – offenkundig keine substanzielle Grundlage hat“ und „Verfahren vor staatlichen Gerichten in einer offenkundig missbräuchlichen Art und Weise genutzt [scil. werden], um mit publizistischen Druck und dem Risiko einer Verurteilung einen Marktteilnehmer gefügig zu machen“[1425]. Dies könnte, fuhr das Verfassungsgericht fort, deutsches Verfassungsrecht, insbesondere die allgemeine Handlungsfreiheit in Verbindung mit dem Rechtsstaatsprinzip, verletzen und damit offensichtlich gegen unverzichtbare Grundsätze eines freiheitlichen Rechtsstaates verstoßen[1426].

Im Schrifttum fanden die Erwägungen des Zweiten Senats in dem *Napster*-Fall genauso viel Zuspruch[1427] wie Ablehnung[1428]. Das *OLG Koblenz* jedenfalls,

---

1424 BVerfGE 108, S. 238 = NJW 2003, S. 2598 – *Napster*: In dem Aufsehen erregenden *Napster*-Fall begehrte eine Gruppe von US-amerikanischen Musikautoren und -verlage die Zustellung einer *class action* auf Schadensersatz in Höhe von 17 Milliarden US-Dollar nach dem Haager Zustellungsübereinkommen an die Bertelsmann AG in Deutschland. Ihr wurde vorgeworfen, an der insolventen Musiktauschbörse *Napster* beteiligt gewesen und insoweit auch für möglicherweise von der Musiktauschbörse begangene Urheberrechtsverletzungen verantwortlich zu sein.

1425 *BVerfG*, einstweilige Anordnung v. 25.07.2003, BVerfGE 108, S. 238 (248) = NJW 2003, S. 2598 (2599) = IPRspr 2003, Nr. 176b, S. 580 (581); vorsichtig bestätigend *BVerfG*, Beschluss v. 24.01.07, WM 2007, S. 375 (376) = RIW 2007, S. 211 (212) m. krit. Bespr. *von Hein*, ebd., S. 249 (254): „Bei Forderungen von Strafschadensersatz in für einen Beschwerdeführer existenzgefährdender Höhe oder bei Sammelklagen (*class action*) mit einer unübersehbaren Anzahl von Klägern, einer entsprechenden Klageforderung und einer begleitenden Medienkampagne *scheint* die Unvereinbarkeit einer Zustellung mit unverzichtbaren Grundsätzen eines freiheitlichen Rechtsstaates aber jedenfalls dann *nicht schlechthin ausgeschlossen zu sein*, wenn diese Forderungen als offensichtlich rechtsmissbräuchlich erscheinen.“ Herv. d. Verf.

1426 *BVerfG*, einstweilige Anordnung v. 25.07.2003, BVerfGE 108, S. 238 (248) = NJW 2003, S. 2598 (2599) = IPRspr 2003, Nr. 176b, S. 580 (581): Die endgültige Klärung dieser Frage überließ das Bundesverfassungsgericht jedoch dem Hauptsacheverfahren, zu dem es wegen der Rücknahme der Verfassungsbeschwerde durch die Beschwerdeführerin nicht mehr kam. Siehe neuerdings *BVerfG*, Beschluss v. 24.01.2007, WM 2007, S. 375 (376) = RIW 2007, S. 211 (212); Beschluss v. 14.06.2007, WM 2007, S. 1392 (1393 f.); Beschluss v. 04.09.2008, WM 2008, S. 2033 (2034).

1427 *Braun*, ZIP 2003, S. 2225 (2228 f.); *Rothe*, RIW 2003, S. 859 (864); *Bellinghausen*, PHi 2003, S. 224; *Hess*, JZ 2003, S. 923 (926): „In politisierten und kommerzialisierten Prozessen müssen hingegen betroffene Unternehmen sich auch im Rechtshilfeverfahren wehren können, um ihre Verteidigungschancen zu wahren.“ *Prütting*, FS Erik Jayme (2004), S. 709 (717); *Schütze*, FS Mark M. Boguslavskij (2004), S. 325 (331); *Rohe*, FG Max Vollkommer (2006), S. 291 (308 f.); wohl auch *Lejeune*, CR 2003, S. 764 f.

wohl begünstigt durch die vorläufige Entscheidung des Bundesverfassungsgerichts, kam zu dem Ergebnis, die Zustellungserledigung einer *treble damages*-Sammelklage sei nach Art. 13 Abs. 1 HZÜ zu verweigern, weil das Ziel der zuzustellenden Klage „nicht in der Herbeiführung einer gerichtlichen Entscheidung, sondern in der Ausübung von Druck zur Herbeiführung eines Vergleichs mit hoher Abfindungssumme trotz erkennbarer Unhaltbarkeit des Klagegrunds" bestand[1429]. Die offenkundig substanzlose Klage versuche dabei,

> „die Missbrauchsanfälligkeit der Rechtsinstitute einer Sammelklage (class action), der „american rule" über das Fehlen einer Anwaltskostenerstattung, der Möglichkeit der Geltendmachung von Strafschadensersatz [...] und der Drohwirkung der auf Ausforschung gerichteten Voruntersuchung mit einer Verpflichtung zur Offenlegung von internen Unterlagen (pre-trial discovery) auszunutzen"[1430].

Insofern sei eine Verletzung der Souveränität der Bundesrepublik Deutschland anzunehmen. Diese Ansicht stieß jedoch bisher auf wenig Gegenliebe. Weder die Rechtsprechung anderer Oberlandesgerichtsbezirke[1431] noch das Schrifttum[1432] wollten der Auffassung des *OLG Koblenz* folgen. Vielmehr entschieden die Gerichte zugunsten eines reibungslosen Ablaufs der internationalen Rechtshilfe und sahen den Missbrauchseinwand für nicht relevant an.

bbb) Erhebliche Bedenken gegen diesen Einwand

Der oben aufgeführte Missklang in der fachgerichtlichen Rechtsprechung führt nun allgemein zu der Frage, ob in dem Missbrauchseinwand ein Zustellungshindernis im Sinne des Art. 13 Abs. 1 HZÜ zu erblicken ist.

1428 *Zekoll*, NJW 2003, S. 2885 (2886); *Oberhammer*, IPRax 2004, S. 40; *Huber*, FS Erik Jayme (2004), S. 361 (368); *Krätzschmar*, Liber Amicorum Peter Hay (2005), S. 241 (242), Fn. 5; *Rasmussen-Bonne*, Liber Amicorum Peter Hay (2005), S. 323 (334- 341); *Stürner*, JZ 2006, S. 60 f.; *Schack*, AG 2006, S. 823 (829 f.); *von Hein*, RIW 2007, S. 249 (254 f.); *Stadler*, JZ 2007, S. 1047 (1049); krit. *Friedrich*, 4 German L. J. 1233, 1240 (2003).

1429 Beschluss v. 27.06.2005, IPRax 2006, S. 25 (36) m. abl. Anm. *Piekenbrock*, ebd., S. 4 (9); zust. *Schwung*, AG 2006, S. 818 (819).

1430 *OLG Koblenz*, Beschluss v. 27.06.2005, IPRax 2006, S. 25 (36).

1431 *OLG Naumburg*, Beschluss v. 09.02.2006, OLG-Report Naumburg 2006, S. 403 (406) = WuW 2006, S. 932 (936); *OLG Frankfurt a.M.*, Beschluss v. 15.03.2006, Aktz. 20 VA 7/05 -juris, Rn. 47 f.; *OLG Düsseldorf*, Beschluss v. 21.04.2006, RIW 2006, S. 629 (632 f.); *OLG München*, Beschluss v. 07.06.2006, OLG-Report München 2006, S. 801 (802 f.); *OLG Celle*, Beschluss v. 20.07.2006, OLG-Report Celle 2006, S. 686 (689).

1432 *Koch/Horlach/Thiel*, RIW 2006, S. 356 (361 f.); *Stürner*, JZ 2006, S. 60 (63 f.); *von Hein*, in: *Hopt/Kulms/von Hein* (Hrsg.), Rechtshilfe und Rechtsstaat (2006), S. 143 f.

(1) Hiergegen ruft bereits seine *problematische Feststellung* erhebliche Bedenken hervor. Denn maßgebend für die Beurteilung, ob ein Verfahren rechtsmissbräuchlich betrieben wird, ist die konkrete klägerische Intention: Erhebt der Kläger allein aus dem Grund die Klage, Druck auf die betroffene Partei auszuüben, um einen „erpresserischen“ Vergleich herbeizuführen, handele er rechtsmissbräuchlich. Beabsichtigt er hingegen die Herbeiführung einer gerichtlichen Untersuchung und Entscheidung, dann diene die Klageerhebung „billigenswerten“ Zwecken. Es fragt sich allerdings, wie die Rechtshilfebehörde nur anhand der Zustellungsunterlagen eine dahingehende Intention der klagenden Partei feststellen will bzw. kann[1433]. In der Regel wird diese nicht ihre „bösen“ Absichten in der Klageschrift nebst Begleitpapieren offen kundtun. Insofern wäre eine Beurteilung in rechtsstaatlich einwandfreier Weise erst nach Anhörung des Klägers möglich, die jedoch das HZÜ regelmäßig nicht vorsieht und zudem dem Beschleunigungszweck des Übereinkommens widersprechen würde[1434].

Aus diesem Grund sollen wohl unterschiedliche Anhaltspunkte die Beurteilung des Rechtsmissbrauchs antizipieren: So will das *OLG Koblenz* als ausschlaggebendes Indiz auf die offensichtliche Substanzlosigkeit der Klage abstellen[1435]. Ein Hinweis hierfür liefere die exorbitante Höhe der Schadensersatzforderung[1436]. *Schütze* will zudem in den spektakulären Sammelklagen des letzten Jahrzehnts eine widerlegbare Vermutung für die Missbräuchlichkeit erkannt haben[1437].

Gegen die Annahme des *OLG Koblenz* spricht bereits, dass es der Rechtshilfebehörde verwehrt ist, Ermittlungen über Hintergrund, Anlass und Berechtigung des Klagebegehrens vorzunehmen[1438]. Ob die Klage offensichtlich substanzlos ist oder nicht, kann, darf und soll sie nicht feststellen. Im Übrigen widerspräche es der dienenden Funktion des Zustellungsverfahrens, wenn die Zentrale Behörde des ersuchten Staates beginnen würde, die Klage auf ihren inhaltlichen Bestand hin zu untersuchen. Hinzu kommt, dass die Aussagekraft der Schadenshöhe nicht überschätzt werden darf. Im US-amerikanischen Prozess hat die Klageschrift nur eine geringe Bedeutung. Sie dient vorwiegend der Information des Beklagten über das Verfahren im Allgemeinen und enthält keine endgültige quantitative Streitgegenstandsbestimmung[1439]. Insofern hat die astrono-

---

1433 Ähnlich zweifelnd *OLG Frankfurt a.M.*, Beschluss v. 15.03.2006, Aktz. 20 VA 7/05 -juris, Rn. 48; *Stürner*, JZ 2006, S. 60 (66).

1434 So zutreffend *OLG Frankfurt a.M.*, Beschluss v. 13.02.2001, ZZPInt 6 (2001), S. 245 (248) = IPRspr 2001, Nr. 174, S. 358; i. E. entspr. *Stadler*, JZ 2007, S. 1047 (1050 f.).

1435 *OLG Koblenz*, Beschluss v. 25.06.2005, IPRax 2006, S. 25 (36).

1436 Vgl. *Rothe*, RIW 2003, S. 859 (864); explizit a.A. *OLG Düsseldorf*, Beschluss v. 19.02.1992, NJW 1992, S. 3110 (3112); *Stadler*, JZ 2007, S. 1047 (1049).

1437 FS Mark M. Boguslavskij (2004), S. 325 (331); explizit a. A. *Stadler*, JZ 2007, S. 1047 (1049 f.).

1438 Siehe hierzu weiter oben B. II. 2. a).

1439 Siehe hierzu 2.Teil, B. II. 1. a); ebenso *Stürner*, JZ 2006, S. 60 (63).

misch hohe Schadensersatzforderung keine Präjudizwirkung auf das Fortschreiten des Verfahrens; insbesondere hat sie keinen (unmittelbaren) Einfluss auf die Höhe des Vergleichs. Mit ihr wird lediglich das Erregen des Medieninteresses bezweckt, um die Vergleichsbereitschaft der beklagten Partei anzukurbeln. Doch ist dieses Verhalten auch der deutschen Rechtspraxis nicht fremd[1440]. Einen Hinweis für die Substanzlosigkeit der Klage bietet sie jedenfalls nicht[1441].

Die Ansicht von *Schütze* ist gleichfalls erheblichen Zweifeln ausgesetzt. Nicht jeder Vergleich, der in den USA abgeschlossen wird, fällt einseitig klägerbegünstigend aus. Die so genannten *sweetheart settlements* wissen dies zu widerlegen[1442]. Darüber hinaus bestünde bei einer derart weitreichenden Vermutung die Gefahr, dass das in Art. 13 Abs. 1 HZÜ angelegte Regel-Ausnahme-Verhältnis in das Gegenteil verkehrt wird[1443]. Schließlich bleibt fraglich, wie die klägerische Partei die „widerlegbare" Vermutung ohne Anhörungsmöglichkeit entkräften kann. Insofern erscheint das Hinzuziehen einer derartigen Vermutung als wenig sinnvoll.

Insgesamt wird deutlich, dass die Beurteilung, ob die klagende Partei Rechtsmissbrauch betreibt, grundsätzlich dem erkennenden Gericht überlassen werden muss[1444]. Nur der Erstrichter ist in der Lage, in rechtsstaatsadäquater Weise die klägerische Intention aufzudecken.

(2) Will die Rechtshilfebehörde trotz dieser erheblichen Zweifel eine rechtsmissbräuchliche Klageerhebung für sich erkannt haben, muss sie ferner überprüfen, ob dieser *Einwand zur Ablehnung der Zustellung nach Art. 13 Abs. 1 HZÜ* führt. Dies könnte man erwägen, wenn grundlegende Gerechtigkeitsvorstellungen der deutschen Rechtsordnung mit der Zustellung einer solchen offen-

1440 *OLG München*, Beschluss v. 15.07.1992, NJW 1992, S. 3113; *Oberhammer*, IPRax 2004, S. 40 (42); *Koch/Horlach/Thiel*, RIW 2006, S. 356 (362); anders *Bellinghausen*, PHi 2003, S. 224 (225); *Prütting*, FS Erik Jayme (2004), S. 709 (717).

1441 Vgl. *OLG Frankfurt a.M.*, Beschluss v. 15.03.2006, Aktz. 20 VA 7/05 -juris, Rn. 48; *OLG Düsseldorf*, Beschluss v. 21.04.2006, RIW 2006, S. 629 (632); *OLG München*, Beschluss v. 07.06.2006, OLG-Report München 2006, S. 801 (802 f.).

1442 Siehe hierzu 2.Teil C. II. 1.

1443 *von Hein*, in: *Hopt/Kulms/von Hein* (Hrsg.), Rechtshilfe und Rechtsstaat (2006), S. 144.

1444 Insoweit herrschend *OLG Frankfurt a.M.*, Beschluss v. 21.03.1991, IPRax 1992, S. 166 (168); *dass.*, Beschluss v. 13.02.2001, IPRspr 2001, Nr. 174, S. 358 = ZZPInt 6 (2001), S. 245 (248) m. zust. Anm. *Hau*, ebd., S. 254; *dass.*, Beschluss v. 15.03.2006, Aktz. 20 VA 7/05 -juris, Rn. 48; *Zekoll*, NJW 2003, S. 2885 (2887); *Geulen/Sebok*, NJW 2003, S. 3244 (3245), Fn.19: „Ob eine class action nach US-amerikanischem Recht eine „substanzielle Grundlage" hat, kann nicht vor Klagezustellung von einem deutschen Gericht inzident beurteilt werden." Ebenso *Huber*, FS Erik Jayme (2004), S. 361 (368); *Piekenbrock*, IPRax 2006, S. 4 (9); *Koch/Horlach/Thiel*, RIW 2006, S. 356 (362); *von Hein*, in: *Hopt/Kulms/von Hein* (Hrsg.), Rechtshilfe und Rechtsstaat (2006), S. 143 f.; *Nagel/Gottwald*, Internationales Zivilprozessrecht[6] (2007), § 7, Rn. 96; a. A. *Schütze*, FS Mark M. Boguslavskij (2004), S. 325 (331): „Die Missbräuchlichkeit der Class Action ist … nach der lex fori zu beurteilen."

sichtlich missbräuchlichen Klage berührt wären; also beispielsweise, wenn die beklagte Partei dem rechtsmissbräuchlich betriebenen US-Verfahren völlig schutzlos ausgesetzt wäre[1445]. Davon ist jedoch nicht auszugehen[1446]. Denn das US-amerikanische Prozessrecht kennt unterschiedliche Instrumente, mit denen missbräuchliche Prozesshandlungen unterbunden werden können[1447]. Darüber hinaus ist zu berücksichtigen, dass auch bei einer deutschen Klage keine Missbrauchskontrolle vor ihrer Zustellung vorgenommen wird[1448]. Insofern besteht hierzulande genauso die Gefahr, Beklagter einer völlig haltlosen und übertrieben hohen Klage zu werden[1449]. Zu einem offensichtlichen Verstoß gegen unverzichtbare Grundsätze der Bundesrepublik Deutschland führt die missbräuchliche Klageerhebung jedenfalls nicht. Insofern stellt sie kein Zustellungshindernis im Sinne des Art. 13 Abs. 1 HZÜ dar. Die US-amerikanische Klage wäre damit trotz Missbrauchsweinwand nach dem Haager Zustellungsübereinkommen dem deutschen Beklagten zuzustellen.

c) Zwischenergebnis

Die vorangegangenen Ausführungen bringen zum Vorschein, dass die Zustellungserledigung einer auf *punitive damages* gerichteten US-amerikanischen Sammelklage keine offensichtliche Gefährdung unverzichtbarer Grundsätze der Bundesrepublik Deutschland mit sich bringt. Weder die Besonderheiten des US-amerikanischen Prozess- und Sachrechts noch der häufig erhobene Missbrauchseinwand sind geeignet, die Hoheitsrechte und Sicherheit des ersuchten Staates zu gefährden. Eine Zustellungsverweigerung nach Art. 13 Abs. 1 HZÜ kommt nicht in Betracht. Insofern ist die US-amerikanische Klageschrift unter den oben aufgeführten Aspekten zuzustellen.

1445 Ähnlich *BVerfG*, Beschluss v. 14.06.2007, WM 2007, S. 1392 (1395).

1446 Siehe *Malzahn*, GATT- widrige *Treble Damages*-Klagen auf der Grundlage des US Antidumping Act 1916 (2003), S. 399.

1447 Vgl. u.a. Rule 11 (b) FRCivP, nach der zumindest die Möglichkeit vorgesehen ist, ein rechtsmissbräuchliches Klägerverhalten kostenmäßig sanktionieren zu lassen. Siehe ferner *Zekoll*, NJW 2003, S. 2885 (2887); *Huber*, FS Erik Jayme (2004), S. 365 (368). Ausführlich zu den Schutzmaßnahmen *Malzahn*, GATT- widrige *Treble Damages*-Klagen auf der Grundlage des US Antidumping Act 1916 (2003), S. 231- 237; *Stürner*, JZ 2006, S. 60 (63 f.) m. weit. Nachw.

1448 Siehe hierzu bereits weiter oben B. III. 2. b) cc).

1449 Völlig zutreffend *Stürner*, JZ 2006, S. 60 (64); relativierend *Koch/Horlach/Thiel*, RIW 2006, S. 356 (362): „Allerdings führt ein solches Verfahren für den Beklagten dank der deutschen Kostentragungsregeln neben Imageverlusten zu keinen weitergehenden Schäden." Ähnlich *Rohe*, FG Max Vollkommer (2006), S. 291 (309).

3. Ergebnis

In Art. 13 Abs. 1 HZÜ ist ein eingeschränkter *ordre public*-Vorbehalt zu sehen, der restriktiver als Art. 6 EGBGB und § 328 Abs. 1 Nr. 4 ZPO zu handhaben ist. Der Erledigungsvorbehalt greift immer dann ein, wenn offensichtlich unverzichtbare Grundsätze eines freiheitlichen Rechtsstaates verletzt werden, wie sie auch in internationalen Menschenrechtsabkommen verankert sind. Begrenzt wird die nationale Ausgestaltung des *ordre public*-Begriffs durch die Aussagen des Haager Zustellungsübereinkommens. Die Zustellung einer US-amerikanischen Sammelklageschrift, die auf Zahlung von *punitive damages* gerichtet ist, löst jedenfalls nicht den Anwendungstatbestand des Art. 13 Abs. 1 HZÜ aus.

C. Anfechtbarkeit der Zustellungsentscheidung der deutschen Zentralen Behörde

Die Entscheidung der Zentralen Behörde, ein Rechtshilfeersuchen zu erledigen bzw. seine Erledigung abzulehnen, ist als Justizverwaltungsakt gemäß §§ 23 ff. EGGVG anfechtbar[1450]. Liegt ein zulässiger, frist- und formgemäßer Antrag im Sinne der §§ 24, 26 EGGVG vor, hat das nach § 25 EGGVG zuständige Oberlandesgericht zu überprüfen, ob die konkrete Rechtsanwendung der Rechtshilfebehörde fehlerfrei war. Kommt das Gericht zu dem Ergebnis, dass die Maßnahme rechtswidrig ist und dadurch den Antragssteller in seinen Rechten verletzt, hebt es diese gemäß § 28 Abs. 1 EGGVG auf. Dies gilt auch dann, wenn die Zustellung bereits bewirkt ist[1451]. Anfechtungsgegenstand bildet in diesem Fall nicht die bloße tatsächliche Übergabe der Klage, sondern die mit dem Zustellungswillen getragene Zustellungsverfügung[1452]. Lehnt die Zentrale Behörde des ersuchten Bundeslandes die Zustellungserledigung nach Art. 13 Abs. 1 HZÜ

1450 Allgemeine Ansicht, siehe statt vieler *OLG Köln*, Beschluss v. 07.08.1986, NJW 1987, S. 1091; *OLG Frankfurt a.M.*, Beschluss v. 21.03.1991, IPRax 1992, S. 166 (167); *Schlosser*, EU-Zivilprozessrecht[2] (2003), Art. 13 HZÜ, Rn. 8- 11; Münchener Kommentar zur ZPO(*-Rauscher/Pabst)*, III: §§ 803-1066: EGZPO, GVG, EGGVG, Internationales Zivilprozessrecht[3] (2008), § 23 EGGVG, Rn. 76.

1451 *OLG Frankfurt a.M.*, Beschluss v. 21.03.1991, IPRax 1992, S. 166 (167); *dass.*, Beschluss v. 13.02.2001, NJW- RR 2002, S. 357 = IPRspr 2001, Nr. 174, S. 358; *dass.*, Beschluss v. 15.03.2006, Aktz. 20 VA 7/05 -juris, Rn. 23; dem folgend *OLG Düsseldorf*, Beschluss v. 19.02.1992, NJW 1992, S. 3110; zust. *Schlosser*, EU-Zivilprozessrecht[2] (2003), Art. 13 HZÜ, Rn. 9; *Rasmussen-Bonne*, Liber Amicorum Peter Hay (2005), S. 323 (331 f.); a.A. *Stadler*, IPRax 1992, S. 147- 149, die nur einen Fortsetzungsfeststellungsantrag gemäß § 28 Abs. 1 S. 4 EGGVG für zulässig erachtet.

1452 *OLG Frankfurt a.M.*, Beschluss v. 21.03.1991, IPRax 1992, S. 166 (167); anders *Stadler*, IPRax 1992, S. 147 (148 f.).

ab, hat das Oberlandesgericht des betroffenen Gerichtsbezirkes also zu prüfen, ob die Voraussetzungen der ablehnenden Maßnahme im Zeitpunkt ihres Erlasses vorlagen[1453].

Die Entscheidung des Oberlandesgeriches ist gemäß § 29 Abs. 1 S. 1 EGGVG endgültig. Unter den Voraussetzungen des Art. 93 Abs. 1 Nr. 4a GG, § 13 Nr. 8a i.V.m. §§ 90 ff. BVerfGG ist jedoch die Verfassungsbeschwerde als außerordentlicher Rechtsbehelf statthaft[1454]. Liegt überdies ein Eilrechtsfall i.S.d. § 32 BVerfGG vor, kann das Bundesverfassungsgericht den Zustand auch durch eine einstweilige Anordnung vorläufig regeln.

I. Volle Überprüfbarkeit des Beurteilungsspielraums der Rechtshilfebehörde

Aus der Formulierung des Art. 13 Abs. 1 HZÜ folgt, dass der Zentralen Behörde ein gewisser Beurteilungsspielraum hinsichtlich des Vorliegens seiner Tatbestandsmerkmale gewährt wird. Die deutsche Zentrale Behörde muss anhand einer nur ex ante möglichen Prognose beurteilen, ob die Hoheitsrechte oder Sicherheit der Bundesrepublik Deutschland durch die Zustellung einer US-amerikanischen Sammelklageschrift, die auf Zahlung von *punitive damages* gerichtet ist, gefährdet wird. Die rechtliche Beurteilung der Rechtshilfebehörde ist dabei nach den allgemeinen Grundsätzen des Verwaltungsrechts gerichtlich voll überprüfbar. Denn allein aus dem Umstand, dass ein unbestimmter Rechtsbegriff an Prognosen oder Risikobewertungen anknüpft, folgt noch nicht, dass die Beurteilung der Behörde grundsätzlich letztverbindlich und damit einer gerichtlichen Kontrolle nur eingeschränkt unterworfen sein soll[1455]. Weitere Anhaltspunkte für die Annahme einer Beurteilungsermächtigung bestehen zudem nicht, so dass im Zweifel die volle gerichtliche Überprüfbarkeit der unbestimmten Rechtsbegriffe in Art. 13 Abs. 1 HZÜ anzunehmen ist[1456].

II. Überprüfbarkeit der Ermessensentscheidung auf Ermessensfehler

Auf der Rechtsfolgenseite räumt Art. 13 Abs. 1 HZÜ der Zentralen Behörde Ermessen ein. Hält sie die Erledigung des US-amerikanischen Zustellungsantrags für geeignet, deutsche Hoheitsrechte oder die Sicherheit der Bundesrepublik Deutschland zu gefährden, dann *kann* sie die Durchführung der

---

1453 Münchener Kommentar zur ZPO(*-Rauscher/Pabst)*, III: §§ 803- 1066: EGZPO, GVG, EGGVG, Internationales Zivilprozessrecht[3] (2008), § 28 EGGVG, Rn. 3.

1454 Hierzu zuletzt *BVerfG*, Beschluss v. 04.09.2008, WM 2008, S. 2033- 2035.

1455 *Kopp/Schenke*, Verwaltungsgerichtsordnung[15] (2007), § 114 VwGO, Rn. 23.

1456 Vgl. zu den einzelnen Auslegungsmaßstäben *Kopp/Schenke*, VwGO[15] (2007), § 114 VwGO, Rn. 24 ff., 25.

Zustellung verweigern. Die deutsche Rechtshilfebehörde muss aber ihr Ermessen rechtsfehlerfrei ausüben:

1. Rechtsfehlerhaft wäre die Ermessensentscheidung beispielsweise dann, wenn die Zentrale Behörde nicht erkennt, dass ihr Ermessensspielraum auf eine einzige rechtmäßige Handlungsalternative geschrumpft ist und sie diese Handlung nicht vornimmt[1457]:

In diesem Zusammenhang will *Merkt* eine Ermessensreduzierung auf Null annehmen, wenn die Prüfung des Art. 13 Abs. 1 HZÜ ergibt, dass die Erledigung der Zustellung die Hoheitsrechte oder Sicherheit der Bundesrepublik Deutschland gefährdet, da dies gleichzeitig eine Gefährdung der allgemeinen Handlungsfreiheit des Zustellungsadressaten darstelle[1458]. Diese Ansicht vermag jedoch nicht zu überzeugen. Ein Fall der Ermessensreduzierung auf Null sollte grundsätzlich nur bei erheblicher Gefährdung wesentlicher Rechtsgüter angenommen werden, sonst müsste man bei jedem belastenden Verwaltungsakt von einer Ermessensschrumpfung ausgehen, da dieser stets (zumindest) in die allgemeine Handlungsfreiheit des betroffenen Adressaten eingreift. *Brockmeier* will daher eine Ermessensschrumpfung nur dann bejahen, wenn die Zustellung der Klage mit hoher Wahrscheinlichkeit zu einer existenzvernichtenden Strafschadensersatzzahlung führen würde[1459]. In einem solchen Fall läge ein erheblicher Grundrechtseingriff vor mit der Folge, dass die deutsche Zentrale Behörde die Zustellungserledigung zu verweigern habe. Da aber der Ausgang des Verfahrens im Zeitpunkt der Klagezustellung regelmäßig nicht vorhersehbar ist, dürfte dies wohl nur ein hypothetischer Anwendungsfall bleiben. Jedenfalls lassen die unterschiedlichen Normstrukturen des Art. 5 Abs. 1 und Art. 13 Abs. 1 HZÜ eher vermuten, dass eine partielle Ermessensreduzierung dahingehend vorliegt, in Zweifelsfällen zugunsten der Zustellungserledigung zu optieren.

2. Daneben liegt nach § 28 Abs. 3 EGGVG ein Ermessensfehler auch dann vor, wenn die behördliche Entscheidung die gesetzlichen Grenzen des Ermessens überschreitet (sog. Ermessensüberschreitung) oder von dem Ermessen in einer dem Zweck der Ermächtigung nicht entsprechenden Weise Gebrauch macht (sog. Ermessensfehlgebrauch):

a) Eine Ermessensüberschreitung ist gegeben, wenn eine Entscheidungsfreiheit hinsichtlich der Voraussetzungen oder des Inhalts einer Maßnahme gesetzlich nicht eingeräumt war, so dass die Maßnahme bereits abstrakt unter keinen Umständen gerechtfertigt ist[1460]. Die Zentrale Behörde müsste hierfür eine

1457 *Maurer*, Allgemeines Verwaltungsrecht[17] (2009), § 7, Rn. 24.

1458 *Merkt*, Abwehr der Zustellung von „punitive-damages"-Klagen (1995), S. 185.

1459 *Brockmeier*, Punitive damages, multiple damages und deutscher ordre public (1999), S. 138; krit. gegenüber diesem Differenzierungskriterium *von Hein*, RIW 2007, S. 249 (254).

1460 Münchener Kommentar zur ZPO(*-Rauscher/Pabst)*, III: §§ 803-1066: EGZPO, GVG, EGGVG, Internationales Zivilprozessrecht[3] (2008), § 28 EGGVG, Rn. 20; vgl. ferner *Maurer*, Allgemeines Verwaltungsrecht[17] (2009), § 7, Rn. 20.

Rechtsfolge wählen, die nicht mehr im Rahmen des Art. 13 Abs. 1 HZÜ liegt. Ein wohl eher unwahrscheinlicher Fall.

b) Praktisch bedeutsamer könnte hingegen der Ermessensfehlgebrauch sein. Danach handelt die Behörde ermessensfehlerhaft, wenn sie sich nicht ausschließlich vom Zweck des Erledigungsvorbehalts leiten lässt[1461]. Der Zweck des Erledigungsvorbehalts ist dabei auch den Zielvorstellungen des Haager Zustellungsübereinkommens zu entnehmen. Insofern stellt es keinen Fall des Ermessensfehlgebrauchs dar, wenn die hiesige Rechtshilfebehörde in ihrer Entscheidung mit berücksichtigt, ob die Verweigerung der Zustellung die Rechtsstellung des deutschen Beklagten verbessert. Auch das Bundesverfassungsgericht stellte in seinem Beschluss vom 07.12.1994 hierauf ab und kam zu dem Ergebnis, dass bei einer Zustellungsverweigerung eine Verbesserung der Rechtsstellung des Beklagten nicht gewährleistet wäre.

> „Denn der inländische Beklagte wäre nicht davor geschützt, vom amerikanischen Kläger dennoch in den Prozeß hineingezogen zu werden. Wie schon erwähnt, kann das ausländische Verfahren nach Maßgabe des Art. 15 Abs. 2 HZÜ auch ohne Nachweis der Zustellung durchgeführt werden. Außerdem wird nach amerikanischem Recht die Auffassung vertreten, daß die Zustellung an eine US-amerikanische Tochtergesellschaft des deutschen Mutterunternehmens zugleich an dieses wirksam vorgenommen werden kann.“[1462]

Die herrschende Ansicht im deutschen Schrifttum schloss sich der Argumentation des Bundesverfassungsgerichts an und sah ebenfalls in der Ablehnung der Zustellungserledigung keine echte Besserstellung des deutschen Beklagten[1463]. Überwiegend wurde dabei auf die alternativen Zustellungsformen nach US-amerikanischem Verfahrensrecht hingewiesen, die bei einer Ablehnung der

---

1461 Vgl. Münchener Kommentar zur ZPO(*-Rauscher/Pabst)*, III: §§ 803-1066: EGZPO, GVG, EGGVG, Internationales Zivilprozessrecht[3] (2008), § 28 EGGVG, Rn. 21; *Maurer*, Allgemeines Verwaltungsrecht[17] (2009), § 7, Rn. 22.

1462 *BVerfG*, Beschluss v. 07.12.1994, BVerfGE 91, S. 335 (345) = IPRax 1996, S. 112 (115) = IPRspr 1994, Nr. 160b, S. 365 (369); dem folgend *OLG Düsseldorf*, Beschluss v. 11.06.2003, WM 2003, S. 1587 (1589); *OLG Naumburg*, Beschluss v. 09.02.2006, OLG-Report Naumburg 2006, S. 403 (405); *OLG Frankfurt a.M.*, Beschluss v. 06.03.2006, Aktz. 20 VA 2/05 -juris, Rn. 36; *dass.*, Beschluss v. 15.03.2006, Aktz. 20 VA 7/05 -juris, Rn. 40; *OLG Celle*, Beschluss v. 20.07.2006, OLG-Report Celle 2006, S. 686 (688); anders hingegen *OLG Koblenz*, Beschluss v. 27.06.2005, IPRax 2006, S. 25 (34).

1463 *Juenger/Reimann*, NJW 1994, S. 3274 (3275); *Koch/Diedrich*, ZIP 1994, S. 1830 f.; *Heidenberger*, RIW 1995, S. 705 (708); *Stadler*, JZ 1995, S. 718 (719); *Friedrich*, German 4 L. J. 1233, 1239 (2003); *Zekoll*, NJW 2003, S. 2885 (2887); *Huber*, FS Erik Jayme (2004), S. 361 (369); *Stürner*, JZ 2006, S. 60 (62); *Hopt/Kulms/von Hein*, ZIP 2006, S. 973 (976 f.); *Schack*, AG 2006, S. 823 (827 f.); wohl auch *Oberhammer*, IPRax 2004, S. 40 (43); *Rasmussen-Bonne*, Liber Amicorum Peter Hay (2005), S. 323 (327 f.).

Zustellung zur Anwendung kämen[1464]. Allerdings führten andere demgegenüber auf, dass sich eine zuverlässige Prognose über die Wirksamkeit der Inlandszustellung nicht treffen lasse[1465]. Insofern dürfe das bloße Bestehen alternativer Zustellungsformen nicht die Entscheidung der deutschen Rechtshilfebehörden präjudizieren[1466]. Dem wurde wiederum entgegnet, dass nach Art. 15 Abs. 2 HZÜ das US-amerikanische Verfahren auch ohne Zustellungsnachweis fortgesetzt werden könne, so dass die Verweigerung der Rechtshilfe dem Zustellungsadressaten letztlich doch nicht weiterhelfe[1467]. Eine Minderansicht nahm zudem an, dass von der Zustellungsverweigerung eine Signalwirkung ausgehe, die US-Gerichte in ihrer Entscheidungsfindung beeinflussen könne[1468]. Darin sei ein wirkungsvoller Verteidigungsansatz gegen US-Klagen zu sehen, der zu einer Verbesserung der deutschen Beklagtenposition führe[1469].

Fakt ist, dass trotz der Aussage des Art. 15 Abs. 2 HZÜ das US-amerikanische Verfassungsrecht eine ordnungsgemäße Zustellung an den Beklagten verlangt. Der Kläger wird daher stets versuchen, dem deutschen Beklagten die verfahrenseinleitenden Schriftstücke nach US-amerikanischem Recht zuzustellen. Soweit die 120-Tage-Frist der Rule 4 (m) FRCivP nicht verstrichen ist, kann er die Zustellung im Inland bewirken. Ihre Wirksamkeit sollte aber nicht ohne weiteres unterstellt werden, da die verschiedenen Formen der Inlandszustellung an mehr oder weniger strengen Voraussetzungen geknüpft sind. Ist die Frist nach Rule 4 (m) FRCivP verstrichen oder kann die Inlandszustellung aus anderen Gründen nicht durchgeführt werden, steht dem Kläger daneben die Möglichkeit offen, eine gerichtliche Zustellungsanordnung nach Rule 4 (f) (3) FRCivP zu beantragen. In jedem Fall führt die Verweigerung der Zustellungserledigung nach Art. 13 Abs. 1 HZÜ nur zu einer Verzögerung und nicht zu einer Verhinderung des US-Prozesses. Allerdings kann sich die Prozessverzöge-

---

1464 *Juenger/Reimann*, NJW 1994, S. 3274 (3275); *Koch/Diedrich*, ZIP 1994, S. 1830 f.; *Heidenberger*, RIW 1995, S. 705 (708); *Stadler*, JZ 1995, S. 718 (719); *Zekoll*, NJW 2003, S. 2885 (2887); *Huber*, FS Erik Jayme (2004), S. 361 (369); *Rasmussen-Bonne*, Liber Amicorum Peter Hay (2005), S. 323 (327 f.); *Stürner*, JZ 2006, S. 60 (62); *Hopt/Kulms/von Hein*, ZIP 2006, S. 973 (976 f.); *Schack*, AG 2006, S. 823 (827 f.).

1465 *Merkt*, Abwehr der Zustellung von „punitive-damages"-Klagen (1995), S. 174-180; *Brockmeier*, Punitive damages, multiple damages und deutscher ordre public (1999), S. 138.

1466 *Bachmann*, FS Peter F. Schlosser (2005), S. 1 (12 f.).

1467 *Zekoll*, NJW 2003, S. 2885 (2887); *P. Huber*, FS Erik Jayme (2004), S. 361 (369); *Piekenbrock*, IPRax 2006, S. 4 (10); *Rasmussen-Bonne*, Liber Amicorum Peter Hay (2005), S. 323 (328); *Koch/Horlach/Thiel*, RIW 2006, S. 356 (363).

1468 *Hess*, JZ 2003, S. 923 (925); *ders.*, AG 2006, S. 809 (816); *Prütting*, FS Erik Jayme (2004), S. 709 (717); *Schwung*, AG 2006, S. 818 (823).

1469 *Knapp*, Die US-amerikanische Produkthaftung in der Praxis der deutschen Automobilindustrie (1997), S. 145; *Bellinghausen*, PHi 2003, S. 224; *Rohe*, FG Max Vollkommer (2006), S. 291 (308 f.); vgl. auch *OLG Koblenz*, Beschluss v. 27.06.2005, IPRax 2006, S. 25 (34) m. abl. Anm. *Piekenbrock*, ebd., S. 4 (10).

rung unter Umständen auf die Verjährung der geltend gemachten Ansprüche auswirken. Dies stellt zwar unzweifelhaft eine Verbesserung der Beklagtenposition dar, doch darf ihr Vorliegen wegen der unübersichtlichen (einzelstaatlichen) Rechtslage nicht unterstellt werden. Im Übrigen ist äußerst zweifelhaft, ob diese Art der Verbesserung von dem Zweck des Erledigungsvorbehaltes erfasst ist. Vielmehr ist davon auszugehen, dass die deutsche Zentrale Behörde diesen Umstand nicht in ihrer Ermessensentscheidung mit einbeziehen darf. Dagegen sollte die Rechtshilfebehörde berücksichtigen, dass US-Gerichte nach Rule 4 (f) (3) FRCivP Zustellungsformen anordnen können, die zum einen die Souveränitätsinteressen der Bundesrepublik Deutschland verletzen und zum anderen die tatsächliche Kenntnisnahme des Beklagten nicht sicherstellen[1470]. Die über das Haager Zustellungsübereinkommen erledigte Zustellung steht hingegen im Einklang mit den deutschen Souveränitätsvorstellungen und gewährleistet zudem, dass der Zustellungsadressat nicht mit einem Zivilverfahren überzogen wird, von dem er keine Kenntnis hat.

1470 Dies gilt im Übrigen auch für die fiktive Inlandszustellung an den *Secretary of State* oder für die nach Einzelstaatenrecht erfolgte öffentliche Zustellung, die über die Verweisung in Rule 4 (h) (1) FRCivP auch bei bundesgerichtlichen Verfahren Anwendung finden können.

6.Teil: Zusammenfassung der wichtigsten Ergebnisse

A. Ursachen und Probleme des erhöhten Prozessrisikos in den USA

I. Die US-Gerichte haben sich in der Vergangenheit zunehmend bereit erklärt, ihre Jurisdiktion auf extraterritoriale Sachverhalte zu erstrecken, die teilweise gar keinen Bezug zu den Vereinigten Staaten hatten. Dieser exzessiven Zuständigkeitspraxis konnte keine Völkerrechtswidrigkeit nachgewiesen werden, da die einschlägigen Zuständigkeitsregeln für die Begründung der internationalen Zuständigkeit an gewisse Mindestkontakte (*minimum contacts*) des Beklagten zum Gerichtsstaat anknüpfen. Damit genügen sie den völkerrechtlichen Mindestanforderungen.

Die allumfassende und anknüpfungslose Zuständigkeit der US-Gerichte für Menschenrechtsverletzungen verstößt ebenfalls nicht gegen das allgemeine Völkerrecht, da der maßgebliche 28 USC § 1350 (*alien tort claims act*) lediglich die sachliche Zuständigkeit (*subject matter jurisdiction*) der Bundesgerichte regelt. Zudem ist der *Act* vom völkerrechtlichen Universalitätsprinzip wohl gedeckt. Jedenfalls hängt die Reichweite der Gerichtsgewalt auch in diesen Fällen von den *minimum contacts* des Beklagten zum Forum ab.

II. 1. Der häufig vorgetragene Vorwurf, das klägerfreundlich ausgestaltete US-Recht fördere das Prozessrisiko in den USA, konnte bestätigt werden. Aus deutscher Sicht stellen sich die Besonderheiten des US-amerikanischen Prozess- und Privatrechts als einseitig klägerbegünstigend dar: Insbesondere die besondere Klageart der *class action* macht Einzelklagen, die sonst wegen zu geringer Schadenshöhe oder wegen zu geringer Erfolgsaussichten gar nicht erst erhoben worden wären, „prozess- und gerichtsfähig". Auch die Aussicht auf *punitive damages*, die die Höhe der Schadenskompensation um ein Vielfaches überschreiten können, macht den US-Gerichtsstand überaus attraktiv. Dem US-Kläger sind dadurch echte Anreize zur Klageerhebung geschaffen worden. Überdies fördern auch äußere Faktoren, wie ein aggressiver Anwaltsstand und das relativ schlecht ausgebaute Sozialwesen, die Prozesslust der Amerikaner.

2. a) Die klägerfreundliche Ausgestaltung des US-Rechts muss sich den Vorwurf der Missbrauchsanfälligkeit gefallen lassen. Die Untersuchung hat gezeigt, dass der Kläger durch eine geschickte Ausnutzung der rechtlichen Besonderheiten den Beklagten auch in den Fällen zu einem unvorteilhaften Vergleich zwingen kann, in denen inhaltlich kaum begründbare Ansprüche den Streitgegenstand bilden. So geht unter anderem sowohl von der *class action* als auch von der möglichen Verurteilung zu einer exorbitant hohen Strafschadensersatzzahlung ein erheblicher Vergleichsdruck aus.

b) Allerdings muss dieser Missbrauchsvorwurf gleichzeitig relativierend betrachtet werden. Die negativen Auswüchse des US-Rechts führen nicht per se zu einem ungünstigen Vergleich zulasten des Beklagten. Vielmehr kann es vorkommen, dass beklagtenfreundliche *sweetheart settlements* abgeschlossen werden. Diese Vergleiche werden zu einer Höhe abgeschlossen, die weit unter dem potentiellen Streitwert liegen. Zudem kann eine sog. *no compromise*-Strategie des Beklagten aussichtsreich sein. Darüber hinaus wird der Vergleichsdruck auf den Beklagten durch die aktuellen Entwicklungen im US-Haftungsrecht abgeschwächt, indem die Entscheidungen des Geschworenengerichts kalkulierbarer geworden sind. Schließlich dürfen die Reformbemühungen des US-amerikanischen Gesetzgebers nicht unerwähnt bleiben, die in den letzten Jahren das Missbrauchspotential teilweise erfolgreich eingedämmt haben.

3. Das außerordentlich hohe Prozessrisiko ist indirekt rechtspolitisch motiviert. Denn der US-Gesetzgeber versteht die Privatklage nicht nur als Mittel zur Durchsetzung der subjektiven Rechte des Einzelnen, sondern gleichzeitig auch als Beitrag zur Einhaltung der Rechtsordnung im Allgemeinen. Durch die klägerfreundliche Rechtsgestaltung werden daher bewusst Anreize geschaffen, damit der Einzelne seine öffentliche Aufgabe als „privater Staatsanwalt" wahrnimmt. Die Gründe für diese rechtspolitische Entscheidung sind historisch bedingt: Die US-amerikanische Gesellschaft ist seit jeher beseelt von der Leistungsfähigkeit des Individuums und dem grundsätzlichen Misstrauen gegenüber der Obrigkeit. Die US-amerikanische Rechtskultur ist daher in einem nicht unerheblichen Maße von der Vorstellung eines freien, selbstverantwortlichen Bürgers geprägt, der seine Rechte verteidigt und dem Recht nicht als Sozialverpflichtung gewährt wird.

B. Entscheidungszuständigkeit der Bundesgerichte für Sammelklagen

Ein US-Gericht kann einen Rechtsstreit nur dann rechtsgültig entscheiden, wenn es die Entscheidungszuständigkeit (*jurisdiction to adjudicate*) hinsichtlich des Falles hat. Dafür muss das Gericht zunächst international, sachlich als auch örtlich zuständig sein.

I. Die internationale Zuständigkeit der Bundesgerichte richtet sich regelmäßig nach der Reichweite der Jurisdiktion der einzelstaatlichen Gerichte ihres Sitzstaates, soweit nicht eine bundesrechtliche Vorschrift etwas anderes bestimmt. Maßgebend ist in der Regel der Mindestkontakt des auswärtigen Beklagten zum Gerichtsstaat. Häufig genügt hierfür schon eine hinreichende Geschäftstätigkeit in diesem Staat. Auch ohne Vorliegen eines allgemeinen oder besonderen Gerichtsstands kann die internationale Zuständigkeit der US-Gerichte über ein auswärtiges Unternehmen begründet werden. Unterhält das Unternehmen eine Tochtergesellschaft im Gerichtsstaat, dann kann bei einer hinreichend engen Verbundenheit der Gesellschaften die Zuständigkeit über die ausländische Mutter mittels Zustellung der klageeinleitenden Schriftstücke an die US-amerikanische Tochter eröffnet werden (sog. Zuständigkeitsdurchgriff).

II. Die sachliche Zuständigkeit grenzt die Kompetenzen der Bundes- und Gliedstaatengerichte voneinander ab. Seit der *class action*-Reform von 2005 sind Bundesgerichte für Sammelklagen, die aus mindestens 100 Mitgliedern bestehen, originär zuständig, wenn ein Mitglied der klägerischen Gruppe einem anderen Staat angehört als ein Beklagter. Darüber hinaus muss der Gesamtstreitwert der Kläger fünf Millionen US-Dollar übersteigen. Die Reform führt dazu, dass größere Sammelklagen gegen etwa deutsche Unternehmen regelmäßig vor den Bundesgerichten verhandelt werden. Der Vorteil gegenüber der alten Rechtslage besteht darin, dass die Verfahren nun von erfahrenen und im Verhältnis zu den einzelstaatlichen Richtern objektiveren Berufsrichtern geführt werden.

III. Bei Klagen gegen Ausländer ist schließlich jeder Gerichtsbezirk örtlich zuständig.

C. Zustellung einer *punitive damages*-Sammelklage an deutsche Unternehmen

Für die Entscheidungszuständigkeit der Bundesgerichte ist überdies notwendig, dass die verfahrenseinleitenden Schriftstücke dem Beklagten ordnungsgemäß zugestellt werden. Bleibt die Zustellung aus oder erfolgt sie nicht ordnungsgemäß, ist das gleichwohl ergangene Urteil nichtig, da darin ein Verstoß gegen das Recht des Beklagten auf rechtliches Gehör gesehen wird. Bei Verfahren vor den Bundesgerichten sind regelmäßig die Regelungen der Rule 4 FRCivP für die Zustellung der klageeinleitenden Schriftstücke an den Beklagten maßgebend. Diese Vorschrift unterscheidet die Zustellung, die innerhalb eines Gerichtsbezirks bewirkt wird (Inlandszustellung), von der Zustellung, die in einem ausländischen Staat erledigt wird (Auslandszustellung). Für die Abgrenzung, ob eine Inlands- bzw. Auslandszustellung vorliegt, ist maßgebend, an welchem Ort der juristische Tatbestand der Zustellung vollendet wird.

I. Die Auslandszustellung nach Rule 4 (f) FRCivP

Kann die Zustellung nur außerhalb der USA bewirkt werden, regelt Rule 4 (f) FRCivP die in Betracht kommenden Methoden. Absatz (1) verweist dabei auf die einschlägigen Staatsverträge im Bereich der internationalen Zustellung. Absatz (2) führt ferner eigene Formen auf, nach denen zugestellt werden kann. Absatz (3) der Rule 4 (f) FRCivP beinhaltet schließlich eine Art Auffangtatbestand für unvorhergesehene Fälle. Danach kann erst nach einer besonderen gerichtlichen Anordnung zugestellt werden. Der Wortlaut der Rule 4 (f) FRCivP weist keine hierarchische Struktur auf, so dass an sich alle Zustellungsformen gleichwertig sind. Gleichwohl ist anerkannt, dass das Haager Zustellungsübereinkommen zwingend anzuwenden ist, soweit die Zustellung in einem HZÜ-Vertragsstaat zu bewirken ist.

1. Zustellung nach dem Haager Zustellungsübereinkommen

a) Sachlicher Anwendungsbereich nach Art. 1 Abs. 1 HZÜ

aa) Vom sachlichen Anwendungsbereich des HZÜ sind nicht nur förmliche Zustellungen erfasst, sondern auch bloße Mitteilungen über fiktive Inlandszustellungen. Gleichwohl hat dies nicht die Unwirksamkeit der Inlandszustellung zur Folge, wenn die Benachrichtigung nicht bzw. nicht ordnungsgemäß über das Übereinkommen übermittelt wurde. Maßgebend ist stets die Beurteilung des Urteilsstaates, ob dem Mitteilungsteil eine konstitutive Bedeutung zukommt. Wird dies verneint, dann ist die fehlerhafte Übermittlung unerheblich; wird sie hingegen bejaht, dann liegt begrifflich schon keine Inlandszustellung mehr vor. In diesem Fall wird der Tatbestand der Zustellung in dem betreffenden Vertragsstaat vollendet, so dass eine Auslandszustellung gegeben ist. Die Vorgaben des HZÜ sind demnach einzuhalten.

bb) Größere Probleme bereitete in der Vergangenheit die Definition des Begriffs „Zivil- oder Handelssache" im Sinne des Art. 1 Abs. 1 HZÜ. Das Haager Zustellungsübereinkommen enthält selbst keine Legaldefinitionen. Zudem bestimmt es kein Recht, nach dem die Begriffsbestimmung erfolgen soll. Das Bedürfnis eines sowohl internationalen als auch internen Entscheidungseinklangs verlangt aber, dass die Zivil- und Handelssache vertragsautonom zu bestimmen ist. Zudem dient eine einheitliche Auslegung nach allgemeinen Grundsätzen am ehesten der Rechtssicherheit. Die vertragsautonome Auslegung hat anhand der völkerrechtlich anerkannten Auslegungsmethoden zu erfolgen. Die vier klassischen Interpretationsformen bringen lediglich zum Vorschein, dass das Begriffspaar weit und liberal zu interpretieren ist. Entscheidende Bedeutung kommt daher der Rechtsvergleichung und damit den allgemeinen Rechtsgrundsätzen zu. Maßgebend für ihre Feststellung ist eine weitgehend übereinstimmende Rechtsauffassung in den Vertragsstaaten. Für die Vertragsstaaten des angloamerikanischen Rechtskreises spielt die Unterscheidung zwischen privatem und öffentlichem Recht keine dominierende Rolle, so dass überwiegend auf die kontinentaleuropäischen Rechtsauffassungen abzustellen ist. Unter Zugrundelegung der Ziele des Haager Zustellungsübereinkommens zeichnet sich die Subordinationstheorie als die beste Lösung aus. Führt diese im Einzelfall nicht weiter, ist hilfsweise auf die Rechtsnatur der jeweiligen Rechtsnorm abzustellen, auf die die Klage gestützt wird. Jedenfalls handelt es sich bei einer *class action*, mit dem Klageziel der *punitive damages*, um eine Zivil- und Handelssache i. S. des Übereinkommens.

b) Ablehnung der Zustellungserledigung nach Art. 13 Abs. 1 HZÜ

aa) Die deutsche Zentrale Behörde kann die Zustellungserledigung nur nach Art. 13 Abs. 1 HZÜ endgültig verweigern, wenn sie diese für geeignet hält, die Hoheitsrechte oder Sicherheit der Bundesrepublik zu gefährden. Bei der Beurteilung der Gefahrenlage kommt ihr ein Spielraum zu, den sie anhand nur einer ex ante möglichen Prognose füllen kann. Sie hat dabei auf die objektive Gefahrenlage abzustellen, wobei der prognostizierte Schadenseintritt nicht nur möglich, sondern hinreichend wahrscheinlich sein muss. Auf Rechtsfolgenseite steht ihr überdies Ermessen zu, den sie in Zweifelsfällen zugunsten der internationalen Rechtshilfe auszuüben hat. Prüfungsgegenstand bildet allein der Rechtszustand, der durch die Zustellungserledigung unmittelbar hervorgerufen wird. Prüfungsgrundlage sind dabei die Zustellungsunterlagen. Bei der Annahme allgemeinkundiger Tatsachen bzw. Aspekte und abstrakt-genereller Regeln ist äußerste Zurückhaltung geboten. Die Ansicht, mit der Erhebung einer offensichtlich substanzlosen Klage werde per se Rechtsmissbrauch betrieben, reicht jedenfalls nicht aus, um eine allgemeinkundige Tatsache anzunehmen.

bb) Besonders problematisch ist die Bestimmung des Prüfungsumfangs des Art. 13 Abs. 1 HZÜ. Während die Auslegung des Begriffs „Sicherheit" kaum praktische Schwierigkeiten bereitet, stellt sich die inhaltliche Konkretisierung der Gefährdung deutscher Hoheitsrechte als äußerst neuralgisch dar. Insbesondere besteht keine Einigkeit darüber, ob darin ein mehr oder weniger starker *ordre public*-Vorbehalt zu erblicken ist. Der Inhalt des Erledigungsvorbehalts ist jedenfalls durch die Wertungsgrundlagen der Rechtsordnung des ersuchten Staates zu füllen. Dabei werden dem Vertragsstaat durch die Aussagen des Übereinkommens Grenzen gesetzt, die vertragsautonom zu ermitteln sind.

aaa) Die vertragsautonome Auslegung des Art. 13 Abs. 1 HZÜ bringt zum Vorschein, dass die Vorschrift als Ausnahmeregelung eng auszulegen ist. Zudem ist in dem Erledigungsvorbehalt eine *ordre public*-Klausel zu erblicken, der nicht mit dem *ordre public interne* gleichgesetzt werden darf. Untersagt ist ferner eine umfassende inhaltliche Prüfung des Zustellungsersuchens im Sinne einer *révision au fond*. Zu fordern ist daher eine offensichtliche Gefährdung der Hoheitsrechte des ersuchten Staates. Unter Einbeziehung rechtsvergleichender Erkenntnisse lässt sich ferner feststellen, ob ein wesentlicher bzw. unverzichtbarer Rechtsgrundsatz der inländischen Rechtsordnung betroffen ist. Die inhaltliche Bestimmung des zustellungsrechtlichen *ordre public*-Vorbehalts aus deutscher Sicht führt auf, dass Art. 13 Abs. 1 HZÜ nicht mit dem „innerstaatlichen ordre public" im Sinne des Art. 6 EGBGB gleichgesetzt werden darf. In dem Erledigungsvorbehalt ist vielmehr ein internationaler *ordre public* zu sehen, der nicht als *ordre public* im völkerrechtlichen Sinne verstanden werden soll. Ein Verstoß gegen die staatsvertragliche Regelung ist dagegen anzunehmen, wenn durch die Zustellungserledigung offensichtlich unverzichtbare Grundsätze eines freiheitlichen Rechtsstaates verletzt werden, wie sie auch in internationalen Menschenrechtsabkommen verankert sind. Der zustellungsrechtlichen *ordre public*-Kontrolle ist dabei ein im Verhältnis zu § 328 Abs. 1 Nr. 4 ZPO großzügigerer Prüfungsmaßstab zugrunde zu legen.

bbb) Die Subsumtion der *punitive damages*-Sammelklage unter dem *ordre public*-Vorbehalt des Art. 13 Abs. 1 HZÜ bringt zu Tage, dass ihre Zustellungserledigung nicht zu einer offensichtlichen Gefährdung unverzichtbarer Grundsätze der Bundesrepublik Deutschland führt. Weder die Besonderheiten des US-Prozess- und Sachrechts noch der häufig erhobene Einwand der rechtsmissbräuchlich erhobenen Klage sind geeignet, deutsche Hoheitsrechte zu gefährden. Häufig fehlt es bereits an der erforderlichen Gefährdungswahrscheinlichkeit. Zudem darf die deutsche Rechtshilfebehörde nach Art. 13 Abs. 2 HZÜ die Zustellungserledigung nicht allein aus dem Grund verweigern, wenn die Bundesrepublik nach seinen Zuständigkeitsregeln die ausschließliche Entscheidungszuständigkeit in der Sache beansprucht oder das ausländische Verfahren nicht kennt. Schließlich kann in vielen Fällen für den milderen Erledigungsvorbehalt der „erst recht"-Schluss gezogen werden, wenn bereits der strengere anerkennungsrechtliche *ordre public* nicht einschlägig ist.

Im Einzelnen:

(1) Ein etwaiger Einlassungszwang aufgrund des sonst drohenden Erlasses eines Versäumnisurteils ist dem deutschen Beklagten zumutbar, da auch bei deutschen Verfahren die Gefahr eines Säumnisurteils besteht.

(2) Die *American Rule of Costs* und die *contingent fees* verletzen schon nicht den Anerkennungsvorbehalt in § 328 Abs. 1 Nr. 4 ZPO, so dass dies erst recht für Art. 13 Abs. 1 HZÜ gelten muss.

(3) Die Gefahr, dass eine dürftig begründete oder unschlüssige Klage zugestellt wird, ist auch hierzulande gegeben. Gleiches gilt für die Zustellung eines exorbitant hohen Klageantrags.

(4) Die exzessive Zuständigkeitsbegründung der US-Gerichte ist ebenfalls nicht geeignet, die Hoheitsrechte der Bundesrepublik zu gefährden, da sie als Ablehnungsgrund von Art. 13 Abs. 2 HZÜ ausdrücklich ausgenommen wurde.

(5) Art. 13 Abs. 2 HZÜ hindert ferner die Ablehnung der Zustellungserledigung einer *class action*. Zudem ist die Sammelklage seit der Einführung des Kapitalanleger-Musterverfahrens der deutschen Rechtsordnung nicht mehr grundsätzlich fremd.

(6) Die *pre-trial discovery* führt zu keinem Anerkennungshindernis nach § 328 Abs. 1 Nr. 4 ZPO, so dass sie erst recht kein Zustellungshindernis darstellen kann. Die weitgehend alleinige Verantwortung der privaten Parteien im Beweisermittlungsverfahren steht nicht im zwingenden Widerspruch zu der verfassungsrechtlich garantierten richterlichen Beweiserhebung. Die weitgehenden Auskunfts- und Informationspflichten der Parteien mögen gegen das deutsche Ausforschungsverbot verstoßen. Bei diesem handelt es sich jedoch nicht um einen unverzichtbaren Grundsatz des freiheitlichen Rechtsstaates. Die freiwillige Mitwirkung am *discovery*-Verfahren auf deutschem Boden ohne Beteiligung deutscher Behörden ist ebenfalls nicht geeignet, die deutsche Souveränität zu beeinträchtigen, da durch die privaten Parteien keine Hoheitsgewalt ausgeübt wird. Die gerichtlich erzwungene Mitwirkung verletzt zwar Souveränitätsinteressen der Bundesrepublik, doch ist sie im Zeitpunkt der Zustellungserledigung nicht feststellbar, so dass es an der hinreichenden Wahrscheinlichkeit einer Gefährdung fehlt.

(7) Das Recht auf einen unbefangenen Richter ist zwar ein unverzichtbarer Grundsatz eines freiheitlichen Rechtsstaates, doch kann nicht von einer konzeptionellen Befangenheit der Jurymitglieder oder der Einzelstaatenrichter gesprochen werden. Die entsprechenden Behauptungen müssen noch durch empirische Studien belegt werden.

(8) Die Aussicht auf *punitive damages* im Zivilverfahren reicht ebenfalls nicht aus, den *ordre public*-Vorbehalt des Art. 13 Abs. 1 HZÜ auszulösen, da es hierfür bereits an der hinreichenden Gefährdungswahrscheinlichkeit fehlt.

(9) Die Grundrechte gelten im internationalen Rechtshilfeverkehr nur eingeschränkt. Eine ungerechtfertigte Grundrechtsbeeinträchtigung liegt nur dann vor, wenn ihr Wesensgehalt berührt ist. Unter Zugrundelegung dieses Maßstabs führt die Zustellungserledigung jedenfalls nicht zu einer Gefährdung deutscher Grundrechte.

(10) Schließlich ist der Einwand der rechtsmissbräuchlich erhobenen Klage nicht geeignet, deutsche Hoheitsrechte zu gefährden. Bereits die Feststellung im Zustellungsverfahren, ob der Kläger tatsächlich Rechtsmissbrauch betreibt, ist äußerst problematisch. In rechtsstaatlich einwandfreier Weise müsste hierfür der Kläger gehört werden. Eine Anhörungsmöglichkeit sieht aber das HZÜ regelmäßig nicht vor, da sie gegen die Vertragsziele verstoßen würde. Im Übrigen ist der Rechtsmissbrauch in Grenzen hinzunehmen, da sich die deutsche Partei vor den US-Gerichten dagegen wehren kann. Ferner wird auch bei deutschen Klagen keine Missbrauchskontrolle vor der Zustellung vorgenommen, so dass ein etwaiger Schutz vor missbräuchlichen Klageerhebungen nicht als unverzichtbarer Grundsatz der deutschen Rechtsordnung angesehen werden kann.

c) Übermittlungswege und Zustellung nach deutschen Zuständigkeitsregeln

Das Haager Zustellungsübereinkommens sieht für die Übermittlung der zuzustellenden Schriftstücke in erster Linie den unmittelbaren Behördenverkehr vor. Daneben ermöglicht es auch eine Reihe von alternativen Übermittlungswegen, deren Zulässigkeit teilweise von einer vorbehaltlosen Annahme des betreffenden Vertragsstaates abhängt. Im deutsch-amerikanischen Rechtshilfeverkehr wird die Zustellung regelmäßig über die Zentrale Behörde ersucht, da die Bundesrepublik allen anderen Verfahren (teilweise eingeschränkt) widersprochen hat. Die eigentliche Zustellungshandlung erfolgt gemäß Art. 5 Abs. 1 lit. a) HZÜ nach den deutschen Zustellungsregeln in §§ 166 ff. ZPO. Liegt eine gegenüber dem Gericht erklärte ausdrückliche Zustimmung im Sinne des § 174 Abs. 3 Satz 2 ZPO vor, kann dem Adressaten auch in elektronischer Form zugestellt werden. Das HZÜ steht jedenfalls weder der elektronischen Übermittlung der verfahrenseinleitenden Schriftstücke innerhalb der Rechtshilfebehörden noch der elektronischen Zustellung der ersuchten Zentralen Behörde an den Adressaten entgegen. Der Wortlaut des Vertragstextes von 1965 schweigt naturgemäß hierüber. Auch die systematische und historische Auslegung hindert nicht die Anwendung moderner Kommunikationstechnologien. Die teleologische Interpretation führt schließlich auf, dass sie sogar erheblich zur Verwirklichung der Vertragsziele beiträgt.

d) Beklagtenschutz

Von der Aussetzungspflicht i. S. des Art. 15 Abs. 1 HZÜ sind nicht nur Schriftstücke erfasst, die zum Zwecke der Zustellung in das Ausland zu übermitteln sind, sondern auch solche, die zum Zwecke der Benachrichtigung nach erfolgter fiktiver Inlandszustellung dem im Ausland wohnhaften Beklagten zu übermitteln sind. Da aber die Vereinigten Staaten eine Erklärung i. S. des Art. 15 Abs. 2 HZÜ abgegeben haben, kann das Verfahren nach sechs Monaten auch ohne förmliche Zustellung bzw. Mitteilung fortgesetzt werden. Gleichwohl ist wegen des bundesverfassungsrechtlichen *due process*-Gebotes eine Zustellung an den Beklagten erforderlich. Bedeutsam ist Art. 15 HZÜ für das deutsche Vollstreckungsverfahren. Dort insbesondere für die Frage, ob dem Beklagten die verfahrenseinleitenden Schriftstücke i. S. des § 328 Abs. 1 Nr. 2 ZPO rechtzeitig zugestellt wurden.

2. Zustellung nach Rule 4 (f) (2) FRCivP

Die ausschließlich in der deutschen Literatur vorzufindende Auffassung, Rule 4 (f) (2) FRCivP komme nur im Verhältnis zu Nichtvertragsstaaten zur Anwendung, ist nicht zutreffend. Das Haager Zustellungsübereinkommen selbst verweist implizit auf die nationalen Regelungen, soweit es um die eigentliche Zustellungshandlung geht. Insofern kann die grundsätzlich nach Art. 10 HZÜ erlaubte Zustellung durch die Post nach Rule 4 (f) (2) (C) (ii) FRCivP erfolgen. Gleichwohl ist die Vorschrift für beklagte deutsche Unternehmen nicht von großer Bedeutung, da zum einen der deutsche Vorbehalt gegen Art. 10 lit. a) HZÜ hier greift und zum anderen Absatz (2) (C) (i) von der Verweisung in Rule 4 (h) (2) FRCivP ausdrücklich ausgenommen wurde.

3. Zustellung nach Rule 4 (f) (3) FRCivP

Größere Aufmerksamkeit sollten deutsche Unternehmen hingegen dem Absatz (3) der Rule 4 (f) FRCivP schenken. Ist der Anwendungsbereich des HZÜ nicht eröffnet oder scheitert die Zustellung über das HZÜ, ist das Gericht befugt, auf Antrag des Klägers die Bewirkung der Zustellung in einer gesetzlich nicht zwingend vorgesehenen Form anzuordnen. Unter Umständen kann diese auch in einem Vertragsstaat erfolgen. Die Exklusivität des Haager Zustellungsübereinkommens steht dann der gerichtlichen Zustellungsanordnung nicht entgegen, da sie durch das bundesverfassungsrechtliche *due process*-Gebot begrenzt wird. Der Ermessensspielraum des Bundesgerichts ist bei der Anordnung insoweit begrenzt, als dass die Zustellungsmethode nicht vom HZÜ untersagt sein darf.

Hierunter fallen alle Zustellungsformen, gegen die die Bundesrepublik einen Widerspruch im Sinne des Übereinkommens erklärt hat. Soweit das deutsche Recht kein ausdrückliches Verbot bestimmter Zustellungsformen enthält, kann die gerichtliche Zustellungsanordnung überdies gegen das deutsche Recht verstoßen. Ein ausdrückliches Verbot würde zudem nichts nützen, wenn die Zustellung nicht auf eine andere Weise bewirkt werden kann. Im deutsch-amerikanischen Zustellungsverkehr ist die Anordnung der direkten postalischen Zustellung unzulässig. Entsprechendes gilt wahrscheinlich auch für die elektronische Zustellung, sofern man die Ansicht vertritt, der Begriff „E-Mail" sei mit dem Begriff „Post" in Art. 10 HZÜ gleichzusetzen. Die gerichtliche Anordnung der öffentlichen Zustellung als auch der Zustellung an einen inländischen Empfangsvertreter bleibt hingegen uneingeschränkt möglich, da die Zustellungswirkungen ohnehin im Inland eintreten, so dass es sich um eine vom HZÜ nicht erfasste Inlandszustellung handelt.

II. Die Inlandszustellung nach Rule 4 (h) (1) FRCivP

Das Haager Zustellungsübereinkommen ist nur dann zwingend anzuwenden, wenn die verfahrenseinleitenden Schriftstücke lediglich außerhalb der US-Gerichtsbezirke zugestellt werden können. Besteht daneben die Möglichkeit, die Zustellung auch innerhalb eines Gerichtsbezirkes zu bewirken, kann der US-Kläger frei entscheiden, ob er nach den nationalen Zustellungsregeln in den USA oder über das HZÜ in einen Vertragsstaat zustellen will. Entscheidet er sich für die Inlandszustellung, dann ist bei bundesgerichtlichen Verfahren regelmäßig Rule 4 (h) (1) FRCivP maßgebend, soweit kein Verzicht des Beklagten auf die förmliche Zustellung nach Rule 4 (d) FRCivP vorliegt. Diese Vorschrift sieht drei unterschiedliche Zustellungsvarianten vor:

1. Zustellung nach Rule 4 (h) (1) 1. Var. i. V. m. Rule 4 (e) (1) FRCivP

Die erste Variante erklärt über den Verweis auf Absatz (e) (1) das einschlägige einzelstaatliche Recht für anwendbar. Insbesondere deutsche Unternehmen, die in den Vereinigten Staaten geschäftlich tätig sind oder eine US-amerikanische Tochtergesellschaft unterhalten, sind einem erhöhten Risiko der Inlandszustellung ausgesetzt. Denn bevor sie ihre Geschäftstätigkeit in dem betreffenden Staat aufnehmen dürfen, müssen sie regelmäßig einen inländischen Zustellungsbevollmächtigten benennen. Ernennen sie keinen, dann wird meistens ein *state official* zum fiktiven Zustellungsbevollmächtigten bestimmt. Darüber hinaus besteht in den meisten Bundesstaaten die Gefahr eines Zustellungsdurchgriffs bei einer hinreichend engen Verflechtung der deutschen Muttergesellschaft mit der US-amerikanischen Tochter. Allerdings unterliegt sie sehr engen Voraussetzungen und muss zudem vom Kläger dargelegt werden, so dass von ihrem Vorliegen nicht ohne weiteres ausgegangen werden darf. Als Ultima Ratio sieht überdies der Großteil der Einzelstaaten die öffentliche Zustellung vor, die in ihrem Anwendungsbereich durch das bundesverfassungsrechtliche *due process*-Gebot sehr stark eingeschränkt ist. Unstreitig kann aber einem Unternehmen, von dem die Anschrift unbekannt ist, öffentlich zugestellt werden. Die öffentliche Zustellung sollte ferner nicht ausgeschlossen werden, wenn trotz Kenntnis der Anschrift dem Beklagten faktisch nicht auf andere Weise zugestellt werden kann.

2. Zustellung nach Rule 4 (h) (1) 2. und 3. Var. FRCivP

Nach der zweiten Variante kann die Zustellung an die beklagte deutsche Gesellschaft mit persönlicher Übergabe der verfahrenseinleitenden Schriftstücke an einem leitenden Angestellten, einem Handlungsbevollmächtigten oder Geschäftsführer bewirkt werden. Viele einzelstaatliche Zustellungsregeln erweitern den Kreis der empfangsberechtigten Personen, so dass unter Umständen auch anderen, in Rule 4 (h) (1) FRCivP nicht ausdrücklich aufgeführten Personen zugestellt werden kann. Die automatisch als empfangsberechtigt geltende Person braucht nur vorübergehend im Gerichtsstaat anzutreffen sein. Ausreichend ist etwa die Übergabe der zuzustellenden Schriftstücke bei einer Geschäftsreise in den USA. Beklagte deutsche Aktiengesellschaften sollten zudem gewarnt sein, dass anders als im deutschen Recht auch ihren Angestellten unterhalb der Vorstandsebene ordnungsgemäß zugestellt werden kann. Denn maßgebend ist allein, ob die Person nach der US-amerikanischen Verkehrsanschauung innerhalb der Gesellschaft eine Position bekleidet, die die Weiterleitung der zugestellten Schriftstücke an die entscheidenden Organe der Gesellschaft als genügend wahrscheinlich erscheinen lässt. Die dritte Zustellungsvariante sieht schließlich vor, dass die Inlandszustellung durch die Übergabe einer Kopie der verfahrenseinleitenden Schriftstücke an jeden zu ihrer Entgegennahme rechtsgeschäftlich oder gesetzlich bevollmächtigten Vertreter der beklagten Gesellschaft bewirkt werden kann.

3. Unzulässige Umgehung des Haager Zustellungsübereinkommens

Obwohl das Haager Zustellungsübereinkommen die Möglichkeit der Zustellungsdurchführung in den Vereinigten Staaten nicht ausschließt, kann die Inlandszustellung in gewissen Fällen als Verstoß gegen das Übereinkommen gewertet werden. Dies ist regelmäßig der Fall, wenn trotz formaler Bezeichnung als Inlandszustellung ihr Tatbestand in einem Vertragsstaat vollendet wird. Dann nämlich liegt unstreitig eine Auslandszustellung vor, die von der Exklusivität des Übereinkommens erfasst wird. Das einzelstaatliche Zustellungsrecht wird von den vorrangigen staatsvertraglichen Regeln des HZÜ verdrängt. Auch bei der Zustellung nach Bundesrecht muss ihre Erledigung zunächst nach dem Übereinkommen versucht werden.

D. Schlussfolgerungen

Ausgangsfrage dieser Abhandlung war, ob die Abwehr gegen die Zustellung in Deutschland ein geeignetes Verteidigungsmittel darstellt, um einen Prozess in den USA zu verhindern. Die vorangegangene Untersuchung bringt nun zum Vorschein, dass eine solche Vorgehensweise an sich die Bezeichnung „Verteidigungsmittel“ nicht verdient, da sie zu keiner messbaren Besserstellung des Beklagten führt. Die Annahmeverweigerung der US-amerikanischen Sammelklageschrift, die auf Zahlung von *punitive damages* gerichtet ist, und das Vorgehen gegen die deutsche Zustellungsanordnung vermögen nicht, das Fortschreiten eines US-Prozesses zu verhindern. Sie bewirken allenfalls nur eine Verzögerung des Verfahrensfortgangs, die aber dafür in den seltensten Fällen zu einer Verjährung des streitentscheidenden Anspruchs führen kann.

Das Zivilverfahren vor den Bundesgerichten wird zwar regelmäßig schon mit Einreichung der Klageschrift bei Gericht eingeleitet, doch gebietet die Bundesverfassung die Zustellung der verfahrenseinleitenden Schriftstücke an den Beklagten, damit dieser sich rechtzeitig gegen das gegen ihn anhängig gewordene Verfahren verteidigen kann. Der US-Kläger hat dabei die Wahl, ob er die Zustellung innerhalb eines US-Gerichtsbezirkes und/oder im Ausland bewirken lassen will. Die Anwendbarkeit des Haager Zustellungsübereinkommens hindert jedenfalls nicht die Möglichkeit der Inlandszustellung. Insofern kann der Kläger bei einer etwaigen Verweigerung der Zustellungserledigung nach Art. 13 Abs. 1 HZÜ die Zustellung innerhalb einer Frist von 120 Tagen nach Einreichung der Klageschrift bei Gericht im Inland durchführen lassen. Darüber hinaus kann das angerufene Prozessgericht unter Umständen dazu ermächtigt sein, eine besondere, gesetzlich nicht zwingend vorgesehene Zustellungsform anzuordnen. In jedem Fall wird der US-Kläger auf die Ablehnung der Zustellungserledigung durch die deutsche Zentrale Behörde entsprechend reagieren und mit größter Wahrscheinlichkeit die Zustellung auf andere Weise bewirken lassen.

Eine andere Frage ist hingegen, ob das beklagte deutsche Unternehmen, das endgültig zur Zahlung von *punitive damages* verurteilt wurde, gegen die Anerkennung und Vollstreckbarerklärung des US-Urteils in Deutschland vorgehen kann. Auch hier haben die obigen Ausführungen gezeigt, dass dieser Verteidigungsansatz nur teilweise Erfolg versprechend ist. Ein solches Urteil wird nur insoweit gemäß § 328 Abs. 1 Nr. 4 ZPO nicht anerkannt, als dass es über die Schadenskompensation hinausgeht und reinen Strafcharakter hat. Ob aber ein Anerkennungshindernis im Sinne des § 328 Abs. 1 Nr. 2 ZPO mit Erfolg geltend gemacht werden kann, bleibt eher zweifelhaft, da sich die Ordnungsgemäßheit der Zustellung sich im Rahmen der Urteilsanerkennung nicht nach deutschem Recht, sondern nach dem Recht des Ursprungsstaates und damit nach US-Zustellungsrecht beurteilt. Und der Vorwurf, dass das US-Prozessgericht sein Zustellungsrecht nicht ordnungsgemäß angewendet hat, dürfte wohl nur in den seltensten Fällen begründet sein.

Ungeachtet dieser erst im deutschen Vollstreckbarerklärungsverfahren relevant werdenden Gesichtspunkte ist die deutsche Zentrale Behörde jedenfalls angehalten, die Möglichkeit der anderweitigen Zustellungsbewirkung bei der Zustellungsanordnung im Rahmen ihrer Ermessensentscheidung zu berücksichtigen, zumal die Gefahr besteht, dass durch die schlussendlich erfolgreiche Zustellungsmethode deutsche Souveränitätsinteressen verletzt werden können und ggf. durch die Anwendung fiktiver Zustellungsformen die tatsächliche Kenntnisnahme des Beklagten von dem US-Prozess nicht mehr sichergestellt wird.

7.Teil: Kernthesen dieser Arbeit

Zum US-Gerichtsstand und Völkerrecht

(1) Die extensive Ausdehnung der US-amerikanischen Jurisdiktion auf Auslandssachverhalte ist mit dem Völkerrecht vereinbar. Die anknüpfungslose sachliche Zuständigkeitsregel des 28 USC § 1350 (*Alien Tort Claims Act*) für internationale Völkerrechtsverletzungen ist als Ausfluss des Universalitäts- bzw. Weltrechtsprinzip völkerrechtlich unbedenklich.

Zur Anziehungswirkung des US-Gerichtsstandes

(2) Der US-Gerichtsstand ist nicht nur für inländische, sondern zunehmend auch für ausländische Kläger äußerst verlockend. Sowohl das Prozess- als auch das materielle Recht bieten genügend Anreize zur Klageerhebung. Die klägerfreundliche Ausgestaltung des US-Rechts verleitet zu Missbrauch. Dem Missbrauchseinwand stehen entgegenwirkende Bemühungen der US-amerikanischen Legislatur und Judikatur gegenüber.

Zu den Hintergründen

(3) Die rechtspolitisch motivierte klägerfreundliche Ausgestaltung des US-Rechts dient auch zur Entlastung staatlicher Ressourcen. Die US-amerikanische Rechtskultur und damit das US-amerikanische Rechtssystem sind in einem nicht unerheblichen Maße von der Vorstellung eines freien, selbstverantwortlichen Bürgers geprägt, der seine Rechte verteidigt und dem Recht nicht als Sozialleistung gewährt wird.

Zur bundesgerichtlichen Zuständigkeit bei privatrechtlichen Streitigkeiten mit Auslandsbezug

(4) Die internationale Zuständigkeit der US-amerikanischen Gerichte wird am häufigsten durch den *doing business*-Gerichtsstand und dem Gerichtsstand am Sitz der US-amerikanischen Tochtergesellschaft begründet.

(5) Bei privatrechtlichen Streitigkeiten unter ausländischer Beteiligung liegt regelmäßig eine konkurrierende Zuständigkeit vor. Kernrechtsgrundlage bildet hierbei 28 USC § 1332, der seit seiner Neugestaltung im Jahre 2005 zwischen Einzel- und Sammelklagen unterscheidet. Im Vergleich zur alten Rechtslage hat sich durch die Reform die Situation beklagter Unternehmen insoweit verbessert, als dass nunmehr vermehrt Sammelklageverfahren vor den allgemein als objektiver und erfahrener geltenden Bundesgerichten geführt werden.

Zur allgemeinen Bedeutung der Zustellung

(6) Die US-Gerichte können über einen Auslandssachverhalt nur dann rechtsgültig entscheiden, wenn sie hierüber die Entscheidungszuständigkeit (*jurisdiction to adjudicate*) besitzen. Hierfür ist notwendig, dass das Gericht international, sachlich sowie örtlich zuständig ist. Darüber hinaus ist die ordnungsgemäße Zustellung der Klageschrift an den Beklagten erforderlich.

Zur Abgrenzung der Inlands- und Auslandszustellung

(7) Nach der Konzeption der *Federal Rules of Civil Procedure* ist zwischen einer Inlandszustellung, die innerhalb eines US-Gerichtsbezirkes ausgeführt wird, und einer Auslandszustellung, die in einem ausländischen Staat bewirkt wird, zu unterscheiden. Für die Abgrenzung ist dabei maßgebend, an welchem Ort der juristische Tatbestand der Zustellung vollendet wird. Beide Zustellungsarten stehen gleichwertig nebeneinander. Die Anwendung des Haager Zustellungsübereinkommens sperrt nicht die Möglichkeit einer Inlandszustellung.

Zum Haager Zustellungsübereinkommen

(8) Der Begriff „Zivil- oder Handelssachen“ im Sinne des Art. 1 Abs. 1 HZÜ ist vertragsautonom auszulegen. Eine solche liegt vor, wenn das Rechtsverhältnis der Parteien sich als Über-/Unterordnungsverhältnis darstellt. Hilfsweise ist auf die Rechtsnatur der jeweiligen Rechtsnorm abzustellen, auf die die Klage gestützt wird. Unter Zugrundelegung dieser Grundsätze handelt es sich bei der *class action*, die auf Zahlung von *punitive damages* gerichtet ist, um eine Zivilsache im Sinne des Übereinkommens.

(9) Bei dem Erledigungsvorbehalt im Sinne des Art. 13 Abs. 1 HZÜ handelt es sich um einen abgeschwächten *ordre public international*, der nur dann einschlägig ist, wenn ein unverzichtbarer Grundsatz der Bundesrepublik Deutschland offensichtlich gefährdet ist. Die Zustellungserledigung einer *class action* mit dem Klageziel der *punitive damages*-Zahlung ist nicht geeignet, eine solche Gefährdung herbeizuführen. Die *class action* als solche ist schon nach Art. 13 Abs. 2 HZÜ unbedenklich. Die fehlende hinreichende Wahrscheinlichkeit der Verurteilung zur Zahlung von *punitive damages* im Zeitpunkt der Zustellung steht ferner einer solchen Annahme entgegen.

Zur Auslandszustellung nach Rule 4 (f) (2) FRCivP

(10) Deutschen Unternehmen kann nicht nach den in Rule 4 (f) (2) FRCivP vorgesehenen Zustellungsformen zugestellt werden. Insbesondere die postalische Zustellung scheidet hierbei aus, da die Bundesrepublik Deutschland ihren Vorbehalt gegenüber dieser Zustellungsmethode erklärt hat.

Zur Auslandszustellung nach Rule 4 (f) (3) FRCivP

(11) Nach Rule 4 (f) (3) kann auf besondere richterliche Anordnung die Zustellung in einer nicht zwingend gesetzlich vorgesehenen Form bewirkt werden. Diese Auffangvorschrift dient als eine Art Notnagel für unvorhergesehene Situationen. Das angerufene Prozessgericht kann dabei Zustellungsformen anordnen, die zum einen deutsche Souveränitätsinteressen verletzen und zum anderen die tatsächliche Kenntnisnahme des Beklagten von dem anhängig gewordenen Verfahren nicht sicherstellen.

Zur Inlandszustellung in den USA

(12) Die Inlandszustellung kann auf vielfältige Art und Weise erfolgen. Sowohl das einzelstaatliche Zustellungsrecht als auch die Zustellungsregeln der Bundesgerichte sehen eine Reihe von Zustellungsvariationen vor, die Zustellung an ausländische Unternehmen in den USA zu bewirken: Unterhält das beklagte deutsche Unternehmen eine US-amerikanische Tochtergesellschaft kann die Zustellung durch Übergabe der Klageschrift lediglich an das Tochterunternehmen bewirkt werden. Die Zustellung kann auch durch Übergabe an ein Vorstandsmitglied oder einem anderen Angestellten des beklagten Unternehmens während eines (kurzfristigen) Aufenthaltes im Gerichtsstaat erfolgen. Als Ultima Ratio sehen die meisten Bundesstaaten die öffentliche Zustellung vor.

Hauptthese dieser Arbeit

(13) Die Annahmeverweigerung der US-amerikanischen Sammelklageschrift, die auf Zahlung von *punitive damages* gerichtet ist, und das Vorgehen gegen die Zustellungsanordnung sind keine geeigneten Verteidigungsmaßnahmen, um das Voranschreiten eines US-Prozesses zu verhindern. Regelmäßig führen sie nur zu einer Verzögerung des Verfahrensfortgangs. Die deutschen Zentralen Behörden sollten auch aus diesem Grund dem US-amerikanischen Rechtshilfeantrag regelmäßig Folge leisten.

Literaturverzeichnis

Aberle, Marion: „Jeder hat das Recht auf einen Scheck"; in: Frankfurter Allgemeine Zeitung (FAZ) v. 09. Juli 2002, S. 5

Adam, Robert: Die USA; Band 1: Geschichte und Verfassungsordnung, München – Wien 1964

Alexander, Janet Cooper: Do the Merits Matter? A Study of Settlement in Securities Class Actions; in: 43 Stanford Law Review (Stan. L. Rev.) 497 (1991)

Amiel, Alexandra: Recent Developments in the Interpretation of Article 10 (a) of the Hague Convention on the Service Abroad of Judicial and Extrajudicial Documents in Civil or Commercial Matters; in: 24 Suffolk Transnational Law Review (Suffolk Transnat'l L.Rev.) 387 (2001)

Andreeva, Anna: Class Action Fairness Act of 2005: The Eight- Year Sage Is Finally Over; in: 59 University of Miami Law Review (U. Miami L. Rev.) 385 (2005)

Anonymus: Das Rechtssystem der USA; in: Globale Wirtschaft- nationales Recht, BDI-Info-Service Spezial, BDI- Drucksache Nr. 349, Januar 2004, unter: www.bdi-online.de, S. 8

Anonymus: Exemplary Damages in the Law of Torts; in: 70 Harvard Law Review (Harv. L. Rev.) 517 (1957)

Anonymus: Criminal Safeguards and the Punitive Damages Defendant; in: 34 University of Chicago Law Review (U. Chi. L. Rev.) 408 (1967)

Anonymus: Anschütz, International Discovery American- Style, and the Hague Evidence Convention; in: 19 New York University Journal of International Law and Politics (N.Y.U.J.Int.L.& Pol.) 87 (1986)

Anonymus: Risk- Preference Asymmetries in Class Action Litigation; in: 119 Harvard Law Review (Harv. L. Rev.) 587 (2005)

Assmann, Dorothea: Das Kapitalanleger- Musterverfahrensgesetz; in: Reinhard Greger, Irmgard Gleussner, Jörn Heinemann (Hrsg.), Neue Wege zum Recht, Festgabe für Max Vollkommer, Köln 2006, S. 119

Audit, Bernard: Droit international privé ; 4ième Edition Paris 2006

Bachmann, Birgit: Neue Rechtsentwicklungen bei punitive damages ? Erkenntnisverfahren, Zustellung und Vollstreckung; in: Birgit Bachmann/ u. a. (Hrsg.), Grenzüberschreitungen, Beiträge zum Internationalen Verfahrensrecht und zur Schiedsgerichtsbarkeit, Festschrift für Peter Schlosser, Tübingen 2005, S. 1

Baetge, D./ Eichholtz, S.: Die Class Action in den USA; in: Basedow, Jürgen/ u.a. (Hrsg.), Die Bündelung gleichgerichteter Interessen im Prozeß: Verbandsklage und Gruppenklage, Tübingen 1999, S. 287

Bajons, E.-M.: Internationale Zustellung und Recht auf Verteidigung; in: Reinhold Geimer (Hrsg.), Festschrift für Rolf A. Schütze, München 1999, S. 49

Bamberger, H.-G./ Roth, H.: Kommentar zum BGB, Band III: §§ 1297- 2385 – EGBGB – CISG, München 2003

Basedow, Jürgen: Qualifikation, Vorfrage und Anpassung im Internationalen Zivilverfahrensrecht; in: Schlosser, Peter/ u. a. (Hrsg.), Materielles Recht und Prozeßrecht und die Auswirkungen der Unterscheidung im Recht der internationalen Zwangsvollstreckung, Bielefeld 1992, S. 131

Ders.: Die Verselbständigung des europäischen ordre public; in: Coester, Michael/ u. a. (Hrsg.), Privatrecht in Europa, Festschrift für Hans Jürgen Sonnenberger, München 2004, S. 291

Batiffol, Henri/ Lagarde, Paul: Traité de droit international privé ; Band 1, 8. Auflage, Paris 1993

Baumbach, A./ Lauterbach, W./ Albers, J./ Hartmann, P.: Zivilprozessordnung, 67. Auflage, München 2009

Baumbach, M./ Henkel, C.: Anerkennung und Vollstreckung von punitive damages- Entscheidungen amerikanischer Zivilgerichte vor dem Hintergrund des Verfahrens BMW v. Gore; in: Recht der Internationalen Wirtschaft (RIW) 1997, S. 727

Baumgärtel, Gottfried: Gleicher Zugang zum Recht für alle: Ein Grundproblem des Rechtsschutzes, Köln u. a. 1976

Baumgartner, Samuel P. : Is Transnational Litigation Different?; in: 25 University of Pennsylvania Journal of International Economic Law (U. Pa. J. Int'l Econ. L.) 1297 (2004)

Becker, Florian: Völkerrechtliche Verträge und parlamentarische Gesetzgebungskompetenz; in: Neue Zeitschrift für Verwaltungsrecht (NVwZ) 2005, S. 289

Beisner, J.H./ Shors, M./ Miller, J.D.: Class Action Cops: Public Servants or Private Entrepreneurs; in: 57 Stanford Law Review (Stan. L. Rev.) 1441 (2004)

Bellinghausen, Rupert: Bundesverfassungsgericht gewährt vorläufigen Rechtsschutz gegen Zustellung einer US- Sammelklage; in: Produkthaftpflicht International (PHi) 2003, S. 222

Berber, Friedrich: Lehrbuch des Völkerrechts; Band I: Allgemeines Friedensrecht, 2. Auflage, München 1975

Berger, A.G./ Wilske, S.: Der U.S. Supreme Court und Punitive Damages; in: Recht der Internationalen Wirtschaft (RIW) 2007, S. 245

Berger, Don: Zuständigkeit und forum non conveniens im amerikanischen Zivilprozeß; in: Rabels Zeitschrift für ausländisches und internationales Privatrecht (RabelsZ) 41 (1977), S. 39

Bermann, George A.: The Hague Evidence Convention in the Supreme Court: A Critique of the *Aérospatiale* Decision; in: 63 Tulane Law Review (Tul.L.Rev.) 525 (1989)

Bernhardt, Rudolph: Encyclopedia of Public International Law; Band IV, Amsterdam, London, u.a. 2000

Bertele, Joachim: Souveränität und Verfahrensrecht: eine Untersuchung der aus dem Völkerrecht ableitbaren Grenzen staatlicher extraterritorialer Jurisdiktion im Verfahrensrecht, Tübingen 1998; Zugl.: Freiburg (Breisgau), Univ., Diss., 1997/98

Bischof, Thomas: Die Zustellung im internationalen Rechtsverkehr in Zivil- oder Handelssachen, Zürich 1997; Zugl.: St. Gallen, Univ., Diss., 1997

Bittighofer, Andres M.: Der internationale Gerichtsstand des Vermögens – eine rechtsvergleichende Studie zur Zuständigkeit deutscher Gerichte aufgrund ausländischer Vermögensbelegenheit, Frankfurt am Main 1994, Zugl.: Mannheim, Univ., Diss., 1993

Bleckmann, Albert: Die völkerrechtlichen Grundlagen des internationalen Kollisionsrechts, Köln, u. a. 1992

Blumenwitz, Dieter: Einführung in das anglo- amerikanische Recht, 7. Auflage, München 2003

Böckstiegel, K.-H./ Schlafen, D.: Die Haager Reformübereinkommen über die Zustellung und die Beweisaufnahme im Ausland; in: Neue Juristische Wochenschrift (NJW) 1978, S. 1073

Böhm, Ulrike: Âmerikanisches Zivilprozessrecht, Köln 2005

Böhmer, Christof: Spannungen im deutsch- amerikanischen Rechtsverkehr in Zivilsachen; in: Neue Juristische Wochenschrift (NJW) 1990, S. 3049

Borchers, Patrick J.: The Incredible Shrinking Hague Evidence Convention; in: 38 Texas International Law Journal (Tex. Int'l L.J.) 73 (2003)

Bork, Reinhard: Sozialleistungen in den USA; in: Recht der Internationalen Wirtschaft (RIW) 1982, S. 878

Born, Gary B./ Rutledge, Peter B.: International Civil Litigation in United States Courts, 4th Edition, Austin Boston Chicago u.a. 2007

Ders./ Vollmer, Andrew N.: The Effect of the Revised Federal Rules of Civil Procedure on Personal Jurisdiction, Service and Discovery in International Cases; in: 150 Federal Rules Decisions (F.R.D.) 221 (1993)

Ders./ Honig, Scott: Comity and the Lower Courts: Post- *Aérospatiale* Applications of the Hague Evidence Convention; in: 24 The International Lawyer (Int'l Lawyer) 393 (1990)

Braun, Johann: Einlassungszwang bei einer Klage auf Zahlung von 17 Mrd. Dollar?; in: Zeitschrift für Wirtschaftsrecht (ZIP) 2003, S. 2225

Brockmeier, Dirk: Punitive damages, multiple damages und deutscher ordre public: Unter besonderer Berücksichtigung des RICO-Act, Tübingen 1999; Zugl.: Univ., Hamburg, Diss., 1999

Brownlie, Ian: Principles of Public International Law, 6th Edition, Oxford 2003

Bruns, Alexander: Der anerkennungsrechtliche ordre public in Europa und den USA; in: Juristen- Zeitung (JZ) 1999, S. 278

Ders.: Das Verbot der quota litis und die erfolgsorientierte Prozessfinanzierung; in: Juristenzeitung (JZ) 2000, S.232-241

Buchner, Benedikt: Kläger- und Beklagtenschutz im Recht der internationalen Zuständigkeit: Lösungsansätze für eine zukünftige Gerichtsstands- und Vollstreckungskonvention, Tübingen 1998; Zugl.: Augsburg, Univ., Diss., 1997

Büchting, H.- U./ Heussen, B.: Beck'sche Rechtsanwalts- Handbuch, 8. Auflage, München 2004

Buhler, Phillip A.: Transnational Service of Process and Discovery in Federal Court Proceedings: An Overview; in: 27 Tulane Maritime Law Journal (Tul. Mar. L. J.) 1 (2002)

Bungert, Hartwin: Vollstreckbarkeit US-amerikanischer Schadensersatzurteil in exorbitanter Höhe; in: Zeitschrift für Wirtschaftsrecht und Insolvenzpraxis (ZIP) 1992, S. 1707

Ders.: Inlandsbezug und Vollstreckbarkeit US-amerikanischer Produkthaftungsurteile; in: Zeitschrift für Wirtschaftsrecht und Insolvenzpraxis (ZIP) 1993, S. 815

Burbank, Stephen B.: Federalism and Private International Law: Implementing the Hague Choice of Court Convention in the United States; in: 2 Journal of Private International Law (J. Priv. Int'l L.) 287 (2006)

Burst, Silke: Pönale Momente im ausländischen Privatrecht und deutscher ordre public, Frankfurt a.M./ Berlin/ u. a. 1994; Zugl.: Freiburg (Breisgau), Univ., Diss., 1994

Cabraser, E.J./ Vincen, F./ do Amaral, P. : The Class Action Fairness Act of 2005: The Federalization of U.S. Class Action Litigation; in: 43 Canadien Business Law Journal (Canadien Bus. L. J.) 398 (2006)

Cantor, Rachel: Internet Service of Process: A Constitutionally Adequate Alternative?; in: 66 The University of Chicago Law Review (U.Chi.L.Rev.) 943 (1999)

Carrington, Paul D.: The American Tradition of Private Law Enforcement; in: Bitburger Gespräche Jahrbuch 2003, Globale Wirtschaft – nationales Recht, Chancen, Risiken, Konflikte, München 2003, S. 33

Chacker, Aaron R. : E-ffectuating Notice: Rio Properties v. Rio International Interlink; in: 48 Villanova Law Review (Vill. L. Rev.) 597 (2003)

Chao, G. Chin: Securities Class Actions and Due Process; in: Columbia Business Law Review (Colum. Bus. L. Rev.) 547 (1996)

Chase, Oscar G.: Civil Litigation Delay in Italy and the United States; in: 36 The American Journal of Comparative Law (Am. J. Comp. L.) 41 (1988)

Clark, David S.: The American Legal System and Legal Culture; in: Clark, David S./ Ansay, Tùgrul (Hrsg.), Introduction to the Law of the United States, 2nd Edition, The Hague – London – New York 2002

Cloud, Morgan: The 2000 Amendments to the Federal Discovery Rules and the Future of Adversarial Pretrial Litigation; in: 74 Temple Law Review (Temple L. R.) 27 (2001)

Coester- Waltjen, Dagmar: Deutsches Internationales Zivilverfahrensrecht und die punitive damages nach US-amerikanischem Recht; in: Heldrich, Andreas/Kono, Toshiyuki (Hrsg.), Herausforderungen des Internationalen Zivilverfahrensrecht, Tübingen 1994, S. 15

Coffee, John C.: Class Wars: The Dilemma of the mass tort class action; in: 95 Columbia Law Review (Colum. L. Rev.) 1343 (1995)

Ders.: Understanding the Plaintiff's Attorney: The Implication of Economic Theory for Private Enforcement of Law Through Class and Derivate Actions; in: 86 Columbia Law Review (Colum. L. Rev.) 669 (1986)

Ders.: Rethinking the Class Action: A Policy Primer on Reform; in: 62 Indiana Law Journal (Ind. L. J.) 625 (1987)

Ders.: The Regulation of Entrepreneurial Litigation: Balancing Fairness and Efficiency in the large Class Action; in: 54 University of Chicago Law Review (U. Chi. L. Rev.) 877, 891 ff. (1987)

Colby, Jeremy A.: You've Got Mail: The Modern Trend Towards Universal Electronic Service of Process; in: 51 Buffalo Law Review (Buff. L. Rev.) 337 (2003)

Ders.: E-SOP's Recent Developments in Electronic Service of Process; in: Journal of Internet Law (J. Internet L.) 2006, S. 3

Conley, Frank: :-) Service With a Smiley: The Effect of E-Mail And Other Electronic Communications On Service of Process; in: 11 Temple International & Comparative Law Journal (Temple Int'l & Comp. L. J.) 427 (1997)

Cordewener, Axel: Strafschadensersatz, („Punitive Damages") im US-amerikanischen Law of Torts; in: Juristische Arbeitsblätter (JA) 1998, S. 168

Corrigan, M.V./ Wilske, S.: Punitive Damages wieder vor dem U.S. Supreme Court; in: Recht der Internationalen Wirtschaft (RIW) 2007, S. 32

Dahm, G./ Delbrück, J./ Wolfrum, R.: Völkerrecht; Band I/1 Die Grundlagen. Die Völkerrechtssubjekte, 2. Auflage, Berlin 1989; Band I/3 Die Formen des völkerrechltlichen Handelns. Die inhaltliche Ordnung der internationalen Gemeinschaft, 2. Auflage, Berlin 2002

Dam, Kenneth: Class Actions: Efficiency, Compensation, Deterrence, and Conflicts of Interest; in: 4 The Journal of Legal Studies (J. Leg. Stud.) 47 (1975)

Danwitz, Thomas von: Verfassungsfragen des deutsch- amerikanischen Rechtshilfeverkehrs; in: Die Öffentliche Verwaltung (DÖV) 2004, S. 501

Daoudi, Jamal: Extraterritoriale Beweisbeschaffung im deutschen Zivilprozeß: Möglichkeiten und Grenzen der Beweisbeschaffung außerhalb des internationalen Rechtshilfeweges, Berlin 2000; Zugl.: Münster (Westfalen), Univ., Diss., 2000

Dauner-Lieb, B./ Heidel, T./ Ring, G.: Anwaltskommentar BGB; Band I: Allgemeiner Teil mit EGBGB, Bonn 2005

David, R./ Grasmann, G.: Einführung in die großen Rechtssysteme der Gegenwart, 2. Auflage, München 1988

Ders../ Jauffret-Spinosi, C.: Les grands systèmes de droit contemporains, 10. Auflage, Paris 1992

Degenhart, Christoph: Die allgemeine Handlungsfreiheit des Art. 2 I GG; in: Juristische Schulung (JuS) 1990, S. 161

Dippel, Horst: Die Geschichte der USA, 7. Auflage, München 2005

Dolzer, Rudolf: Extraterritoriale Anwendung von nationalem Recht aus der Sicht des Völkerrechts; in: Bitburger Gespräche Jahrbuch 2003, Globale Wirtschaft – nationales Recht, Chancen, Risiken, Konflikte, München 2003, S. 71

Ders./ Valen, T.: Mehr Rechtssicherheit im Schadensersatzrecht der USA; in: Recht der Internationalen Wirtschaft (RIW) 2006, S. 252

Donsbach, W./ Steglich, K./ Danko, F.-L.: Anwaltswerbung aus der Sicht deutscher Anwälte-Ergebnisse einer repräsentativen Umfrage unter DAV- Mitgliedern; in: Neue Juristische Wochenschrift (NJW) 2004, S. 18

Dye, P.B.Jr./ Davidow, J. H./ Rumbaugh, H.: International Litigation; in: 40 The International Lawyer (Int'l Lawyer) 275 (2006)

Easterbrook, Frank H.: Discovery As Abuse; in: 69 Boston University Law Review (B. U. L. Rev.) 635 (1989)

Eaton, T.A./ Mustard, D.B./ Talarico, S.M.: The Effects of Seeking Punitive Damages on the Processing of Tort Claims; in: 34 The Journal of Legal Studies (J. Leg. Stud.) 343 (2005)

Ebbing, Frank: Class Action, Die Gruppenklage: Ein Vorbild für das deutsche Recht?; in: Zeitschrift für vergleichende Rechtswissenschaft (ZVglRWiss) 103 (2004), S. 31

Ders.: Strafschadensersatz als Investitionsrisiko- Die Situation nach „BMW Nordamerika"; in: Recht der Internationalen Wirtschaft (RIW) 1996, S. 993

Ehrenzweig, Albert A.: The Transient Rule of Personal Jurisdiction, The "Power" Myth and Forum Conveniens; in: 65 Yale Law Journal (Yale L. J.) 289 (1956)

Eichholtz, S.: Die US-amerikanische Class Action und ihre deutschen Funktionsäquivalente, Tübingen 2002, Zugl.: Univ., Hamburg, Diss., 2001

Eisenhart, Frank J. : The Disappointed Doctor and His Wounded BMW, Punitive Damages After Gore v. BMW; in: Europäische Zeitschrift für Wirtschaftsrecht (EuZW) 1996, S. 523

Elsing, S.H./ Van Alstine, M.P.: US-amerikanisches Handels- und Wirtschaftsrecht, 2. Auflage, Heidelberg 1999

Ders./ McDonald, K.M.: Webseitenanbieter aufgepaßt! - Personal Jurisdiction der US Courts; in: Kommunikation & Recht (K&R) 1999, S. 167

Ely, John Hart: The Irrepressible Myth of Erie; in: 87 Harvard Law Review (Harv. L. Rev.) 693 (1974)

Erman, Walter: Bürgerliches Gesetzbuch, Band I und II, 12. Auflage, Münster 2008

Eschenfelder, Eike Dirk: Möglichkeiten deutscher Unternehmen, US-amerikanische Discovery auch vor deutschen Gerichten zu nutzen; in: Praxis des Internationalen Privat- und Verfahrensrecht (IPRax) 2006, S. 89

Ders.: Beweiserhebung im Ausland und ihre Verwertung im inländischen Zivilprozess - zur Bedeutung des US-amerikanischen Discovery-Verfahrens für das deutsche Erkenntnisverfahren, Frankfurt a. M. 2002, Zugl.: Heidelberg, Univ., Diss., 2000

Ferrari, Franco: Schlechtriem/Schwenzer (Hrsg.), Kommentar zum einheitlichen UN-Kaufrecht, 5. Auflage, München 2008

Ders.: I rapporti tra le convenzioni di diritto material uniforme in material contrattuale e la necessità di un'interpretazione interconvenzionale, in: Rivista di diritto internazionale privato e processuale (Riv.dir.int.priv.proc.) 2000, 669.

Fleming, John G.: The American Tort Process, Oxford 1988

Fletcher, William Meade: Cyclopedia of the Law of Corporations, Band 18A , Chicago (Westlaw- Update 2007)

Franklin, R.M./ Heydn, T.J.: KapMuG: Class Actions vor deutschen Gerichten?; in: Zeitschrift für vergleichende Rechtswissenschaft (ZVglRWiss) 105 (2006), S. 313

Friedenthal, Jack H.: A Divided Supreme Court Adopts Discovery Amendments to the Federal Rules of Civil Procedure; in: 69 California Law Review (Cal. L. Rev.) 806 (1981)

Ders./ Kane, M.K./ Miller, A.R.: Civil Procedure, 4th Edition, St. Paul, Minn. 2005

Friedrich, Bettina: Federal Constitutional Court Grants Interim Legal Protection Against Service of a Writ of Punitive Damages Suit; in: German Law Journal (German L. J.) 4 (2003), S. 1223

Frisinger, Jürgen: Extraterritoriale Anwendung des US- Antitrustrechtes und „Personal Jurisdiction" über ausländische Gesellschaften; in: Außenwirtschaftsdienst des Betriebs-Beraters (AWD) 1972, S. 12

Fuchs, Dominik: Weltweite internationale Zuständigkeit von US-Gerichten bei Domain-Streitigkeiten? Due Process als Schranke US-amerikanischer Gerichtsbarkeit im Cyberspace; in: Recht der Internationalen Wirtschaft (RIW) 2004, S. 41

Gebauer, M./ Schulze, G.: Kalifornische Holocaust-Gesetze zugunsten von NS-Zwangsarbeitern und geschädigten Versicherungsnehmern und die Urteilsvollstreckung in Deutschland; in: Praxis des Internationalen Privat- und Verfahrensrecht (IPRax) 1999, S. 478

Geimer, Gregor: Neuordnung des internationalen Zustellungsrechts: Vorschläge für eine neue Zustellungskonvention, Berlin 1999; Zugl.: Regensburg, Univ., Diss., 1997/98

Geimer, Reinhold: Zur Anerkennung und Vollstreckbarerklärung eines tschechoslowakischen Unterhaltsurteils in der Bundesrepublik; in: Zeitschrift für Zivilprozeß (ZZP) 103 (1990), S.489

Ders.: Verfassung, Völkerrecht und Internationales Zivilverfahrensrecht; in: Zeitschrift für Rechtsvergleichung (ZfRV) 1992, S. 403

Ders.: Über die Kunst der Interessenabwägung auch im internationalen Verfahrensrecht, dargestellt am rechten Maß des Beklagtenschutzes gemäß Art. 27 Nr. 2 EuGVÜ; in: Praxis des Internationalen Privat- und Verfahrensrecht (IPRax) 1988, S. 271

Ders.: Anmerkung zu BVerfG, Beschluß v. 7.12.1994- 1 BvR 1279/94; in: Entscheidungen zum Wirtschaftsrecht (EWiR) 1995, S. 161

Ders.: Internationales Zivilprozeßrecht, 5. Auflage, Köln 2005

Ders.: Anmerkung zu EuGH v. 14. 07.1977 in NJW 1978, S. 483; in: Neue Juristische Wochenschrift (NJW) 1978, S. 484

Ders./ Schütze, R.A.: Internationaler Rechtsverkehr in Zivil- und Handelssachen, Band I, Loseblatt Handbuch, 29. Ergänzungslieferung August 2005, München

Gelinsky, Katja: Ein Gesetz ohne Beispiel; in: Frankfurter Allgemeine Zeitung (FAZ) v. 27. Februar 2004, S. 12

Dies.: Richtet gefälligst etwas billiger! Wem es nutzen soll: Die Reform des amerikanischen Schadensersatzrechts; in: Frankfurter Allgemeine Zeitung (FAZ) v. 9. Februar 2005, S. 34

Gellhorn, E./ Kovacic, W.: Antitrust Law and economics in a nutshell, 4th Edition, St.Paul, Minn. 1994

Geulen, R./ Sebok, A.J.: Deutsche Firmen vor US- Gerichten; in: Neue Juristische Wochenschrift (NJW) 2003, S. 3244

Gleiss, Alfred: Die Gefahren des US- Antitrustrechts für europäische Unternehmen; in: Außenwirtschaftsdienst des Betriebs- Beraters (AWD) 1969, S. 499

Goodhart, Arthur L.: Costs; in: 38 Yale Law Journal (Yale L.J.) 849 (1929)

Göthel, Stephan R.: Verfassungsmäßigkeit von punitive damages: Der U.S. Supreme Court spricht ein Machtwort; in: Recht der Internationalen Wirtschaft (RIW) 2003, S. 610

Gottschalk, E./ Schatz, M.: Von der Allzuständigkeit kalifornischer Gerichte; in: Praxis des Internationalen Privat- und Verfahrensrecht (IPRax) 2006, S. 292

Göttsche, Götz: Die Grenzen zulässiger Anwaltswerbung; in: Deutsch-Amerikanische Juristenvereinigung- Newsletter (DAJV-NL) 1999, S. 9

Gottwald, Peter: Die Grenzen zivilgerichtlicher Maßnahmen mit Auslandswirkung; in: Walter E. Lindacher/ Dieter Pfaff/ Günther H. Roth/ Peter Schlosser/ Eberhard Wieser (Hrsg.), Festschrift für Walther J. Habscheid, Bielefeld 1989, S. 119

Ders.: Sicherheit vor Effizienz? – Auslandszustellung in der Europäischen Union in Zivil- und Handelssachen; in: Reinhold Geimer (Hrsg.), Festschrift für Rolf A. Schütze, München 1999, S. 223

Graf, Caroline: Objection, your Honor! Spotlights auf den US-amerikanischen Zivilprozess; in: Juristische Ausbildung und Praxisvorbereitung (JAP) 2003/2004, S. 143

Greger, Reinhard: Anm. zu OLG München v. 09.05.1989 ; in: Neue Juristische Wochenschrift (NJW) 1989, S. 3103

Ders.: Verfassung und Internationale Rechtshilfe; in: Waldner, Wolfram/ Künzel, Reinhard (Hrsg.), Erlanger Festschrift für Karl Heinz Schwab, Erlangen 1990, S. 331

Greher, David A.: The Application of 28 U.S.C. § 1332 (c) (1) to Alien Corporations: A Dual Citizenship Analysis; in: 36 Virgina Journal of International Law (Va. J. Int'l L.) 233 (1995)

Greiner, Christoph: Die „Class action" im amerikanischem Recht und deutscher „Ordre public", Frankfurt a.M. 1998, Zugl.: München, Univ., Diss., 1997

Griffin, James: Die extraterritoriale Anwendung des amerikanischen Zivilrechts: Empfehlungen für die Bundesregierung und die Europäische Kommission; in: Humboldt Institution on Transatlantic Issues, Humboldt- Universität Berlin, Januar 2004, S.1

Großfeld, B.: Die Privatstrafe- Ein Beitrag zum Schutz des allgemeinen Persönlichkeitsrechts, Frankfurt a.M./Berlin 1961

Ders.: Probleme der Rechtsvergleichung im Verhältnis der Vereinigten Staaten von Amerika-Deutschland; in: Rabels Zeitung für ausländisches und internationales Recht (RabelsZ) 39 (1975), S. 5

Ders.: Aktiengesellschaft, Unternehmenskonzentration und Kleinaktionär, Tübingen 1968

Grothe, Helmut: „Exorbitante" Gerichtszuständigkeiten im Rechtsverkehr zwischen Deutschland und den USA; in: Rabels Zeitung für ausländisches und internationales Recht (RabelsZ) 58 (1994), S. 686

Grundmann, S./ Riesenhuber, K.: Die Auslegung des Europäischen Privat- und Schuldvertragsrechts; in: Juristische Schulung (JuS) 2001, S. 529

Grüneberg, Christian: Ordnungsmittel gegen einen ausgebliebenen Zeugen?; in: Monatsschrift für Deutsches Recht (MDR) 1992, S. 326

Grzimek, Philipp: Taxatio, remittitur und additur: Konzepte der Kontrolle von Laienrichtern in Rom und Amerika; in: Rabels Zeitschrift für ausländisches und internationales Privatrecht (RabelsZ) 65 (2001), S. 706

Gusy, Christoph: Polizeirecht, 6. Auflage, Tübingen 2006

***H**aager Konferenz für Internationales Privatrecht:* Practical Handbook on the Operation of the Hague Service Convention, 3rd Edition, Montreal 2006, Electronic Data Interchange, Internet and Electronic Commerce, Preliminary Document No. 7 of April 2000 for the attention of the Special Commission of May 2000 on general affairs and policy of the Conference; unter: http://hcch.e-vision.nl/index_en.php

Haas, Ulrich: Zur Anerkennung US-amerikanischer Urteile in der Bundesrepublik Deutschland; in: Praxis des Internationalen Privat- und Verfahrensrechts (IPRax) 2001, S. 195

Habscheid, Walther J.: Der Justizkonflikt mit den Vereinigten Staaten von Amerika, Bielefeld 1986

Hailer, Claudia: Menschenrechte vor Zivilgerichten- die Human Rights Litigation in den USA, Berlin 2006; Zugl.: Hannover, Univ., Diss., 2003

Hall, Janet C. : Statement of the Judicial Conference of the United States v. 15. November 2005, Hrsg.: Office of Legislative Affairs, Administrative Office of the U.S. Courts, Thurgood Marshall Federal Judiciary Building, One Columbus Circle, NE, Suite 7-110, Washington, DC 20544

Hannes, Miriam: Schadensersatzklagen gegen deutsche Unternehmen in den USA- Schreckgespenst oder reelle Gefahr?; in: Produkthaftpflicht International (PHi) 2004, S. 130

Harlow, Carol: Public and Private Law: Definition without Distinction; in: 43 The Modern Law Review (Mod. L. Rev.) 241 (1980)

Hatch, Orrin G.: Punitive Damages in Financial Injury Cases; in: The RAND Report: Hearing before the Comm. on the Judiciary, 105th Cong. 1 (1997) (statement of Senator Orrin G. Hatch)

Hau, Wolfgang: Europäische Rechtshilfe, endgültige Rechtshängigkeit, effektiver Rechtsschutz; in: Praxis des Internationalen Privat- und Verfahrensrecht (IPRax) 1998, S. 456

Ders.: Anm. zu OLG Frankfurt a. M. v. 13.02.2001; in: Zeitschrift für Zivilprozeß International (ZZPInt) 6 (2001), S. 249

Ders.: Zustellung ausländischer Prozeßführungsverbote - Zwischen Verpflichtung zur Rechtshilfe und Schutz inländischer Hoheitsrechte; in: Praxis des Internationalen Privat- und Verfahrensrecht (IPRax) 1997, S. 245

Hay, Bruce L.: Asymmetric Rewards: Why Class Actions (May) Settle for Too Little ; in: 48 Hastings Law Journal (L. J.) 479 (1997)

Hay, B./ Rosenberg, D.: „Sweetheart" and „Blackmail" Settlements in Class Actions: Reality and Remedy; in: 75 Notre Dame Law Review (L. Rev.) 1377 (2000)

Hay, Peter: Zivilprozeßrecht; in: Assmann, Heinz- Dieter/ Bungert, H. (Hrsg.), Handbuch des US-amerikanischen Handels-, Gesellschafts- und Wirtschaftsrecht, Band 1, Kapitel 8, München 2001, S. 504

Ders.: US-Amerikanisches Recht, 4. Auflage, München 2008

Ders.: Die internationale Zuständigkeit amerikanischer Gerichte in Zivil- und Handelssachen: Zu einem neuen Grundsatzurteil des Obersten Bundesgerichtshofes; in: Juristenzeitung (JZ) 1977, S. 697

Haydock, R./ Herr, D.F.: Discovery Practice, 2nd Edition, Boston/Toronto 1988 (mit Supplement 1991)

Hazard, G.C./ Taruffo, M.: American Civil Procedure. An Introduction, New Haven London 1993

Heckel, Martin: Die fiktive Inlandszustellung auf dem Rückzug – Rückwirkungen des europäischen Zustellungsrechts auf das nationale Recht; in: Praxis des Internationalen Privat- und Verfahrensrecht (IPRax) 2008, S. 218

Heidbrink, Alfried: Der Alien Tort Claims Act (§ 28 U.S.C.1350). Schadensersatzklagen vor US-amerikanischen Gerichten wegen Verletzung des Völkerrechts, München 1989, Zugl.: Bonn, Univ., Diss.,1989

Heidenberger, Peter: U.S. Supreme Court beschäftigt sich mit Haager Zustellungsübereinkommen; in: Recht der Internationalen Wirtschaft (RIW) 1988, S. 90

Ders.: Der amerikanische Juryprozeß in Produkthaftungsfällen; in: Recht der Internationalen Wirtschaft (RIW) 1982, S. 872

Ders.: U.S. Supreme Court wird über die Anwendung des Haager Beweisübereinkommens entscheiden; in: Recht der Internationalen Wirtschaft (RIW) 1986, S. 489

Ders.: Zustellung amerikanischer Punitive-damages- Klagen weiterhin ein Problem; in: Recht der Internationalen Wirtschaft (RIW)1995, S. 705

Ders./ Barde, K.: Die Entscheidung des U.S. Supreme Court zum Haager Zustellungsübereinkommen ; in: Recht der Internationalen Wirtschaft (RIW)1988, S. 683

Hein, Jan von: BVerfG gestattet Zustellung einer US-amerikanischen Klage auf Punitive Damages: Zugleich Besprechung von BVerfG, RIW 2007, 211; in: Recht der Internationalen Wirtschaft (RIW) 2007, S. 249

Heldrich, Andreas: Internationale Zuständigkeit und Anwendbares Recht, Berlin Tübingen 1969

Ders.: Aktuelle Probleme des internationalen Zivilprozeßrechts unter besonderer Berücksichtigung des Verhältnisses zu den USA; in: Heldrich, Andreas/ Kono, Toshiyuki (Hrsg.); Herausforderungen des Internationalen Zivilverfahrensrechts; Tübingen 1994, S. 1

Ders.: Art. 215 Abs. 2 EWGV- ein Irrweg zur europäischen Rechtseinheit; in: Juristische Zeitung (JZ) 1960, S. 681

Herrmann, David: Die Anerkennung US-amerikanischer Urteile in Deutschland unter Berücksichtigung des ordre public: Eine rechtsvergleichende Untersuchung zum „Justizkonflikt" zwischen Deutschland und den USA, Frankfurt a.M./ Berlin u.a. 2000, Zugl.: Augsburg, Univ., Diss. 1999

Herrmann, H. J./ Basedow, J./ Kropholler, J.: Handbuch des Internationalen Zivilverfahrensrecht, Band I, Tübingen 1982

Hess, Burkhard: Entschädigung für NS- Zwangsarbeit vor US-amerikanischen und deutschen Zivilgerichten; in: Die Aktiengesellschaft (AG) 1999, S.145- 154

Ders.: Sammelklagen im Kapitalmarktrecht; in: Die Aktiengesellschaft (AG) 2003, S.113

Ders.: Aktuelle Brennpunkte des transatlantischen Justizkonflikts; in: Die Aktiengesellschaft (AG) 2005, S. 897

Ders.: Urteilsanerkennung, Inlandskonkurs und die Tücken der internationalen Zustellung; in: Praxis des Internationalen Privat- und Verfahrensrecht (IPRax) 1995, S. 16

Ders.: EMRK, Grundrechte- Charta und europäisches Zivilverfahrensrecht; in: Mansel, Heinz-Peter/ u.a. (Hrsg.), Festschrift für Erik Jayme, München 2004, S. 339

Ders.: Die Zustellung von Schriftstücken im europäischen Justizraum; in: Neue Juristische Wochenschrift (NJW) 2001, S. 15

Ders.: Transatlantische Justizkonflikte; in: Die Aktiengesellschaft (AG) 2006, S. 809

Ders.: Die Anerkennung eines Class Action Settlement in Deutschland; in: Juristen-Zeitung (JZ) 2000, S. 373

Ders.: Transatlantischer Rechtsverkehr heute: Von der Kooperation zum Konflikt?; in: Juristen-Zeitung (JZ) 2003, S. 923

Hippel, Eike von: Schadensersatzklagen gegen deutsche Produzenten in den Vereinigten Staaten; in: Außenwirtschaftsdienst des Betriebs- Beraters (AWD) 1971, S. 61

Hirte, Heribert: Spielt das amerikanische Rechtssystem verrückt?; in: Neue Juristische Wochenschrift (NJW) 2002, S. 345

Ders.: Sammelklagen- Fluch oder Segen? - Ein Blick in die amerikanische Diskussion; in: Versicherungsrecht (VersR) 2000, S.148, (zugl. Festschrift für Hans G. Leser, Tübingen 1998)

Ders.: Rauchen und noch Geld dafür?; in: Versicherungsrecht (VersR) 1997, S. 550

Ders./ Otte, K.: Die Rechtsentwicklung im Haftungsrecht in den Vereinigten Staaten von Amerika im Jahre 1993; in: Versicherungsrecht (VersR) 1994, S. 1387

Dies.: Die Rechtsentwicklung im Haftungsrecht in den Vereinigten Staaten von Amerika im Jahre 1995 (Teil 1); in: Versicherungsrecht (VersR) 1997, S. 18

Hoechst, Peter: Die US-amerikanische Produzentenhaftung, Köln, u.a. 1986

Hoffmann, B.v./ Thorn, K.: Internationales Privatrecht: einschließlich der Grundzüge des internationalen Zivilverfahrensrecht, 9. Auflage, München 2007

Hofmann, Rainer: Grundrechte und grenzüberschreitende Sachverhalte, Berlin Heidelberg u.a. 1994; Zugl.: Heidelberg, Univ., Habil.-Schr., 1993

Hohloch, Gerhard: Keine Verfassungswidrigkeit der Rechtshilfe für Zustellung von punitive-damages- Klagen; in: Juristische Schulung (JuS) 1995, S. 454

Hollmann, Hermann H.: Auslandszustellung in US-amerikanischen Zivil- und Verwaltungssachen; in: Recht der Internationalen Wirtschaft (RIW) 1982, S. 784

Holtzoff, Alexander: Origin And Sources Ot The Federal Rules Of Civil Procedure; in: 30 New York University Law Review (N.Y.U. L. Rev.) 1057 (1955)

Homburger, Adolf: State Class Actions and the Federal Rule; in: 71 Columbia Law Review (Colum.L.Rev.) 609 (1971)

Ders./ Kötz, Hein: Klagen Privater im öffentlichen Interesse, Frankfurt am Main 1975

Hommelsheim, Edgar: Cost Allocation in Civil Litigation, Kostentragung und -ausgleichung im amerikanischen Zivilprozeß, Bonn, Univ., Diss., 1990

Hoppe, Vera: Die Einbeziehung ausländischer Beteiligter in US-amerikanische class actions: unter Berücksichtigung des Class Action Fairness Act 2005, Frankfurt a. M. 2005; Zugl.: Köln, Univ., Diss., 2005

Hopt, K. J./Kulms, R./ Hein, J. von: Rechtshilfe und Rechtsstaat: Die Zustellung einer US-amerikanischen class action in Deutschland, Tübingen 2006

Dies.: Zur Zustellung einer US-amerikanischen Class Action in Deutschland; in: Zeitschrift für Wirtschaftsrecht (ZIP) 2006, S. 973

Huber, Peter: Playing the same old song – German courts, the „Napster"- case and the international law of service of process; in: Mansel, Heinz-Peter/ u.a. (Hrsg.), Festschrift für Erik Jayme, München 2004, S. 361

Hülsen, Hans- Viggo von: .: Gebrauch und Mißbrauch US-amerikanischer „pre-trial discovery" und die internationale Rechtshilfe; in: Recht der Internationalen Wirtschaft (RIW) 1982, S.225

Ders.: Kanadische und Europäische Reaktionen auf die US „pre-trial discovery" ; in: Recht der Internationalen Wirtschaft (RIW) 1982, S. 537

Immenga, U./ Mestmäcker, E.-J.: Gesetz gegen Wettbewerbsbeschränkungen. GWB Kommentar, 3. Auflage, München 2001

Ipsen, Knut: Völkerrecht, 5. Auflage, München 2004

Isensee, J./ Kirchhof, P.: Handbuch des Staatsrechts der Bundesrepublik Deutschland; Band IV, 3. Auflage, Heidelberg 2006

Jacklin, Beverly L.: Service of Process by mail in international civil action as permissible under Hague Convention; in: 112 American Law Reports ALR Federal (ALR Fed.) 241 (1993), (Westlaw Update 2007)

Jansen, Scott T.: Oh, What a Tangled Web… The Continuing Evolution of Personal Jurisdiction Derived from Internet- Based Contacts; in: 71 Missouri Law Review (Miss. L. Rev.) 177(2006)

Jastrow, Serge- Daniel: Bericht zur Sitzung der Expertenkommission der Haager Konferenz für IPR vom 28.10. bis 04.11.2003; in: Rabels Zeitschrift für ausländisches du internationales Privatrecht (RabelsZ) 68 (2004), S. 533

Jayme, Erik: Methoden der Konkretisierung des ordre public im Internationalen Privatrecht, Heidelberg 1989

Ders.: Nationaler ordre public und europäische Integration: Betrachtungen zum Krombach-Urteil des EuGH (2000); in: Wiener Vorträge: Internationales Privat- und Verfahrensrecht, Rechtsvergleichung, Kunst- und Kulturrecht, Wien/Mainz 2001, S. 265

Ders./ Hausmann, R.: Internationales Privat- und Verfahrensrecht: Textausgabe, 13. Auflage, München 2006

Jellinek, Walter: Die zweiseitigen Staatsverträge über Anerkennung ausländischer Zivilurteile, Berlin Tübingen 1953

Jeske, Jürgen: Gerechtigkeit auf amerikanisch; in: Frankfurter Allgemeine Zeitung (FAZ) vom 21. Juli 2003, S.12

Jestaedt, Thomas: Erstattung von Anwaltskosten im US- Prozeß? – Zwei Jahre Erfahrung mit der neuen Rule 11; in: Recht der Internationalen Wirtschaft (RIW/AWD) 1986, S. 95

Jhering, Rudolf von: Der Kampf um's Recht, 13. Auflage, 1897 Wien

Juenger, Friedrich K.: Forum non Conveniens – Who needs it?; in: Reinhold Geimer (Hrsg.), Festschrift für Rolf A. Schütze, München 1999, S. 317

Ders./ Reimann, M.: Zustellung von Klagen auf punitive damages nach dem Haager Zustellungsübereinkommen; in: Neue Juristische Wochenschrift (NJW) 1994, S. 3274

Junker, Abbo: Der lange Arm amerikanischer Gerichte: Gerichtsgewalt, Zustellung und Jurisdictional Discovery; in: Praxis des Internationalen Privat- und Verfahrensrechts (IPRax) 1986, S.197

Ders.: Der deutsch-amerikanische Rechtsverkehr in Zivilsachen- Zustellungen und Beweisaufnahmen; in: Juristen-Zeitung (JZ) 1989, S. 121

Ders.: Discovery im deutsch-amerikanischen Rechtsverkehr, Heidelberg 1987, Zugl.: Münster (Westf.), Univ., Diss., 1986

Ders.: US-amerikanische „Discovery" als Herausforderung des internationalen Zivilprozeßrechts; in: Heldrich, Andreas/Kono, Toshiyuki (Hrsg.), Herausforderungen des Internationalen Zivilverfahrensrecht, Tübingen 1994, S. 103

Ders.: Discovery im deutsch-amerikanischen Rechtsverkehr- Entwicklungslinien und Perspektiven; in: Recht der Internationalen Wirtschaft (RIW) 1987, S. 1

Ders.: Einheit und Vielfalt: Die Zivilprozessrechte der Vereinigten Staaten von Amerika; in: Zeitschrift für Zivilprozeß (ZZP) 101 (1988), S. 241

Ders.: Die Discovery- Reform des Jahres 1993: Zeitenwende oder Gesetzeskosmetik?; in: Zeitschrift für Zivilprozess International (ZZPInt) 1 (1996), S. 235

Kane, Mary Kay: Civil Procedure in a nutshell, 3rd Edition, St. Paul, Minn. 1991

Kearns, Susan E.: Decertification of Statewide Tobacco Class Actions; in: 74 New York University Law Review (N.Y.U. L. Rev.) 1336 (1999)

Kegel, G./ Schurig, K.: Internationales Privatrecht, 9. Auflage, München 2004

Kim, Anne- Marie: The Inter- American Convention and Additional Protocol on Letters Rogatory: The Hague Service Convention's "Country Cousins"?; in: 36 Columbia Journal of Transnational Law (Colum. J. Transnat'l L.) 687 (1998)

Kionka, Edward J.: Torts in a nutshell, 3rd Edition, St. Paul, Minn., 1999

Kissel, Otto Rudolf: Gedanken zu den Gerichtkosten im Zivilprozeß; in: Lüke, Gerhard/ u.a. (Hrsg.), Festschrift für Gerhard Schiedermair, München 1976, S. 313

Kitzmüller, M./ Prisching, M.: Forum non conveniens und die Zuständigkeit in der Causa Kaprun; in: Zeitschrift für Rechtsvergleichung (ZfRV) 2007, S. 147

Klein, Eckart: Universeller Menschenrechtsschutz – Realität oder Utopie?; in: Europäische Grundrechte- Zeitschrift (EuGRZ) 1999, S. 109

Klinger, Michael: „Vernichtet und verloren?"; in: Recht der Internationalen Wirtschaft (RIW) 2007, S. 108

Knapp, Andreas: Die US-amerikanische Produkthaftung in der Praxis der deutschen Automobilindustrie: rechtliche Möglichkeiten der Risikobegrenzung, 1. Auflage, Heidelberg 1997, Zugl.: München, Univ., Diss., 1996

Koch, Harald: Zur Praxis der Rechtshilfe im amerikanisch-deutschen Prozeßrecht- Ergebnisse einer Umfrage zu den Haager Zustellungs- und Beweisübereinkommen; in: Praxis des Internationalen Privat- und Verfahrensrecht (IPRax) 1985, S. 245

Ders.: Kollektiver Rechtsschutz im Zivilprozeß: Die class action des amerikanischen Rechts und deutsche Reformprobleme, Frankfurt a.M. 1976

Ders.: Prozeßführung im öffentlichen Interesse. Rechtsvergleichende Entwicklungsbedingungen und Alternativen objektiver Rechtsdurchsetzung, Frankfurt am Main 1983

Ders.: US-Supreme Court hält Haager Beweisübereinkommen nur für fakultativ; in: Praxis des Internationalen Privat- und Verfahrensrecht (IPRax) 1987, S. 328

Ders.: Klagetourismus für höheren Schadensersatz bei Großschäden? Forum shopping in den USA und seine Grenzen; in: Koch, Harald/ Willingmann, Armin (Hrsg.), Modernes Schadensmanagement bei Großschäden, Baden- Baden 2002, S. 15

Ders.: Zustellung einer Klage und Anerkennung eines Urteils -; in: Praxis des Internationalen Privat- und Verfahrensrecht (IPRax) 1993, S. 288

Ders./ Diedrich, F.: Grundrechte als Maßstab für Zustellungen nach dem Haager Zustellungsübereinkommen?; in: Zeitschrift für Wirtschaftsrecht und Insolvenzpraxis (ZIP) 1994, S. 1830

Ders./ Zekoll, J.: Mammutverfahren im amerikanischen und deutschen Zivilprozeß. Sind Prozesse amerikanischer Größenordnung in Deutschland vorstellbar?; in: Recht der Internationalen Wirtschaft/Außenwirtschaftsdienst (RIW/AWD) 1985, S. 837

Dies.: Zweimal amerikanische punitive damages vor deutschen Gerichten: - Der Unterschied zwischen Haager Zustellungsübereinkommen oder „Zustellungsdurchgriff" auf Muttergesellschaften; in: Praxis des Internationalen Privat- und Verfahrensrecht (IPRax) 1989, S. 313

Ders./ Horlach, C./ Thiel, D.: US-Sammelklage gegen deutsches Unternehmen?; in: Recht der Internationalen Wirtschaft (RIW) 2006, S. 356

Koenig, Thomas H.: The Shadow Effect of Punitive Damages on Settlements; in: 1 Wisconsin Law Review (Wis.L.Rev.) 169 (1998)

Kokott, Juliane: Grund- und Menschenrechte als Inhalt eines internationalen ordre public; in: Die Wirkungskraft der Grundrechte bei Fällen mit Auslandsbezug, Berichte der Deutschen Gesellschaft für Völkerrecht (BerDtGesVR) 38, Heidelberg 1998, S. 71

Kondring, Jörg: Die Heilung von Zustellungsfehlern im internationalen Zivilrechtsverkehr, Berlin 1995; Zugl.: Münster (Westfalen), Univ., Diss., 1994-1995

Ders.: Die konsularische Zustellung durch die Post; in: Recht der Internationalen Wirtschaft (RIW) 1996, S. 722

Kopp, F./ Schenke, W.-R.: Verwaltungsgerichtsordnung, 15. Auflage, München 2007

Kornblum, Udo: Das "Gebot überparteilicher Rechtspflege" und der deutsche schiedsrichterliche ordre public; in: Neue Juristische Wochenschrift (NJW) 1987, S. 1105

Kotuby, Charles T. Jr. : International Anonymity: The Hague Conventions on Service and Evidence and Their Applicability to Internet- Related Litigation; in: 20 Journal of Law & Commerce (J. L. & Com.) 103 (2000)

Kraayvanger, J./ Richter, M.: Die US-amerikanische Beweishilfe nach der Intel-Entscheidung des Supreme Court; in: Recht der Internationalen Wirtschaft (RIW) 2007, S. 177

Kralik, Winfried: Die internationale Zuständigkeit; in: Zeitschrift für Zivilprozeß (ZZP) 74 (1961), S. 2

Krätzschmar, Tobias: Der deutsch-amerikanische Rechtsverkehr- mehr als ein "Justizkonflikt"; in: Rasmussen-Bonne, Hans-Eric/ u.a. (Hrsg.), Balacing of Interests Liber Amicorum Peter Hay, Frankfurt a. M. 2005, S. 241

Kritzer, Herbert M.: Adjudication to settlement: shading in the gray; in: 70 Judicature 161 (1986)

Ders./ Zemans, F. K.: The Shadow of Punitive Damages: An Unsuccessful Effort to Bring It into View; in: Wisconsin Law Review (Wis. L. Rev.) 157 (1998)

Kronke, Herbert: Die Wirkungskraft der Grundrechte bei Fällen mit Auslandsbezug; in: Berichte der Deutschen Gesellschaft für Völkerrecht (BerDtGesVR) 38, Heidelberg 1998, S. 33

Ders.: Anmerkung zu BVerfG, Beschluß v. 7.12.1994- 1 BvR 1279/94; in: Europäische Zeitschrift für Wirtschaftsrecht (EuZW) 1995, S. 221

Kropholler, Jan: Internationales Privatrecht, 6. Auflage, Tübingen 2006

Ders.: Internationales Einheitsrecht, Tübingen 1975

Ders.: Europäisches Zivilprozeßrecht, 8. Auflage, Frankfurt a. M. 2005

Ders./ Hein, J.v.: Spezielle Vorbehaltsklauseln im Internationalen Privat- und Verfahrensrecht der unerlaubten Handlungen- Weniger ist mehr; in: Hohloch, Gerhard/ u.a. (Hrsg.), Festschrift für Hans Stoll, Tübingen 2001, S. 553

Kurland, Philip B.: The Supreme Court, The Due Process Clause and The In Personam Jurisdiction of State Courts. From Pennoyer to Denckla: A Review; in: 25 The University of Chicago Law Review (U. Chi. L. Rev.) 569 (1958)

Lange, D.G./ Leyendecker, L.: Der Zivilprozeß in den USA: Besonderheiten und Gefahren für deutsche Unternehmen; in: Henning von Boehmer (Hrsg.),Deutsche Unternehmen auf dem amerikanischen Markt: Leitfaden für die Rechts- und Wirtschaftspraxis, Stuttgart 1988, S. 275

Ders./ Black, S.F.: Der Zivilprozeß in den Vereinigten Staaten: Ein praktischer Leitfaden für deutsche Unternehmen, Heidelberg 1987

Lazlos, Sylvia L.: Abuse in Plaintiff Class Action Settlements: The Need for a Guardian During Pre-trial Settlement Negotiations; in: 84 Michigan Law Review (Mich. L. Rev.) 308 (1985)

Leipold, Dieter: Lex fori, Souveränität, Discovery: Grundfragen des internationalen Zivilprozeßrechts, Heidelberg 1989

Leisner, Walter: Unterscheidung zwischem privatem und öffentlichem Recht; in: Juristen Zeitung (JZ) 2006, S. 869

Lejeune, Mathias: Anm. BVerfG v. 25.07.2003- 2 BvR 1198/03 ; in: Computer und Recht (CR) 2003, S. 764

Ders.: „Personal Jurisdiction" über ausländische Firmen nach amerikanischem Zivilprozessrecht; in: Recht der Internationalen Wirtschaft (RIW) 1998, S. 8

Lenenbach, Markus: One-Digit-damages: U.S. Supreme Court präzisiert und verschärft verfassungsrechtliche Schranken von punitive damages; in: Zeitschrift für Wirtschafts- und Bankrecht (WM) 2003, S.2398

Ders.: Reformen des US-amerikanischen Kapitalanlagerechts- Abwehr mißbräuchlicher Schadensersatzklagen und ein „safe harbor" für Unternehmensprognosen; in: Zeitschrift für Wirtschafts- und Bankrecht (WM) 1999, S.1393

Linhart, Karin: Internationales Einheitsrecht und einheitliche Auslegung, Tübingen 2005; Zugl.: Diss., Univ., Würzburg, 2000

Linke, Hartmut: Die Probleme der internationalen Zustellung; in: Peter Gottwald (Hrsg.), Grundfragen der Gerichtsverfassung: Internationale Zustellung, Bielefeld 1999, S. 95

Ders.: Internationales Zivilprozessrecht, 4. Auflage, Köln 2006

Llewellyn, Karl N.: The Bramble Bush: Some Lecture on Law and Its Study, New York 1930

Logan, Coby Warren: Federal Class Action Reform Legislation: The "Unfair" Approach To Adressing The Issues Of Modern Mass Tort Litigation; in: 40 Tort Trial & Insurance Practice Law Journal (Tort Trial & Ins. Prac. L. J.) 1145 (2005)

Looschelders, Dirk: Internationales Privatrecht- Art. 3- 46 EGBGB, Berlin Heidelberg 2004

Lorenz, Stephan: Auskunftsansprüche im Bürgerlichen Recht; in: Juristische Schulung (JuS) 1995, S. 569

Ders.: Die Neuregelung der pre- trial- Discovery im US-amerikanischen Zivilprozeßrecht – Inspiration für den deutschen und europäischen Zivilprozeß?; in: Zeitschrift für Zivilprozeß (ZZP) 111 (1998), S.35

Ludes, F. J./ Ginnow, A. O./ Culligan, L. J./ Owens, R. J./ Canavan, M. J.: Corpus Juris Secundum: A complete Restatement of the entire American law as developed by all reported cases, Band 19:[Corporations 433 to end]; Brooklyn, NY 1990 (Westlaw-Update 2007); zitiert: Ludes, 19 Corpus Juris Secundum (2007)

Ludwig, U./ Mascolo, G.: Millionen- Poker vor Gericht; in: Der Spiegel v. 12. März 2001, No.11, S.34

Lynk, William J. : The Courts and the Market: An Economic Analysis of Contingent Fees in Class- Action Litigation; in: 19 Journal of Legal Studies (J. Leg. Stud.) 247 (1990)

Maack, Martina: Englische anitsuit injunctions im europäischen Zivilrechtsverkehr, Berlin 1999, Zugl.: Heidelberg, Univ., Diss., 1998/1999

Madden, Stuart M.: Product Liability, Volume 2, Chapters 13- 25, 2nd Edition, St. Paul, Minn., 1988

Magnus, Ulrich: Konventionsübergreifende Interpretation internationales Staatsverträge privatrechtlichen Inhalts; in: Basedow, Jürgen/ u.a.(Hrsg.), Aufbruch nach Europa – 75 Jahre Max- Planck- Institut für Privatrecht, Tübingen 2001, S. 571

Malzahn, Christian: GATT- widrige *Treble Damages*- Klagen auf der Grundlage des US Antidumping Act 1916, Frankfurt a.M. 2003; Zugl.: Würzburg, Univ., Diss., 2003

Mankowski, Peter: Art. 13 HZÜ: Zustellung, antisuit injunction, deutsche Hoheitsrechte; in: Entscheidungen zum Wirtschaftsrecht (EWiR) 1996, S. 321

Mann, Kenneth: Punitive Civil Sanctions: The Middleground Between Criminal and Civil Law; in: 101 Yale Law Journal (Yale L.J.)1795 (1992)

Mann, Roger: Die Anerkennungsfähigkeit von US-amerikanischen „class- action"- Urteilen; in: Neue Juristische Wochenschrift (NJW) 1994, S.1187

Mansel, Heinz-Peter: Vermögensgerichtsstand und Inlandsbezug bei der Entscheidungs- und Anerkennungszuständigkeit am Beispiel der Anerkennung US-amerikanischer Urteile in Deutschland; in: Mansel, Heinz-Peter/ u.a. (Hrsg.); Festschrift für Erik Jayme, München 2004, S. 561

Ders.: Grenzüberschreitende Prozeßführungsverbote (antisuit injunctions) und Zustellungsverweigerung; in: Europäische Zeitschrift für Wirtschaftsrecht (EuZW) 1996, S. 335

Marcus, Richard L.: The Revival of Fact Pleading Under the Federal Rules of Civil Procedure; in: 86 Columbia Law Review (Colum. L. Rev.)433 (1986)

Margulies, Peter: The New Class Action Jurisprudence and Public Interest Law; in: 25 The New York University Review of Legal & Social Change (N.Y.U. Rev. Leg. & Soc. Change) 487 (1999)

Mark, Jürgen: Amerikanische Class Action und deutsches Zivilprozessrecht; in: Europäische Zeitschrift für Wirtschaftsrecht (EuZW) 1994, S.238

Ders./ Ziegenhain, J.: Der Gerichtsstand des Vermögens im Spannungsfeld zwischen Völkerrecht und deutschem internationalem Prozessrecht; in: Neue Juristische Wochenschrift (NJW) 1992, S.3062

Martens, Dirk- Reiner : Erfahrungen mit Rechtshilfeersuchen aus den USA nach dem Haager Beweisaufnahme- Übereinkommen; in: Recht der Internationalen Wirtschaft/Außenwirtschaftsdienst (RIW/AWD) 1981, S. 725

Martiny, Dieter: Anerkennung ausländischer Entscheidungen nach autonomen Recht; in: Handbuch des Internationalen Zivilverfahrensrecht, Band III/ 1, Tübingen 1984

Ders.: Die Zukunft des europäischen ordre public im Internationalen Privat- und Zivilverfahrensrecht; in: Michael Coester/ u.a. (Hrsg.), Privatrecht in Europa, Festschrift für Hans Jürgen Sonnenberger, München 2004, S. 523

Ders.: Autonome und einheitliche Auslegung im Europäischen Internationalen Zivilprozeßrecht; in: Rabels Zeitschrift für ausländisches und internationales Privatrecht (RabelsZ) 45 (1981), S. 427

Matscher, Franz: Sprache der Auslandszustellung und Art. 6 EMRK; in: Praxis des Internationalen Privat- und Verfahrensrecht (IPRax) 1999, S. 274

Ders.: Der Einfluß der EMRK auf den Zivilprozeß; in: Gerhardt, Wolfgang/ u.a. (Hrsg.), Festschrift für Wolfram Henckel, Berlin 1995, S. 593

Ders.: Der verfahrensrechtliche ordre public im Spannungsfeld vom EMRK und Gemeinschaftsrecht; in: Praxis des Internationalen Privat- und Verfahrensrecht (IPRax) 2001, S. 428

Maurer, Hartmut: Allgemeines Verwaltungsrecht, 17. Auflage, München 2009

Maxeiner, James: Die Gefahr der Übertragung deutschen Rechtsdenkens auf den US-amerikanischen Zivilprozeß; in: Recht der Internationalen Wirtschaft (RIW) 1990, S. 440

McDonald, K. M./ Wetzler, C. F.: Discover the Opportunities – US Discovery im Prozeß; in: Recht der Internationalen Wirtschaft (RIW) 2000, S. 212

Medicus, Dieter: Neue Perspektiven im Schadensersatzrecht – Kommerzialisierung, Strafschadensersatz, Kollektivschaden; in: JuristenZeitung (JZ) 2006, S. 805

Meng, Werner: Extraterritoriale Jurisdiktion im öffentlichen Wirtschaftsrecht, Berlin; Heidelberg; u.a. 1994, Zugl.: Mainz, Univ., Habil.- Schr., 1993

Merkt, Hanno: Abwehr der Zustellung von „punitive-damages"-Klagen: das Haager Zustellungsübereinkommen und US-amerikanische Klagen auf „punitive damages", „treble damages" und „RICO treble damages"; Heidelberg 1995

Ders./ Göthel, S.R.: US-amerikanisches Gesellschaftsrecht, 2. Auflage, Frankfurt a. M. 2006

Merkt, Joachim: Auf gleich Augenhöhe – Interview mit Jürgen Strube; in: Globale Wirtschaft- nationales Recht, BDI-Info-Service Spezial, BDI- Drucksache Nr. 349, Januar 2004, unter: www.bdi-online.de, S. 6

Mewis, Dirk: Im Zweifel für den Angeklagten; in: Lebensmittelzeitung Spezial (LZS) v. 03. Dezember 2004, S. 22

Miceli, Thomas J.: Do contingent fees promote excessive litigation?; in: The Journal of Legal Studies (J.Leg.Stud.) 23 (1994), S. 211

Michaelis, Ralf: US-Gerichte als Weltgerichte- Die Avantgarde der Globalisierung; in: Newsletter der Deutsch-amerikanischen Juristenvereinigung (DAJV- NL) 2006, S. 46

Miller, Arthur R.: The Adversary System: Dinosaur or Phoenix; in: 69 Minnesota Law Review (Minn.L.Rev.) 1 (1984)

Ders./ Crump, D.: Jurisdiction and Choice of Law in Multistate Class Actions After *Phillips Petroleum Co. v. Shutts; in:* 96 Yale Law Journal (Yale L. J.) 1 (1986)

Miller, Marc: Diversity Jurisdiction Over Alien Corporations; in: 50 University of Chicago Law Review (U. Chi. L. Rev.) 1459 (1983)

Moller, Erik: Trends in civil jury verdicts since 1985, Santa Monica, CA 1996

Möllers, T. M.J./ Weichert, T.: Das Kapitalanleger- Musterverfahrensgesetz; in: Neue Juristische Wochenschrift (NJW) 2005, S. 2737

Monaghan, Henry Paul: Antisuit Injunctions and Preclusion Against Absent Nonresident Classmembers; in: 98 Columbia Law Review (Colum. L. Rev.) 1148 (1998)

Morisse, Heiko : Die Zustellung US-amerikanischer Punitive- damages- Klagen in Deutschland; in: Recht der Internationalen Wirtschaft (RIW) 1995, S. 370

Mörsdorf- Schulte, Juliana: Funktion und Dogmatik US-amerikanischer punitive damages. Zugleich ein Beitrag zur Diskussion um die Zustellung und Anerkennung in Deutschland, Tübingen 1999; Zugl.: Univ., Köln, Diss.,1998

Dies.: Strafschadensersatz- eine deutsche Hassliebe?; in: Neue Juristische Wochenschrift (NJW) 2006, S. 1184

Mössle, Karen Ilka: Internationale Förderungspfändung, Berlin 1991; Zugl.: Konstanz, Univ., Diss., 1989

Moulton, H.G.Jr.: Alien Corporations and Federal Diversity; in: 84 Columbia Law Review (Colum. L. Rev.) 177 (1984)

Mucchetti, Michael J.: Leitfaden zu prozessualen Vorfragen für einen deutschen Beklagten in den USA – Teil 2: Zustellungsfragen; in: Wirtschaftsrechtliche Beratung (WiB) 1997, S. 498

Müller-Stoy, Tilmann: Grundzüge des US-amerikanischen Patentverletzungsverfahrens; in: Gewerblicher Rechtsschutz und Urheberrecht International (GRURInt) 2005, S. 558

Müller, Harald: Die Gerichtspflichtigkeit wegen „doing business“: ein Vergleich zwischen dem US-amerikanischen und dem deutschen Zuständigkeitssystem, Köln 1992, Zugl.: Regensburg, Univ., Diss., 1991

Müller, Reinhard: Amerikanisches Recht; in: Frankfurter Allgemeine Zeitung (FAZ) vom 25. Februar 2003, Nr.47, S.1

Rauscher, T./ Wax, P./ Wenzel, J.: Münchener Kommentar zur Zivilprozeßordnung mit Gerichtsverfassungsgesetz und Nebengesetzen; Band I: §§ 1 – 354, 3. Auflage, München 2008; Band III: §§ 803- 1066: EGZPO- GVG- EGGVG- internationales Zivilprozessrecht, 3. Auflage, München 2008

Murphy, John M. III: From Snail Mail to E-mail: The Steady Evolution of Service of Process; in: 19 St. John's Journal of Legal Commentary (St. John's J. Leg. Comment.) 73 (2004)

Musielak, Hans Joachim: Zur Sachverhaltsklärung im Zivilprozess unter besonderer Berücksichtigung der in jüngerer Zeit geschaffenen gesetzlichen Regelungen; in: Reinhard Greger, Irmgard Gleussner, Jörn Heinemann (Hrsg.), Neue Wege zum Recht, Festgabe für Max Vollkommer, Köln 2006, S. 237

Ders.: Kommentar zur Zivilprozessordnung mit Gerichtsverfassungsgesetz, 6. Auflage, München 2008

Nacimiento, Patricia: Grenzen für den Zugriff amerikanischer Gerichte; in: Frankfurter Allgemeine Zeitung (FAZ) von 27. August 2003, S.19

Nafziger, James A.R.: Another Look at the Hague Evidence Convention After Aerospatiale; in: 38 Texas International Law Journal (Tex. Int'l L.J.) 103 (2003)

Nagel, Heinrich: : Die Begrenzung des Zivilprozessrechts durch das Völkerrecht; in: Zeitschrift für Zivilprozeß (ZZP) 75 (1962), S. 408

Ders.: Remise au parquet und Haager Zustellungsübereinkommen; in: Praxis des Internationalen Privat- und Verfahrensrecht (IPRax) 1992, S. 150

Ders.: Nationale und internationale Rechtshilfe im Zivilprozeß, das europäische Modell, Baden Baden 1971

Ders./ Gottwald, Peter: Internationales Zivilprozessrecht, 6. Auflage, Köln 2007

Nanda, V.P./ Pansius, D.K.: Litigation of International Disputes in U.S.Courts, New York 1986 (Westlaw- Update 2006)

Neufang, S.: Kostenverteilung im US-amerikanischen Zivilprozess und Urteilsanerkennung in Deutschland, Münster 2002, Zugl.: Münster, Univ., Diss., 2001

Neuhaus, Paul Heinrich: Internationales Zivilprozessrecht und internationales Privatrecht- Eine Skizze; in: Rabels Zeitschrift für ausländisches und internationales Privatrecht (RabelsZ) 20 (1955), S. 201

Neuner, Robert: Internationale Zuständigkeit, Mannheim Berlin Leipzig 1929

Nguyen, Xuan-Thao N: The digital trademark right: a troubling new extraterritorial reach of United States law; in: 81 North Carolina Law Review (N.C.L. Rev.) 483 (2003)

Nowak, Manfred: UNO-Pakt über bürgerliche und politische Rechte und Fakultativprotokoll: CCPR- Kommentar, Kehl am Rhein – Strassburg – Arlington 1989

***O**berhammer, Paul:* Deutsche Grundrechte und die Zustellung US-amerikanischer Klagen im Rechtshilfeweg; in: Praxis des Internationalen Privat- und Verfahrensrecht (IPRax) 2004, S. 40

Oeter, Stefan: Souveränität- ein überholtes Konzept?; in: Hans-Joachim Cremer, u. a. (Hrsg.), Tradition und Weltoffenheit des Rechts: Festschrift für Helmut Steinberger, Berlin 2002, S. 259

Oldag, Andreas: Begrenzte Haftung; US-Regierung erschwert das einträgliche Geschäft mit Sammelklagen gegen die Industrie; in: Süddeutsche Zeitung (SZ) v. 21. Februar 2005, S. 7

Olsen, Walter K.: The Litigation Explosion, New York, N.Y. 1991

Otte, Karsten: Anm. zu OLG München v. 15.07.1992, Art. 1 HZÜ; in: Entscheidungen zum Wirtschaftsrecht (EWiR) 1992, S. 1209

Otto, Mathias: Der prozessuale Durchgriff, München 1993, Zugl.: Augsburg, Univ., Diss., 1992

Owen, David G.: Punitive Damages in Products Liability Litigation; in: 74 Michigan Law Review (Mich. L. Rev.) 1257 (1976)

Ders.: Problems in Assessing Punitive Damages Against Manufactures of Detective Products; in: 49 University of Chicago Law Review (U. Chi. L. Rev.) 1 (1982)

***P**alandt, Otto:* Bürgerliches Gesetzbuch, 68. Auflage, München 2009

Partsch, Karl Josef: Die Anwendung des Völkerrechts im innerstaatlichen Recht; in: Berichte der Deutschen Gesellschaft für Völkerrecht (BerDtGesVR) 6, Karlsruhe 1964, S. 34

Paschke, Irina: Der Gesetzentwurf zur Reform des Verfahrens für Sammelklagen- Class Action Fairness Act of 2003; in: Produkthaftpflicht International (PHi) 2004, S. 21

Paulus, Christoph: Discovery, Deutsches Recht und das Haager Beweisübereinkommen; in: Zeitschrift für Zivilprozeß 104 (1991), S. 397

Pawlowski, H.-M.: Zur Funktion des Prozesskosten; in: JuristenZeitung (JZ) 1975, S. 197

Petersen, J.-H.: Die Änderungen im Recht der US- Sammelklagen durch den Class Action Fairness Act of 2005; in: Recht der Internationalen Wirtschaft (RIW) 2005, S. 812

Peterson, C.H.: US Supreme Court Upholds Use of Transient Jurisdiction; in: Praxis des Internationalen Privat- und Verfahrensrecht (IPRax) 1991, S. 267

Pfeil-Kammerer, C.: Deutsch-amerikanischer Rechtshilfeverkehr in Zivilsachen, Tübingen 1987, Zugl.: Diss., Univ., Hamburg, 1985

Pfennig, Günter: Die internationale Zustellung in Zivil- und Handelssachen, Köln, u. a. 1988, Zugl.: Göttingen, Univ., Diss., 1987

Piekenbrock, Andreas: Zur Zustellung kartellrechtlicher *treble damages*- Klagen in Deutschland. Zugl.: Anm. zu OLG Koblenz, 27.06.05, IPRax 2006, S. 25; in: Praxis des Internationalen Privat- und Verfahrensrecht (IPRax) 2006, S. 4

Pieroth, B./ Schlink, B./ Kniesel, M.: Polizei- und Ordnungsrecht, 5. Auflage, München 2008

Pirsching, Magareth: Strategien amerikanischer Anwälte bei Katastrophenfällen mit internationalem Bezug- Versuche einer Schadensersatzmaximierung am Beispiel Kaprun; in: Zeitschrift für Rechtsvergleichung (ZfRV) 2004, S. 43

Plaßmeier, Heiko: Brauchen wir ein Kapitalanleger- Musterverfahrens? – Eine Inventur des KapMuG; in: Neue Zeitschrift für Gesellschaftsrecht (NZG) 2005, S. 609

Posner, Richard A.: Economic Analysis of Law, 6. Auflage, New York 2003

Prasad, Ashish S.: Amerikas Justiz bringt Unternehmen in Zugzwang; in: Frankfurter Allgemeine Zeitung (FAZ) v. 22. Oktober 2003, S. 23

Prinz, Matthias: Anwaltswerbung- Eine rechtsvergleichende Darstellung des deutschen und amerikanischen Rechts, Frankfurt a.M./u.a.York 1986, Zugl.: Univ., Hamburg, Diss., 1985

Prütting, Hanns: Ein neues Kapitel im Justizkonflikt USA- Deutschland; in: Mansel, Heinz-Peter/ u.a. (Hrsg.), Festschrift für Erik Jayme, München 2004, S. 709

Psolka, Franz- Albrecht: Zur US-amerikanischen Gerichtszuständigkeit in Produkthaftpflichtprozessen gegen deutsche Warenhersteller; in: Versicherungsrecht (VersR) 1975, S. 402

***R**aape, L./ Sturm, F.:* Internationales Privatrecht, Band I: Allgemeine Lehren, 6. Auflage, München 1977

Rasmussen-Bonne, H.-E.: Zum Stand der Rechtshilfepraxis bei Zustellungsersuchen von US-Schadensersatzklagen nach dem Beschluss des Bunderverfassungsgerichts vom 25. Juli 2003; in: Rasmussen-Bonne, Hans-Eric/ u.a. (Hrsg.), Balacing of Interests Liber Amicorum Peter Hay, Frankfurt a. M. 2005, S. 323

Rasnic, C.D.: Streitbare USA- die „Litigation Explosion"; in: Juristische Blätter (JBl) 2001, S. 609

Rau, Markus: Schadensersatzklagen wegen extraterritorial begangener Menschenrechtsverletzungen: der US-amerikanische Alien Tort Claims Act; in: Praxis des Internationalen Privat- und Verfahrensrecht (IPRax) 2000, S. 558

Ders.: „Minimum Contacts" und „Personal Jurisdiction" über auswärtige Gesellschaften im Cyberspace; in: Recht der Internationalen Wirtschaft (RIW) 2000, S. 761

Rauscher, Thomas: Europäisches Zivilprozessrecht, Band I und II, 2. Auflage, München 2006

Rayroux, François : Amerikanisches Civil Jury Trial und Antitrust-, Products Liability und Derivative Suits, Zürich 1994

Rebmann, K./ Säcker, F. J./ Rixecker, R.: Münchener Kommentar zum Bürgerlichen Gesetzbuch; Band 1 Allgemeiner Teil §§ 1- 240, 5. Auflage, München 2006; Band 10 Art. 1-46 EGBGB/ Internationales Privatrecht, 4. Auflage, München 2006

Reig, L.P./ Erway III, C.E./ Sharkey, B.P.: The Class Action Fairness Act of 2005: Overview, Historical Perspective, And Settlement Requirements; in: 40 Tort Trial & Insurance Practice Law Journal (Tort Trial & Ins. Prac. L. J.) 1087 (2005)

Reimann, Mathias: Beyond Fishing: Weitreichende Neuerungen im amerikanischen Discovery Verfahren; in: Praxis des Internationalen Privat- und Verfahrensrecht (IPRax) 1994, S. 152

Ders.: Einführung in das US-amerikanische Privatrecht, 2. Auflage, München 2004

Ders.: Die Fremdheit des amerikanischen Rechts- Versuch einer historischen Erklärung; in: Knud Krakau/ u.a. (Hrsg.), Konflikt der Rechtskulturen? Die USA und Deutschland im Vergleich, Heidelberg 2004, S. 23

Reinhard, Jakob W.: Klageerhebung und Beklagtenschutz nach US-amerikanischem und deutschem Zivilprozessrecht: Eine Untersuchung anhand der US-amerikanischen Federal Rules of Civil Procedure und der ZPO am Beispiel ausgewählter Rechtsfragen, Berlin 2006, Zugl.: Univ., Freiburg (Breisgau), Diss., 2005

Rempp, A.C./ Lienemeyer, M.: Auswirkungen der Änderungen der US-amerikanischen „Rules of Civil Procedure" unter Berücksichtigung des deutsch- amerikanischen Rechtsverkehrs; in: Zeitschrift für Vergleichende Rechtswissenschaft (ZVglRWiss) 1995, S. 383

Renfrew, Charles B.: Discovery Sanctions: A Judicial Perspective; in: 67 California Law Review (Cal. L. Rev.) 264 (1979)

Renger, Reinhard: Zustellung und Vollstreckung amerikanischer „punitive damages"- Urteile; in: Newsletter der deutsch-amerikanischen Juristenvereinigung (DAJV- NL) 1987, S. 7

Resnik, Judith: Failing Faith: Adjudicatory Procedure in Decline; in: 53 University of Chicago Law Review (U. Chi. L. Rev.) 494 (1986)

Reufels, Martin J.: Pre-trial discovery-Maßnahmen in Deutschland: Neuauflage des deutsch-amerikansichen Justizkonflikts?; in: Recht der Internationalen Wirtschaft (RIW) 1999, S. 667

Reuschle, Fabian: Das Kapitalanleger- Musterverfahrensgesetz; in: Neue Zeitschrift für Gesellschaftsrecht (NZG) 2004, S. 590

Ders.: Das Kapitalanleger-Musterverfahrensgesetz- ein neuer Weg zur prozessualen Bewältigung von Massenschäden auf dem Kapitalmarkt; in: Östereichisches Anwaltsblatt 2006, S. 371

Richman, W. M./ Reynolds, W. L.: Understanding Conflict of Laws, 3rd Edition, Newark 2003

Richter, Malte: Bessere Aussichten für das Haager Beweisübereinkommen?; in: Recht der Internationalen Wirtschaft (RIW) 2005, S. 815

Rieckers, Oliver: Europäisches Wettbewerbsverfahren und US-amerikanische Discovery; in: Recht der Internationalen Wirtschaft (RIW) 2005, S. 19

Riezler, Erwin: Internationales Zivilprozeßrecht und prozessuales Fremdenrecht, Berlin 1949

Rogowski, Michael: Recht als Hindernis für Handel und Investition; in: Bitburger Gespräche Jahrgang 2003, Globale Wirtschaft – nationales Recht, Chancen, Risiken, Konflikte, München 2003, S. 21

Rohe, Mathias: Zur Neuorientierung des Zustellungsrechts ; in: Reinhard Greger, Irmgard Gleussner, Jörn Heinemann (Hrsg.), Neue Wege zum Recht, Festgabe für Max Vollkommer, Köln 2006, S. 291

Röhm, H.-R./ Schütze, R.A. : Die Bilanzierung von Class Action-Risiken; in: Recht der Internationalen Wirtschaft (RIW) 2007, S. 241

Rosenberg, L./ Schwab, K. H./ Gottwald, P.: Zivilprozessrecht, 16. Auflage, München 2004

Rosenberg, M.: Sanctions to Effectuate Pre-trial Discovery; in: 58 Columbia Law Review (Colum. L. Rev.) 480 (1958)

Roth, Herbert: Remise au parquet und Auslandszustellung nach dem Haager Zustellungsübereinkommen von 1965; in: Praxis des Internationalen Privat- und Verfahrensrecht (IPRax) 2000, S. 497

Ders.: Wert und Unwert von Fiktionen im internationalen zivilprozeßrecht (§ 175 Abs. 1 S. 3 ZPO); in: Praxis des Internationalen Privat- und Verfahrensrecht (IPRax) 1990, S. 90

Ders.: Anm. zu BGH v. 29.04.1999, Aktz. IX ZR 263/97; in: Zeitschrift für Zivilprozeß (ZZP) 112 (1999), S. 483

Rothe, Oliver: Zustellung einer US-amerikanischen Schadensersatzklage nach dem HZÜ: Verstoß gegen das Rechtsstaatsprinzip?; in: Recht der Internationalen Wirtschaft (RIW) 2003, S. 859

Rubenstein, William B.: On What A „Private Attorney General" Is- And What It Matters; in: 57 Vanderbilt Law Review (Vand. L. Rev.) 2129 (2004)

Rüfner, Thomas: Zustellung per E-mail im US-amerikanischen Zivilprozess; in: Recht der Internationalen Wirtschaft (RIW) 2002, S. 616

Ders.: Sammelklagen werden erschwert; in: Frankfurter Allgemeine Zeitung (FAZ) v. 09. März 2005, S. 25

Sandrock, Otto: "Scharfer" order public interne und "laxer" order public international?; in: Michael Coester/ u.a. (Hrsg.), Privatrecht in Europa, Festschrift für Hans Jürgen Sonnenberger, München 2004, S. 615

Sauerwein, Heike: Die Anwendung moderner Kommunikationstechnologie im nationalen und internationalen Zivilverfahrensrecht, unter: http://deposit.ddb.de/cgi-bin/dokserv?idn=965794091; Zugl.: Konstanz, Univ., Diss., 2002

Schack, Haimo: Internationales Zivilverfahrensrecht. 4. Auflage, München 2006

Ders.: Einführung in das US-amerikanische Zivilprozessrecht, 3. Auflage, München 2003

Ders.: Vermögensbelegenheit als Zuständigkeitsgrund?; in: Zeitschrift für Zivilprozeß (ZZP) 97 (1984), S. 46

Ders.: Unglücke in Europa – Klagen in den USA; in: Birgit Bachmann/ u.a. (Hrsg.), Grenzüberschreitungen, Beiträge zum Internationalen Verfahrensrecht und zur Schiedsgerichtsbarkeit, Festschrift für Peter Schlosser, Tübingen 2005, S. 839

Ders.: Ein unnötiger transatlantischer Jusitzkonflikt: die internationale Zustellung und das Bundesverfassungsgericht; in: Die Aktiengesellschaft (AG) 2006, S. 823

Ders.: Internationale Zuständigkeit und Inlandsbeziehung; in: Heldrich, Andreas/ u. a. (Hrsg.), Festschrift für Hideo Nakamura, Tokyo 1996, S. 491

Schäfer, Hans- Bernd: Anreizwirkungen bei der Class Action und der Verbandsklage; in: Basedow, Jürgen/ u.a. (Hrsg.), Die Bündelung gleichgerichteter Interessen im Prozeß: Verbandsklage und Gruppenklage, Tübingen 1999, S. 67

Ders./ Ott, Claus: Lehrbuch der ökonomischen Analyse des Zivilrechts, 4. Auflage, Berlin/Heidelberg/New York u.a. 2005

Schellhammer, Joel: Defining the Court's Role as Faithful Agent in Statutory Interpretation: *Exxon Mobil Corp. v. Allapattah Services, Inc.*, 125 S. Ct. 2611 (2005); in: 29 Harvard Journal of Law & Public Policy (Harv. J. L. & Pub. P.) 1119 (2006)

Schelling, Sigmar: Am Ende stand ein wahres Wunder. Interview mit Otto Graf Lambsdorff; in: Welt am Sonntag (WamS) v. 09. September 2001, S. 1

Schlette, Volker: Der Anspruch auf Rechtsschutz innerhalb angemessener Frist- Ein neues Prozessgrundrecht auf EG- Ebene; in: Europäische Grundrechte- Zeitschrift (EuGRZ) 1999, S. 369

Schlosser, Peter F.: EU-Zivilprozessrecht, 2. Auflage, München 2003

Ders.: Das völkerrechtswidrige Urteil nach deutschem Prozessrecht; in: Zeitschrift für Zivilprozeß (ZZP) 79 (1966), S.164

Ders.: Judicial and Administrative Co-operation; in: 284 Recueil des Cours 2000, S. 13

Ders.: Internationale Rechtshilfe und rechtsstaatlicher Schutz von Beweispersonen; in: Zeitschrift für Zivilprozeß (ZZP) 94 (1981), S. 369

Ders.: Der lange Arm der deutschen Kindschafts- und Familiengerichte; in: Praxis des Internationalen Privat- und Verfahrensrecht (IPRax) 1987, S. 153

Ders.: Die lange deutsche Reise in die prozessuale Moderne; in: Juristen-Zeitung (JZ) 1991, S. 599

Ders.: Legislatio in fraudem legis internationalis; in: Lutter, Marcus/ u.a. (Hrsg.), Festschrift für Ernst C. Stiefel, München 1987, S. 683

Ders.: Der Justizkonflikt zwischen den USA und Europa, Berlin New York 1985

Schlurmann, Christa: Die class action im Recht der USA. Ein prozessuales Konzept nach Interessenstrukturen, Köln 1978, Zugl.: Univ., Köln, Diss.,1978

Schneider, Burkhard: Auf dem Weg zu Securitas Class Actions in Deutschland? – Auswirkungen des KapMuG auf die Praxis kapitalmarktrechtlicher Streitigkeiten; in: Betriebsberater (BB) 2005, S. 2249

Schneider, Hilka: Class Action: Rechtspolitische Fragen in den USA und Anerkennung und in Deutschland, Münster 1999, Zugl.: Münster (Westfalen), Univ., Diss., 1999

Schoch, F./ Schmidt-Aßmann, E./ Pietzner, R./ Ehlers, W.: Verwaltungsgerichtsordnung, 13. Ergänzungslieferung, Stand: 04/2006, München

Schreck, Matthew R. : Preventing "You've Got Mail" from Meaning "You"ve Been Served": How Service of Process by E-mail Does Not Meet Constitutional Procedural Due Process Requirements; in: 38 The John Marshall Law Review (J. Marshall L. Rev.) 1121 (2005)

Schroeder, W.: Die Auslegung des EU- Rechts; in: Juristische Schulung (JuS) 2004, S. 180

Schubert, A./ Robyn, D.: Internationale Produkthaftung; in: Häberle, Siegfried Georg (Hrsg.), Handbuch für Kaufrecht, Rechtsdurchsetzung und Zahlungssicherung im Außenhandel, München u.a. 2002

Schulte, T./ Schulte, U.W.: Unzulässige Werbung von Anwälten im Internet? – Wettbewerbsrechtliche Zulässigkeit und Werbeverbot nach § 43b BRAO; in: Multimedia und Recht (MMR) 2002, S. 585

Schumacher, K.: Zustellung nach Art. 27 EuGVÜ, Anm. zu OLG Düsseldorf 19.10.1984, IPRax 1985, 289; in: Praxis des Internationalen Privat- und Verfahrensrechts (IPRax) 1985, S. 265

Schurtmann, W./ Walter, O.L.: Der amerikanische Zivilprozeß: Ein Überblick für die Praxis, Frankfurt a.M./ Deventer 1978

Schütze, Rolf A.: Rechtsverfolgung im Ausland: Probleme des ausländischen und internationalen Zivilprozessrechts, 3. Auflage, Heidelberg 2002

Ders.: Die Anerkennung und Vollstreckbarerklärung US-amerikanischer Schadens-ersatzurteile in Produkthaftungssachen in der Bundesrepublik Deutschland; in: Habscheid, Walther J. /u.a. (Hrsg.), Beiträge zum internationalen Verfahrensrecht und zur Schiedsgerichtsbarkeit, Festschrift f. Heinrich Nagel, Münster 1987, S. 392

Ders.: Zur Verteidigung im Beweiserhebungsverfahren in US-amerikanischen Zivilprozeßen; in: Wertpapiermitteilungen (WM) 1986, S. 633

Ders.: Die Anerkennung und Vollstreckbarerklärung US-amerikanischer Urteile, die nach einer pre-trial-discovery ergangen sind, in Deutschland; in: Lutter, Marcus/ u. a. (Hrsg.), Festschrift für Ernst C. Stiefel, München 1987, S. 697

Ders.: Klagen vor US-amerikanischen Gerichten- Probleme und Abwehrstrategien; in: Recht der Internationalen Wirtschaft (RIW) 2005, S. 579

Ders.: Zur Zustellung US-amerikanischer Klagen in Deutschland; in: Trunk, Alexander/ u.a. (Hrsg.), Russland im Kontext der internationalen Entwicklung: Internationales Privatrecht, Kulturgüterschutz, geistiges Eigentum, Rechtsvereinheitlichung, Festschrift für Mark Moiseevič Boguslavskij, Berlin 2004, S. 325

Ders.: Formlose Zustellung im internationalen Rechtsverkehr; in: Recht der Internationalen Wirtschaft (RIW) 2000, S. 20

Ders.: Übersetzungen im europäischen und internationalen Zivilprozessrecht- Probleme der Zustellung; in: Recht der Internationalen Wirtschaft (RIW) 2006, S. 352

Ders.: Anmerkung zu BGH v. 04.06.1992 – IX ZR 149/91, NJW 1992, S. 3096; in: Recht der Internationalen Wirtschaft (RIW) 1993, S. 139

Ders.: Probleme der Anerkennung US-amerikanischer Zivilurteile in der Bundesrepublik Deutschland; in: Wertpapiermitteilungen (WM) 1979, S. 1174

Ders.: Überlegungen zur Anerkennung und Vollstreckbarerklärung US-amerikanischer Zivilurteile in Deutschland – Zur Kumulierung von Ordre-public-Verstößen –; in: Schütze, Rolf A. (Hrsg.), Festschrift für Reinhold Geimer, München 2002, S. 1025

Ders.: Richterwahlsponsoring: Überlegungen zur ordre public- Widrigkeit von Urteilen US-amerikanischer Staatsgerichte; in: Zeitschrift für Vergleichende Rechtswissenschaft (ZVglRWiss) 100 (2001), S. 464

Ders.: Forum non conveniens und Rechtschauvinimsmus; in: Mansel, Heinz-Peter/ u.a. (Hrsg.), Festschrift für Erik Jayme, München 2004, S. 849

Ders.: Zum Stand des deutsch-amerikanischen Justizkonfliktes; in: Recht der Internationalen Wirtschaft (RIW) 2004, S. 162

Schwarze, T.: „Das Ende des Schreckens?“- Beschränkung der punitive damages durch den US Supreme Court; in: Neue Zeitschrift für Gesellschaftsrecht (NZG) 2003, S. 805

Schwelien, M.: Anwalt Grenzenlos; in: Die Zeit, No.35/2001, S. 16

Schwikowski, M. : Schwarze Flecken auf weißer Weste; in: die tageszeitung (taz) v. 21. Januar 2004, S.10

Schwung, S.: Der US- Prozeß in der Beratung des deutschen Rechtsanwalts; in: Anwaltsblatt (AnwBl) 1993, S. 436

Ders.: Transatlantische Justizkonflikte aus Unternehmenssicht; in: Die Aktiengesellschaft (AG) 2006, S. 818

Scoles, E.F./ Hay, P./ Borchers, P.J./ Symeonides, S.C.: Conflict of Laws, 4th Edition, St. Paul, Minn., 2004

Setear, John K.: Discovery Abuse Under The Federal Rules: Causes and Cures; in: 92 Yale Law Journal (Yale L. J.) 352 (1982)

Sherman, Edward F.: Class Actions After the Class Action Fairness Act of 2005; in: 80 Tulane Law Review (Tul. L. Rev.) 1593 (2006)

Shreve, G.R./ Raven-Hansen, P. : Understanding Civil Procedure, 2nd Edition, New York 1996

Siehr, Kurt: Zur Anerkennung und Vollstreckung ausländischer Verurteilungen zu „punitive damages“; in: Recht der Internationalen Wirtschaft (RIW) 1991, S. 705

Ders.: Produktenhaftung und Internationales Privatrecht; in: Außenwirtschaftsdienst des Betriebs- Beraters (AWD) 1972, S. 373

Silbermann, Linda: The Vicissitudes of the American Class Action- With a Comparative Eye; in: 7 Tulane Journal of Internationale and Comparative Law (Tul. J. Int. & Comp. L.) 201 (1999)

Silver, Charles: „We’re Scared to Death“: Class Certification and Blackmail; in: 78 New York University Law Review (N.Y.U. L. Rev.) 1357 (2003)

Smit, Hans: Recent Developments in International Litigation; in: 35 South Texas Law Review (S. Tex. L. Rev.) 215 (1994)

Soergel, Hs. Th.: Bürgerliches Gesetzbuch, Band 1 Allgemeiner Teil 1 §§ 1- 103; 13. Auflage, Stuttgart u.a. 2000

Sokasits, David A.: The Long Arm of the Fax: Service of Process Using Fax Machines; in: 16 Rutgers Computer & Technology Law Journal (Rutgers Computer & Tech. L.J.) 531 (1990)

Solomon, Dennis: Internationale Zuständigkeit zur Vollstreckbarerklärung ausländischer Entscheidungen: Divergierende Tendenzen in Deutschland und den Vereinigten Staaten; in: Die Aktiengesellschaft (AG) 2006, S. 832

Soltész, Ulrich: Der Begriff der Zivilsache im Europäischen Zivilprozessrecht, Frankfurt a.M./ u. a. 1998, Zugl.: Freiburg (Breisgau), Univ., Diss., 1998

Spencer, A. Benjamin: Jurisdiction to Adjudijate: A Revised Analysis; in: 73 The University of Chicage Law Review (U. Chi. L. Rev.) 617 (2006)

Sperl, Hans: Eine internationale Zuständigkeitsordnung in bürgerlichen Rechtssache, Wien 1926

Stadler, Astrid: Anmerkung zu BVerfG, Beschluß v. 7.12.1994- 1 BvR 1279/94; in: Juristen-Zeitung (JZ) 1995, S. 718

Dies.: Die gerichtliche Überprüfung von Zustellungsverfügungen der Zentralen Behörde nach erfolgter Zustellung; in: Praxis des Internationalen Privat- und Verfahrensrecht (IP-Rax) 1992, S.147

Dies.: Der Schutz des Unternehmensgeheimnisses im deutschen und US-amerikanischen Zivilprozeß und im Rechtshilfeverfahren, Tübingen 1989; Zugl.: Univ., Konstanz, Diss. 1987/88

Dies.: Bündelung von Verbraucherinteressen im Zivilprozeß; in: Brönneke, Tobias (Hrsg.), Kollektiver Rechtsschutz im Zivilprozeßrecht, Baden- Baden 2001, S. 1

Dies.: Neues Europäisches Zustellungsrecht; in: Praxis des Internationalen Privat- und Verfahrensrecht (IPRax) 2001, S. 514

Dies.: Die Reform des deutschen Zustellungsrechts und ihre Auswirkungen auf die internationale Zustellung; in: Praxis des Internationalen Privat- und Verfahrensrecht (IPRax) 2002, S. 471

Dies.: Ordnungsgemäße Zustellung im Wege der remise au parquet und Heilung von Zustellungsfehlern nach der Europäischen Zustellungsverordnung; in: Praxis des Internationalen Privat- und Verfahrensrecht (IPRax) 2006, S. 116

Dies.: Der Zivilprozeß und neue Formen der Informationstechnik; in: Zeitschrift für Zivilprozeß (ZZP) 111 (2002), S. 413

Dies.: Anmerkung zu BVerfG, Kammerbeschluß v. 24.01.2007 – 2 BvR 1133/04; in: Juristen-Zeitung (JZ) 2007, S. 1046

Staudinger, J.von: Kommentar zum Bürgerlichen Gesetzbuch mit Einführungsgesetz und Nebengesetzen; Buch EGBGB/IPR: Art. 3- 6 EGBGB, 14 Auflage, Berlin 2003; Buch EGBGB/IPR: Art. 38- 42 EGBGB, 14. Auflage, Berlin 2001

Stein, F./ Jonas, M.: Kommentar zur Zivilprozessordnung; Band I: Einleitung §§ 1- 40, 22. Auflage, Tübingen 2003; Band I: §§ 1- 252 ZPO, 20. Auflage, Tübingen 1984

Stein, T./ Buttlar, C. von: Völkerrecht, 11. Auflage, Köln u.a. 2005

Stiefel, Ernst C.: Discovery; in: Recht der Internationalen Wirtschaft/ Außenwirtschaftsdienst (RIW/AWD) 1979, S. 509

Ders./ Stürner, R.: Die Vollstreckbarkeit US-amerikanischer Schadensersatzurteil exzessiver Höhe; in: Versicherungsrecht (VersR) 1987, S. 829

Ders./ Bungert, H.: Anerkennungsfähigkeit und Vollstreckbarkeit US-amerikanischer RICO-Urteile in der Bundesrepublik Deutschland; in: Zeitschrift für Wirtschaftsrecht (ZIP) 1994, S. 1905

Stolz, Gerald: Die Ordre Public-Klausel des EuGVÜ in der Rechtsprechung des EuGH – EuGH, NJW 2000, 1853; in: Juristische Schulung (JuS) 2002, 541

Stürner, Rolf: Europäische Urteilsvollstreckung nach Zustellungsmängeln; in: Habscheid, Walther J., u. a. (Hrsg.), Beiträge zum internationalen Verfahrensrecht und zur Schiedsgerichtsbarkeit, Festschrift für Heinrich Nagel, Münster 1987, S. 446

Ders.: Anerkennungsrechtlicher und europäischer Ordre Public als Schranke der Vollstreckbarerklärung – der Bundesgerichtshof und die Staatlichkeit in der Europäischen Union; in: 50 Jahre Bundesgerichtshof, Festausgabe aus der Wissenschaft, Band III: Zivilprozeß, Insolvenz, Öffentliches Recht, München 2000, S. 677

Ders./ Stadler, A.: Zustellung von „punitive damage“- Klagen an deutsche Beklagte nach dem Haager Zustellungsübereinkommen?; in: Praxis des Internationalen Privat- und Verfahrensrecht (IPRax) 1990, S.157

Ders./Müller, T.: Aktuelle Entwicklungen im deutsch-amerikanischen Rechtshilfeverkehr; in: Praxis des Internationalen Privat- und Verfahrensrecht (IPRax) 2008, S. 339

Ders.: Einführung in das Thema ; in: Bitburger Gespräche Jahrbuch 2003, Globale Wirtschaft – nationales Recht, Chancen, Risiken, Konflikte, München 2003, S. 11

Ders.: Die Gerichte und Behörden der USA und die Beweisaufnahme in Deutschland; in: Zeitschrift für vergleichende Rechtswissenschaft (ZVglRWiss) 81 (1982), S. 159

Ders.: Das grenzübergreifende Vollstreckungsverfahren in der Europäischen Union ; in: Walter Gerhard/ u. a. (Hrsg.), Festschrift für Wolfram Henckel, Berlin u.a. 1995, S. 863

Ders.: Förmlichkeit und Billigkeit bei der Klagzustellung im Europäischen Zivilprozeß; in: Juristen-Zeitung (JZ) 1992, S. 325

Ders.: Anm. zu Société Nationale Industrielle Aérospatiale/ U.S. District Court (8th Cir.), 55 LW 4842- 4855 (1987); in: Juristen-Zeitung (JZ) 1987, S. 988

Ders.: Die Informationsbeschaffung im Zivilprozess; in: Greger, Reinhard/ u. a. (Hrsg.), Neue Wege zum Recht, Festgabe für Max Vollkommer, Köln 2006, S. 201

Ders.: Beweisvereitelung im Vaterschaftsprozeß - Beweisaufnahme im Ausland; in: Juristen-Zeitung (JZ) 1987, S. 44

Ders.: Der Justizkonflikt zwischen U.S.A. und Europa; in: Habscheid, Walther J. (Hrsg.), Der Justizkonflikt mit den Vereinigten Staaten von Amerika, Bielefeld 1986, S. 3

Szladits, Charles: The Civil Law Systems; in: René David (Hrsg.), International Encyclopedia of Comparative Law, Volume II: The Legal Systems of the World their Comparison and Unification, Chapter 2: Structure and the Divisions of the Law, Tübingen/ u. a. 1975

Taborda Ferreira, M. Vasco: Rapport Explicatif; in: Conférence de la Haye de droit international privé, Actes et Documents de la Dixième Session, Band III Notification 1965, S. 363

Tamayo, Yvonne A.: Catch Me if You Can: Serving United States Process on an Elusive Defendant Abroad; in: 17 Harvard Journal of Law & Technology (Harv. J. L. & Tech.) 211 (2003)

Teply, L.L./ Whitten, R.U./ McLaughlin, D.F.: Civil Procedure, 2nd Edition, Buffalo, New York 2002

Thomas, P.C./ Wilske, S.: Die *Exxon Valdez*-Entscheidung des U.S. Supreme Court und deren Bedeutung für die künftige Höhe von Punitive Damages; in: Recht der Internationalen Wirtschaft (RIW) 2008, S. 668

Thümmel, R.C.: Beweisaufnahme im internationalsn Schiedsverfahren: Fortsetzung des transatlantischen Justizkonflikts?; in: Die Aktiengesellschaft (AG) 2006, S. 842

Tomuschat, C.: Grundrechtfestung Deutschland?; in: Praxis des Internationalen Privat- und Verfahrensrecht (IPRax) 1996, S. 83

Ders.: Rechtsansprüche ehemaliger Zwangsarbeiter gegen die Bundesrepublik Deutschland?; in: Praxis des Internationalen Privat- und Verfahrensrecht (IPRax) 1999, S. 237

Trittmann, R./ Leitzen, M.: Haager Beweisübereinkommen und pre-trial discovery: Die zivilprozessuale Sachverhaltsermittlung unter Berücksichtigung der jeweiligen Zivilprozressrechtsreformen im Verhältnis zwischen den USA und Deutschland; in: Praxis des Internationalen Privat- und Verfahrensrecht (IPRax) 2003, S. 7

Tucker, William: Das Mekka der US-Sammelkläger; in: Die Neue Zürcher Zeitung am Sonntag (NZZ) vom 17. April 2005, S. 56

Unterreitmayer, J.: Der Rechtshilfeverkehr mit dem Ausland in Zivil- und Handelssachen; in: Der Rechtspfleger (Rpfleger)1972, S. 117

Vagts, D./ Murray, P.: Entschädigungsklagen der Zwangsarbeiter unter nationalsozialistischer Herrschaft: der nicht beschrittene Weg; in: Zeitschrift für Zivilprozeß International (ZZPInt) 7 (2002), S. 333

Dies.: Litigating the Nazi Labor Claims: The Path Not Taken; in: 43 Harvard International Law Journal (Harv. Int. L. J.) 503 (2002)

Vance, Sarah S.: A Primer on the Class Action Fairness Act of 2005; in: 80 Tulane Law Review (Tul. L. Rev.) 1617 (2006)

Verdross, A./ Simma, B.: Universelles Völkerrecht, 3. Auflage, Berlin 1984

Volken, Paul: Die internationale Rechtshilfe in Zivilsachen, Zürich 1996

Völker, Christian: Zur Dogmatik des ordre public: die Vorbehaltsklauseln bei der Anerkennung fremder gerichtlicher Entscheidungen und ihr Verhältnis zum ordre public des Kollisionsrechts, Berlin 1998, Zugl.: Tübingen, Univ., Diss., 1995/1996

Völker, Mallory: Familienprozessrecht – Wirkungsvolle Instrumente zur rascheren Erledigung des Verfahrens; in: Monatsschrift für Deutsches Recht (MDR) 2001, S. 1325

Wadewitz, Sabine: Enorme Prozessrisiken in den USA, Interview mit Fabian von Schlabrendorff; in: Börsenzeitung v. 22. Juni 2005, Nr. 117, S.2

Wagner, Gerhard: Prävention und Verhaltenssteuerung durch Privatrecht – Anmaßung oder legitime Aufgabe?; in: Archiv für die civilistische Praxis (AcP) 206 (2006), S. 352

Ders.: Neue Perspektiven im Schadensersatzrecht: Kommerzialisierung, Strafschadensersatz, Kollektivschaden; in: Beilage zu Neue Juristische Wochenschrift (NJW) 22/2006, S. 5

Walchshöfer, A.: Die deutsche internationale Zuständigkeit in der streitigen Gerichtsbarkeit; in: Zeitschrift für Zivilprozeß (ZZP) 80 (1967), S.165

Wazlawik, T.: Persönliche Zuständigkeit im US-amerikanischen Prozessrecht und ihre Bedeutung im deutschen Exequaturverfahren; in: Recht der Internationalen Wirtschaft (RIW) 2002, S. 691

Weinstein, James: The Dutch Influence on the Conception of Judicial Jurisdiction in 19th Century America; in: 38 American Journal of Comparative Law (Am. J. Comp. L.) 73 (1990)

Weintraub, R.J. : Commentary on the Conflict of Laws, 4th Edition, New York 2001

Weis, J.F.Jr.: Service by Mail. Is the Stamp of Approval from the Hague Convention Always Enough?; in: 57 Law and Contemporary Problems (L. & Contemp. Probl.) 165 (1994)

Welp, Dietrich: Internationale Zuständigkeit über auswärtige Gesellschaften mit Inlandstöchtern im US-amerikanischem Zivilprozeß, Berlin 1982, Zugl.: Diss., Univ., Bonn, 1981

Ders.: Bericht zur Sitzung der Expertenkommission der Haager Konferenz für IPR vom 17. bis 20.04.1989; in: Rabels Zeitschrift für ausländisches du internationales Privatrecht (RabelsZ) 54 (1990), S. 364

Wengler, Wilhelm: Wege zur rechtlichen Steuerung des Verhaltens von Ausländern im Ausland und das internationale Privatrecht; in: Praxis des Internationalen Privat- und Verfahrensrecht (IPRax) 1983, S. 145

Wenglorz, G./ Ryan, P.S.: "Die Katze in der Mikrowelle?" Anm. zu US-amerikanischen System der punitive damages; in: Recht der Internationalen Wirtschaft (RIW) 2003, S. 598

Westphalen, F. Graf von: „Punitive Damages" in US-amerikanischen Produkthaftungsklagen und der Vorbehalt des Art.12 EGBGB; in: Recht der Internationalen Wirtschaft (RIW/AWD) 1981, S. 141

Wiesmann, Gerrit: Lambsdorff fordert Schlichtung im Versicherer- Streit; in: Financial Times Deutschland (FTD) vom 13. August 2002, S. 10

Willging, T. E./ Wheatman, S. R.: Attorney Choice of Forum in Class Action Litigation: What Difference Does It Make?; in: 81 Notre Dame Law Review (Notre Dame L. Rev.) 591 (2006)

Wilske, S./ Krapfl, C.: Zur Qualität von Übersetzungen bei Zustellung ausländischer gerichtlicher Schriftstücke; in: Praxis des Internationalen Privat- und Verfahrensrecht (IPRax) 2006, S. 10

Winkler, R. M./ Recke, K.Graf v.d.: US-amerikanischer Gerichtsstand für Klagen gegen ausländische Unternehmen; in: Neue Zeitschrift für Gesellschaftsrecht (NZG) 2005, S. 241

Witte, J.C.: Der US-amerikanische RICO- Act und deutsche Unternehmen, Heidelberg 1998, Zugl.: Münster (Westfalen), Univ., Diss., 1997

Witzsch, Günter: Class Actions; in: Juristen-Zeitung (JZ) 1975, S. 277

Wölki, Christoph: Das Haager Zustellungsübereinkommen und die USA; in: Recht der Internationalen Wirtschaft (RIW) 1985, S. 530

Wright, C. A./ Miller, A.R./ Bromley, B.: Federal Practice & Procedure; Vol. 4 (§§ 1001-1068.1): Federal Rules of Civil Procedure: Rules 1 to 4 (a); Vol. 4A (§§ 1069- 1105): Federal Rules of Civil Procedure: Rules 4(a) to (g); Vol. 4B (§§ 1106-1180): Federal Rules of Civil Procedure: Rules 4(h) to 6, 3rd Edition St. Paul, Minn. 2002 (Pockett Part 2006)

Wright, Gerald A.: The Cost- Internalization Case for Class Actions; in: 21 Stanford Law Review (Stan.L.Rev.) 383 (1969)

Yeazell, Stephen C.: Civil Procedure, 6th Edition, New York 2004

Zeidler, Finn H. O.: Can Service of Process of a U.S. Complaint on a Defendant in Germany Be Prevented? Lessons form the Bertelsmann Decision of the German Federal Constitutional Court; in: Journal of international Dispute Resolution (IDR) 2005, S. 40

Zekoll, Joachim: US-amerikanisches Produkthaftpflichtrecht vor deutschen Gerichten, 1. Auflage, Baden- Baden 1987, Zugl.: Univ., Hannover, Diss.,1987

Ders.: Recognition and Enforcement of American Products Liability Awards in the Federal Republic of Germany; in: 37 American Journal of Comparative Law (Am.J.Comp.L.) 301 (1989)

Ders.: Neue Maßstäbe für Zustellungen nach dem Haager Zustellungsübereinkommen?; in: Neue Juristische Wochenschrift (NJW) 2003, S. 2885

Ders.: US-amerikanisches Haftpflichtrecht – Mythos und Realität ; in: Neue Juristische Wochenschrift (NJW) 1999, S.2163

Ders./ Rahlf, Nils: US-amerikanische Antitrust- Treble- Damages- Urteile und deutscher ordre public; in: Juristen-Zeitung (JZ) 1999, S. 384

Ders./ Bolt, Jan: Die Pflicht zur Vorlage von Urkunden im Zivilprozess – Amerikanische Verhältnisse in Deutschland?; in: Neue Juristische Wochenschrift (NJW) 2002, S. 3129

Zöller, Richard: Zivilprozessordnung, 27. Auflage, Köln 2009

Zweigert, Konrad: Verträge zwischen staatlichen und nichtstaatlichen Partnern; in: Berichte der deutschen Gesellschaft für Völkerrecht 5 (1964), S. 194

Ders.: Nationale Rechtstradition, Weltrecht und Gerechtigkeit; in: Claussen, Carsten Peter (Hrsg.), Neue Perspektiven aus Wirtschaft und Recht, Festschrift für Hans Schäffer, Berlin 1966, S. 333

Ders.: Der Einfluß des Europäischen Gemeinschaftsrechts auf die Rechtsordnungen der Mitgliedstaaten; in: Rabels Zeitschrift für ausländisches und internationales Privatrecht (RabelsZ) 28 (1964), S. 601

Ders./ Kötz, Hein: Einführung in die Rechtsvergleichung auf dem Gebiete des Privatrechts, Band I: Grundlagen, 3. Auflage, Tübingen 1996

INTERNATIONALRECHTLICHE STUDIEN
Beiträge zum Internationalen Privatrecht,
zum Einheitsrecht und zur Rechtsvergleichung

Herausgegeben von Ulrich Magnus und Peter Mankowski

Band 1 Birgit Reimers-Zocher: Beweislastfragen im Haager und Wiener Kaufrecht. 1995.

Band 2 Lenja Vespermann: Schadensersatz bei Beeinträchtigung rechts- oder sittenwidriger Interessen im deutschen und französischen Recht. 1996.

Band 3 Peter Cypra: Die Rechtsbehelfe im Verfahren der Vollstreckbarerklärung nach dem EuGVÜ unter besonderer Berücksichtigung der Ausgestaltung in Deutschland und Frankreich. 1996.

Band 4 Brigitta Lurger: Regulierung und Deregulierung im europäischen Privatrecht. 1997.

Band 5 Uta Gutknecht: Das Nacherfüllungsrecht des Verkäufers bei Kauf- und Werklieferungsverträgen. Rechtsvergleichende Untersuchung zum CISG, zum US-amerikanischen Uniform Commercial Code, zum deutschen Recht und zu dem Vorschlag der Kommission zur Überarbeitung des deutschen Schuldrechts. 1996.

Band 6 Stefan Abel: Die Qualifikation der Schenkung. Zur Methode der Qualifikation im Internationalen Schuldvertragsrecht. 1997.

Band 7 Daniel Kötz: Verkäuferpflichten und Rechtsbehelfe des Käufers im neuen norwegischen Kaufrecht vom 13. Mai 1988 Nr. 27 im Vergleich zum UN-Kaufrecht vom 11. April 1980 (CISG). 1997.

Band 8 Olaf Beier: Grundsätze eines europäischen transportmittelübergreifenden Schadensrechts für den Gütertransport. Eine rechtsvergleichende Untersuchung unter besonderer Berücksichtigung der CMR, der ER/CIM 1990, des WA/HP und der HVR. 1999.

Band 9 Ulrich Krüger: Modifizierte Erfolgshaftung im UN-Kaufrecht. Die Haftungsbefreiung bei Lieferung vertragswidriger Ware gemäß Art. 79 CISG. 1999.

Band 10 Wolf-Henning Hammer: Das Zurückhaltungsrecht gemäß Art. 71 CISG im Vergleich zu den Kaufgesetzen der nordischen Staaten unter Einbeziehung transportrechtlicher Aspekte. Eine rechtsvergleichende Studie. 1999.

Band 11 Ulrich Quay: Der Consulting-Vertrag im Internationalen Privatrecht. 2000.

Band 12 Axel Halfmeier: Die Veröffentlichung privater Tatsachen als unerlaubte Handlung. Eine rechtsvergleichende Untersuchung. 2000.

Band 13 Stephanie Scholz: Lohngleichheit durch Verfahren. Eine Studie zur Förderung der Lohngleichheit durch verfahrensrechtliche Ansätze. 2000.

Band 14 Tarık Cebecioglu: Stellung des Ausländers im Zivilprozeß. Eine rechtsvergleichende Untersuchung des türkischen und deutschen Rechts. 2000.

Band 15 Gunnar Straube: Sozialrechtliche Eingriffsnormen im Internationalen Privatrecht. 2001.

Band 16 Daniela de Lukowicz: Divergenzen in der Rechtsprechung zum CISG. Auf dem Weg zu einer einheitlichen Auslegung und Anwendung? 2001.

Band 17 Mohamed Hassan Fadlalla Ali: Das islamische Ehe- und Kindschaftsrecht im Sudan. Mit Hinweisen zu den Lehren der Islamischen Rechtsschule, der anwendbaren Familienrechtsvorschriften für Nichtmuslime im Sudan und im deutschen Familienrecht. 2001.

Band 18 Ole Lando / Ulrich Magnus / Monika Novak-Stief (Hrsg./eds.): Angleichung des materiellen und des internationalen Privatrechts in der EU. Harmonisation of Substantive and International Private Law. 2003.

Band 19 Florian Schulz: Der Ersatzlieferungs- und Nachbesserungsanspruch des Käufers im internen deutschen Recht, im UCC und im CISG. Eine rechtsvergleichende Untersuchung unter Berücksichtigung der Schuldrechtskommission, der EG-Richtlinie 1999/44/EG und des Diskussionsentwurfs eines Schuldrechtsmodernisierungsgesetzes. 2002.

Band 20 Ingo Janert: Die Aufrechnung im internationalen Vertragsrecht. 2002.

Band 21 Armin Jentsch: Die Erhaltungspflichten des Verkäufers und des Käufers im UN-Kaufrecht im Vergleich zum US-amerikanischen Uniform Commercial Code und zum deutschen Recht. 2002.

Band 22 Martin Taschner: Arbeitsvertragsstatut und zwingende Bestimmungen nach dem Europäischen Schuldvertragsübereinkommen. Einheitliche Auslegung. 2003.

Band 23 Klaus Bitterich: Die Neuregelung des Internationalen Verbrauchervertragsrechts in Art. 29a EGBGB. 2003.

Band 24 Sascha J. Morgenroth: Umsetzung der Verbrauchsgüterkaufrichtlinie in Spanien und Deutschland. Umsetzung der Richtlinie 1999/44/EG des Europäischen Parlaments und des Rates vom 25. Mai 1999 zu bestimmten Aspekten des Verbrauchsgüterkaufs und der Garantien für Verbrauchsgüter in Spanien und Deutschland. 2003.

Band 25 Markus Renfert: Über die Europäisierung der ordre public Klausel. 2003.

Band 26 Henning Mordhorst: Die Behandlung vertraglicher Mobiliarsicherheiten im US-amerikanischen und deutschen Insolvenzrecht. 2003.

Band 27 Hans Markus Wulf: UN-Kaufrecht und eCommerce. Problembereiche bei der Anwendung des Wiener Übereinkommens auf Internet-Verträge. 2003.

Band 28 Julia Kaiser: Freiheit oder Schutz? Die Scheidungsfolgenvereinbarung im deutschen und im englischen Recht. 2003.

Band 29 Astrid Hillebrenner: Die private Zustimmung zu Rechtsgeschäften Dritter im englischen, dänischen und deutschen Recht. 2004.

Band 30 Irene von der Heyde: Das deutsche und italienische internationale Kindschaftsrecht im Rechtsvergleich. Favor filii oder favor filiationis? 2004.

Band 31 Sven-Michael Werner: Recht im Systemwandel. *Ein Land, zwei Systeme* und das Kontinuitätsproblem in Hongkong. 2004.

Band 32 Holger Ellenberger: Wirtschaftsrelevante Kollisionsnormen im japanischen internationalen Privatrecht. 2004.

Band 33 Sebastian Kaufmann: Parol Evidence Rule und Merger Clauses im internationalen Einheitsrecht. 2004.

Band 34 Britta Christina Weber: Eigentumsübertragung und gutgläubiger Erwerb beim Kauf von beweglichen Sachen im vietnamesischen Zivilgesetzbuch von 1995. Eine rechtsvergleichende Analyse unter Berücksichtigung des Eigentumsbegriffs im vietnamesischen Recht. 2004.

Band 35 Alexander von Saucken: Die Reform des österreichischen Schiedsverfahrensrechts auf der Basis des UNCITRAL-Modellgesetzes über die internationale Handelsschiedsgerichtsbarkeit. Ein Diskussionsbeitrag. 2004.

Band 36 Jasnica Garašić: Anerkennung ausländischer Insolvenzverfahren. Teil 1 und Teil 2. Ein Vergleich des kroatischen, des deutschen und des schweizerischen Rechts sowie der Europäischen Verordnung über Insolvenzverfahren, des Istanbuler Übereinkommens und des UNCITRAL-Modellgesetzes. 2005.

Band 37 Eugenia Kurzynsky-Singer: Anknüpfung und Reichweite des Vollmachtsstatuts. 2005.

Band 38 Timo Utermark: Rechtsgeschichte und Rechtsvergleichung bei Ernst Rabel. 2005.

Band 39 Mohamed Lakmes: Die IPR-Anknüpfung der Schuldverträge. Ein Vergleich zwischen dem deutschen und dem syrischen Recht. 2005.

Band 40 Christian Haas: Vertragsstrukturen privatfinanzierter Infrastrukturprojekte. Nationale und internationale Perspektiven. 2005.

Band 41 Tanja Herzog-Engels: Gesellschaftsrechtliche Formvorschriften und Internationales Privatrecht. 2005.

Band 42 Hassan Siahpoosh: Das Familien- und Erbrecht im Iran. 2006.

Band 43 Carola Reifenrath: Das Vertragsrecht Hongkongs und dessen zukünftige Entwicklung. Unter besonderer Berücksichtigung des englischen Common Law. 2006.

Band 44 Arkadiusz Wudarski: Der Pfandbrief und sein Treuhänder. Eine rechtsvergleichende Untersuchung zum polnischen und deutschen Recht. 2006.

Band 45 Ulla Liukkunen: Cross-Border Services and Choice of Law. A Comparative Study of the European Approach. 2006.

Band 46 Claire Anna Reifner: Die Umsetzung der Verbrauchsgüterkaufrichtlinie in Italien und Deutschland. 2007.

Band 47 Shahriar Rabbanifar: Vergleich des Rechts der öffentlichen Unternehmen in Deutschland, Iran und Polen. 2007.

Band 48 Judith Farokhmanesh: Der Schutz des Urhebers im internationalen Vertragsrecht. Funktion, Reichweite und Effektivität zwingender Bestimmungen im deutschen, französischen und englischen Recht. 2007.

Band 49 Christoph Hellriegel: Schuldnerschutz in Polen. Rechtsvergleichende Untersuchung eines universalen Regelungsproblems. 2007.

Band 50 Ingemar Carl: Einstweiliger Rechtsschutz bei *Torpedoklagen*. 2007.

Band 51 Gabriele Wunsch: Möglichkeiten und Grenzen eines europäischen Hypothekarkredits. Problemanalyse und Lösungwege für die Schaffung eines Binnenmarktes für Grundpfandrechte unter Berücksichtigung des deutschen, englischen, schwedischen und spanischen Rechts. 2009.

Band 52 Sven Kuchmann: Die Haftung des Geschäftsführers einer deutschen GmbH und des Gerente einer argentinischen SRL im Rechtsvergleich. 2008.

Band 53 Maria Elena Alvarez de Pfeifle: Der Ordre Public-Vorbehalt als Versagungsgrund der Anerkennung und Vollstreckbarerklärung internationaler Schiedssprüche. Unter Berücksichtigung des deutschen, schweizerischen, französischen und englischen Rechts sowie des UNCITRAL-Modellgesetzes. 2009.

Band 54 Amir-Said Ghassabeh: Die Zustellung einer *punitive-damages*-Sammelklage an beklagte deutsche Unternehmen. Zugleich ein Beitrag zum „unnötigen“ transatlantischen Justizkonflikt. 2009.

Sven Kuchmann

Die Haftung des Geschäftsführers einer deutschen GmbH und des Gerente einer argentinischen SRL im Rechtsvergleich

Frankfurt am Main, Berlin, Bern, Bruxelles, New York, Oxford, Wien, 2008.
259 S.
Internationalrechtliche Studien. Herausgegeben von Ulrich Magnus. Bd. 52
ISBN 978-3-631-58250-3 · br. € 45.50*

Mit diesem Buch wird die Haftung des Geschäftsführers einer deutschen Gesellschaft mit beschränkter Haftung (GmbH) und des Gerente einer argentinischen Sociedad de Responsabilidad Limitada (SRL) rechtsvergleichend untersucht. Der Autor stellt vorab die Wesensmerkmale der GmbH und der SRL vor und beschreibt die Stellung des Geschäftsführers in ihren jeweiligen Gesellschaften. Der Kern der Arbeit besteht in der Analyse der organschaftlichen Haftung des Geschäftsführers gegenüber der eigenen Gesellschaft, gegenüber den Gesellschaftern sowie gegenüber den Vertragspartnern der Gesellschaft. Hier werden Gemeinsamkeiten und Unterschiede im Rahmen einer Struktur erörtert, die sich an der individuellen Schutzrichtung der einzelnen Geschäftsführerpflichten und Haftungstatbestände orientiert. Anschließend würdigt der Autor die Ergebnisse kritisch und macht konkrete Vorschläge zur Verbesserung der bestehenden Gesetzeslage.

Aus dem Inhalt: Haftung des Geschäftsführers einer deutschen Gesellschaft mit beschränkter Haftung (GmbH) und des Gerente einer argentinischen Sociedad de Responsabilidad Limitada (SRL) · Organschaftliche Haftung gegenüber der eigenen Gesellschaft, gegenüber den Gesellschaftern und gegenüber den Vertragspartnern der Gesellschaft · Sorgfaltspflichtverletzung · Verstoß gegen Weisungen · Wettbewerbsverbot · Verbot mit der Gesellschaft zu kontrahieren · Entgegengesetztes Interesse · Einberufung der Gesellschafterversammlung · Verursachung der Insolvenz · Verminderung des Gesellschaftsvermögens · Verspäteter Insolvenzantrag · u.v.m.

Frankfurt am Main · Berlin · Bern · Bruxelles · New York · Oxford · Wien
Auslieferung: Verlag Peter Lang AG
Moosstr. 1, CH-2542 Pieterlen
Telefax 00 41 (0) 32 / 376 17 27

*inklusive der in Deutschland gültigen Mehrwertsteuer
Preisänderungen vorbehalten

Homepage http://www.peterlang.de